小城文丛民法典实务系列

徐洪荣 著

家有律师365问

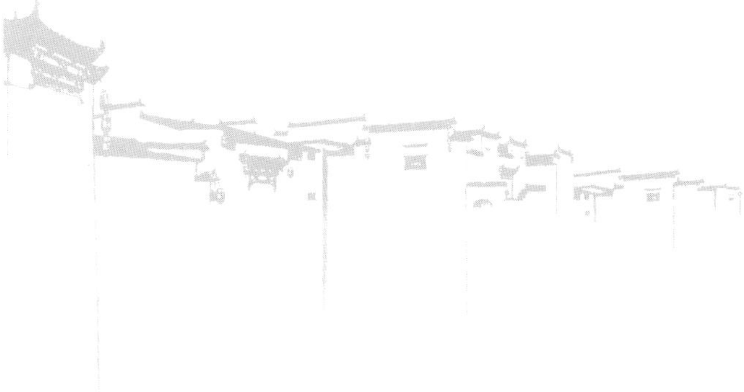

法律出版社
LAW PRESS·CHINA
—— 北京 ——

图书在版编目（CIP）数据

家有律师365问／徐洪荣著. -- 北京：法律出版社，2021

ISBN 978-7-5197-5963-6

Ⅰ. ①家… Ⅱ. ①徐… Ⅲ. ①法律-中国-问题解答 Ⅳ. ①D920.5

中国版本图书馆CIP数据核字(2021)第193875号

家有律师365问
JIA YOU LÜSHI 365 WEN

徐洪荣 著

责任编辑 许 睿 连晓敏
装帧设计 李 瞻

出版发行 法律出版社
编辑统筹 司法实务出版分社
责任校对 晁明慧 王 皓
责任印制 胡晓雅
经 销 新华书店

开本 A5
印张 22.625 **字数** 586千
版本 2021年11月第1版
印次 2021年11月第1次印刷
印刷 三河市龙大印装有限公司

地址：北京市丰台区莲花池西里7号(100073)
网址：www.lawpress.com.cn
投稿邮箱：info@lawpress.com.cn
举报盗版邮箱：jbwq@lawpress.com.cn

销售电话：010-83938349
客服电话：010-83938350
咨询电话：010-63939796

书号：ISBN 978-7-5197-5963-6 **定价**：80.00元

凡购买本社图书，如有印装错误，我社负责退换。电话：010-83938349

序 Preface

从“相见如宾”到“相见如兵”的婚恋情感纠纷，“我养你小，你养我老”的赡养纠纷，“人在天堂，钱在银行，亲人对簿公堂”的遗产纠纷，没有硝烟的家庭战争每天都在法庭上演，令人叹息！

从事律师执业十载有余，未有建树，实属惭愧，唯独偏爱学习和研究家事法律领域，办理家事类案件无数自有些心得体会，却未曾有过写书的念头，没什么学术著作。在上海小城律师事务所吴辰主任的指点、鼓励和支持下，尝试着以家为主题每日一问一答的方式撰写一本实用法律读本，日夜兼程，耗时两年半终成此书。2019 年 2 月初，在春节期间冥思苦想全书框架和内容安排等初步构思后，有了起笔写稿的冲动。一年半后写到第 300 问时，已有 30 多万字，恰逢《民法典》颁布，书稿中引用的法律依据发生了变化，审判实践也有些变化，于是做了大量的重写和修改工作，并继续撰写剩下的 65 问。在联系出版社前，已经自行校对、修改两次。初次写书的困惑，以及对出书后社会效益的担忧，需要牺牲必要的应酬和休息时间，时常令我迷茫。然而时常沉浸在写作的状态中，获得了内心的片刻宁静，远离了闹市的喧嚣；当一个解答的一篇文章可以完美结尾时，难以言表的愉悦和欢畅油然而生！痛并快乐着！

为了体现本书的实用性，能切实帮助读者解决实际问题，书中没有引用翔实的案例作为参考，没有华丽的辞藻，没有太多的“法言法语”,是为了让不同文化层次的人都能看得懂,读得透,弄明白解答所要说明的意思。书中的每个问题都是具有代表性的,都是经再三斟酌后确定的;很多解答内容是几易其稿,精雕细琢,精益求精,花费了大量精力,凝聚了我的心血。希望读者通过阅读此书后能养成运用法律思维看待和处理问题的习惯,遇到纠纷理性冷静对待,尽量避免、减少纠纷的发生,做一个爱国守法的好公民,经营好婚姻家庭、处理好邻里等关系,为社会主义法治国家建设和发展贡献一份力量。

此书有幸与读者见面,得益于吴辰律师的大力支持,特别感谢法律出版社的连晓敏老师及其他编辑老师严谨审慎的辛苦审校,编辑老师提出的中肯宝贵的修改意见,使全书内容有了质的提升,给本书添彩增色不少,在此表示衷心感谢!也一并感谢一直关心和支持我的律师同人、朋友和家人!

徐洪荣

2021年9月18日

前言
Foreword

家庭是社会的基石，家庭的和谐稳定影响社会的和谐稳定。随着我国社会经济的发展，家庭财富的不断积累，个人权利保护意识的增强，涉及家庭的法律纷争也日益增多。《民法典》颁布后，百姓迫切需要一本不同于一般的婚姻家庭普法读本，不仅含有婚姻家庭继承范畴内的内容，还应延伸到生活、家族事业等与家庭息息相关的内容，让人们增强对日常法律常识的了解、掌握和运用。

家庭是我们安身立命的归宿，是爱的港湾和精神家园，也是利益争夺的战场。本书以家庭为主线，贯穿人的一生，以法律解答的方式讲述了生命轮回中遇到的常见法律问题。为方便读者阅读，设计了365个常见问题，供每日读一问，也可按目录自选阅读。全书内容涵盖胎儿、未成年时期的保护；成年后恋爱、结婚、购房、装修、生育、抚养子女、赡养老人；晚年时自身权益的保障与身故后的财产安排；日常生活中遇到的物业、邻里、购物、驾驶等法律知识，以及家族企业经营管理、财富传承等内容。根据恋爱婚姻、财产与债务、离婚及财产分割、扶养关系、未成年人、物业、汽车、家业与传承等不同范围内的问题合理归类，安排章节排版。本书满足了不同层次人群的阅读需求，可以起到帮助读者提高法律知识水平、预防法律风险、减少或避免法律纠纷、为维护自身权益提供解决方案的作用。

编写此书时考虑到如果以案普法，知识面较窄，难以满足普遍性的阅读需求。为了适应更广泛的人群阅读,遂决定以类案分析总结方式,全面系统地回答一个常见问题,于是作者查阅了大量法院公布的典型案例、裁判文书,法治新闻报道、法学期刊、政府部门网站、微信公众号等媒体涉及的与家庭有关的内容,筛选出具有代表性的案例、文章进行分析归纳,将裁判要旨、处理思路提炼整理出来,结合自身实际办案经验,力争做到专业、系统、全面地回答百姓心中常见的法律疑问,并引用了相关法律、法规、司法解释及政策、答复等依据作为参考。

由于法律纠纷在现实中复杂多变,处理纠纷引用的法律条文,存在适时更新的情况,以及法律纠纷的处理因人因事存在差别,请勿未经咨询法律专业人士,自行按照本书解答处理纠纷,由此产生的不利后果,与作者无关!本书引用的法律、法规、司法解释及其他相关规定均为出版前现行有效规定,如有最新规定,请按最新规定处理。

最后,希望本书的出版能使读者受益,愿每个人都能爱国守法,为社会主义法治国家的建设和发展贡献绵薄之力;愿每个家庭都能团结和睦、兴旺发达,为中华民族的伟大复兴贡献力所能及的力量!

由于作者才疏学浅,初次写书,书中难免存在疏漏或错误之处,敬请读者批评指正!

徐洪荣

2021 年 9 月 18 日

目录
Contents

第一章　婚前篇

第二节 风险预防

第二章 结婚篇

第一节 婚姻缔结

第三章　财产与债务篇

第一节　夫妻共同财产与个人财产

第四章　离婚篇

第一节　婚姻解除

第二节　“假离婚”

第五章　扶养篇

第一节　怀孕与生育

第二节 抚养与收养

第三节 养老孝亲

第六章　未成年人篇

第二节　房屋赠与

第三节　房屋租赁

第六节 其他相关权利

第八章 物业篇

第一节 物业管理

第二节　邻里关系

第九章　家用汽车篇

第一节　权利维护

第二节　驾驶风险

第十章　家业与传承篇

第一节　日常事务

第十一章　日常生活篇

第一章

婚前篇

CHAPTER 01

第一节 恋爱与同居

男女之间因恋爱形成的社交关系,不属于法律调整的范畴。男女恋爱过程中发生的赠与、借贷、消费等经济来往行为,则属于法律行为;双方发生纠纷的,可以按照法律规定解决。

同居,包括未婚同居和已婚同居。法律上的同居,特指没有配偶的男女未办理结婚登记而一起共同生活的行为,即未婚同居。无论男女是否以夫妻名义同居生活,未办理结婚登记的,现行法律均不予保护,但由于历史原因形成的事实婚姻关系除外。

第1问 男女恋爱期间送给对方的财物,分手后能要求返还吗?

答:赠与合同,是赠与人将自己的财产无偿给予受赠人,受赠人表示接受赠与,双方达成一致的合同。不同于婚姻关系,恋爱关系本质上是一种异性之间的社会交际关系,属于非法律关系,不受法律保护。恋爱期间涉及的经济交往有消费、赠与、保管、借贷和借用关系之分。双方发生纠纷,一方主张返还时需要厘清双方关系的性质。男女恋爱期间的交往,感性多于理性,一方为了表达爱意和维系感情,可能会自愿赠与对方钻戒、首饰、箱包、服饰、存款、车辆、房产等贵重物品。这些财物的赠与既不是一般性质的赠与,也不同于以结婚为目的订立婚约时双方父母给付的彩礼。此种赠与往往仅发生在恋人之间,没有双方父母的参与。如果赠与方有求婚的明确意思表示,属于以结婚为目的赠与财物性质的,则无论因何种原因结婚不成,受赠方均应予以返还。如仅仅是一方为了保持恋爱社交、同居关系而赠与另一方的财物，受赠方接受后，分手时赠与方要求返还的，法律一般不予支持。如果受赠人接受赠与后严重侵害赠与人或者赠与人近亲属的合法权益，赠与人可以撤销赠与，要求受赠人返还财物。

◉ 相关依据

《中华人民共和国民法典》

第六百五十八条　赠与人在赠与财产的权利转移之前可以撤销赠与。

经过公证的赠与合同或者依法不得撤销的具有救灾、扶贫、助残等公益、道德义务性质的赠与合同，不适用前款规定。

第六百六十一条　赠与可以附义务。

赠与附义务的，受赠人应当按照约定履行义务。

第六百六十三条　受赠人有下列情形之一的，赠与人可以撤销赠与：

（一）严重侵害赠与人或者赠与人近亲属的合法权益；

（二）对赠与人有扶养义务而不履行；

（三）不履行赠与合同约定的义务。

赠与人的撤销权，自知道或者应当知道撤销事由之日起一年内行使。

第2问　男女恋爱期间的借款，结婚后可以不还吗？

答：婚前一方出借给另一方的款项，往往来自个人财产。男女结婚后在法律上仍然是两个独立的民事主体，不因两人的恋爱关系转变为婚姻关系而发生改变。婚前个人财产，不因婚姻关系的存在或延续而转化为共同财产。债务与金钱有关，婚姻与身体和情感有关，故两者是两种不同的法律关系。彼此之间没有必然联系，法律上不能抵销，也不发生债务与婚姻的等价交换，遑论给予对方差价。即使用债务抵销彩礼，也是违背社会伦理道德和损害社会公共利益的,除非与其进入婚姻的债权人明确免除债务人(配偶)的偿还责任。法律不强制夫妻之间免除配偶的婚前债务,但尊重当事人的意思自治。法律基于有利于夫妻感情及家庭团结和睦考虑,允许债权人自愿免除债务人的婚前债务;自愿免除的,则不能反悔。

◉ 相关依据

《中华人民共和国民法典》

第五百五十七条第一款　有下列情形之一的,债权债务终止:

(一)债务已经履行;

(二)债务相互抵销;

(三)债务人依法将标的物提存;

(四)债权人免除债务;

(五)债权债务同归于一人;

(六)法律规定或者当事人约定终止的其他情形。

第五百六十八条第一款　当事人互负债务,该债务的标的物种类、品质相同的,任何一方可以将自己的债务与对方的到期债务抵销;但是,根据债务性质、按照当事人约定或者依照法律规定不得抵销的除外。

第一千零六十三条　下列财产为夫妻一方的个人财产:

(一)一方的婚前财产;

(二)一方因受到人身损害获得的赔偿或者补偿;

(三)遗嘱或者赠与合同中确定只归一方的财产;

(四)一方专用的生活用品;

(五)其他应当归一方的财产。

《最高人民法院关于适用〈中华人民共和国民法典〉婚姻家庭编的解释(一)》

第三十一条　民法典第一千零六十三条规定为夫妻一方的个人财产,不因婚姻关系的延续而转化为夫妻共同财产。但当事人另有约定的除外。

第3问 订立婚约后发现两人“合不来”,分手能要回彩礼吗?

答:彩礼,通常是男方在订立婚约之时,按照当地婚姻习俗,赠送给女方的财物,亦即聘礼。给付彩礼的行为是以结婚为生效条件的附条件赠与行为。结婚后彩礼原则上不予返还,特殊情形除外;如果结婚不成,即所附条件不成就,彩礼应返还给赠与人。

判断某项财物是否属于彩礼,需要结合当地的婚姻风俗习惯进行考量。实践中,彩礼往往迫于当地行情及社会压力而不得不给,具有非自愿的特征。是否返还需考虑给付方的经济实力,给付财物的价值、场合、时间、原因,当地彩礼价值数额等因素综合衡量。彩礼是以结婚为目的给付的财物,故如是以结婚为目的赠送的,该财物被认定为彩礼的可能性比较大,否则不能被认定为彩礼。彩礼的返还,是全部返还或部分返还,需考虑男女双方是否办理结婚登记手续、有无共同生活、共同生活时间长短、有无过错、有无生育子女,财物是否转化为夫妻共同财产、在共同生活中有无消耗等因素确定。

实践中,一方给付彩礼后,可以要求返还的情形:

(1)男女举行订婚或结婚仪式后,未办理结婚登记手续,未同居生活或同居生活时间较短。如果男女同居生活在2年以上、已生育子女、彩礼已经用于共同生活,离婚时请求返还彩礼的,法院一般不支持。

(2)男女办理结婚登记手续后,未共同生活,有夫妻之名无夫妻之实,起诉离婚的。

(3)婚前给付彩礼造成给付人生活困难,起诉离婚。生活困难是指给付彩礼后,给付人一家已无法维持当地最基本的生活水平,在当地处于绝对困难的状态。如果不是接受彩礼一方主动索要,而是给付一方主动举债自愿支付的，应另当别论。

就彩礼涉及的具体费用而言，以下支出在司法实践中不被认定为彩礼：

（1）男女恋爱交往期间，不以结婚为目的，为表达、维系或增进感情的消费，如旅游度假期间吃喝玩乐的花费、美容费等；

（2）一般意义上的赠与，如男方送给女方的服饰、化妆品、皮包、手表、手机、笔记本电脑，发送的微信红包，具有特殊含义的 520 元、1314 元、999 元、1001 元等数额的转账；

（3）男女双方亲属礼节性交往时的赠与；

（4）为隆重纪念订婚、结婚仪式，购买的婚庆服务、婚纱摄影服务等开销花费，满足心理需求层面的自愿消费性支出；

（5）为订婚或举行婚礼宴请招待亲友支出的宴席菜品、香烟、酒水饮料、喜糖的费用，且接受方并没有获得直接利益；

通常属于彩礼返还范围的有：见面礼、改口费、首饰、家庭生活用品、房产、车辆、购买房产车辆的出资，等等。

◉ 相关依据

《最高人民法院关于适用〈中华人民共和国民法典〉婚姻家庭编的解释（一）》

第五条　当事人请求返还按照习俗给付的彩礼的，如果查明属于以下情形，人民法院应当予以支持：

（一）双方未办理结婚登记手续；

（二）双方办理结婚登记手续但确未共同生活；

（三）婚前给付并导致给付人生活困难。

适用前款第二项、第三项的规定，应当以双方离婚为条件。

《江苏省高级人民法院家事纠纷案件审理指南(婚姻家庭部分)》①

8、双方未办理结婚登记手续,但已共同生活,彩礼应否返还?双方已办理结婚登记手续,但共同生活时间较短,离婚时彩礼应否返还?

《婚姻法解释二》第十条第一款第一项规定的“双方未办理结婚登记手续的”并非针对双方已共同生活的情形。如果双方未办理结婚登记手续,但已共同生活,当事人主张返还彩礼的,可以根据未办理结婚登记手续的原因、双方共同生活的时间、彩礼的数额、有无生育子女、财产使用情况、双方经济状况等酌定是否返还以及返还的数额。

双方已办理结婚登记手续,但共同生活时间较短,离婚时当事人主张返还彩礼的,可以根据离婚的过错、双方共同生活的时间、彩礼的数额、有无生育子女、财产使用情况、双方经济状况等酌定是否返还以及返还的数额。

第4问 同居男女约定的“分手费”,受法律保护吗?

答:分手协议,通常发生在无配偶者未婚同居和有配偶者婚外同居的两种情况下。具体指未婚男女恋爱同居,或是已婚者与他人发生婚外情,分手时协议约定或者出具欠条承诺支付一定的“分手费”,作为“青春损失费”或精神补偿金,以结束同居关系。分手协议并非单纯解决情感问题,还有对经济纠纷、抚养子女事宜的处理。

未婚同居是一种社会现象,现行法律的态度是既不禁止也不提倡。无配偶者解除同居关系的分手协议,如系男女双方自愿、平等、协商的情况下达成的,确实是双方的真实意思表示,协议内容既不违反法律、法规的强制性规定,同时也不违背公序良俗的,可以得到法院的支持。

① 《江苏省高级人民法院家事纠纷案件审理指南(婚姻家庭部分)》与《民法典》的规定和精神并不相悖,且截至本书出版时江苏省高级人民法院对该文件未作修改、废除,本书引用该文件,供读者参考。

《民法典》婚姻家庭编禁止有配偶者与他人同居,已婚者与他人同居违反了夫妻应当互相忠实的义务,应受到道义上的谴责。因婚外情达成的分手协议确定的"分手费"形成的债权债务关系,违背了公序良俗,不受法律保护。如果法律支持他人与已婚者之间达成的"分手费"式债权债务,就伤害了合法婚姻配偶的感情和侵犯了夫妻共同财产利益。有配偶者因婚外情实施赠与行为侵害了夫妻共同财产的,配偶可以向第三者要求返还,人民法院一般予以支持。如果赠与的实物因灭失、转让等原因导致无法返还,可以参照实物灭失、转让时的市场价格或者转让对价折价补偿。

为了保护非婚生子女的利益,无论是未婚同居还是婚外同居,分手协议中涉及非婚生子女的抚养费、探视权的约定,一般具有法律效力。

◉ 相关依据

《中华人民共和国民法典》

第一百四十三条　具备下列条件的民事法律行为有效:

(一)行为人具有相应的民事行为能力;

(二)意思表示真实;

(三)不违反法律、行政法规的强制性规定,不违背公序良俗。

第一百五十七条　民事法律行为无效、被撤销或者确定不发生效力后,行为人因该行为取得的财产,应当予以返还;不能返还或者没有必要返还的,应当折价补偿。有过错的一方应当赔偿对方由此所受到的损失;各方都有过错的,应当各自承担相应的责任。法律另有规定的,依照其规定。

《江苏省高级人民法院关于审理民间借贷纠纷案件的会议纪要》

六、其他问题

……

(二)对于下列违背社会公序良俗的借贷行为,原告起诉要求偿还借款的，人民法院应当判决驳回其诉讼请求：

1、因非婚同居、不正当两性关系等行为产生“青春损失费”、“分手费”等有损公序良俗的债务转化的借贷；

2、因赌博、吸毒形成的债务；

3、因托人情、找关系等请托形成的债务；

4. 其他违背社会公序良俗的借贷。

上述款项已经给付的部分，资金提供者主张返还的，不予支持。

……

《江苏省高级人民法院家事纠纷案件审理指南（婚姻家庭部分）》

10、因恋爱、同居产生的情感债务应当如何处理？婚外情所涉赠与应当如何处理？赠与行为的效力应当如何认定？赠与财物应当如何返还？

一方以恋爱、同居为由主张另一方支付“青春损失费”“分手费”的，不予支持。但女方在恋爱、同居期间因怀孕中止妊娠主张男方分担医疗费、营养费等合理费用的，可以支持。

有配偶者赠与或者约定赠与第三者财物，赠与后反悔主张返还或者第三者主张履行赠与的，不予支持。但配偶一方以赠与夫妻共同财产的行为侵犯其夫妻共同财产权为由主张返还的，可以支持。

配偶一方主张赠与行为无效并主张返还赠与财物的，应当认定赠与行为全部无效而非部分无效，赠与财物应当全部返还。

赠与行为被认定无效后返还的赠与财物应为赠与当时的标的物，如果赠与的是房屋、车辆等实物，应当返还实物。如果实物因灭失、转让等原因导致无法返还的，可以参照实物灭失、转让时的市场价格或者转让对价折价补偿。

第5问 男女恋爱期间共同出资购房，法律上归谁所有？

答：男女在恋爱期间共同购房，有可能会陷入两难境地。一方在房产证上没有名字，极可能不是共同产权人；双方在房产证都上有名字，结婚不成时分割难。

一般情况下,非产权人一方的出资款性质有三种情况:

1. 借款。一方将钱款出借给恋人,帮助恋人购房,登记在购房一方名下,准备用于婚后共同居住生活。

2. 赠与。一方将钱款无偿赠与恋人,是否以结婚为目的不明确。

3. 共同出资购房。双方均有购房意向,出资均系以购房为目的。

根据上述情况,具体分析如下:

1. 如产权人主张借贷关系,出借方可要求返还。

产权一方提出系借钱购房,因恋爱关系,碍于情面未出具借据,出资方可要求如数返还。

2. 产权人主张赠与关系,若无证据证明,不成立赠与关系。

"赠与"是赠与人将自己的财产无偿给予受赠人、受赠人表示接受的一种行为。双方应有明确的"无偿给予"和"接受赠与"的意思表示,方能形成赠与的基础,达成赠与合同。赠与合同为无偿合同、单务合同、诺成性合同。因赠与合同的无偿性以及单务性,产权人提出出资款为赠与时,出资人不认可的,若无书面证据,录音视频资料、手机信息以及证人证言证明确为赠与,出资人可主张双方成立借贷关系。若产权人举证证明对方曾明确表达过赠与,一旦认定赠与关系成立,受赠方可以不返还接受赠与的钱款。

3. 共同出资购房的认定。

购房时,非登记产权人一方出资时以文字或影音资料明确表示购房意向,且购房出资接近购房总价款比例的一半或一半以上,明显具有共同购房的意思表示,应认定为共同出资购房。形成共同出资的房产,没有约定共同共有的,视为按比例共有。恋爱双方分手时,可以协商归一方所有,并按出资比例补偿另一方市场价值以显示公平。

综上所述,男女恋爱期间出资购房,如有明确约定出资为借款、赠与、共同出资时,按约定处理;在没有约定或约定不明时,根据具体情况认定为借贷、赠与或出资关系。

◉ 相关依据

《中华人民共和国民法典》

第二百九十八条 按份共有人对共有的不动产或者动产按照其份额享有所有权。

第二百九十九条 共同共有人对共有的不动产或者动产共同享有所有权。

第三百条 共有人按照约定管理共有的不动产或者动产;没有约定或者约定不明确的,各共有人都有管理的权利和义务。

第三百零三条 共有人约定不得分割共有的不动产或者动产,以维持共有关系的,应当按照约定,但是共有人有重大理由需要分割的,可以请求分割;没有约定或者约定不明确的,按份共有人可以随时请求分割,共同共有人在共有的基础丧失或者有重大理由需要分割时可以请求分割。因分割造成其他共有人损害的,应当给予赔偿。

第三百零五条 按份共有人可以转让其享有的共有的不动产或者动产份额。其他共有人在同等条件下享有优先购买的权利。

第三百零八条 共有人对共有的不动产或者动产没有约定为按份共有或者共同共有,或者约定不明确的,除共有人具有家庭关系等外,视为按份共有。

第三百零九条 按份共有人对共有的不动产或者动产享有的份额,没有约定或者约定不明确的,按照出资额确定;不能确定出资额的,视为等额享有。

《最高人民法院关于审理民间借贷案件适用法律若干问题的规定》

第十六条 原告仅依据金融机构的转账凭证提起民间借贷诉讼,被告抗辩转账系偿还双方之前借款或其他债务的，被告应当对其主张提供证据证明。被告提供相应证据证明其主张后，原告仍应就借贷关系的成立承担举证责任。

第6问 出钱给男友的房子装修，如果分手了，还能要回装修款吗？

答：女方为男方的婚前个人房产出资装修的行为，如果双方没有约定是借款或是出资后享有部分房产权属，则属于以结婚为目的的附条件的赠与行为。如果结婚不成，女方可以要求返还财物。在我国司法实践中，动产与不动产的附合，由不动产所有人取得合成物的所有权，但应当给原动产所有人以补偿。在返还财物时，考虑到女方的出资转化为装修装饰物添附到房屋里，或者购买了家用电器产品，随着时间的推移，无论是硬装还是软装都出现了贬值，故需要折旧后给予经济补偿。为了防范经济纠纷，女方可与男方约定该出资为借款，如果结婚不成分手或者离婚，可以要求男方全额返还。

◉ 相关依据

《中华人民共和国民法典》

第一百五十八条 民事法律行为可以附条件，但是根据其性质不得附条件的除外。附生效条件的民事法律行为，自条件成就时生效。附解除条件的民事法律行为，自条件成就时失效。

第三百二十二条 因加工、附合、混合而产生的物的归属，有约定的，按照约定；没有约定或者约定不明确的，依照法律规定；法律没有规定的，按照充分发挥物的效用以及保护无过错当事人的原则确定。因一方当事人的过错或者确定物的归属造成另一方当事人损害的，应当给予赔偿或者补偿。

第7问 恋爱期间男友将为我代持的股权擅自转让他人，我该如何维权？

答：股权代持，是指出资人不愿以自己的真实身份参与公司活动，故提供资金并委托他人借名成为有限公司幕后操作的股东，通过他人享有股东权利和履行股东义务。出资人不是法律意义上的股东，是隐名（实际）股东，他人是显名（名义）股东，双方通过协议安排公司的经营管理、利益分配和风险承担。股权代持实为委托投资关系，隐名股东与有限公司、其他股东之间没有任何法律关系，隐名股东无权与公司和其他股东直接就公司的投资、经营和管理等问题进行交涉，需要通过名义股东来实现需求。当隐名股东欲将其身份显露于外的时候，可以要求公司确认其股东身份，经公司其他股东半数以上同意，方可取得公司股东资格。此后，隐名股东请求公司变更股东、签发出资证明书、记载于股东名册、记载于公司章程并办理公司登记机关登记的，人民法院予以支持。

名义股东参与公司活动受到实际股东与其协议的制约，未经隐名股东同意不得转让自己名下的股权。若隐名股东的股权被名义股东转让他人，隐名股东无法取得有限公司的股东资格，但可以通过向名义股东追究违约赔偿责任来挽回经济损失。

◉ 相关依据

《中华人民共和国公司法》

第三十二条 有限责任公司应当置备股东名册，记载下列事项：

（一）股东的姓名或者名称及住所；

（二）股东的出资额；

（三）出资证明书编号。

记载于股东名册的股东，可以依股东名册主张行使股东权利。

公司应当将股东的姓名或者名称向公司登记机关登记;登记事项发生变更的,应当办理变更登记。未经登记或者变更登记的,不得对抗第三人。

《最高人民法院关于适用〈中华人民共和国公司法〉若干问题的规定(三)》

第二十四条 有限责任公司的实际出资人与名义出资人订立合同,约定由实际出资人出资并享有投资权益,以名义出资人为名义股东,实际出资人与名义股东对该合同效力发生争议的,如无法律规定的无效情形,人民法院应当认定该合同有效。

前款规定的实际出资人与名义股东因投资权益的归属发生争议,实际出资人以其实际履行了出资义务为由向名义股东主张权利的,人民法院应予支持。名义股东以公司股东名册记载、公司登记机关登记为由否认实际出资人权利的,人民法院不予支持。

实际出资人未经公司其他股东半数以上同意,请求公司变更股东、签发出资证明书、记载于股东名册、记载于公司章程并办理公司登记机关登记的,人民法院不予支持。

第二十五条 名义股东将登记于其名下的股权转让、质押或者以其他方式处分,实际出资人以其对于股权享有实际权利为由,请求认定处分股权行为无效的,人民法院可以参照民法典第三百一十一条的规定处理。

名义股东处分股权造成实际出资人损失,实际出资人请求名义股东承担赔偿责任的,人民法院应予支持。

第8问 女方在分手后才发现已怀孕,如果生下孩子,可以向前男友索要抚养费吗?

答:女性有独立自主决定怀孕和生育的权利,男方无权干涉。双方签订协议约定女方堕胎的,该协议不具有法律效力。女方是否自愿堕胎,不受协议约定的影响。女方自愿堕胎的,可以要求男方赔偿治疗费和精神损害抚慰金;女方生下孩子后,可以代孩子主张抚养费,要求男方按月支付至孩子满18周岁。男女未办理结婚登记手续同居的,该同居关系不受法律保护;但在同居后怀孕生育子女的,非婚生子女与婚生子女具有同等法律地位。男方否认与出生子女存在亲子关系的,女方可以起诉确认亲子关系。男方不愿承担抚养费的,女方可以向法院起诉索要;如有财产纠纷,也可以一并提交法院处理。

◉ 相关依据

《中华人民共和国民法典》

第一千零七十一条 非婚生子女享有与婚生子女同等的权利,任何组织或者个人不得加以危害和歧视。

不直接抚养非婚生子女的生父或者生母,应当负担未成年子女或者不能独立生活的成年子女的抚养费。

第一千零七十三条第一款 对亲子关系有异议且有正当理由的,父或者母可以向人民法院提起诉讼,请求确认或者否认亲子关系。

《最高人民法院关于适用〈中华人民共和国民法典〉婚姻家庭编的解释(一)》

第三条 当事人提起诉讼仅请求解除同居关系的,人民法院不予受理;已经受理的,裁定驳回起诉。

当事人因同居期间财产分割或者子女抚养纠纷提起诉讼的,人民法院应当受理。

第三十九条第二款 父或者母以及成年子女起诉请求确认亲子关系,并提供必要证据予以证明,另一方没有相反证据又拒绝做亲子鉴定的,人民法院可以认定确认亲子关系一方的主张成立。

第9问 未婚同居,女方怀孕了,男方不愿结婚,怎么办?

答:未婚先孕,是继续怀孕足月后分娩孩子,还是终止妊娠(人工流产),女方有权自主决定,男方无权强求。若女方被迫与男方分手,且在怀孕期间终止妊娠,可以要求男方负担医疗费、营养费、误工费和精神损失费等合理损失。若女方不愿意和男方结婚,但愿意生下孩子,非婚生子女的法律地位与婚生子女等同:男方作为孩子的亲生父亲,有抚养、教育子女的法定义务和探望子女的权利;女方作为孩子的母亲,可以要求男方为孩子支付抚养费(包括生活费、教育费和医疗费)直至其能够独立生活为止支付抚养费原则上按月支付;如果男方经济条件允许,也可以一次性支付。若男方否认女方所生子女与其具有血缘关系,女方可以向人民法院提起诉讼,委托鉴定机构鉴定确认亲子关系。

◉ 相关依据

《中华人民共和国民法典》

第一千零七十一条 非婚生子女享有与婚生子女同等的权利,任何组织或者个人不得加以危害和歧视。

不直接抚养非婚生子女的生父或者生母,应当负担未成年子女或者不能独立生活的成年子女的抚养费。

第一千零七十三条第一款 对亲子关系有异议且有正当理由的,父或者母可以向人民法院提起诉讼,请求确认或者否认亲子关系。

《最高人民法院关于适用〈中华人民共和国民法典〉婚姻家庭编的解释(一)》

第四十二条 民法典第一千零六十七条所称"抚养费",包括子女生活费、教育费、医疗费等费用。

《江苏省高级人民法院家事纠纷案件审理指南(婚姻家庭部分)》

10、因恋爱、同居产生的情感债务应当如何处理?婚外情所涉赠与应当如何处理?赠与行为的效力应当如何认定?赠与财物应当如何返还?

一方以恋爱、同居为由主张另一方支付"青春损失费""分手费"的,不予支持。但女方在恋爱、同居期间因怀孕中止妊娠主张男方分担医疗费、营养费等合理费用的,可以支持。

有配偶者赠与或者约定赠与第三者财物,赠与后反悔主张返还或者第三者主张履行赠与的,不予支持。但配偶一方以赠与夫妻共同财产的行为侵犯其夫妻共同财产权为由主张返还的,可以支持。

配偶一方主张赠与行为无效并主张返还赠与财物的,应当认定赠与行为全部无效而非部分无效,赠与财物应当全部返还。

赠与行为被认定无效后返还的赠与财物应为赠与当时的标的物,如果赠与的是房屋、车辆等实物,应当返还实物。如果实物因灭失、转让等原因导致无法返还的,可以参照实物灭失、转让时的市场价格或者转让对价折价补偿。

第10问 男女没办结婚登记而以夫妻名义同居,法律上是如何对待的?

答:自1994年2月1日民政部《婚姻登记管理条例》公布实施以后,男女双方未办理结婚登记手续而以夫妻名义同居的,属于同居关系。一方仅向法院起诉解除同居关系的,法院不受理,有婚外同居情形的除外。如果因同居期间子女抚养和财产分割问题发生纠纷起诉到法院,法院应依法处理。

同居关系不同于合法的婚姻关系,原则上财产归各自所有,难以产生财产混同形成共同财产。男女任何一方在同居期间的工资收入、奖金、住房公积金、社会保险金、投资经营收益以及接受继承、遗赠、赠与等财产,属于一方的个人财产。如果男女双方在同居期间,共同购置房产、车辆等重大财产,共同投资经营管理公司、商铺等商业实体,则按照各自的出资比例享有权利,如果无法确定出资比例,视为等额享有。同居期间为共同生产、生活而形成的债权、债务，可按共同债权、共同债务处理。

无论是否解除同居关系，男女同居所生子女，与合法婚姻关系中生育的子女没有根本性区别，适用一切合法婚姻中的父母子女关系的法律规定。法院在处理同居案件时，与处理离婚案件一样，需要照顾女方及子女的利益。

同居一方在共同生活期间患有严重疾病未治愈的，分割财产时，可予以适当照顾，或者由另一方给予一次性的经济帮助。同居者之间原则上没有相互继承权；同居生活期间一方死亡，另一方要求继承死者遗产，如属于事实婚姻关系，可以配偶身份继承。对于没有形成事实婚姻关系的同居男女，一方缺乏劳动能力又没有生活来源，生前依靠死亡一方扶养的，或者对死亡一方扶养较多的，可以分得适当的遗产。

◉ 相关依据

《中华人民共和国民法典》

第三百零八条　共有人对共有的不动产或者动产没有约定为按份共有或者共同共有，或者约定不明确的，除共有人具有家庭关系等外，视为按份共有。

第三百零九条　按份共有人对共有的不动产或者动产享有的份额，没有约定或者约定不明确的，按照出资额确定；不能确定出资额的，视为等额享有。

第一千零七十一条　非婚生子女享有与婚生子女同等的权利，任何组织或者个人不得加以危害和歧视。

不直接抚养非婚生子女的生父或者生母，应当负担未成年子女或者不能独立生活的成年子女的抚养费。

第一千一百三十一条　对继承人以外的依靠被继承人扶养的人，或者继承人以外的对被继承人扶养较多的人，可以分给适当的遗产。

《最高人民法院关于适用〈中华人民共和国民法典〉婚姻家庭编的解释(一)》

第三条 当事人提起诉讼仅请求解除同居关系的,人民法院不予受理;已经受理的,裁定驳回起诉。

当事人因同居期间财产分割或者子女抚养纠纷提起诉讼的,人民法院应当受理。

第七条 未依据民法典第一千零四十九条规定办理结婚登记而以夫妻名义共同生活的男女,提起诉讼要求离婚的,应当区别对待:

(一)1994 年 2 月 1 日民政部《婚姻登记管理条例》公布实施以前,男女双方已经符合结婚实质要件的,按事实婚姻处理。

(二)1994 年 2 月 1 日民政部《婚姻登记管理条例》公布实施以后,男女双方符合结婚实质要件的,人民法院应当告知其补办结婚登记。未补办结婚登记的,依据本解释第三条规定处理。

第八条 未依据民法典第一千零四十九条规定办理结婚登记而以夫妻名义共同生活的男女,一方死亡,另一方以配偶身份主张享有继承权的,依据本解释第七条的原则处理。

《江苏省高级人民法院家事纠纷案件审理指南(婚姻家庭部分)》

10、同居期间形成的财产应当如何分割?

同居关系不同于合法婚姻关系,对于同居期间一方的工资、奖金、生产经营收益以及因继承、赠与等途径所得的合法收入,原则上归本人所有。双方在同居期间有共同购置的财产或者共同经营所得的收入,如果查明属于按份共有,按照各自的出资额比例分享权利;如果查明属于共同共有,则对共有财产共同享有权利;如果无法查明是按份共有还是共同共有,视为按份共有,不能确定出资额比例的,视为等额享有。

对于被宣告无效或者被撤销的婚姻,当事人同居期间所得的财产,按共同共有处理,但有证据证明为当事人一方所有或者按份共有的除外。

第二节　风险预防

“结错婚”与“离错婚”同样不幸。结婚有风险，登记需谨慎。草率、仓促“闪婚”，婚后幸福与否，无异于“赌博”。婚前采取必要措施，防范人身、财产风险，尤为重要。

第11问　婚前男女如何预防和排查结婚风险？

答：准备结婚的男女，都应出于自愿并坦诚相待，如实告知自己的家庭背景和情感、学习、生活、工作、健康等情况，在对方面前做个“透明人”，避免道德欺骗，导致婚后感情、财产受损。主动预防和排查结婚风险的措施有：

1. 查询对方的征信信息，验证是否诚实守信。(1)登录“中国执行信息公开网”，输入对方身份证号码，查询是否列入“失信被执行人”名单，有无尚未履行的债务、被限制高消费等。(2)请对方在中国人民银行当地分行打印“征信报告”。

2. 要求对方如实告知婚史并提供相关材料。要求对方在户籍所在地的民政局查询出具“婚姻登记档案”信息表明婚姻经历；如果有离婚经历，要求对方出具自行留存或民政局存档的离婚协议。查看协议中有无约定大额债务、子女抚养费、探视安排等情况，为婚后夫妻情感、财务支出做好心理准备。

3. 要求对方如实告知健康状况，确认不存在重大疾病。一起参加婚前检查，排查禁止结婚、暂缓结婚情形，做到理性对待婚姻。

4. 要求对方到房产管理部门查询出具房产权属相关材料，验证对方家庭或个人资产情况，确认有无代持情况。

5. 根据恋爱交往中获知的公司名称，通过国家企业信用信息公示系统、企查查 APP 或当地工商行政部门查询对方在投资成立的公司享有的股权比例或职务。

6. 要求对方提供有无涉及被交通警察部门处罚扣分、饮酒驾驶、醉酒驾驶、吸毒戒毒、赌博等行政和刑事处罚的记录。

7. 要求对方如实告知有无大额个人债务存在，以及偿还情况。

◉ 相关依据

《中华人民共和国民法典》

第七条 民事主体从事民事活动，应当遵循诚信原则，秉持诚实，恪守承诺。

第一千零五十三条 一方患有重大疾病的，应当在结婚登记前如实告知另一方；不如实告知的，另一方可以向人民法院请求撤销婚姻。

请求撤销婚姻的，应当自知道或者应当知道撤销事由之日起一年内提出。

第12问 哪些人需要签订婚前财产协议？婚前财产协议该如何约定？

答：婚前财产约定是拟结婚的男女双方在结婚登记之前，就双方各自婚前财产及婚后所得财产的归属所作的约定；约定的内容可以是各自婚前财产及婚后可能取得的财产归各自所有，也可以约定为共同所有。

笔者建议下列人员可以签订婚前财产协议：

1. 买房时，仅有一方出资，或双方共同出资但比例悬殊以致显失公平，需要平衡；

2. 一方收入、存款、发展潜力巨大,将来经济状况悬殊;

3. 一方在婚后可能继承公司股权、股份等大额或巨额财产;

4. 一方或双方是再婚人士;

5. 涉外婚姻;

6. 与结婚对象相处时间较短,缺乏深入了解,草率、仓促结婚。

婚前财产协议签订于双方缔结为合法夫妻之前,且在婚前成立,但是协议的生效却在办理婚姻登记后。婚前财产约定原则上仅在约定的男女双方之间产生效力;只有在第三人知道该约定时,才会对第三人产生对抗效力。律师见证、公证处公证不是婚前财产协议成立生效的必经程序。

◉ 相关依据

《中华人民共和国民法典》

第六百五十八条 赠与人在赠与财产的权利转移之前可以撤销赠与。

经过公证的赠与合同或者依法不得撤销的具有救灾、扶贫、助残等公益、道德义务性质的赠与合同,不适用前款规定。

第六百五十九条 赠与的财产依法需要办理登记或者其他手续的,应当办理有关手续。

第一千零六十二条 夫妻在婚姻关系存续期间所得的下列财产,为夫妻的共同财产,归夫妻共同所有:

(一)工资、奖金、劳务报酬;

(二)生产、经营、投资的收益;

(三)知识产权的收益;

(四)继承或者受赠的财产,但是本法第一千零六十三条第三项规定的除外;

(五)其他应当归共同所有的财产。

夫妻对共同财产,有平等的处理权。

第一千零六十三条 下列财产为夫妻一方的个人财产：

（一）一方的婚前财产；

（二）一方因受到人身损害获得的赔偿或者补偿；

（三）遗嘱或者赠与合同中确定只归一方的财产；

（四）一方专用的生活用品；

（五）其他应当归一方的财产。

第一千零六十五条 男女双方可以约定婚姻关系存续期间所得的财产以及婚前财产归各自所有、共同所有或者部分各自所有、部分共同所有。约定应当采用书面形式。没有约定或者约定不明确的，适用本法第一千零六十二条、第一千零六十三条的规定。

夫妻对婚姻关系存续期间所得的财产以及婚前财产的约定，对双方具有法律约束力。

夫妻对婚姻关系存续期间所得的财产约定归各自所有，夫或者妻一方对外所负的债务，相对人知道该约定的，以夫或者妻一方的个人财产清偿。

《最高人民法院关于适用〈中华人民共和国民法典〉婚姻家庭编的解释（一）》

第二十四条 民法典第一千零六十二条第一款第三项规定的“知识产权的收益”，是指婚姻关系存续期间，实际取得或者已经明确可以取得的财产性收益。

第二十五条 婚姻关系存续期间，下列财产属于民法典第一千零六十二条规定的“其他应当归共同所有的财产”：

（一）一方以个人财产投资取得的收益；

（二）男女双方实际取得或者应当取得的住房补贴、住房公积金；

（三）男女双方实际取得或者应当取得的基本养老金、破产安置补偿费。

第二十六条 夫妻一方个人财产在婚后产生的收益，除孳息和自然增值外，应认定为夫妻共同财产。

第三十一条 民法典第一千零六十三条规定为夫妻一方的个人财产，

不因婚姻关系的延续而转化为夫妻共同财产。但当事人另有约定的除外。

第三十二条　婚前或者婚姻关系存续期间，当事人约定将一方所有的房产赠与另一方或者共有，赠与方在赠与房产变更登记之前撤销赠与，另一方请求判令继续履行的，人民法院可以按照民法典第六百五十八条的规定处理。

第13问 男女未婚同居，存在哪些法律风险?

答:当今时代，未婚男女同居现象已比较普遍。未婚同居虽然不违法，但相对于婚姻关系内的同居而言，未婚同居受到的法律保护极其有限。因为感情因素"爱很随意、聚散随缘"的不稳定性，未婚同居容易发生纠纷，法律风险较多。大致概括列举如下以供参考:

(1)生育子女。同居期间如违反相关法律生育子女，政府计划生育部门有权处罚，征收社会抚养费。

(2)财产归属。男女同居期间所得的工资、奖金和生产、经营的收益以及因继承、赠与等途径所得的合法收入，原则上归其本人所有;如果双方在同居期间有共同购置的财产或有共同经营所得的收入，解除同居关系时需按照双方的出资份额、所做贡献等公平合理地予以分割。

(3)债权债务。男女双方同居期间的对外债权各自享有，债务各自承担。如双方在同居生活期间形成共同经营管理、合伙投资关系，一方需要与对方一起承担连带责任。

(4)赠与关系。同居期间一方自愿赠与另一方的财产，属于另一方的个人财产，双方分手时不能要求受赠方返还;但受赠人侵犯了赠与人及其近亲属的合法权益的，可以撤销赠与。若同居男女之间的赠与是以结婚为目的的附条件赠与行为，如果结婚不成，分手时可以要求受赠方予以返还。

(5)借贷关系。无论是否以结婚为目的同居,男女在共同生活期间发生的借款行为,除非出借方免除债务,否则出借方均有权要求借款方返还。

(6)委托辩护。按照《刑事诉讼法》的规定,同居者不属于刑事法律上的"近亲属","近亲属"是指夫、妻、父、母、子、女、同胞兄弟姊妹。同居的双方只是男女朋友关系,无权向公安机关获知涉嫌罪名,无权为嫌疑人代为退回赃款、代表嫌疑人与受害人协商赔偿事宜,亦无权为对方委托律师担任辩护人。

(7)盗窃罪。同居一方一旦未经对方同意盗用对方的钱财,不仅容易引发情感和财物纠纷,而且极易构成盗窃罪以及其他侵财性犯罪。

(8)强奸罪。男女同居期间自愿发生性关系,法律不加干涉。如果男方违背女方意愿强行发生性行为,则属于强奸行为,女方可以向公安机关报案控告追究男方的刑事责任。

(9)故意毁坏他人财物且价值数额较大或情节严重将构成故意毁坏财物罪。同居男女,损坏对方财物价值达5000元以上,可能构成故意毁坏财物罪。

(10)继承权。男女互不享有法定继承遗产的权利,但存在例外情形。1994年2月1日民政部《婚姻登记管理条例》公布实施以前,未办理结婚登记手续的男女双方符合结婚实质要件的,按事实婚姻处理,被认定存在事实婚姻关系的同居男女可以依法享有继承权。

◉ 相关依据

《中华人民共和国刑事诉讼法》

第三十四条第一款、第三款 犯罪嫌疑人自被侦查机关第一次讯问或者采取强制措施之日起,有权委托辩护人;在侦查期间,只能委托律师作为辩护人。被告人有权随时委托辩护人。

犯罪嫌疑人、被告人在押的,也可以由其监护人、近亲属代为委托辩护人。

第一百零八条　本法下列用语的含意是:

……

(六)“近亲属”是指夫、妻、父、母、子、女、同胞兄弟姊妹。

《中华人民共和国刑法》

第二百六十四条　盗窃公私财物,数额较大的,或者多次盗窃、入户盗窃、携带凶器盗窃、扒窃的,处三年以下有期徒刑、拘役或者管制,并处或者单处罚金;数额巨大或者有其他严重情节的,处三年以上十年以下有期徒刑,并处罚金;数额特别巨大或者有其他特别严重情节的,处十年以上有期徒刑或者无期徒刑,并处罚金或者没收财产。

《最高人民法院、最高人民检察院关于办理盗窃刑事案件适用法律若干问题的解释》

第一条第一款　盗窃公私财物价值一千元至三千元以上、三万元至十万元以上、三十万元至五十万元以上的,应当分别认定为刑法第二百六十四条规定的“数额较大”、“数额巨大”、“数额特别巨大”。

《最高人民检察院、公安部关于公安机关管辖的刑事案件立案追诉标准的规定(一)》

第三十三条　[故意毁坏财物案(刑法第二百七十五条)]故意毁坏公私财物,涉嫌下列情形之一的,应予立案追诉:

(一)造成公私财物损失五千元以上的;

……

《中华人民共和国民法典》

第六百五十八条第一款　赠与人在赠与财产的权利转移之前可以撤销赠与。

第六百六十三条　受赠人有下列情形之一的,赠与人可以撤销赠与:

(一)严重侵害赠与人或者赠与人近亲属的合法权益;

(二)对赠与人有扶养义务而不履行;

(三)不履行赠与合同约定的义务。

赠与人的撤销权,自知道或者应当知道撤销事由之日起一年内行使。

第一千零六十一条 夫妻有相互继承遗产的权利。

第14问 什么情况属于以假借婚恋骗取钱财的犯罪行为?

答:以婚骗财,是指犯罪分子以非法占有为目的,虚构恋爱婚姻情感,借婚姻索取财物。犯罪分子对迫切建立恋爱情感关系、急于成婚的适婚男女,虚构结婚意愿,虚情假意地谈情说爱,与之建立情感联系,使之产生心理依赖,使受害人放松警惕,进而以结婚所需彩礼为由,索要价值数额较大(江苏省标准为6000元)的财物。受害人为了结婚委曲求全,违背自己的意愿交出钱财。犯罪分子取得或控制财物后离开受害人或者拖延拒绝结婚。犯罪分子是否已婚、是否办理结婚登记不是区分罪与非罪的标准。在诈骗过程中,犯罪分子会有少量钱财支出,迷惑受害人,但这不影响诈骗犯罪的成立。

在常见婚恋诈骗案件中,犯罪分子的作案步骤通常是这样的:先以QQ、微信、抖音等交友软件,主动寻找作案目标搭讪,约会见面。然后抓住受害人崇拜偶像、金钱至上及享乐心理展开攻势,在交往过程中,租用别墅、豪车,表现出"高富帅""白富美"的形象,出入高档消费场所,甚至有一群冒充有钱人的"三五好友"配合演戏衬托。女犯罪分子有时会用与受害人发生性关系、短期同居等假象迷惑、麻痹受害人。在取得充分信任后,犯罪分子便不断地索要钱财或编造理由借钱,得逞之后借故不还或逃之夭夭。

◉ 相关依据

《中华人民共和国刑法》

第二百六十六条 诈骗公私财物,数额较大的,处三年以下有期徒刑、拘役或者管制，并处或者单处罚金；数额巨大或者有其他严重情节的，处三年以上十年以下有期徒刑，并处罚金；数额特别巨大或者有其他特别严重情节的，处十年以上有期徒刑或者无期徒刑，并处罚金或者没收财产。本法另有规定的，依照规定。

《江苏省高级人民法院、江苏省人民检察院、江苏省公安厅关于我省执行诈骗公私财物"数额较大"、"数额巨大"、"数额特别巨大"标准的意见》

根据《最高人民法院、最高人民检察院关于办理诈骗案件具体应用法律若干问题的解释》，结合我省经济社会发展的实际状况，确定我省执行诈骗公私财物"数额较大"、"数额巨大"、"数额特别巨大"的标准如下：

一、诈骗公私财物价值人民币六千元以上的，为"数额较大"。

二、诈骗公私财物价值人民币六万元以上的，为"数额巨大"。

三、诈骗公私财物价值人民币五十万元以上的，为"数额特别巨大"。

……

第15问　征婚时与婚介机构签订服务合同，需注意哪些问题？

答：婚介服务合同是婚介服务机构利用掌握的征婚信息为征婚者推荐结婚对象，安排见面，以促成缔结婚姻为目的，设立、变更、终止双方的权利和义务关系的协议。由于婚姻对象的选择受到主观因素的影响，婚介机构难以保证推荐成功，婚介服务合同的完成，不以征婚者与被介绍对象缔结婚姻为前提。征婚者选择婚姻介绍服务机构时，应事先查看商家营业执照、服务项目和收费标准，了解推荐成功概率和市场信誉等。

把握细节，防范风险。征婚者应向服务机构明确告知需要寻找的婚恋对象的身高、体重、学历、户籍、行业、岗位、收入、健康状况以及有无违法犯罪经历等详细情况，向婚介机构询问是按服务次数还是会员制收费、介绍人数、安排双方约见次数、服务费用、服务周期以及争议解决等详细情况，避免发生争议时空口无凭。签订合同时，征婚者不要忘记与婚介机构约定若服务质量不满意时如何承担违约责任。例如，婚介机构未能推荐合适的征婚对象，导致征婚目的不能实现时，是否返还服务费等。签署合同时，应仔细阅读条款内容，注意索要合同和服务票据，妥善保存。婚介机构对在服务过程中获得的征婚者的个人信息负有保密义务。

◉ 相关依据

《中华人民共和国民法典》

第五百零九条第一款、第二款 当事人应当按照约定全面履行自己的义务。

当事人应当遵循诚信原则，根据合同的性质、目的和交易习惯履行通知、协助、保密等义务。

《江苏省消费者权益保护条例》

第十三条 经营者提供商品或者服务，应当明码标价，做到价签价目齐全，标价内容真实、具体、明确，字迹清晰，货签对位，标识醒目。价格变动时，应当及时调整。

经营者不得在标价之外加价出售商品或者提供服务，不得收取任何未标明的费用，不得用虚假优惠折价的方式销售商品或者提供服务。

第十七条 经营者应当建立健全消费者个人信息保密和管理制度，制订信息安全事件应急预案，确保信息安全。在发生或者可能发生信息泄露、丢失时，应当立即采取补救措施，及时通知消费者，避免造成损失或者损失的扩大。

经营者及其工作人员对收集的消费者个人信息应当严格保密，不得泄露、出售或者非法向他人提供。

第二十四条 经营者提供商品或者服务，有下列情形之一的，属于欺诈行为：

……

（六）从事职业介绍、婚姻介绍、房屋租售、出境出国、家政服务等中介服务时提供虚假信息或者采取欺骗、恶意串通等手段损害消费者权益；

……

第四十一条　职业介绍、婚姻介绍、房屋租售、出境出国、家政服务等中介服务机构提供中介服务，应当向消费者提供真实、准确、完整的信息，明示服务项目、收费标准，不得采取强迫、欺诈、误导等手段进行中介服务。

中介服务机构不履行合同或者以虚假信息误导消费者的，应当退还消费者所付的全部费用，并依法承担赔偿责任。

第二章

结婚篇

CHAPTER 02

第一节 婚姻缔结

婚姻是指男女双方以永久共同生活为目的，以夫妻双方的权利义务为内容的合法结合。我国实行一夫一妻的婚姻制度，禁止重婚，禁止有配偶者与他人同居。

第16问 男大当婚，女大当嫁，父母“逼婚”违法吗？

答：婚姻自由是公民的个人合法权利，成年男女享有婚姻自主权，有权单独决定是否结婚、和谁结婚。任何人包括父母长辈应尊重公民个人的意愿，不能违背男女的结婚意愿粗暴干涉，不得以自杀、自残、有病不治疗、财产和名誉等相要挟，不得以捆绑、禁闭、强抢等方法干涉其结婚或不结婚、跟谁或不跟谁结婚。因被胁迫而结婚的，受胁迫方可以在胁迫行为或者非法限制人身自由终止之日起1年内向人民法院请求撤销婚姻。婚姻被撤销后，男女双方自始不具有法律上的夫妻关系。成年子女亦不能干涉离异、丧偶老年人的婚姻自由。以暴力、威胁手段干涉他人婚姻自由，情节严重的，构成暴力干涉婚姻自由罪，将依法被追究刑事责任，面临2年以下有期徒刑或者拘役的处罚。

◉ 相关依据

《中华人民共和国民法典》

第一千零四十二条第一款 禁止包办、买卖婚姻和其他干涉婚姻自由的行为。禁止借婚姻索取财物。

第一千零五十二条 因胁迫结婚的，受胁迫的一方可以向人民法院请求撤销婚姻。

请求撤销婚姻的,应当自胁迫行为终止之日起一年内提出。

被非法限制人身自由的当事人请求撤销婚姻的,应当自恢复人身自由之日起一年内提出。

《最高人民法院关于适用〈中华人民共和国民法典〉婚姻家庭编的解释(一)》

第十八条 行为人以给另一方当事人或者其近亲属的生命、身体、健康、名誉、财产等方面造成损害为要挟,迫使另一方当事人违背真实意愿结婚的,可以认定为民法典第一千零五十二条所称的"胁迫"。

因受胁迫而请求撤销婚姻的,只能是受胁迫一方的婚姻关系当事人本人。

《中华人民共和国刑法》

第二百五十七条 以暴力干涉他人婚姻自由的,处二年以下有期徒刑或者拘役。

犯前款罪,致使被害人死亡的,处二年以上七年以下有期徒刑。

第一款罪,告诉的才处理。

第17问 结婚前有必要做婚前医学检查吗?

答:婚前医学检查现已不是办理婚姻登记前的必经程序。婚前检查是系统了解自己和对方身体遗传疾病、生殖系统状况、生殖保健、性生理、性卫生、避孕、受孕、优生优育等内容的良好机会,可谓有利无害。通过婚前医学检查可以及早发现不宜结婚、暂缓结婚、不宜生育的情形,科学提醒男女双方理性冷静对待婚姻大事,从源头上杜绝部分婚姻不幸、避免下一代患有先天性遗传疾病和畸形。法律上认为,禁止结婚的情形有:直系血亲和三代以内的旁系血亲。医学上认为不应当结婚的情形有:双方均患有重症智力低下,处于发病期间的传染病，包括未治愈的梅毒、淋病、艾滋病、甲型肝炎、开放性肺结核、麻风病、严重的红斑狼疮、无法矫正的先天性生殖器官畸形导致不能正常进行性生活等疾病。

暂缓结婚的疾病主要包括：重症精神病，即精神分裂症和躁狂抑郁症以及其他处在发病期间的重型精神病；各种未超过规定隔离期的传染病；未超过活动期的慢性病（如肝炎、肺结核）；生殖器官畸形可矫正的尚未矫正；患有遗传性疾病不宜生育未接受医生意见采取长效避孕措施或结扎手术的。

《民法典》施行后，患有重大疾病的人可以结婚，患病一方应在办理结婚登记前如实告知另一方病情，确保另一方慎重选择结婚对象。

◉ 相关依据

《中华人民共和国民法典》

第一千零四十八条　直系血亲或者三代以内的旁系血亲禁止结婚。

《中华人民共和国母婴保健法》

第八条　婚前医学检查包括对下列疾病的检查：

（一）严重遗传性疾病；

（二）指定传染病；

（三）有关精神病。

经婚前医学检查，医疗保健机构应当出具婚前医学检查证明。

第九条　经婚前医学检查，对患指定传染病在传染期内或者有关精神病在发病期内的，医师应当提出医学意见；准备结婚的男女双方应当暂缓结婚。

第十条　经婚前医学检查，对诊断患医学上认为不宜生育的严重遗传性疾病的，医师应当向男女双方说明情况，提出医学意见；经男女双方同意，采取长效避孕措施或者施行结扎手术后不生育的，可以结婚。但《中华人民共和国婚姻法》规定禁止结婚的除外。

第三十八条 本法下列用语的含义：

指定传染病，是指《中华人民共和国传染病防治法》中规定的艾滋病、淋病、梅毒、麻疯病以及医学上认为影响结婚和生育的其他传染病。

严重遗传性疾病，是指由于遗传因素先天形成，患者全部或者部分丧失自主生活能力，后代再现风险高，医学上认为不宜生育的遗传性疾病。

有关精神病，是指精神分裂症、躁狂抑郁型精神病以及其他重型精神病。

产前诊断，是指对胎儿进行先天性缺陷和遗传性疾病的诊断。

《婚前保健工作规范(修订)》

4、医学意见

婚前医学检查单位应向接受婚前医学检查的当事人出具《婚前医学检查证明》，并在“医学意见”栏内注明：

(1)双方为直系血亲、三代以内旁系血亲关系，以及医学上认为不宜结婚的疾病，如发现一方或双方患有重度、极重度智力低下，不具有婚姻意识能力；重型精神病，在病情发作期有攻击危害行为的，注明“建议不宜结婚”。

(2)发现医学上认为不宜生育的严重遗传性疾病或其他重要脏器疾病，以及医学上认为不宜生育的疾病的，注明“建议不宜生育”。

(3)发现指定传染病在传染期内、有关精神病在发病期内或其他医学上认为应暂缓结婚的疾病时，注明“建议暂缓结婚”；对于婚检发现的可能会终生传染的不在发病期的传染病患者或病原体携带者，在出具婚前检查医学意见时，应向受检者说明情况，提出预防、治疗及采取其他医学措施的意见。若受检者坚持结婚，应充分尊重受检双方的意愿，注明“建议采取医学措施，尊重受检者意愿”。

(4)未发现前款第(1)、(2)、(3)类情况，为婚检时法定允许结婚的情形，注明“未发现医学上不宜结婚的情形”。

在出具任何一种医学意见时，婚检医师应当向当事人说明情况，并进行指导。

第18问 普通人和军人结婚，如何办理登记手续？

答：军婚，是指夫妻一方或双方是军队人员的婚姻关系。军队人员包括现役军人、文职人员、军队管理的离休退休人员。现役军人是指正在中国人民解放军或人民武装警察部队服役、具有军籍的人员。退役军人、复员军人、转业军人和军事单位中不具有军籍的职工，均为非现役军人。军人由于担负着保家卫国、抵御外敌的神圣使命和职责，故在婚姻问题上与普通公民有着不同之处。结婚时除了要遵守《民法典》中有关规定，还要遵守军队内部的规定；当两者不一致时，优先执行军队的特别规定。义务兵在服役期内不得申请结婚，军队院校生长学员本科、专科在校学习期间不得申请结婚。军人不得与外国人结婚。

为使军人安心服役、训练、备战，非现役军人一方须作风正派，政治合格，无不良社会关系、婚姻关系（恋爱纠纷）和犯罪记录。军人需在登记结婚之日前至少30日，经所在党支部逐级向所在单位政治部门提出书面申请，并附《申请结婚报告表》等材料。所在单位政治工作部门采取函调等方式，对军人的结婚对象进行政治考核，审查同意后按照规定权限呈报审批；团级以上单位政治工作部门审批同意的，出具同意结婚的《军人婚姻登记证明》。军人一方取得《军人婚姻登记证明》后，与结婚对象凭相关材料办理婚姻登记。办理婚姻登记的机关可以是部队驻地或者入伍前常住户口所在地的婚姻登记机关，也可以是非现役军人一方常住户口所在地的婚姻登记机关。

◉ 相关依据

《中华人民共和国民法典》

第一千零四十七条　结婚年龄，男不得早于二十二周岁，女不得早于二十周岁。

第一千零四十八条 直系血亲或者三代以内的旁系血亲禁止结婚。

第一千零四十九条 要求结婚的男女双方应当亲自到婚姻登记机关申请结婚登记。符合本法规定的，予以登记，发给结婚证。完成结婚登记，即确立婚姻关系。未办理结婚登记的，应当补办登记。

第一千零五十一条 有下列情形之一的，婚姻无效：

（一）重婚；

（二）有禁止结婚的亲属关系；

（三）未到法定婚龄。

《军队人员婚姻管理若干规定》

第五条 军队人员结婚年龄，男不得早于22周岁，女不得早于20周岁。

义务兵服现役期间不得申请结婚，军队院校生长学员本科、专科在校学习期间不得申请结婚。

第六条 军队人员的结婚对象，应当政治可靠、思想进步、品行端正，有下列情形之一的，军队人员不得与其结婚：

（一）属于外国公民、无国籍人的；

（二）取得国外永久居留资格、长期居留许可的；

（三）不符合军队人员政治考核规定对配偶的相关政治要求的；

（四）法律法规明确禁止结婚的其他情形。

军队人员原则上不得与香港特别行政区、澳门特别行政区、台湾地区居民结婚。

第七条 现役军人申请结婚，按照下列程序办理：

（一）本人按照行政隶属关系，在拟办理结婚登记之日前至少30日，经所在党支部逐级向所在单位政治工作部门提出书面申请，并附《申请结婚报告表》等材料；

（二）所在单位政治工作部门采取函调等方式，对其结婚对象进行政治考核；

（三）所在单位政治工作部门审查同意后，按照规定权限呈报审批，并附《申请结婚报告表》、《结婚函调报告表》等材料；

（四）有审批权限的单位政治工作部门审批同意后，出具同意结婚的《军人婚姻登记证明》。

第八条　现役军人申请结婚的审批权限，按照下列规定执行：

（一）军士和少校以下军官，由团级以上单位政治工作部门审批；

（二）中校至大校军官，由军级以上单位政治工作部门审批；

（三）少将军官（不含军委直属的军级单位主要领导）、专业技术少将以上军官，由军委机关部门、战区、军兵种、军事科学院、国防大学、国防科技大学政治工作部门审批；

（四）军委直属的军级单位主要领导、中将以上军官，由军委政治工作部审批。

第九条　现役军人与结婚对象到婚姻登记机关办理结婚登记，应当出具下列证件和材料：

（一）现役军人的军人证件、居民身份证；

（二）现役军人所在团级以上单位政治工作部门出具的同意结婚的《军人婚姻登记证明》；

（三）婚姻登记机关要求的其他证件和材料。

现役军人办理结婚登记，可以在现役军人部队驻地或者入伍前常住户口所在地的婚姻登记机关，也可以在非现役军人一方常住户口所在地的婚姻登记机关。

第19问　男女双方都是艾滋病患者，可以结婚吗？

答：艾滋病，是指人类免疫缺陷病毒（艾滋病病毒）引起的获得性免疫缺陷综合征。艾滋病是一种致死率较高的慢性传染病，从感染到发病潜伏期为2～10年，最长有20多年未发病的。随着医疗科学技术的发展，艾滋病已成为可防可控的慢性病。易感染艾滋病病毒危险行为的人群,是指有卖淫、嫖娼、多性伴、男性同性性行为、注射吸毒等危险行为的人群。艾滋病主要通过性接触、血液、母婴三种途径传播。患有艾滋病的人具有一定的传染性,不得向与其有性关系者隐瞒病情。法律上允许结婚,但婚前医学检查意见可能认为暂缓结婚。在治疗防控、医生指导、正确防护下,具备结婚条件时,须在办理结婚登记前如实告知结婚对象病情,在双方自愿的情形下方可办理结婚登记。

◉ 相关依据

《中华人民共和国民法典》

第一千零五十三条 一方患有重大疾病的,应当在结婚登记前如实告知另一方;不如实告知的,另一方可以向人民法院请求撤销婚姻。

请求撤销婚姻的,应当自知道或者应当知道撤销事由之日起一年内提出。

《中华人民共和国母婴保健法》

第八条 婚前医学检查包括对下列疾病的检查:

(一)严重遗传性疾病;

(二)指定传染病;

(三)有关精神病。

经婚前医学检查,医疗保健机构应当出具婚前医学检查证明。

第九条 经婚前医学检查,对患指定传染病在传染期内或者有关精神病在发病期内的,医师应当提出医学意见;准备结婚的男女双方应当暂缓结婚。

《艾滋病防治条例》

第三条 任何单位和个人不得歧视艾滋病病毒感染者、艾滋病病人及其家属。艾滋病病毒感染者、艾滋病病人及其家属享有的婚姻、就业、就医、入学等合法权益受法律保护。

第三十九条　疾病预防控制机构和出入境检验检疫机构进行艾滋病流行病学调查时，被调查单位和个人应当如实提供有关情况。

未经本人或者其监护人同意，任何单位或者个人不得公开艾滋病病毒感染者、艾滋病病人及其家属的姓名、住址、工作单位、肖像、病史资料以及其他可能推断出其具体身份的信息。

第20问　患有重大疾病的人可以与他人结婚吗？

答：重大疾病，是指医治花费巨大，且在较长一段时间内，严重影响患者及其家庭正常工作和生活的难以治愈的疾病。2021年1月1日，《民法典》正式施行后，患有医学上认为不应当结婚的疾病者不再被禁止结婚。患有重大疾病的人，如果达到法定婚龄，与结婚登记对象不存在重婚以及直系血亲或三代以内的旁系血亲关系的，且在办理结婚登记前，已预先将患病情况如实告知结婚对象，结婚对象明知存在患病情况而自愿与其结为夫妻的，婚姻登记部门应秉持“成人之美”的态度，予以依法登记确认。如果患病一方不如实告知，另一方在自知道后1年内可以向人民法院请求撤销婚姻；逾期不行使撤销权的，丧失撤销权。婚姻被撤销后，男女双方自始不存在合法婚姻所具有的夫妻关系；如在同居期间生育子女，父母与子女关系，与合法婚姻中的父母子女关系等同。同居期间所得的财产，由当事人协议处理；协议不成的，由人民法院根据照顾无过错方的原则判决。因被隐瞒重大疾病而结婚的无过错方，有权请求损害赔偿（包括精神损害）。

◉ 相关依据

《中华人民共和国民法典》

第一千零四十六条　结婚应当男女双方完全自愿，禁止任何一方对另一方加以强迫,禁止任何组织或者个人加以干涉。

第一千零四十七条 结婚年龄,男不得早于二十二周岁,女不得早于二十周岁。

第一千零四十八条 直系血亲或者三代以内的旁系血亲禁止结婚。

第一千零五十一条 有下列情形之一的,婚姻无效:

(一)重婚;

(二)有禁止结婚的亲属关系;

(三)未到法定婚龄。

第一千零五十三条 一方患有重大疾病的,应当在结婚登记前如实告知另一方;不如实告知的,另一方可以向人民法院请求撤销婚姻。

请求撤销婚姻的,应当自知道或者应当知道撤销事由之日起一年内提出。

第一千零五十四条 无效的或者被撤销的婚姻自始没有法律约束力,当事人不具有夫妻的权利和义务。同居期间所得的财产,由当事人协议处理;协议不成的,由人民法院根据照顾无过错方的原则判决。对重婚导致的无效婚姻的财产处理,不得侵害合法婚姻当事人的财产权益。当事人所生的子女,适用本法关于父母子女的规定。

婚姻无效或者被撤销的,无过错方有权请求损害赔偿。

第21问 遭遇“被结婚”,该怎么办?

答:在网络不发达的年代和偏远地区,人们法律意识淡薄。未达法定婚龄者,可能借用、盗用他人身份证,与自己的结婚对象办理结婚登记。由于科技不发达,不能全国联网查询公民婚姻状况,民政部门无法核实“人证”是否相符,进而出现身份证上记载的人“被结婚”的现象。通常,“被结婚”现象,在本人办理银行贷款审核时才会被发现。由于办理结婚登记时身份被冒用,本人未到结婚登记处办理登记，与结婚证持有一方不存在缔结婚姻的真实意思表示，也未共同生活，仅为名义上的夫妻关系，不存在真实合法的婚姻关系。遭遇“被结婚”，受害人通常请求民政部门撤销登记，但民政部门对不属于受胁迫的婚姻登记不予撤销。故受害人唯有寻求司法救济，向人民法院起诉请求判决民政部门撤销错误婚姻登记，并在婚姻登记系统中删除错误婚姻登记信息，确保将违法行政行为对当事人的负面影响降至最小。如果超过行政诉讼时效导致行政诉讼得不到支持，受害人可以提起民事诉讼确认婚姻关系无效。

◉ 相关依据

《中华人民共和国民法典》

第一百一十一条　自然人的个人信息受法律保护。任何组织或者个人需要获取他人个人信息的，应当依法取得并确保信息安全，不得非法收集、使用、加工、传输他人个人信息，不得非法买卖、提供或者公开他人个人信息。

第一千零三十四条　自然人的个人信息受法律保护。

个人信息是以电子或者其他方式记录的能够单独或者与其他信息结合识别特定自然人的各种信息，包括自然人的姓名、出生日期、身份证件号码、生物识别信息、住址、电话号码、电子邮箱、健康信息、行踪信息等。

个人信息中的私密信息，适用有关隐私权的规定；没有规定的，适用有关个人信息保护的规定。

第一千零四十九条　要求结婚的男女双方应当亲自到婚姻登记机关申请结婚登记。符合本法规定的，予以登记，发给结婚证。完成结婚登记，即确立婚姻关系。未办理结婚登记的，应当补办登记。

第一千零五十二条　因胁迫结婚的，受胁迫的一方可以向人民法院请求撤销婚姻。

请求撤销婚姻的，应当自胁迫行为终止之日起一年内提出。

被非法限制人身自由的当事人请求撤销婚姻的，应当自恢复人身自由之日起一年内提出。

第22问 江苏职工的婚假是多少天?

答:婚假是国家法律、政策规定用人单位给予符合法定婚龄的劳动者，结婚期间一定休息时间、工资待遇不变的一种福利待遇。享受婚假待遇，不论职工工作年限和是否转为正式工，也不论是否符合晚婚条件，用人单位不得设置限制性条件扣减假期天数。江苏的婚假在全国性规定3天的基础上延长10天，即13天。婚假假期包含周六、周日双休日在内，但不包含法定节假日:元旦、清明节、劳动节、端午节、国庆节、中秋节等。如果休假期间与国家法定节假日重合，可以继续补休，如遇最后一天是法定节假日则可以顺延。

◉ 相关依据

《中华人民共和国民法典》

第一千零四十七条 结婚年龄，男不得早于二十二周岁，女不得早于二十周岁。

《国家劳动总局、财政部关于国营企业职工请婚丧假和路程假问题的通知》

一、职工本人结婚或职工的直系亲属(父母、配偶和子女)死亡时，可以根据具体情况，由本单位行政领导批准，酌情给予一至三天的婚丧假。

《江苏省人口与计划生育条例》

第二十七条 依法办理结婚登记的夫妻，在享受国家规定婚假的基础上，延长婚假十天。

自2016年1月1日起，符合本条例规定生育子女的夫妻，女方在享受国家规定产假的基础上，延长产假三十天，男方享受护理假十五天。

前两款规定的假期视为出勤，在规定假期内照发工资，不影响福利待遇，国家法定休假日不计入前两款规定的假期。

第23问 什么情况下，索要彩礼属于借婚姻索取财物的行为？

答：彩礼是一方赠送给另一方一定数量的金钱和物品，表示愿与对方结为夫妻的真实意思表示，是以结婚为目的的附条件赠与行为。对于彩礼数额，法律尚无标准，理论上以自愿和适度为原则。如果一方完全把婚姻建立在金钱基础之上，向另一方提出超过正常的风俗习惯的彩礼数额要求，片面抬高"身价"，迫使另一方家庭举债结婚，造成对方生活困难，则属于借婚姻索取财物的行为。借婚姻索取财物的行为不符合社会主义婚姻家庭道德观。

司法实践中，如果男女双方结婚时间不长，或者因索取财物造成对方生活困难，解除婚约或离婚时应酌情予以返还。人民法院在酌定返还彩礼数额时会综合考虑有无办理结婚登记、有无共同生活、共同生活时间、彩礼的数额、有无生育子女、财产使用情况、双方的经济状况等因素。

◉ 相关依据

《中华人民共和国民法典》

第一千零四十二条第一款　禁止包办、买卖婚姻和其他干涉婚姻自由的行为。禁止借婚姻索取财物。

《最高人民法院关于适用〈中华人民共和国民法典〉婚姻家庭编的解释（一）》

第五条　当事人请求返还按照习俗给付的彩礼的，如果查明属于以下情形，人民法院应当予以支持：

（一）双方未办理结婚登记手续；

（二）双方办理结婚登记手续但确未共同生活；

（三）婚前给付并导致给付人生活困难。

适用前款第二项、第三项的规定，应当以双方离婚为条件。

第24问 婚庆服务机构丢失新人婚庆摄像存储资料，可以要求赔偿精神损失费吗？

答：婚庆摄像资料完整记录和见证了男女进入婚姻殿堂的庆典、接受亲朋好友美好祝福的甜蜜和温馨时刻，为日后夫妻双方重温喜庆、获得精神愉悦、增进夫妻感情提供了重要的物质载体。故婚庆摄像资料对结婚的夫妻来说是人生中具有重大、特定纪念意义的物品。因婚庆服务机构自身原因导致摄像资料没有及时保存、有遗漏不完整保存、丢失或损毁等情形，致使摄像资料无法交付，使新人的婚礼活动过程无法再现，属于永久性灭失。婚庆服务机构的失误或不尽职的行为，难免在一定程度上造成新人的精神痛苦和遗憾，婚庆服务机构应向委托人（新人）承担违约责任或赔偿精神损失。

◉ 相关依据

《中华人民共和国民法典》

第九百九十条　人格权是民事主体享有的生命权、身体权、健康权、姓名权、名称权、肖像权、名誉权、荣誉权、隐私权等权利。

除前款规定的人格权外，自然人享有基于人身自由、人格尊严产生的其他人格权益。

第九百九十一条　民事主体的人格权受法律保护，任何组织或者个人不得侵害。

第九百九十六条　因当事人一方的违约行为，损害对方人格权并造成严重精神损害,受损害方选择请求其承担违约责任的,不影响受损害方请求精神损害赔偿。

《最高人民法院关于确定民事侵权精神损害赔偿责任若干问题的解释》

第五条 精神损害的赔偿数额根据以下因素确定:

(一)侵权人的过错程度,但是法律另有规定的除外;

(二)侵权行为的目的、方式、场合等具体情节;

(三)侵权行为所造成的后果;

(四)侵权人的获利情况;

(五)侵权人承担责任的经济能力;

(六)受理诉讼法院所在地的平均生活水平。

第25问 低俗、恶俗"婚闹",法律上如何定性处罚?

答:"婚闹",即男女结婚时,参加婚礼者为了庆祝新人步入婚姻的殿堂,通过各种方式制造喜庆热闹气氛的活动。"婚闹"有其历史原因,古时陌生男女因"父母之命,媒妁之言"而喜结良缘,婚前见面较少,互相缺乏了解,感情基础薄弱。为了缓解新人结婚时的尴尬和活跃气氛,通过"婚闹"让新人尽快亲密起来顺利进入夫妻角色,渐渐地变成了约定俗成的传统习俗。"婚闹"饱含对新婚夫妻喜结良缘的美好祝福,增添喜庆欢乐的成分;如果举止文明、拿捏得当、无伤大雅,可以起到增进夫妻感情,帮助新人与对方亲戚、朋友、同事等人建立和强化感情,营造团结和睦的良好氛围的作用。

若闹婚者逾越道德与法律的边界,错把犯罪当玩笑,可能会惹出官司、闹出人命,喜剧变悲剧,婚礼变成葬礼。综观全国各地"婚闹"现象,在违背公序良俗的低俗、恶俗的"婚闹"中,多存在侵犯他人的名誉权、健康权和生命权的行为。一般存在以下几种具体违法犯罪行为：

(1)猥亵他人。例如：公公强吻新娘，多名伴郎轮流亲吻蒙上眼睛的新娘，伴郎强行对新娘或伴娘搂抱、亲吻等。对于猥亵行为，司法实践中，以侵害人造成的社会危害性和被侵害人的伤害程度作为区分行政违法与犯罪的界限，给予相应的行政处罚或追究刑事责任。

按照《治安管理处罚法》的规定，猥亵他人的，处以5日以上10日以下拘留；猥亵智力残疾人、精神病人的，处以10日以上15日以下拘留。

按照《刑法》规定，以暴力、胁迫或者其他方法强制猥亵他人或者侮辱妇女的，处5年以下有期徒刑或者拘役；聚众或者在公共场所当众犯前款罪的，或者有其他恶劣情节的，处5年以上有期徒刑。

(2)侮辱他人人格尊严。例如：为丑化新郎，闹婚者用竹条抽打新郎、向新郎扔臭鸡蛋；逼迫新郎只穿女士内衣内裤游街；将新郎捆绑在树上、电线杆上并向新娘求救；胁迫新郎在脖子上挂着"我是嫖客"的牌子；胁迫新人挂上"奸夫""淫妇"的牌子游街示众；逼迫新人钻进被窝脱光并扔出全部衣服，更有甚者拉开被子让新人走光；给公公、婆婆泼墨涂画丑化；还有发放"上岗证""下岗证"的乱伦。依据《刑法》的规定，使用暴力或者以其他方法，公然贬损他人人格，破坏他人名誉，情节严重的行为，构成侮辱罪，处3年以下有期徒刑。

(3)过失致人重伤。亲朋好友在婚闹中行为失控，造成被闹者身体伤害构成重伤的，涉嫌过失致人重伤罪，可能被处3年以下有期徒刑或拘役。

(4)过失致人死亡。婚闹者以捆绑、追逐、推搡、捧摔等行为造成被闹者窒息、坠楼、溺水、遭遇交通事故而死亡的，依据《刑法》规定，处3年以上7年以下有期徒刑；情节较轻的，处3年以下有期徒刑。

◉ 相关依据

《中华人民共和国刑法》

第二百三十三条　过失致人死亡的，处三年以上七年以下有期徒刑；情节较轻的，处三年以下有期徒刑。本法另有规定的，依照规定。

第二百三十五条　过失伤害他人致人重伤的，处三年以下有期徒刑或者拘役。本法另有规定的，依照规定。

第二百三十七条第一款、第二款　以暴力、胁迫或者其他方法强制猥亵他人或者侮辱妇女的，处五年以下有期徒刑或者拘役。

聚众或者在公共场所当众犯前款罪的，或者有其他恶劣情节的，处五年以上有期徒刑。

第二百四十六条第一款　以暴力或者其他方法公然侮辱他人或者捏造事实诽谤他人，情节严重的，处三年以下有期徒刑、拘役、管制或者剥夺政治权利。

《中华人民共和国治安管理处罚法》

第四十四条　猥亵他人的，或者在公共场所故意裸露身体，情节恶劣的，处五日以上十日以下拘留；猥亵智力残疾人、精神病人、不满十四周岁的人或者有其他严重情节的，处十日以上十五日以下拘留。

第26问　路人拦截婚车索要红包是抢劫吗？

答：新人结婚，群众索要红包、喜糖和喜烟沾点喜气，并致以良好的祝福，是一些地方的风俗习惯，无可厚非。若“趁喜打劫”影响道路通行造成堵塞或者严重影响婚庆活动的举行，则涉嫌违法，甚至构成犯罪。拦截婚车索要红包，逞强、逞能不给红包就不让通行，蛮不讲理、强拿硬要，属于寻衅滋事扰乱社会公共秩序的违法行为。公安机关可根据具体情节处警告或者200元以下罚款；情节严重的，处5日以上10日以下拘留，可以并处500元以下的罚款。强拿硬要财物价值达1000元以上的,构成寻衅滋事罪,可能被处5年以下有期徒刑、拘役或者管制。索要者以非法敛财为目的,使用恐吓、威胁或要挟的方法,强行索取钱财数额达2000元以上的,涉嫌敲诈勒索罪,该罪最低档刑罚为3年以下有期徒刑、拘役或者管制,并处或者单处罚金。

◉ 相关依据

《中华人民共和国治安管理处罚法》

第二十三条 有下列行为之一的,处警告或者二百元以下罚款;情节较重的,处五日以上十日以下拘留,可以并处五百元以下罚款:

……

(四)非法拦截或者强登、扒乘机动车、船舶、航空器以及其他交通工具,影响交通工具正常行驶的;

……

聚众实施前款行为的,对首要分子处十日以上十五日以下拘留,可以并处一千元以下罚款。

第二十六条 有下列行为之一的,处五日以上十日以下拘留,可以并处五百元以下罚款;情节较重的,处十日以上十五日以下拘留,可以并处一千元以下罚款:

(一)结伙斗殴的;

(二)追逐、拦截他人的;

(三)强拿硬要或者任意损毁、占用公私财物的;

(四)其他寻衅滋事行为。

《中华人民共和国刑法》

第二百七十四条 敲诈勒索公私财物,数额较大或者多次敲诈勒索的,处三年以下有期徒刑、拘役或者管制,并处或者单处罚金;数额巨大或者有其他严重情节的,处三年以上十年以下有期徒刑,并处罚金;数额特别巨大或者有其他特别严重情节的,处十年以上有期徒刑,并处罚金。

第二百九十三条　有下列寻衅滋事行为之一，破坏社会秩序的，处五年以下有期徒刑、拘役或者管制：

（一）随意殴打他人，情节恶劣的；

（二）追逐、拦截、辱骂、恐吓他人，情节恶劣的；

（三）强拿硬要或者任意损毁、占用公私财物，情节严重的；

（四）在公共场所起哄闹事，造成公共场所秩序严重混乱的。

纠集他人多次实施前款行为，严重破坏社会秩序的，处五年以上十年以下有期徒刑，可以并处罚金。

《最高人民法院、最高人民检察院关于办理寻衅滋事刑事案件适用法律若干问题的解释》

第三条　追逐、拦截、辱骂、恐吓他人，破坏社会秩序，具有下列情形之一的，应当认定为刑法第二百九十三条第一款第二项规定的"情节恶劣"：

（一）多次追逐、拦截、辱骂、恐吓他人，造成恶劣社会影响的；

（二）持凶器追逐、拦截、辱骂、恐吓他人的；

（三）追逐、拦截、辱骂、恐吓精神病人、残疾人、流浪乞讨人员、老年人、孕妇、未成年人，造成恶劣社会影响的；

（四）引起他人精神失常、自杀等严重后果的；

（五）严重影响他人的工作、生活、生产、经营的；

（六）其他情节恶劣的情形。

第四条　强拿硬要或者任意损毁、占用公私财物，破坏社会秩序，具有下列情形之一的，应当认定为刑法第二百九十三条第一款第三项规定的"情节严重"：

（一）强拿硬要公私财物价值一千元以上，或者任意损毁、占用公私财物价值二千元以上的；

（二）多次强拿硬要或者任意损毁、占用公私财物，造成恶劣社会影响的；

（三）强拿硬要或者任意损毁、占用精神病人、残疾人、流浪乞讨人员、老年人、孕妇、未成年人的财物，造成恶劣社会影响的；

（四）引起他人精神失常、自杀等严重后果的；

（五）严重影响他人的工作、生活、生产、经营的；

（六）其他情节严重的情形。

《最高人民法院、最高人民检察院关于办理敲诈勒索刑事案件适用法律若干问题的解释》

第一条 敲诈勒索公私财物价值二千元至五千元以上、三万元至十万元以上、三十万元至五十万元以上的，应当分别认定为刑法第二百七十四条规定的“数额较大”、“数额巨大”、“数额特别巨大”。

各省、自治区、直辖市高级人民法院、人民检察院可以根据本地区经济发展状况和社会治安状况，在前款规定的数额幅度内，共同研究确定本地区执行的具体数额标准，报最高人民法院、最高人民检察院批准。

第27问 什么是事实婚姻？事实婚姻与登记领证的婚姻有什么区别？

答：事实婚姻，是指男女双方符合法律规定的结婚的实质要件，没有到民政部门办理结婚登记手续领取结婚证，长期以夫妻名义共同生活，周围群众也认为是夫妻关系的既成事实的婚姻形态。结婚的实质要件是指：（1）男女双方自愿结为夫妻，不存在婚姻无效情形；（2）男女双方达到法定婚龄，即男满22周岁，女满20周岁；（3）男女双方不具有直系血亲或者三代以内的旁系血亲关系。在法律上，符合条件的事实婚姻可以得到认可。即1994年2月1日民政部《婚姻登记管理条例》公布实施前，符合结婚条件的男女，可按事实婚姻对待。1994年2月1日民政部《婚姻登记管理条例》公布实施以后，男女双方符合结婚实质要件未办理结婚登记的，应当补办登记。未补办结婚登记手续的，不认定事实婚姻，以同居关系对待。法律上承认的事实婚姻关系，与依法登记领取结婚证的婚姻关系，具有同等法律效力。

◉ 相关依据

《中华人民共和国民法典》

第一千零四十六条　结婚应当男女双方完全自愿,禁止任何一方对另一方加以强迫,禁止任何组织或者个人加以干涉。

第一千零四十七条　结婚年龄,男不得早于二十二周岁,女不得早于二十周岁。

第一千零四十八条　直系血亲或者三代以内的旁系血亲禁止结婚。

第一千零五十一条　有下列情形之一的,婚姻无效:

(一)重婚;

(二)有禁止结婚的亲属关系;

(三)未到法定婚龄。

《最高人民法院关于适用〈中华人民共和国民法典〉婚姻家庭编的解释(一)》

第七条　未依据民法典第一千零四十九条规定办理结婚登记而以夫妻名义共同生活的男女,提起诉讼要求离婚的,应当区别对待:

(一)1994 年 2 月 1 日民政部《婚姻登记管理条例》公布实施以前,男女双方已经符合结婚实质要件的,按事实婚姻处理。

(二)1994 年 2 月 1 日民政部《婚姻登记管理条例》公布实施以后,男女双方符合结婚实质要件的,人民法院应当告知其补办结婚登记。未补办结婚登记的,依据本解释第三条规定处理。

第二节　“假结婚”

“假结婚”是指男女双方没有结婚的感情基础,以虚假的结婚意思表示,办理结婚登记,不履行夫妻义务,仅具有形式的婚姻。“假结婚”与“真结婚”相比而言是纸面婚姻,仅具有婚姻的外壳。

第28问 “假结婚”的法律风险到底有多少?

答:“假结婚”是男女双方为了谋取利益,以合法形式掩盖非法目的,自愿办理结婚登记手续,实际上不存在夫妻感情,没有同居生活,不发生性关系,夫妻关系有名无实。尽管夫妻关系虚假,但婚姻登记行为具有公示效力,结婚证不假。由于法律无法考证人内心的真实意思表示、情感有无以及同居生活状态,难以甄别和认定“假结婚”行为,所以“假结婚”就是法律上的真结婚。

“假结婚”买房,一般是指没有购房资格的购房人,通过中介找人“假结婚”,达到目的后,支付给中介及“假结婚”对象一笔“好处费”,购房交易流程结束后再办理离婚手续。通过类似手段还能达到获得贷款、多拿拆迁补偿款、落户、买车、国籍、港澳居留权、生育等非法目的。这样要“小聪明”的戏法看似完美,其实背后隐藏着很大的风险。

“假结婚”的风险主要有以下几个方面:

(1)名誉受损。弄虚作假,不讲诚信,招致社会评价降低,影响人际关系。

(2)离婚不易。如有一方不同意离婚,或相关事项无法达成一致意见,双方只能通过法院诉讼程序解除婚姻关系。由于双方没有夫妻感情事实,不存在感情破裂之说。若被告坚决不同意离婚,原告为达到离婚目的耗费人力、财力,或许得不偿失。

(3)扶养义务。夫妻有互相扶养协助的义务,当一方生活困难时,有要求另一方按月给付扶养费的权利。

(4)房产分割。如果双方没有签订财产约定协议约定房产归属,则房产一般视为夫妻共同共有。协议离婚不成,诉讼离婚时房产可能会被分割一半归配偶所有。

(5)遗产继承。由于夫妻有相互继承遗产的权利,在婚姻关系存续期间,若未订立遗嘱将配偶的继承权排除,意外死亡时,配偶有权继承遗产。

(6)恶意举债。一方在婚姻关系存续期间恶意举债,用于个人生活消费挥霍。在难以分清个人债务与共同债务时,债权人起诉夫妻共同承担债务时,该债务可能会被认定为共同债务,夫妻需要承担连带偿还责任。

(7)诈骗罪。"假结婚"男女出于非法占有为目的,虚构结婚事实,隐瞒真相,让处分财物的人基于错误认识处分财物,从而获得他人财物。例如,通过"假结婚"手段骗取房屋拆迁补偿款,此种行为可能构成诈骗罪。

◉ 相关依据

《中华人民共和国民法典》

第一百五十四条 行为人与相对人恶意串通,损害他人合法权益的民事法律行为无效。

第一千零五十九条 夫妻有相互扶养的义务。

需要扶养的一方,在另一方不履行扶养义务时,有要求其给付扶养费的权利。

第一千零六十一条 夫妻有相互继承遗产的权利。

第一千零六十四条 夫妻双方共同签名或者夫妻一方事后追认等共同意思表示所负的债务,以及夫妻一方在婚姻关系存续期间以个人名义为家庭日常生活需要所负的债务,属于夫妻共同债务。

夫妻一方在婚姻关系存续期间以个人名义超出家庭日常生活需要所负

的债务，不属于夫妻共同债务；但是，债权人能够证明该债务用于夫妻共同生活、共同生产经营或者基于夫妻双方共同意思表示的除外。

《最高人民法院关于适用〈中华人民共和国民法典〉婚姻家庭编的解释(一)》

第三十六条 夫或者妻一方死亡的，生存一方应当对婚姻关系存续期间的夫妻共同债务承担清偿责任。

《中华人民共和国刑法》

第二百六十六条 诈骗公私财物，数额较大的，处三年以下有期徒刑、拘役或者管制，并处或者单处罚金；数额巨大或者有其他严重情节的，处三年以上十年以下有期徒刑，并处罚金；数额特别巨大或者有其他特别严重情节的，处十年以上有期徒刑或者无期徒刑，并处罚金或者没收财产。本法另有规定的，依照规定。

第29问 通过中介机构"假结婚"移民失败，中介费能退吗？

答：许多国家的结婚移民条件，相对于投资移民、留学移民、杰出人才移民而言，政策比较宽松、简单快捷。别有用心的出国服务公司抓住有人为了走捷径获得外国国籍或者"绿卡"(永久居留权)的急切心理，与委托人签订移民代理服务合同，在合同中约定为委托人寻找外籍人士或有永久居留权的人，与其"假结婚"完成移民目的，待获得入境居留权后再离婚。"假结婚"移民，是双方恶意串通，以虚假的结婚意思表示，登记确认合法形式的婚姻关系，达到非法移民目的的无效民事法律行为，妨害了移民目标国家正常的移民管理秩序，违反了我国社会公共秩序。委托人可以向人民法院起诉请求确认合同无效，判令出国服务中介公司退还委托人已收取的服务费用，并支付占有资金期间同期银行贷款利息，按照各自的过错分担支付给目标国家移民局的费用。

“假结婚”后，为了维系婚姻持续的状态，可能被外籍人士实施勒索钱财、性侵害、限制人身自由等侵权行为。通过“假结婚”非法入境的欺诈行为，是许多国家严厉打击的对象。一旦被查处，行为人将被驱逐出境遣返回国，并禁止在一定期限内入境该国。有的国家或地区将结婚移民欺诈行为作为犯罪处理，一般会判处短期监禁和高额罚款。

◉ 相关依据

《中华人民共和国民法典》

第一百五十三条 违反法律、行政法规的强制性规定的民事法律行为无效。但是，该强制性规定不导致该民事法律行为无效的除外。

违背公序良俗的民事法律行为无效。

第一百五十四条 行为人与相对人恶意串通，损害他人合法权益的民事法律行为无效。

第一百五十七条 民事法律行为无效、被撤销或者确定不发生效力后，行为人因该行为取得的财产，应当予以返还；不能返还或者没有必要返还的，应当折价补偿。有过错的一方应当赔偿对方由此所受到的损失；各方都有过错的，应当各自承担相应的责任。法律另有规定的，依照其规定。

第30问 为了多拿拆迁款“假结婚”，构成犯罪吗？

答：当住宅用房拆迁时，为了更多地获得拆迁利益，有人别有用心地与他人串通“假结婚”迁入户口、“假离婚”迁出户口骗取拆迁补偿款、安置房，以合法形式掩盖非法目的，借婚姻侵占国家财产。

“假结婚”系男女双方“自愿”结婚，但结婚不是当事人内心的真实意思表示，真实目的是获得拆迁资格。该行为具有很强的隐蔽性，婚姻登记机关、拆迁安置部门难以分辨。“假结婚”一般不存在禁止结婚的情形,从形式上看,既不属于婚姻无效的情形,也不属于受胁迫可申请撤销情形,实质上属于违背公序良俗、损害社会公共利益的行为,当然无效。

诈骗罪是以非法占有为目的,虚构事实或者隐瞒真相骗取公私财物。而结婚证、离婚证是依照合法程序取得的,难以认定虚构事实情节;离婚涉及情感,情感真假亦难以认定为隐瞒真相。实践中存在的男女双方遇上征地拆迁,提前结婚享受福利待遇,因同居生活后感情不和难以维系而离婚现象,不涉及违法问题。若双方仅为法律上的夫妻关系,而无实质上的夫妻关系,且骗取财产数额达到法定标准,则涉嫌诈骗罪。

◉ 相关依据

《中华人民共和国民法典》

第一千零四十八条 直系血亲或者三代以内的旁系血亲禁止结婚。

第一千零五十一条 有下列情形之一的,婚姻无效:

(一)重婚;

(二)有禁止结婚的亲属关系;

(三)未到法定婚龄。

第一千零五十二条 因胁迫结婚的,受胁迫的一方可以向人民法院请求撤销婚姻。

请求撤销婚姻的,应当自胁迫行为终止之日起一年内提出。

被非法限制人身自由的当事人请求撤销婚姻的,应当自恢复人身自由之日起一年内提出。

《中华人民共和国刑法》

第二百六十六条 诈骗公私财物,数额较大的,处三年以下有期徒刑、拘役或者管制,并处或者单处罚金;数额巨大或者有其他严重情节的,处三年以上十年以下有期徒刑,并处罚金;数额特别巨大或者有其他特别严重情节的，处十年以上有期徒刑或者无期徒刑，并处罚金或者没收财产。本法另有规定的，依照规定。

第三节 婚姻守护

“家是最小的国，国是千万家。”家庭是社会和谐稳定的基石，婚姻美满、家庭幸福是人们美好的期盼，也是国家和民族繁荣强盛的愿景！

当夫妻双方真正明白，责任比欲望更重要，沟通比逃避更有用，婚姻才能长久。夫妻之间须互相忠实，互相尊重和关爱，自觉维护平等、和睦、文明的婚姻家庭关系。

夫妻双方应该理性处理婚姻生活中遇到的矛盾，不做伤害对方感情的事。守护婚姻亦须在法律允许的范围内进行，避免违法犯罪，殃及后代。

第31问 夫妻一方担心另一方出轨，双方自愿签订的忠诚协议，受法律保护吗？

答：夫妻忠诚协议，是指男女双方在婚前或者婚后，约定婚姻关系存续期间共同履行夫妻忠实义务，若有一方违反，自愿承担约定不利后果的书面契约。通常以过错方承担违约金、赔偿金、少分或不分夫妻共同财产的方式承担责任。

综观全国各地法院的案例，各地做法不一，得到法院认可和支持的忠诚协议往往有如下特征：

（1）遵循平等、自愿、协商的缔约原则，不存在欺诈、胁迫情形；

（2）协议内容是双方的真实意思表示；

(3)涉及约束行为性质的字词含义明确、没有歧义且具有合理可行性;

(4)不违反法律的强制性规定,例如,协议中不能出现“婚后一方如有婚外情、婚外性行为,双方立即离婚且不得与他人再婚、剥夺子女抚养权、断绝亲子关系且终生不得探望”等侵犯婚姻自主权、教育权及其他合法权利的内容;

(5)不违背公序良俗;

(6)不存在恶意侵占共同财产份额、剥夺生存权利。

法官在处理具体案件时除了审查上述特征外,还会综合考虑婚姻当事人的婚前感情基础、婚姻关系的现状、离婚原因、经济能力、过错程度、给无过错方造成的精神损害、因果关系等诸多因素酌情处理。

从《江苏省高级人民法院家事纠纷案件审理指南》可以看出,江苏地区人民法院认为,夫妻忠诚协议当事人自愿签订、自行履行的,法律不予干涉;如果起诉到法院确认其法律效力、主张协议中的权利,法院一般不予认可。如果夫妻约定婚后一方发生婚外情、实施家庭暴力、赌博等行为,离婚时放弃财产“净身出户”的协议,不属于夫妻财产约定,不予支持。但在分割财产时,综合考虑当事人过错情况等对无过错的夫妻一方酌情予以照顾,以平衡双方利益。

当夫妻感情出现裂痕时,比考虑离婚时财产如何分割更重要的是,一定要静下心来冷静思考如何解决感情问题,化“危”为“机”,为爱找出一条生路。夫妻忠诚义务不仅是道德上的义务,也是法律上的义务。夫妻签订忠诚协议的积极意义在于可以从道德伦理层面在一定程度上约束对方的言行,促进反思悔改,慰藉和补偿无过错方的情感和精神伤害,有利于维护婚姻家庭关系的稳定,避免夫妻共同财产的流失。需要注意的是,婚姻幸福不可能仅靠一纸协议就能维系终生,更多地需要用心经营,用感情来维系。用忠诚协议在“围城”内筑起一道“防火墙”,只能抵御婚外诱惑,且约束不宜过于宽泛和严苛,弄巧成拙反而会加速感情破裂导致离婚,人为酿成本不该发生的情感悲剧。

◉ 相关依据

《中华人民共和国民法典》

第一千零四十三条　家庭应当树立优良家风,弘扬家庭美德,重视家庭文明建设。

夫妻应当互相忠实,互相尊重,互相关爱;家庭成员应当敬老爱幼,互相帮助,维护平等、和睦、文明的婚姻家庭关系。

《江苏省高级人民法院家事纠纷案件审理指南(婚姻家庭部分)》

24、夫妻双方订立忠诚协议约定如果夫妻一方违反忠诚义务将赔偿夫妻另一方违约金或者精神损害抚慰金,夫妻一方起诉主张确认忠诚协议的效力或者以夫妻另一方违反忠诚协议为由主张其承担责任的,应当如何处理?

夫妻忠诚协议是夫妻双方在结婚前后,为保证双方在婚姻关系存续期间不违反夫妻忠诚义务而以书面形式约定违约金或者赔偿金责任的协议。

夫妻是否忠诚属于情感道德领域的范畴,夫妻双方订立的忠诚协议应当自觉履行。夫妻一方起诉主张确认忠诚协议的效力或者以夫妻另一方违反忠诚协议为由主张其承担责任的,裁定不予受理,已经受理的,裁定驳回起诉。

25、夫妻双方订立如果夫妻一方发生婚外情、实施家庭暴力、赌博等行为,离婚时放弃财产的协议,离婚时能否作为裁判的依据?

夫妻双方订立如果夫妻一方发生婚外情、实施家庭暴力、赌博等行为,离婚时放弃财产的协议,不属于夫妻财产约定。离婚时无过错的夫妻一方以夫妻财产约定为由主张据此分割财产的,不予支持。但在分割财产时,应当综合考虑当事人过错情况等对无过错的夫妻一方酌情予以照顾,以平衡双方利益。

第32问 夫妻一方经常夜不归宿，双方可以约定“空床费”吗？

答：夫妻一方经常以工作繁忙需要加班或交际应酬等理由作为借口，在次日凌晨后回家甚至整夜不回家，往往会引发另一方怀疑配偶在外有“婚外情”。于是双方约定一方每晚超过某个时点回家，需向另一方支付一定数额的“空床费”作为精神损失的补偿。夫妻之间约定“空床费”，有用此方式敦促、约束配偶履行夫妻忠实义务的用意，也有出于维系婚姻和谐稳定的目的。法无禁止即自由。如果夫妻双方在签订此类财产处分的协议时，完全出于自愿，不存在欺诈、胁迫的情形，没有恶意侵占共同财产份额的目的，不存在限制或者干涉人身自由的情形，协议内容确无其他违法之处，人民法院可以将其作为有效协议，予以保护。实践中，常有丈夫因嗜赌成性、酗酒、“婚外情”等不良习性不愿回家陪伴妻子过夜，双方约定“空床费”按时或按次支付金钱，经计算确认并出具字据，表示自愿付出经济代价。在离婚时一方主张支付的，人民法院一般会持谨慎态度，综合考虑各种因素，决定是否支持；婚姻关系存续期间，请求支付的，一般一律不予支持。

作者赞同有条件地支持“空床费”的观点，也有法律人士持相反观点。持相反观点者认为：首先，将夫妻的忠实义务与同居义务以金钱方式量化，将该有的同床共枕用金钱交换，若一方不愿意，给钱就可以不陪伴，违背了社会主义核心价值观和善良风俗。其次，人心叵测，不排除配偶别有用心，为了获得更多的“空床费”，突破道德底线，故意利用他人引诱或阻止配偶回家过夜，利用“空床费”协议，侵占共同财产份额。最后，对是否回家过夜、有无必要在外过夜、夜不归宿的次数等，均易存在分歧，且举证困难，不利于维护夫妻感情，对婚姻稳定的破坏性较大。

◉ 相关依据

《中华人民共和国民法典》

第一千零四十三条　家庭应当树立优良家风，弘扬家庭美德，重视家庭文明建设。

夫妻应当互相忠实，互相尊重，互相关爱；家庭成员应当敬老爱幼，互相帮助，维护平等、和睦、文明的婚姻家庭关系。

第一千零五十七条　夫妻双方都有参加生产、工作、学习和社会活动的自由，一方不得对另一方加以限制或者干涉。

第一千零九十一条　有下列情形之一，导致离婚的，无过错方有权请求损害赔偿：

（一）重婚；

（二）与他人同居；

（三）实施家庭暴力；

（四）虐待、遗弃家庭成员；

（五）有其他重大过错。

第33问　夫或妻怀疑对方有婚外情，花钱请“私家侦探”调查合法吗？

答：“私家侦探”，不是合法正当职业，不受法律保护。社会上一些经合法注册取得营业执照的商务信息调查公司，打着合法的旗号，游走于法律的边缘，声称与公安内部人员合作开展“私家侦探”业务。宣传私家侦探可以提供跟踪、监听、搜集行踪轨迹、住宿记录，偷拍调查对象与情人的合影，汽车、手机定位等非法服务。我国《刑法》的规定，任何个人和组织，不得非法获取公民个人的姓名、居民身份证号码、联系方式、住址、账号密码、财产状况、行踪轨迹等隐私信息，否则将涉嫌侵犯公民个人信息罪。公安机关内部工作人员,非工作需要不得随意查询信息;否则轻则违纪,重则违法犯罪。私家侦探以侵犯他人合法权利方式获取的证据,在离婚案件审理中,因获取方式违法,人民法院不予采信。

◉ 相关依据

《中华人民共和国刑法》

第二百五十三条之一 违反国家有关规定,向他人出售或者提供公民个人信息,情节严重的,处三年以下有期徒刑或者拘役,并处或者单处罚金;情节特别严重的,处三年以上七年以下有期徒刑,并处罚金。

违反国家有关规定,将在履行职责或者提供服务过程中获得的公民个人信息,出售或者提供给他人的,依照前款的规定从重处罚。

窃取或者以其他方法非法获取公民个人信息的,依照第一款的规定处罚。

单位犯前三款罪的,对单位判处罚金,并对其直接负责的主管人员和其他直接责任人员,依照各该款的规定处罚。

《最高人民法院、最高人民检察院关于办理侵犯公民个人信息刑事案件适用法律若干问题的解释》

第一条 刑法第二百五十三条之一规定的"公民个人信息",是指以电子或者其他方式记录的能够单独或者与其他信息结合识别特定自然人身份或者反映特定自然人活动情况的各种信息,包括姓名、身份证件号码、通信通讯联系方式、住址、账号密码、财产状况、行踪轨迹等。

《最高人民法院关于民事诉讼证据的若干规定》

第八十七条 审判人员对单一证据可以从下列方面进行审核认定:

……

(三)证据的形式、来源是否符合法律规定;

……

第34问 丈夫强迫妻子与其发生性行为，构成强奸罪吗？

答：强奸罪是指以暴力、胁迫或者其他手段，违背妇女意志，强行与妇女发生性关系的行为。就违背妇女意志和发生性行为方面而言，笔者认为，婚内强奸和普通强奸，没有本质上的区别。但婚姻关系存续期间，丈夫与妻子互相享有和承担性生活的权利与义务。同居和性生活是夫妻之间对等人身权利和义务的基本内容。和谐的性生活使双方在生理与精神上得到愉悦，是维系夫妻感情的重要纽带。

当然，结婚证不是丈夫强奸妻子的许可证。如因感情不和而分居期间，以及提起离婚诉讼后的期间，丈夫违背妻子的意志，采用暴力手段，强行与其发生性关系，则可以构成强奸罪。据最高人民法院主办的业务指导和研究性刊物《刑事审判参考》收录的婚内强奸案例的裁判理由可知，最高人民法院在婚内强奸问题上基本上采"折中说"并确立以下规则："在婚姻关系正常存续期间，丈夫不能成为强奸罪的主体；在婚姻关系非正常存续期间，丈夫可以成为强奸罪的主体。"婚姻关系非正常存续期间应作适当的扩大解释，包括因感情不和而分居期间，以及提起离婚诉讼后的期间。

◉ 相关依据

《中华人民共和国刑法》

第二百三十六条　以暴力、胁迫或者其他手段强奸妇女的，处三年以上十年以下有期徒刑。

奸淫不满十四周岁的幼女的，以强奸论，从重处罚。

强奸妇女、奸淫幼女，有下列情形之一的，处十年以上有期徒刑、无期徒刑或者死刑：

（一）强奸妇女、奸淫幼女情节恶劣的；

（二）强奸妇女、奸淫幼女多人的；

（三）在公共场所当众强奸妇女、奸淫幼女的；

（四）二人以上轮奸的；

（五）奸淫不满十周岁的幼女或者造成幼女伤害的；

（六）致使被害人重伤、死亡或者造成其他严重后果的。

第35问 一方“出轨”，另一方“捉奸”会被判刑吗？

答：“捉奸”一词，不是法律术语。“捉奸”一般指将配偶与第三者的性行为当场揭露、羞辱、丑化、泄愤，带有以强烈的正义感进行道德审判的意味，并教训配偶、第三者，挽救婚姻或者为离婚取得配偶出轨证据的行为。在夫妻共同居住生活以外的场所捉奸不仅侵犯了第三者的个人隐私，还可能涉及行政处罚、民事赔偿、刑事责任等相关法律后果。单就刑事责任而言，根据具体情况不同可能会触犯《刑法》，涉嫌以下犯罪：

（1）故意伤害罪。故意伤害他人身体达到轻伤标准将被追究刑事责任。轻伤是指使人肢体或者容貌损害，听觉、视觉或者其他器官功能部分障碍或者其他对于人身健康有中度伤害的损伤，包括轻伤一级和轻伤二级。

（2）非法拘禁罪。捉奸时非法拘禁他人超过24小时，或者非法拘禁中存在捆绑、殴打、侮辱情节的构成此罪。

（3）非法侵入住宅罪。未经住宅权利人同意或者没有相关依据，非法强行闯入他人住宅，或者经要求退出拒绝退出的行为可能构成此罪。

（4）抢劫罪。本罪指以非法占有为目的，对财物的所有人、保管人当场使用暴力殴打、强制借以排除被害人的反抗，胁迫或其他使被害人不知、不能反抗的方法，强行将财物抢走的行为。凡年满

14周岁并具有刑事责任能力的自然人,均可以构成抢劫罪的主体。

(5)敲诈勒索罪。本罪指以非法占有为目的,对被害人实施威胁或要挟的方法,强行索取公私财物,数额较大或多次强行索取的行为。捉奸时对被害人以公开揭露隐私、毁坏名誉相威胁,要求以"自愿"打欠条方式索要财物达2000元以上,构成此罪。

(6)诽谤罪。本罪指故意捏造并散布虚构的事实,足以贬损他人人格、破坏他人名誉,情节严重的行为。情节不严重的不构成诽谤罪,按照《治安管理处罚法》处罚。泄露并宣扬他人隐私,给他人名誉造成不良影响的,是侵害名誉权的行为,不构成诽谤罪。

(7)侮辱罪。本罪指使用暴力或者以其他方法,公然贬损他人人格、破坏他人名誉,情节严重的行为。侮辱他人的常见手段有:以粪便、尿液、污水、墨水等物泼洒、涂抹,强剪头发,强迫他人做有辱人格的动作;用恶毒刻薄的语言进行嘲笑、辱骂、讽刺、挖苦,使被害人当众出丑,难以忍受;以"大字报"、图片、漫画、信件、书刊或者其他公开的文字等方式泄露他人隐私,诋毁他人人格,破坏他人名誉。

◉ 相关依据

《中华人民共和国刑法》

第二百三十四条 故意伤害他人身体的,处三年以下有期徒刑、拘役或者管制。

犯前款罪,致人重伤的,处三年以上十年以下有期徒刑;致人死亡或者以特别残忍手段致人重伤造成严重残疾的,处十年以上有期徒刑、无期徒刑或者死刑。本法另有规定的,依照规定。

第二百三十八条第一款、第二款 非法拘禁他人或者以其他方法非法剥夺他人人身自由的,处三年以下有期徒刑、拘役、管制或者剥夺政治权利。

具有殴打、侮辱情节的,从重处罚。

犯前款罪,致人重伤的,处三年以上十年以下有期徒刑;致人死亡的,处十年以上有期徒刑。使用暴力致人伤残、死亡的,依照本法第二百三十四条、第二百三十二条的规定定罪处罚。

第二百四十五条 非法搜查他人身体、住宅,或者非法侵入他人住宅的,处三年以下有期徒刑或者拘役。

司法工作人员滥用职权,犯前款罪的,从重处罚。

第二百四十六条 以暴力或者其他方法公然侮辱他人或者捏造事实诽谤他人,情节严重的,处三年以下有期徒刑、拘役、管制或者剥夺政治权利。

前款罪,告诉的才处理,但是严重危害社会秩序和国家利益的除外。

通过信息网络实施第一款规定的行为,被害人向人民法院告诉,但提供证据确有困难的,人民法院可以要求公安机关提供协助。

第二百六十三条 以暴力、胁迫或者其他方法抢劫公私财物的,处三年以上十年以下有期徒刑,并处罚金;有下列情形之一的,处十年以上有期徒刑、无期徒刑或者死刑,并处罚金或者没收财产:

(一)入户抢劫的;

(二)在公共交通工具上抢劫的;

(三)抢劫银行或者其他金融机构的;

(四)多次抢劫或者抢劫数额巨大的;

(五)抢劫致人重伤、死亡的;

(六)冒充军警人员抢劫的;

(七)持枪抢劫的;

(八)抢劫军用物资或者抢险、救灾、救济物资的。

第二百七十四条 敲诈勒索公私财物,数额较大或者多次敲诈勒索的,处三年以下有期徒刑、拘役或者管制,并处或者单处罚金;数额巨大或者有其他严重情节的,处三年以上十年以下有期徒刑,并处罚金;数额特别巨大或者有其他特别严重情节的,处十年以上有期徒刑,并处罚金。

《最高人民检察院关于人民检察院直接受理立案侦查案件立案标准的规定(试行)》

三、国家机关工作人员利用职权实施的侵犯公民人身权利、民主权利犯罪案件

(一)国家机关工作人员利用职权实施的非法拘禁案(第238条)

非法拘禁罪是指以拘禁或者其他强制方法非法剥夺他人人身自由的行为。

国家机关工作人员涉嫌利用职权非法拘禁,具有下列情形之一的,应予立案:

1、非法拘禁持续时间超过24小时的;

2、3次以上非法拘禁他人,或者一次非法拘禁3人以上的;

3、非法拘禁他人,并实施捆绑、殴打、侮辱等行为的;

4、非法拘禁,致人伤残、死亡、精神失常的;

5、为索取债务非法扣押、拘禁他人,具有上述情形之一的;

6、司法工作人员对明知是无辜的人而非法拘禁的。

《最高人民法院、最高人民检察院关于办理敲诈勒索刑事案件适用法律若干问题的解释》

第一条　敲诈勒索公私财物价值二千元至五千元以上、三万元至十万元以上、三十万元至五十万元以上的,应当分别认定为刑法第二百七十四条规定的"数额较大"、"数额巨大"、"数额特别巨大"。

各省、自治区、直辖市高级人民法院、人民检察院可以根据本地区经济发展状况和社会治安状况,在前款规定的数额幅度内,共同研究确定本地区执行的具体数额标准,报最高人民法院、最高人民检察院批准。

《最高人民法院、最高人民检察院关于办理利用信息网络实施诽谤等刑事案件适用法律若干问题的解释》

第一条　具有下列情形之一的,应当认定为刑法第二百四十六条第一款规定的"捏造事实诽谤他人":

(一)捏造损害他人名誉的事实,在信息网络上散布,或者组织、指使人员在信息网络上散布的;

（二）将信息网络上涉及他人的原始信息内容篡改为损害他人名誉的事实，在信息网络上散布，或者组织、指使人员在信息网络上散布的；

明知是捏造的损害他人名誉的事实，在信息网络上散布，情节恶劣的，以“捏造事实诽谤他人”论。

第六条 以在信息网络上发布、删除等方式处理网络信息为由，威胁、要挟他人，索取公私财物，数额较大，或者多次实施上述行为的，依照刑法第二百七十四条的规定，以敲诈勒索罪定罪处罚。

《中华人民共和国治安管理处罚法》

第四十二条 有下列行为之一的，处五日以下拘留或者五百元以下罚款；情节较重的，处五日以上十日以下拘留，可以并处五百元以下罚款：

（一）写恐吓信或者以其他方法威胁他人人身安全的；

（二）公然侮辱他人或者捏造事实诽谤他人的；

（三）捏造事实诬告陷害他人，企图使他人受到刑事追究或者受到治安管理处罚的；

（四）对证人及其近亲属进行威胁、侮辱、殴打或者打击报复的；

（五）多次发送淫秽、侮辱、恐吓或者其他信息，干扰他人正常生活的；

（六）偷窥、偷拍、窃听、散布他人隐私的。

第四十三条 殴打他人的，或者故意伤害他人身体的，处五日以上十日以下拘留，并处二百元以上五百元以下罚款；情节较轻的，处五日以下拘留或者五百元以下罚款。

有下列情形之一的，处十日以上十五日以下拘留，并处五百元以上一千元以下罚款：

（一）结伙殴打、伤害他人的；

（二）殴打、伤害残疾人、孕妇、不满十四周岁的人或者六十周岁以上的人的；

（三）多次殴打、伤害他人或者一次殴打、伤害多人的。

第36问 什么情况下，构成重婚罪？

答：重婚，是指有配偶者与他人结婚，或者明知他人已有配偶而与之结婚的行为。有配偶者，是指男性已有妻子或者女性已有丈夫。也就是说，是民法或刑法上认为存在有效婚姻关系的人。如夫妻一方死亡，婚姻关系自然消失，丧偶的人不再是有配偶的人。

就重婚罪的构成要件而言，刑法理论认为，犯罪主体为有配偶的人和明知他人已有配偶而自己没有配偶的成年人；客观方面表现为有配偶者明知自己婚姻关系未解除，又与他人结婚，或者没有配偶的人明知他人已有配偶而与之结婚的行为；行为人主观上表现为故意，如果没有配偶一方确实不知对方已有配偶，而与之结婚或以夫妻关系同居，不具有重婚的故意，无配偶一方不构成重婚罪；重婚行为侵犯的客体是我国一夫一妻制的婚姻制度。

重婚罪从犯罪主体上分为有配偶者与无配偶者两大类，具体重婚情形因法律上的重婚和事实上的重婚形成的不同组合方式而分成五种：

（1）有配偶者登记结婚后，又与他人（已婚者或未婚者）登记结婚，前后存在两次法律婚姻，构成重婚。

不论他人是否有配偶，有配偶者未与原配偶解除婚姻关系，又与他人登记结婚的，是典型的违反一夫一妻婚姻制度的重婚行为。一般而言，在全国婚姻登记信息联网的情况下，民政部门不会对已婚者进行重复登记结婚进而导致重婚。

（2）有配偶者登记结婚后，与他人没有登记结婚，而以夫妻关系同居生活形成事实婚姻关系，因先合法婚姻后事实婚姻而重婚。

（3）与原配偶未办结婚登记，后与他人未办结婚登记，均以夫妻关系同居生活，先后形成两次事实婚姻关系，且前一次的婚姻关系成立于1994年2月1日之前,构成重婚。

(4)与原配偶未办结婚登记,以夫妻关系同居生活,且婚姻关系成立于1994年2月1日之前,已形成事实婚姻关系,后又与他人登记结婚。事实婚姻在先,法律婚姻在后,导致重婚。

(5)无配偶者(未婚或离婚状态),明知他人已有配偶与其登记结婚或以夫妻关系同居形成事实婚姻,构成重婚。如果无配偶者不明真相,只是受到有配偶者的欺骗,则不属于重婚。

重婚行为既违反了《民法典》婚姻家庭编的规定,也违反了《刑法》的规定。犯重婚罪的,将被处2年以下有期徒刑或者拘役。

现实生活中,对待重婚罪要与不以夫妻名义的同居有所区别。例如:夫妻一方在婚姻关系存续期间,虽与他人同居且生有孩子,但男女双方未以夫妻名义同居也未办理结婚登记手续,不符合重婚罪的构成要件,不能追究其重婚罪。

当事人在离婚案件上诉期内不能结婚。夫妻诉讼离婚,收到一审准予离婚的判决后未超过15天上诉期时,离婚判决还不具有法律效力,婚姻仍处于合法有效状态。如果在此期间一方与他人办理结婚登记,因原婚姻关系尚未解除,又发生了新的婚姻关系,依法构成重婚罪。为避免被追究重婚罪的法律风险,应在对方收到离婚判决后,在上诉期限内没有提起上诉,或上诉后被二审法院驳回上诉维持原判,待一审离婚判决发生法律效力后,再与他人办理结婚登记。

重婚罪,既可以自诉也可以公诉。被害人有证据证明时可以向人民法院提起刑事自诉;当证据不足时,也可以向公安机关报案,由公安机关立案侦查、检察机关提起公诉。而后由人民法院进行审判,依法追究被告人的重婚罪刑事责任。

◉ 相关依据

《中华人民共和国民法典》

第一千零四十一条第二款　实行婚姻自由、一夫一妻、男女平等的婚姻制度。

第一千零五十一条　有下列情形之一的,婚姻无效:

(一)重婚;

……

《中华人民共和国刑法》

第二百五十八条　有配偶而重婚的,或者明知他人有配偶而与之结婚的,处二年以下有期徒刑或者拘役。

《最高人民法院关于适用〈中华人民共和国民法典〉婚姻家庭编的解释(一)》

第二条　民法典第一千零四十二条、第一千零七十九条、第一千零九十一条规定的"与他人同居"的情形,是指有配偶者与婚外异性,不以夫妻名义,持续、稳定地共同居住。

第七条　未依据民法典第一千零四十九条规定办理结婚登记而以夫妻名义共同生活的男女,提起诉讼要求离婚的,应当区别对待:

(一)1994 年 2 月 1 日民政部《婚姻登记管理条例》公布实施以前,男女双方已经符合结婚实质要件的,按事实婚姻处理。

……

《最高人民法院关于〈婚姻登记管理条例〉施行后发生的以夫妻名义非法同居的重婚案件是否以重婚罪定罪处罚的批复》

四川省高级人民法院:

你院川高法〔1994〕135 号《〈婚姻登记管理条例〉施行前后发生的事实上的重婚关系是否按重婚罪处理的请示》收悉。经研究,答复如下:

新的《婚姻登记管理条例》(1994 年 1 月 12 日国务院批准,1994 年 2 月 1 日民政部发布)发布施行后,有配偶的人与他人以夫妻名义同居生活的,或者明知他人有配偶而与之以夫妻名义同居生活的,仍应按重婚罪定罪处罚。

《最高人民法院关于适用〈中华人民共和国刑事诉讼法〉的解释》

第一条 人民法院直接受理的自诉案件包括：

……

（二）人民检察院没有提起公诉，被害人有证据证明的轻微刑事案件：

……

4. 重婚案（刑法第二百五十八条规定的）；

……

本项规定的案件，被害人直接向人民法院起诉的，人民法院应当依法受理。对其中证据不足、可以由公安机关受理的，或者认为对被告人可能判处三年有期徒刑以上刑罚的，应当告知被害人向公安机关报案，或者移送公安机关立案侦查。

……

第37问 当遭遇家庭暴力时，该怎么办？

答：家庭暴力，是指行为人以殴打、捆绑、残害、强行限制人身自由以及经常性谩骂、恐吓等方式给其家庭成员的身体、精神等方面造成一定伤害后果的行为。家庭成员之间发生轻微的肢体冲突、情绪失控时的谩骂、争吵中失手打伤对方或互相推搡导致一方不慎摔伤等行为不构成家庭暴力。持续性、经常性的家庭暴力，构成虐待。家庭成员之间应当互相帮助，互相关爱，和睦相处，履行家庭义务。家庭暴力不是家务事，是一种侵犯人身权利（包括生命权、健康权、自由权和身体权）和危害社会的违法行为。反家庭暴力是国家、社会和每个家庭的共同责任。

家庭成员主要包括：夫妻、父母、子女、兄弟姐妹、祖父母、外祖父母、孙子女、外孙子女等基于姻亲和血缘关系形成的亲属，形成扶养关系的继父母与继子女、继兄弟姐妹。实践中,还包括共同居住的岳父母、公婆、儿媳、女婿等。

遭遇家庭暴力后或面临家庭暴力现实危险时,受害人可以采取以下措施:

(1)向基层组织或相关部门投诉、求助。

向加害人或受害人所在单位、村民委员会或居民委员会、妇女联合会等单位反映、投诉、求助。有关单位接到家庭暴力反映、投诉或者求助后,应当给予帮助、劝阻、处理。

(2)向公安机关报警。

公安机关接到报警后,会及时出警制止和调查家庭暴力情况,协助受害人就医、鉴定伤情,处置危险状态。公安机关可以根据情节轻重给予加害人警告、罚款、拘留等治安处罚。如果加害行为构成犯罪,将对加害人进行刑事拘留,作为刑事案件立案侦查,依法追究其刑事责任。

(3)向公安机关申请出具家庭暴力告诫书。

加害人实施家庭暴力的情节较轻,依法不给予治安处罚的,公安机关可以对加害人出具告诫书禁止其再次实施家庭暴力。书面告诫,区别于口头教育、警示和劝导,起到对加害人提醒、警告和震慑的作用。如果加害人再次侵害或暴力升级达到违法犯罪条件,将面临治安处罚或刑事处罚。一般情况下,告诫书一式四份,公安机关留存一份,加害人与受害人各一份,居(村)委会一份。受害人取得告诫书后也有利于固定家庭暴力的证据,为将来诉讼维权提供证据。

(4)向人民法院申请人身安全保护令。

申请人向本人或加害人居住地的所属区或县的基层人民法院申请人身保护令,不需要交纳诉讼费用,由人民法院收到申请后 72 小时内（紧急情况下24小时内）作出保护令的裁定或驳回申请。人身保护令最长有效期为6个月，期限届满可以申请延长。人民法院作出的人身保护令可以禁止被申请人实施家庭暴力、骚扰、跟踪、辱骂、威胁、恐吓、接触申请人及其相关近亲属，责令被申请人迁出申请人住所以及采取其他措施。被申请人违反人身保护令的，人民法院应当给予训诫，可以根据情节轻重处以1000元以下罚款、15日以下拘留。

（5）诉讼离婚。

因家庭暴力导致夫妻感情确已破裂，难以继续共同生活，对方又不同意离婚的，可以向人民法院起诉离婚。人民法院对于实施家庭暴力的离婚案件经调解不能和好的，应当判决准予离婚。离婚能让受害人远离和摆脱家庭暴力。受害人提起离婚诉讼时，除了可以申请人身安全保护令外，还可以要求加害人给予精神损害赔偿。

（6）正当防卫。

我国《刑法》规定，为了使本人或者他人的人身权利免受不法侵害，对正在进行的家庭暴力采取制止行为，只要符合《刑法》规定的条件，就应当依法认定为正当防卫，不负刑事责任。

最后提醒受害人，家庭暴力的第一保护人是自己。在遭受家庭暴力时应坚决零容忍，极力抵制或反抗，最大限度地保护自己的人身安全。若无力抵抗，应尽早逃离现场并及时报警，减少伤害。遭受侵害时，注意通过拍照、录音或录像方式及时获取侵害过程的证据。身体受到伤害时，尽快到医院就诊，验伤、诊断并获取相关证明，为日后诉诸法律维权做好充分准备。

◉ 相关依据

《中华人民共和国反家庭暴力法》

第二条 本法所称家庭暴力，是指家庭成员之间以殴打、捆绑、残害、限制人身自由以及经常性谩骂、恐吓等方式实施的身体、精神等侵害行为。

第十六条　家庭暴力情节较轻，依法不给予治安管理处罚的，由公安机关对加害人给予批评教育或者出具告诫书。

告诫书应当包括加害人的身份信息、家庭暴力的事实陈述、禁止加害人实施家庭暴力等内容。

第十七条　公安机关应当将告诫书送交加害人、受害人，并通知居民委员会、村民委员会。

居民委员会、村民委员会、公安派出所应当对收到告诫书的加害人、受害人进行查访，监督加害人不再实施家庭暴力。

第二十三条　当事人因遭受家庭暴力或者面临家庭暴力的现实危险，向人民法院申请人身安全保护令的，人民法院应当受理。

当事人是无民事行为能力人、限制民事行为能力人，或者因受到强制、威吓等原因无法申请人身安全保护令的，其近亲属、公安机关、妇女联合会、居民委员会、村民委员会、救助管理机构可以代为申请。

第二十八条　人民法院受理申请后，应当在七十二小时内作出人身安全保护令或者驳回申请；情况紧急的，应当在二十四小时内作出。

第二十九条　人身安全保护令可以包括下列措施：

（一）禁止被申请人实施家庭暴力；

（二）禁止被申请人骚扰、跟踪、接触申请人及其相关近亲属；

（三）责令被申请人迁出申请人住所；

（四）保护申请人人身安全的其他措施。

第三十条　人身安全保护令的有效期不超过六个月，自作出之日起生效。人身安全保护令失效前，人民法院可以根据申请人的申请撤销、变更或者延长。

第三十三条　加害人实施家庭暴力，构成违反治安管理行为的，依法给予治安管理处罚；构成犯罪的，依法追究刑事责任。

第三十四条　被申请人违反人身安全保护令，构成犯罪的，依法追究刑事责任；尚不构成犯罪的，人民法院应当给予训诫，可以根据情节轻重处以一千元以下罚款、十五日以下拘留。

《中华人民共和国民法典》

第一千零七十九条第二款、第三款 人民法院审理离婚案件，应当进行调解；如果感情确已破裂，调解无效的，应当准予离婚。

有下列情形之一，调解无效的，应当准予离婚：

……

（二）实施家庭暴力或者虐待、遗弃家庭成员；

……

第一千零九十一条 有下列情形之一，导致离婚的，无过错方有权请求损害赔偿：

……

（三）实施家庭暴力；

……

《最高人民法院关于人身安全保护令案件相关程序问题的批复》

北京市高级人民法院：

你院《关于人身安全保护令案件相关程序问题的请示》（京高法〔2016〕45号）收悉。经研究，答复如下：

一、关于人身安全保护令案件是否收取诉讼费的问题。同意你院倾向性意见，即向人民法院申请人身安全保护令，不收取诉讼费用。

二、关于申请人身安全保护令是否需要提供担保的问题。同意你院倾向性意见，即根据《中华人民共和国反家庭暴力法》请求人民法院作出人身安全保护令的，申请人不需要提供担保。

三、关于人身安全保护令案件适用程序等问题。人身安全保护令案件适用何种程序，反家庭暴力法中没有作出直接规定。人民法院可以比照特别程序进行审理。家事纠纷案件中的当事人向人民法院申请人身安全保护令的，由审理该案的审判组织作出是否发出人身安全保护令的裁定；如果人身安全保护令的申请人在接受其申请的人民法院并无正在进行的家事案件诉讼，由法官以独任审理的方式审理。至于是否需要就发出人身安全保护令问题听取被申请人的意见，则由承办法官视案件的具体情况决定。

四、关于复议问题。对于人身安全保护令的被申请人提出的复议申请和人身安全保护令的申请人就驳回裁定提出的复议申请，可以由原审判组织进行复议；人民法院认为必要的，也可以另行指定审判组织进行复议。

此复。

《中华人民共和国治安管理处罚法》

第四十三条　殴打他人的，或者故意伤害他人身体的，处五日以上十日以下拘留，并处二百元以上五百元以下罚款；情节较轻的，处五日以下拘留或者五百元以下罚款。

有下列情形之一的，处十日以上十五日以下拘留，并处五百元以上一千元以下罚款：

（一）结伙殴打、伤害他人的；

（二）殴打、伤害残疾人、孕妇、不满十四周岁的人或者六十周岁以上的人的；

（三）多次殴打、伤害他人或者一次殴打、伤害多人的。

《最高人民法院、最高人民检察院、公安部、司法部关于依法办理家庭暴力犯罪案件的意见》

19. 准确认定对家庭暴力的正当防卫。为了使本人或者他人的人身权利免受不法侵害，对正在进行的家庭暴力采取制止行为，只要符合刑法规定的条件，就应当依法认定为正当防卫，不负刑事责任。防卫行为造成施暴人重伤、死亡，且明显超过必要限度，属于防卫过当，应当负刑事责任，但是应当减轻或者免除处罚。

认定防卫行为是否“明显超过必要限度”，应当以足以制止并使防卫人免受家庭暴力不法侵害的需要为标准，根据施暴人正在实施家庭暴力的严重程度、手段的残忍程度，防卫人所处的环境、面临的危险程度、采取的制止暴力的手段、造成施暴人重大损害的程度，以及既往家庭暴力的严重程度等进行综合判断。

第38问 夫妻一方自杀或者患病，另一方见死不救是否构成犯罪？

答：我国《民法典》规定夫妻双方有互相忠实、尊重、关爱和帮助的法定义务。当一方遭遇生活困难、疾病、危险之时，另一方有法定救助义务，应积极采取措施予以扶助、救助，不能放任不管。夫妻感情不和，因家庭琐事发生争吵，一方行为偏激以跳河、跳楼等方式自杀，另一方身在现场，具有完全民事行为能力，明知受害人的危险行为可能会发生的危害结果，有条件有能力予以阻止、救助或求助他人避免或减轻危险的，漠视不管、放任危害结果发生而致使受害人未能得到救助死亡的，可能构成过失杀人或间接故意杀人。

夫妻一方身患疾病，生命垂危，急需送医救治，另一方明知自己的漠视行为将导致被扶养人死亡的后果，仍希望或者放任这种结果的发生，拒不履行救助义务，致使患者因未能得到及时救治而死亡，系不作为的故意杀害行为，构成故意杀人罪。

◉ 相关依据

《中华人民共和国民法典》

第一千零四十三条 家庭应当树立优良家风，弘扬家庭美德，重视家庭文明建设。

夫妻应当互相忠实，互相尊重，互相关爱；家庭成员应当敬老爱幼，互相帮助，维护平等、和睦、文明的婚姻家庭关系。

《中华人民共和国刑法》

第十四条 明知自己的行为会发生危害社会的结果，并且希望或者放任这种结果发生，因而构成犯罪的，是故意犯罪。

故意犯罪，应当负刑事责任。

第二百三十二条 故意杀人的，处死刑、无期徒刑或者十年以上有期徒刑；情节较轻的，处三年以上十年以下有期徒刑。

第39问 丈夫(妻子)送给第三者的财产能追回来吗?

答:在婚姻关系存续期间,夫妻双方对共同财产不分份额地共同享有所有权,一方非因日常生活需要处分共同财产时应与对方协商一致,不能单独处分。如果一方超出日常生活需要,擅自将共同财产赠与他人,该赠与行为是无效的,配偶可以侵犯夫妻共同财产权为由向人民法院起诉请求返还全部财产。有配偶者赠与或者约定赠与第三者财物,赠与后反悔主张返还或者第三者主张履行赠与的,由于违背了社会公序良俗,人民法院不予支持。简言之,对于婚外情人的赠与,法律上是一种自然债务:已给情人的,不能要回来;没给情人的,情人不能要!

夫妻对共同财产享有平等的处理权,并不意味着夫妻各自对共同财产享有一半的处分权。只有共同共有关系终止时,双方才可以对共同财产进行分割,确定各自份额。因此,笔者认为,夫妻一方擅自将夫妻共同财产赠与他人的行为应认定为全部无效,而非部分无效。如何返还需根据具体情况区别对待:如果赠与人给受赠人钱款让其购房、购车等且登记在受赠人名下,赠与行为被确认无效后,受赠人应返还相应的钱款;如果赠与人是把原来登记在自己名下的房屋、车辆等变更登记为受赠人,受赠人应返还原房屋或车辆。

如夫妻一方以个人财产赠与第三者,配偶主张返还的,法院一般不予支持。

◉ 相关依据

《中华人民共和国民法典》

第一千零六十二条第二款 夫妻对共同财产,有平等的处理权。

第一千零六十四条 夫妻双方共同签名或者夫妻一方事后追认等共同意思表示所负的债务,以及夫妻一方在婚姻关系存续期间以个人名义为家庭日常生活需要所负的债务,属于夫妻共同债务。

夫妻一方在婚姻关系存续期间以个人名义超出家庭日常生活需要所负的债务,不属于夫妻共同债务;但是,债权人能够证明该债务用于夫妻共同生活、共同生产经营或者基于夫妻双方共同意思表示的除外。

《江苏省高级人民法院家事纠纷案件审理指南(婚姻家庭部分)》

10、因恋爱、同居产生的情感债务应当如何处理?婚外情所涉赠与应当如何处理?赠与行为的效力应当如何认定?赠与财物应当如何返还?

……

有配偶者赠与或者约定赠与第三者财物,赠与后反悔主张返还或者第三者主张履行赠与的,不予支持。但配偶一方以赠与夫妻共同财产的行为侵犯其夫妻共同财产权为由主张返还的,可以支持。

配偶一方主张赠与行为无效并主张返还赠与财物的,应当认定赠与行为全部无效而非部分无效,赠与财物应当全部返还。

赠与行为被认定无效后返还的赠与财物应为赠与当时的标的物,如果赠与的是房屋、车辆等实物,应当返还实物。如果实物因灭失、转让等原因导致无法返还的,可以参照实物灭失、转让时的市场价格或者转让对价折价补偿。

第40问 妻子不愿生孩子,丈夫可以起诉离婚吗?

答:妻子只结婚不生孩子,法律是允许的,法律上不强求男女结婚后必须生孩子。如果丈夫无法接受妻子不生孩子的事实,导致夫妻感情破裂无法共同生活时,丈夫可以向法院起诉离婚。如果女方怀孕后不想生育而终止妊娠,男方不能在其终止妊娠后的6个月内提出离婚,女方到民政局办理离婚登记不受此限。通常情况下,妻子不愿意生孩子的原因有很多。往往女方考虑到自己的身体健康状况、婚姻关系能否长久、需要学习深造、工作环境、事业发展、经济负担等不利于怀孕生育的重要因素决定暂时不生孩子,男方应多多理解和支持女方推迟生育的决定。

◉ 相关依据

《中华人民共和国民法典》

第一千零八十二条　女方在怀孕期间、分娩后一年内或者终止妊娠后六个月内，男方不得提出离婚；但是，女方提出离婚或者人民法院认为确有必要受理男方离婚请求的除外。

《最高人民法院关于适用〈中华人民共和国民法典〉婚姻家庭编的解释（一）》

第二十三条　夫以妻擅自中止妊娠侵犯其生育权为由请求损害赔偿的，人民法院不予支持；夫妻双方因是否生育发生纠纷，致使感情确已破裂，一方请求离婚的，人民法院经调解无效，应依照民法典第一千零七十九条第三款第五项的规定处理。

第41问《民法典》规定了离婚冷静期，是限制离婚自由吗？

答：离婚分为民政部门协议离婚和法院诉讼离婚两种方式。《民法典》规定的离婚冷静期30天，只适用于协议离婚，不适用于诉讼离婚。法律设置冷静期的目的是防止婚姻当事人轻率、冲动离婚，“离错婚”；确保对子女抚养及探望权安排合理、财产分割方式明确，避免少分、漏分财产；债权债务的处理是自愿协商一致、没有遗漏的。故离婚冷静期没有限制离婚自由，而是为了更好地保障婚姻。双方自愿离婚的，先向婚姻登记机关办理离婚登记申请；登记后的冷静期30日内一方不同意离婚的，可以撤回申请；冷静期30天期满后30日内，双方未申请办理离婚证的，视为撤回离婚登记申请。离婚冷静期内或者期满后，一方不同意离婚的，双方可以继续维持婚姻关系；任何一方决意离婚的，可以向人民法院起诉离婚。离婚冷静期内，双方仍然具有合法夫妻身份关系，冷静期不是区分共同财产与个人财产、共同债务和个人债务的界限。

◉ **相关依据**

《中华人民共和国民法典》

第一千零七十七条 自婚姻登记机关收到离婚登记申请之日起三十日内，任何一方不愿意离婚的，可以向婚姻登记机关撤回离婚登记申请。

前款规定期限届满后三十日内，双方应当亲自到婚姻登记机关申请发给离婚证；未申请的，视为撤回离婚登记申请。

第一千零七十八条 婚姻登记机关查明双方确实是自愿离婚，并已经对子女抚养、财产以及债务处理等事项协商一致的，予以登记，发给离婚证。

第42问 假如一方婚内“出轨”，可以要求对方“净身出户”吗？

答：“出轨”和“净身出户”不是法律上的专业术语。“出轨”，通常是指婚内一方违背夫妻间忠诚义务与第三者发生婚外情、婚外性行为。“净身出户”是指夫妻离婚时全部共同财产归一方所有。社会上常常有男方在婚姻关系存续期间“出轨”后向女方书面承诺：“如婚内出轨则净身出户，所有财产归女方所有。”无论名称是承诺书、悔过书、认罪书、保证书或是协议书，均属于“忠诚协议”的范畴。所谓夫妻“忠诚协议”，是指男女双方在婚前或婚后，自主商定婚姻关系存续期间共同履行夫妻忠实义务，若有一方违反，自愿承担约定后果的书面契约。通常以过错方承担违约金、赔偿金、少分或不分夫妻共同财产的方式承担责任。通过中国裁判文书网公开的相关案件判决可以看出，夫妻间自行签订、履行忠诚协议，法律既不提倡也不赋予强制力，一些法院对此类纠纷不予受理，也有一些法院在离婚纠纷中谨慎对待处置，承认其法律效力并采纳者较少。普遍认为，忠诚协议涉及维护感情成分较重，依靠当事人内心的道德观念约束自行履行，法律不予干预。

◉ 相关依据

《中华人民共和国民法典》

第六百五十八条　赠与人在赠与财产的权利转移之前可以撤销赠与。

经过公证的赠与合同或者依法不得撤销的具有救灾、扶贫、助残等公益、道德义务性质的赠与合同，不适用前款规定。

第一千零四十三条　家庭应当树立优良家风，弘扬家庭美德，重视家庭文明建设。

夫妻应当互相忠实，互相尊重，互相关爱；家庭成员应当敬老爱幼，互相帮助，维护平等、和睦、文明的婚姻家庭关系。

第一千零六十五条第一款、第二款　男女双方可以约定婚姻关系存续期间所得的财产以及婚前财产归各自所有、共同所有或者部分各自所有、部分共同所有。约定应当采用书面形式。没有约定或者约定不明确的，适用本法第一千零六十二条、第一千零六十三条的规定。

夫妻对婚姻关系存续期间所得的财产以及婚前财产的约定，对双方具有法律约束力。

第一千零九十一条　有下列情形之一，导致离婚的，无过错方有权请求损害赔偿：

（一）重婚；

（二）与他人同居；

（三）实施家庭暴力；

（四）虐待、遗弃家庭成员；

（五）有其他重大过错。

第一千零九十二条　夫妻一方隐藏、转移、变卖、毁损、挥霍夫妻共同财产，或者伪造夫妻共同债务企图侵占另一方财产的，在离婚分割夫妻共同财产时，对该方可以少分或者不分。离婚后，另一方发现有上述行为的，可以向人民法院提起诉讼,请求再次分割夫妻共同财产。

《最高人民法院关于适用〈中华人民共和国民法典〉婚姻家庭编的解释(一)》

第三十二条 婚前或者婚姻关系存续期间,当事人约定将一方所有的房产赠与另一方或者共有,赠与方在赠与房产变更登记之前撤销赠与,另一方请求判令继续履行的,人民法院可以按照民法典第六百五十八条的规定处理。

第六十九条第一款 当事人达成的以协议离婚或者到人民法院调解离婚为条件的财产以及债务处理协议,如果双方离婚未成,一方在离婚诉讼中反悔的,人民法院应当认定该财产以及债务处理协议没有生效,并根据实际情况依照民法典第一千零八十七条和第一千零八十九条的规定判决。

第三章

财产与债务篇

CHAPTER 03

第一节 夫妻共同财产与个人财产

夫妻共同财产，是指夫妻在婚姻关系存续期间共同所有的财产。婚姻关系存续期间，是指夫妻结婚后至一方先于配偶死亡、双方同时死亡或者双方离婚前的时间段。

夫妻一方个人财产，是指一方婚前所有的、依法归个人所有或者双方协议约定归一方个人所有的财产。

第43问 举行婚礼时，受邀亲友、宾客赠送的礼金，是夫妻个人财产还是共同财产？

答：按照我国传统婚俗，亲属、同事、同学、朋友，在夫妻举行婚礼时会应邀赴宴贺喜，并馈赠礼金、礼品以示美好祝福。赠送礼金者除了以金钱方式对新婚夫妻致以新婚祝福外，还有与举办婚宴者（通常为新婚夫妇的一方或双方父母）及新婚夫妇建立社交关系、增进情感、礼尚往来、期待获取某种社会资源或社会利益以及对婚宴成本分摊的多方面目的考虑。

实践中，收受礼金有无用于婚庆、宴席费用等支出，赠送者有无明确说明受赠人，以及将来回赠礼金由谁负担等因素，都将影响礼金的归属。

按照礼金接收人的不同可以区分为：新婚夫妇一方收取的，新郎父母、新娘父母收取的。新婚夫妇收取的礼金，无论是单独或共同接受，一般认为属于夫妻共同财产，赠与人特别说明或系个人专用物品除外。新郎或新娘父母接受的礼金需要视情况而定。由于婚礼、婚宴的操办往往是夫妻一方或双方父母负责和出资的，如赠与人未特别说明赠与新婚夫妇一方或双方，则接收的礼金归接收人所有，系对举办方出资办理婚姻庆典活动经济支出的分担或基于人情礼尚往来的补偿（俗称份子钱、人情钱）。简言之，一般登记于礼金登记簿的礼金归婚礼举办方。婚前举行结婚仪式，男女双方收受的礼金，系婚前接受赠与，原则上归各自所有；赠与人明确说明赠送双方的，为双方共同所有；婚礼举办方收取的礼金归己方所有。

◉ 相关依据

《中华人民共和国民法典》

第一千零六十二条 夫妻在婚姻关系存续期间所得的下列财产，为夫妻的共同财产，归夫妻共同所有：

……

（四）继承或者受赠的财产，但是本法第一千零六十三条第三项规定的除外；

……

第一千零六十三条 下列财产为夫妻一方的个人财产：

（一）一方的婚前财产；

（二）一方因受到人身损害获得的赔偿或者补偿；

（三）遗嘱或者赠与合同中确定只归一方的财产；

（四）一方专用的生活用品；

（五）其他应当归一方的财产。

第44问 女方父母陪送的嫁妆，是夫妻共同财产吗？

答：嫁妆是女方父母在其出嫁时为其准备的结婚用品、赠送的财物，如房产、车辆、家具、电器、个人生活用品等。陪嫁财物易与共同财产混同，判断嫁妆是个人财产还是共同财产往往以结婚登记时为界；女方父母在结婚登记前赠与女方的财物，系女方的个人财产；反之，女方父母在结婚登记后赠与女方的财物，如没有明确指明赠与女方个人，则属于男女夫妻共同财产。女方的个人财产，在离婚时可要求析出。嫁妆中如有名贵戒指、手镯、项链、手表等具有女性专属特质的物品，虽然在婚后取得，亦应为女方的个人财产。嫁妆中的彩电、冰箱、洗衣机、家具等日常家庭生活用品界定为夫妻共同财产更符合我国国情。

◉ 相关依据

《中华人民共和国民法典》

第一千零六十二条　夫妻在婚姻关系存续期间所得的下列财产，为夫妻的共同财产，归夫妻共同所有：

……

（四）继承或者受赠的财产，但是本法第一千零六十三条第三项规定的除外；

……

第一千零六十三条　下列财产为夫妻一方的个人财产：

……

（三）遗嘱或者赠与合同中确定只归一方的财产；

……

第45问　夫妻一方获得的用人单位解除劳动合同的经济补偿金，属于共同财产吗？

答：夫妻一方在婚姻关系存续期间，用人单位与其解除劳动关系，无论是合法或违法解除，给予的经济补偿或赔偿，都是对劳动者生活补偿性的经济保障。这种财产的获得有别于婚后的工资收入，但又与工资相联系,不能完全视为夫妻共同财产。现行法律及司法解释对劳动者的经济补偿金未明确定性为是个人财产还是共同财产,但明确规定了婚后一方的工资收入属于共同财产。由于该补偿是以劳动者婚前和婚后的工作年限以及工资收入为依据累积计算后支付,笔者认为用人单位按照劳动者工作年限给予的经济补偿即“买断工龄”补偿款应区分婚前个人财产与婚后共同财产部分处理:以结婚登记日区分婚前与婚后部分:婚前工龄部分的补偿属于个人财产,婚后工龄部分的补偿属于共同财产。夫妻一方被用人单位违法解除劳动合同获得的补偿,也应按照上述方式区分财产归属。夫妻双方就婚姻关系存续期间一方解除劳动关系的经济补偿金,书面约定为夫妻共同财产的除外。

◉ 相关依据

《中华人民共和国民法典》

第一千零六十二条第一款 夫妻在婚姻关系存续期间所得的下列财产,为夫妻的共同财产,归夫妻共同所有:

……

(一)工资、奖金、劳务报酬;

……

第一千零六十三条 下列财产为夫妻一方的个人财产:

(一)一方的婚前财产;

……

第一千零六十五条第一款、第二款 男女双方可以约定婚姻关系存续期间所得的财产以及婚前财产归各自所有、共同所有或者部分各自所有、部分共同所有。约定应当采用书面形式。没有约定或者约定不明确的,适用本法第一千零六十二条、第一千零六十三条的规定。

夫妻对婚姻关系存续期间所得的财产以及婚前财产的约定,对双方具有法律约束力。

《最高人民法院关于适用〈中华人民共和国民法典〉婚姻家庭编的解释（一）》

第三十一条　民法典第一千零六十三条规定为夫妻一方的个人财产，不因婚姻关系的延续而转化为夫妻共同财产。但当事人另有约定的除外。

第46问 婚后出租一方的婚前房产，取得的租金是共同财产吗？

答：一方个人财产在婚后产生的收益，除孳息和自然增值外属于夫妻共同财产。孳息是原物产生的额外收益，分为天然孳息和法定孳息。天然孳息是指原物因自然规律或按照物的用法而产生的物，如母鸡下的蛋、果树结出的果子。法定孳息是指物因某种法律关系所产生的收益，如出租房屋后取得租金，在银行存款取得的利息。自然增值是指不需要人为操作自然增加的价值，如房价、股价因市场经济运行规律上涨。

出租房屋取得的租金属于民法理论上的法定孳息，原则上归出租人个人所有。由于租赁行为本身是一种经营活动，另一方往往会在房屋租赁期间参与房屋租赁事宜，付出了时间、精力和劳动，投入了一定的管理和劳务，履行了属于出租人本应履行的义务，如陪同看房，协商、起草、签订房屋出租合同，负责缴纳水电费、物业费，保洁，维修设备，催收房租等多项事务。因此，此时租金应认定为经营性收益，属于夫妻共同财产。夫妻离婚时，对租金的分割，要考虑到租金系源于房屋所有人的个人财产，对租金收益的贡献较大，均等分割显失公平，故对产权人应予以多分。

◉ 相关依据

《最高人民法院关于适用〈中华人民共和国民法典〉婚姻家庭编的解释(一)》

第二十六条 夫妻一方个人财产在婚后产生的收益,除孳息和自然增值外,应认定为夫妻共同财产。

第三十一条 民法典第一千零六十三条规定为夫妻一方的个人财产,不因婚姻关系的延续而转化为夫妻共同财产。但当事人另有约定的除外。

第47问 一方婚前股票账户内的婚后盈利部分,是夫妻共同财产吗?

答:一方婚前购买的股票婚后增值是否属于夫妻共同财产,取决于购买股票一方在婚后是否进行了股票的买卖操作。通过股票账户买进卖出操作获得的收益属于夫妻共同财产,但婚前投入的本金仍属于一方婚前个人财产;股票账户"原封不动"未买进卖出即"零操作"的情况下,股票受证券市场行情波动"水涨船高"获得的收益,其性质类似银行定期存款,则属于一方婚前的个人财产。股票投资盈利与亏损的风险同在,若婚前股票投资在婚后亏损,该亏损由投资者自行承担,与配偶无关。

◉ 相关依据

《中华人民共和国民法典》

第一千零六十三条 下列财产为夫妻一方的个人财产:

(一)一方的婚前财产;

……

《江苏省高级人民法院家事纠纷案件审理指南(婚姻家庭部分)》

32、夫妻一方婚前购买的股票在婚后的增值收益的性质应当如何认定?

夫妻一方婚后对婚前购买的股票没有进行买卖，股票因市场行情变化产生的增值收益为自然增值，除当事人另有约定外，应当认定为夫妻一方的个人财产。夫妻一方婚后对婚前购买的股票进行买卖产生的增值收益为主动增值，除当事人另有约定外，应当认定为夫妻共同财产。

第48问 夫妻之间有权知道对方的收入状况及名下银行卡账号、密码吗？

答：夫妻基于特殊的身份关系，双方共处一室，情感上可以互相依赖，财产上可以共同共有，生活上出双入对，亲密无间。为尊重和保护配偶的隐私权和知情权，法律上既给予权利也赋予义务，给对方适当距离和空间，保持亲密有间，是维系稳定和睦的夫妻关系的不二法宝。

在婚姻关系存续期间，如果夫妻双方没有约定婚后财产归各自所有，任何一方的经济收入均是双方的共同财产，且双方具有平等的处理权，配偶依法有权了解对方的工作单位名称、地址、岗位、工资、奖金和支出情况。夫妻之间具有互负忠实义务，一方当然有权知晓另一方持有几张银行卡、银行卡余额、收支及密码详细情况。除个人财产外，需向对方公开透明化，不得以涉及个人隐私为由予以保密而侵犯配偶的知情权，更不得有隐藏、转移、变卖、毁损、挥霍共同财产的行为。

◉ 相关依据

《中华人民共和国民法典》

第一千零三十二条　自然人享有隐私权。任何组织或者个人不得以刺探、侵扰、泄露、公开等方式侵害他人的隐私权。

隐私是自然人的私人生活安宁和不愿为他人知晓的私密空间、私密活动、私密信息。

第一千零四十三条第二款 夫妻应当互相忠实，互相尊重，互相关爱；家庭成员应当敬老爱幼，互相帮助，维护平等、和睦、文明的婚姻家庭关系。

第一千零六十二条 夫妻在婚姻关系存续期间所得的下列财产，为夫妻的共同财产，归夫妻共同所有：

（一）工资、奖金、劳务报酬；

（二）生产、经营、投资的收益；

（三）知识产权的收益；

（四）继承或者受赠的财产，但是本法第一千零六十三条第三项规定的除外；

（五）其他应当归共同所有的财产。

夫妻对共同财产，有平等的处理权。

第一千零六十三条 下列财产为夫妻一方的个人财产：

（一）一方的婚前财产；

（二）一方因受到人身损害获得的赔偿或者补偿；

（三）遗嘱或者赠与合同中确定只归一方的财产；

（四）一方专用的生活用品；

（五）其他应当归一方的财产。

第49问 离婚时一方隐藏、转移、变卖、毁损共同财产，怎么办？

答：在夫妻感情不和准备离婚前，一方可能会存在隐藏、转移、变卖、毁损共同财产的行为，严重侵害夫妻另一方对共同财产的平等处理权和财产份额。通常在离婚的情况下才涉及共同财产的分割，从向法院起诉离婚到法院调解离婚或判决准许离婚需要有一个时间段，短则一两个月，长则两三年，处于被动的一方往往难以及时维护财产权益。发现一方有损害共同财产的行为时，在离婚前及时维权显得迫在眉睫。另一方可以先搁置离婚问题,直接到法院起诉要求提前分割双方共有的房产、存款等财产,阻止对方侵害共同财产的行为。一方发现另一方已经转移财产的,可以向法院申请财产保全,在法院采取保全措施后15日内要提起诉讼,否则法院会解除财产保全措施。

◉ 相关依据

《中华人民共和国民法典》

第一千零六十六条 婚姻关系存续期间,有下列情形之一的,夫妻一方可以向人民法院请求分割共同财产:

(一)一方有隐藏、转移、变卖、毁损、挥霍夫妻共同财产或者伪造夫妻共同债务等严重损害夫妻共同财产利益的行为;

……

《最高人民法院关于适用〈中华人民共和国民法典〉婚姻家庭编的解释(一)》

第三十八条 婚姻关系存续期间,除民法典第一千零六十六条规定情形以外,夫妻一方请求分割共同财产的,人民法院不予支持。

第50问 夫妻一方持有的有限公司股权,是夫妻共同财产吗?

答:夫妻一方持有的股权是指,夫妻一方在婚后将共同财产投资有限责任公司,以个人名义获得参与公司经营管理、按照投资比例获得经济利益的权利。股权是一种具有人身属性特征的权利而非单纯财产。毫无疑问,因股权获取的收益属于夫妻共同财产。一方持有的股权,另一方还可以在离婚时进行分割股权价值或转化公司股东。若夫妻一方婚前持有的股权在婚后增资,增资部分相应比例的股权获得的收益属于夫妻共同财产;若持有股权一方仅是记载于有限公司的公司章程、股东名册和工商注册登记备案的名义上的股东，不是实际出资人，其背后却隐藏着实际出资的隐名股东，由于为他人代持股权存在争议，该股权所代表的财产利益不一定能作为夫妻共同财产处理。

◉ 相关依据

《最高人民法院关于适用〈中华人民共和国民法典〉婚姻家庭编的解释（一）》

第七十三条 人民法院审理离婚案件，涉及分割夫妻共同财产中以一方名义在有限责任公司的出资额，另一方不是该公司股东的，按以下情形分别处理：

（一）夫妻双方协商一致将出资额部分或者全部转让给该股东的配偶，其他股东过半数同意，并且其他股东均明确表示放弃优先购买权的，该股东的配偶可以成为该公司股东；

（二）夫妻双方就出资额转让份额和转让价格等事项协商一致后，其他股东半数以上不同意转让，但愿意以同等条件购买该出资额的，人民法院可以对转让出资所得财产进行分割。其他股东半数以上不同意转让，也不愿意以同等条件购买该出资额的，视为其同意转让，该股东的配偶可以成为该公司股东。

用于证明前款规定的股东同意的证据，可以是股东会议材料，也可以是当事人通过其他合法途径取得的股东的书面声明材料。

第51问 夫妻一方不同意离婚，什么情况下能分割共同财产？

答：夫妻在婚姻关系存续期间对共同财产享有平等的处理权。若一方实际占有、管理、使用共同财产，排除另一方对财产的支配权或侵占另一方应获得的共同财产的收益，导致另一方得不到基本的生活保障,但夫妻感情尚可不想离婚或夫妻感情已经破裂但利益受损一方又不愿意解除婚姻关系的,法律允许利益受损一方遇到以下情形时,可以向法院提出财产分割请求:

(1)夫妻一方的法定扶养义务人(如父母)患有重大疾病,另一方不愿意负担医疗费用。

(2)夫妻一方与他人串通伪造债务,通常表现为向亲戚、朋友出具借条,但没有借款事实,制造虚假债务,借此获取夫妻共同财产。

(3)夫妻一方隐藏夫妻共同财产。例如,通过另行办理银行卡储存共同财产、在家中藏匿现金(俗称"私房钱")、购买保险、变卖资产取得现金、赠送财物给他人等方式转移共同财产。

◉ 相关依据

《中华人民共和国民法典》

第一千零六十六条　婚姻关系存续期间,有下列情形之一的,夫妻一方可以向人民法院请求分割共同财产:

(一)一方有隐藏、转移、变卖、毁损、挥霍夫妻共同财产或者伪造夫妻共同债务等严重损害夫妻共同财产利益的行为;

(二)一方负有法定扶养义务的人患重大疾病需要医治,另一方不同意支付相关医疗费用。

《中华人民共和国老年人权益保障法》

第十五条　赡养人应当使患病的老年人及时得到治疗和护理;对经济困难的老年人,应当提供医疗费用。

对生活不能自理的老年人,赡养人应当承担照料责任;不能亲自照料的,可以按照老年人的意愿委托他人或者养老机构等照料。

第52问 婚后丈夫向其前妻支付小孩的高额抚养费，侵犯了妻子共同财产权吗?

答:男方再婚后，为了更好地抚养自己和前妻所生子女，未经现任妻子同意擅自提高了每月抚养费的数额，是否侵犯了现任妻子的共同财产权？在回答这个问题之前，需要综合考量男方近年来的收入状况、负担能力、小孩的抚养需求、男方支付意愿以及有无转移财产的故意等情节。

按照《民法典》婚姻家庭编及其司法解释的规定，就子女的抚养费(包含生活费、教育费和医疗费)数额，夫妻双方离婚后在原离婚协议、法院调解书、判决书确定数额的基础上，可以再次协商进一步提高。一般情况下，若男方有负担能力，每月向子女支付的抚养费不超过月收入的30%，负担两个子女的抚养费数额合计不超过50%。这有利于子女的健康成长，不违背法律规定。

当夫妻一方是再婚的，丈夫在婚前应告知妻子支付抚养费情况。现任妻子在明知或者应知丈夫需支付其前妻所生子女抚养费的前提下，不能孤立地强调夫妻在婚姻关系存续期间就共同财产享有平等的处理权。再婚一方有合理处分其收入的权利，离婚后仍有通过支付抚养费的方式间接抚养与其前妻所生子女的法定义务。除非再婚一方支付的抚养费数额明显超过其负担能力或者有转移夫妻共同财产的行为，否则不能以未经现任妻子同意为由认定侵犯夫妻共同财产权。若再婚一方通过支付超过子女正常需求的高额抚养费方式转移财产，现任妻子可以请求人民法院确认该行为无效。

◉ 相关依据

《中华人民共和国民法典》

第一千零八十五条 离婚后，子女由一方直接抚养的，另一方应当负担部分或者全部抚养费。负担费用的多少和期限的长短，由双方协议；协议不成的，由人民法院判决。

前款规定的协议或者判决，不妨碍子女在必要时向父母任何一方提出超过协议或者判决原定数额的合理要求。

《最高人民法院关于适用〈中华人民共和国民法典〉婚姻家庭编的解释（一）》

第四十九条　抚养费的数额，可以根据子女的实际需要、父母双方的负担能力和当地的实际生活水平确定。

有固定收入的，抚养费一般可以按其月总收入的百分之二十至三十的比例给付。负担两个以上子女抚养费的，比例可以适当提高，但一般不得超过月总收入的百分之五十。

无固定收入的，抚养费的数额可以依据当年总收入或者同行业平均收入，参照上述比例确定。

有特殊情况的，可以适当提高或者降低上述比例。

第五十条　抚养费应当定期给付，有条件的可以一次性给付。

第53问　夫妻一方在婚姻关系存续期间继承了他人遗产，另一方有份吗？

答：当夫妻一方是他人的法定或遗嘱继承人时，若其自动放弃或依法丧失了继承权，则不存在是夫妻一方个人财产还是共同财产的问题。丧失继承权的情形有：故意杀害被继承人的；为争夺遗产而杀害其他继承人的；遗弃被继承人的；虐待被继承人情节严重的；伪造、篡改或者销毁遗嘱且情节严重的。

如果有权继承而没有放弃继承权，在婚姻关系存续期间继承取得的他人财产，也不一定是夫妻共同财产。可继承遗产是否为夫妻共同财产，除了取决于继承人是否放弃继承权之外，还取决于立遗嘱人在遗嘱中有无明确注明某项财产只归夫妻一方个人所有。若无此书面记载,夫妻一方继承取得的遗产属于夫妻共同财产。若继承立遗嘱人财产后需要清偿其生前合法债务和税款,需要依法在继承财产价值范围内予以偿还;如有剩余财产,则属于夫妻共同财产。

◉ 相关依据

《中华人民共和国民法典》

第一千零六十二条第一款 夫妻在婚姻关系存续期间所得的下列财产,为夫妻的共同财产,归夫妻共同所有:

……

(四)继承或者受赠的财产,但是本法第一千零六十三条第三项规定的除外;

……

第一千零六十三条 下列财产为夫妻一方的个人财产:

……

(二)遗嘱或者赠与合同中确定只归一方的财产;

……

第一千一百二十四条第一款 继承开始后,继承人放弃继承的,应当在遗产处理前,以书面形式作出放弃继承的表示;没有表示的,视为接受继承。

第一千一百二十五条 继承人有下列行为之一的,丧失继承权:

(一)故意杀害被继承人;

(二)为争夺遗产而杀害其他继承人;

(三)遗弃被继承人,或者虐待被继承人情节严重;

(四)伪造、篡改、隐匿或者销毁遗嘱,情节严重;

(五)以欺诈、胁迫手段迫使或者妨碍被继承人设立、变更或者撤回遗嘱,情节严重。

继承人有前款第三项至第五项行为,确有悔改表现,被继承人表示宽恕或者事后在遗嘱中将其列为继承人的，该继承人不丧失继承权。

受遗赠人有本条第一款规定行为的，丧失受遗赠权。

《最高人民法院关于适用〈中华人民共和国民法典〉婚姻家庭编的解释（一）》

第八十一条　婚姻关系存续期间，夫妻一方作为继承人依法可以继承的遗产，在继承人之间尚未实际分割，起诉离婚时另一方请求分割的，人民法院应当告知当事人在继承人之间实际分割遗产后另行起诉。

第54问　夫妻一方死亡，其婚前个人财产可以被继承吗？

答：婚姻关系存续期间，婚前个人财产不因结婚而发生变化。婚姻关系存续期间，如果未赠与配偶或书面约定财产共有，一般与配偶没有关系，但并不是说永远与配偶没有关系。若夫妻一方死亡，如果生前没有订立遗嘱将配偶排除在继承人范围之外，其婚前、婚后的个人财产都应当按照《民法典》规定的法定继承程序分配遗产，生存一方可以配偶身份参与遗产的分配。若婚姻关系在死亡前已经解除，则生存一方不能参与遗产的分配。

◉ 相关依据

《中华人民共和国民法典》

第一千一百二十三条　继承开始后，按照法定继承办理；有遗嘱的，按照遗嘱继承或者遗赠办理；有遗赠扶养协议的，按照协议办理。

第一千一百二十七条　遗产按照下列顺序继承：

（一）第一顺序：配偶、子女、父母；

（二）第二顺序：兄弟姐妹、祖父母、外祖父母。

继承开始后，由第一顺序继承人继承，第二顺序继承人不继承；没有第一顺序继承人继承的，由第二顺序继承人继承。

本编所称子女，包括婚生子女、非婚生子女、养子女和有扶养关系的继子女。

本编所称父母，包括生父母、养父母和有扶养关系的继父母。

本编所称兄弟姐妹，包括同父母的兄弟姐妹、同父异母或者同母异父的兄弟姐妹、养兄弟姐妹、有扶养关系的继兄弟姐妹。

第一千一百三十三条 自然人可以依照本法规定立遗嘱处分个人财产，并可以指定遗嘱执行人。

自然人可以立遗嘱将个人财产指定由法定继承人中的一人或者数人继承。

自然人可以立遗嘱将个人财产赠与国家、集体或者法定继承人以外的组织、个人。

自然人可以依法设立遗嘱信托。

《最高人民法院关于适用〈中华人民共和国民法典〉婚姻家庭编的解释(一)》

第三十一条 民法典第一千零六十三条规定为夫妻一方的个人财产，不因婚姻关系的延续而转化为夫妻共同财产。但当事人另有约定的除外。

第55问 夫妻一方转移共同财产，另一方应该怎么办？

答：夫妻一方恶意转移夫妻共同财产，往往具有隐蔽性，不容易被发现，常见于离婚前和离婚过程中。转移一方通常与自己的亲戚、朋友恶意串通，将财产转移、变卖至亲朋好友名下，造成夫妻共同财产减少的表象，侵占另一方的共同财产份额。受害方发现后，可以转移一方与串通方为被告，向人民法院提起民事诉讼，主张相关行为无效，要求返还财产。如果决定离婚，追回财产将在离婚诉讼中进行依法分割。人民法院在夫妻离婚分割共同财产时，对于恶意转移一方，可以少分或者不分，以此来惩罚不诚实的一方。离婚后发现转移、隐藏行为的,可以请求人民法院再次分割共同财产。

◉ 相关依据

《中华人民共和国民法典》

第一千零六十六条　婚姻关系存续期间,有下列情形之一的,夫妻一方可以向人民法院请求分割共同财产:

(一)一方有隐藏、转移、变卖、毁损、挥霍夫妻共同财产或者伪造夫妻共同债务等严重损害夫妻共同财产利益的行为;

……

第一千零九十二条　夫妻一方隐藏、转移、变卖、毁损、挥霍夫妻共同财产,或者伪造夫妻共同债务企图侵占另一方财产的,在离婚分割夫妻共同财产时,对该方可以少分或者不分。离婚后,另一方发现有上述行为的,可以向人民法院提起诉讼,请求再次分割夫妻共同财产。

第56问　夫妻双方签订的分居协议中约定的财产归属条款,法院认可吗?

答:婚姻关系存续期间,夫妻双方为避免激化矛盾,防止冲动离婚,力求维护和谐稳定的婚姻家庭关系,可能会签订分居协议。法律对此并未禁止。亦即,此种分居协议为法律所允许。夫妻双方不以离婚为目的,签订分居协议,约定暂时分居一定期限,给双方各自冷静处理情感纠纷的时间,待感情好转后,提前或及时结束分居状态,恢复共同生活的,符合社会主义核心价值观,值得提倡。若双方在平等、自愿、协商一致的基础上,理性平和地签订分居协议,不存在一方受另一方的胁迫或者欺诈,且协议内容并不违反法律的强制性规定和社会公序良俗的,该协议具有法律效力,受法律保护。协议约定对夫妻共同财产作出处理的,或者分居期间财产归各自所有的,属于当事人意思自治范围内的事务,符合法律规定,人民法院应予以支持。

◉ 相关依据

《中华人民共和国民法典》

第一百四十三条 具备下列条件的民事法律行为有效:

(一)行为人具有相应的民事行为能力;

(二)意思表示真实;

(三)不违反法律、行政法规的强制性规定,不违背公序良俗。

第一百四十八条 一方以欺诈手段,使对方在违背真实意思的情况下实施的民事法律行为,受欺诈方有权请求人民法院或者仲裁机构予以撤销。

第一百五十条 一方或者第三人以胁迫手段,使对方在违背真实意思的情况下实施的民事法律行为,受胁迫方有权请求人民法院或者仲裁机构予以撤销。

第一千零六十五条 男女双方可以约定婚姻关系存续期间所得的财产以及婚前财产归各自所有、共同所有或者部分各自所有、部分共同所有。约定应当采用书面形式。没有约定或者约定不明确的,适用本法第一千零六十二条、第一千零六十三条的规定。

夫妻对婚姻关系存续期间所得的财产以及婚前财产的约定,对双方具有法律约束力。

夫妻对婚姻关系存续期间所得的财产约定归各自所有,夫或者妻一方对外所负的债务,相对人知道该约定的,以夫或者妻一方的个人财产清偿。

第57问 丈夫私下给与前妻所生子女零花钱,现任妻子可以要回来吗?

答:丈夫为履行对离婚后非直接抚养的子女的抚养义务,出于责任感，在己方经济负担能力允许的合理范围内，根据社会经济发展和当地实际生活水平以及子女现实需求，给予一些额外的钱款用于生活、学习和零花，符合法律规定和善良风俗。现任妻子以未经协商一致或者财产协议存在约定为由，认为丈夫无权处分夫妻共同财产，诉至法院要求返还的，法院难以支持。父母离婚后，父亲不在子女身边，无法正常地给予关心和呵护，需以积极探望和给付财物来履行抚养义务，减少和弥补父母离婚给孩子带来的心理伤害。如果法院支持现任妻子诉请返还财产，既不利于未成年人的利益保护，也不利于再婚家庭的和睦稳定，更不利于弘扬社会主义核心价值观。

◉ 相关依据

《中华人民共和国民法典》

第八条　民事主体从事民事活动，不得违反法律，不得违背公序良俗。

第一千零六十二条第二款　夫妻对共同财产，有平等的处理权。

第一千零八十四条第一款、第二款　父母与子女间的关系，不因父母离婚而消除。离婚后，子女无论由父或者母直接抚养，仍是父母双方的子女。

离婚后，父母对于子女仍有抚养、教育、保护的权利和义务。

《最高人民法院关于适用〈中华人民共和国民法典〉婚姻家庭编的解释(一)》

第五十八条　具有下列情形之一，子女要求有负担能力的父或者母增加抚养费的，人民法院应予支持：

(一)原定抚养费数额不足以维持当地实际生活水平；

(二)因子女患病、上学，实际需要已超过原定数额；

(三)有其他正当理由应当增加。

第58问 夫妻一方擅自出售共有房屋给他人，买卖合同受法律保护吗？

答：房屋是夫妻共同财产中重要的组成部分之一，涉及夫妻双方的居住权。一方擅自出售共同共有的房屋，可能会造成另一方生活困难或重大财产损失。如果夫妻共有房屋登记在双方名下，需夫妻两人共同签订房屋买卖合同。如果配偶不能亲自到场签订合同，卖房人应当出示其出具的授权委托书，取得代理配偶签字的权利，或者买房人与其配偶确认售房意愿。当夫妻共有房屋仅登记在卖房人一方名下时，买房人往往会误以为交易房屋系卖房人的个人房产，则无须卖房人配偶的同意。房屋买卖合同签订后，会出现买房人预想不到的一些情况：卖房人的配偶得知卖房人擅自出卖房屋事实后，告知买房人交易房屋系共有房产，不同意卖房，主张交易行为无效；房价过快上涨时卖房人反悔，不卖了，或者提出涨价要求，不配合办理后续买卖流程。民事活动应当诚实守信。法律为了维护正常的市场交易安全，保护和支持买房人的善意购房行为。如果买房人按照市场正常价格购房，未与卖房人合谋转移、隐匿资产，且有证据证明卖房人的配偶同意卖房，仅仅因为房价过快上涨而违约不卖，买房人可以请求法院判决卖房人继续履行房屋买卖合同，令其配合完成房屋买卖交易流程。

◉ 相关依据

《中华人民共和国民法典》

第三百一十一条 无处分权人将不动产或者动产转让给受让人的，所有权人有权追回；除法律另有规定外，符合下列情形的，受让人取得该不动产或者动产的所有权：

（一）受让人受让该不动产或者动产时是善意；

（二）以合理的价格转让；

（三）转让的不动产或者动产依照法律规定应当登记的已经登记，不需要登记的已经交付给受让人。

受让人依据前款规定取得不动产或者动产的所有权的，原所有权人有权向无处分权人请求损害赔偿。

当事人善意取得其他物权的，参照适用前两款规定。

《最高人民法院关于适用〈中华人民共和国民法典〉婚姻家庭编的解释（一）》

第二十八条 一方未经另一方同意出售夫妻共同所有的房屋，第三人善意购买、支付合理对价并已办理不动产登记，另一方主张追回该房屋的，人民法院不予支持。

夫妻一方擅自处分共同所有的房屋造成另一方损失，离婚时另一方请求赔偿损失的，人民法院应予支持。

第59问 父母出资给子女买房，如何判断房产归属？

答：父母出资给子女买房，有书面约定的按约定处理；没有书面约定或者约定不明的，按照法律规定处理。根据父母对子女的出资是单方还是双方、是全资还是合资、是婚前还是婚后以及产权登记情况来综合考量判定财产权属，具体总结如下：

1. 结婚前，一方父母赠与子女全部购房资金

（1）一方父母为自己的子女支付全资购房，所有权登记在出资方子女名下，是对自己子女的赠与，房屋属于出资方子女的个人财产。

（2）一方父母出全部购房资金，房屋所有权登记在子女及其配偶双方名下或者对方子女名下，该出资可以认定为对子女及其配偶双方的赠与，所购房屋可以认定为子女与配偶双方的共同财产。

2. 结婚前，双方父母赠与子女部分购房资金

婚前双方父母合资购房，所有权无论登记在一方子女或者双方子女名下，该出资可以认定为父母对各自子女的赠与，所购房屋由双方按照各自父母出资份额按比例共有。

3. 结婚后，一方父母赠与子女全部购房资金

（1）婚后一方父母为自己的子女支付全资购房，所有权登记在出资方子女名下，是对自己子女的赠与，房屋属于出资方子女的个人财产。

（2）婚后一方父母出全部购房资金，房屋所有权登记在双方子女名下或者对方子女名下，该出资可以认定为对双方子女的赠与，所购房屋可以认定为子女与其配偶双方的共同财产。

4. 结婚后，一方父母赠与子女部分购房资金

婚后一方父母部分出资为子女购房，夫妻双方支付余款，所有权登记在出资方子女名下时，该房屋为夫妻共同财产。

5. 结婚后，双方父母赠与子女部分购房资金

（1）婚后双方父母合资购房，所有权登记在一方子女名下时，双方按照各自父母出资份额按比例共有。

（2）婚后双方父母合资购房，所有权登记在双方子女名下时，该房屋可以认定为共同共有。

◉ 相关依据

《中华人民共和国民法典》

第一千零六十二条 夫妻在婚姻关系存续期间所得的下列财产，为夫妻的共同财产，归夫妻共同所有：

……

（四）继承或者受赠的财产，但是本法第一千零六十三条第三项规定的除外；

……

第一千零六十三条　下列财产为夫妻一方的个人财产：

……

（三）遗嘱或者赠与合同中确定只归一方的财产；

……

《最高人民法院关于适用〈中华人民共和国民法典〉婚姻家庭编的解释（一）》

第二十九条　当事人结婚前，父母为双方购置房屋出资的，该出资应当认定为对自己子女个人的赠与，但父母明确表示赠与双方的除外。

当事人结婚后，父母为双方购置房屋出资的，依照约定处理；没有约定或者约定不明确的，按照民法典第一千零六十二条第一款第四项规定的原则处理。

《江苏省高级人民法院家事纠纷案件审理指南（婚姻家庭部分）》

37、父母为子女出全资购置不动产的性质应当如何认定?

父母为子女出全资购置不动产，除当事人另有约定外，可以按以下情形分别处理：

(1)一方父母出全资购置的不动产，无论该出资行为发生在婚前还是婚后，所有权登记在自己子女名下的，该出资可以认定为对自己子女的赠与，该不动产可以认定为出资方子女的个人财产。

(2)一方父母出全资购置的不动产，无论该出资行为发生在婚前还是婚后，所有权登记在子女双方名下或者另一方子女名下，该出资可以认定为对子女双方的赠与，该不动产可以认定为共同共有。

(3)婚前双方父母共同出全资购置的不动产，所有权无论登记在一方子女或者子女双方名下，该出资可以认定为父母对各自子女的赠与，该不动产可以认定为双方按照各自父母出资份额按份共有。

(4)婚后双方父母共同出全资购置的不动产，所有权登记在一方子女名下，该出资可以认定为父母对各自子女的赠与，该不动产可以认定为双方按照各自父母出资份额按份共有。

(5)婚后双方父母共同出全资购置的不动产，所有权登记在子女双方名下，该出资可以认定为对子女双方的赠与，该不动产可以认定为共同共有。

38、婚后一方父母部分出资为子女购置不动产，所有权登记在出资方子女名下，其性质应当如何认定？

《婚姻法解释三》第七条规定的“婚后由一方父母出资为子女购买的不动产”，其适用前提是一方父母出全资为子女购置不动产情形。婚后一方父母部分出资为子女购置不动产，夫妻双方支付剩余款项，所有权登记在出资方子女名下，除当事人另有约定外，该不动产应当认定为夫妻共同财产。离婚时在具体分割不动产时，可以结合父母出资比例等因素对出资方子女予以多分。

第60问 一方婚后取得的房屋拆迁补偿利益，是夫妻共同财产吗？

答：房屋拆迁补偿，是政府部门依法征收公民个人所有的房屋时，对土地使用权被征收、地上建筑物被拆除所受损失给予的补偿，包括对房屋价值的补偿及因征收房屋造成的搬迁、临时安置的补偿。既有对房屋所有权人的补偿，也有对共同居住生活在被拆迁房屋内其他家庭成员的补偿。

如果被拆迁房屋系一方所有，婚前已经存在，即使婚后签订拆迁补偿协议，也不当然将房屋在婚姻关系存续期间拆迁取得的利益归属为夫妻共同财产。拆迁补偿款中被征收房屋价值补偿利益系一方婚前个人财产的形态转化，不因婚姻关系的存续转变为夫妻共同财产，在婚后虽有增值，但仍为个人财产。

由于不同拆迁补偿款的性质决定了其归属，被征收房屋的价值补偿部分，属于房屋所有权人的个人财产；因一方房屋拆迁获得的搬迁补助、临时安置补助、搬迁奖励等对实际居住人口的补偿，属于夫妻共同财产。若根据当地拆迁政策,配偶作为拆迁安置对象存在相应补偿的,该补偿应属于其个人财产。配偶对被拆迁房屋参与出资装修,构成添附的,其相应的装修补偿款,属于夫妻共同财产。

如果被征收房屋系一方父母的财产,一方作为被安置对象按照当地拆迁政策享有利益的,则该利益系一方婚后取得的财产,属于夫妻共同财产。

婚后一方因父母的房屋拆迁取得的安置房,登记在自己名下的,如果父母未明确赠与自己子女个人的,视为对夫妻双方的赠与,属于夫妻共同财产。

◉ 相关依据

《国有土地上房屋征收与补偿条例》

第十七条 作出房屋征收决定的市、县级人民政府对被征收人给予的补偿包括:

(一)被征收房屋价值的补偿;

(二)因征收房屋造成的搬迁、临时安置的补偿;

(三)因征收房屋造成的停产停业损失的补偿。

市、县级人民政府应当制定补助和奖励办法,对被征收人给予补助和奖励。

《中华人民共和国民法典》

第一千零六十二条 夫妻在婚姻关系存续期间所得的下列财产,为夫妻的共同财产,归夫妻共同所有:

……

(四)继承或者受赠的财产,但是本法第一千零六十三条第三项规定的除外;

……

第一千零六十三条 下列财产为夫妻一方的个人财产:

（三）遗嘱或者赠与合同中确定只归一方的财产；

《最高人民法院关于适用〈中华人民共和国民法典〉婚姻家庭编的解释（一）》

第三十一条 民法典第一千零六十三条规定为夫妻一方的个人财产，不因婚姻关系的延续而转化为夫妻共同财产。但当事人另有约定的除外。

第61问 给未成年子女购买的人寿保险，退保时的现金价值是夫妻共同财产吗？

答：夫妻在婚姻关系期间动用共同财产为未成年子女购买人寿保险，此类保险合同关系中，投保人是夫妻一方或双方，被保险人是子女，受益人是未成年子女。当投保人与被保险人不一致，保险合同尚未到期且保险合同中明确约定财产利益由被保险人未成年子女享有的情况下，因人寿保险的保险标的是被保险人的生命或身体，具有强烈的人身属性，应认定保险单的现金价值为未成年子女的个人财产。作为夫妻的投保人不解除保险合同（不退保）时，保险单的现金价值属于未成年子女的个人财产。如果父母解除保险合同（退保），保险公司返还的现金价值因投保费用来自夫妻共同财产，则为夫妻共同财产。

◉ 相关依据

《中华人民共和国保险法》

第四十七条 投保人解除合同的，保险人应当自收到解除合同通知之日起三十日内，按照合同约定退还保险单的现金价值。

《江苏省高级人民法院家事纠纷案件审理指南（婚姻家庭部分）》

43、离婚案件中对于人身保险合同应当如何处理？

人身保险分为人寿保险、意外伤害保险和健康保险。离婚案件中对于

人身保险合同,除当事人另有约定外,可以按以下情形分别处理:

……

(3)为未成年子女购买人身保险的处理

婚姻关系存续期间,夫妻一方或者双方为未成年子女购买的人身保险获得的保险金,如果未成年子女未死亡,应当专属于未成年子女所有。

离婚时,如果为未成年子女购买的人身保险合同尚处于保险有效期的,因保险的最终利益归属于未成年子女,该保险应当视为对未成年子女的赠与,不再作为夫妻共同财产分割。

第二节　夫妻共同债务与个人债务

夫妻共同债务,是指在婚姻关系存续期间,经夫妻双方共同意思表示对外所负担,或者为家庭日常生活需要、共同生产经营所负担的债务,由夫妻共同偿还。

个人债务,是指夫或妻一方以个人名义对外所负的未用于家庭生活、生产经营的债务,由举债方偿还。

第62问　如何判断夫妻一方对外负债,是共同债务还是个人债务?

答:夫妻共同债务,通常是夫妻婚姻关系存续期间所产生的合法债务,出于为家庭日常生活需要、夫妻共同生活、夫妻共同生产经营等原因产生的债务。"家庭日常生活需要"是指家庭日常生活中的必要支出,包括衣食住行、医疗保健、交通通信、文娱教育及服务等。认定是否为"家庭日常生活需要"所负的债务,应当结合债务金额、举债次数、债务用途、家庭收入状况、消费水平、当地经济水平和一般社会生活习惯等予以综合判断。"夫妻共同生活"是指夫妻为履行经济扶养、生活照顾、精神抚慰义务而进行共同消费或者积累夫妻共同财产的情形。"夫妻共同生产经营"是指夫妻共同决定生产经营事项、一方授权另一方决定生产经营事项或者夫妻另一方在生产经营中受益的情形。

个人债务是指夫妻双方约定为个人负担或者一方从事与家庭共同生活无关活动时所负的债务,例如,婚前个人债务、离婚后产生的债务。一笔债务是夫妻一方的个人债务还是夫妻共同债务,取决于夫妻共同举债的合意及债务去向用途是否为夫妻共享利益。根据司法实践经验总结如下:

(1)没有书面财产约定的夫妻一方举债用于家庭日常生活需要、夫妻共同生活、共同生产经营,无论是婚前还是婚后,都应在夫妻共同财产范围内偿还共同债务。如果未举债的配偶认为该债务系举债人的个人债务,需承担相应的举证责任证明该债务并未用于共同生活、共同经营。夫或妻未经对方同意,独自筹资从事经营活动,收入未用于共同生活,该债务系举债一方的个人债务。

(2)对于有书面财产约定的夫妻来说,如果债权人(第三人)知道举债人夫妻之间有财产归各自所有的约定,则该债务为举债人的个人债务。

(3)若配偶一方为满足私欲挥霍消费、与他人串通虚构债务转移财产或从事违法犯罪活动(如赌博、吸毒、酗酒)产生的债务由举债人本人承担。

(4)夫妻一方未经对方同意,擅自资助与其没有抚养义务的亲朋所负的债务。

(5)夫妻一方未经对方同意,为他人提供保证担保债务履行产生的债务为个人债务。

(6)债权人明知或者应知债务人夫妻一方已大额负债无法偿还,仍继续出借款项的,为夫妻一方个人债务。

(7)一方并非为了家庭利益从事活动所负债务,配偶未从中受益的,属于个人债务。

◉ 相关依据

《中华人民共和国民法典》

第一千零六十四条　夫妻双方共同签名或者夫妻一方事后追认等共同意思表示所负的债务,以及夫妻一方在婚姻关系存续期间以个人名义为家庭日常生活需要所负的债务,属于夫妻共同债务。

夫妻一方在婚姻关系存续期间以个人名义超出家庭日常生活需要所负的债务,不属于夫妻共同债务;但是,债权人能够证明该债务用于夫妻共同生活、共同生产经营或者基于夫妻双方共同意思表示的除外。

第一千零六十五条第三款　夫妻对婚姻关系存续期间所得的财产约定归各自所有,夫或者妻一方对外所负的债务,相对人知道该约定的,以夫或者妻一方的个人财产清偿。

《最高人民法院关于适用〈中华人民共和国民法典〉婚姻家庭编的解释(一)》

第三十三条　债权人就一方婚前所负个人债务向债务人的配偶主张权利的,人民法院不予支持。但债权人能够证明所负债务用于婚后家庭共同生活的除外。

第三十四条　夫妻一方与第三人串通,虚构债务,第三人主张该债务为夫妻共同债务的,人民法院不予支持。

夫妻一方在从事赌博、吸毒等违法犯罪活动中所负债务,第三人主张该债务为夫妻共同债务的,人民法院不予支持。

《江苏省高级人民法院家事纠纷案件审理指南(婚姻家庭部分)》

46、夫妻共同债务的举证责任应当如何分配?

《最高人民法院关于审理涉及夫妻债务纠纷案件适用法律有关问题的

解释》进一步明确了夫妻共同债务举证责任分配规则。司法实践中，在正确适用司法解释的同时，要强化法院职权探知，合理运用日常经验法则和逻辑推理，对于债务人配偶和债权人的利益要予以兼顾，避免因错误分配举证责任造成司法裁判不公。

对于夫妻双方共同签字或者签字时债务人配偶在场但未作出明确反对意思表示或者债务人配偶事后追认以及通过其他共同意思表示形式（如电话、短信、微信、邮件等）认可的债务，应当认定为夫妻共同债务，此种情形应当由债权人承担举证责任。

夫妻一方在婚姻关系存续期间以个人名义为家庭日常生活需要所负的债务，应当认定为夫妻共同债务。债权人应当提供该债务为家庭日常生活需要所负的初步证据，债务人配偶主张不属于夫妻共同债务的，应当承担举证责任。

债务人配偶提供初步证据证明夫妻一方在婚姻关系存续期间以个人名义所负的债务超出家庭日常生活需要，债权人主张属于夫妻共同债务的，应当举证证明该债务用于夫妻共同生活、共同生产经营或者基于夫妻双方共同意思表示。

47、如何界定夫妻一方在婚姻关系存续期间以个人名义为“家庭日常生活需要”所负的债务？

“家庭日常生活需要”是指家庭日常生活中的必要支出，包括衣食住行、医疗保健、交通通信、文娱教育及服务等。认定是否为“家庭日常生活需要”所负的债务，应当结合债务金额、举债次数、债务用途、家庭收入状况、消费水平、当地经济水平和一般社会生活习惯等予以综合判断。

以下情形可以作为认定超出“家庭日常生活需要”所负债务的考量因素：

(1)债务金额明显超出债务人或者当地普通居民家庭日常消费水平的；

(2)债权人明知或者应知债务人从事赌博、吸毒等违法犯罪活动仍出借款项的；

(3)债权人明知或者应知债务人已大额负债无法偿还,仍继续出借款项的。

48、如何界定夫妻一方在婚姻关系存续期间以个人名义为"夫妻共同生活、共同生产经营"所负的债务?

"夫妻共同生活"是指夫妻为履行经济扶养、生活照顾、精神抚慰义务而进行共同消费或者积累夫妻共同财产的情形。"夫妻共同生产经营"是指夫妻共同决定生产经营事项或者一方授权另一方决定生产经营事项或者夫妻另一方在生产经营中受益的情形。

以下情形可以作为认定债务用于"夫妻共同生活、共同生产经营"的考量因素:

(1)举债期间家庭购置大宗财产或者存在大额开支情形,夫妻双方无法说明资金来源的;

(2)举债用于夫妻双方共同从事的生产经营事项的;

(3)举债用于债务人单方从事的生产经营事项,但债务人配偶从生产经营中受益的。

以下情形可以作为认定债务未用于"夫妻共同生活、共同生产经营"的考量因素:

(1)举债期间家庭未购置大宗财产或者存在大额开支情形的;

(2)债务用于债务人从事赌博、吸毒等违法犯罪活动的;

(3)债务用于债务人单方负担与夫妻共同生活、共同生产经营无关的活动的,如无偿担保等;

(4)债务人配偶对债务人的生产经营行为不知情且未从生产经营中受益的。

50、因夫妻一方侵权行为所产生的债务性质应当如何认定?

判断夫妻一方因侵权行为所产生的债务是否为夫妻共同债务,关键在于审查债务人配偶是否分享了利益。如果债务人配偶通过债务人的活动从中受益,例如在从事家庭经营等活动中发生侵权行为,按照利益共享、责任共担的原则,应当认定为夫妻共同债务;如果债务人的活动并非为了家庭利益且债务人配偶也未从中受益的，应当认定为债务人的个人债务。

第63问 能否申请法院追加被执行人的配偶为被执行人？

答：当债务发生在债务人婚姻关系存续期间，债权人诉讼获胜后在申请法院强制执行时，以债务人为被执行人申请执行后，又向法院追加被执行人的配偶为被执行人的，法院一般不予准许。理由是：不得剥夺公民的诉讼程序和实体权利，把未参加诉讼的配偶直接追加为被执行人，但可以查封、扣押、冻结或处置被执行人在夫妻共同财产中的份额。若债务已被判决确认为夫妻共同债务，虽然配偶没有参加诉讼，仍可以将其作为被执行人。被执行人已离婚，债务形成于夫妻关系存续期间，法院可以对原配偶已分得财产采取执行措施。

◉ 相关依据

《江苏省高级人民法院执行异议及执行异议之诉案件审理指南（二）》

22. 执行依据确定的债务人为夫妻一方，执行法院查封、扣押、冻结或处置被执行人在夫妻共有财产中的份额，被执行人的配偶对财产份额提出异议的，适用《民事诉讼法》第二百二十七条进行审查。被执行人的配偶请求排除执行的，不予支持。

25. 执行依据或其他相关生效法律文书确认案涉债务系夫妻共同债务，未参加诉讼的配偶一方以该债务非夫妻共同债务为由提出执行异议的，裁定不予受理；已经受理的，驳回其异议，告知其依法通过审判监督程序救济。

26. 执行依据确定的债务人为夫妻一方，被执行人已离婚，执行法院不得追加其前配偶为被执行人，但该债务形成于夫妻关系存续期间的，可对原夫妻另一方离婚时分得的财产采取执行措施，原夫妻另一方提出异议的，属于案外人异议，应当依照《民事诉讼法》第二百二十七条规定审查处理。

第64问 一方借钱给父母治病，算夫妻共同债务吗？

答：民法上，父母有抚养子女的义务，成年子女有赡养父母的义务，然而儿媳对公婆、女婿对岳父母没有赡养扶助的法定义务。子女因经济拮据向他人借钱给父母治病，是为了履行赡养扶助父母的法定义务，若配偶不愿共同承担此债务，由举债方个人负担，不利于家庭和谐稳定，与社会主义家庭伦理道德相悖。

“你的父母生病要花钱，我不管！”“连生我养我的人你都不管，还谈什么爱情和婚姻！”当婚姻中的男女不能互相“帮一把”时，可想而知其婚姻还能维系多久。虽然《民法典》未明确规定夫妻一方父母身患重病，子女无钱医治对外举债的属于夫妻共同债务，但从《民法典》第1066条第2项规定来看，若配偶不同意共同承担此债务，举债方可以在不要求离婚的前提下请求人民法院分割共同财产，偿还所负债务。言外之意，此项规定有夫妻应共同承担一方父母患有重大疾病所需治疗费用的隐含意思，提倡自愿共担，但不强求的立法初衷。因此，婚后一方向他人举债给父母治病所欠债务，法律上应认定为夫妻共同债务为宜。

◉ 相关依据

《中华人民共和国民法典》

第一千零四十三条 家庭应当树立优良家风，弘扬家庭美德，重视家庭文明建设。

夫妻应当互相忠实，互相尊重，互相关爱；家庭成员应当敬老爱幼，互相帮助，维护平等、和睦、文明的婚姻家庭关系。

第一千零六十六条 婚姻关系存续期间，有下列情形之一的，夫妻一方可以向人民法院请求分割共同财产：

……

（二）一方负有法定扶养义务的人患重大疾病需要医治，另一方不同意支付相关医疗费用。

第一千零六十七条第二款 成年子女不履行赡养义务的，缺乏劳动能力或者生活困难的父母，有要求成年子女给付赡养费的权利。

第65问 夫妻之间的借款如何处理？

答：夫妻之间可以按照《民法典》的规定，协议约定婚前财产或婚后财产为个人财产、共同财产或部分个人财产、部分共同财产。故作为两个独立平等的民事主体，夫妻之间可以成立民间借贷法律关系。

夫妻之间借款通常分为婚前和婚后借款两种情况。

婚前一方向另一方借款，往往没有约定还款期限。婚后双方共同生活在一起，夫妻关系和睦时，一般不提借款之事。一旦感情不和，处于离婚状态，出借方一般就会要求另一方偿还借款。如果没有约定还款期限，意味着出借方可以随时要求返还借款。借款方以双方缔结婚姻关系后导致婚前债权债务关系消失作为抗辩理由不能成立。离婚时出借方要求借款方偿还借款，借款方认为超过民事诉讼时效的主张亦不能成立。

婚后借款，夫妻一方借款，若所借款项来自共同财产，借款实质上是夫妻一方向另一方从夫妻共同财产中借款，与普通自然人之间的借贷并无本质不同。离婚时借款方可以扣除本属于夫妻共同财产中属于自己的份额，向出借方返还借款金额的一半。

夫妻之间协议约定以夫妻共同财产出借给夫妻一方用于个人事务（如经营投资），应视为双方处分夫妻共同财产的行为。该协议有效,双方应按借款协议履行。对于夫妻之间以夫妻共同财产出借引发的借贷纠纷,在离婚诉讼中,人民法院处理夫妻婚外债权债务同时可以一并处理婚内债权债务。诉讼时效上,因出借的标的物属于夫妻共同财产,在未解除婚姻关系时无法分清彼此的具体数额,故婚后借款的诉讼时效应从离婚时才开始起算。如果一方是以个人财产出借,尽管双方存在婚姻关系,也应按照一般诉讼时效的规定处理。夫妻之间约定一方向另一方借款,出借资金来自夫妻共同财产,借款方将借款资金用于家庭共同生活的,不属于借贷关系。

对于离婚后男女之间发生的借款,由于男女双方不具有夫妻关系,处理方法与普通民间借贷关系相同。

◉ 相关依据

《中华人民共和国民法典》

第一百八十八条第一款 向人民法院请求保护民事权利的诉讼时效期间为三年。法律另有规定的,依照其规定。

第一百九十二条 诉讼时效期间届满的,义务人可以提出不履行义务的抗辩。

诉讼时效期间届满后,义务人同意履行的,不得以诉讼时效期间届满为由抗辩;义务人已经自愿履行的,不得请求返还。

《最高人民法院关于适用〈中华人民共和国民法典〉婚姻家庭编的解释(一)》

第八十二条 夫妻之间订立借款协议,以夫妻共同财产出借给一方从事个人经营活动或者用于其他个人事务的,应视为双方约定处分夫妻共同财产的行为,离婚时可以按照借款协议的约定处理。

第66问 结婚时男方为购房、装修、给付彩礼所欠债务，女方在婚后要一起还吗？

答：一般情况下，区分个人债务还是夫妻共同债务的“分水岭”以婚姻登记日为准。办理结婚登记前，男方为买房、装修和给付彩礼等所欠债务属于婚前个人债务，不因登记结婚行为而转化为夫妻共同债务，女方可不与男方一起偿还债务，除非女方自愿与男方一同分担。债权人向女方主张偿还债务的，人民法院不予支持，但债权人有证据证明债务用于婚后家庭共同生活的除外。例如，房产权属登记在男女双方两人名下，女方与男方共同偿还购房贷款。办理结婚登记后，男方为买房、装修和给付彩礼所欠债务属于夫妻共同债务，债权人可以要求女方与男方共同偿还债务。对于领取结婚证后产生的债务，女方可以和男方进行书面约定，由男方个人承担。但夫妻之间的约定不能对抗债权人，除非男方举债时，女方已向债权人明确书面声明不承担该债务，或者已经书面告知债权人夫妻双方已书面约定婚后的财产归各自所有。

◉ 相关依据

《中华人民共和国民法典》

第一千零六十四条 夫妻双方共同签名或者夫妻一方事后追认等共同意思表示所负的债务，以及夫妻一方在婚姻关系存续期间以个人名义为家庭日常生活需要所负的债务，属于夫妻共同债务。

夫妻一方在婚姻关系存续期间以个人名义超出家庭日常生活需要所负的债务，不属于夫妻共同债务；但是，债权人能够证明该债务用于夫妻共同生活、共同生产经营或者基于夫妻双方共同意思表示的除外。

第一千零六十五条 男女双方可以约定婚姻关系存续期间所得的财产以及婚前财产归各自所有、共同所有或者部分各自所有、部分共同所有。约定应当采用书面形式。没有约定或者约定不明确的，适用本法第一千零六十二条、第一千零六十三条的规定。

夫妻对婚姻关系存续期间所得的财产以及婚前财产的约定，对双方具有法律约束力。

夫妻对婚姻关系存续期间所得的财产约定归各自所有，夫或者妻一方对外所负的债务，相对人知道该约定的，以夫或者妻一方的个人财产清偿。

《最高人民法院关于适用〈中华人民共和国民法典〉婚姻家庭编的解释(一)》

第三十三条 债权人就一方婚前所负个人债务向债务人的配偶主张权利的，人民法院不予支持。但债权人能够证明所负债务用于婚后家庭共同生活的除外。

第67问 夫妻一方擅自将共有房屋办理抵押贷款，该抵押关系受法律保护吗？

答：现实生活中，存在夫妻一方凭共有房屋的产权证书，到银行办理抵押贷款手续获取贷款的情况。设定抵押的法律效力如何，因人因事而异。

如果房屋为夫妻共有房产，仅登记在一方名下，一方到银行办理抵押贷款，需要夫妻双方同意。一方未经另一方同意独自与银行签订抵押合同的，抵押合同是否有效，需要根据具体情况具体分析。一般情况下，贷款银行仅会按照房产证上有几人，就由这几人当场签名订立抵押合同。夫妻都能当场签订合同的，显然抵押有效。若贷款银行仅与权属登记一方签订合同，没有向其配偶核实抵押意愿，可能会侵犯其配偶对共有财产的平等处分权，导致抵押无效。若抵押人与贷款银行签订合同时，银行经履行必要合理审查注意义务后，确信抵押人及其配偶人证相符，户口簿、征信报告、婚姻状况、购房合同和房产权属客观真实,签订抵押合同过程亦不存在过错,存在合理对价,且已办理抵押登记手续,虽然存在配偶被冒名顶替的行为瑕疵,但抵押权仍然成立有效;反之,若抵押权人存在故意或重大过失,则抵押权的设立归于无效。

如果房产证上的共有人系夫妻,一方未经另一方同意,擅自与银行签订的抵押合同,属于无权处分,原则上抵押无效。若另一方知道或者应当知道而未提出异议的视为同意,抵押有效。若房屋产权是按比例共有的,以签订抵押合同一方享有的房屋产权份额设定抵押权,抵押有效。

◉ 相关依据

《中华人民共和国民法典》

第一千零六十四条 夫妻双方共同签名或者夫妻一方事后追认等共同意思表示所负的债务,以及夫妻一方在婚姻关系存续期间以个人名义为家庭日常生活需要所负的债务,属于夫妻共同债务。

夫妻一方在婚姻关系存续期间以个人名义超出家庭日常生活需要所负的债务,不属于夫妻共同债务;但是,债权人能够证明该债务用于夫妻共同生活、共同生产经营或者基于夫妻双方共同意思表示的除外。

第68问 夫妻一方私自办理信用卡高消费欠下大额债务,另一方要还吗?

答:夫妻一方举债是共同债务还是个人债务,取决于是为了满足个人目的还是家庭日常生活、夫妻共同生活或者夫妻共同生产经营之需。虽然家庭日常生活需要消费,但总的来说应符合举债一方家庭的正常收支情况或者当地普通家庭的日常生活消费水平。夫妻共同生活,是指夫妻为履行经济扶养、生活照顾、精神抚慰义务而进行共同消费或者积累夫妻共同财产的情形。夫妻共同生产经营，是指夫妻共同决定生产经营事项、一方授权另一方决定生产经营事项或者夫妻另一方在生产经营中受益的情形。

夫妻一方未经另一方同意，或者在不知情的情况下，擅自到银行办理信用卡用于个人消费、挥霍、赌博、吸毒、嫖娼、与他人同居、其他违法活动等，因未用于家庭共同生活，欠下的债务属于个人债务，不属于夫妻共同债务，非举债一方不用承担债务偿还责任。若办卡一方将信用卡用于购买家庭日常生活用品、购买大人小孩衣物、购买家用电器设备及维修、医疗保健、手机话费充值、家庭成员的旅游、家庭教育培训、共同投资经营等的，则属于夫妻共同债务，应共同承担。

◉ 相关依据

《中华人民共和国民法典》

第一千零六十四条　夫妻双方共同签名或者夫妻一方事后追认等共同意思表示所负的债务，以及夫妻一方在婚姻关系存续期间以个人名义为家庭日常生活需要所负的债务，属于夫妻共同债务。

夫妻一方在婚姻关系存续期间以个人名义超出家庭日常生活需要所负的债务，不属于夫妻共同债务；但是，债权人能够证明该债务用于夫妻共同生活、共同生产经营或者基于夫妻双方共同意思表示的除外。

《江苏省高级人民法院家事纠纷案件审理指南(婚姻家庭部分)》

47、如何界定夫妻一方在婚姻关系存续期间以个人名义为“家庭日常生活需要”所负的债务?

“家庭日常生活需要”是指家庭日常生活中的必要支出，包括衣食住行、医疗保健、交通通信、文娱教育及服务等。认定是否为“家庭日常生活需要”所负的债务，应当结合债务金额、举债次数、债务用途、家庭收入状况、消费水平、当地经济水平和一般社会生活习惯等予以综合判断。

以下情形可以作为认定超出“家庭日常生活需要”所负债务的考量因素：

(1)债务金额明显超出债务人或者当地普通居民家庭日常消费水平的；

(2)债权人明知或者应知债务人从事赌博、吸毒等违法犯罪活动仍出借款项的；

(3)债权人明知或者应知债务人已大额负债无法偿还，仍继续出借款项的。

48、如何界定夫妻一方在婚姻关系存续期间以个人名义为“夫妻共同生活、共同生产经营”所负的债务？

“夫妻共同生活”是指夫妻为履行经济扶养、生活照顾、精神抚慰义务而进行共同消费或者积累夫妻共同财产的情形。“夫妻共同生产经营”是指夫妻共同决定生产经营事项或者一方授权另一方决定生产经营事项或者夫妻另一方在生产经营中受益的情形。

以下情形可以作为认定债务用于“夫妻共同生活、共同生产经营”的考量因素：

(1)举债期间家庭购置大宗财产或者存在大额开支情形，夫妻双方无法说明资金来源的；

(2)举债用于夫妻双方共同从事的生产经营事项的；

(3)举债用于债务人单方从事的生产经营事项，但债务人配偶从生产经营中受益的。

以下情形可以作为认定债务未用于“夫妻共同生活、共同生产经营”的考量因素：

(1)举债期间家庭未购置大宗财产或者存在大额开支情形的；

(2)债务用于债务人从事赌博、吸毒等违法犯罪活动的；

(3)债务用于债务人单方负担与夫妻共同生活、共同生产经营无关的活动的，如无偿担保等；

(4)债务人配偶对债务人的生产经营行为不知情且未从生产经营中受益的。

第69问 丈夫以自己名义领取个体户营业执照，夫妻二人一起经营的，需要共同偿还债务吗？

答：个体工商户的债务，个人经营的，以个人财产承担；家庭经营的，以家庭财产承担；无法区分的，以家庭财产承担。个体工商户，个人经营时应与家庭共同财产严格区分，避免产生混同，使家庭承担债务风险。

如果丈夫以个人名义领取营业执照开店做生意，由夫妻共同经营，收入共同所有的，丈夫以个人名义对外的举债，妻子需与丈夫共同承担债务清偿责任。如果妻子未参与经营管理，亦未获得经营收益，丈夫经营获得的收益未用于家庭共同生活的，丈夫对外的举债，妻子不承担债务偿还责任。丈夫与债权人明确约定该债务为其个人债务，由其自行清偿的从其约定。

◉ 相关依据

《中华人民共和国民法典》

第五十六条第一款 个体工商户的债务，个人经营的，以个人财产承担；家庭经营的，以家庭财产承担；无法区分的，以家庭财产承担。

第一千零六十四条 夫妻双方共同签名或者夫妻一方事后追认等共同意思表示所负的债务，以及夫妻一方在婚姻关系存续期间以个人名义为家庭日常生活需要所负的债务，属于夫妻共同债务。

夫妻一方在婚姻关系存续期间以个人名义超出家庭日常生活需要所负的债务，不属于夫妻共同债务；但是，债权人能够证明该债务用于夫妻共同生活、共同生产经营或者基于夫妻双方共同意思表示的除外。

《个体工商户登记管理办法》

第八条 组成形式，包括个人经营和家庭经营。

家庭经营的，参加经营的家庭成员姓名应当同时备案。

第70问 夫妻一方对外负债，债权人可以申请法院查封、拍卖共有房屋吗？

答：当债权人申请法院查封、拍卖债务人名下的夫妻共有房屋时，即使共有房产系唯一住房，法院仍可以查封，在具备执行的条件下可以拍卖。如果债务人在婚姻关系存续期间，不存在隐藏、转移、变卖、毁损、挥霍夫妻共同财产，伪造夫妻共同债务等严重损害共同财产利益，或者不同意支付配偶负有法定扶养义务的人重大疾病医疗费用等特殊情形的，其配偶不能请求法院先分割夫妻共有房屋后再执行。夫妻协议分割共有房屋经债权人认可的除外。

◉ 相关依据

《中华人民共和国民法典》

第一千零六十六条 婚姻关系存续期间，有下列情形之一的，夫妻一方可以向人民法院请求分割共同财产：

（一）一方有隐藏、转移、变卖、毁损、挥霍夫妻共同财产或者伪造夫妻共同债务等严重损害夫妻共同财产利益的行为；

（二）一方负有法定扶养义务的人患重大疾病需要医治，另一方不同意支付相关医疗费用。

《最高人民法院关于人民法院民事执行中查封、扣押、冻结财产的规定》

第十二条 对被执行人与其他人共有的财产，人民法院可以查封、扣押、冻结，并及时通知共有人。

共有人协议分割共有财产，并经债权人认可的，人民法院可以认定有效。查封、扣押、冻结的效力及于协议分割后被执行人享有份额内的财产；对其他共有人享有份额内的财产的查封、扣押、冻结，人民法院应当裁定予以解除。

共有人提起析产诉讼或者申请执行人代位提起析产诉讼的，人民法院应当准许。诉讼期间中止对该财产的执行。

第四章

离婚篇

CHAPTER 04

第一节　婚姻解除

聚散皆是缘！勉强凑合的婚姻，难给孩子一个温暖的家，如果无法挽救，告别婚姻即为幸福！

离婚，是指夫妻双方通过协议或诉讼的方式解除婚姻关系，终止夫妻间权利义务的法律行为。

第71问　哪些情况下一方起诉离婚，法院不受理？

答：婚姻自由包括结婚自由和离婚自由。没有约束的自由不是自由，甚至会因自由过度侵犯别人的自由。离婚也一样，需要有约束！有以下几种情形，向法院起诉离婚会受到限制：

（1）女方在孕期、哺乳期、流产期间，男方不能向法院起诉离婚。在此期间，如果女方确有过错，例如，与他人同居、怀孕、生育、重婚、暴力伤害男方等特殊情形时不受限制。

（2）军人的配偶离婚，需要经过军队团级以上政治机关同意。如果军人、团级以上政治机关不同意，且军人不存在《民法典》规定的重大过错情形（重婚或与他人同居，实施家庭暴力或者虐待、遗弃家庭成员，有赌博、吸毒等恶习屡教不改），法院不受理军人配偶的离婚诉讼。

（3）一方起诉离婚，法院判决驳回离婚请求、调解和好以及自行撤诉或按撤诉的，没有新情况、新理由，6个月内起诉离婚，法院不予受理。

相关依据

《中华人民共和国民法典》

第一千零八十一条 现役军人的配偶要求离婚，应当征得军人同意，但是军人一方有重大过错的除外。

第一千零八十二条 女方在怀孕期间、分娩后一年内或者终止妊娠后六个月内，男方不得提出离婚；但是，女方提出离婚或者人民法院认为确有必要受理男方离婚请求的除外。

《最高人民法院关于适用〈中华人民共和国民法典〉婚姻家庭编的解释（一）》

第六十四条 民法典第一千零八十一条所称的“军人一方有重大过错”，可以依据民法典第一千零七十九条第三款前三项规定及军人有其他重大过错导致夫妻感情破裂的情形予以判断。

《中华人民共和国民事诉讼法》

第一百二十四条第（七）项 判决不准离婚和调解和好的离婚案件，判决、调解维持收养关系的案件，没有新情况、新理由，原告在6个月内又起诉的，不予受理。

《军队人员婚姻管理若干规定》

第十三条第三款 配偶为非现役军人，配偶一方要求离婚，现役军人一方同意离婚的，政治工作部门出具同意离婚的《军人婚姻登记证明》；现役军人一方不同意离婚的，政治工作部门不得出具同意离婚的《军人婚姻登记证明》，但是经查实现役军人一方确有重大过错的除外。

第72问 夫妻分居满2年，就能自动离婚了吗？

答：离婚有两种方式：协议离婚和诉讼离婚。协议离婚，是夫妻双方就离婚意愿、子女抚养、财产分割、债权债务等必要事项在平等、自愿协商一致的基础上达成协议条款后，到夫妻一方户口所在地的民政局办理离婚登记的方式。诉讼离婚，是夫妻双方就离婚意愿、子女抚养、财产分割、债权债务等细节无法达成协议时，在法律不禁止的情形下向人民法院提起离婚诉讼，人民法院从婚姻基础、婚后感情、离婚原因、夫妻关系的现状和有无和好的可能等方面综合分析，进行调解和好或离婚、判决离婚。无论是调解或判决离婚，对子女抚养、财产分割和债权债务等事项会一并处理。无论是协议离婚还是诉讼离婚，都不存在分居满2年自动离婚的法律规定。因此夫妻因感情不和分居满2年是人民法院衡量夫妻感情有无和好可能的标准之一，不是人民法院必须判决离婚的硬性标准。

◉ 相关依据

《中华人民共和国民法典》

第一千零七十八条　婚姻登记机关查明双方确实是自愿离婚，并已经对子女抚养、财产以及债务处理等事项协商一致的，予以登记，发给离婚证。

第一千零七十九条　夫妻一方要求离婚的，可以由有关组织进行调解或者直接向人民法院提起离婚诉讼。

人民法院审理离婚案件，应当进行调解；如果感情确已破裂，调解无效的，应当准予离婚。

有下列情形之一，调解无效的，应当准予离婚：

（一）重婚或者与他人同居；

（二）实施家庭暴力或者虐待、遗弃家庭成员；

（三）有赌博、吸毒等恶习屡教不改；

（四）因感情不和分居满二年；

（五）其他导致夫妻感情破裂的情形。

一方被宣告失踪，另一方提起离婚诉讼的，应当准予离婚。

经人民法院判决不准离婚后，双方又分居满一年，一方再次提起离婚诉讼的，应当准予离婚。

《婚姻登记管理条例》

第十一条第三款 离婚协议书应当载明双方当事人自愿离婚的意思表示以及对子女抚养、财产及债务处理等事项协商一致的意见。

第十三条 婚姻登记机关应当对离婚登记当事人出具的证件、证明材料进行审查并询问相关情况。对当事人确属自愿离婚,并已对子女抚养、财产、债务等问题达成一致处理意见的,应当当场予以登记,发给离婚证。

第73问 签订离婚协议时,容易忽略哪些问题?

答:夫妻协议离婚时,为了早点"摆脱对方",往往只约定了财产分割和子女抚养问题,却忽视了婚姻关系存续期间女方是否怀孕,探望权的中止或终止情形、子女姓氏变更、户口迁移、经济补偿、困难帮助、损害赔偿、遗漏财产等事务的处理,为日后留下隐患。

如果女方在离婚时已经怀孕,离婚后才发现的,需再与男方协商处理子女抚养权、抚养费以及探望权问题。这不及离婚前经医学检查发现后直接协商处理来得顺利。

很多夫妻因在离婚协议中未写清不利于子女健康成长时探望权的中止和终止情形,没有合理安排探望时间、明确接送地点,最终引发"抢孩子"冲突,甚至出现抚养权变更诉讼。

一方想变更子女的姓氏,双方达成口头协议同意变更,但未写入离婚协议时,若离婚后另一方反悔,因为空口无凭,可能无法实现姓氏变更目的。

离婚后一方通常需搬出共同居住的房屋。如果需要出售房屋,更是需将户口迁出。如果没有约定一方不迁移户口的违约责任,可能难以及时办理出售房屋过户手续。

一方因抚育子女、照料老人、协助另一方工作付出较多的,离婚时可以要求补偿。但若离婚协议中未体现的,离婚后要求补偿的诉求，恐难得到法院支持。

离婚时一方生活困难，离婚协议中未约定有负担能力的另一方给予适当帮助的，离婚后协商不成，诉讼主张给予适当帮助的，恐难得到法院支持。

一方存在重婚、与他人同居、实施家庭暴力、虐待或遗弃家庭成员等损害婚姻的重大过错，未在离婚协议中约定赔偿的，离婚后要求赔偿，若协商不成，需诉讼维权。

遗漏财产分割安排也可能在日后招致麻烦。例如，因共同财产较多而遗漏，因个别财产的处理复杂一时难以处理需待日后时机成熟处理，但未写在协议中而遗漏。处理复杂的财产有一方持有的股票、股票期权、有限公司的股权、住房公积金账户余额等。

◉ 相关依据

《中华人民共和国民法典》

第一千零八十六条　离婚后，不直接抚养子女的父或者母，有探望子女的权利，另一方有协助的义务。

行使探望权利的方式、时间由当事人协议；协议不成的，由人民法院判决。

父或者母探望子女，不利于子女身心健康的，由人民法院依法中止探望；中止的事由消失后，应当恢复探望。

第一千零八十八条　夫妻一方因抚育子女、照料老年人、协助另一方工作等负担较多义务的，离婚时有权向另一方请求补偿，另一方应当给予补偿。具体办法由双方协议；协议不成的，由人民法院判决。

第一千零八十九条　离婚时，夫妻共同债务应当共同偿还。共同财产不足清偿或者财产归各自所有的，由双方协议清偿；协议不成的，由人民法院判决。

第一千零九十条　离婚时，如果一方生活困难，有负担能力的另一方应当给予适当帮助。具体办法由双方协议;协议不成的,由人民法院判决。

第一千零九十一条 有下列情形之一,导致离婚的,无过错方有权请求损害赔偿:

(一)重婚;

(二)与他人同居;

(三)实施家庭暴力;

(四)虐待、遗弃家庭成员;

(五)有其他重大过错。

第一千零九十二条 夫妻一方隐藏、转移、变卖、毁损、挥霍夫妻共同财产,或者伪造夫妻共同债务企图侵占另一方财产的,在离婚分割夫妻共同财产时,对该方可以少分或者不分。离婚后,另一方发现有上述行为的,可以向人民法院提起诉讼,请求再次分割夫妻共同财产。

第74问 夫妻一方不肯离婚,配偶通过法院诉讼离婚,一般需要多长时间才能判离?

答:如果夫妻双方仅是性格合不来,一方不存在重婚、与他人同居、赌博、吸毒、家庭暴力、虐待、遗弃或者宣告失踪等其他严重影响夫妻感情的情形,一方第一次起诉离婚,另一方不同意离婚,经法院开庭审理查明,尚未达到感情确已破裂程度的,原则上判决不准离婚。如果没有新情况、新理由(如家庭暴力、配偶与他人同居、性侵犯罪等)发生,一方在不准离婚的判决生效之日起6个月后,可以第二次起诉离婚。经法院判决不准离婚后,且双方分居又满1年,经查确无和好可能的,通常会依法判决准予离婚。司法实践中,原告没有证据证明符合法定离婚条件,且被告始终不同意离婚的,如果法院主持调解离婚不成,等待法院判决离婚,一般需要2~3年时间。

◉ 相关依据

《中华人民共和国民法典》

第一千零七十九条　男女一方要求离婚的，可以由有关组织进行调解或者直接向人民法院提起离婚诉讼。

人民法院审理离婚案件，应当进行调解；如果感情确已破裂，调解无效的，应当准予离婚。

有下列情形之一，调解无效的，应当准予离婚：

（一）重婚或者与他人同居；

（二）实施家庭暴力或者虐待、遗弃家庭成员；

（三）有赌博、吸毒等恶习屡教不改；

（四）因感情不和分居满二年；

（五）其他导致夫妻感情破裂的情形。

一方被宣告失踪，另一方提起离婚诉讼的，应当准予离婚。

经人民法院判决不准离婚后，双方又分居满一年，一方再次提起离婚诉讼的，应当准予离婚。

《中华人民共和国民事诉讼法》

第一百二十四条　人民法院对下列起诉，分别情形，予以处理：

……

（七）判决不准离婚和调解和好的离婚案件，判决、调解维持收养关系的案件，没有新情况、新理由，原告在六个月内又起诉的，不予受理。

第75问　夫妻一方是无民事行为能力人，如何离婚？

答：众所周知，离婚有两种方式，协议离婚和诉讼离婚。

协议离婚程序，需要夫妻双方均具有完全民事行为能力。如有一方是无民事行为能力人，即使已经达成离婚协议，也无法在民政部门办理离婚登记手续。

无民事行为能力人无法辨认自己的行为，缺乏独立的判断能力和自我保护能力,不具有诉讼行为能力。若其直接向人民法院起诉离婚,法院不予受理,故需要监护人代为完成。常见的无民事行为能力成年人,有老年痴呆患者、脑瘫患者、植物人等。由于无民事行为能力人的配偶是法定监护中第一顺序的监护人,也是无民事行为能力的原告或被告的法定代理人,若由配偶代理离婚诉讼配偶既可以维护无民事行为能力人的权益,也可以维护自己的权益,导致实体权利上原被告混为一人,存在重大利益冲突,故配偶显然不适合代为完成离婚诉讼,需要更换监护人代为离婚诉讼。当无民事行为能力人的配偶严重损害其合法权益时,其他具有监护资格的人(父母、成年子女、其他近亲属以及其他愿意担任监护人的个人或者组织),可以请求人民法院撤销无民事行为能力人配偶的监护人资格,更换其他具有监护人资格的人担任监护人,以法定代理人的身份代理无民事行为能力人进行离婚诉讼。法定代理人必须到庭参加庭审活动,法院经开庭审理后,认为符合离婚条件的,依法判决准予男女双方离婚。

◉ 相关依据

《中华人民共和国民法典》

第二十一条第一款 不能辨认自己行为的成年人为无民事行为能力人,由其法定代理人代理实施民事法律行为。

第二十三条 无民事行为能力人、限制民事行为能力人的监护人是其法定代理人。

第二十八条 无民事行为能力或者限制民事行为能力的成年人,由下列有监护能力的人按顺序担任监护人:

(一)配偶;

(二)父母、子女;

(三)其他近亲属;

（四）其他愿意担任监护人的个人或者组织，但是须经被监护人住所地的居民委员会、村民委员会或者民政部门同意。

第三十六条　监护人有下列情形之一的，人民法院根据有关个人或者组织的申请，撤销其监护人资格，安排必要的临时监护措施，并按照最有利于被监护人的原则依法指定监护人：

（一）实施严重损害被监护人身心健康的行为；

（二）怠于履行监护职责，或者无法履行监护职责且拒绝将监护职责部分或者全部委托给他人，导致被监护人处于危困状态；

（三）实施严重侵害被监护人合法权益的其他行为。

本条规定的有关个人、组织包括：其他依法具有监护资格的人，居民委员会、村民委员会、学校、医疗机构、妇女联合会、残疾人联合会、未成年人保护组织、依法设立的老年人组织、民政部门等。

前款规定的个人和民政部门以外的组织未及时向人民法院申请撤销监护人资格的，民政部门应当向人民法院申请。

《最高人民法院关于适用〈中华人民共和国民事诉讼法〉的解释》

第二百三十四条　无民事行为能力人的离婚诉讼，当事人的法定代理人应当到庭；法定代理人不能到庭的，人民法院应当在查清事实的基础上，依法作出判决。

第二百三十五条　无民事行为能力的当事人的法定代理人，经传票传唤无正当理由拒不到庭，属于原告方的，比照民事诉讼法第一百四十三条的规定，按撤诉处理；属于被告方的，比照民事诉讼法第一百四十四条的规定，缺席判决。必要时，人民法院可以拘传其到庭。

《最高人民法院关于适用〈中华人民共和国民法典〉婚姻家庭编的解释（一）》

第六十二条　无民事行为能力人的配偶有民法典第三十六条第一款规定行为，其他有监护资格的人可以要求撤销其监护资格，并依法指定新的监护人；变更后的监护人代理无民事行为能力一方提起离婚诉讼的，人民法院应予受理。

第76问 夫妻一方犯罪被判刑，怎么离婚？

答：夫妻一方因犯罪被人民法院判刑，影响了夫妻感情的维系和子女的抚养教育，双方签订离婚协议亲自到民政局办理离婚登记存在现实困难的，唯有向人民法院提起离婚诉讼解除婚姻关系符合实际。夫妻一方被限制人身自由不满1年时，原告经常居住地的法院有管辖权；如果被关押超过1年，可以向原告的住所地法院起诉离婚。人民法院是否判决离婚，以夫妻感情是否确已破裂为标准。人民法院并不会因夫妻一方犯罪被判刑，就不顾夫妻感情是否确已破裂而直接判决离婚，更多的是综合考虑婚姻基础、婚后感情、离婚原因、夫妻关系的现状和有无和好可能，刑期的长短是否实质影响了夫妻感情，以及判决离婚对于服刑人员的劳动改造、回归社会有无重大影响等因素予以判决。

◉ 相关依据

《中华人民共和国民事诉讼法》

第二十二条 下列民事诉讼，由原告住所地人民法院管辖；原告住所地与经常居住地不一致的，由原告经常居住地人民法院管辖：

……

（四）对被监禁的人提起的诉讼。

《最高人民法院关于适用〈中华人民共和国民事诉讼法〉的解释》

第十二条 夫妻一方离开住所地超过一年的，另一方起诉离婚的案件，可以由原告住所地人民法院管辖。夫妻双方离开住所地超过一年，一方起诉离婚的案件，由被告经常居住地人民法院管辖；没有经常居住地的，由原告起诉时居住地的人民法院管辖。

第77问　一方签了离婚协议后反悔，选择起诉离婚后，该离婚协议还有用吗？

答：夫妻双方自愿就离婚意愿、财产分割、子女抚养以及债权债务等事项达成一致，签订的离婚协议，经婚姻登记部门形式审查登记后，具有法律效力。离婚协议具有强烈的人身属性，且牵涉到未成年子女的利益，不同于两个平等民事主体之间签订的经济合同，并非只要不违反法律规定，一经签订即为成立，且受法律保护。双方签署离婚协议后，一方反悔，不愿去民政局办理离婚登记手续的，法律上认为，该离婚协议尚未生效，对夫妻双方不具有法律约束力。离婚诉讼中，该协议可以作为感情不和、财产状况、子女抚养及债权债务处理的证据使用，供法院处理案件时予以参考，但不是法院判决的直接依据，人民法院有权根据共同财产的具体情况予以依法分割。

◉ 相关依据

《中华人民共和国民法典》

第一千零七十六条　夫妻双方自愿离婚的，应当签订书面离婚协议，并亲自到婚姻登记机关申请离婚登记。

离婚协议应当载明双方自愿离婚的意思表示和对子女抚养、财产以及债务处理等事项协商一致的意见。

第一千零七十七条　自婚姻登记机关收到离婚登记申请之日起三十日内，任何一方不愿意离婚的，可以向婚姻登记机关撤回离婚登记申请。

前款规定期限届满后三十日内，双方应当亲自到婚姻登记机关申请发给离婚证；未申请的，视为撤回离婚登记申请。

第一千零七十八条　婚姻登记机关查明双方确实是自愿离婚，并已经对子女抚养、财产以及债务处理等事项协商一致的，予以登记，发给离婚证。

《最高人民法院关于适用〈中华人民共和国民法典〉婚姻家庭编的解释(一)》

第六十九条 当事人达成的以协议离婚或者到人民法院调解离婚为条件的财产以及债务处理协议,如果双方离婚未成,一方在离婚诉讼中反悔的,人民法院应当认定该财产以及债务处理协议没有生效,并根据实际情况依照民法典第一千零八十七条和第一千零八十九条的规定判决。

当事人依照民法典第一千零七十六条签订的离婚协议中关于财产以及债务处理的条款,对男女双方具有法律约束力。登记离婚后当事人因履行上述协议发生纠纷提起诉讼的,人民法院应当受理。

第78问 结婚时男方送的钻戒或者其他名贵物品,离婚时女方要返还吗?

答:结婚时男方赠送的钻戒,法律上,属于以结婚为目的的附条件的赠与行为。如果女方的真实意图是以结婚为目的接受男方的馈赠,而不是以结婚为手段骗取财物,赠与财物一经交付,即为有效,不能反悔撤销赠与,离婚时也不存在返还问题。如果男方以结婚时是为婚后添置共同财产为由要求折价补偿的,或者以男方拥有所有权、女方只享有使用权为由对抗的,法院一般不予支持。

若男方在结婚前赠与女方首饰,仅以表达爱意和维系感情为目的,而不是为了结婚赠送的,则该婚戒属于女方婚前个人财产,离婚时也不存在分割、折价补偿问题。若所赠贵重物品系彩礼性质,则另当别论。

◉ 相关依据

《中华人民共和国民法典》

第一百五十八条 民事法律行为可以附条件,但是根据其性质不得附条件的除外。附生效条件的民事法律行为,自条件成就时生效。附解除条件的民事法律行为,自条件成就时失效。

第六百五十七条　赠与合同是赠与人将自己的财产无偿给予受赠人,受赠人表示接受赠与的合同。

第六百五十八条　赠与人在赠与财产的权利转移之前可以撤销赠与。

经过公证的赠与合同或者依法不得撤销的具有救灾、扶贫、助残等公益、道德义务性质的赠与合同,不适用前款规定。

第一千零六十三条　下列财产为夫妻一方的个人财产:

(一)一方的婚前财产;

……

(三)遗嘱或者赠与合同中确定只归一方的财产;

……

《最高人民法院关于适用〈中华人民共和国民法典〉婚姻家庭编的解释(一)》

第五条　当事人请求返还按照习俗给付的彩礼的,如果查明属于以下情形,人民法院应当予以支持:

(一)双方未办理结婚登记手续;

(二)双方办理结婚登记手续但确未共同生活;

(三)婚前给付并导致给付人生活困难。

适用前款第二项、第三项的规定,应当以双方离婚为条件。

第79问　军婚感情破裂了,如何离婚?

答:为了国家的安宁与和平,使军人安心服役,法律对现役军人的配偶和军人离婚,作了一定的限制,即离婚时须征得军人同意,军人存在重大过错的除外。无论是协议离婚还是诉讼离婚方式,都需要现役军人所在部队团级以上政治机关出具《军人婚姻登记证明》,方可办理。具体处理时,因婚姻当事人双方是否均具有军籍有所不同。

一、双方均为现役军人

（1）双方自愿离婚或一方要求离婚的，经所在单位党组织或者政治工作部门调解无效且双方均同意离婚的，政治工作部门出具同意离婚的《军人婚姻登记证明》，由当事人到婚姻登记机关办理离婚登记。

（2）双方自愿离婚或一方要求离婚的，经所在单位党组织或者政治工作部门调解，调解无效且其中一方不同意离婚的，政治工作部门出具同意离婚的《军人婚姻登记证明》，由当事人向军事法院提起离婚诉讼。

二、一方为现役军人，配偶为非现役军人

（1）现役军人一方要求离婚，所在单位党组织或者政治工作部门视情进行调解；调解无效，军人配偶同意离婚的，政治工作部门出具同意离婚的《军人婚姻登记证明》，由当事人到婚姻登记机关办理离婚登记。

（2）现役军人一方要求离婚，配偶不同意离婚的，现役军人所在单位可以商请配偶所在单位或者地方有关部门进行调解，调解无效的，政治工作部门出具同意离婚的《军人婚姻登记证明》，由当事人向法院提起离婚诉讼。

（3）配偶一方要求离婚，现役军人一方同意离婚的，军队政治工作部门出具同意离婚的《军人婚姻登记证明》，由当事人到婚姻登记机关办理离婚登记。

（4）配偶一方要求离婚，现役军人一方不同意离婚的，政治工作部门不得出具同意离婚的《军人婚姻登记证明》，但是经查实现役军人一方确有重大过错的除外。重大过错是指重婚，与他人同居，实施家庭暴力，虐待或遗弃家庭成员，有赌博、吸毒等恶习屡教不改等情形。

政治工作部门出具同意离婚的《军人婚姻登记证明》时，离婚双方须签字或者提供书面意见。办理离婚登记，可以在现役军人部队驻地或者入伍前常住户口所在地的婚姻登记机关，也可以在非现役军人一方常住户口所在地的婚姻登记机关。关于诉讼管辖，婚姻当事人双方都是军人的，管辖法院为军事法院；一方是军人的，无论哪一方起诉离婚，均为地方法院管辖，即由被告住所地、经常居住地人民法院管辖。

◉ 相关依据

《中华人民共和国民法典》

第一千零七十九条 夫妻一方要求离婚的，可以由有关组织进行调解或者直接向人民法院提起离婚诉讼。

人民法院审理离婚案件，应当进行调解；如果感情确已破裂，调解无效的，应当准予离婚。

有下列情形之一，调解无效的，应当准予离婚：

（一）重婚或者与他人同居；

（二）实施家庭暴力或者虐待、遗弃家庭成员；

（三）有赌博、吸毒等恶习屡教不改；

（四）因感情不和分居满二年；

（五）其他导致夫妻感情破裂的情形。

一方被宣告失踪，另一方提起离婚诉讼的，应当准予离婚。

经人民法院判决不准离婚后，双方又分居满一年，一方再次提起离婚诉讼的，应当准予离婚。

第一千零八十一条 现役军人的配偶要求离婚，应当征得军人同意，但是军人一方有重大过错的除外。

《军队人员婚姻管理若干规定》

第十三条 离婚双方均为现役军人，双方自愿离婚或者一方要求离婚的，当事人所在单位党组织或者政治工作部门应当进行调解；调解无效且双方均同意离婚的，政治工作部门出具同意离婚的《军人婚姻登记证明》，由当事人到婚姻登记机关办理离婚登记；调解无效且其中一方不同意离婚的，政治工作部门出具同意离婚的《军人婚姻登记证明》，由当事人向法院提起离婚诉讼。

配偶为非现役军人，现役军人一方要求离婚的，所在单位党组织或者政治工作部门应当视情进行调解；调解无效且对方同意离婚的，政治工作部门出具同意离婚的《军人婚姻登记证明》，由当事人到婚姻登记机关办理离婚登记；现役军人一方要求离婚，对方不同意离婚的，现役军人所在单位还可以商请对方所在单位或者地方有关部门进行调解，调解无效的，政治工作部门出具同意离婚的《军人婚姻登记证明》，由当事人向法院提起离婚诉讼。

配偶为非现役军人，配偶一方要求离婚，现役军人一方同意离婚的，政治工作部门出具同意离婚的《军人婚姻登记证明》；现役军人一方不同意离婚的，政治工作部门不得出具同意离婚的《军人婚姻登记证明》，但是经查实现役军人一方确有重大过错的除外。

政治工作部门出具同意离婚的《军人婚姻登记证明》时，应当要求离婚双方签字或者提供书面意见。

第十四条　现役军人申请离婚的审批权限，按照申请结婚的有关规定执行。

第十五条　现役军人与配偶到婚姻登记机关办理离婚登记，应当出具下列证件和材料：

（一）现役军人的军人证件、居民身份证；

（二）现役军人所在团级以上单位政治工作部门出具的同意离婚的《军人婚姻登记证明》；

（三）婚姻登记机关要求的其他证件和材料。

现役军人办理离婚登记，可以在现役军人部队驻地或者入伍前常住户口所在地的婚姻登记机关，也可以在非现役军人一方常住户口所在地的婚姻登记机关。

第十六条 文职人员或者文职人员的配偶要求离婚的，所在单位党组织或者政治工作部门应当认真了解情况，主动做好调解工作。

文职人员按照国家有关规定解除婚姻关系后30日内，应当以书面形式，经所在党支部报所在团级以上单位政治工作部门备案。

第十七条 军队管理的离休退休人员申请离婚，根据本人离休退休前军衔或者职级，按照相应级别现役军人的有关规定办理。

《中华人民共和国民事诉讼法》

第二十一条 对公民提起的民事诉讼，由被告住所地人民法院管辖；被告住所地与经常居住地不一致的，由经常居住地人民法院管辖。对法人或者其他组织提起的民事诉讼，由被告住所地人民法院管辖。同一诉讼的几个被告住所地、经常居住地在两个以上人民法院辖区的，各该人民法院都有管辖权。

《最高人民法院关于适用〈中华人民共和国民事诉讼法〉的解释》

第十一条 双方当事人均为军人或者军队单位的民事案件由军事法院管辖。

第80问 夫妻离婚后，一方没有房产，户口怎么办？

答：户口登记以户为单位。共同居住生活在同一住址同一成套房屋内的市域户口居民及经批准落户人员，立为一户，登记为家庭户。夫妻离婚分割房产后，常有一方要搬离原共同居住的房屋，户口迁出需有落户地址，如果搬出一方没有属于自己的合法产权房屋，户口无法迁出独立门户。虽然全国各地户籍管理政策存在一定的差异，但对没有独立房产不能另立户的一方在处理户口问题上存在共同之处：迁回原籍，迁回父母的家庭户；留在离婚前原家庭户暂不迁出，待购房或再婚后再迁出。一些省市规定，离婚人士可以主动或被动将户口迁入公共户、集体户。

以下列举几个省、市现行规定，供读者参考，具体办理程序及手续须咨询当地公安派出所。

江苏省规定，离婚当事人可持原户口簿和人民法院的判决书或者调解书、经过民政部门登记备案的离婚协议书，到公安派出所办理户口迁出手续，可迁入直系亲属处、工作单位的集体户、兄弟姐妹家庭户或者社区家庭户。

浙江省规定，因离婚没有独立产权房屋可以另行立户的，可以挂靠家庭户亲友处、公共集体户。

北京市规定，本市非农业户口且非限制转移户籍的离婚人士，本人、配偶或直系亲属没有合法产权住房的，可以向户籍所在地派出所申请迁入其设立的公共户。

安徽省规定，离婚一方户口应迁出而不迁移的，另一方当事人可提出书面申请，凭离婚证、法院判决书或调解书，到当地公安派出所申请对方户口迁出，经公安派出所调查核实并调解无效的，派出所可以将其户口挂靠社区（行政村）集体户。

◉ 相关依据

《中华人民共和国户口管理条例》

第十九条　公民因结婚、离婚、收养、认领、分户、并户、失踪、寻回或者其他事由引起户口变动的时候，由户主或者本人向户口登记机关申报变更登记。

《江苏省常住户口登记管理规定》

第一百零二条　有下列情形之一的，公民应当将户口迁往本人的合法稳定住所处或者直系亲属处；本人无合法稳定住所、无直系亲属投靠，现工作单位设立单位集体户的，应当迁往本人单位集体户处；本人无合法稳定住所、无处投靠、且无工作单位或者工作单位未设立单位集体户的，可以迁往兄弟姐妹家庭户；不具备上述条件的，应当迁往户口所在地的社区家庭户：

(一) 因房屋产权转移、离婚等原因,失去现户口登记住址所在地房屋所有权或者使用权的;

……

第一百零三条 符合本规定第一百零二条情形,公民申请将户口迁入社区家庭户的,应当提交以下材料:

(一)居民户口簿或者户口注销证明;

(二)本市无合法稳定住所证明;

(三)无直系亲属投靠、无法迁入单位集体户的情况说明;

(四)婚姻状况证明等其他相关证明材料。

《浙江省常住户口登记管理规定》

第五十六条 因房产转让、拆迁、离婚等原因需要迁出户口的家庭户成员,或者不符合集体户挂靠条件的集体户成员,应当及时将户口迁往现居住地房屋坐落地址。没有住房的,可以将户口挂靠在本市城镇地区家庭户亲友处。

确无他处落户的,可以凭本人及配偶、未成年子女在本市无住房证明,将户口挂靠在现户口所在地的公共集体户。

《北京市公安局户籍派出所设立公共户工作规定(试行)》

二、"公共户"落户条件

符合下列情形之一的我市户籍人员(不含学生户口、驻京办户口、博士后户口等限制市内户口迁移人员),可以在户籍所在地派出所申请"公共户"落户:

(二) 因离婚后户口须迁出,但本人、配偶或其他直系亲属在本市无合法产权住房,户口无法迁出的;

《安徽省户政管理工作规范》

第三十七条第二款 离婚一方户口应迁出而不迁移的,另一方当事人可提出书面申请,凭离婚证、法院判决书或调解书,到当地公安派出所申请对方户口迁出,经公安派出所调查核实并调解无效的,派出所可以将其户口挂靠社区(行政村)集体户。

第81问 夫妻在离婚协议中约定违约金，有法律效力吗？

答：在离婚协议中约定违约金，法律人对此已司空见惯。离婚违约金主要因以下几种事由出现：

（1）约定不能按时支付子女抚养费的，需承担违约金；

（2）不能及时办理房产、车辆过户更名手续，需承担一定数额的违约金；

（3）未及时支付房屋价值补偿款，而设定违约金；

（4）离婚后一方应在一定期限内及时迁走户口，如有违约的需承担一定数额的违约金；

（5）约定在一定期限内必须复婚，如果不愿复婚的，需向守约方支付违约金。

由于婚姻、抚养、监护与人身密切相关，有时还与人身自由、家庭伦理、社会公序良俗有关，不同于普通的民事关系，不能按照适用于经济领域的合同法处理，含有人身关系的条款不受《民法典》合同编的调整。支付抚养费属于法定义务，分割财产、复婚涉及人身关系，故相关离婚协议违约金条款不受法律保护。

◉ 相关依据

《中华人民共和国民法典》

第四百六十四条　合同是民事主体之间设立、变更、终止民事法律关系的协议。

婚姻、收养、监护等有关身份关系的协议，适用有关该身份关系的法律规定；没有规定的，可以根据其性质参照适用本编规定。

《江苏省高级人民法院家事纠纷案件审理指南（婚姻家庭部分）》

26、夫妻双方在离婚协议中约定违约金，离婚后夫妻一方以夫妻另一方未履行离婚协议为由主张按照离婚协议约定支付违约金的，应当如何处理？

离婚协议属于有关身份关系的协议,不属于普通民商事合同。离婚后夫妻一方以夫妻另一方未履行离婚协议为由主张按照离婚协议约定支付违约金的,不予支持。

第82问 外国法院作出的离婚判决,能得到我国法院的认可吗?

答:根据国家主权原则,外国法院的法律文书仅在本国领域内具有法律效力,如果获得我国法院认可的,则在我国领域内具有法律效力。向我国法院申请承认和执行外国法院的生效离婚判决的,案件当事人须有一方是中国公民;双方当事人都是外国国籍的,人民法院不予受理。申请由申请人住所地或者经常居住地的中级人民法院受理,申请时需提供外国法院离婚判决书正本及经证明无误的中文译本,否则不予受理。对于外国法院离婚判决书没有指明已生效或生效时间的,申请人还应提交判决已生效和已合法通知对方出庭的证明文件,证明文件须经该外国公证部门公证和我国驻该国使、领馆认证,或者履行我国与该所在国订立的有关条约中规定的证明手续。

如果该离婚案件,外国法院具有管辖权,经合法通知双方当事人出庭,判决已生效,不存在我国法院正在审理或已作出判决或者已承认第三国法院的判决,且不违反我国法律的基本原则或者危害我国国家主权、安全和社会公共利益的,我国法院可裁定承认该离婚判决有效。我国法院对离婚判决的承认,仅限于对解除婚姻关系的认定,不涉及夫妻财产分割、生活费用的负担、子女抚养的判决承认。

相关依据

《最高人民法院关于人民法院受理申请承认外国法院离婚判决案件有关问题的规定》

一、中国公民向人民法院申请承认外国法院离婚判决，人民法院不应以其未在国内缔结婚姻关系而拒绝受理；中国公民申请承认外国法院在其缺席情况下作出的离婚判决，应同时向人民法院提交作出该判决的外国法院已合法传唤其出庭的有关证明文件。

二、外国公民向人民法院申请承认外国法院离婚判决，如果其离婚的原配偶是中国公民的，人民法院应予受理；如果其离婚的原配偶是外国公民的，人民法院不予受理，但可告知其直接向婚姻登记机关申请结婚登记。

《最高人民法院关于中国公民申请承认外国法院离婚判决程序问题的规定》

第二条 外国法院离婚判决中的夫妻财产分割、生活费负担、子女抚养方面判决的承认执行，不适用本规定。

第三条 向人民法院申请承认外国法院的离婚判决，申请人应提出书面申请书，并须附有外国法院离婚判决书正本及经证明无误的中文译本。否则，不予受理。

第八条 人民法院受理申请后，对于外国法院离婚判决书没有指明已生效或生效时间的，应责令申请人提交作出判决的法院出具的判决已生效的证明文件。

第九条 外国法院作出离婚判决的原告为申请人的，人民法院应责令其提交作出判决的外国法院已合法传唤被告出庭的有关证明文件。

第十条 按照第八条、第九条要求提供的证明文件，应经该外国公证部门公证和我国驻该国使、领馆认证，或者履行中华人民共和国与该所在国订立的有关条约中规定的证明手续。同时应由申请人提供经证明无误的中文译本。

第十一条 居住在我国境内的外国法院离婚判决的被告为申请人，提交第八条、第十条所要求的证明文件和公证、认证有困难的，如能提交外国法院的应诉通知或出庭传票的，可推定外国法院离婚判决书为真实和已经生效。

第十二条　经审查，外国法院的离婚判决具有下列情形之一的，不予承认：

（一）判决尚未发生法律效力；

（二）作出判决的外国法院对案件没有管辖权；

（三）判决是在被告缺席且未得到合法传唤情况下作出的；

（四）该当事人之间的离婚案件，我国法院正在审理或已作出判决，或者第三国法院对该当事人之间作出的离婚案件判决已为我国法院所承认；

（五）判决违反我国法律的基本原则或者危害我国国家主权、安全和社会公共利益。

第83问　我国公民涉外离婚诉讼，该去哪个法院起诉？

答：涉外离婚诉讼因夫妻双方的国籍、居住国、婚姻缔结地、有无定居、住所地和经常居住地等因素存在管辖法院的不同。我国公民作为原告身份起诉离婚的情形概括如下：

1. 夫妻双方均为中国公民，居住国外但未定居，一方向人民法院起诉离婚的，应由原告或者被告原住所地人民法院管辖。定居一般是指中国公民已取得住在国长期或者永久居留权，并已在住在国连续居留2年，2年内累计居留不少于18个月。

2. 夫妻双方均为中国公民，一方居住在国内，一方居住在国外，根据属人管辖原则，无论哪一方向我国国内法院起诉离婚，国内一方住所地人民法院都有权管辖。国外一方向居住国法院起诉，国内一方向我国人民法院起诉的，受诉人民法院都有权管辖。

3. 夫妻双方均为中国公民，在国内登记结婚，在国外定居，国内法院原则上不予受理。若一方向定居国法院起诉离婚，定居国法院以案件应由婚姻缔结地法院管辖为由拒绝受理,原告能够证明的,可向国内婚姻登记地或者一方在国内的最后居住地人民法院起诉离婚。

4. 夫妻双方都是中国公民,在国外结婚并定居国外的,我国法院原则上不予受理。除非一方向定居国法院起诉离婚,定居国法院以国籍所属国法院管辖为由拒绝受理,原告能够证明的,可向一方原住所地或者在国内的最后居住地人民法院起诉离婚。

5. 我国公民与外籍人士结为夫妻,外籍人士居住在国外,我国公民居住在国内的,国内一方可向自己的住所地人民法院起诉离婚;若住所地与经常居住地不一致的,应向经常居住地人民法院起诉离婚。

6. 夫妻双方原为中国国籍,在国内登记结婚,后双方取得外国国籍,但在国内从业生活,且有住所或居所,一方可向国内法院起诉离婚。

涉外离婚诉讼,经调解达成协议的,人民法院应制发调解书;当事人要求发给判决书的,依据调解协议内容制作判决书。

◉ 相关依据

《中华人民共和国民事诉讼法》

第二十二条 特别规定

下列民事诉讼,由原告住所地人民法院管辖;原告住所地与经常居住地不一致的,由原告经常居住地人民法院管辖:

(一)对不在中华人民共和国领域内居住的人提起的有关身份关系的诉讼;

……

《最高人民法院关于适用〈中华人民共和国民事诉讼法〉的解释》

第三条第一款 公民的住所地是指公民的户籍所在地,法人或者其他组织的住所地是指法人或者其他组织的主要办事机构所在地。

第四条　公民的经常居住地是指公民离开住所地至起诉时已连续居住一年以上的地方，但公民住院就医的地方除外。

第十三条　在国内结婚并定居国外的华侨，如定居国法院以离婚诉讼须由婚姻缔结地法院管辖为由不予受理，当事人向人民法院提出离婚诉讼的，由婚姻缔结地或者一方在国内的最后居住地人民法院管辖。

第十四条　在国外结婚并定居国外的华侨，如定居国法院以离婚诉讼须由国籍所属国法院管辖为由不予受理，当事人向人民法院提出离婚诉讼的，由一方原住所地或者在国内的最后居住地人民法院管辖。

第十五条　中国公民一方居住在国外，一方居住在国内，不论哪一方向人民法院提起离婚诉讼，国内一方住所地人民法院都有权管辖。国外一方在居住国法院起诉，国内一方向人民法院起诉的，受诉人民法院有权管辖。

第十六条　中国公民双方在国外但未定居，一方向人民法院起诉离婚的，应由原告或者被告原住所地人民法院管辖。

第五百三十条　涉外民事诉讼中，经调解双方达成协议，应当制发调解书。当事人要求发给判决书的，可以依协议的内容制作判决书送达当事人。

《中华人民共和国涉外民事关系法律适用法》

第二十七条　诉讼离婚，适用法院地法律。

《关于界定华侨外籍华人归侨侨眷身份的规定》

一、华侨是指定居在国外的中国公民。

（一）"定居"是指中国公民已取得住在国长期或者永久居留权，并已在住在国连续居留两年，两年内累计居留不少于18个月。

（二）中国公民虽未取得住在国长期或者永久居留权，但已取得住在国连续5年以上（含5年）合法居留资格，5年内在住在国累计居留不少于30个月，视为华侨。

（三）中国公民出国留学（包括公派和自费）在外学习期间，或因公务出国（包括外派劳务人员）在外工作期间，均不视为华侨。

二、外籍华人是指已加入外国国籍的原中国公民及其外国籍后裔；中国公民的外国籍后裔。

第二节 “假离婚”

“假离婚”，是指夫妻并非出于感情破裂原因，而是为了达到其他目的，串通一致或者一方受对方欺诈，作出虚假的离婚意思表示，终止夫妻权利义务的行为。“假离婚”易，真复婚难，弄假成真的不在少数。

第84问 “假离婚”的法律风险，你知道多少？

答：“假离婚”，是指夫妻在感情没有破裂，没有离婚的真实意思表示的情况下，为了达到共同或者各自的目的而暂时离婚，或待真实目的达到后再办理复婚手续的虚假行为。“假离婚”，根据意思表示源于一方还是双方，分为双方串通一致的离婚和一方欺诈另一方的离婚两种情形。夫妻串通离婚后，往往会复婚。而欺诈式离婚后，一定是假戏真做，一方不再同意复婚。常见的“假离婚”情况有：规避房产限购政策购房、解决子女“幼升小”入学户口问题、规避计划生育政策、逃避共同债务、获取更多拆迁利益等。

婚姻自由包括结婚自由和离婚自由。夫妻离婚不得侵犯一方离婚后的结婚自由，即离婚协议中不能有约定复婚事宜的条款，否则因侵犯对方婚姻自主选择权而无效。法律上没有所谓的“假离婚”，夫妻自愿签订离婚协议，对子女抚养、财产分割、债权债务归属等离婚事宜做了合理安排的，即在夫妻之间具有法律约束力，但不得对抗第三人。“假离婚”受到欺诈一方，没有证据证明离婚时受到胁迫的，不能向法院申请撤销。

司法实践中，“假离婚”的风险，主要表现在以下几个方面：

1. 假戏真做，复婚成为不可能。若夫妻一方存在婚外情，早有真离婚的准备，可能欺骗另一方同意离婚，趁制造假离婚的条件达到真离婚的目的。

2. 财产分割无法反悔。因离婚协议是双方自愿、平等协商签订，不存在欺诈、胁迫情形，不能反悔，也不能诉诸法律申请法院撤销。

3. 共同财产变为个人财产。离婚时，若一方“净身出户”，约定将全部共同财产变为另一方的个人财产。离婚后复婚前，若无约定，一方取得的财产为个人婚前财产。

4. 离婚后，继承权丧失。夫妻之间互相享有的继承权因离婚而丧失。

◉ 相关依据

《中华人民共和国民法典》

第一千零八十三条 离婚后，男女双方自愿恢复婚姻关系的，应当到婚姻登记机关重新进行结婚登记。

《最高人民法院关于适用〈中华人民共和国民法典〉婚姻家庭编的解释（一）》

第三十一条 民法典第一千零六十三条规定为夫妻一方的个人财产，不因婚姻关系的延续而转化为夫妻共同财产。但当事人另有约定的除外。

第七十条 夫妻双方协议离婚后就财产分割问题反悔，请求撤销财产分割协议的，人民法院应当受理。

人民法院审理后，未发现订立财产分割协议时存在欺诈、胁迫等情形的，应当依法驳回当事人的诉讼请求。

第85问 夫妻"假离婚"逃避债务,真的可行吗?

答:夫妻为了逃避债务,违背诚实信用原则,以离婚为手段,在离婚协议中约定婚姻关系存续期间对外举债一方将全部或主要的共同财产、个人财产无偿转移至另一方或子女名下,属于债务人无偿转让财产的行为。债务人此举规避法院执行,导致债权人在人民法院执行程序中没有可供执行的财产,损害了债权人的合法利益,债权人知道后可在1年内申请人民法院撤销离婚协议中的财产分割条款。债权人在知道债务人的转移行为发生后5年内,没有行使撤销权的,债权人的撤销权消灭。按照《民法典》的规定,夫妻离婚时对于共同债务分担的约定不能对抗债权人。夫妻在离婚协议中作出的财产分割约定的条款,不影响债权人向男女双方主张权利;夫妻离婚后一方就共同债务承担连带清偿责任后,基于离婚协议或者人民法院的法律文书可向另一方追偿。

综上所述,可见对于婚姻关系存续期间的共同债务或与配偶无关的个人债务,夫妻双方恶意串通,试图通过协议离婚转移财产的方式,造成自己无财产或财产不足以履行债务,以无清偿能力的假象来规避债务,往往是徒劳。

◉ 相关依据

《中华人民共和国民法典》

第一百五十四条 行为人与相对人恶意串通,损害他人合法权益的民事法律行为无效。

第五百三十八条 债务人以放弃其债权、放弃债权担保、无偿转让财产等方式无偿处分财产权益,或者恶意延长其到期债权的履行期限,影响债权人的债权实现的,债权人可以请求人民法院撤销债务人的行为。

第五百四十一条 撤销权自债权人知道或者应当知道撤销事由之日起

一年内行使。自债务人的行为发生之日起五年内没有行使撤销权的,该撤销权消灭。

第五百四十二条 债务人影响债权人的债权实现的行为被撤销的,自始没有法律约束力。

《最高人民法院关于适用〈中华人民共和国民法典〉婚姻家庭编的解释(一)》

第三十五条 当事人的离婚协议或者人民法院生效判决、裁定、调解书已经对夫妻财产分割问题作出处理的,债权人仍有权就夫妻共同债务向男女双方主张权利。

一方就夫妻共同债务承担清偿责任后,主张由另一方按照离婚协议或者人民法院的法律文书承担相应债务的,人民法院应予支持。

第86问 为逃避债务,债务人与其配偶协议离婚,将共同财产转移至配偶名下,债权人如何救济?

答:近年来,夫妻"假离婚"恶意逃避债务的案件不胜枚举。如果债务在债务人结婚前或婚姻关系存续期间产生,且用于家庭共同生活、生产经营,则该债务属于夫妻共同债务。对于夫妻共同债务,夫妻对债权人有连带偿还责任。债务人与配偶假借协议离婚方式将其名下个人财产或者共同财产转移至配偶名下的,该行为不具有法律效力,不受法律保护。债权人自发现恶意转移财产的行为后1年内,可以向人民法院起诉主张离婚协议中规避债务的条款无效。债权人在债务人的行为发生之日起5年内没有行使撤销权的,该撤销权消灭。债权人在执行障碍消除后,可以在执行阶段申请强制执行。

◉ 相关依据

《中华人民共和国民法典》

第五百三十八条 债务人以放弃其债权、放弃债权担保、无偿转让财产等方式无偿处分财产权益,或者恶意延长其到期债权的履行期限,影响债权人的债权实现的,债权人可以请求人民法院撤销债务人的行为。

第五百三十九条 债务人以明显不合理的低价转让财产、以明显不合理的高价受让他人财产或者为他人的债务提供担保,影响债权人的债权实现,债务人的相对人知道或者应当知道该情形的,债权人可以请求人民法院撤销债务人的行为。

第五百四十条 撤销权的行使范围以债权人的债权为限。债权人行使撤销权的必要费用,由债务人负担。

第五百四十一条 撤销权自债权人知道或者应当知道撤销事由之日起一年内行使。自债务人的行为发生之日起五年内没有行使撤销权的,该撤销权消灭。

第五百四十二条 债务人影响债权人的债权实现的行为被撤销的,自始没有法律约束力。

《最高人民法院关于适用〈中华人民共和国民法典〉婚姻家庭编的解释(一)》

第三十五条第一款 当事人的离婚协议或者人民法院生效判决、裁定、调解书已经对夫妻财产分割问题作出处理的,债权人仍有权就夫妻共同债务向男女双方主张权利。

第87问 债务人夫妻离婚转移房产,债权人如何行使代位追偿权?

答:债务人夫妻离婚后,将房产从男方有偿转移至女方名下,在付款期限届满后,女方不支付房屋补偿款,男方亦不追索,此时,男方对女方构成怠于行使其到期债权。男方(债务人)在对债权人负有的债务到期后，怠于行使其债权，给债权人造成了损害，债权人可以自己的名义依法向人民法院起诉债务人的前妻代债务人履行其到期债务，但需以债务人的负债金额为限。债权人行使代位追偿权时，应注意债务人的债权需不存在争议、不具有专属性。次债务人（女方）代位（男方）履行债务后，对其债权人（男方）尚有未履行部分的，仍需履行。

◉ 相关依据

《中华人民共和国民法典》

第五百三十五条 因债务人怠于行使其债权或者与该债权有关的从权利，影响债权人的到期债权实现的，债权人可以向人民法院请求以自己的名义代位行使债务人对相对人的权利，但是该权利专属于债务人自身的除外。

代位权的行使范围以债权人的到期债权为限。债权人行使代位权的必要费用，由债务人负担。

相对人对债务人的抗辩，可以向债权人主张。

第五百三十七条 人民法院认定代位权成立的，由债务人的相对人向债权人履行义务，债权人接受履行后，债权人与债务人、债务人与相对人之间相应的权利义务终止。债务人对相对人的债权或者与该债权有关的从权利被采取保全、执行措施，或者债务人破产的，依照相关法律的规定处理。

第三节 财产分割及补偿

夫妻双方在婚姻关系存续期间形成的共同共有财产，在婚姻关系解除后丧失了共有基础，应予以分割。由于离婚涉及子女抚养以及出于人性关怀，分割共同财产时须照顾无过错方以及未成年子女。

第88问 夫妻一方婚前贷款购房，婚后双方共同还贷，离婚时如何给予经济补偿？

答：一方婚前贷款购房，婚后夫妻共同还贷，离婚时就产权归属协商不成的，人民法院可以判归房屋权属登记一方，产权登记方就婚后共同还贷部分及其相对应的增值部分给予非产权方经济补偿。具体如何补偿，根据公式分步骤计算即可得出相应数额。

补偿数额 = 夫妻共同还贷部分 × 不动产升值率 ÷ 2，不动产升值率 = 离婚时不动产价格 ÷ 不动产成本 × 100%。

第一步：计算出不动产成本。不动产成本 = 购置时或结婚时不动产价格 + 共同已还贷款利息 + 其他费用，其他费用包括印花税、契税、营业税、评估费等，不包括公共维修基金、物业费。如果夫妻一方购置不动产后经过一段时间才结婚的，计算不动产成本时，应当以结婚时不动产价格作为计算依据。

第二步：计算不动产升值率。不动产升值率 = 离婚时房屋的市场价格 ÷ 不动产成本 × 100%。离婚时的房产价格，可以由双方协商确定，房地产价格评估机构鉴定可以作为依据。

第三步：计算出共同还贷部分。计算出婚姻关系存续期间共同还贷期间的本息总额。等额本息还款方式中，每月还款数额相对固定，可以按照每月还款金额乘以还款月数得出，如遇贷款利息政策调整，可到贷款银行打印还贷明细流水账单计算；等额本金还款方式中，由于每月还款额度不同，可直接到贷款银行打印还款明细表计算。

第四步：计算出离婚补偿数额。补偿数额 = 夫妻共同还贷部分 × 不动产升值率 ÷ 2。

若计算出的补偿数额明显低于婚后还贷本息总额的一半时，人民法院应当根据财产的具体情况，按照照顾子女和女方权益的原则，判令取得所有权的夫妻一方给予另一方合理的补偿。如果夫妻双方存在财产约定协议实行分别财产制度或者对偿还房屋贷款有特别约定的，房屋产权登记一方可能无须对另一方进行经济补偿。

◉ 相关依据

《最高人民法院关于适用〈中华人民共和国民法典〉婚姻家庭编的解释(一)》

第七十八条　夫妻一方婚前签订不动产买卖合同，以个人财产支付首付款并在银行贷款，婚后用夫妻共同财产还贷，不动产登记于首付款支付方名下的，离婚时该不动产由双方协议处理。

依前款规定不能达成协议的，人民法院可以判决该不动产归登记一方，尚未归还的贷款为不动产登记一方的个人债务。双方婚后共同还贷支付的款项及其相对应财产增值部分，离婚时应根据民法典第一千零八十七条第一款规定的原则，由不动产登记一方对另一方进行补偿。

《江苏省高级人民法院家事纠纷案件审理指南(婚姻家庭部分)》

30、《婚姻法解释三》第十条规定的不动产婚内共同还贷及增值的补偿数额应当如何计算?

补偿数额可以按以下公式计算:【夫妻共同还贷部分×不动产升值率÷2】。不动产升值率=离婚时不动产价格÷不动产成本(购置时不动产价格+共同已还贷款利息+其他费用)×100%。其他费用包括印花税、契税、营业税、评估费等，不包括公共维修基金、物业费。如果夫妻一方购置不动产后经过一段时间才结婚的，计算不动产成本时，应当以结婚时不动产价格作为计算依据。若在个案中计算所得补偿数额明显低于婚后还贷本息总额的一半时，应当依照《婚姻法》第三十九条第一款规定的原则，判令取得所有权的夫妻一方给予夫妻另一方合理的补偿。

第89问 离婚时,“夫妻公司”如何处理?

答:“夫妻公司”是指仅有夫妻两人作为股东以夫妻共同财产出资设立的有限责任公司。公司成立当初办理工商登记时确定的股权比例,不是夫妻共同财产的约定,离婚时不能以股权比例作为分割财产的依据。除非夫妻之间另行书面明确约定了公司股权的归属。在没有另行书面明确约定的情况下,夫妻公司的股权需作为夫妻共同财产处理。夫妻离婚时股权的分割,先由夫妻双方协商分配,协商不成,通常有以下几种分割方式:

(1)双方均有经营能力也愿意继续共同经营公司的,均等分割,各占50%的股权;

(2)双方均有经营能力且都愿意继续经营公司,但不愿意共同经营的,可以通过竞价获得股权,出价高者成为唯一股东,公司变更为一人公司;

(3)仅有一方愿意继续经营公司的,确定股权归继续经营的一方所有,按照公司资产评估情况给予另一方合理的价款补偿,公司变更为一人公司;

(4)双方均不愿意继续经营公司,若有其他人愿意购买公司股权的,将股权全部转让他人后,由双方共同分割股权转让款;

(5)双方均不愿意继续经营,也无人愿意购买公司股权的,可由双方协商一致对公司进行解散清算并对公司剩余财产进行分配。

◉ 相关依据

《中华人民共和国公司法》

第七十一条 有限责任公司的股东之间可以相互转让其全部或者部分股权。

股东向股东以外的人转让股权,应当经其他股东过半数同意。股东应就其股权转让事项书面通知其他股东征求同意，其他股东自接到书面通知之日起满三十日未答复的，视为同意转让。其他股东半数以上不同意转让的，不同意的股东应当购买该转让的股权；不购买的，视为同意转让。

经股东同意转让的股权，在同等条件下，其他股东有优先购买权。两个以上股东主张行使优先购买权的，协商确定各自的购买比例；协商不成的，按照转让时各自的出资比例行使优先购买权。

公司章程对股权转让另有规定的，从其规定。

第一百八十条　公司因下列原因解散：

……

（二）股东会或者股东大会决议解散；

……

第一百八十三条　公司因本法第一百八十条第（一）项、第（二）项、第（四）项、第（五）项规定而解散的，应当在解散事由出现之日起十五日内成立清算组，开始清算。有限责任公司的清算组由股东组成，股份有限公司的清算组由董事或者股东大会确定的人员组成。逾期不成立清算组进行清算的，债权人可以申请人民法院指定有关人员组成清算组进行清算。人民法院应当受理该申请，并及时组织清算组进行清算。

第一百八十四条　清算组在清算期间行使下列职权：

（一）清理公司财产，分别编制资产负债表和财产清单；

（二）通知、公告债权人；

（三）处理与清算有关的公司未了结的业务；

（四）清缴所欠税款以及清算过程中产生的税款；

（五）清理债权、债务；

（六）处理公司清偿债务后的剩余财产；

（七）代表公司参与民事诉讼活动。

第90问 夫妻一方是一人有限公司的股东，离婚时如何分割股权？

答：一人有限公司是股东仅由一个自然人或法人出资成立的有限责任公司。夫妻一方在婚后以共同财产投资成立一人有限公司，由于现行法律及司法解释未就一人有限公司的股东离婚时如何处理股权作出明确规定，但可以参考个人独资企业投资者离婚时的分割方法处理。一人公司的股东离婚时经与另一方协商无法达成一致意见时，可作如下处理：

（1）由持有公司股权的一方继续持股和运营公司，并给予另一方经济补偿。

（2）双方都主张公司股权又不愿意共同经营的，可由双方竞价，价高者取得股权。非持股一方取得股权的，除给予另一方经济补偿外，还需在工商部门办理股权变更手续。

（3）双方均不愿意持有股权的，按照《公司法》的规定对公司进行解散清算，清算后的财产作为共同财产进行分割。

◉ 相关依据

《最高人民法院关于适用〈中华人民共和国民法典〉婚姻家庭编的解释（一）》

第七十五条 夫妻以一方名义投资设立个人独资企业的，人民法院分割夫妻在该个人独资企业中的共同财产时，应当按照以下情形分别处理：

（一）一方主张经营该企业的，对企业资产进行评估后，由取得企业资产所有权一方给予另一方相应的补偿；

（二）双方均主张经营该企业的，在双方竞价基础上，由取得企业资产所有权的一方给予另一方相应的补偿；

（三）双方均不愿意经营该企业的，按照《中华人民共和国个人独资企业法》等有关规定办理。

第91问 夫妻一方是有限公司的股东，离婚时如何分割股权？

答：首先需要区分是以个人财产还是共同财产投资取得有限公司的股权。如果是一方的个人财产投资取得的股权，系个人财产，不参与财产分割。如果是共同财产取得的股权，则按照共同财产进行分割。在分割股权时既要考虑夫妻两人的想法，也要考虑公司其他股东的意见。根据司法实践的做法总结如下：

（1）过半数股东同意夫妻协商转让全部或者部分股权，其他股东明确放弃优先购买权的，股东配偶愿意成为公司股东的，可以按比例分割股权，配偶成为股东。

（2）过半数股东不同意转让股权，但愿意以同等价格购买股权的，夫妻可以对转让股权的价款进行分割。

（3）过半数股东不同意转让，也不愿意以同等价格购买该股权的，视为其同意转让，该股东的配偶可以成为该公司股东。

（4）股东配偶不愿意成为公司股东或股东一方想继续拥有股权，由股东就其股权给予配偶相应的经济补偿。

（5）夫妻双方均不愿意取得公司股权的，可以将股权转让给其他股东或股东之外的第三人，然后对转让价款依法分割；若未能将股权转让予他人，则对公司资产进行评估，由股东方给予配偶相应的经济补偿。

◉ 相关依据

《最高人民法院关于适用〈中华人民共和国民法典〉婚姻家庭编的解释（一）》

第七十三条　人民法院审理离婚案件，涉及分割夫妻共同财产中以一方名义在有限责任公司的出资额，另一方不是该公司股东的，按以下情形分别处理：

（一）夫妻双方协商一致将出资额部分或者全部转让给该股东的配偶，其他股东过半数同意，并且其他股东均明确表示放弃优先购买权的，该股东的配偶可以成为该公司股东；

（二）夫妻双方就出资额转让份额和转让价格等事项协商一致后，其他股东半数以上不同意转让，但愿意以同等条件购买该出资额的，人民法院可以对转让出资所得财产进行分割。其他股东半数以上不同意转让，也不愿意以同等条件购买该出资额的，视为其同意转让，该股东的配偶可以成为该公司股东。

用于证明前款规定的股东同意的证据，可以是股东会议材料，也可以是当事人通过其他合法途径取得的股东的书面声明材料。

《江苏省高级人民法院家事纠纷案件审理指南（婚姻家庭部分）》

41、离婚时对于婚姻关系存续期间以夫妻共同财产出资获得的登记在夫妻一方名下的有限责任公司（不包括夫妻公司、一人有限责任公司）的股权应当如何处理？股权价值应当如何确定？

基于有限责任公司的资合性和人合性特点，离婚时对于婚姻关系存续期间以夫妻共同财产出资获得的登记在夫妻一方名下的有限责任公司（不包括夫妻公司、一人有限责任公司）的股权的处理，既要从有利于解决夫妻纠纷的原则出发，又要最大限度地做好与其他利害关系人的利益协调，不能侵害其他股东的同意权和优先购买权等权利。

如果夫妻双方就股权分割协商一致，可以依照《婚姻法解释二》第十六条的规定处理。因《婚姻法解释二》第十六条中“过半数股东同意”与新《中华人民共和国公司法》第七十一条第二款中“其他股东过半数同意”相冲突，因此，应适用《中华人民共和国公司法》第七十一条第二款中“其他股东过半数同意”的规定。

如果夫妻双方就股权分割无法协商一致，可以按以下情形分别处理：

（1）夫妻双方均主张股权且愿意和对方共同经营的，其他股东过半数同意且明确表示放弃优先购买权的，可以按比例分割股权。夫妻双方均主张股权但不愿与对方共同经营的，可以通过竞价方式确定由谁最终取得股权。如果股东的配偶取得股权，应当经其他股东过半数同意且明确表示放弃优先购买权。取得股权的一方，应当给予另一方相应的经济补偿。

(2)股东一方或者股东的配偶放弃股权主张补偿款的，应当在确定股权价值的基础上，由取得股权的一方给予另一方相应的经济补偿。如果股东的配偶取得股权，应当经其他股东过半数同意且明确表示放弃优先购买权。

(3)夫妻双方均不愿意取得股权的，可以依照《中华人民共和国公司法》的相关规定将股权转让给其他股东或者股东之外的第三人，并对转让价款依法分割。向股东以外的第三人转让股权的，应当经其他股东过半数同意且明确表示放弃优先购买权。如果无人受让股权的，夫妻双方可以按比例分割股权。

前述(1)—(3)情形中，如果其他股东过半数不同意转让，也不愿意以同等价格购买股权的，视为同意转让。

股权价值评估时，可以责令当事人以及股权所在的公司提供评估所需的财务会计报表等资料。因公司管理混乱、会计账册不全以及公司经营者拒不提供财务信息等原因导致股权价值无法评估的，可以向税务、工商部门调取备案的资产负债表、损益表、净资产表以及该公司公布的年度报表等财务资料交予评估机构评估股权价值。如果无法调取上述财务资料，可以参照当地同行业中经营规模和水平近似的公司的营业收入或者利润核定股权价值。当事人对依职权确定的股权价值提出异议的，应当提供能证实其主张的财务资料。

第92问　夫妻一方是隐名股东，其出资在离婚时如何分割？

答：隐名股东，是与他人书面约定，由其本人出资、由他人以自己名义代其担任有限公司的股东，本人不记载于公司章程、股东名册和工商登记备案而实际享有股东权利的人。隐名股东离婚时，与配偶就隐名出资进行协商确定分割方案时，如无法达成一致意见，可以采取如下分割方式：

（1）名义股东明知或应知出资源于隐名股东的夫妻共同财产，隐名股东及其配偶均主张由名义股东继续代持股权的，可以依法分割对名义股东的债权，隐名股东配偶取得债权后，与隐名股东一同成为名义股东所在公司的新隐名股东。

（2）名义股东不知道出资源于隐名股东的夫妻共同财产，且不同意为隐名股东代持股权的，由名义股东将其代持的股权转让给隐名股东及配偶，但须经股东会决议通过，公司股东行使优先权的，应将股权转让款分割给隐名股东及配偶。

（3）隐名股东夫妻双方均不愿意继续作为隐名股东的，可以要求对股权进行评估，由名义股东折价给付股权转让价款，夫妻就转让价款进行分割；或与名义股东协商以其名义转让股权给其他股东或股东以外的其他人，夫妻就股权转让价款进行分割。

（4）隐名股东夫妻一方主张继续作为隐名股东的，可依法进行评估，由另一方按照评估价进行分割补偿。

◉ 相关依据

《最高人民法院关于适用〈中华人民共和国公司法〉若干问题的规定（三）》

第二十四条 有限责任公司的实际出资人与名义出资人订立合同，约定由实际出资人出资并享有投资权益，以名义出资人为名义股东，实际出资人与名义股东对该合同效力发生争议的，如无法律规定的无效情形，人民法院应当认定该合同有效。

前款规定的实际出资人与名义股东因投资权益的归属发生争议，实际出资人以其实际履行了出资义务为由向名义股东主张权利的，人民法院应予支持。名义股东以公司股东名册记载、公司登记机关登记为由否认实际出资人权利的，人民法院不予支持。

实际出资人未经公司其他股东半数以上同意，请求公司变更股东、签发出资证明书、记载于股东名册、记载于公司章程并办理公司登记机关登记的，人民法院不予支持。

《最高人民法院关于适用〈中华人民共和国民法典〉婚姻家庭编的解释(一)》

第七十三条 人民法院审理离婚案件，涉及分割夫妻共同财产中以一方名义在有限责任公司的出资额，另一方不是该公司股东的，按以下情形分别处理：

(一)夫妻双方协商一致将出资额部分或者全部转让给该股东的配偶，其他股东过半数同意，并且其他股东均明确表示放弃优先购买权的，该股东的配偶可以成为该公司股东；

(二)夫妻双方就出资额转让份额和转让价格等事项协商一致后，其他股东半数以上不同意转让，但愿意以同等条件购买该出资额的，人民法院可以对转让出资所得财产进行分割。其他股东半数以上不同意转让，也不愿意以同等条件购买该出资额的，视为其同意转让，该股东的配偶可以成为该公司股东。

用于证明前款规定的股东同意的证据，可以是股东会议材料，也可以是当事人通过其他合法途径取得的股东的书面声明材料。

第93问 离婚时，夫妻双方对非限制性流通股票如何分割?

答：夫妻一方婚前使用个人财产购买的股票，婚后没有买进卖出操作，仅跟随股市行情上涨趋势自然增值产生收益的(类似银行存款产生的利息)，属于一方个人财产。如果一方婚前购买股票，婚后进行买卖操作的，是婚内的再投资行为，由此产生的主动增值收益(类似经营获得的利润)，属于夫妻共同财产，但婚前投入的本金和产生的收益仍然属于个人财产。夫妻双方对一方婚前购买股票进行买卖操作后产生的收益,约定为共同财产的,属于共同财产。如果一方婚前购买股票,婚后没有增值或者亏损的,属于一方个人财产,与另一方无关。婚后一方利用共同财产追加投资股票产生的收益和亏损,均由夫妻双方享有和承担,夫妻双方对股票投资风险及收益的归属另有约定的除外。

股票如何分割?由于股票价格具有浮动特征,以低买高卖方式实现增值,离婚时需确定其市场价值,以便于分割。夫妻协议离婚时应在离婚协议中写明股东代码、账号、证券交易所开户以及分割方案。以价值分割方式处理的,可协商由持有账户一方继续持有股票,事先确定股票变现时点和价格。例如,以某日收盘价或具体价格为分割依据,给予对方相应价值的补偿。以数量分割方式处理的,应事先协商确定分割的股票名称和数量以及转移账户的账号、时间等内容。

◉ 相关依据

《最高人民法院关于适用〈中华人民共和国民法典〉婚姻家庭编的解释(一)》

第七十二条 夫妻双方分割共同财产中的股票、债券、投资基金份额等有价证券以及未上市股份有限公司股份时,协商不成或者按市价分配有困难的,人民法院可以根据数量按比例分配。

《江苏省高级人民法院家事纠纷案件审理指南(婚姻家庭部分)》

32、夫妻一方婚前购买的股票在婚后的增值收益的性质应当如何认定?

夫妻一方婚后对婚前购买的股票没有进行买卖,股票因市场行情变化产生的增值收益为自然增值,除当事人另有约定外,应当认定为夫妻一方的个人财产。夫妻一方婚后对婚前购买的股票进行买卖产生的增值收益为主动增值,除当事人另有约定外,应当认定为夫妻共同财产。

第94问 股票期权在离婚时如何分割？

答：股票期权与员工持股计划、管理层收购同是股权激励机制的重要形式。股票期权，是指公司赋予激励对象的一种期待权利，激励对象在规定的未来一定期限内以预先确定的价格和条件购买本公司一定数量的流通股票。股票期权是一种具有人身属性、附有条件、价值不确定的债权。

激励对象多为上市公司的董事、高级管理人员、核心技术人员或者核心业务人员。激励对象通过协议价格和行权时当日市场交易价之间的差额获得利益，故在未行权或注销回购时价值难以确定。如果在行权日没有实际购买股票，则不存在夫妻共同财产及分割的问题。

股票期权是否属于夫妻共同财产以及如何分割，需根据授予时间及行使权益（行权）时间的不同予以区分：

（1）婚前授权，婚前行权。股票期权为被授予方婚前的个人财产。

（2）婚前授权，婚后行权。分割时要区分婚前婚后：登记结婚前的财产部分为被授予方个人财产，剩余部分属于夫妻共同财产，夫妻之间有书面财产约定的除外。

（3）婚前授权，离婚后行权。婚姻关系存续期间的财产价值属于夫妻共同财产，亦即登记结婚前及离婚之时至实际行权日的财产价值属于被授予方个人财产，剩余部分属于夫妻共同财产。夫妻之间有书面财产约定，适用意定财产制优先于法定财产制，即从其约定。

（4）婚后授权，婚后行权。一般情况下，属于夫妻共同财产，有财产约定的除外。具体数额，以被授予方行权日的股票数值为准。

(5)婚后授权,离婚后行权。离婚之时至实际行权时应获取的财产价值属于被授予方个人财产,婚姻关系存续期间的价值属于共同财产。夫妻之间有书面财产约定的从其约定。

无论是婚前授权还是婚后授权,当行权阶段正处于夫妻感情破裂而进行离婚诉讼阶段,若被授予方企图逃避被分割共同财产、侵占另一方财产份额,恶意放弃行权或离婚后行权获取收益,且配偶有足够证据证明,可以在离婚后自发现之日起3年内请求人民法院再次分割共同财产。

◉ 相关依据

《上市公司股权激励管理办法》

第八条 激励对象可以包括上市公司的董事、高级管理人员、核心技术人员或者核心业务人员,以及公司认为应当激励的对公司经营业绩和未来发展有直接影响的其他员工,但不应当包括独立董事和监事。外籍员工任职上市公司董事、高级管理人员、核心技术人员或者核心业务人员的,可以成为激励对象。

单独或合计持有上市公司5%以上股份的股东或实际控制人及其配偶、父母、子女,不得成为激励对象。下列人员也不得成为激励对象:

(一)最近12个月内被证券交易所认定为不适当人选;

(二)最近12个月内被中国证监会及其派出机构认定为不适当人选;

(三)最近12个月内因重大违法违规行为被中国证监会及其派出机构行政处罚或者采取市场禁入措施;

(四)具有《公司法》规定的不得担任公司董事、高级管理人员情形的;

(五)法律法规规定不得参与上市公司股权激励的;

(六)中国证监会认定的其他情形。

第二十八条 本办法所称股票期权是指上市公司授予激励对象在未来一定期限内以预先确定的条件购买本公司一定数量股份的权利。

激励对象获授的股票期权不得转让、用于担保或偿还债务。

第二十九条　上市公司在授予激励对象股票期权时，应当确定行权价格或者行权价格的确定方法。行权价格不得低于股票票面金额，且原则上不得低于下列价格较高者：

（一）股权激励计划草案公布前1个交易日的公司股票交易均价；

（二）股权激励计划草案公布前20个交易日、60个交易日或者120个交易日的公司股票交易均价之一。

上市公司采用其他方法确定行权价格的，应当在股权激励计划中对定价依据及定价方式作出说明。

第三十条　股票期权授权日与获授股票期权首次可行权日之间的间隔不得少于12个月。

第三十一条　在股票期权有效期内，上市公司应当规定激励对象分期行权，每期时限不得少于12个月，后一行权期的起算日不得早于前一行权期的届满日。每期可行权的股票期权比例不得超过激励对象获授股票期权总额的50%。

当期行权条件未成就的，股票期权不得行权或递延至下期行权，并应当按照本办法第三十二条第二款规定处理。

第三十二条　股票期权各行权期结束后，激励对象未行权的当期股票期权应当终止行权，上市公司应当及时注销。

出现本办法第十八条、第三十一条规定情形，或者其他终止实施股权激励计划的情形或激励对象不符合行权条件的，上市公司应当注销对应的股票期权。

《中华人民共和国民法典》

第一千零九十二条　夫妻一方隐藏、转移、变卖、毁损、挥霍夫妻共同财产，或者伪造夫妻共同债务企图侵占另一方财产的，在离婚分割夫妻共同财产时，对该方可以少分或者不分。离婚后，另一方发现有上述行为的，可以向人民法院提起诉讼，请求再次分割夫妻共同财产。

《最高人民法院关于适用〈中华人民共和国民法典〉婚姻家庭编的解释(一)》

第八十四条 当事人依据民法典第一千零九十二条的规定向人民法院提起诉讼,请求再次分割夫妻共同财产的诉讼时效期间为三年,从当事人发现之日起计算。

第95问 离婚时军人的伤亡保险金、残疾补助金、医药生活补助费、复员费如何分割?

答:军人退役离开部队有复员和转业两种形式。复员,是退役军人回到原籍,变成普通老百姓,国家不安置工作,自谋职业。转业,即退役军人回到地方,地方政府负责安置工作,军官或服役满一定年限的士官可以转业形式退役。因退役方式不同,退役时的复员费和转业费会有所区别。一般情况下,复员或转业领取的费用有:复员费、转业费、一次性退役金、离队差旅费、自主择业费、退役医疗保险金、奖励工资、服装费、个人住房补贴和个人住房公积金、回乡生产补助费、安家补助费、生活补助费等相关费用。如是伤残军人,还会领取伤亡保险金、伤残补助金、医药生活补助费等费用,这些费用都属于个人财产,不存在分割问题。个人住房补贴和个人住房公积金,婚姻关系存续期间的部分属于夫妻共同财产,军人婚前应取得部分属于个人财产。一般情况下,离婚时扣除军人一方婚前部分后,均等分割,一人一半。

发放给军人的复员费、自主择业费,军人婚前应取得部分属于个人财产,属于婚姻关系存续期间的部分为夫妻共同财产。分割共有部分时先按照人均寿命70岁减去军人入伍时的年龄计算出军龄,再按照婚姻关系存续年限(婚龄)分摊一人一半得出。

军功章有你的“一半”,也有我的“一半”,怎么分出那“一半”?

非军人一方离婚时获得的财产计算公式：

非军人一方离婚补偿 = 发放到军人名下的费用总额 ÷（人均寿命 70 岁 − 军人入伍年龄）× 婚姻关系存续年限 ÷ 2。

如果军人配偶在军人退役前，与军人离婚，可在军人取得复员、转业费用后主张分割属于共同财产的部分。

◉ 相关依据

《最高人民法院关于适用〈中华人民共和国民法典〉婚姻家庭编的解释（一）》

第二十五条　婚姻关系存续期间，下列财产属于民法典第一千零六十二条规定的“其他应当归共同所有的财产”：

……

（二）男女双方实际取得或者应当取得的住房补贴、住房公积金；

……

第三十条　军人的伤亡保险金、伤残补助金、医药生活补助费属于个人财产。

第七十一条　人民法院审理离婚案件，涉及分割发放到军人名下的复员费、自主择业费等一次性费用的，以夫妻婚姻关系存续年限乘以年平均值，所得数额为夫妻共同财产。

前款所称年平均值，是指将发放到军人名下的上述费用总额按具体年限均分得出的数额。其具体年限为人均寿命七十岁与军人入伍时实际年龄的差额。

第 96 问　淘宝网店可以作为夫妻共同财产分割吗？

答：网络店铺，简称网店，是基于第三方交易平台网站开设的网络商店，是一种数字财产。网络虚拟店铺与实体店铺都具有商品交易、存储运输、资金账户、收支结算、盈利亏损等相同功能。夫妻离婚分割共同财产时,网络店铺与现实店铺分割的方法具有一定的相似度,但囿于网络商铺依托第三方交易平台的局限性而需要区别对待。

根据淘宝网规则,淘宝网店需要实名注册,每个淘宝账户必须实名认证,且该账户和密码不能转让、赠与或继承,店主不再经营时只能关闭。2013 年 7 月,淘宝店铺过户线上入口开放,符合协议离婚、判决离婚以及法定继承三种情形的淘宝店铺可申请过户。过户后,淘宝店铺信誉保持不变,所有经营性行为都会被保留。

按照《民法典》的规定,在婚姻关系存续期间因经营产生的收益,属于夫妻共同财产。无论婚姻当事人在婚前还是婚后注册登记的网络店铺,如在婚后产生的经营收入,都属于夫妻共同财产。离婚时需对婚后的经营收入、库存商品等财产进行分割或折价补偿。具体来说,夫妻离婚时可以协商确定注册登记一方取得店铺经营管理权,给予另一方经营收入、库存商品数量或价值补偿,夫妻双方有书面财产约定的除外。夫妻可以凭民政局离婚登记备案的离婚协议向淘宝运营平台申请过户。

网络店铺如果没有产权证明、工商登记、缴税记录、财务制度,那么对网店价值和盈利收入很难准确评估。现行法律尚未对夫妻离婚时如何处理网络店铺作出明确规定。在司法实践中,法院在审理个案时调解居多、判决极少。法院在判决时往往会综合考量展示宣传的人身依附性、客户体验、在途交易订单、应收款项、网店密码更换、客服淘宝旺旺密码更换、支付宝绑定及密码更换、银行卡及网店操作程序、网店价格评估、法院执行程序等各方面的因素,将网络店铺判归注册登记一方,酌定给予另一方适当的经济补偿。

◉ 相关依据

《中华人民共和国民法典》

第一百二十七条　法律对数据、网络虚拟财产的保护有规定的，依照其规定。

第一千零六十二条第一款　夫妻在婚姻关系存续期间所得的下列财产，为夫妻的共同财产，归夫妻共同所有：

……

（二）生产、经营、投资的收益；

……

第一千零六十三条　下列财产为夫妻一方的个人财产：

（一）一方的婚前财产；

（二）一方因受到人身损害获得的赔偿或者补偿；

（三）遗嘱或者赠与合同中确定只归一方的财产；

（四）一方专用的生活用品；

（五）其他应当归一方的财产。

《最高人民法院关于适用〈中华人民共和国民法典〉婚姻家庭编的解释（一）》

第二十五条　婚姻关系存续期间，下列财产属于民法典第一千零六十二条规定的"其他应当归共同所有的财产"：

（一）一方以个人财产投资取得的收益；

……

第二十六条　夫妻一方个人财产在婚后产生的收益，除孳息和自然增值外，应认定为夫妻共同财产。

第97问　男女分手时，共同饲养的宠物该如何处理？

答：在男女解除同居关系或离婚时，往往难以割舍对朝夕相处的宠物的感情，都想将宠物占为己有。我国法律尚未规定男女解除同居关系或离婚时宠物的归属。在司法实践中,法院还没有参照欧美法院处理子女的抚养权和探视权的方式,判决确定宠物的归属、饲养和看望等权利。国内已有个别法院在处理纠纷时,考虑到宠物毕竟是一种能与人发生感情连接的特殊财产,需要人性化处理。若男女双方自愿协商达成一致协议,约定安排好宠物的饲养权归属、饲养费和"探视权",法院可以调解书形式进行确认。

如果宠物是一方婚前购买饲养的,归属没有争议。如果单只宠物是在男女双方同居或者婚姻关系存续期间购买或受赠,男女双方为归属发生纠纷协商不成时,由于不适合实物分割,应确定归属一方,给予另一方折价补偿。如果宠物的数量是偶数,可均等数量分割。出于对动物生命的尊重、情感维系和健康考虑,当事人可向审理法院请求,根据双方当事人的喜爱程度、生活需求、职业需要、饲养环境、经济条件等因素综合考虑确认归属、饲养和补偿等权利。

◉ 相关依据

《中华人民共和国民法典》

第三百零四条 共有人可以协商确定分割方式。达不成协议,共有的不动产或者动产可以分割且不会因分割减损价值的,应当对实物予以分割;难以分割或者因分割会减损价值的,应当对折价或者拍卖、变卖取得的价款予以分割。

共有人分割所得的不动产或者动产有瑕疵的,其他共有人应当分担损失。

第一千零六十三条 下列财产为夫妻一方的个人财产:

(一)一方的婚前财产;

……

(三)遗嘱或者赠与合同中确定只归一方的财产;

(四)一方专用的生活用品;

……

第98问 一方婚前购车婚后登记在对方名下，离婚时该车归谁所有？

答：机动车登记是车辆管理部门准予或者不准予上道路行驶的登记，不是机动车所有权登记。也就是说，车辆登记在谁的名下并不等于谁拥有车辆所有权。车辆由谁驾驶和管理、何种用途、出资来源、意思表示、所有权取得等因素影响其归属。如男方具有驾驶车辆的资格和技能，女方没有驾照不会开车，女方父母在婚前出资购买轿车赠送给女方，但登记在男方名下的，该车辆系女方父母赠送给女方的个人财产，女方许可男方对车辆进行驾驶和管理。如车辆系出资父母方明确赠与登记方，则按赠与处理，否则车辆归出资方子女所有；如系以结婚为目的附条件赠与，且处于共同生活状态，可以形成共同财产；女方父母婚姻登记前陪送的车辆，应认定为对女方的婚前个人赠与，属女方个人财产；女方父母在结婚登记后陪送车辆，女方父母若未明确是对女方的个人赠与，则认为是对夫妻的赠与，属夫妻共同财产。对受赠车辆，男女双方可约定归各自所有或共同共有。

◉ 相关依据

《中华人民共和国民法典》

第一千零六十三条 下列财产为夫妻一方的个人财产：

（一）一方的婚前财产；

……

（三）遗嘱或者赠与合同中确定只归一方的财产；

……

第一千零六十五条第一款、第二款 男女双方可以约定婚姻关系存续期间所得的财产以及婚前财产归各自所有、共同所有或者部分各自所有、部分共同所有。约定应当采用书面形式。没有约定或者约定不明确的，适用本法第一千零六十二条、第一千零六十三条的规定。

夫妻对婚姻关系存续期间所得的财产以及婚前财产的约定，对双方具有法律约束力。

《最高人民法院关于适用〈中华人民共和国民法典〉婚姻家庭编的解释（一）》

第三十一条 民法典第一千零六十三条规定为夫妻一方的个人财产，不因婚姻关系的延续而转化为夫妻共同财产。但当事人另有约定的除外。

《公安部关于确定机动车所有权人问题的复函》

最高人民法院执法工作办公室：

你办5月23日来函收悉，现复函如下：

根据现行机动车登记法规和有关规定，公安机关办理的机动车登记，是准予或者不准予上道路行驶的登记，不是机动车所有权登记。为了交通管理工作的需要，公安机关车辆管理所在办理车辆牌证时，凭购车发票或者人民法院判决、裁定、调解的法律文书等机动车来历凭证确认机动车的车主。因此，公安机关登记的车主，不宜作为判别机动车所有权的依据。

特此函复。

2000年6月5日

第99问 诉讼离婚时，可以请求法院对唯一住房分割为一人一半吗？

答：所有权包括占有、使用、收益和处分在内的权利。一套房屋无法同时被两人分别行使占有、使用、收益和处分的权利，即使可以行使，也容易发生权利行使的冲突。按照《民法典》物权编的规定，夫妻双方解除婚姻关系后，已经丧失对房屋的共同共有权的基础，难以按照各半份额行使权利，亦不适合按份共有，应予以分割。若夫妻双方都没有经济能力给对方进行补偿，都不主张房屋的所有权,但均同意对涉案房屋各享有50%份额,各自承担银行贷款一半的,在司法实践中,存在个别法院判决准许一人一半。此类做法,就全国范围而言比较少见。

◉ 相关依据

《中华人民共和国民法典》

第二百四十条　所有权人对自己的不动产或者动产,依法享有占有、使用、收益和处分的权利。

第二百九十八条　按份共有人对共有的不动产或者动产按照其份额享有所有权。

第三百零三条　共有人约定不得分割共有的不动产或者动产,以维持共有关系的,应当按照约定,但是共有人有重大理由需要分割的,可以请求分割;没有约定或者约定不明确的,按份共有人可以随时请求分割,共同共有人在共有的基础丧失或者有重大理由需要分割时可以请求分割。因分割造成其他共有人损害的,应当给予赔偿。

第100问　"全职太太""家庭主夫"离婚时,可以得到多少补偿?

答:"家和万事兴。"家庭的和谐稳定,需要核心成员的共同努力和互相帮助。一方结婚后为抚养子女、照顾老人、料理家务,放弃工作或追求事业发展的机会,与社会脱节,支持配偶发展事业,为家庭做出了积极的贡献,经济、社会地位和能力等方面受到的损失,难以用经济数据来准确衡量。离婚时,在婚姻关系存续期间付出家务劳动较多的一方,可以向另一方提出补偿要求。双方就补偿数额协商不成的,人民法院根据夫妻婚后共同生活时间、抚养子女、照料老人、劳动强度及繁杂程度、获利方的收入、社会地位提升等实际情况,结合当地的经济水平和补偿方的经济状况等综合因素酌情确定补偿数额。《民法典》施行后,无论是婚后采用共同财产制还是书面约定分别财产制,离婚时无论男方或女方均可主张家务劳动补偿。

目前,全国各地法院判决支持家务补偿款的金额普遍较低,大多为5万元以下,少有因夫妻在离婚协议中约定了10万元以上高额补偿获得了法院支持的案例。

◉ 相关依据

《中华人民共和国民法典》

第一千零四十三条 家庭应当树立优良家风,弘扬家庭美德,重视家庭文明建设。

夫妻应当互相忠实,互相尊重,互相关爱;家庭成员应当敬老爱幼,互相帮助,维护平等、和睦、文明的婚姻家庭关系。

第一千零八十八条 夫妻一方因抚育子女、照料老年人、协助另一方工作等负担较多义务的,离婚时有权向另一方请求补偿,另一方应当给予补偿。具体办法由双方协议;协议不成的,由人民法院判决。

第101问 夫妻离婚时,人身保险如何分割?

答:人身保险分为人寿保险、意外伤害保险和健康保险。对于夫妻离婚时,尚处于保险合同有效期限内的人身保险合同,需要区分婚前婚后、保险费资金源以及投保人、被保险人、受益人的具体情况分析处理:

1. 一方婚前全额投保以自己为受益人的人身保险,保单在有效期内的,继续享有权利,属于个人财产,不参与分割。夫妻一方作为被保险人依据意外伤害保险合同、健康保险合同获得的保险金,主要用于受害人的治疗、生活等特定用途,具有人身性质,应为个人财产。夫妻一方是他人以死亡为给付条件的人寿保险合同中的指定受益人获得的保险金,为个人财产。

2. 一方婚前本人或父母、其他近亲属为自己投保,采用分期缴费方式,婚后继续缴费,如缴费资金源于夫妻共同财产,离婚时仍处于有效期内的人身保险合同,婚后缴纳的保险费产生的相对应的现金价值属于夫妻共同财产。投保人退保的,应将婚后产生的现金价值与另一方分割;投保人不退保继续投保的,应补偿另一方婚后产生的现金价值的一半。

3. 婚姻关系存续期间,夫妻一方依据以生存到一定年龄为给付条件的具有现金价值的保险合同获得的保险金,由于该保险具有一定的投资属性,由此获得的投资收益,为夫妻共同财产。

4. 夫妻一方既是投保人又是被保险人,保险费缴费资金源于夫妻共同财产,离婚时夫妻双方可以协议退保或继续履行保险合同。投保人不愿意继续投保的,退还的保险单现金价值应作为夫妻共同财产处理;投保人愿意继续投保的,投保人一般应当支付保险单现金价值的一半给另一方。

5. 如果夫妻一方为投保人,夫妻另一方为被保险人,离婚时夫妻双方可以协议退保或者继续履行保险合同。协商一致退保的,保险人退还的保险单现金价值应当作为夫妻共同财产分割;协商一致愿意继续履行的,获得保险合同利益一方一般应当支付保险单现金价值的一半给另一方。如果投保人要求退保,而被保险人要求继续履行的,保险合同应当继续履行,获得保险合同利益一方一般应当支付保险单现金价值的一半给另一方。

◉ 相关依据

《中华人民共和国保险法》

第三十一条　投保人对下列人员具有保险利益:

(一)本人;

（二）配偶、子女、父母；

（三）前项以外与投保人有抚养、赡养或者扶养关系的家庭其他成员、近亲属；

（四）与投保人有劳动关系的劳动者。

除前款规定外，被保险人同意投保人为其订立合同的，视为投保人对被保险人具有保险利益。

订立合同时，投保人对被保险人不具有保险利益的，合同无效。

第四十七条 投保人解除合同的，保险人应当自收到解除合同通知之日起三十日内，按照合同约定退还保险单的现金价值。

《江苏省高级人民法院家事纠纷案件审理指南（婚姻家庭部分）》

43、离婚案件中对于人身保险合同应当如何处理？

人身保险分为人寿保险、意外伤害保险和健康保险。离婚案件中对于人身保险合同，除当事人另有约定外，可以按以下情形分别处理：

（1）已获得保险金的情形

婚姻关系存续期间，夫妻一方作为被保险人依据意外伤害保险合同、健康保险合同获得的保险金，主要用于受害人的治疗、生活等特定用途，具有人身性质，应当认定为个人财产。

夫妻一方作为受益人依据以死亡为给付条件的人寿保险合同获得的保险金，该保险合同中受益人的指定本身就表明了投保人与受益人之间的特定关系，体现了保险金的专属性，应当认定为个人财产。

婚姻关系存续期间，夫妻一方依据以生存到一定年龄为给付条件的具有现金价值的保险合同获得的保险金，该保险具有一定的投资属性，由此获得的投资收益，应当认定为夫妻共同财产。

（2）尚未获得保险金的情形

婚姻关系存续期间以夫妻共同财产投保，离婚时仍处于保险有效期内的人身保险合同，夫妻双方主张分割保险单现金价值的，应予支持。

如果投保人和被保险人均为夫妻一方，离婚时夫妻双方可以协议退保或者继续履行保险合同。投保人不愿意继续履行的，保险人退还的保险单现金价值应当作为夫妻共同财产分割;投保人愿意继续履行的,投保人应当支付保险单现金价值的一半给另一方。

如果夫妻一方为投保人,夫妻另一方为被保险人,离婚时夫妻双方可以协议退保或者继续履行保险合同。协商一致退保的,保险人退还的保险单现金价值应当作为夫妻共同财产分割;协商一致愿意继续履行的,获得保险合同利益一方应当支付保险单现金价值的一半给另一方。如果投保人要求退保,而被保险人要求继续履行的,保险合同应当继续履行,获得保险合同利益一方应当支付保险单现金价值的一半给另一方。

……

第102问　离婚时,住房公积金如何处理?

答:住房公积金,是职工在职期间,以职工本人上年度平均工资为计算基数,由职工个人和所在单位按照职工个人工资和职工工资总额的一定比例逐月归集,专户储存、统一管理、专项使用的职工个人住房基金。从本质上来说,住房公积金是职工工资收入的一部分,是国家以住房公积金的形式发给职工的住房福利性质的工资。夫妻在婚后实际取得或者应当取得的住房公积金属于共同财产。按照《住房公积金管理条例》的规定,离婚不是提取住房公积金的法定理由,无法直接提取后进行分割。在司法实践中,大多通过现金补偿处理。离婚时,一方主张分割另一方的住房公积金的,需根据夫妻缴纳公积金的具体情况对待。如果只有一方缴纳公积金的,对未缴纳方给予的补偿相当于住房公积金账户内一半的现金。如果双方都缴纳住房公积金的,在计算出双方婚后住房公积金账户内的总额后,经过折抵,补偿对方差额。

◉ 相关依据

《最高人民法院关于适用〈中华人民共和国民法典〉婚姻家庭编的解释(一)》

第二十五条 婚姻关系存续期间,下列财产属于民法典第一千零六十二条规定的“其他应当归共同所有的财产”:

……

(二)男女双方实际取得或者应当取得的住房补贴、住房公积金;

……

《住房公积金管理条例》

第三条 职工个人缴存的住房公积金和职工所在单位为职工缴存的住房公积金,属于职工个人所有。

第二十四条 职工有下列情形之一的,可以提取职工住房公积金账户内的存储余额:

(一)购买、建造、翻建、大修自住住房的;

(二)离休、退休的;

(三)完全丧失劳动能力,并与单位终止劳动关系的;

(四)出境定居的;

(五)偿还购房贷款本息的;

(六)房租超出家庭工资收入的规定比例的。

依照前款第(二)、(三)、(四)项规定,提取职工住房公积金的,应当同时注销职工住房公积金账户。

职工死亡或者被宣告死亡的,职工的继承人、受遗赠人可以提取职工住房公积金账户内的存储余额;无继承人也无受遗赠人的,职工住房公积金账户内的存储余额纳入住房公积金的增值收益。

第103问　离婚时，养老保险金如何处理？

答：养老保险金，是按照国家统一法律规定建立和实施的社会保险制度，企业和职工共同缴纳养老保险费，在职工达到退休年龄或因其他原因而退出劳动岗位并办理退休手续后，社会保险经办机构向退休职工支付养老金。参加基本养老保险的个人，达到法定退休年龄时累计缴纳养老保险费满15年的，按月领取养老保险金。

保险费由企业与员工个人共同缴纳，个人缴纳部分从员工工资中代扣代缴。由于婚姻关系存续期间的一方工资收入属于夫妻共同财产，因此养老保险金是以夫妻共同财产缴纳养老保险费的方式体现出来的共同财产形式，夫妻离婚时可以依法分割。保险费与保险金，仅一字之差，却有着本质的区别。缴纳保险费在先，领取保险金在后，即领取保险金是以缴纳保险费为前提的。养老保险金是退休后按月领取的用于保障日常生活的货币化金钱，退休前无法提取，表现出来的只是看得到取不出来的养老保险金账户中的余额。

离婚时一方尚未退休的，可以要求分割婚姻关系存续期间养老保险账户中个人实际缴纳部分的养老保险费，而不是个人和用人单位共同缴纳的总额。婚前个人实际缴付部分是一方的个人财产，不参与共同财产的分割。离婚时一方已经退休，取得的养老保险金可以作为共同财产进行分割。如果夫妻双方约定，婚姻关系存续期间的财产归各自所有，则养老保险金账户内的余额、领取的养老保险金均属于个人财产。人民法院在具体处理养老保险账户内余额时，以不破坏个人养老保险账户专属性为原则，分割时需两相比较存在的差额，多缴纳方补偿对方差额；一方缴纳养老保险，而另一方不缴纳的，缴纳方补偿未缴纳方。

◉ 相关依据

《中华人民共和国社会保险法》

第十六条 参加基本养老保险的个人，达到法定退休年龄时累计缴费满十五年的，按月领取基本养老金。

参加基本养老保险的个人，达到法定退休年龄时累计缴费不足十五年的，可以缴费至满十五年，按月领取基本养老金；也可以转入新型农村社会养老保险或者城镇居民社会养老保险，按照国务院规定享受相应的养老保险待遇。

《最高人民法院关于适用〈中华人民共和国民法典〉婚姻家庭编的解释（一）》

第二十五条 婚姻关系存续期间，下列财产属于民法典第一千零六十二条规定的"其他应当归共同所有的财产"：

……

（三）男女双方实际取得或者应当取得的基本养老金、破产安置补偿费。

第八十条 离婚时夫妻一方尚未退休、不符合领取基本养老金条件，另一方请求按照夫妻共同财产分割基本养老金的，人民法院不予支持；婚后以夫妻共同财产缴纳基本养老保险费，离婚时一方主张将养老金账户中婚姻关系存续期间个人实际缴纳部分及利息作为夫妻共同财产分割的，人民法院应予支持。

第104问 分割夫妻共同财产，有诉讼时效限制吗？

答：在法律规定的诉讼时效期间内，权利人提出请求的，人民法院支持权利人的请求并强制义务人履行；诉讼时效期间届满之后，权利人行使请求权的，人民法院不再保护。诉讼时效制度主要适用于债权请求权，如请求对方承担履行合同、返还借款、赔偿损失等违约或侵权责任。

一般情况下，夫妻对共同财产享有绝对的共同所有权，共同财产未分割前始终处于持续共有状态,不因诉讼时效的规定而发生财产性质的改变。无论夫妻是协议离婚还是诉讼离婚,如有遗漏未处理的共同财产需要分割的,不受民事诉讼时效的限制,任何一方均有权提出分割,且原则上份额均等。但夫妻一方故意隐藏、转移、变卖、毁损共同财产或伪造债务企图侵占对方财产的,离婚后另一方发现上述行为的,自发现之日起3年内可以向人民法院起诉,请求再次分割共同财产。

◉ 相关依据

《中华人民共和国民法典》

第一百八十八条 向人民法院请求保护民事权利的诉讼时效期间为三年。法律另有规定的,依照其规定。

诉讼时效期间自权利人知道或者应当知道权利受到损害以及义务人之日起计算。法律另有规定的,依照其规定。但是,自权利受到损害之日起超过二十年的,人民法院不予保护,有特殊情况的,人民法院可以根据权利人的申请决定延长。

第一千零九十二条 夫妻一方隐藏、转移、变卖、毁损、挥霍夫妻共同财产,或者伪造夫妻共同债务企图侵占另一方财产的,在离婚分割夫妻共同财产时,对该方可以少分或者不分。离婚后,另一方发现有上述行为的,可以向人民法院提起诉讼,请求再次分割夫妻共同财产。

《最高人民法院关于适用〈中华人民共和国民法典〉婚姻家庭编的解释(一)》

第八十三条 离婚后,一方以尚有夫妻共同财产未处理为由向人民法院起诉请求分割的,经审查该财产确属离婚时未涉及的夫妻共同财产,人民法院应当依法予以分割。

第八十四条 当事人依据民法典第一千零九十二条的规定向人民法院提起诉讼,请求再次分割夫妻共同财产的诉讼时效期间为三年,从当事人发现之日起计算。

第105问 离婚后发现存在未分割的夫妻共同财产,还能分割吗?

答:根据物权理论,财产所有权不因时间的经过和所有权主体身份的变化而发生实质性的改变。也就是说,夫妻在婚姻关系存续期间形成的共同财产,不因为婚姻关系的解除而发生改变,离婚后发现还有共同财产没有分割的,不管是协议离婚还是法院诉讼离婚,双方当事人就此问题协商不成,仍然可以向法院请求依法分割。婚姻关系存续期间,一方隐藏、转移、变卖、毁损、挥霍夫妻共同财产或者伪造共同债务侵占另一方财产的,以及离婚时遗漏、未发现的共同财产在离婚后才发现的,自发现之日起3年内可以向人民法院起诉处理;逾期起诉的,将面临败诉的法律风险。

◉ 相关依据

《中华人民共和国民法典》

第一千零九十二条 夫妻一方隐藏、转移、变卖、毁损、挥霍夫妻共同财产,或者伪造夫妻共同债务企图侵占另一方财产的,在离婚分割夫妻共同财产时,对该方可以少分或者不分。离婚后,另一方发现有上述行为的,可以向人民法院提起诉讼,请求再次分割夫妻共同财产。

《最高人民法院关于适用〈中华人民共和国民法典〉婚姻家庭编的解释(一)》

第八十三条 离婚后,一方以尚有夫妻共同财产未处理为由向人民法院起诉请求分割的,经审查该财产确属离婚时未涉及的夫妻共同财产,人民法院应当依法予以分割。

第八十四条 当事人依据民法典第一千零九十二条的规定向人民法院提起诉讼,请求再次分割夫妻共同财产的诉讼时效期间为三年,从当事人发现之日起计算。

第五章

扶养篇

CHAPTER 05

第一节 怀孕与生育

法律尊重妇女的怀孕和生育自主权。妇女自愿怀孕和生育的，在孕期、产期和哺乳期期间，法律给予特别保护，确保一定期限的产假休养，工资福利待遇不变，享受生育政策规定的待遇。

第106问 江苏的产假是多少天？工资如何发？

答：一次怀孕生育一胎的，从预产期前的15天开始计算，顺产产假128天，难产的（剖宫产）增加15天（143天）。一次怀孕生育多胞胎的，每多生育1个婴儿，增加产假15天。

产假期间工资如何发？在用人单位为女职工缴纳生育保险的情况下，女职工产假期间可享受生育津贴。生育津贴计算方式为：（用人单位上年度职工月平均工资）÷30×规定的假期天数。生育津贴低于产假或者休假前工资标准的，由用人单位予以补足；高于其产假或者休假前工资标准的，高出的部分用人单位不得截留。生育津贴不缴纳个人所得税。

◉ 相关依据

《江苏省女职工劳动保护特别规定》

第十二条 用人单位应当给予生育或者终止妊娠的女职工下列保护：

（一）生育的，享受98天产假，其中产前可以休假15天，符合《江苏省人口与计划生育条例》规定生育的，延长产假30天。难产的，增加产假15天；生育多胞胎的，每多生育1个婴儿，增加产假15天；

（二）怀孕不满2个月流产的，享受不少于20天的产假；

(三)怀孕满2个月不满3个月流产的,享受不少于30天的产假;

(四)怀孕满3个月不满7个月流产、引产的,享受不少于42天的产假;

(五)怀孕满7个月引产的,享受不少于98天的产假。

《中华人民共和国社会保险法》

第五十六条 职工有下列情形之一的,可以按照国家规定享受生育津贴:

(一)女职工生育享受产假;

(二)享受计划生育手术休假;

(三)法律、法规规定的其他情形。

生育津贴按照职工所在用人单位上年度职工月平均工资计发。

《女职工劳动保护特别规定》

第八条 女职工产假期间的生育津贴,对已经参加生育保险的,按照用人单位上年度职工月平均工资的标准由生育保险基金支付;对未参加生育保险的,按照女职工产假前工资的标准由用人单位支付。

女职工生育或者流产的医疗费用,按照生育保险规定的项目和标准,对已经参加生育保险的,由生育保险基金支付;对未参加生育保险的,由用人单位支付。

第107问 妻子不想怀孕生孩子,她有单方决定权吗?

答:公民有选择生育或不生育、何时生育的权利,夫妻一方不得以任何理由限制配偶的生育权。由于男性的生育权须建立在夫妻一致同意的基础上,如果女性不同意,男性的生育权则无法实现。生育是女性充分运用自己的身体孕育胎儿直至娩出的过程,涉及女性孕期安排、保胎、孕育风险、工作、事业发展计划及家务劳动等方面,对女性的切身利益影响较大。生育权是女性的一项特殊人身权,女性对此享有独立的决定权,男性应予以尊重,不得将自己的意志强加给女性。若夫妻就是否怀孕、是否终止妊娠(流产)、何时生育、生育几个孩子等问题意见不合时,须尊重女性的决定,协商处理。

◉ 相关依据

《中华人民共和国妇女权益保障法》

第五十一条第一款　妇女有按照国家有关规定生育子女的权利,也有不生育的自由。

第108问　女职工在怀孕期间,享有哪些特殊保护?

答:女职工怀孕期间依法履行劳动合同,继续工作的,用人单位应给予人文关怀和保障法律赋予女职工的权益。用人单位不得降低工资、辞退、解除劳动或聘用关系、延长劳动时间或者安排夜班劳动,不得安排女职工从事有毒、有害、高空、高温、高压、低温、冷水、密闭、噪声强、潜水、体力劳动强度大等禁忌范围内的劳动。人民法院审判时对已怀孕的妇女不适用死刑。

◉ 相关依据

《女职工劳动保护特别规定》

第五条　用人单位不得因女职工怀孕、生育、哺乳降低其工资、予以辞退、与其解除劳动或者聘用合同。

第六条　女职工在孕期不能适应原劳动的,用人单位应当根据医疗机构的证明,予以减轻劳动量或者安排其他能够适应的劳动。

对怀孕7个月以上的女职工,用人单位不得延长劳动时间或者安排夜班劳动,并应当在劳动时间内安排一定的休息时间。

怀孕女职工在劳动时间内进行产前检查,所需时间计入劳动时间。

三、女职工在孕期禁忌从事的劳动范围：

（一）作业场所空气中铅及其化合物、汞及其化合物、苯、镉、铍、砷、氰化物、氮氧化物、一氧化碳、二硫化碳、氯、己内酰胺、氯丁二烯、氯乙烯、环氧乙烷、苯胺等有毒物质浓度超过国家职业卫生标准的作业；

（二）从事抗癌药物、己烯雌酚生产，接触麻醉剂气体等的作业；

（三）非密封源放射性物质的操作，核事故与放射事故的应急处置；

（四）高处作业分级标准中规定的高处作业；

（五）冷水作业分级标准中规定的冷水作业；

（六）低温作业分级标准中规定的低温作业；

（七）高温作业分级标准中规定的第三级、第四级的作业；

（八）噪声作业分级标准中规定的第三级、第四级的作业；

（九）体力劳动强度分级标准中规定的第三级、第四级体力劳动强度的作业；

（十）在密闭空间、高压室作业或者潜水作业，伴有强烈振动的作业，或者需要频繁弯腰、攀高、下蹲的作业。

《中华人民共和国刑法》

第四十九条　犯罪的时候不满十八周岁的人和审判的时候怀孕的妇女，不适用死刑。

第109问　孕妇肚子里的胎儿，享有哪些法律待遇？

答：胎儿是从母体受孕到出生前依附在母体子宫内发育中的人类胚胎，在出生前还不是完整意义上的自然人，不具有独立的法律人格。法律为了保护胎儿顺利出生后依法享有一个公民该有的民事权利，预先赋予了胎儿一定的受益权利。法律充分尊重妇女的怀孕和生育自主权，对于妇女自愿怀孕和生育的，通过充分保护孕妇的生命安全和身体健康，来实现对胎儿的健康保护。目前，法律界通说认为胎儿主要拥有健康、继承和受赠权，相关权利内容详细表述如下：

1. 健康权。我国法律对胎儿的保护，更多地体现在对怀孕状态中女性的保护。除了《刑法》中明文规定孕妇不适用死刑外，还在《女职工劳动保护特别规定》中明确规定了用人单位的一些禁止性行为。例如，不得因女职工怀孕、生育、哺乳而降低其工资、予以辞退、与其解除劳动或者聘用合同。根据女职工在孕期的劳动适应能力，予以减轻劳动量和休息时间。不得安排女职工在孕期从事涉及超过标准的危险、有毒、放射性、高压、高空、冷水、低温、噪声、潜水等作业。避免女性情绪过激和身体健康变化影响胎儿健康发育。除了对母体充分保护外，也对胎儿本身的保护作了一些禁止性规定。禁止非医学需要的胎儿性别鉴定和选择性别的人工终止妊娠，但是当胎儿患有严重遗传性疾病、存在严重缺陷、患有严重疾病危及孕妇生命或严重危害孕妇健康时，可以依法终止妊娠。

2. 继承权。胎儿的继承权是在胎儿出生后成为婴儿时可实现的期权，享有保留其应继承份额的权利。唯有出生后存活的婴儿才能够实现继承权，如果出生时是死体的不享有继承权，对于保留的继承份额按照法定继承处理。胎儿“出生入死”的，即出生后不久夭折的婴儿依然享有继承权，因为该夭折的婴儿继承财产后发生了继承事件（死亡）和胎儿娩出后成为婴儿时没有立遗嘱的行为能力，以及不存在配偶及子女，所以其遗产由其法定继承人继承。

3. 受赠与权。胎儿的权利是纯获利益的权利，无须承担任何附加义务。《民法典》规定，涉及遗产继承、接受赠与等胎儿利益保护的，胎儿视为具有民事权利能力。但是胎儿娩出时为死体的，其民事权利能力自始不存在。例如，怀孕妇女的亲友给其腹中未出生的胎儿赠送财物，孕妇有代为接受和保管的义务。对于胎儿依法享有的继承、受赠的财产归出生后存活的婴儿所有，由其监护人代为保管，除为之利益确有必要处分外，不得随意处分。

◉ 相关依据

《中华人民共和国民法典》

第十六条 涉及遗产继承、接受赠与等胎儿利益保护的，胎儿视为具有民事权利能力。但是，胎儿娩出时为死体的，其民事权利能力自始不存在。

第一千一百五十五条 遗产分割时，应当保留胎儿的继承份额。胎儿娩出时是死体的，保留的份额按照法定继承办理。

《中华人民共和国刑法》

第四十九条 犯罪的时候不满十八周岁的人和审判的时候怀孕的妇女，不适用死刑。

《女职工劳动保护特别规定》

第五条 用人单位不得因女职工怀孕、生育、哺乳降低其工资、予以辞退、与其解除劳动或者聘用合同。

第六条 女职工在孕期不能适应原劳动的，用人单位应当根据医疗机构的证明，予以减轻劳动量或者安排其他能够适应的劳动。

对怀孕7个月以上的女职工，用人单位不得延长劳动时间或者安排夜班劳动，并应当在劳动时间内安排一定的休息时间。

怀孕女职工在劳动时间内进行产前检查，所需时间计入劳动时间。

附录：

三、女职工在孕期禁忌从事的劳动范围：

（一）作业场所空气中铅及其化合物、汞及其化合物、苯、镉、铍、砷、氰化物、氮氧化物、一氧化碳、二硫化碳、氯、己内酰胺、氯丁二烯、氯乙烯、环氧乙烷、苯胺、甲醛等有毒物质浓度超过国家职业卫生标准的作业；

（二）从事抗癌药物、己烯雌酚生产，接触麻醉剂气体等的作业；

（三）非密封源放射性物质的操作，核事故与放射事故的应急处置；

（四）高处作业分级标准中规定的高处作业；

（五）冷水作业分级标准中规定的冷水作业；

（六）低温作业分级标准中规定的低温作业；

（七）高温作业分级标准中规定的第三级、第四级的作业；

（八）噪声作业分级标准中规定的第三级、第四级的作业；

（九）体力劳动强度分级标准中规定的第三级、第四级体力劳动强度的作业；

（十）在密闭空间、高压室作业或者潜水作业，伴有强烈振动的作业，或者需要频繁弯腰、攀高、下蹲的作业。

四、女职工在哺乳期禁忌从事的劳动范围：

（一）孕期禁忌从事的劳动范围的第一项、第三项、第九项；

（二）作业场所空气中锰、氟、溴、甲醇、有机磷化合物、有机氯化合物等有毒物质浓度超过国家职业卫生标准的作业。

《禁止非医学需要的胎儿性别鉴定和选择性别人工终止妊娠的规定》

第三条 禁止任何单位或者个人实施非医学需要的胎儿性别鉴定和选择性别人工终止妊娠。

禁止任何单位或者个人介绍、组织孕妇实施非医学需要的胎儿性别鉴定选择性别人工终止妊娠。

第九条 符合法定生育条件，除下列情形外，不得实施选择性别人工终止妊娠：

（一）胎儿患严重遗传性疾病的；

（二）胎儿有严重缺陷的；

（三）因患严重疾病，继续妊娠可能危及孕妇生命安全或者严重危害孕妇健康的；

（四）法律法规规定的或医学上认为确有必要终止妊娠的其他情形。

第110问 苏州女职工生育子女，可以享受哪些待遇？

答：女职工生育子女符合国家人口与计划生育政策和法定生育条件，生育时参加生育保险并按时足额缴纳生育保险费的，可报销生育医疗费,享受生育津贴、产前检查补贴和生育营养补助。女职工或者男职工未就业配偶分娩、流产、引产或者实施计划生育手术时,用人单位为职工连续缴费不足10个月的,生育的医疗费用由生育保险基金支付。生育津贴和一次性营养补助,在用人单位连续缴费满10个月后,由生育保险基金支付。在国外或港澳台地区生育发生的医疗费用,生育保险基金不予支付;生育津贴、生育营养补助可按规定享受。外国人及我国港澳台人员在苏州就业并参加生育保险的,享受相应的生育保险待遇。

参保女职工从怀孕到生育的相关待遇及费用结算办理流程如下:

怀孕后,参保女职工持本人社会保障卡,在生育保险定点医疗机构进行围产保健检查,并在首诊医院建立围产保健卡。围产保健检查费按医疗保险规定结付。产前检查会有一定金额的补贴。

生育前,参保女职工持本人居民身份证、结婚证、用人单位开具的职工婚育证明或流动人口婚育证明、配偶居民身份证等证件材料到所在社区计生部门办理生育登记手续。计生部门审核确认符合计划生育政策规定的,出具生育保险联系单。

生育时,女职工享受相应的产假和生育津贴。

产假天数:顺产的,128天;难产(剖宫产)的,增加15天;生育多胞胎的,每多生育1个婴儿,增加15天。

生育津贴,是生育女职工按照国家和江苏省有关规定享受产假期间获得的工资性补偿。用人单位应为其按时足额缴纳生育保险费,欠缴或断缴的,相应天数从生育津贴计发天数中扣除。用人单位未按照规定办理社会保险登记或者未按时足额缴纳生育保险费的,其职工的生育保险待遇由用人单位按规定的标准足额支付。女职工产假期间,享受的生育津贴低于其产假前工资标准的,由用人单位补足;高于其产假前工资标准的,用人单位不得截留。生育津贴按照计发基数乘以职工产假天数计发。计发基数,按职工生育时所在用人单位前12个月生育保险月人均缴费基数除以30计算。

女参保人员在生育保险定点医疗机构生育所发生的符合生育保险结付规定的检查费、接生费、手术费及符合医疗保险用药范围、医疗服务项目结付范围的住院费和药费等生育医疗费用,由生育保险基金按定额标准结付;分娩时并发规定病种疾病,发生超过定额标准且符合结付规定的医疗费用,由生育保险基金结付。在国外或我国港澳台地区生育发生的医疗费用,生育保险基金不予支付。女参保人员在苏州市外生育分娩或因紧急情况在本地非生育保险定点医疗机构生育分娩发生的医疗费用,由本人现金结付后,持本人居民身份证、出院记录、新生儿出生医学证明、医疗费用清单和社会保障卡、生育保险联系单、原始发票等,到社保经办机构办理生育医疗费用、产前检查补贴、生育营养补助的审核结付手续。生育医疗费用高于本市同类医院定额标准的,按定额标准结付;低于定额标准的,按实结付。

职工生育或者妊娠满7个月引产的,发给一次性营养补助,按苏州市上年城镇非私营单位在岗职工平均工资的2%计发。具体标准由苏州市人力资源和社会保障行政部门会同相关部门确定后公布,并于每年7月1日调整,苏州市社会保险基金管理中心网站会及时更新具体数额。

生育后,苏州市社会保险基金管理中心与定点医疗机构结算生育医疗费的次月,将一次性产前检查补贴和生育营养补助拨付至参保人员本人社会保障卡上的苏州银行借记账户;在女职工产假期满的次月,将生育津贴拨付至用人单位。

职工对享受的生育保险待遇有疑义的,有权到用人单位或者社保经办机构查询。职工与用人单位因生育保险待遇发生劳动人事争议,可以依法向劳动人事争议仲裁委员会申请仲裁;对仲裁裁决不服的,可以向人民法院提起诉讼。

◉ 相关依据

《中华人民共和国社会保险法》

第五十三条 职工应当参加生育保险,由用人单位按照国家规定缴纳生育保险费,职工不缴纳生育保险费。

第五十四条 用人单位已经缴纳生育保险费的,其职工享受生育保险待遇;职工未就业配偶按照国家规定享受生育医疗费用待遇。所需资金从生育保险基金中支付。

生育保险待遇包括生育医疗费用和生育津贴。

《江苏省职工生育保险规定》

第十三条 生育保险待遇包括生育医疗费用、生育津贴和一次性营养补助。

生育医疗费用包括生育的医疗费用、计划生育的医疗费用以及法律、法规规定的其他项目费用。

第十四条 职工所在用人单位按时足额为其缴纳生育保险费的,职工按照国家规定享受生育保险待遇;职工未就业配偶按照国家和省规定享受生育的医疗费用待遇。所需资金从生育保险基金中支付。

职工或者职工未就业配偶分娩、流产、引产或者实施计划生育手术时,用人单位为其连续缴费不足10个月的,职工生育医疗费用或者职工未就业配偶生育的医疗费用待遇由生育保险基金支付;职工的生育津贴和一次性营养补助,在用人单位连续缴费满10个月后,由生育保险基金支付。

第十八条 生育津贴是职工按照国家和省有关规定享受产假或者计划生育手术休假期间获得的工资性补偿。生育津贴按照职工产假或者休假天数计发,计发基数为职工所在用人单位上年度职工月平均工资除以30。

职工在产假或者休假期间按照以下标准享受生育津贴:

（一）生育的，享受98天的生育津贴，其中难产的，增加15天的生育津贴；生育多胞胎的，每多生育1个婴儿，增加15天的生育津贴；晚育的，增加30天的生育津贴；

（二）妊娠不满2个月流产的，享受20天的生育津贴；妊娠满2个月不满3个月流产的，享受30天的生育津贴；妊娠满3个月不满7个月流产、引产的，享受42天的生育津贴；妊娠满7个月引产的，享受98天的生育津贴；

（三）实行输卵管结扎手术的，享受21天的生育津贴；实行输精管结扎手术的，享受7天的生育津贴；

（四）实行输卵管复通手术的，享受21天的生育津贴；实行输精管复通手术的，享受14天的生育津贴；

（五）放置或者取出宫内节育器的，享受2天的生育津贴；

（六）符合国家和省有关规定享受护理假的，享受10天的生育津贴。

在本规定实施后，国家、省对产假和计划生育手术休假进行调整的，生育津贴按照调整后的规定执行。

职工产假或者休假期间，享受的生育津贴低于其产假或者休假前工资的标准的，由用人单位予以补足；高于其产假或者休假前工资的标准的，用人单位不得截留。

第二十七条 参加生育保险的职工享受生育保险待遇或者职工未就业配偶享受生育的医疗费用待遇，应当到所属统筹地区社会保险经办机构或者其指定的地点办理以下手续：

（一）选择生育保险定点医疗机构；

（二）提交本人《身份证》《社会保障卡》《结婚证》原件及复印件、卫生计生行政部门出具的计划生育证明以及医疗机构出具的生育或者计划生育手术医学证明；

（三）失业女职工提交《就业失业登记证》原件及复印件；

（四）职工未就业配偶提交《就业失业登记证》或者职工所在单位及其配偶所在村（居）委会出具的未就业证明，以及职工配偶户籍所在地社会保险经办机构或者新型农村合作医疗经办机构出具的参保（合）情况证明；

（五）所属统筹地区人力资源和社会保障行政部门规定的其他材料。

卫生计生行政部门或者工作机构应当为参加生育保险的职工出具计划生育证明。

《苏州市职工生育保险管理办法》

第十六条 用人单位未按照规定办理社会保险登记或者未按时足额缴纳生育保险费，其职工的生育保险待遇以及职工未就业配偶生育的医疗费用由用人单位按规定的待遇标准足额支付，其中生育津贴的支付标准按照职工产假或者休假前的工资标准执行；生育的医疗费用按规定的定额标准支付。

第十七条 生育保险基金支付的生育的医疗费用是指参保职工在妊娠和分娩住院期间，因产前检查、住院分娩或者因生育而引起的流产、引产，所发生的符合生育保险规定的医疗费用。其中，产前检查的医疗费用按定额标准一次性补贴给职工个人，一次性产前检查补贴标准由人力资源和社会保障行政部门另行制定并向社会公布。因住院分娩或者因生育而引起的流产、引产的医疗费用，由社保经办机构按定额标准结付给定点医疗机构。

参保职工分娩住院期间并发羊水栓塞、难治型产后大出血、妊娠期急性脂肪肝、弥漫性微血管内凝血（DIC）、重度妊娠高血压综合征、重度妊娠合并肝内胆汁淤积症、妊娠合并心力衰竭、妊娠合并脑血管意外、妊娠合并重度血小板减少、重症产科感染、产科多器官功能衰竭等疾病，治疗并发症产生的符合生育保险基金规定的医疗费用，按生育保险规定，由生育保险基金支付。

因疾病、宫外孕、葡萄胎终止妊娠所发生的医疗费用，按职工基本医疗保险规定，由职工基本医疗保险基金支付。

第十八条 生育保险基金支付的计划生育的医疗费用是指职工因计划生育实施国家和省规定的放置或者取出宫内节育器、皮埋（取皮埋）术、人工流产术、引产术、输卵管或者输精管结扎以及复通手术等，所发生的符合生育保险规定的医疗费用。参保职工实施上述计划生育手术的医疗费用，由社保经办机构按定额标准结付给定点医疗机构。

职工因实施前款规定的计划生育手术引起并发症的，在手术和住院期间，发生超过定额标准的医疗费用，按生育保险规定，由生育保险基金支付。

手术或者出院之后产生的上述费用，按职工基本医疗保险规定，由职工基本医疗保险基金支付。

第二十条　职工生育或者妊娠满7个月引产的，发给一次性营养补助，标准为本市上年度城镇非私营单位在岗职工年平均工资的2%，具体标准由人力资源和社会保障行政部门会同相关部门确定后公布，并于每年7月1日调整。

第二十一条　职工未就业配偶按照本市职工生育的医疗费用定额标准的50%享受生育的医疗费用待遇，除此之外，不再享受生育保险其他待遇。

职工未就业配偶参加城镇居民基本医疗保险或者新型农村合作医疗的，应当按照城镇居民基本医疗保险、新型农村合作医疗和农村孕产妇住院分娩补助政策享受相关医疗待遇，生育保险基金不再支付其生育的医疗费用待遇。

职工未就业配偶按照国家和省人口和计划生育法律、法规规定，免费享受国家规定的基本项目的计划生育技术服务，生育保险基金不支付其计划生育的医疗费用待遇。

第二十二条　参加生育保险的女职工失业后，在领取失业保险金期间生育或因生育而引起流产、引产的，其生育的医疗费用（含一次性产前检查补贴）、一次性营养补助参照参保女职工标准由生育保险基金按规定支付，不享受生育津贴。

第二十三条　职工异地生育或者实施计划生育手术的医疗费用，按照职工参保地的生育保险待遇标准支付。

第三十条　职工生育及计划生育手术医疗费用按以下程序结付：

（一）职工妊娠后或拟行计划生育手术前，由用人单位开具证明，凭本人身份证、结婚证，流动人口同时出具《流动人口婚育证明》、夫妻双方身份证，经户籍或居住所在地社区（村）居委会或者街道（镇）确认符合计划生育政策规定的，由社区（村）居委会或者街道（镇）出具生育保险联系单或节育手术服务联系单。

（二）职工持本人社会保障卡、生育保险联系单或节育手术服务联系单，到自主选择的生育保险定点医疗机构生育和计划生育，所产生的符合生育保险结付规定和医疗保险用药范围与医疗保险医疗服务项目结付范围的医疗费用，在定点医疗机构直接结付。

（三）女职工异地生育或因紧急情况在非生育保险定点医疗机构所发生的生育及流产医疗费用由女职工现金结付后，凭本人社会保障卡、身份证、新生儿《出生医学证明》、出院小结、生育保险联系单或节育手术服务联系单、住院费用明细清单、医疗费发票到社保经办机构办理生育医疗费用报销手续。按同类医院的定额标准予以结付，其中低于定额标准的按实报销，超过定额标准的部分不予结付。

第三十一条 职工未就业配偶没有参加城镇居民基本医疗保险或者新型农村合作医疗的，到社保经办机构办理报销生育费用手续时，应提交男职工的社会保障卡，夫妻双方结婚证及身份证，未就业配偶户籍所在社区（村）居委会出具的未就业证明，以及出院小结、生育状况证明或符合计划生育政策的证明材料，住院费用明细清单、医疗费发票。

第三十二条 一次性生育营养补助与一次性产前检查补贴，由社保经办机构通过社会保障卡金融功能，直接支付给参保职工。生育津贴由社保经办机构直接拨付至用人单位。

符合晚育条件可以享受护理假的参保人员，与其配偶同为参保职工且参保地一致的，其护理假生育津贴由社保经办机构直接拨付至其用人单位；该参保职工配偶不参加职工生育保险或双方参保地不一致的，应当由其用人单位到社保经办机构办理申报手续，办理时应提交男职工的社会保障卡，夫妻双方的结婚证、身份证，出院小结、医疗费用清单、结算单据以及符合计划生育政策的证明材料。

第111问 国家允许生育三孩后,曾因违法生育缴纳的社会抚养费能退吗?

答:2021年7月20日,中共中央、国务院颁布的《关于优化生育政策促进人口长期均衡发展的决定》取消了社会抚养费制度。2021年8月20日,第十三届全国人民代表大会常务委员会第三十次会议通过对《人口与计划生育法》内容的修改,删去原有的涉及社会抚养费征收的条款,如原《人口计划生育法》第41条规定:"不符合本法第十八条规定生育子女的公民,应当依法缴纳社会抚养费。未在规定的期限内足额缴纳应当缴纳的社会抚养费的,自欠缴之日起,按照国家有关规定加收滞纳金;仍不缴纳的,由作出征收决定的计划生育行政部门依法向人民法院申请强制执行。"第42条规定:"按照本法第四十一条规定缴纳社会抚养费的人员,是国家工作人员的,还应当依法给予行政处分;其他人员还应当由其所在单位或者组织给予纪律处分。"

2021年5月31日后生育第三胎的,不再征收社会抚养费,包括对生育三胎以上的家庭,也不再征收社会抚养费,但并不能宽泛地理解为"超生"没有相应的惩罚措施。国家卫生健康委员会网站2021年7月20日发布《中共中央 国务院关于优化生育政策促进人口长期均衡发展的决定》有关问题的解答指出:2021年5月31日前因违反计划生育缴纳的社会抚养费,已经依法作出征收决定并执行完毕的,应当予以维持;已经作出征收决定但尚未执行完毕的,已经征收部分不予退还,未征收部分不再继续征收;尚未调查或作出征收决定的,不再受理、处理。

取消社会抚养费后,当事人没有按时缴纳社会抚养费的,人民法院不再征收。已被人民法院列入失信人员名单的,可以申请解除。

◉ 相关依据

《中华人民共和国人口与计划生育法》

第十八条第一款 国家提倡适龄婚育、优生优育。一对夫妻可以生育三个子女。

《国家卫生健康委关于贯彻落实〈中共中央 国务院关于优化生育政策促进人口长期均衡发展的决定〉的通知》

二、贯彻落实《决定》的重点任务

(一)依法实施三孩生育政策。要深入评估本地区人口发展形势、工作基础和政策实施风险,科学制定实施方案。及时提请省级人大或其常委会修订本省(区、市)人口与计划生育条例,重点对生育调节、奖励与社会保障、普惠托育服务、计划生育服务和法律责任等相关内容进行修订。取消社会抚养费,清理和废止相关处罚规定,将入户、入学、入职等与个人生育情况全面脱钩。遵循法制统一原则,注重与上位法的协调,做好三孩生育政策实施前后奖励扶助和制约处罚措施的衔接。压实属地责任,依法依规妥善处理历史遗留问题,维护人民群众的合法权益,维护工作大局的稳定。

《中共中央 国务院关于优化生育政策促进人口长期均衡发展的决定》有关问题解答

五、对之前违反法律法规规定生育三孩的,是否还征收社会抚养费?

已经依法作出征收决定并执行完毕的,应当予以维持;已经作出征收决定但尚未执行完毕的,已经征收部分不予退还,未征收部分不再继续征收;尚未调查或作出征收决定的,不再受理、处理。各地要做好政策衔接,加强宣传解读,稳妥有序地推动工作落实。

第112问 单身女性可以通过试管婴儿方式生孩子吗?

答:试管婴儿,是体外授精——胚胎移植技术的俗称,即提取女性的卵子、男性的精子在体外合成授精卵,经过培养形成胚胎,移植到母体子宫内发育分娩婴儿,达到生育后代的目的。若夫妻与医院签订生殖服务协议后,已培养成胚胎等待移植过程中,丈夫突然去世的,妻子想生下孩子,作为双方的爱情结晶,为男方繁衍后代,是否为法律所允许?虽然丈夫去世,不能签字同意做胚胎移植手术,但妻子生下孩子不违背丈夫的生前遗愿,不违反计划生育法律政策的规定及社会公序良俗。故在女方具备孕育条件的情况下,医院不能以当事人已去世无法签字,因涉及生育伦理、姓氏、户口登记、抚养人及养育环境,和父爱缺失不利于子女健康成长等因素拒绝提供辅助生殖服务。医院依然有继续履行服务协议的义务,否则构成违约,要承担违约责任。

目前,我国尚未许可未婚单身女性购买精子库的精子,通过人工辅助生殖技术生育子女,故无法满足单身女子成为母亲的愿望。

◉ 相关依据

《中华人民共和国民法典》

第一千零九条 从事与人体基因、人体胚胎等有关的医学和科研活动,应当遵守法律、行政法规和国家有关规定,不得危害人体健康,不得违背伦理道德,不得损害公共利益。

《中华人民共和国人口与计划生育法》

第十七条 公民有生育的权利,也有依法实行计划生育的义务,夫妻双方在实行计划生育中负有共同的责任。

《人类辅助生殖技术管理办法》

第三条 人类辅助生殖技术的应用应当在医疗机构中进行,以医疗为目的,并符合国家计划生育政策、伦理原则和有关法律规定。

禁止以任何形式买卖配子、合子、胚胎。医疗机构和医务人员不得实施任何形式的代孕技术。

第113问 女职工在“三期”内，用人单位真的不能单方解除劳动关系吗？

答：女职工在孕期、产期和哺乳期内处于弱势地位，法律为其提供了特殊保护。怀孕女职工在试用期内被证明不符合录用条件，或者试用期过后正式录用期间存在严重违反用人单位的规章制度、严重失职或营私舞弊造成单位重大损失、因兼职影响完成本单位工作任务且拒不改正、劳动合同无效以及被追究刑事责任等情形，用人单位可以对孕期、产期、哺乳期内的女职工合法解除劳动关系且无须经济补偿或赔偿。如果女职“三期”内并未违反《劳动合同法》、用人单位的规章制度，用人单位仅以女职工孕期、哺乳期内工作不方便和效率低下等作为解除劳动关系的理由，是违反《劳动合同法》的，应承担违法解除劳动关系的赔偿责任。用人单位亦不得以患病、不能胜任工作、破产重整、经营严重困难、企业改革转型或者调整经营方式为由协商解除劳动关系。

◉ 相关依据

《中华人民共和国劳动合同法》

第三十九条 劳动者有下列情形之一的，用人单位可以解除劳动合同：

（一）在试用期间被证明不符合录用条件的；

（二）严重违反用人单位的规章制度的；

（三）严重失职，营私舞弊，给用人单位造成重大损害的；

（四）劳动者同时与其他用人单位建立劳动关系，对完成本单位的工作任务造成严重影响，或者经用人单位提出，拒不改正的；

（五）因本法第二十六条第一款第一项规定的情形致使劳动合同无效的；

（六）被依法追究刑事责任的。

第四十条 有下列情形之一的,用人单位提前三十日以书面形式通知劳动者本人或者额外支付劳动者一个月工资后,可以解除劳动合同:

(一)劳动者患病或者非因工负伤,在规定的医疗期满后不能从事原工作,也不能从事由用人单位另行安排的工作的;

(二)劳动者不能胜任工作,经过培训或者调整工作岗位,仍不能胜任工作的;

(三)劳动合同订立时所依据的客观情况发生重大变化,致使劳动合同无法履行,经用人单位与劳动者协商,未能就变更劳动合同内容达成协议的。

第四十一条第一款 有下列情形之一,需要裁减人员二十人以上或者裁减不足二十人但占企业职工总数百分之十以上的,用人单位提前三十日向工会或者全体职工说明情况,听取工会或者职工的意见后,裁减人员方案经向劳动行政部门报告,可以裁减人员:

(一)依照企业破产法规定进行重整的;

(二)生产经营发生严重困难的;

(三)企业转产、重大技术革新或者经营方式调整,经变更劳动合同后,仍需裁减人员的;

(四)其他因劳动合同订立时所依据的客观经济情况发生重大变化,致使劳动合同无法履行的。

第四十二条 劳动者有下列情形之一的,用人单位不得依照本法第四十条、第四十一条的规定解除劳动合同:

……

(四)女职工在孕期、产期、哺乳期的;

……

第114问 月嫂看护不力,导致孩子受伤,谁来承担责任?

答:月嫂又称育婴师,是经过培训考核取得资格证书,利用其掌握的专业知识和技能为家庭提供相关服务的专业护理人员。若月嫂是家政服务公司指派到雇主家工作的，属于用人单位的工作人员在雇主家执行工作任务。月嫂工作过程中未尽到合理注意义务，造成孩子伤害的，由用人单位承担侵权责任，赔偿医疗费、交通费、护理费、误工费、营养费、住院伙食补助费、残疾赔偿金及精神损害抚慰金等。家政服务公司在承担赔偿责任后，可以向存在故意或者重大过错的月嫂追偿。孩子的父母作为监护人，有保护未成年子女的法定义务，若存在过错的，亦要承担相应的责任。

◉ 相关依据

《中华人民共和国民法典》

第二十六条第一款 父母对未成年子女负有抚养、教育和保护的义务。

第一千一百七十九条 侵害他人造成人身损害的，应当赔偿医疗费、护理费、交通费、营养费、住院伙食补助费等为治疗和康复支出的合理费用，以及因误工减少的收入。造成残疾的，还应当赔偿辅助器具费和残疾赔偿金；造成死亡的，还应当赔偿丧葬费和死亡赔偿金。

第一千一百九十一条第一款 用人单位的工作人员因执行工作任务造成他人损害的，由用人单位承担侵权责任。用人单位承担侵权责任后，可以向有故意或者重大过失的工作人员追偿。

第115问 母婴服务机构提供的服务与合同约定不符，是欺诈消费吗？

答：欺诈消费，是指消费者为生活之需而消费时，经营者在销售商品或者提供服务的过程中，隐瞒事实真相，以不正当手段欺骗、误导消费者，使消费者作出错误意思表示的行为。

身为育婴行业的月嫂应经过上岗前的专业培训，通过考核取得育婴师资格。育婴员国家职业标准将育婴职业划分为三个等级：育婴员（国家职业资格五级）、育婴师（国家职业资格四级）、高级育婴师（国家职业资格三级）。消费者在选择母婴服务机构时，应查看机构和人员资质，从源头上防范纠纷的发生。母婴服务机构与消费者在服务合同中约定了服务范围、价格、质量、标准的，应按照合同约定全面履行。按照合同约定，根据消费者需要的专业服务质量等级，提供相对应等级资质的育婴师服务。如果以没有从业资格的人员冒充具有资质的人员，以低等级资质人员冒充高等级资质人员，或者按照高等级服务质量收费标准收费，却提供低等级质量的服务的，属于欺诈消费行为，消费者可以主张退一赔三，即母婴服务机构退回服务费，并给予消费者支付的服务费用的3倍赔偿。

◉ 相关依据

《中华人民共和国消费者权益保护法》

第二十条　经营者向消费者提供有关商品或者服务的质量、性能、用途、有效期限等信息，应当真实、全面，不得作虚假或者引人误解的宣传。

经营者对消费者就其提供的商品或者服务的质量和使用方法等问题提出的询问，应当作出真实、明确的答复。

经营者提供商品或者服务应当明码标价。

第五十五条第一款　经营者提供商品或者服务有欺诈行为的，应当按照消费者的要求增加赔偿其受到的损失，增加赔偿的金额为消费者购买商品的价款或者接受服务的费用的三倍；增加赔偿的金额不足五百元的，为五百元。法律另有规定的，依照其规定。

《侵害消费者权益行为处罚办法》

第六条　经营者向消费者提供有关商品或者服务的信息应当真实、全面、准确，不得有下列虚假或者引人误解的宣传行为：

……

（八）夸大或隐瞒所提供的商品或者服务的数量、质量、性能等与消费者有重大利害关系的信息误导消费者；

（九）以其他虚假或者引人误解的宣传方式误导消费者。

《江苏省消费者权益保护条例》

第二十四条 经营者提供商品或者服务，有下列情形之一的，属于欺诈行为：

……

（六）从事职业介绍、婚姻介绍、房屋租售、出境出国、家政服务等中介服务时提供虚假信息或者采取欺骗、恶意串通等手段损害消费者权益；

……

第四十一条 职业介绍、婚姻介绍、房屋租售、出境出国、家政服务等中介服务机构提供中介服务，应当向消费者提供真实、准确、完整的信息，明示服务项目、收费标准，不得采取强迫、欺诈、误导等手段进行中介服务。

中介服务机构不履行合同或者以虚假信息误导消费者的，应当退还消费者所付的全部费用，并依法承担赔偿责任。

第116问 妻子在医院生孩子时，医生抱错了孩子，该如何赔偿？

答：产妇在医院住院生产期间，医院负有高度谨慎的护理注意义务，确保产妇所生子女处于产妇及亲属的监护下。若存在母婴分离的，因医院工作疏忽导致两家人相互抱错孩子，使孩子脱离法定监护人的，医院存在法律上的过错责任。医院认为没有过错的，应就其医疗行为与抱错孩子的损害后果之间不存在因果关系及不存在医疗过错进行举证说明并承担不利后果。由于医院的过错造成两个家庭骨肉分离，产生亲情空白，难以割舍的亲情遭到严重损害，精神上遭受了巨大的痛苦和感情上的创伤。综合考虑医院过错程度、法院所在地的平均生活水平、亲子分离的时间长短、两个家庭相隔距离、家庭抚养状态以及痛苦程度，医院除了要赔偿相应精神损失费（司法判例多为父母每人10万元左右）外，还应赔偿父母寻找亲生子女产生的交通费、住宿费、鉴定费和误工费等损失。

◉ 相关依据

《中华人民共和国民法典》

第二十六条　父母对未成年子女负有抚养、教育和保护的义务。

成年子女对父母负有赡养、扶助和保护的义务。

第一百八十八条　向人民法院请求保护民事权利的诉讼时效期间为三年。法律另有规定的，依照其规定。

诉讼时效期间自权利人知道或者应当知道权利受到损害以及义务人之日起计算。法律另有规定的，依照其规定。但是，自权利受到损害之日起超过二十年的，人民法院不予保护，有特殊情况的，人民法院可以根据权利人的申请决定延长。

第一千二百一十八条　患者在诊疗活动中受到损害，医疗机构或者其医务人员有过错的，由医疗机构承担赔偿责任。

《最高人民法院关于确定民事侵权精神损害赔偿责任若干问题的解释》

第二条　非法使被监护人脱离监护，导致亲子关系或者近亲属间的亲属关系遭受严重损害，监护人向人民法院起诉请求赔偿精神损害的，人民法院应当依法予以受理。

第十条　精神损害的赔偿数额根据以下因素确定：

（一）侵权人的过错程度，法律另有规定的除外；

（二）侵害的手段、场合、行为方式等具体情节；

（三）侵权行为所造成的后果；

（四）侵权人的获利情况；

（五）侵权人承担责任的经济能力；

（六）受诉法院所在地平均生活水平。

法律、行政法规对残疾赔偿金、死亡赔偿金等有明确规定的,适用法律、行政法规的规定。

第117问 夫妻不孕不育,“借腹生子”合法吗?

答:“借腹生子”,又称代孕,指夫妻(委托方)与代孕女性(受托方)通过协议约定,将夫妻的受精卵植入代孕女性的子宫内孕育生下孩子,交给夫妻抚养,夫妻向受托的代孕女性支付一笔经济补偿作为酬谢。

“借腹生子”的受精卵来源主要分为三种:一是丈夫的精子和妻子的卵子结合;二是精子来自丈夫,卵子来自妻子和代孕者以外的女性,二者合成受精卵;三是卵子来自妻子,精子源于精子库的捐精者,二者合成受精卵。

在没有合法婚姻关系的前提下,代孕女性不惜“降低自己的人格尊严”,“出租”自己的子宫代为怀孕生育,违反了国家计划生育政策。商业化代孕极易造成亲属、抚养、监护、继承等关系的混乱。参与商业代孕的机构和人员,在商业交易链中易发生非法行医、诈骗、买卖国家机关证件、遗弃、重婚、强奸、拐卖儿童、非法经营和非法拘禁等多种违法犯罪行为。代孕者在追逐巨额非法利益的同时,也承担着许多不确定的法律风险,实践中主要表现在以下几个方面:

1. 代孕者未婚生育或已婚生育,均违反了计划生育政策,面临计划生育部门的行政处罚;

2. 代孕者孕育的过程中与胎儿产生了感情,孩子出生后视为己出,不愿交给委托方,打算自己抚养,进而与委托方发生纠纷;

3. 当丈夫提供精子、代孕女性提供卵子时,由于代孕母亲与孩子存在血缘关系,孩子出生后,极易发生监护权、抚养权和探视权的纠纷;

4. 怀孕过程不顺利,导致疾病、强烈妊娠反应、流产及并发症或胎死腹中等情况损害代孕者身体健康,甚至造成无法怀孕生育;

5. 代孕者生下的孩子畸形或不是委托方想要的性别,如委托方、代孕者均不愿接收,将涉嫌遗弃罪;

6. 委托方意外失踪或者死亡,无人接收孩子,代孕者被迫抚养;

7. 代孕者分娩时面临死亡危险,或产后患有抑郁症的风险;

8. 代孕收益不合法,或将全部返还委托方,甚至被依法没收。

◉ 相关依据

《中华人民共和国民法典》

第八条 民事主体从事民事活动,不得违反法律,不得违背公序良俗。

《人类辅助生殖技术管理办法》

第三条 人类辅助生殖技术的应用应当在医疗机构中进行,以医疗为目的,并符合国家计划生育政策、伦理原则和有关法律规定。

禁止以任何形式买卖配子、合子、胚胎。医疗机构和医务人员不得实施任何形式的代孕技术。

第二十二条 开展人类辅助生殖技术的医疗机构违反本办法,有下列行为之一的,由省、自治区、直辖市人民政府卫生行政部门给予警告、3万以下罚款,并给予有关责任人行政处分;构成犯罪的,依法追究刑事责任:

……

(二)实施代孕技术的;

……

第二节 抚养与收养

父母有抚养教育子女的法律义务,不得放弃。生父母丧失劳动能力或者经济困难无力抚养子女的，在符合法定程序的条件下，可以送养；符合条件的公民可以依法定程序收养。

第118问 夫妻未离婚，一方不抚养子女，另一方能起诉给付抚养费吗？

答：如果孩子是夫妻双方的亲生子女，任何一方都不得拒绝抚养，除非未成年子女系夫妻一方与他人所生，与孩子没有血缘关系的一方可以没有法定义务为由拒绝抚养。如果孩子是夫妻双方亲生的，即使夫妻因感情不和而分居，在分居期间，未与未成年子女共同生活的一方仍然有抚养义务。总体来说，无论夫妻感情如何、是否离婚，夫妻都有抚养未成年子女直至其能独立生活的法律义务。父母抚养未成年子女及不能独立生活的成年子女，法律规定是强制性的、无条件的。与未成年子女共同生活的一方可以要求另一方按月支付抚养费（包括生活费、教育费和医疗费等费用），遭到拒绝时，可以孩子为原告，自己以法定代理人身份向人民法院起诉以维护未成年子女的合法利益。

◉ 相关依据

《中华人民共和国民法典》

第一千零六十七条第一款　父母不履行抚养义务的，未成年子女或者不能独立生活的成年子女，有要求父母给付抚养费的权利。

《最高人民法院关于适用〈中华人民共和国民法典〉婚姻家庭编的解释（一）》

第四十一条　尚在校接受高中及其以下学历教育，或者丧失、部分丧失劳动能力等非因主观原因而无法维持正常生活的成年子女，可以认定为民法典第一千零六十七条规定的“不能独立生活的成年子女”。

第四十二条 民法典第一千零六十七条所称“抚养费”,包括子女生活费、教育费、医疗费等费用。

第四十三条 婚姻关系存续期间,父母双方或者一方拒不履行抚养子女义务,未成年子女或者不能独立生活的成年子女请求支付抚养费的,人民法院应予支持。

第119问 丈夫发现子女非亲生,但已抚养多年,怎么办?

答:夫妻双方之间互负忠实义务。若妻子在婚前或婚后与他人通奸生育子女,丈夫不知情误以为子女系自己亲生,并与妻子共同抚养,属于受欺诈性抚养。

非亲生子女的抚养义务本属于其亲生父母,丈夫代子女的亲生父亲履行抚养义务,除非自愿,否则违反亲情伦理道德和缺乏法律依据。婚姻关系存续期间,丈夫怀疑子女非亲生时,应委托专业的鉴定机构进行亲子鉴定,确认无血缘关系,排除生物学上的父子(女)关系。妻子违背忠实义务与他人生育,丈夫因此在感情上受到了欺骗,遭受精神痛苦。丈夫可以此作为夫妻感情破裂的正当理由决定离婚,在离婚时可以向妻子主张返还抚养费、赔偿精神损失。如在离婚后发现子女非亲生,在财产分割时考虑非亲生子女因素的,还可以要求重新分割共同财产。

主张返还抚养费时应举证。若无证据佐证,法院可参照被抚养人所在地区的城镇(农村)居民人均消费支出标准计算确定,或者根据被抚养子女的实际需要、男女双方的负担能力、婚姻关系存续期间双方的经济收入、离婚时共同财产分割情况、当地的实际生活水平等酌情判定。若丈夫继续保持与妻子的婚姻关系,可以向子女的生父主张返还抚养费。

◉ 相关依据

《中华人民共和国民法典》

第一千零七十一条 非婚生子女享有与婚生子女同等的权利，任何组织或者个人不得加以危害和歧视。

不直接抚养非婚生子女的生父或者生母，应当负担未成年子女或者不能独立生活的成年子女的抚养费。

第一千零七十三条第一款 对亲子关系有异议且有正当理由的，父或者母可以向人民法院提起诉讼，请求确认或者否认亲子关系。

《最高人民法院关于夫妻关系存续期间男方受欺骗抚养非亲生子女离婚后可否向女方追索抚养费的复函》

四川省高级人民法院：

你院"关于夫妻关系存续期间男方受欺骗抚养非亲生子女离婚后可否向女方追索抚养费的请示"收悉。经研究，我们认为，在夫妻关系存续期间，一方与他人通奸生育了子女，隐瞒真情，另一方受欺骗而抚养了非亲生子女，其中离婚后给付的抚育费，受欺骗方要求返还的，可酌情返还；至于在夫妻关系存续期间受欺骗方支出的抚育费用应否返还，因涉及的问题比较复杂，尚需进一步研究，就你院请示所述具体案件而言，因双方在离婚时，其共同财产已由男方一人分得，故可不予返还，以上意见供参考。

附：四川省高级人民法院关于夫妻关系存续期间男方受欺骗抚养非亲生子女离婚后可否向女方追索抚养费的请示（1991年8月2日）

最高人民法院：

男女双方在夫妻关系存续期间，女方与他人通奸所生小孩，男方因不知情而与女方共同抚养，离婚后小孩随男方，女方承担部分抚养费，当男方知情后提起诉讼，要求女方返还男方在夫妻关系存续期间及离婚后支付的抚养费，因目前有关法律尚无明确规定，我们在讨论中有两种意见。

一种意见认为，在夫妻共同生活期间女方隐瞒真情与他人通奸所生小孩，男方虽无法定抚养义务，但由于婚姻关系存续期间双方不存在债权债务关系，且双方是用共同财产抚养小孩，其各自支出的抚养费金额亦无法计算。因此,男方无权主张返还婚姻关系存续期间抚养小孩的费用,只能请求返还离婚后支出的抚养费。

另一种意见认为,女方应返还自小孩出生后男方支出的全部抚养费。主要理由是:

1. 女方在婚姻关系存续期间故意隐瞒小孩是与他人通奸所生的事实,致使男方误将小孩当成是自己的亲生子女,男方在不明真相的情况下虽对小孩进行了抚养,但其既非小孩的生父,也非养父、继父,故无法定抚养义务。同时,按照《民法通则》有关规定,男方在受欺骗、违背自己真实意思的情况下所为的民事行为应属无效。2. 夫妻关系的存续有效,并不必然导致夫妻一方承担另一方违法行为所致的后果。3. 如对男方的该主张不予支持,实际上鼓励了现实生活中类似的违法行为,于法相悖,于理不符,社会效果不好。至于处理时具体金额应如何计算,可根据双方共同生活期间各自的经济收入,负担家务和离婚时共有财产的处理等情况酌定。

我们倾向第二种意见,并认为对此类案件的处理,如女方指认小孩的生父属实,应将小孩的生父作为共同被告;原则上应返还本夫所支付的费用,如女方未指认或指认不实,可将女方单独作为被告。

当否,请批示。

第120问 夫妻离婚,关于孩子的抚养权归谁,法院是如何判的?

答:夫妻离婚后,子女仍然是父母双方的子女。当双方对由谁来直接抚养未成年子女的问题发生争议时,自行协商或经法院调解后仍不能达成一致意见的,人民法院会综合考虑诸多因素予以判决:确定孩子随一方生活或由双方轮流抚养;如果双方都拒绝抚养,法院可以先行裁定暂由一方抚养。

法院通常会根据孩子的年龄段来区分孩子的抚养权归属。2周岁以下的孩子原则上随母亲生活;如果母亲患有传染性疾病、其他严重疾病以及存在道德品行、经济困难、违法犯罪等其他不利于孩子身心健康的情形，则宜随父亲生活。2 周岁到 8 周岁之间的孩子，法庭会综合评估哪一方更适合抚养子女，更有利于子女的身心健康成长、发展前途等，力争将子女的利益最大化，将父母离婚对子女的影响力争最小化。父母双方对 8 周岁以上的未成年子女随父或随母生活发生争执的，法院一般会尊重子女的独立选择权。

◉ 相关依据

《中华人民共和国民法典》

第一千零八十四条 父母与子女间的关系，不因父母离婚而消除。离婚后，子女无论由父或者母直接抚养，仍是父母双方的子女。

离婚后，父母对于子女仍有抚养、教育、保护的权利和义务。

离婚后，不满两周岁的子女，以由母亲直接抚养为原则。已满两周岁的子女，父母双方对抚养问题协议不成的，由人民法院根据双方的具体情况，按照最有利于未成年子女的原则判决。子女已满八周岁的，应当尊重其真实意愿。

《最高人民法院关于适用〈中华人民共和国民法典〉婚姻家庭编的解释（一）》

第四十四条 离婚案件涉及未成年子女抚养的，对不满两周岁的子女，按照民法典第一千零八十四条第三款规定的原则处理。母亲有下列情形之一，父亲请求直接抚养的，人民法院应予支持：

（一）患有久治不愈的传染性疾病或者其他严重疾病，子女不宜与其共同生活；

（二）有抚养条件不尽抚养义务，而父亲要求子女随其生活；

（三）因其他原因，子女确不宜随母亲生活。

第四十六条 对已满两周岁的未成年子女，父母均要求直接抚养，一方有下列情形之一的，可予优先考虑：

（一）已做绝育手术或者因其他原因丧失生育能力；

（二）子女随其生活时间较长，改变生活环境对子女健康成长明显不利；

（三）无其他子女，而另一方有其他子女；

（四）子女随其生活，对子女成长有利，而另一方患有久治不愈的传染性疾病或者其他严重疾病，或者有其他不利于子女身心健康的情形，不宜与子女共同生活。

第四十七条 父母抚养子女的条件基本相同，双方均要求直接抚养子女，但子女单独随祖父母或者外祖父母共同生活多年，且祖父母或者外祖父母要求并且有能力帮助子女照顾孙子女或者外孙子女的，可以作为父或者母直接抚养子女的优先条件予以考虑。

第四十八条 在有利于保护子女利益的前提下，父母双方协议轮流直接抚养子女的，人民法院应予支持。

第121问 夫妻离婚，法院能判决一次性支付子女抚养费吗？

答：从《民法典》婚姻家庭编及其司法解释的规定、司法实践经验来看，子女的抚养费原则上按月支付，遇有特殊情形可一次性支付。按月支付抚养费的原因为，劳动报酬一般按月取得。对于涉外离婚案件，或离婚后一方不居住在中国境内，按月收取子女抚养费困难或人民法院执行程序烦琐，法院也可判决一次性支付抚养费；支付抚养费的一方，经济条件优越，有能力一次性支付，可以充分保障子女的健康成长，法院也可判决一次性给付抚养费。离婚后，虽然不抚养子女的一方已一次性付清抚养费，但协议或判决的原定数额已明显偏低，无法满足子女当前生活需要的，人民法院可以依据不抚养子女一方的负担能力及当地实际生活水平，酌情增加抚养费数额。

◉ 相关依据

《中华人民共和国民法典》

第一千零八十五条 离婚后,子女由一方直接抚养的,另一方应当负担部分或者全部抚养费。负担费用的多少和期限的长短,由双方协议;协议不成的,由人民法院判决。

前款规定的协议或者判决,不妨碍子女在必要时向父母任何一方提出超过协议或者判决原定数额的合理要求。

《最高人民法院关于适用〈中华人民共和国民法典〉婚姻家庭编的解释(一)》

第四十九条 抚养费的数额,可以根据子女的实际需要、父母双方的负担能力和当地的实际生活水平确定。

有固定收入的,抚养费一般可以按其月总收入的百分之二十至三十的比例给付。负担两个以上子女抚养费的,比例可以适当提高,但一般不得超过月总收入的百分之五十。

无固定收入的,抚养费的数额可以依据当年总收入或者同行业平均收入,参照上述比例确定。

有特殊情况的,可以适当提高或者降低上述比例。

第五十条 抚养费应当定期给付,有条件的可以一次性给付。

第122问 夫妻离婚,法院会将双胞胎子女判由一方抚养吗?

答:双胞胎子女在法律上没有被视为同一胎,法院在处理子女抚养权问题时也没有判将一胎多个子女由一方抚养的司法习惯。虽有个别司法案例支持双胞胎子女随一方生活,但并不具有普遍性,双胞胎子女各随夫妻一方生活的现象比较普遍。考虑到夫妻离婚会伤害父母与子女之间的感情,为了最大限度地弥补亲子离散的痛苦和遗憾,笔者认为,双胞胎子女在一起生活、学习,不会存在分离的痛苦，有助于兄弟姐妹之间的情感维系、人际交往、心理健康和健康人格发展。从有利于子女的身心健康，最大化地保障子女合法利益的角度出发，笔者认为人民法院审理离婚案件时，除了按照多胞胎子女抚养权分别归属判决外，还应考虑在一方不能再生育、存在重大疾病，双胞胎子女在一起生活多年后分离将会导致身心疾病，以及8周岁以上的双胞胎子女愿意跟随同一方生活的等特殊情形下原则上判归一方抚养，并保障另一方享有充分的探望时间和次数，满足非直接抚养方与子女之间的感情沟通需求，保障其履行抚养教育子女的义务时间更充足，减少亲子间的情感隔阂与伤害。

◉ 相关依据

《中华人民共和国民法典》

第一千零八十四条　父母与子女间的关系，不因父母离婚而消除。离婚后，子女无论由父或者母直接抚养，仍是父母双方的子女。

离婚后，父母对于子女仍有抚养、教育、保护的权利和义务。

离婚后，不满两周岁的子女，以由母亲直接抚养为原则。已满两周岁的子女，父母双方对抚养问题协议不成的，由人民法院根据双方的具体情况，按照最有利于未成年子女的原则判决。子女已满八周岁的，应当尊重其真实意愿。

第一千零八十六条　离婚后，不直接抚养子女的父或者母，有探望子女的权利，另一方有协助的义务。

行使探望权利的方式、时间由当事人协议；协议不成的，由人民法院判决。

父或者母探望子女，不利于子女身心健康的，由人民法院依法中止探望；中止的事由消失后，应当恢复探望。

《最高人民法院关于适用〈中华人民共和国民法典〉婚姻家庭编的解释(一)》

第四十四条 离婚案件涉及未成年子女抚养的,对不满两周岁的子女,按照民法典第一千零八十四条第三款规定的原则处理。母亲有下列情形之一,父亲请求直接抚养的,人民法院应予支持:

(一)患有久治不愈的传染性疾病或者其他严重疾病,子女不宜与其共同生活;

(二)有抚养条件不尽抚养义务,而父亲要求子女随其生活;

(三)因其他原因,子女确不宜随母亲生活。

第四十六条 对已满两周岁的未成年子女,父母均要求直接抚养,一方有下列情形之一的,可予优先考虑:

(一)已做绝育手术或者因其他原因丧失生育能力;

(二)子女随其生活时间较长,改变生活环境对子女健康成长明显不利;

(三)无其他子女,而另一方有其他子女;

(四)子女随其生活,对子女成长有利,而另一方患有久治不愈的传染性疾病或者其他严重疾病,或者有其他不利于子女身心健康的情形,不宜与子女共同生活。

第四十七条 父母抚养子女的条件基本相同,双方均要求直接抚养子女,但子女单独随祖父母或者外祖父母共同生活多年,且祖父母或者外祖父母要求并且有能力帮助子女照顾孙子女或者外孙子女的,可以作为父或者母直接抚养子女的优先条件予以考虑。

《中华人民共和国未成年人保护法》

第四条 保护未成年人,应当坚持最有利于未成年人的原则。处理涉及未成年人事项,应当符合下列要求:

(一)给予未成年人特殊、优先保护;

(二)尊重未成年人人格尊严;

(三)保护未成年人隐私权和个人信息;

（四）适应未成年人身心健康发展的规律和特点；

（五）听取未成年人的意见；

（六）保护与教育相结合。

第一百零二条 公安机关、人民检察院、人民法院和司法行政部门办理涉及未成年人案件，应当考虑未成年人身心特点和健康成长的需要，使用未成年人能够理解的语言和表达方式，听取未成年人的意见。

第123问 离婚后一方一次性支付孩子的抚养费后，孩子还可以要求增加抚养费吗？

答：男女双方在离婚协议中可能约定，孩子随一方生活，另一方一次性支付全部抚养费，今后不再负担任何抚养费用。如果该协议系双方的真实意思表示，不违反法律法规的强制性规定，则是合法有效的，受法律保护。父母离婚后就如何尽对子女的抚养义务，在充分保障未成年人身心健康、顺利成长的前提下，可以自由协商处理。父母之间的约定，不妨碍未成年子女在直接抚养方经济困难，非直接抚养方原来支付的抚养费明显偏少，不足以支付子女日常生活费、学费、医疗费等合理必要费用时，向有经济条件的非直接抚养方要求增加抚养费。对此类纠纷，父母双方应尽量协商处理，协商时要考虑到子女的实际需要、父母的负担能力、实际生活水平和社会发展水平等因素；协商不成时，再向人民法院提起民事诉讼解决。

◉ 相关依据

《中华人民共和国民法典》

第一千零八十五条 离婚后，子女由一方直接抚养的，另一方应当负担部分或者全部抚养费。负担费用的多少和期限的长短，由双方协议；协议不成的，由人民法院判决。

前款规定的协议或者判决，不妨碍子女在必要时向父母任何一方提出超过协议或者判决原定数额的合理要求。

《最高人民法院关于适用〈中华人民共和国民法典〉婚姻家庭编的解释(一)》

第五十八条 具有下列情形之一，子女要求有负担能力的父或者母增加抚养费的，人民法院应予支持：

(一)原定抚养费数额不足以维持当地实际生活水平；

(二)因子女患病、上学，实际需要已超过原定数额；

(三)有其他正当理由应当增加。

第124问 离婚协议中，原定一方不承担抚养费，直接抚养方还能为孩子索要抚养费吗？

答：一方为了尽快摆脱不幸婚姻的束缚，为了争夺孩子的抚养权，可能放弃对方给付孩子抚养费的要求，以达到尽快离婚的目的。夫妻离婚后，仍有抚养未成年子女的法定义务。夫妻通过离婚协议约定抚养费的承担，是为了更好地安排抚养子女，而协商确定的契约行为，原则上不允许反悔。离婚协议原定抚养费由一方全部承担，另一方不承担抚养费，是在直接抚养方能够保障子女生活、教育、医疗等抚养费的前提下达成的。一旦失去这个前提条件，则不能免除另一方应尽的法定抚养义务。如果允许免除，将不利于未成年子女的健康成长。随着孩子年龄的增长、社会生活水平的提高，抚养成本也“水涨船高”，单独抚养方的经济压力也随之增加。当直接抚养方出现经济困难时，子女的生活、学习、就医在经济上得不到充分保障的情况下，为了确保未成年子女能够健康生活、顺利完成学业，上述约定不妨碍子女向另一方主张支付抚养费。当向非直接抚养方提出按月支付合理抚养费的要求遭到拒绝时，单独抚养方可以子女为原告、非直接抚养方为被告自己以法定代理人身份，向人民法院依法提起民事诉讼。

◉ 相关依据

《中华人民共和国民法典》

第一千零八十五条 离婚后，子女由一方直接抚养的，另一方应当负担部分或者全部抚养费。负担费用的多少和期限的长短，由双方协议；协议不成的，由人民法院判决。

前款规定的协议或者判决，不妨碍子女在必要时向父母任何一方提出超过协议或者判决原定数额的合理要求。

《最高人民法院关于适用〈中华人民共和国民法典〉婚姻家庭编的解释（一）》

第五十二条 父母双方可以协议由一方直接抚养子女并由直接抚养方负担子女全部抚养费。但是，直接抚养方的抚养能力明显不能保障子女所需费用，影响子女健康成长的，人民法院不予支持。

第125问 离婚后，什么情况下可以变更子女直接抚养权？

答：夫妻离婚后，孩子由谁直接抚养关系孩子的身心健康。合理的安排有助于孩子树立正确的人生观、世界观和价值观。这个问题不是谁更爱孩子就跟谁那么简单，也不是谁有钱谁就更有话语权。人民法院在确定孩子跟谁生活更有利于成长时，需要综合考虑夫妻双方的生活环境、教育条件、医疗环境、文化程度、健康状态、兴趣爱好、经济条件、监护能力、子女与监护人（父母、祖父母、外祖父母、成年兄姐等）的亲密关系以及 8 周岁以上孩子的意愿等多种因素，同时也要考虑案件本身存在的特殊情况。为了孩子的教育、生活、监护的稳定，一旦确定子女的直接抚养关系后，没有特殊情况是不能随意变更的。夫妻在离婚后，各自条件发生了变化，对孩子的抚养权归属发生了争执时，变更直接抚养权显得尤为重要。就直接抚养权变更问题，双方不能达成一致意见，诉请法院变更直接抚养权时，需证明与子女共同生活的一方有以下几种情形：(1)身患严重疾病或因伤残丧失抚养子女的身体健康条件。(2)不尽抚养义务或有虐待子女行为，不尽监护职责，对子女身心健康造成不良影响，侵犯未成年人的合法权益，如携带未成年人进入酒吧等禁止未成年人进入的场所。(3)自己有抚养能力，且8周岁以上的孩子愿意同其一起生活。(4)其他正当理由，如子女系女方与他人所生，男方婚内处于受欺骗而共同抚养，离婚后抚养权归男方的，可要求变更抚养关系至女方。

◉ 相关依据

《最高人民法院关于适用〈中华人民共和国民法典〉婚姻家庭编的解释(一)》

第五十六条 具有下列情形之一，父母一方要求变更子女抚养关系的，人民法院应予支持：

(一)与子女共同生活的一方因患严重疾病或者因伤残无力继续抚养子女；

(二)与子女共同生活的一方不尽抚养义务或有虐待子女行为，或者其与子女共同生活对子女身心健康确有不利影响；

(三)已满八周岁的子女，愿随另一方生活，该方又有抚养能力；

(四)有其他正当理由需要变更。

第五十七条 父母双方协议变更子女抚养关系的，人民法院应予支持。

第126问　一方离婚后拒不交出孩子的直接抚养权，可能要坐牢？

答：夫妻离婚后，一方有能力执行而拒不交出孩子的直接抚养权，情节严重的，可构成拒不执行判决、裁定罪。夫妻离婚后，人民法院的调解书或者判决书确定孩子的抚养权归一方的，另一方隐藏、转移孩子，拒不交出抚养权的，有抚养权的一方向人民法院申请强制执行，执行法官经过多次沟通劝导教育，责令其主动履行，或经采取罚款、拘留等执行措施，仍不交出孩子抚养权的，涉嫌拒不执行判决、裁定罪。该案件由人民法院移送公安机关立案侦查处理。人民检察院经审查起诉后，认为构成犯罪的，代表国家向人民法院提起公诉。人民法院依法审理后，认为构成拒不执行判决、裁定罪，情节严重的，判处3年以下有期徒刑、拘役或者罚金；情节特别严重的，处3年以上7年以下有期徒刑，并处罚金。

◉ 相关依据

《最高人民法院关于公布失信被执行人名单信息的若干规定》

第一条　被执行人未履行生效法律文书确定的义务，并具有下列情形之一的，人民法院应当将其纳入失信被执行人名单，依法对其进行信用惩戒：

（一）有履行能力而拒不履行生效法律文书确定义务的；

……

《中华人民共和国刑法》

第三百一十三条　对人民法院的判决、裁定有能力执行而拒不执行，情节严重的，处三年以下有期徒刑、拘役或者罚金；情节特别严重的，处三年以上七年以下有期徒刑，并处罚金。

单位犯前款罪的，对单位判处罚金，并对其直接负责的主管人员和其他直接责任人员，依照前款的规定处罚。

第127问 父母离婚，满8周岁的孩子真的可以自主选择跟谁生活吗？

答：孩子不仅是家庭的未来，也是国家和民族的未来！父母离婚，若对孩子的抚养权处理不当，将严重损害孩子的身心健康和未来的发展。已满8周岁的未成年子女，已具有一定的自主意识，已有了对父母亲疏远近的意识，大体上了解父母的性格、品行和经济状况，和谁一起生活更有利于自己的健康成长，具有一定的判断力。年龄越大的孩子表达意愿越强烈、越真实，如此说来，孩子真的想跟谁生活就能跟谁生活吗？

《民法典》第1084条第3款中规定："离婚后，不满两周岁的子女，以由母亲直接抚养为原则。已满两周岁的子女，父母双方对抚养问题协议不成的，由人民法院根据双方的具体情况，按照最有利于未成年子女的原则判决。子女已满八周岁的，应当尊重其真实意愿。"父母离婚时，满8周岁的孩子，对于自己愿意跟随哪一方生活的问题，能够自主判断，有跟随生活的发言权表达意愿，法官须听取和征求孩子的意见，孩子表达意见须自行书写，以书面形式提交法官。孩子的意见不是最终答案，裁判权依然属于法官。为何？父母双方在争取孩子抚养权时，如果一方违背了孩子身心健康发展的根本原则，为了剥夺另一方对孩子更多的关爱或者增强争夺财产的谈判条件，在法官听取孩子意见前，对孩子进行恐吓、哄骗或者刻意培养维系亲情关系，使孩子面对法官询问时很难表达出内心真实的意思表示。当孩子的意见模棱两可、反复变化时，法官可以反复询问孩子与父母双方的生活、情感状态等情况，必要时，可以走访、调查居(村)民委员会、公安派出所和相关知情人员。如果孩子的意思表示明确、具体、稳定、连贯，法官可以认定为系孩子本人的真实意愿，最终决定由有利于孩子身心健康发展的一方负责直接抚养孩子。如果孩子没有决定跟谁生活，人民法院会综合考量父母的工作收入、文化程度、道德品行、家庭氛围、教育环境等方面，基于更有利于孩子的健康成长和未来发展的原则依法作出判决。

◉ 相关依据

《中华人民共和国民法典》

第一千零八十四条第三款　离婚后，不满两周岁的子女，以由母亲直接抚养为原则。已满两周岁的子女，父母双方对抚养问题协议不成的，由人民法院根据双方的具体情况，按照最有利于未成年子女的原则判决。子女已满八周岁的，应当尊重其真实意愿。

《最高人民法院关于适用〈中华人民共和国民法典〉婚姻家庭编的解释（一）》

第五十六条　具有下列情形之一，父母一方要求变更子女抚养关系的，人民法院应予支持：

……

（三）已满八周岁的子女，愿随另一方生活，该方又有抚养能力；

……

第128问　丈夫患有不育症，采用精子库的精子产下的“试管婴儿”，离婚时抚养权归谁？

答：“试管婴儿”，即采用体外授精和胚胎移植技术，让卵细胞和精子在体外受精，并进行早期胚胎发育，然后再移植到母体子宫内发育而诞生的婴儿。

夫妻双方经协商同意采用“试管婴儿”方式生育的，无论精子源于丈夫还是捐精者，卵子源于妻子还是其他女性，尽管生物学上的父亲或母亲不是夫妻一方，但生育的孩子视同婚生子女，是夫妻双方法律上的子女，受法律保护。以“试管婴儿”方式生育的子女，夫妻一方不得以所生子女与自己没有血缘关系为由，拒绝承认、抚养，否则涉嫌遗弃罪。捐精、捐卵者与人工授精生育的孩子没有法律上的父母与子女关系。

婚后，如果夫妻一方未经另一方同意，妻子采用他人精子以人工授精方式生育子女，或者丈夫与其他女子以人工授精方式生育子女，该子女既不是丈夫（妻子）生物学上的子女，也不是法律上的子女，未同意一方有权拒绝承认、抚养。夫妻离婚时，双方均主张直接抚养权的，在司法实践中，若女方无法正常怀孕生育，又无其他子女，且抚养子女无明显不利于子女健康成长情形的，原则上子女随女方生活，男方享有探视权。

◉ 相关依据

《最高人民法院关于适用〈中华人民共和国民法典〉婚姻家庭编的解释（一）》

第四十条 婚姻关系存续期间，夫妻双方一致同意进行人工授精，所生子女应视为婚生子女，父母子女间的权利义务关系适用民法典的有关规定。

第四十六条 对已满两周岁的未成年子女，父母均要求直接抚养，一方有下列情形之一的，可予优先考虑：

（一）已做绝育手术或者因其他原因丧失生育能力；

……

第129问 丈夫遭遇交通事故死亡，妻子腹中的遗腹子出生后，可以向侵权人主张抚养费吗？

答：遗腹子，是指母亲怀孕后出生前，父亲已去世的自然人。男性遭遇交通事故、重大疾病以及意外事件等而非自然死亡，是造成遗腹子的常见原因。无论遗腹子的父母之间是否具有婚姻关系,其合法权益都受国家法律保护。当侵权人造成遗腹子的父亲死亡的,遗腹子及其父亲都是受害人。民法上胎儿的权利可以延伸到出生后,遗腹子出生后具有民法上自然人享有的一切权利,赔偿责任人应对出生后的受害人承担赔偿损失的责任,按照受害人的实际生活居住地的人均消费性支出,支付抚养费至其18周岁。

◉ 相关依据

《中华人民共和国民法典》

第十六条　涉及遗产继承、接受赠与等胎儿利益保护的,胎儿视为具有民事权利能力。但是,胎儿娩出时为死体的,其民事权利能力自始不存在。

《最高人民法院关于审理人身损害赔偿案件适用法律若干问题的解释》

第十七条　被扶养人生活费根据扶养人丧失劳动能力程度,按照受诉法院所在地上一年度城镇居民人均消费性支出和农村居民人均年生活消费支出标准计算。被扶养人为未成年人的,计算至十八周岁;被扶养人无劳动能力又无其他生活来源的,计算二十年。但六十周岁以上的,年龄每增加一岁减少一年;七十五周岁以上的,按五年计算。

被扶养人是指受害人依法应当承担扶养义务的未成年人或者丧失劳动能力又无其他生活来源的成年近亲属。被扶养人还有其他扶养人的,赔偿义务人只赔偿受害人依法应当负担的部分。被扶养人有数人的,年赔偿总额累计不超过上一年度城镇居民人均消费性支出额或者农村居民人均年生活消费支出额。

第130问　夫妻离婚了,可以轮流抚养孩子吗?

答:夫妻离婚争夺孩子抚养权之事,司法实践中已司空见惯。

夫妻离婚后可以轮流抚养子女,适用条件为有利于子女成长和父母协商一致。

对2周岁至8周岁的子女,父母可以协议采用轮流抚养方式;2周岁以下的子女,以由母亲直接抚养为原则;满8周岁的子女,有权独立表达自愿跟随父或母生活的意愿,法律须尊重其意愿。

轮流抚养方式需基于父母双方协商一致,若有一方不同意,则人民法院不能以判决方式确定轮流抚养。从有利于孩子身心健康考虑,当一方存在不适宜抚养孩子的法定情形时(如家庭暴力、好逸恶劳),即使父母双方都同意轮流抚养,人民法院亦不应准许。

轮流抚养期间并不当然免除另一方给付抚养费的义务。在确保子女利益的前提下,父母可以约定一方抚养期间自行承担抚养费,或者另一方支付一定数额的抚养费。轮流抚养期间,抚养方应保障非抚养方探视权的行使。

◉ 相关依据

《中华人民共和国民法典》

第一千零八十四条第三款 离婚后,不满两周岁的子女,以由母亲直接抚养为原则。已满两周岁的子女,父母双方对抚养问题协议不成的,由人民法院根据双方的具体情况,按照最有利于未成年子女的原则判决。子女已满八周岁的,应当尊重其真实意愿。

《最高人民法院关于适用〈中华人民共和国民法典〉婚姻家庭编的解释(一)》

第四十八条 在有利于保护子女利益的前提下,父母双方协议轮流直接抚养子女的,人民法院应予支持。

第131问 离婚时，一方承诺给予子女巨额教育费用后，可以反悔吗？

答：虽然父母双方离婚时在离婚协议中约定了抚养费数额，但经济条件优越一方可能出于对子女的情感补偿心理，又承诺以个人财产给予未成年子女一定数额的抚养费（包括生活费、教育费和医疗费）用于将来完成学业期间的支出。如该意思表示系内心的真实反映，且在支付期限届满时经济能力允许时，即使子女明确放弃高等教育机会，按照诚实信用原则，一般不允许反悔。

◉ 相关依据

《中华人民共和国民法典》

第一千零八十五条 离婚后，子女由一方直接抚养的，另一方应当负担部分或者全部抚养费。负担费用的多少和期限的长短，由双方协议；协议不成的，由人民法院判决。

前款规定的协议或者判决，不妨碍子女在必要时向父母任何一方提出超过协议或者判决原定数额的合理要求。

第132问 老人帮儿女带孩子，能要"带孙费"吗？

答：为了让自己的儿女能安心工作、追求事业发展，老人可能会心甘情愿地负责起孙辈的生活起居，往返学校的接送，就医治病等本属于儿女为人父母的抚养义务和职责。老人为了换取儿女的情感慰藉以及丧失劳动能力后的生活问题，"心甘情愿"地担负起孙辈的抚养任务，付出了辛勤的汗水和钱财，无私的老人成了儿女家里的"免费保姆"。按照《民法典》规定，祖父母、外祖父母原则上没有抚养教育孙子女、外孙子女的义务，除非孙子女、外孙子女的父母已经去世或者没有能力抚养，且祖父母、外祖父母的身体健康状况、经济负担能力允许。老人无偿帮助儿女抚养孩子，仅是道德上的“情分”，不是法律上的“本分”。老人“带娃”受损，儿女“啃老”受益。按照《民法典》的规定，没有法定或约定的义务，为避免他人利益受损而管理他人事务，双方之间形成无因管理关系。老人作为无因管理人，就抚养孙辈而支出的生活、教育及医疗等必要费用，有权要求作为受益人的儿女及其配偶共同偿还。

◉ 相关依据

《中华人民共和国民法典》

第九百七十九条 管理人没有法定的或者约定的义务，为避免他人利益受损失而管理他人事务的，可以请求受益人偿还因管理事务而支出的必要费用；管理人因管理事务受到损失的，可以请求受益人给予适当补偿。

管理事务不符合受益人真实意思的，管理人不享有前款规定的权利；但是，受益人的真实意思违反法律或者违背公序良俗的除外。

第一千零七十四条第一款 有负担能力的祖父母、外祖父母，对于父母已经死亡或者父母无力抚养的未成年孙子女、外孙子女，有抚养的义务。

第133问 夫妻如何合法收养弃婴？

答：国家鼓励有条件的公民收养弃婴。夫妻发现弃婴并自愿收养的，不受已有子女数额限制，但作为共同收养人的夫妻须同时满足：年满30周岁，具有完全民事行为能力，在身体、智力、经济、道德品质和教育子女等方面具有抚养和教育被收养人的能力，未患有在医学上认为不应当收养子女的疾病，没有不利于未成年人健康成长的违法犯罪记录，能够履行父母对子女应尽的义务。

夫妻合法收养弃婴的程序：(1)先在弃婴发现地的公安机关报

案，取得公安机关出具的捡拾弃婴报案证明；(2)到经常居住地计划生育部门出具生育情况证明；(3)到所在单位或者村民委员会、居民委员会出具本人婚姻状况、有无子女和抚养教育被收养人的能力等情况的证明；(4)到县级以上医疗机构进行身体健康检查，取得该医疗机构出具的未患有在医学上认为不应当收养子女的疾病(主要是指精神疾病和传染病)的身体健康检查证明；(5)夫妻持上述证明及居民身份证和居民户口簿到弃婴发现地的县级人民政府民政部门办理收养登记，经公告满60日查找不到弃婴生父母的，由民政部门发给收养登记证。收养关系成立后，养子女与生父母之间的父母子女权利义务关系消除，与养父母之间的权利义务关系成立，适用法律对父母子女关系的规定。

◉ 相关依据

《中华人民共和国民法典》

第一千零九十三条　下列未成年人，可以被收养：

……

(二)查找不到生父母的未成年人；

……

第一千零九十八条　收养人应当同时具备下列条件：

(一)无子女或者只有一名子女；

(二)有抚养、教育和保护被收养人的能力；

(三)未患有在医学上认为不应当收养子女的疾病；

(四)无不利于被收养人健康成长的违法犯罪记录；

(五)年满三十周岁。

第一千一百条　无子女的收养人可以收养两名子女；有子女的收养人只能收养一名子女。

收养孤儿、残疾未成年人或者儿童福利机构抚养的查找不到生父母的未成年人,可以不受前款和本法第一千零九十八条第一项规定的限制。

《中国公民收养子女登记办法》

第三条第一款、第二款 收养社会福利机构抚养的查找不到生父母的弃婴、儿童和孤儿的,在社会福利机构所在地的收养登记机关办理登记。

收养非社会福利机构抚养的查找不到生父母的弃婴和儿童的,在弃婴和儿童发现地的收养登记机关办理登记。

第四条 收养关系当事人应当亲自到收养登记机关办理成立收养关系的登记手续。

夫妻共同收养子女的,应当共同到收养登记机关办理登记手续;一方因故不能亲自前往的,应当书面委托另一方办理登记手续,委托书应当经过村民委员会或者居民委员会证明或者经过公证。

第五条 收养人应当向收养登记机关提交收养申请书和下列证件、证明材料:

(一)收养人的居民户口簿和居民身份证;

(二)由收养人所在单位或者村民委员会、居民委员会出具的本人婚姻状况和抚养教育被收养人的能力等情况的证明,以及收养人出具的子女情况声明;

(三)县级以上医疗机构出具的未患有在医学上认为不应当收养子女的疾病的身体健康检查证明。

收养查找不到生父母的弃婴、儿童的,并应当提交收养人经常居住地计划生育部门出具的收养人生育情况证明;其中收养非社会福利机构抚养的查找不到生父母的弃婴、儿童的,收养人还应当提交下列证明材料:

(一)收养人经常居住地计划生育部门出具的收养人无子女的证明;

(二)公安机关出具的捡拾弃婴、儿童报案的证明。

收养继子女的,可以只提交居民户口簿、居民身份证和收养人与被收养人生父或者生母结婚的证明。

第七条 收养登记机关收到收养登记申请书及有关材料后,应当自次日起30日内进行审查。对符合收养法规定条件的,为当事人办理收养登记，发给收养登记证，收养关系自登记之日起成立；对不符合收养法规定条件的，不予登记，并对当事人说明理由。

收养查找不到生父母的弃婴、儿童的，收养登记机关应当在登记前公告查找其生父母；自公告之日起满60日，弃婴、儿童的生父母或者其他监护人未认领的，视为查找不到生父母的弃婴、儿童。公告期间不计算在登记办理期限内。

第八条 收养关系成立后，需要为被收养人办理户口登记或者迁移手续的，由收养人持收养登记证到户口登记机关按照国家有关规定办理。

第134问 夫妻如何收养儿童福利院的儿童？

答：夫妻双方均年满30周岁，具有完全民事行为能力，在身体、智力、经济、道德品质和教育子女等方面具有抚养和教育被收养人的能力，未患有在医学上认为不应当收养子女的疾病，没有不利于未成年人健康成长的违法犯罪记录，能够履行父母对子女应尽的义务，可以自愿收养儿童福利院的儿童，但要依法办理收养手续。办理收养登记时需向社会福利机构所在的民政局提交以下材料：

(1)收养人的居民户口簿和居民身份证；

(2)由收养人所在单位或者村民委员会、居民委员会出具的本人婚姻状况、有无子女和抚养教育被收养人的能力等情况的证明；

(3)县级以上医疗机构出具的未患有在医学上认为不应当收养子女的疾病的身体健康检查证明；

(4)收养人经常居住地计划生育部门出具的收养人生育情况证明；

(5)孤儿的生父母死亡或者宣告死亡的证明。

收养登记机关收到收养登记申请书及有关材料后，自次日起30日内进行审查。符合收养相关法律规定的条件的，为当事人办理收养登记,发给收养登记证。收养关系自登记之日起成立。

相关依据

《中华人民共和国民法典》

第一千零九十三条 下列未成年人,可以被收养:

(一)丧失父母的孤儿;

……

第一千零九十八条 收养人应当同时具备下列条件:

(一)无子女或者只有一名子女;

(二)有抚养、教育和保护被收养人的能力;

(三)未患有在医学上认为不应当收养子女的疾病;

(四)无不利于被收养人健康成长的违法犯罪记录;

(五)年满三十周岁。

第一千一百条 无子女的收养人可以收养两名子女;有子女的收养人只能收养一名子女。

收养孤儿、残疾未成年人或者儿童福利机构抚养的查找不到生父母的未成年人,可以不受前款和本法第一千零九十八条第一项规定的限制。

《中国公民收养子女登记办法》

第三条第一款 收养社会福利机构抚养的查找不到生父母的弃婴、儿童和孤儿的,在社会福利机构所在地的收养登记机关办理登记。

第五条第一款 收养人应当向收养登记机关提交收养申请书和下列证件、证明材料:

(一)收养人的居民户口簿和居民身份证;

(二)由收养人所在单位或者村民委员会、居民委员会出具的本人婚姻状况和抚养教育被收养人的能力等情况的证明,以及收养人出具的子女情况声明;

(三)县级以上医疗机构出具的未患有在医学上认为不应当收养子女的疾病的身体健康检查证明。

第七条第一款　收养登记机关收到收养登记申请书及有关材料后，应当自次日起30日内进行审查。对符合收养法规定条件的，为当事人办理收养登记，发给收养登记证，收养关系自登记之日起成立；对不符合收养法规定条件的，不予登记，并对当事人说明理由。

第八条　收养关系成立后，需要为被收养人办理户口登记或者迁移手续的，由收养人持收养登记证到户口登记机关按照国家有关规定办理。

第135问　继父母与继子女之间的关系，法律上是如何规定的？

答：继父母是生父母再婚的丈夫或妻子。继子女，是丈夫与前妻或妻子与前夫所生的子女。

从我国《民法典》婚姻家庭编和继承编及其司法解释的相关规定，结合实践来看，继父母子女关系，分为三种情形：名分型、收养型和抚养型。

（1）名分型。继子女有生父或生母一方承担全部或部分抚养费（包括生活费、教育费和医疗费），另一方进行抚养教育，继父母未对继子女抚养，双方仅为名分上的继父母子女关系。继子女成年后在继父母老年时没有赡养的义务；双方没有互相继承财产的权利。

（2）收养型。继父母经继子女的生父母同意，收养继子女，并办理收养登记的，形成养父母子女关系。收养人在被收养人成年以前，不得解除收养关系，但收养人、送养人双方协议解除的除外。养子女年满10周岁的，应当征得本人同意。养父母与成年养子女关系恶化、无法共同生活的，可以协议解除收养关系。收养关系解除后，未成年子女与养父母及其他近亲属间的权利义务关系立即消除，与生父母及其他近亲属间的权利义务关系原则上自行恢复。成年养子女与生父母及其他近亲属间的权利义务关系是否恢复，可以协商确定。收养关系解除后，经养父母抚养的成年养子女，对缺乏劳动能力又缺乏生活来源的养父母,应当给付生活费。存在收养关系的养父母与养子女之间有互相继承财产的权利。

(3)抚养型。继父母对未成年子女履行了抚养教育义务,经继父母抚养成年的继子女对继父母履行了赡养义务。你养我小,我养你老,双方互相享有继承权。

对于已经形成抚养教育关系的继父母子女,因生父(母)与继母(父)离婚导致再婚关系终止的,如果继父母不同意继续抚养未成年继子女的,继父母子女关系可以解除,由生父母继续抚养。因生父(母)死亡导致再婚关系终止的,在继子女未成年的情形下一般不允许解除继父母子女关系。如果生父母中的另一方愿意将未成年子女领回,继父母同意的,继父母子女关系可以解除。继子女8周岁以上的,应当征得本人同意。继子女经继父母抚养成年后,继父母子女关系一般不允许解除。如果双方经协商一致或者双方关系恶化导致一方主张解除继父母子女关系的,可以解除。但继父母子女关系解除后,对于缺乏劳动能力或者生活困难的继父母,成年的继子女应当就继父母对其未成年时的养育给予适当的经济补偿,给付一定的生活费用。形成抚养关系的继父母子女之间有继承财产的权利。

相关依据

《中华人民共和国民法典》

第一千零七十二条 继父母与继子女间,不得虐待或者歧视。

继父或者继母和受其抚养教育的继子女间的权利义务关系,适用本法关于父母子女关系的规定。

第一千一百零三条 继父或者继母经继子女的生父母同意,可以收养继子女,并可以不受本法第一千零九十三条第三项、第一千零九十四条第三项、第一千零九十八条和第一千一百条第一款规定的限制。

第一千一百一十一条 自收养关系成立之日起，养父母与养子女间的权利义务关系，适用本法关于父母子女关系的规定；养子女与养父母的近亲属间的权利义务关系，适用本法关于子女与父母的近亲属关系的规定。

养子女与生父母以及其他近亲属间的权利义务关系，因收养关系的成立而消除。

第一千一百一十二条 养子女可以随养父或者养母的姓氏，经当事人协商一致，也可以保留原姓氏。

第一千一百一十四条 收养人在被收养人成年以前，不得解除收养关系，但是收养人、送养人双方协议解除的除外。养子女八周岁以上的，应当征得本人同意。

收养人不履行抚养义务，有虐待、遗弃等侵害未成年养子女合法权益行为的，送养人有权要求解除养父母与养子女间的收养关系。送养人、收养人不能达成解除收养关系协议的，可以向人民法院提起诉讼。

第一千一百一十八条 收养关系解除后，经养父母抚养的成年养子女，对缺乏劳动能力又缺乏生活来源的养父母，应当给付生活费。因养子女成年后虐待、遗弃养父母而解除收养关系的，养父母可以要求养子女补偿收养期间支出的抚养费。

生父母要求解除收养关系的，养父母可以要求生父母适当补偿收养期间支出的抚养费；但是，因养父母虐待、遗弃养子女而解除收养关系的除外。

第一千一百二十七条 遗产按照下列顺序继承：

（一）第一顺序：配偶、子女、父母；

（二）第二顺序：兄弟姐妹、祖父母、外祖父母。

继承开始后，由第一顺序继承人继承，第二顺序继承人不继承；没有第一顺序继承人继承的，由第二顺序继承人继承。

本编所称子女，包括婚生子女、非婚生子女、养子女和有扶养关系的继子女。

本编所称父母，包括生父母、养父母和有扶养关系的继父母。

本编所称兄弟姐妹，包括同父母的兄弟姐妹、同父异母或者同母异父的兄弟姐妹、养兄弟姐妹、有扶养关系的继兄弟姐妹。

《最高人民法院关于适用〈中华人民共和国民法典〉婚姻家庭编的解释(一)》

第五十四条 生父与继母离婚或者生母与继父离婚时,对曾受其抚养教育的继子女,继父或者继母不同意继续抚养的,仍应由生父或者生母抚养。

《江苏省高级人民法院家事纠纷案件审理指南(婚姻家庭部分)》

13、如何认定继父母子女之间形成抚养教育关系?继父母子女关系能否解除?

认定继父母子女之间是否形成抚养教育关系,可以通过审查再婚时继子女是否已经成年、双方共同生活的时间长短、是否实际接受生活上的照顾抚育、家庭身份融合程度等予以综合判断。

对于已经形成抚养教育关系的继父母子女,因生父(母)与继母(父)离婚导致再婚关系终止的,如果继父母不同意继续抚养未成年继子女的,继父母子女关系可以解除,该子女应当由生父母抚养。

对于已经形成抚养教育关系的继父母子女,因生父(母)死亡导致再婚关系终止的,在继子女未成年的情形下一般不允许解除继父母子女关系。如果生父母中的另一方愿意将未成年子女领回,继父母同意的,继父母子女关系可以解除。继子女八周岁以上的,应当征得本人同意。

对于已经形成抚养教育关系的继子女成年后,继父母子女关系一般不允许解除。如果双方经协商一致或者双方关系恶化导致继父母或者继子女主张解除继父母子女关系的,可以解除。但继父母子女关系解除后,对于缺乏劳动能力或者生活困难的继父母,成年的继子女应当给付一定的生活费用。

对于未形成抚养教育关系的继父母子女,一方起诉主张解除继父母子女关系的,裁定不予受理,已经受理的,裁定驳回起诉。

第136问 哥哥、姐姐有扶养弟弟、妹妹的法律义务吗?

答:父母是未成年人的第一顺位法定监护人,负有抚养、教育、监管和保护的法定义务。当父母死亡或无力抚养,弟、妹尚未成年时，兄、姐已成年并有负担能力的，有扶养的义务。抚养和扶养，一字之差，有适用主体和对象的差别。抚养，是长辈对晚辈亲属(未成年人)的经济上的帮助、生活上的照顾、心理上的养育和身体上的保护。抚养是法律赋予父母的一种权利，也是法律规定的一种义务。扶养，有广义和狭义之分。狭义的扶养，仅指平辈亲属间的经济供养和生活扶助，包括夫妻间的相互供养和扶助，以及平辈中年长者对年幼者的保护和教养。广义的扶养，泛指特定亲属之间根据法律的明确规定而存在的经济上相互供养、生活上相互扶助照顾的权利义务关系，既包括长辈亲属对晚辈亲属的抚养、同辈亲属之间的扶养还包括晚辈亲属对长辈亲属的赡养。如果父母没有经济能力抚养或者死亡，兄、姐已经成年而且有经济负担能力，帮助父母或者代替父母扶养弟妹不仅是道义、良心、舆论的要求，而且是法律上必须应尽的义务，不能逃避。经由兄、姐扶养成人的弟、妹，在兄、姐缺乏劳动能力又没有生活来源时也有扶养的义务。

◉ 相关依据

《中华人民共和国民法典》

第一千零七十五条 有负担能力的兄、姐，对于父母已经死亡或者父母无力抚养的未成年弟、妹，有扶养的义务。

由兄、姐扶养长大的有负担能力的弟、妹，对于缺乏劳动能力又缺乏生活来源的兄、姐，有扶养的义务。

第137问 离婚后不让对方探望孩子，有什么法律后果？

答：夫妻之间没有血缘关系，可以因感情不和、性格不合、三观不合等原因而分开，而父母跟孩子之间存在天然的血缘关系，不因离婚而消失。无论对方在婚姻关系存续期间作为丈夫或妻子的表现有多么不堪，甚至低劣，都不妨碍对方依然是孩子的亲人，有权带着父（母）爱来探望孩子，以短暂的相处方式来教育、引导和关爱孩子的心灵、情感、生活和学习。孩子也有受到父（母）照顾和关爱的需要和权利。不能因自己与对方不适合做夫妻，就剥夺对方给孩子该有的爱来攻击、惩罚对方获得心理安慰，也不能仅因不按时支付孩子的抚养费而拒绝对方行使探望权，除非对方探望孩子时有不利于孩子的身心健康成长的情形存在。如果直接抚养孩子的一方拒不配合对方探望孩子，非直接抚养方可以申请人民法院强制执行，人民法院将给予拘留、罚款；情节严重的，直接抚养方可能构成拒不执行判决、裁定罪。

◉ 相关依据

《中华人民共和国民法典》

第一千零八十六条 离婚后，不直接抚养子女的父或者母，有探望子女的权利，另一方有协助的义务。

行使探望权利的方式、时间由当事人协议；协议不成的，由人民法院判决。

父或者母探望子女，不利于子女身心健康的，由人民法院依法中止探望；中止的事由消失后，应当恢复探望。

《最高人民法院关于适用〈中华人民共和国民法典〉婚姻家庭编的解释（一）》

第六十八条 对于拒不协助另一方行使探望权的有关个人或者组织，可以由人民法院依法采取拘留、罚款等强制措施，但是不能对子女的人身、探望行为进行强制执行。

《中华人民共和国刑法》

第三百一十三条 对人民法院的判决、裁定有能力执行而拒不执行，情节严重的，处三年以下有期徒刑、拘役或者罚金；情节特别严重的，处三年以上七年以下有期徒刑，并处罚金。

单位犯前款罪的，对单位判处罚金，并对其直接负责的主管人员和其他直接责任人员，依照前款的规定处罚。

第138问　子女可以起诉要求非直接抚养的父亲或者母亲，履行探望义务吗？

答：离婚后父母仍有抚养教育的权利和义务。不直接抚养子女的父亲或母亲有探望的权利，和通过探望来实现自己对子女的抚养教育义务。离婚后，子女仍然需要父爱和母爱。与子女不在一起生活的父亲或母亲通过探望及时了解和关心子女的生活及学习情况，有助于子女得到父母的心灵关爱和教育引导。非直接抚养方发现未成年子女存在不良行为的，应予以及时纠正和适当的管教。如果不直接抚养子女的父亲或者母亲不主动履行探望义务，则侵害了未成年人的合法权益，也违背了家庭伦理道德，不利于未成年子女的身心健康成长。《未成年人保护法》规定，未成年人的父母离婚后，不直接抚养未成年子女的一方应当依照协议、人民法院判决或者调解确定的时间和方式，在不影响未成年人学习、生活的情况下探望未成年子女。由此可见，探望权既是非直接抚养一方的法定权利，也是其法定义务。探望权是非直接抚养子女一方履行抚养教育义务的一种形式，是子女身心健康成长过程中的必然需求。人民法院对于子女起诉怠于履行探望义务的父亲或母亲要求对其进行探望的案件，应予以受理并给予支持。因此，直接抚养方可以代理子女按照离婚协议或法院的法律文书确定的探望内容要求非直接抚养方进行探望。具体操作时要区分协议离婚和诉讼离婚：通过离婚协议方式约定的，以子女为原告，直接抚养子女的父亲或母亲作为法定代理人，向人民法院起诉主张；以法院民事调解书、判决书方式确定的，可以向人民法院直接申请执行，人民法院可以对被执行人采取拘留、罚款等强制措施促使其履行。

◉ 相关依据

《中华人民共和国民法典》

第一千零八十四条第一款、第二款 父母与子女间的关系，不因父母离婚而消除。离婚后，子女无论由父或者母直接抚养，仍是父母双方的子女。

离婚后，父母对于子女仍有抚养、教育、保护的权利和义务。

第一千零八十六条 离婚后，不直接抚养子女的父或者母，有探望子女的权利，另一方有协助的义务。

行使探望权利的方式、时间由当事人协议；协议不成的，由人民法院判决。

父或者母探望子女，不利于子女身心健康的，由人民法院依法中止探望；中止的事由消失后，应当恢复探望。

《中华人民共和国未成年人保护法》

第二十四条 未成年人的父母离婚时，应当妥善处理未成年子女的抚养、教育、探望、财产等事宜，听取有表达意愿能力未成年人的意见。不得以抢夺、藏匿未成年子女等方式争夺抚养权。

未成年人的父母离婚后，不直接抚养未成年子女的一方应当依照协议、人民法院判决或者调解确定的时间和方式，在不影响未成年人学习、生活的情况下探望未成年子女，直接抚养的一方应当配合，但被人民法院依法中止探望权的除外。

《中华人民共和国预防未成年人犯罪法》

第十六条 未成年人的父母或者其他监护人对未成年人的预防犯罪教育负有直接责任，应当依法履行监护职责，树立优良家风，培养未成年人良好品行；发现未成年人心理或者行为异常的，应当及时了解情况并进行教育、引导和劝诫，不得拒绝或者怠于履行监护职责。

第二十九条 未成年人的父母或者其他监护人发现未成年人有不良行

为的，应当及时制止并加强管教。

《最高人民法院关于适用〈中华人民共和国民法典〉婚姻家庭编的解释（一）》

第六十八条　对于拒不协助另一方行使探望权的有关个人或者组织，可以由人民法院依法采取拘留、罚款等强制措施，但是不能对子女的人身、探望行为进行强制执行。

第139问　哪些情况下可以中止探望权？

答：探望权，通常是指夫妻离婚后，不直接抚养子女的一方以看望、短期或临时共同生活的方式对子女予以关心、联络、沟通的权利。直接抚养方有协助的义务。法律上赋予探望权有助于减少父母离婚对子女的伤害，夫妻不因离婚而影响对子女抚养教育的权利义务的享有与履行。特殊情况下还存在祖孙间的隔代抚养探望以及非法定抚养义务人抚养探望的情形。探望权的具体内容及如何行使常以离婚协议、人民法院的民事调解书、判决书方式确定。中止探望权，是指探望权人在探望子女时出现了不利于未成年人身心健康的情况，需要暂时停止行使探望权，待不利于子女身心健康的情形消失后，再恢复探望。中止探望是搁置争议、避免矛盾激化的一种方式，有助于创造和谐幸福的家庭环境和社会稳定。

“不利于子女身心健康”是中止探望权的法定理由，具体包括哪些情形，目前尚无具体明文规定。根据司法实践经验概括如下，以供参考：

（1）探望权人为限制行为能力人或无民事行为能力人；

（2）探望权人患有传染性疾病或者其他严重疾病，可能影响子女身体健康；

（3）探望权人有吸毒、赌博、酗酒、卖淫、嫖娼等不良行为；

（4）在探望期间纵容或教唆、引诱、胁迫子女实施违法犯罪行为；

（5）在探望期间将子女带入歌舞厅、游戏厅或者观看血腥、暴力等不健康影像资料的行为；

（6）探望权人不按法律文书约定的探望时间、地点以及方式进行探望，滥用探望权，严重影响未成年子女生活、学习，身心健康；

（7）探望权人与子女关系恶化，子女拒绝探望；

（8）探望期间对未成年子女实施家庭暴力或者虐待、遗弃未成年子女；

（9）探望权人挑拨离间子女与直接抚养人之间的关系；

（10）发现未成年子女存在不良行为，未能制止和合理管教。

向人民法院请求中止探望权的主体是未成年人本人、直接抚养权人以及其他有抚养权的近亲属、单位或者组织。直接抚养子女一方没有充足的证据证明探望权人的探望行为不利于子女身心健康的，人民法院不宜中止探望，但考虑到对子女的实际影响，可以减少探望次数。人民法院认为确有必要裁定中止探望的，应裁定中止探望。探望权人对于中止探望的裁定不能上诉，待中止事由消失后，可以申请恢复探望。

◉ 相关依据

《中华人民共和国民法典》

第一千零八十六条第三款 父或者母探望子女，不利于子女身心健康的，由人民法院依法中止探望；中止的事由消失后，应当恢复探望。

《中华人民共和国未成年人保护法》

第十六条 未成年人的父母或者其他监护人应当履行下列监护职责：

（一）为未成年人提供生活、健康、安全等方面的保障；

（二）关注未成年人的生理、心理状况和情感需求；

（三）教育和引导未成年人遵纪守法、勤俭节约，养成良好的思想品德和行为习惯；

（四）对未成年人进行安全教育，提高未成年人的自我保护意识和能力；

（五）尊重未成年人受教育的权利，保障适龄未成年人依法接受并完成义务教育；

（六）保障未成年人休息、娱乐和体育锻炼的时间，引导未成年人进行有益身心健康的活动；

（七）妥善管理和保护未成年人的财产；

（八）依法代理未成年人实施民事法律行为；

（九）预防和制止未成年人的不良行为和违法犯罪行为，并进行合理管教；

（十）其他应当履行的监护职责。

第十七条　未成年人的父母或者其他监护人不得实施下列行为：

（一）虐待、遗弃、非法送养未成年人或者对未成年人实施家庭暴力；

（二）放任、教唆或者利用未成年人实施违法犯罪行为；

（三）放任、唆使未成年人参与邪教、迷信活动或者接受恐怖主义、分裂主义、极端主义等侵害；

（四）放任、唆使未成年人吸烟（含电子烟，下同）、饮酒、赌博、流浪乞讨或者欺凌他人；

（五）放任或者迫使应当接受义务教育的未成年人失学、辍学；

（六）放任未成年人沉迷网络，接触危害或者可能影响其身心健康的图书、报刊、电影、广播电视节目、音像制品、电子出版物和网络信息等；

（七）放任未成年人进入营业性娱乐场所、酒吧、互联网上网服务营业场所等不适宜未成年人活动的场所；

（八）允许或者迫使未成年人从事国家规定以外的劳动；

（九）允许、迫使未成年人结婚或者为未成年人订立婚约；

（十）违法处分、侵吞未成年人的财产或者利用未成年人牟取不正当利益；

（十一）其他侵犯未成年人身心健康、财产权益或者不依法履行未成年人保护义务的行为。

《中华人民共和国预防未成年人犯罪法》

第二十八条 本法所称不良行为，是指未成年人实施的不利于其健康成长的下列行为：

（一）吸烟、饮酒；

（二）多次旷课、逃学；

（三）无故夜不归宿、离家出走；

（四）沉迷网络；

（五）与社会上具有不良习性的人交往，组织或者参加实施不良行为的团伙；

（六）进入法律法规规定未成年人不宜进入的场所；

（七）参与赌博、变相赌博，或者参加封建迷信、邪教等活动；

（八）阅览、观看或者收听宣扬淫秽、色情、暴力、恐怖、极端等内容的读物、音像制品或者网络信息等；

（九）其他不利于未成年人身心健康成长的不良行为。

第二十九条 未成年人的父母或者其他监护人发现未成年人有不良行为的，应当及时制止并加强管教。

第140问 祖父母、外祖父母可以请求法院准许探望孙子女、外孙子女吗？

答：探望权的主体为离婚后不直接抚养子女的父亲或母亲，祖父母、外祖父母原则上没有探望孙子女、外孙子女的权利。若父母死亡或者丧失行为能力，祖父母、外祖父母有负担能力抚养孙子女、外孙子女，或祖父母、外祖父母长期抚养孙子女、外孙子女，双方已形成亲密依赖关系，且有利于情感维系、抚养、教育，有助于营造良好的家庭氛围，保持祖孙之间的日常沟通和感情交流，减轻其父母离婚、离世造成的心理伤害，有利于未成年人身心健康成长、发展健全的人格，符合未成年人利益保护最大化原则，不违背社会善良风俗，法院可以支持祖父母、外祖父母的探望权。祖父母、外祖父母探望孙子女、外孙子女的方式参照父母探望子女的方式。

◉ 相关依据

《中华人民共和国民法典》

第一千零七十四条第一款 有负担能力的祖父母、外祖父母，对于父母已经死亡或者父母无力抚养的未成年孙子女、外孙子女，有抚养的义务。

《江苏省高级人民法院家事纠纷案件审理指南（婚姻家庭部分）》

17、祖父母、外祖父母主张隔代探望权应当如何处理？

探望权的行使主体是不直接抚养子女的父母一方，义务主体是直接抚养子女的父母一方。祖父母、外祖父母主张探望孙子女、外孙子女的，一般不予支持。但祖父母、外祖父母对未成年孙子女、外孙子女尽了抚养义务，其主张探望孙子女、外孙子女的，可以支持。

第三节 养老孝亲

成年子女在父母年老时有赡养的义务，对老年人应给予经济上供养、生活上照料和精神上慰藉，照顾老年人的特殊需要，使其安度晚年。在父母身故之时，应操办丧事，尽到孝道。

第141问 子女之间可以通过协议约定如何赡养老人吗？

答：成年子女赡养父母是强制性的法定义务，多个子女之间不能通过协议免除某个子女的赡养义务。如果子女经过父母同意或者父母未明确反对的情况下，就如何赡养父母做出分工安排，合情合理亦合法。

赡养协议一般分为轮流赡养和分别赡养两种形式。轮流赡养，是指子女之间根据自己的时间、精力、经济条件等方面综合考虑，按天、月、季轮流赡养父母。若轮流赡养协议中的内容没有违背父母意愿的情况，应受法律保护。分别赡养，是指2个及以上的子女分为两派，一方赡养父亲，另一方赡养母亲。该类协议免除了某个子女对父亲或母亲的赡养义务，不具有法律效力。如果子女兼采轮流赡养和分别赡养形式，且征得父母同意或者父母接受的，不违背社会公序良俗，笔者认为法律应予支持。

◉ 相关依据

《中华人民共和国民法典》

第一千零六十七条第二款 成年子女不履行赡养义务的，缺乏劳动能力或者生活困难的父母，有要求成年子女给付赡养费的权利。

《中华人民共和国老年人权益保障法》

第二十条 经老年人同意，赡养人之间可以就履行赡养义务签订协议。赡养协议的内容不得违反法律的规定和老年人的意愿。

基层群众性自治组织、老年人组织或者赡养人所在单位监督协议的履行。

第142问 老年人可以不要自己的子女做监护人吗?

答：可以。委托监护，也称意定监护，指智力正常、精神健康的具有完全民事行为能力的老年人，因无配偶，无子女或与配偶、子女关系恶化，以及其他原因无人照顾的，可以与近亲属、朋友、邻居、其他没有血缘关系的个人或者居民委员会、村民委员会、学校、医疗机构、妇女联合会、残疾人联合会、依法设立的老年人组织、民政部门等组织协商签订委托监护协议，约定在自己丧失或者部分丧失民事行为能力时，对自己履行监护、照顾生活、管理财产、医疗救治、维护合法权利等职责，以保障生活质量。当有赡养义务的子女拒不履行赡养义务时，意定监护人可以作为监护人，代表老年人要求有赡养义务的人履行赡养义务。

◉ 相关依据

《中华人民共和国民法典》

第三十三条　具有完全民事行为能力的成年人，可以与其近亲属、其他愿意担任监护人的个人或者组织事先协商，以书面形式确定自己的监护人，在自己丧失或者部分丧失民事行为能力时，由该监护人履行监护职责。

第三十四条　监护人的职责是代理被监护人实施民事法律行为，保护被监护人的人身权利、财产权利以及其他合法权益等。

监护人依法履行监护职责产生的权利，受法律保护。

监护人不履行监护职责或者侵害被监护人合法权益的，应当承担法律责任。

因发生突发事件等紧急情况，监护人暂时无法履行监护职责，被监护人的生活处于无人照料状态的，被监护人住所地的居民委员会、村民委员会或者民政部门应当为被监护人安排必要的临时生活照料措施。

《中华人民共和国老年人权益保障法》

第二十六条第一款　具备完全民事行为能力的老年人，可以在近亲属或者其他与自己关系密切、愿意承担监护责任的个人、组织中协商确定自己的监护人。监护人在老年人丧失或者部分丧失民事行为能力时，依法承担监护责任。

第143问 “你不养我小，我就不养你老。”子女可以拒绝赡养父母吗？

答：赡养，是指晚辈对长辈在物质和生活上给予照顾和帮助。有负担能力的孙子女、外孙子女等晚辈亲属在自己的父母已经死亡或者没有能力赡养时，对祖父母、外祖父母负有赡养的义务。《民法典》规定，父母有抚养教育未成年人的权利和义务，成年子女有赡养扶助父母的义务。老百姓可能会通俗地理解为“你养我小，我养你老；你不养我小，我就不养你老”。然而，抚养义务和赡养义务并非对等交换义务，而是基于血缘和亲情关系的抚养、赡养义务，不是交易。在家庭关系中，抚养与赡养的一致性是常态，但有时也会出现不一致的状态：父母尽了抚养义务未必享受到被赡养的权利，子女未享受到受抚养的权利不能不承担赡养父母的义务。孝敬父母是中华民族的传统美德，赡养老人是有负担能力的成年子女应尽的责任和义务。父母在年老体弱、无劳动能力以及生活困难时，有权要求子女给付赡养费。子女在赡养父母时除了应提供经济上的保障之外，还应照料其生活，给予精神上的慰藉，照顾父母的特殊需要。如父母因经济能力限制或者其他客观原因未履行抚养义务，父母主观上没有故意遗弃的，子女就不能拒绝赡养父母。若父母有抚养能力拒不抚养或者有虐待、遗弃、故意伤害等行为，情节严重的，可以酌情减轻子女的赡养义务；构成犯罪的，可以免除子女的赡养义务。

◉ 相关依据

《中华人民共和国民法典》

第一千零六十七条　父母不履行抚养义务的，未成年子女或者不能独立生活的成年子女，有要求父母给付抚养费的权利。

成年子女不履行赡养义务的，缺乏劳动能力或者生活困难的父母，有要求成年子女给付赡养费的权利。

第一千零七十四条　有负担能力的祖父母、外祖父母，对于父母已经死亡或者父母无力抚养的未成年孙子女、外孙子女，有抚养的义务。

有负担能力的孙子女、外孙子女，对于子女已经死亡或者子女无力赡养的祖父母、外祖父母，有赡养的义务。

《江苏省高级人民法院家事纠纷案件审理指南（婚姻家庭部分）》

23、父母未履行抚养义务，子女能否主张免除赡养义务？

父母因经济能力限制或者其他客观原因未履行抚养义务，子女主张免除赡养义务的，不予支持。但父母存在有抚养能力而拒不履行抚养义务或者对子女实施虐待、遗弃、故意杀害等行为，情节严重的，可以酌情减轻子女的赡养义务，构成犯罪的，可以免除子女的赡养义务。

《中华人民共和国老年人权益保障法》

第二条　本法所称老年人是指六十周岁以上的公民。

第十三条　老年人养老以居家为基础，家庭成员应当尊重、关心和照料老年人。

第十四条　赡养人应当履行对老年人经济上供养、生活上照料和精神上慰藉的义务，照顾老年人的特殊需要。

赡养人是指老年人的子女以及其他依法负有赡养义务的人。

赡养人的配偶应当协助赡养人履行赡养义务。

第144问　孩子在父母离婚后由一方抚养成人，未直接抚养方年老时可以要求子女赡养吗？

答：“我养你小，你养我老。”这是法律权利义务相一致原则的要求，也是民间传统风俗习惯、家庭道德伦理的要求。父母离婚后，根据离婚协议或者法院判决，确定子女随一方生活长大，由于双方感情破裂不愿再继续交往，甚至可能出现未直接抚养子女的一方不愿探望子女的现象。离婚时，直接抚养方免除了未直接抚养方的支付抚养费义务的，不免除子女对非直接抚养方的赡养义务。赡养父母是子女的法定义务，不能协商排除，当事人自愿放弃权利的除外。即使父母在离婚协议中，已经明确约定免除了子女的赡养义务，也不妨碍老年父母通过法律途径要求子女履行赡养义务。未直接抚养方年老时，如果丧失劳动能力，又无生活来源，导致生活困难，可以要求成年子女按月支付赡养费、履行赡养义务。

赡养包括经济上的供养、生活上的照料和精神上的慰藉。子女有义务解决老人的住房、医疗等基本生存问题。人民法院在确定每月具体赡养费、医疗费数额，以及探望次数时，会综合考虑父母曾经对子女的付出、子女成年后对老年父母的付出、子女的工作和收入状况、老年人的健康医疗状况、有无必要购买家政服务等因素作出判决。

◉ 相关依据

《中华人民共和国民法典》

第一千零六十七条 父母不履行抚养义务的，未成年子女或者不能独立生活的成年子女，有要求父母给付抚养费的权利。

成年子女不履行赡养义务的，缺乏劳动能力或者生活困难的父母，有要求成年子女给付赡养费的权利。

《中华人民共和国老年人权益保障法》

第十四条 赡养人应当履行对老年人经济上供养、生活上照料和精神上慰藉的义务，照顾老年人的特殊需要。

赡养人是指老年人的子女以及其他依法负有赡养义务的人。

赡养人的配偶应当协助赡养人履行赡养义务。

第十五条 赡养人应当使患病的老年人及时得到治疗和护理；对经济困难的老年人，应当提供医疗费用。

对生活不能自理的老年人，赡养人应当承担照料责任；不能亲自照料的,可以按照老年人的意愿委托他人或者养老机构等照料。

第十六条 赡养人应当妥善安排老年人的住房,不得强迫老年人居住或者迁居条件低劣的房屋。

老年人自有的或者承租的住房,子女或者其他亲属不得侵占,不得擅自改变产权关系或者租赁关系。

老年人自有的住房,赡养人有维修的义务。

第十九条 赡养人不得以放弃继承权或者其他理由,拒绝履行赡养义务。

赡养人不履行赡养义务,老年人有要求赡养人付给赡养费等权利。

赡养人不得要求老年人承担力不能及的劳动。

第145问 子女放弃继承遗产,就可以不赡养父母了吗?

答:不可以。赡养与继承是两个完全不同的法律关系。有负担能力的成年子女,对无劳动能力或生活困难的父母有给付赡养费的义务。子女不得以放弃继承为由,拒绝履行赡养父母的法定义务。即使父母没有财产可供子女继承,子女也不能不赡养父母。权利可以放弃,义务无法放弃。继承权的放弃以取得继承权为前提,继承权在继承开始后取得,放弃继承的权利只能在继承开始后遗产处理前行使。继承尚未开始,继承人尚未取得继承权,放弃继承无从谈起,此时声明放弃继承不具有法律效力。子女对父母有赡养扶助的法定义务。如果父母与子女约定免除子女赡养义务的,该约定无效。事后父母主张子女履行赡养义务的,人民法院应予支持。父母、子女约定以子女放弃家庭共有财产、继承等为条件免除子女赡养义务的,如果协议已经履行,可以酌情减轻子女给付赡养费的义务。

相关依据

《中华人民共和国民法典》

第一千零六十七条第二款 成年子女不履行赡养义务的，缺乏劳动能力或者生活困难的父母，有要求成年子女给付赡养费的权利。

《中华人民共和国老年人权益保障法》

第十九条 赡养人不得以放弃继承权或者其他理由，拒绝履行赡养义务。

赡养人不履行赡养义务，老年人有要求赡养人付给赡养费等权利。

赡养人不得要求老年人承担力不能及的劳动。

《最高人民法院关于适用〈中华人民共和国民法典〉继承编的解释（一）》

第三十二条 继承人因放弃继承权，致其不能履行法定义务的，放弃继承权的行为无效。

《江苏省高级人民法院家事纠纷案件审理指南（婚姻家庭部分）》

22、父母与子女约定免除或者以子女放弃家庭共有财产、继承等为条件免除子女赡养义务的，事后能否主张子女履行赡养义务？

子女对父母有赡养扶助的法定义务。父母与子女约定免除子女赡养义务的，该约定无效，事后父母主张子女履行赡养义务的，应予支持。约定以子女放弃家庭共有财产、继承等为条件免除子女赡养义务的，如果协议已履行，可以酌情减轻子女给付赡养费的义务。

第146问 无子女或者子女身处国外，没人尽孝养老，可以找别人给自己养老送终吗？

答：对于没有儿女或者儿女身处国外，无人养老尽孝的，或者儿女因从事科研、保密、军事行动等工作无法脱离工作岗位而难以尽孝的孤寡老人，养老送终成了大难题。相信很多人会有“只要有钱，就能住养老院”的想法。如果老人的存款不足以支付养老费用，以及老人没有监护人或监护人不同意老人住进养老院，一般情况下养老院不会接收。假设老人仅有一套房产或类似其他财产，既不愿出售变现租房居住，又因年老体迈，行动不便，缺乏自理能力，进养老院、租房居住都不适合，也不是最佳选择，该怎么办呢？遗赠扶养是另一种养老方式的不错选择！老人与扶养人签订遗赠扶养协议，约定扶养人承担老人的生养死葬义务，老人去世后，其全部或者部分财产归扶养人所有。扶养人可以是个人，也可以是集体经济组织，但不能是法定继承范围内的人。需要扶养人注意的是，老人在签订遗赠扶养协议时应具有完全民事行为能力，头脑清醒，言语表达清晰，交流无障碍。协议内容应能真实反映老人内心意思，并写明扶养的具体内容和患病医治、安葬墓地、葬礼安排等有关生养死葬的具体安排。有债权债务的，协议应详细写明债务人姓名、金额、发生、经过、联系方式、联系地址以及处理意见。遗赠扶养协议内容应尽可能周全详尽，条款用语明确、规范，便于理解和操作，体现公平合理、权利义务对等缔约原则，如存在法定扶养人、赡养人的，应事先征求其意见，必要时请求签字确认。签订遗赠扶养协议时，双方可以请在场人见证或公证员公证，增强其证明效力。

◉ 相关依据

《中华人民共和国民法典》

第一千一百二十三条　继承开始后，按照法定继承办理；有遗嘱，按照遗嘱继承或者遗赠办理；有遗赠扶养协议的，按照协议办理。

第一千一百二十四条　继承开始后，继承人放弃继承的，应当在遗产处理前，以书面形式作出放弃继承的表示；没有表示的，视为接受继承。

受遗赠人应当在知道受遗赠后六十日内，作出接受或者放弃受遗赠的表示；到期没有表示的，视为放弃受遗赠。

第一千一百五十八条　自然人可以与继承人以外的组织或者个人签订

遗赠扶养协议。按照协议,该组织或者个人承担该自然人生养死葬的义务,享有受遗赠的权利。

第147问 赠给"不孝子女"的房产,还能要回来吗?

答:赠与合同是赠与人将自己的财产无偿给予受赠人,受赠人表示接受的合同。一般情况下,受赠人不需要付出相应的对价。赠与可以附义务,若受赠人不履行义务,赠与人可以撤销赠与。

现实生活中,一些头脑清醒、耳聪目明、具有完全民事行为能力的老年人会与有赡养扶助能力的成年儿女协商,签订以房屋产权赠与换取养老送终服务的协议。协议约定养老期间若儿女不孝顺、不尽赡养义务,可以收回房屋。此类约定属于附义务的赠与行为。在双方签订协议后、转移房屋权属前老人反悔的,或者转移权属后儿女出现不履行赡养义务和不按照合同约定尽孝的行为,老人可以向人民法院请求撤销赠与。赠与人撤销赠与后,若受赠人具有法律上的赡养或扶养义务,依然需要履行法定赡养或扶养义务。即使在没有赠与的情况下,赡养人也应出于法律和道德上的义务,为老年人安排住房或修缮、维护房屋,患病时给予医治和护理,对老年人给予经济上的供养、生活上的照料和精神上的慰藉,照顾老年人的特殊需要。

◉ 相关依据

《中华人民共和国民法典》

第六百五十八条 赠与人在赠与财产的权利转移之前可以撤销赠与。

经过公证的赠与合同或者依法不得撤销的具有救灾、扶贫、助残等公益、道德义务性质的赠与合同,不适用前款规定。

第六百六十一条 赠与可以附义务。

赠与附义务的，受赠人应当按照约定履行义务。

第六百六十三条　受赠人有下列情形之一的，赠与人可以撤销赠与：

（一）严重侵害赠与人或者赠与人近亲属的合法权益；

（二）对赠与人有扶养义务而不履行；

（三）不履行赠与合同约定的义务。

赠与人的撤销权，自知道或者应当知道撤销事由之日起一年内行使。

《中华人民共和国老年人权益保障法》

第十四条　赡养人应当履行对老年人经济上供养、生活上照料和精神上慰藉的义务，照顾老年人的特殊需要。

赡养人是指老年人的子女以及其他依法负有赡养义务的人。

赡养人的配偶应当协助赡养人履行赡养义务。

第十六条　赡养人应当妥善安排老年人的住房，不得强迫老年人迁居条件低劣的房屋。

老年人自有的或者承租的住房，子女或者其他亲属不得侵占，不得擅自改变产权关系或者租赁关系。

老年人自有的住房，赡养人有维修的义务。

第148问　子女对父母不孝，也能继承遗产？

答：《民法典》第1125条规定了继承人丧失继承权的五种情形，分为绝对丧失和相对丧失两类。五种情形中故意杀害被继承人和为争夺遗产杀害其他继承人的，绝对丧失继承权；其他三种情形是相对丧失继承权。三种相对丧失继承权情形如下：

1. 继承人虐待被继承人情节严重，或者遗弃被继承人的，丧失继承权。虐待被继承人，是指在被继承人生前对其从身体上或者精神上进行摧残或者折磨。虐待被继承人只有情节严重的，才丧失继承权。遗弃被继承人，是指对没有劳动能力又没有生活来源的被继承人有扶养义务而拒不履行扶养义务。遗弃被继承人无论情节是否严重，均丧失继承权，情节严重的甚至会被追究刑事责任。

2. 继承人伪造、篡改、隐匿或者销毁遗嘱，情节严重的，丧失继承权。继承人违背被继承人的意愿，以被继承人的名义订立、改变、隐藏或者销毁遗嘱，侵犯了遗嘱继承人的利益，情节严重的，丧失继承权。

3. 以欺诈、胁迫手段迫使或者妨碍被继承人设立、变更或者撤回遗嘱，情节严重的，丧失继承权。情节严重，是指侵害了缺乏劳动能力又没有生活来源的继承人的利益，并造成其生活困难。

《民法典》对上述三类情形设置了宽恕制度，允许老年父母原谅"不孝子女"的劣行。"不孝子女"对自己的行为表示悔改，并取得父母宽恕或者事后在遗嘱中列为继承人的，依然可以获得对父母遗产的继承权。立法目的旨在鼓励弃恶从善、善待父母。

◉ 相关依据

《中华人民共和国民法典》

第一千一百二十五条 继承人有下列行为之一的，丧失继承权：

（一）故意杀害被继承人；

（二）为争夺遗产而杀害其他继承人；

（三）遗弃被继承人，或者虐待被继承人情节严重；

（四）伪造、篡改、隐匿或者销毁遗嘱，情节严重；

（五）以欺诈、胁迫手段迫使或者妨碍被继承人设立、变更或者撤回遗嘱，情节严重。

继承人有前款第三项至第五项行为，确有悔改表现，被继承人表示宽恕或者事后在遗嘱中将其列为继承人的，该继承人不丧失继承权。

受遗赠人有本条第一款规定行为的，丧失受遗赠权。

第149问　未举行告别仪式，亲人遗体就被火化，家属可以要求殡仪馆赔偿精神损失吗？

答：祭奠权是近亲属沿袭传统习俗对逝者寄托哀思、举行怀念活动的人格权利。我国法律尚未明文规定公民的祭奠权，但在司法实践中，已有保护祭奠权的判例。因医院太平间、殡仪馆等机构工作人员疏忽大意错领遗体，导致家属未能举行告别仪式，“见上最后一面”即火化的，侵犯了家属的祭奠权，损害了近亲属的情感和精神利益。祭奠权受到侵害的，近亲属可以提出精神损害赔偿。

◉ 相关依据

《中华人民共和国民法典》

第九百九十四条　死者的姓名、肖像、名誉、荣誉、隐私、遗体等受到侵害的，其配偶、子女、父母有权依法请求行为人承担民事责任；死者没有配偶、子女且父母已经死亡的，其他近亲属有权依法请求行为人承担民事责任。

《江苏省殡葬管理条例》

第二十八条　提供殡葬服务应当遵守法律、法规，遵循诚信原则，不得侵害服务对象的合法权益。

殡葬服务单位应当建立殡葬设施、设备管理制度，并将服务规程、服务标准、收费项目、收费标准在服务场所公示。提供服务应当与丧事承办人签订合同，收费应当出具合法票据。不得以任何形式误导、捆绑或者强制提供服务，不得有不正当价格行为。

殡仪馆、公墓、骨灰堂等殡葬设施的运营管理单位应当按照国家规定建立、保管、移交业务档案，确保相关信息安全，保护逝者及其亲属的合法权益。

第150问 子女可以捐献父母的遗体吗？

答：遗体捐献，是指自然人生前自愿表示在死亡后，由其执行人将遗体全部或其部分捐献给医学科学事业的行为；或者生前未表示是否捐献意愿的自然人死亡后，由其近亲属一致同意将其遗体的全部或者部分捐献给医学科学事业的行为。为了保证所捐献遗体的安全卫生，不致造成污染，患有国家规定的甲、乙类传染病而病故的病人遗体不列入捐献范畴。

具有完全民事行为能力的自然人，生前可以自行订立遗嘱，自主安排逝世后将自己的人体细胞、人体组织、人体器官甚至遗体，自愿无偿地捐献用于医疗救治、医学教育和科学研究事业，贡献自己最后一份力量，赋予有限的生命以无限的意义，以造福社会、荫及后代。若死者生前未曾表示遗体捐献的，死者的配偶、成年子女、父母可以共同协商一致决定捐献。若死者的配偶、父母已死亡，则其所有成年子女可以共同决定捐献事宜，死者的独生子女可以单独决定捐献事宜。决定捐献遗体的亲属均需具备完全民事行为能力，无民事行为能力、限制民事行为能力人不能行使决定权。目前，我国由红十字会负责遗体捐献工作，具体实施遗体接收工作的为医院、医学院。

◉ 相关依据

《中华人民共和国民法典》

第一千零六条 完全民事行为能力人有权依法自主决定无偿捐献其人体细胞、人体组织、人体器官、遗体。任何组织或者个人不得强迫、欺骗、利诱其捐献。

完全民事行为能力人依据前款规定同意捐献的，应当采用书面形式，也可以订立遗嘱。

自然人生前未表示不同意捐献的，该自然人死亡后，其配偶、成年子女、父母可以共同决定捐献，决定捐献应当采用书面形式。

《苏州市遗体捐献暂行办法》

第三条　本办法所称遗体捐献，是指：自然人生前自愿表示在死亡后，由其执行人将遗体全部或其部分（如可供移植的器官、角膜等）捐献给医学科学事业的行为；以及生前未表示捐献遗体意愿的自然人死亡后，由其近亲属一致同意将其遗体全部或其部分捐献给医学科学事业的行为。

本办法所称近亲属是指：父母、配偶、成年子女或者其他监护人。

遗体捐献人指定并委托的执行人，可以是捐献人的近亲属或在工作、生活上有密切关系的其他自然人，也可以是捐献人生前所在单位、居住地的居（村）民委员会、养老机构或其他有关单位。

第十六条第一款、第三款　捐献人死亡后，执行人应当及时通知相应的接受单位办理有关手续。

执行人因故不能执行的，可由捐献人身前所在单位或者居住地的居（村）民委员会及时通知相应的接受单位。

第十八条　为了保证所捐献遗体的安全卫生，不致造成污染，依据《中华人民共和国传染病防治法》及其实施办法，因患国家规定的甲、乙类传染病而病故的病人遗体不列入捐献范畴。

第151问　亲属因祭奠权利受到了损害，可以起诉请求赔偿精神损失吗？

答：祭奠活动是中华民族家族孝道文化的重要传承形式，有助于寻祖问宗，厘清血脉延续，增强家族人脉关系，传承家族精神文化内涵。祭奠权，又称尽孝权，是具有亲属关系的人对已故亲人进行寄托哀悼、追思过往，表达敬意、祈祷和虔诚的情感仪式性活动的精神利益权利。祭奠权是亲属基于血缘和身份关系的身份权利。享有祭奠权的人，应为配偶、直系血亲和三代以内的旁系血亲以及三代以外的其他具有亲属关系的人。直系血亲是指“生我的人”和“我生的人”，包括父母、子女、祖父母、外祖父母、孙子女、外孙子女等；旁系血亲，不是生自己或自己生的，但是是和自己有血缘关系的人，包括（堂、表）兄弟姐妹、伯叔舅姑姨、侄子女、甥子女。

祭奠权主要内容为：有权知道逝者死亡时间、地点、原因和过程，有权知道和前往追悼地点，有权参与选择墓址，有权出资购买墓地，有权主持或参加追悼会，有权出席遗体告别仪式，有权参与观看遗体安放等办理丧事，管理和保护坟墓、瞻仰逝者等一系列活动。由于全国各地和民族的风俗习惯有所不同，祭奠权的内容也有所差异。在司法实践中，侵犯祭奠权主要表现为：未通知逝者去世、未通知参与办理丧事、未通知骨灰安葬处、未经协商移走逝者骨灰、墓碑上未刻亲属姓名没有遗嘱和未经同意合葬等情形。当祭奠权遭受侵犯时，受侵害者可以向人民法院提起民事诉讼，并可以提出精神损害赔偿。

◉ 相关依据

《中华人民共和国民法典》

第八条　民事主体从事民事活动，不得违反法律，不得违背公序良俗。

第一千零四十五条　亲属包括配偶、血亲和姻亲。

配偶、父母、子女、兄弟姐妹、祖父母、外祖父母、孙子女、外孙子女为近亲属。

配偶、父母、子女和其他共同生活的近亲属为家庭成员。

《最高人民法院关于确定民事侵权精神损害赔偿责任若干问题的解释》

第三条　死者的姓名、肖像、名誉、荣誉、隐私、遗体、遗骨等受到侵害，其近亲属向人民法院提起诉讼请求精神损害赔偿的，人民法院应当依法予以支持。

第152问　如何申请认定成年人为无民事行为能力人?

答:民法上年满18周岁的自然人为成年人,法律推定其具有完全民事行为能力,有证据证明其不能辨认自己行为的,属于无民事行为能力人。无民事行为能力人实施的民事法律行为无效,需其法定代理人代理实施民事法律行为。常见的无民事行为能力人有:精神病人(痴呆患者)、突发脑出血生活不能自理者、脑瘫患者、脑梗死患者、植物人等。

无民事行为能力人的近亲属或其他利害关系人、有关组织,可以向其户口所在地的区(县)人民法院申请认定其无民事行为能力。申请时应提交申请书、申请人及被申请人的身份证明材料、申请人与被申请人之间的关系证明、证明被申请人无民事行为能力的证明材料(医院证明、病历资料、鉴定意见等)、其他近亲属放弃监护权的声明等必要资料。通常情况下,申请认定被申请人为无民事行为能力人的同时,还应请求为其指定监护人(民事诉讼中的法定代理人)保护其人身、财产及其他合法权利。

无民事行为能力人的近亲属、利害关系人及有关组织,具体包括被申请人的配偶、父母、子女、兄弟姐妹、祖父母、外祖父母、孙子女、外孙子女等;其他愿意承担监护责任经被申请人所在单位或所在居委会或村民委员会同意的,与被申请人关系密切的其他亲属或朋友;与无民事行为能力人有关的组织,如居民委员会、村民委员会、学校、医疗机构、妇女联合会、残疾人联合会、依法设立的老年人组织、民政部门等。

人民法院审理认定无民事行为能力的案件,适用民事诉讼中的特别程序,申请人不需要向法院缴纳案件受理费,实行独任审判,30日内审结(鉴定期、公告期除外)且一审终审。

◉ 相关依据

《中华人民共和国民法典》

第二十四条 不能辨认或者不能完全辨认自己行为的成年人，其利害关系人或者有关组织，可以向人民法院申请认定该成年人为无民事行为能力人或者限制民事行为能力人。

被人民法院认定为无民事行为能力人或者限制民事行为能力人的，经本人、利害关系人或者有关组织申请，人民法院可以根据其智力、精神健康恢复的状况，认定该成年人恢复为限制民事行为能力人或者完全民事行为能力人。

本条规定的有关组织包括：居民委员会、村民委员会、学校、医疗机构、妇女联合会、残疾人联合会、依法设立的老年人组织、民政部门等。

《中华人民共和国民事诉讼法》

第一百八十七条 申请认定公民无民事行为能力或者限制民事行为能力，由其近亲属或者其他利害关系人向该公民住所地基层人民法院提出。

申请书应当写明该公民无民事行为能力或者限制民事行为能力的事实和根据。

第一百八十八条 人民法院受理申请后，必要时应当对被请求认定为无民事行为能力或者限制民事行为能力的公民进行鉴定。申请人已提供鉴定意见的，应当对鉴定意见进行审查。

第一百八十九条第二款 人民法院经审理认定申请有事实根据的，判决该公民为无民事行为能力或者限制民事行为能力人；认定申请没有事实根据的，应当判决予以驳回。

《最高人民法院关于适用〈中华人民共和国民事诉讼法〉的解释》

第三百五十二条 申请认定公民无民事行为能力或者限制民事行为能力的案件，被申请人没有近亲属的，人民法院可以指定经被申请人住所地的居民委员会、村民委员会或者民政部门同意，且愿意担任代理人的个人或者组织为代理人。

没有前款规定的代理人的，由被申请人住所地的居民委员会、村民委员会或者民政部门担任代理人。

代理人可以是一人,也可以是同一顺序中的两人。

第153问 如何为无民事行为能力的成年人,申请指定监护人?

答:成年人中的精神病人、痴呆患者、脑梗死患者、植物人等因为自身已经丧失了民事行为能力,无法处理自己的离婚、房屋买卖、领取社保、提取银行存款等重要事件,需要监护人代理。可以担任监护人的自然人,为无民事行为能力人的配偶,父母、成年子女,其他愿意且经被监护人住所地的居民委员会、村民委员会或民政部门同意担任监护人的个人或组织。

确定监护人的方式分为协商确定和申请指定。申请指定方式有向基层组织申请指定和直接向人民法院申请指定两种。

协商确定方式,指具有监护人资格的人之间可以自行协商签订协议,为被监护人确定监护人。协商时要尊重被监护人本人的真实意愿。

监护人之间协商不成无法达成协议时,被监护人所在的居委会、村委会或者民政部门有权按照有利于被监护人的原则进行指定。其他具有监护资格的人对该指定不服的,可以向法院申请指定。

具有监护人资格的人之间自行协商确定监护人,可能会出现反悔、推诿现象,故可以不经协商,直接申请法院指定。由于基层组织不一定具有认定被监护人行为能力的资格和能力,且指定的公信力亦不如人民法院的判决,在居委会、村委会、民政部门难以指定或拒绝指定的情况下,也可以直接向法院申请指定监护人。居民委员会、村民委员会、民政部门或者人民法院应当尊重被监护人的真实意愿,按照最有利于被监护人的原则在依法具有监护资格的人中指定监护人。

被指定的监护人不服法院指定的，可以在接到通知之日起30日内提出异议。异议不成立的，法院裁定驳回；异议成立的，法院撤销指定的同时需另行指定监护人。

◉ 相关依据

《中华人民共和国民法典》

第二十八条 无民事行为能力或者限制民事行为能力的成年人，由下列有监护能力的人按顺序担任监护人：

（一）配偶；

（二）父母、子女；

（三）其他近亲属；

（四）其他愿意担任监护人的个人或者组织，但是须经被监护人住所地的居民委员会、村民委员会或者民政部门同意。

第三十条 依法具有监护资格的人之间可以协议确定监护人。协议确定监护人应当尊重被监护人的真实意愿。

第三十一条 对监护人的确定有争议的，由被监护人住所地的居民委员会、村民委员会或者民政部门指定监护人，有关当事人对指定不服的，可以向人民法院申请指定监护人；有关当事人也可以直接向人民法院申请指定监护人。

居民委员会、村民委员会、民政部门或者人民法院应当尊重被监护人的真实意愿，按照最有利于被监护人的原则在依法具有监护资格的人中指定监护人。

依据本条第一款规定指定监护人前，被监护人的人身权利、财产权利以及其他合法权益处于无人保护状态的，由被监护人住所地的居民委员会、村民委员会、法律规定的有关组织或者民政部门担任临时监护人。

监护人被指定后，不得擅自变更；擅自变更的，不免除被指定的监护人的责任。

第三十二条　没有依法具有监护资格的人的，监护人由民政部门担任，也可以由具备履行监护职责条件的被监护人住所地的居民委员会、村民委员会担任。

《最高人民法院关于适用〈中华人民共和国民事诉讼法〉的解释》

第三百五十一条　被指定的监护人不服居民委员会、村民委员会或者民政部门指定，应当自接到通知之日起三十日内向人民法院提出异议。经审理，认为指定并无不当的，裁定驳回异议；指定不当的，判决撤销指定，同时另行指定监护人。判决书应当送达异议人、原指定单位及判决指定的监护人。

有关当事人依照民法典第三十一条第一款规定直接向人民法院申请指定监护人的，适用特别程序审理，判决指定监护人。判决书应当送达申请人、判决指定的监护人。

第六章

未成年人篇

CHAPTER 06

第一节 人身监护

父母是未成年子女的第一监护人,对未成年子女负有抚养、教育和保护的义务。父母应依法保障未成年子女的生活、健康、安全等,适时关注未成年子女的生理、心理状况和情感需求;保障并协助未成年子女实施与其智力、精神健康状况相适应的民事法律行为;对未成年子女有能力独立处理的事务,父母不得随意干涉。

第154问 担任监护人,需要承担哪些法律责任?

答:监护是保护无民事行为能力人、限制民事行为能力人,如未成年人、精神病人的人身财产权利,由父母及其他近亲属、组织对其予以监督、管理和保护的一种法律制度。可以担任监护人角色的有:(1)配偶;(2)父母、有监护能力的子女;(3)其他有监护能力的近亲属;(4)其他愿意担任监护人的个人或组织,但是须经被监护人住所地的居民委员会、村民委员会或者民政部门同意。

监护人的监护职责主要包括:

(1)抚养、教育和保护被监护人。学习家庭教育知识,正确履行监护职责,适时关注未成年人的生理、心理状况和行为习惯,以健康的思想、良好的品行和适当的方法教育和影响未成年人,引导未成年人进行有益身心健康的活动,为未成年人创造良好和睦的家庭环境,保护被监护人的身体健康,照顾被监护人的生活。禁止对被监护人实施家庭暴力、虐待、遗弃。

(2)监督和防范被监护人违法犯罪。不得教唆、利用未成年人、精神病人从事违法犯罪活动，注意预防和制止未成年人吸烟、酗酒、流浪、沉迷网络以及赌博、吸毒、卖淫等行为。

（3）管理和保护财产。管理和保护被监护人的财产，除为被监护人的利益外，不得处理被监护人的财产。

（4）代理民事活动和诉讼。代理被监护人进行民事活动；在被监护人合法权益受到侵害或者与人发生争议时，代理其进行诉讼。

（5）承担民事赔偿责任。被监护人侵害他人人身财产权利需要承担赔偿责任时，先从被监护人所有的财产中予以赔偿；被监护人没有财产或财产不足以赔偿的，再由监护人予以赔偿；监护人尽了监护责任的，可以适当减轻。夫妻离婚后，未成年子女侵害他人权益的，同该子女共同生活的一方应当承担民事责任；如果独立承担民事责任确有困难的，可以责令未与该子女共同生活的一方共同承担民事责任。

（6）委托、变更监护。监护人可以将监护职责部分或全部委托给他人。因被监护人的侵权行为需要承担民事责任的，由监护人承担，但委托人与受委托人之间另有约定的除外。委托监护过程中，被委托人确有过错的，负连带责任。监护人指定后，不得自行变更；擅自变更的，由原被指定的监护人和变更后的监护人承担监护责任。

（7）撤销监护人资格。当监护人未尽职责严重侵害被监护人人身财产合法权益时，人民法院根据被监护人其他具有监护资格的个人或组织（包括配偶、父母、子女、兄弟姐妹、祖父母、外祖父母、孙子女、外孙子女、居民委员会、村民委员会、学校、医疗机构、妇女联合会、残疾人联合会、未成年人保护组织、依法设立的老年人组织、民政部门等）的申请撤销监护人资格。

（8）行政处罚。被监护人违反治安管理规定但不予处罚的，监护人负有严加管教的责任。监护人对被监护人的行为违反治安管理规定的，公安机关将依法予以行政处罚，给予警告、罚款甚至拘留。

(9)刑事责任。监护人的行为构成故意伤害、故意杀人、虐待、遗弃等犯罪的，司法机关予以追究刑事责任。

◉ 相关依据

《中华人民共和国民法典》

第二十八条　无民事行为能力或者限制民事行为能力的成年人，由下列有监护能力的人按顺序担任监护人：

（一）配偶；

（二）父母、子女；

（三）其他近亲属；

（四）其他愿意担任监护人的个人或者组织，但是须经被监护人住所地的居民委员会、村民委员会或者民政部门同意。

第三十四条　监护人的职责是代理被监护人实施民事法律行为，保护被监护人的人身权利、财产权利以及其他合法权益等。

监护人依法履行监护职责产生的权利，受法律保护。

监护人不履行监护职责或者侵害被监护人合法权益的，应当承担法律责任。

因发生突发事件等紧急情况，监护人暂时无法履行监护职责，被监护人的生活处于无人照料状态的，被监护人住所地的居民委员会、村民委员会或者民政部门应当为被监护人安排必要的临时生活照料措施。

第三十六条　监护人有下列情形之一的，人民法院根据有关个人或者组织的申请，撤销其监护人资格，安排必要的临时监护措施，并按照最有利于被监护人的原则依法指定监护人：

（一）实施严重损害被监护人身心健康行为的；

（二）怠于履行监护职责，或者无法履行监护职责并且拒绝将监护职责部分或者全部委托给他人，导致被监护人处于危困状态的；

（三）实施严重侵害被监护人合法权益的其他行为的。

本条规定的有关个人和组织包括：其他依法具有监护资格的人，居民委员会、村民委员会、学校、医疗机构、妇女联合会、残疾人联合会、未成年人保护组织、依法设立的老年人组织、民政部门等。

前款规定的个人和民政部门以外的组织未及时向人民法院申请撤销监护人资格的，民政部门应当向人民法院申请。

第一千一百八十八条　无民事行为能力人、限制民事行为能力人造成他人损害的，由监护人承担侵权责任。监护人尽到监护职责的，可以减轻其侵权责任。

有财产的无民事行为能力人、限制民事行为能力人造成他人损害的，从本人财产中支付赔偿费用；不足部分，由监护人赔偿。

《中华人民共和国未成年人保护法》

第十六条　未成年人的父母或者其他监护人应当履行下列监护职责：

（一）为未成年人提供生活、健康、安全等方面的保障；

（二）关注未成年人的生理、心理状况和情感需求；

（三）教育和引导未成年人遵纪守法、勤俭节约，养成良好的思想品德和行为习惯；

（四）对未成年人进行安全教育，提高未成年人的自我保护意识和能力；

（五）尊重未成年人受教育的权利，保障适龄未成年人依法接受并完成义务教育；

（六）保障未成年人休息、娱乐和体育锻炼的时间，引导未成年人进行有益身心健康的活动；

（七）妥善管理和保护未成年人的财产；

（八）依法代理未成年人实施民事法律行为；

（九）预防和制止未成年人的不良行为和违法犯罪行为，并进行合理管教；

(十)其他应当履行的监护职责。

第十七条　未成年人的父母或者其他监护人不得实施下列行为:

(一)虐待、遗弃、非法送养未成年人或者对未成年人实施家庭暴力;

(二)放任、教唆或者利用未成年人实施违法犯罪行为;

(三)放任、唆使未成年人参与邪教、迷信活动或者接受恐怖主义、分裂主义、极端主义等侵害;

(四)放任、唆使未成年人吸烟(含电子烟,下同)、饮酒、赌博、流浪乞讨或者欺凌他人;

(五)放任或者迫使应当接受义务教育的未成年人失学、辍学;

(六)放任未成年人沉迷网络,接触危害或者可能影响其身心健康的图书、报刊、电影、广播电视节目、音像制品、电子出版物和网络信息等;

(七)放任未成年人进入营业性娱乐场所、酒吧、互联网上网服务营业场所等不适宜未成年人活动的场所;

(八)允许或者迫使未成年人从事国家规定以外的劳动;

(九)允许、迫使未成年人结婚或者为未成年人订立婚约;

(十)违法处分、侵吞未成年人的财产或者利用未成年人牟取不正当利益;

(十一)其他侵犯未成年人身心健康、财产权益或者不依法履行未成年人保护义务的行为。

第十八条　未成年人的父母或者其他监护人应当为未成年人提供安全的家庭生活环境,及时排除引发触电、烫伤、跌落等伤害的安全隐患;采取配备儿童安全座椅、教育未成年人遵守交通规则等措施,防止未成年人受到交通事故的伤害;提高户外安全保护意识,避免未成年人发生溺水、动物伤害等事故。

第二十条　未成年人的父母或者其他监护人发现未成年人身心健康受到侵害、疑似受到侵害或者其他合法权益受到侵犯的,应当及时了解情况并采取保护措施;情况严重的,应当立即向公安、民政、教育等部门报告。

第二十一条　未成年人的父母或者其他监护人不得使未满八周岁或者由于身体、心理原因需要特别照顾的未成年人处于无人看护状态,或者将其交由无民事行为能力、限制民事行为能力、患有严重传染性疾病或者其他不适宜的人员临时照护。

未成年人的父母或者其他监护人不得使未满十六周岁的未成年人脱离监护单独生活。

第二十二条 未成年人的父母或者其他监护人因外出务工等原因在一定期限内不能完全履行监护职责的，应当委托具有照护能力的完全民事行为能力人代为照护；无正当理由的，不得委托他人代为照护。

未成年人的父母或者其他监护人在确定被委托人时，应当综合考虑其道德品质、家庭状况、身心健康状况、与未成年人生活情感上的联系等情况，并听取有表达意愿能力未成年人的意见。

具有下列情形之一的，不得作为被委托人：

（一）曾实施性侵害、虐待、遗弃、拐卖、暴力伤害等违法犯罪行为；

（二）有吸毒、酗酒、赌博等恶习；

（三）曾拒不履行或者长期怠于履行监护、照护职责；

（四）其他不适宜担任被委托人的情形。

《中华人民共和国治安管理处罚法》

第十二条 已满十四周岁不满十八周岁的人违反治安管理的，从轻或者减轻处罚；不满十四周岁的人违反治安管理的，不予处罚，但是应当责令其监护人严加管教。

第十三条 精神病人在不能辨认或者不能控制自己行为的时候违反治安管理的，不予处罚，但是应当责令其监护人严加看管和治疗。间歇性的精神病人在精神正常的时候违反治安管理的，应当给予处罚。

第155问 父母一方侵害未成年人利益，可以申请撤销其监护资格吗？

答：父母是未成年子女的第一法定监护人，应当为其创造良好、和睦的家庭环境，正确履行监护职责，抚养教育未成年人。父母应当适时关注未成年人的生理、心理状况和行为习惯，以健康的思想、良好的品行和适当的方法教育和影响未成年人，引导未成年人进行有益身心健康的活动，并维护其合法权益。

当父母一方有丧失生活自理能力无力监护，拒不监护达6个月以上导致未成年子女流离失所或者生活无着落，性侵害、虐待、遗弃、殴打未成年子女，教唆、利用未成年子女违法犯罪，胁迫、诱骗、利用未成年人乞讨等严重侵害未成年子女合法利益、对未成年人的身心健康发展极为不利的情形存在时，有关人员或者有关单位可以申请法院撤销其监护资格，由法院另行指定监护人。

有权申请撤销监护资格的人员或单位：其他依法具有监护资格的人，居民委员会、村民委员会、学校、医疗机构、妇女联合会、残疾人联合会、未成年人保护组织、民政部门等。

◉ 相关依据

《中华人民共和国民法典》

第二十七条 父母是未成年子女的监护人。

未成年人的父母已经死亡或者没有监护能力的，由下列有监护能力的人按顺序担任监护人：

（一）祖父母、外祖父母；

（二）兄、姐；

（三）其他愿意担任监护人的个人或者组织，但是须经未成年人住所地的居民委员会、村民委员会或者民政部门同意。

第三十六条 监护人有下列情形之一的，人民法院根据有关个人或者组织的申请，撤销其监护人资格，安排必要的临时监护措施，并按照最有利于被监护人的原则依法指定监护人：

（一）实施严重损害被监护人身心健康的行为；

（二）怠于履行监护职责，或者无法履行监护职责且拒绝将监护职责部

分或者全部委托给他人,导致被监护人处于危困状态;

(三)实施严重侵害被监护人合法权益的其他行为。

本条规定的有关个人、组织包括:其他依法具有监护资格的人,居民委员会、村民委员会、学校、医疗机构、妇女联合会、残疾人联合会、未成年人保护组织、依法设立的老年人组织、民政部门等。

前款规定的个人和民政部门以外的组织未及时向人民法院申请撤销监护人资格的,民政部门应当向人民法院申请。

第三十七条 依法负担被监护人抚养费、赡养费、扶养费的父母、子女、配偶等,被人民法院撤销监护人资格后,应当继续履行负担的义务。

《中华人民共和国未成年人保护法》

第一百零八条 未成年人的父母或者其他监护人不依法履行监护职责或者严重侵犯被监护的未成年人合法权益的,人民法院可以根据有关人员或者单位的申请,依法作出人身安全保护令或者撤销监护人资格。

被撤销监护人资格的父母或者其他监护人应当依法继续负担抚养费用。

《最高人民法院 最高人民检察院 公安部 民政部关于依法处理监护人侵害未成年人权益行为若干问题的意见》

35.被申请人有下列情形之一的,人民法院可以判决撤销其监护人资格:

(一)性侵害、出卖、遗弃、虐待、暴力伤害未成年人,严重损害未成年人身心健康的;

(二)将未成年人置于无人监管和照看的状态,导致未成年人面临死亡或者严重伤害危险,经教育不改的;

(三)拒不履行监护职责长达六个月以上,导致未成年人流离失所或者生活无着的;

(四)有吸毒、赌博、长期酗酒等恶习无法正确履行监护职责或者因服刑等原因无法履行监护职责,且拒绝将监护职责部分或者全部委托给他人,致使未成年人处于困境或者危险状态的;

（五）胁迫、诱骗、利用未成年人乞讨，经公安机关和未成年人救助保护机构等部门三次以上批评教育拒不改正，严重影响未成年人正常生活和学习的；

（六）教唆、利用未成年人实施违法犯罪行为，情节恶劣的；

（七）有其他严重侵害未成年人合法权益行为的。

38. 被撤销监护人资格的侵害人，自监护人资格被撤销之日起三个月至一年内，可以书面向人民法院申请恢复监护人资格，并应当提交相关证据。

人民法院应当将前款内容书面告知侵害人和其他监护人、指定监护人。

第156问　父母通过摄像头远程监控孩子，是否侵犯了孩子的隐私权？

答：父母出于对孩子的关心和爱护，在家里安装摄像头，方便出门在外时可以随时随地监控孩子的学习、娱乐、生活等活动，虽然是履行监护职责的一种表现方式，但可能适得其反。此种经常性打扰或者过度干涉，父母的不信任、管教过多、过严，可能造成亲子关系紧张，既不利于孩子的身心健康成长，也侵犯孩子的隐私权。孩子的全部言行举止在摄像头面前暴露无遗、被完整记录，便于保存和查看，使孩子丧失了作为具有独立人格的人应该享有的生活安宁和个人自由。

父母安装和使用监控时，应综合考虑孩子的年龄、智力发育程度和心理状况以及行为习惯等因素，征求和听取孩子的意见，制定出适合孩子的监护方案。出色的监护方案，既能保证及时了解孩子在家的状况，又能督促孩子学习，及时交流感情，适时制止贪玩、沉迷游戏等不良行为，确保不侵犯孩子的独立自主权和隐私权，为孩子营造一个健康、和睦、文明的家庭环境。

◉ 相关依据

《中华人民共和国民法典》

第一千零三十二条第二款　隐私是自然人的私人生活安宁和不愿为他人知晓的私密空间、私密活动、私密信息。

《中华人民共和国未成年人保护法》

第四条　保护未成年人，应当坚持最有利于未成年人的原则。处理涉及未成年人事项，应当符合下列要求：

（一）给予未成年人特殊、优先保护；

（二）尊重未成年人人格尊严；

（三）保护未成年人隐私权和个人信息；

（四）适应未成年人身心健康发展的规律和特点；

（五）听取未成年人的意见；

（六）保护与教育相结合。

第十七条　未成年人的父母或者其他监护人不得实施下列行为：

……

（六）放任未成年人沉迷网络，接触危害或者可能影响其身心健康的图书、报刊、电影、广播电视节目、音像制品、电子出版物和网络信息等；

……

第十九条　未成年人的父母或者其他监护人应当根据未成年人的年龄和智力发展状况，在作出与未成年人权益有关的决定前，听取未成年人的意见，充分考虑其真实意愿。

第一百一十八条　未成年人的父母或者其他监护人不依法履行监护职责或者侵犯未成年人合法权益的，由其居住地的居民委员会、村民委员会予以劝诫、制止；情节严重的，居民委员会、村民委员会应当及时向公安机关报告。

公安机关接到报告或者公安机关、人民检察院、人民法院在办理案件过程中发现未成年人的父母或者其他监护人存在上述情形的，应当予以训诫，并可以责令其接受家庭教育指导。

第157问　什么情况下构成虐待罪？该如何处罚？

答：虐待罪，是指对共同生活的家庭成员以打骂、捆绑、冻饿、限制自由、凌辱人格、不给治病或者强迫过度体力劳动等方法，从肉体和精神上进行摧残迫害，情节恶劣的行为。

虐待罪的构成要件：

（1）客体要件。本罪侵犯的客体是家庭成员在家庭中的合法权益，主要是家庭内部成员之间的平等权利、家庭成员的身体和心理健康。

（2）主体要件。同一家庭中共同生活的家庭成员，即基于婚姻关系、血缘关系、收养和赡养关系形成的亲属关系或者扶养关系，具体包括夫妻、父母、子女、祖父母、外祖父母、孙子女、外孙子女、养父母、养子女、继父母、继子女、兄弟姐妹等。非家庭成员不是虐待罪的构成主体。

（3）主观要件。表现为故意实施肉体上的摧残与精神上的折磨，具体分为积极追求和消极放任。

（4）客观要件。经常性虐待家庭成员，以积极的作为与消极的不作为的形式表现出来的对肉体摧残和精神折磨；虐待行为具有一贯性、经常性；虐待行为情节恶劣。

以积极作为的方式进行肉体上的摧残的行为有殴打、捆绑、冻饿、强迫过度体力劳动、关黑屋等；以积极作为方式进行精神上的折磨的行为有鄙视、讽刺、挖苦、嘲讽、侮辱等行为。消极的不作为有冷漠对待、不给治病、不给穿暖衣、不给吃饱饭等。虐待行为要求在一段时间内，频率比较高，需区别于偶尔的一次打骂、体罚、赶出家门。

处罚标准：情节恶劣的，处2年以下有期徒刑、拘役或者管制。

致使被害人重伤、死亡的,处2年以上7年以下有期徒刑。对于情节轻微,后果不严重的,应予以批评教育、治安处罚或要求赔礼道歉。

虐待罪,告诉才处理,不告则不理。即被害人向人民法院提出控告追究刑事责任的,人民法院才处理,否则不处理。由于虐待行为发生在家庭成员之间,考虑到被虐待者可能不希望亲属关系僵化破裂,是否追究刑事责任由被害人自行决定。但被害人没有能力告诉,或者因受到强制、威吓无法向人民法院起诉的,例如,被害人是未成年人、行动不便或知识水平退化的老年人,人民检察院应当提起公诉。虐待致人重伤、死亡的,由自诉转为公诉案件。

◉ 相关依据

《中华人民共和国刑法》

第二百六十条 虐待家庭成员,情节恶劣的,处二年以下有期徒刑、拘役或者管制。

犯前款罪,致使被害人重伤、死亡的,处二年以上七年以下有期徒刑。

第一款罪,告诉的才处理,但被害人没有能力告诉,或者因受到强制、威吓无法告诉的除外。

《中华人民共和国治安管理处罚法》

第四十五条 有下列行为之一的,处五日以下拘留或者警告:

(一)虐待家庭成员,被虐待人要求处理的;

……

第158问 什么情况下构成遗弃罪?该如何处罚?

答:遗弃罪,是指对于年老、年幼、患病或者其他没有独立生活能力的人,负有扶养义务而拒绝抚养,情节恶劣的行为。

遗弃罪的构成要件:

(1)犯罪客体。本罪侵犯的客体,是家庭成员之间相互扶养的权利义务关系。

(2)犯罪主体是对被遗弃者负有法律扶养义务而且具有履行义务能力的人。扶养关系主要包括:夫妻间的互相扶养,父母对子女的抚养,有负担能力的祖父母、外祖父母对父母已经死亡的未成年孙子女、外孙子女的抚养,有负担能力的兄姐对父母已经死亡或父母无力抚养的未成年弟妹的抚养,成年子女对父母的赡养,有负担能力的孙子女、外孙子女对子女已经死亡的祖父母、外祖父母的赡养,养父母与养子女、继父母与继子女之间的互相扶养等。

(3)主观方面表现为故意,即行为人明知自己应当履行扶养义务,也有实际履行扶养义务能力而拒绝扶养。遗弃者大多出于个人主义极端自私自利思想或者是其他卑鄙动机。

(4)客观方面表现为对没有独立生活能力的家庭成员,具有扶养义务而拒绝扶养的情节恶劣行为。没有独立生活能力,是指不具备或者丧失劳动能力,无生活来源而需要他人在经济上予以扶养,或者虽有经济收入但生活不能自理需要他人照顾等情况。情节恶劣,主要是指遗弃造成被害人重伤、死亡等严重后果的,有遗弃行为屡教不改或者遗弃手段、情节特别恶劣等。

在司法实践中,遗弃罪的行为主要表现为:对被害人长期不照顾、不提供生活来源;离家出走不履行扶养义务导致被害人乞讨、生活严重困难;遗弃患有严重疾病或者生活不能自理者,造成严重后果;为了逃避扶养义务将被害人置于汽车站、火车站、医院、福利院、商业广场等公开场合,希望被害人得到他人救助等情形。构成遗弃罪的,处 5 年以下有期徒刑、拘役或者管制。对于情节轻微、不构成遗弃罪的遗弃行为,公安机关可以进行治安处罚,处以 5 日以下拘留或警告。

相关依据

《中华人民共和国民法典》

第一千零五十九条 夫妻有相互扶养的义务。

需要扶养的一方,在另一方不履行扶养义务时,有要求其给付扶养费的权利。

第一千零六十七条 父母不履行抚养义务的,未成年子女或者不能独立生活的成年子女,有要求父母给付抚养费的权利。

成年子女不履行赡养义务的,缺乏劳动能力或者生活困难的父母,有要求成年子女给付赡养费的权利。

第一千零六十九条 子女应当尊重父母的婚姻权利,不得干涉父母离婚、再婚以及婚后的生活。子女对父母的赡养义务,不因父母的婚姻关系变化而终止。

第一千零七十四条 有负担能力的祖父母、外祖父母,对于父母已经死亡或者父母无力抚养的未成年孙子女、外孙子女,有抚养的义务。

有负担能力的孙子女、外孙子女,对于子女已经死亡或者子女无力赡养的祖父母、外祖父母,有赡养的义务。

第一千零七十五条 有负担能力的兄、姐,对于父母已经死亡或者父母无力抚养的未成年弟、妹,有扶养的义务。

由兄、姐扶养长大的有负担能力的弟、妹,对于缺乏劳动能力又缺乏生活来源的兄、姐,有扶养的义务。

《中华人民共和国刑法》

第二百六十一条 对于年老、年幼、患病或者其他没有独立生活能力的人,负有扶养义务而拒绝扶养,情节恶劣的,处五年以下有期徒刑、拘役或者管制。

《中华人民共和国老年人权益保障法》

第七十六条 干涉老年人婚姻自由,对老年人负有赡养义务、扶养义务而拒绝赡养、扶养,虐待老年人或者对老年人实施家庭暴力的,由有关单位给予批评教育;构成违反治安管理行为的,依法给予治安管理处罚;构成犯罪的，依法追究刑事责任。

《中华人民共和国治安管理处罚法》

第四十五条　有下列行为之一的，处五日以下拘留或者警告：

……

（二）遗弃没有独立生活能力的被扶养人的。

第159问　哪些行为属于猥亵儿童？该如何处罚？

答：行为人以满足性刺激为动机，用性交以外的方法对不满14周岁的儿童实施淫秽行为的构成猥亵儿童。

从犯罪构成上看，猥亵儿童罪是侵犯的客体是儿童的性自主权、身心健康权、人格尊严权，甚至是社会秩序以及社会公序良俗。构成猥亵儿童犯罪的主体为年满16周岁具有刑事责任能力的自然人，可以是男性，也可以是女性。猥亵的客观方面表现为：无论儿童是否同意，也无论儿童是否进行了反抗，对儿童实施如抠摸、舌舔、吸吮、亲吻、搂抱、手淫等猥亵行为。网络环境下，行为人以满足性刺激为目的，虽未与被害儿童有直接的身体接触，但通过QQ、微信等网络软件，以诱骗、强迫或者其他方式裸聊，要求儿童拍摄裸体、敏感部位照片、视频等供其观看，严重侵害儿童人格尊严和心理健康的，同样构成猥亵罪。行为人出于喜欢或戏谑实施的抚摸、搂抱、亲吻儿童等"亲昵"行为，本身没有危害性，亦不违法。

对于猥亵行为的处罚，根据行为的情节轻重分为治安处罚和刑事处罚。

（1）治安处罚：猥亵智力残疾人、精神病人、不满14周岁的人或者有其他严重情节的，处10日以上15日以下拘留。

（2）刑事处罚：猥亵儿童的，处5年以下有期徒刑；有猥亵儿童多人或多次等情形的，处5年以上有期徒刑。

◉ **相关依据**

《中华人民共和国刑法》

第二百三十七条第三款 猥亵儿童的，处五年以下有期徒刑；有下列情形之一的，处五年以上有期徒刑：

（一）猥亵儿童多人或者多次的；

（二）聚众猥亵儿童的，或者在公共场所当众猥亵儿童，情节恶劣的；

（三）造成儿童伤害或者其他严重后果的；

（四）猥亵手段恶劣或者有其他恶劣情节的。

《中华人民共和国治安管理处罚法》

第四十四条 猥亵他人的，或者在公共场所故意裸露身体，情节恶劣的，处五日以上十日以下拘留；猥亵智力残疾人、精神病人、不满十四周岁的人或者有其他严重情节的，处十日以上十五日以下拘留。

第二节　权利保护

国家保障未成年人的生存权、发展权、受保护权、参与权等权利。监护人应尊重未成年人的人格尊严，坚持最有利于未成年人的原则，保护未成年人的人身和财产，避免他人侵犯未成年人的名誉权、隐私权和个人信息等合法权益。

第160问 父母给孩子起名时，法律上要注意什么？

答：虽说姓名只是一个人区别于他人的称谓，但寓意好的名字会给本人积极的心理暗示，甚至影响性格和前途。一般情况下，父母给孩子起名时往往不用带有低俗搞笑含义的同音、谐音字词，避免孩子与人交往时产生尴尬。同时，少用或不用生僻字，避免让人难以识别。

更甚,由于公安户籍登记字库里生僻字长期大量空缺,生僻字可能无法输入计算机公安人口信息管理系统,造成孩子无法入户登记。孩子的姓名含有生僻字无法录入还可能对将来入学、高考、就业报名,婚姻登记,购买房产、保险、车票、飞机票,办理银行贷款等手续产生不利影响。

父母给孩子起名时除了少用或不用生僻字外,还要注意不能仅凭自己的喜好和愿望创造性地起名,否则可能因违反公序良俗而无法办理户口登记。例如,2017 年最高人民法院公布的指导案例"'北雁云依'诉济南市公安局历下区分局燕山派出所公安行政登记案"中父母给出生不到 1 个月的女婴起名"北雁云依",由于父母都不姓"北雁",自创"北雁"姓氏遭到派出所拒绝办理户籍登记,父母不服提起行政诉讼请求法院确认派出所拒绝登记"北雁云依"姓名的行政行为违法。经法院两次公开审理并报请全国人大常委会就法律适用问题进行解释,最终原告诉讼请求被法院驳回。

◉ 相关依据

《中华人民共和国民法典》

第一千零一十五条　自然人应当随父姓或者母姓,但是有下列情形之一的,可以在父姓和母姓之外选取姓氏:

(一)选取其他直系长辈血亲的姓氏;

(二)因由法定扶养人以外的人扶养而选取扶养人姓氏;

(三)有不违背公序良俗的其他正当理由。

少数民族自然人的姓氏可以遵从本民族的文化传统和风俗习惯。

第 161 问　子女能改名换姓吗?

答:子女享有姓名权,有决定、使用、变更姓名的权利。子女除了可以随父或随母姓外,也可以随其直系长辈血亲姓(如爷爷、奶奶、外公、外婆),还可以随扶养人姓。但变更姓名,不得率性而为或自创姓氏,标新立异,以致损害公共利益、违背公序良俗。符合条件的情况下才可以向公安机关户籍管理部门办理变更登记。未成年人变更姓名,需经父母协商一致签订意见书;8 周岁以上的未成年人变更姓名,需本人同意并出具同意变更姓名意见书。未成年人变更姓名,由父母代理;成年人变更姓名,自行申请办理即可。向公安户籍部门申请变更姓名的,应提交子女出生证、与随其姓人员的血亲关系证明、抚养关系证明、居民身份证、户口簿、变更理由说明。父母离婚的,还需提交离婚证、离婚协议书、法院离婚调解书或判决书;父母一方再婚,子女随继父或继母姓的,还需提交结婚证,继父或继母同意意见书;父母一方死亡的,还应提交死亡证明。

◉ 相关依据

《中华人民共和国民法典》

第十九条 八周岁以上的未成年人为限制民事行为能力人,实施民事法律行为由其法定代理人代理或者经其法定代理人同意、追认;但是,可以独立实施纯获利益的民事法律行为或者与其年龄、智力相适应的民事法律行为。

第一千零一十二条 自然人享有姓名权,有权依法决定、使用、变更或者许可他人使用自己的姓名,但是不得违背公序良俗。

第一千零一十五条 自然人应当随父姓或者母姓,但是有下列情形之一的,可以在父姓和母姓之外选取姓氏:

(一)选取其他直系长辈血亲的姓氏;

(二)因由法定扶养人以外的人扶养而选取扶养人姓氏;

(三)有不违背公序良俗的其他正当理由。

少数民族自然人的姓氏可以遵从本民族的文化传统和风俗习惯。

第一千零一十六条　自然人决定、变更姓名，或者法人、非法人组织决定、变更、转让名称的，应当依法向有关机关办理登记手续，但是法律另有规定的除外。

民事主体变更姓名、名称的，变更前实施的民事法律行为对其具有法律约束力。

《中华人民共和国户口登记条例》

第十八条　公民变更姓名，依照下列规定办理：

（一）未满十八周岁的人需要变更姓名的时候，由本人或者父母、收养人向户口登记机关申请变更登记；

（二）十八周岁以上的人需要变更姓名的时候，由本人向户口登记机关申请变更登记。

《江苏省常住户口登记管理规定》

第一百二十九条　公民申请变更姓名的，应当提交居民户口簿、居民身份证、变更理由和相关证明材料，经户口所在地公安机关调查核实，给予变更。未成年人变更姓名的，还应当提交父母与子女关系证明、父母协商一致意见书；十周岁以上未成年人变更姓名的，还需要提交其本人同意变更姓名意见书。

第一百三十一条　公民根据本规定第五十九条第一款第（一）、（二）项申请变更姓氏的，除按照本规定第一百二十九条向户口所在地公安机关提交有关材料外，还需要对照下列情形分别提交相应材料：

（一）变更为其他血亲姓氏的，提交血亲关系证明；

（二）变更为其他抚养人姓氏的，提交抚养关系证明；

（三）未成年子女因父母离婚或者再婚变更姓氏的，提交父母与子女关系证明，父母离婚证及离婚协议书、法院离婚判决书、法院离婚调解书或者结婚证，父母协商一致意见书，十周岁以上未成年人同意变更姓氏意见书。变更为继父或者继母姓氏的还需提供继父或者继母同意意见书。

第162问 小孩玩网络游戏充值、打赏的钱，父母可以要求退还吗？

答：小孩盗用家长的手机下载注册网络游戏，绑定银行卡充值的钱能否退还，需要根据孩子年龄、充值金额以及家长是否知晓等具体情况判断。

8周岁以下的未成年人，属于民法上的无民事行为能力人。未经父母同意，无论其充值金额大小，充值行为一律无效，家长可以要求退还充值金额。

8周岁以上至16周岁以下的未成年人，属于民法上的限制民事行为能力人，可以从事与其年龄、智力相适应的民事行为。如果充值金额与其年龄、智力相适应，则充值行为合法有效。

16周岁以上18周岁以下，以其劳动收入为主要生活来源的未成年人，视为成年人，具有完全民事行为能力。其充值合法有效。

要求运营平台退费前，应注意搜集和保存证据，做到充分证明监护人没有注册游戏账号、设置密码，未自行充值，未许可孩子充值，并及时制止孩子继续充值。同时，需关注运营平台在用户注册服务协议中、充值消费时有无提示和防范未成年人措施若监护人存在监护不力过错的，也应承担相应的过错责任。

◉ 相关依据

《中华人民共和国民法典》

第十七条 十八周岁以上的自然人为成年人。不满十八周岁的自然人为未成年人。

第十八条 成年人为完全民事行为能力人，可以独立实施民事法律行为。

十六周岁以上的未成年人，以自己的劳动收入为主要生活来源的，视为完全民事行为能力人。

第十九条　八周岁以上的未成年人为限制民事行为能力人，实施民事法律行为由其法定代理人代理或者经其法定代理人同意、追认；但是，可以独立实施纯获利益的民事法律行为或者与其年龄、智力相适应的民事法律行为。

第二十条　不满八周岁的未成年人为无民事行为能力人，由其法定代理人代理实施民事法律行为。

第一百四十五条　限制民事行为能力人实施的纯获利益的民事法律行为或者与其年龄、智力、精神健康状况相适应的民事法律行为有效；实施的其他民事法律行为经法定代理人同意或者追认后有效。

相对人可以催告法定代理人自收到通知之日起三十日内予以追认。法定代理人未作表示的，视为拒绝追认。民事法律行为被追认前，善意相对人有撤销的权利。撤销应当以通知的方式作出。

第一百五十七条　民事法律行为无效、被撤销或者确定不发生效力后，行为人因该行为取得的财产，应当予以返还；不能返还或者没有必要返还的，应当折价补偿。有过错的一方应当赔偿对方由此所受到的损失；各方都有过错的，应当各自承担相应的责任。法律另有规定的，依照其规定。

第163问　过年时亲戚给孩子的压岁钱，是孩子的吗？

答：过年时父母、长辈、其他亲戚给孩子压岁钱，是中华民族的传统风俗习惯。“人情是把锯，锯来又锯去。”当自己的孩子收到压岁钱时，父母也会给对方的孩子压岁钱，以示礼尚往来。随着人们经济收入的不断提高，给孩子们的压岁钱数额也越来越大，动辄成千上万元。父母拿出去的是家庭收入，收回来的也是家庭收入吗？从法律角度来看，当然不是，压岁钱是给孩子的，就是孩子的！父母担心孩子收到压岁钱后会乱花钱，于是编造了各种“为你好”的理由，将压岁钱“没收”上交。未成年子女有权接受他人无偿赠与的财物，父母作为法定监护人，负有代管代支职责，不得侵占、挪用。

为了防止孩子乱花钱，父母可以和孩子商量用于购买学习用品、玩具、赠送同学的生日礼物，交纳学杂费、伙食费、学校组织的旅游费用，参加课外兴趣班、学习辅导班、夏（冬）令营等有助于学习、社交、益智、娱乐、运动类活动；也可以用于与家人旅游、度假，增进家人关系团结和睦；还能与孩子一起将压岁钱存储到银行，或购买商业保险等。这样有助于从小培养孩子管理财富的良好习惯。

◉ 相关依据

《中华人民共和国民法典》

第十九条 八周岁以上的未成年人为限制民事行为能力人，实施民事法律行为由其法定代理人代理或者经其法定代理人同意、追认；但是，可以独立实施纯获利益的民事法律行为或者与其年龄、智力相适应的民事法律行为。

第二十条 不满八周岁的未成年人为无民事行为能力人，由其法定代理人代理实施民事法律行为。

第三十四条第一款 监护人的职责是代理被监护人实施民事法律行为，保护被监护人的人身权利、财产权利以及其他合法权益等。

第三十五条 监护人应当按照最有利于被监护人的原则履行监护职责。监护人除为维护被监护人利益外，不得处分被监护人的财产。

未成年人的监护人履行监护职责，在作出与被监护人利益有关的决定时，应当根据被监护人的年龄和智力状况，尊重被监护人的真实意愿。

成年人的监护人履行监护职责，应当最大程度地尊重被监护人的真实意愿，保障并协助被监护人实施与其智力、精神健康状况相适应的民事法律行为。对被监护人有能力独立处理的事务，监护人不得干涉。

第164问　孩子可以要求父母返还代为保管的压岁钱吗?

答:无论是孩子自行接受亲戚的压岁钱,还是父母代为收取的压岁钱,都属于孩子的个人合法财产。民法上父母有无偿代为保管的义务,除为孩子的利益消费使用外,不得处分、隐匿、侵占或损害。当孩子成年或者父母离婚时,代为保管方应主动将剩余压岁钱移交给成年子女本人或者其直接抚养的监护人。

对于孩子的压岁钱的保管和支取,应充分考虑孩子的年龄、智力状况和真实意愿。对于8周岁以下的孩子,压岁钱由父母保管;对于8周岁以上的孩子,父母和孩子可以协商通过记账、出具收据、存入专用账户等方式保管,做到单独存取、记录,账目清晰,防止与家庭财产发生混同,避免产生纠纷。

◉ 相关依据

《中华人民共和国民法典》

第十九条　八周岁以上的未成年人为限制民事行为能力人,实施民事法律行为由其法定代理人代理或者经其法定代理人同意、追认;但是,可以独立实施纯获利益的民事法律行为或者与其年龄、智力相适应的民事法律行为。

第二十条　不满八周岁的未成年人为无民事行为能力人,由其法定代理人代理实施民事法律行为。

第三十五条　监护人应当按照最有利于被监护人的原则履行监护职责。监护人除为维护被监护人利益外,不得处分被监护人的财产。

未成年人的监护人履行监护职责,在作出与被监护人利益有关的决定时,应当根据被监护人的年龄和智力状况,尊重被监护人的真实意愿。

成年人的监护人履行监护职责,应当最大程度地尊重被监护人的真实意愿,保障并协助被监护人实施与其智力、精神健康状况相适应的民事法律行为。对被监护人有能力独立处理的事务,监护人不得干涉。

第165问 未成年人可以拥有房屋独立产权吗?

答:父母可以出资购房登记在自己的未成年子女名下,作为未成年子女拥有独立产权的房产。父母为未成年子女出资购房需权衡利弊后慎重决定。

有利之处:"娃娃房"是家庭财富的代际传承方式之一,可以避免父母投资创业、经商失败时负担债务减损家庭财富、影响子女发展前途,可以合法有效地规避涉及房产类的各种税费,还可以避免将来可能出现的继承纠纷。因为该房子作为子女的婚前个人财产可以有效避免子女婚姻失败时财产分割损害家庭财富,父母离婚也不涉及子女个人财产的分割。

存在的弊端:登记在未成年子女名下的房产,不能贷款购房;父母除非为了未成年子女的利益(例如,子女患有重大疾病需要医治、改善居住环境、出国留学),否则不能随意处置(出售、出租、抵押等)子女的房产;子女满18周岁后具有独立处分权,可以不经父母同意赠与、出售、出租给他人;子女拥有首套房后,将来购买第二套房时可能会受到国家、政府购房政策的影响,导致首付比例提高、房贷利率增加等购房成本抬升;若年老时缺乏经济来源,子女又不履行赡养义务,父母无法收回房屋或购房出资款;不得以逃避债务为目的,将房产转移至未成年子女名下规避人民法院的强制执行。

◉ 相关依据

《中华人民共和国民法典》

第二十七条第一款 父母是未成年子女的监护人。

第三十五条 监护人应当按照最有利于被监护人的原则履行监护职

责。监护人除为维护被监护人利益外,不得处分被监护人的财产。

未成年人的监护人履行监护职责,在作出与被监护人利益有关的决定时,应当根据被监护人的年龄和智力状况,尊重被监护人的真实意愿。

成年人的监护人履行监护职责,应当最大程度地尊重被监护人的真实意愿,保障并协助被监护人实施与其智力、精神健康状况相适应的民事法律行为。对被监护人有能力独立处理的事务,监护人不得干涉。

第166问　父母出售未成年子女的房屋,有法律效力吗?

答:未成年人多是无民事行为能力人或限制民事行为能力人,他们最多只可从事与其年龄、智力相适应的民事活动。出售房产的事情,已经超出其年龄和智力范围,应由其法定代理人代为办理。父母有权出售未成年子女名下的房产,但前提必须是为了未成年人的利益。一般来说,父母协商一致同意出售房屋的,房产交易中心会要求先到公证处办理公证文书声明不损害未成年人的利益,并保证房屋出售后所得款项全部用于未成年人治疗重大疾病、学习(如出国学习、购买学区房)或改善生活条件(住房条件),然后才可以办理产权过户手续。

当父母离婚时,与未成年子女共同生活的一方,未经另一方同意,独自出售未成年子女的房产可行吗?不直接抚养孩子的一方,虽然没有和孩子生活在一起,但依然是监护人。即便如此,法律并没有明确要求一个监护人出售未成年人的房产,应征得另一个监护人同意。客观来看,房产是孩子的财产,一个监护人的出售行为没有实际损害到另一个监护人的利益,最多损害的是另一个监护人的权利。在实践中,如果出售房产的行为,不存在恶意串通、不违反法律行政法规的强制性规定,亦没有损害未成年人的根本利益,则善意购买的买受人应受法律保护。

相关依据

《中华人民共和国民法典》

第三十五条 监护人应当按照最有利于被监护人的原则履行监护职责。监护人除为维护被监护人利益外,不得处分被监护人的财产。

未成年人的监护人履行监护职责,在作出与被监护人利益有关的决定时,应当根据被监护人的年龄和智力状况,尊重被监护人的真实意愿。

成年人的监护人履行监护职责,应当最大程度地尊重被监护人的真实意愿,保障并协助被监护人实施与其智力、精神健康状况相适应的民事法律行为。对被监护人有能力独立处理的事务,监护人不得干涉。

第167问 登记在未成年子女名下的房产,不能被法院强制执行?

答:父母出资购买房产并登记在未成年子女名下的,一般认为是家庭共有财产,不能排除被法院强制执行,除非有证据证明该房产来自父母之外第三人的赠与、报酬、收益等合法经济来源。父母对外负债后将房产登记在未成年子女名下逃避执行的,未成年子女名下的房产应为家庭共同财产,人民法院可以强制执行。对于共有财产,应先行实物分割后执行。但不能实物分割或分割会导致财产价值明显减损的,执行法院可以整体处置。对于处置后变价款的执行,应以被执行人在共有财产中所占份额为限。

相关依据

《江苏省高级人民法院关于执行疑难问题的解答》

四、对于被执行人与案外人(含配偶)共有的财产以及未成年子女名下财产,如何执行?

生效法律文书仅载明被执行人个人为债务人,对于下列财产,执行法院可以执行。

……

（三）对于被执行人未成年子女名下与其收入明显不相称的较大数额存款，登记在被执行人未成年子女单方名下的房产、车辆或者登记在被执行人和其未成年子女名下的房产等，执行法院可以执行。

对于共有财产，应当先行实物分割后执行，但不能实物分割或分割会导致财产价值明显减损的，执行法院可以整体处置。

对于处置后变价款的执行，以被执行人在共有财产中所占份额为限。被执行人在共有财产中所占份额，以登记公示为准；没有登记公示的，按照出资额确定；不能确定出资额的，视为等额享有。但对于被执行人配偶单方名下以及被执行人与其配偶双方名下的夫妻共同财产，原则上以1/2份额为限执行。

在人民法院整体处置前，共有人愿意支付被执行人应有份额部分对应的价款申请排除执行，债权人和债务人对此予以认可的，人民法院可以准许。处置时鼓励共有人积极参与竞买，共有人竞买成交后仅需支付被执行人应有份额部分对应的价款即可。

共有人及未成年人子女基于实体权利提出异议的，适用民事诉讼法第227条审查处理。

第168问　离婚协议中赠与子女财产的条款，离婚后一方可以变更或者撤销吗？

答：离婚协议，是男女双方基于离婚真实意愿，一并处理子女抚养、财产分割及债权债务等相关事宜的书面契约。夫妻双方协议离婚，需向民政部门申请离婚登记；申请登记之日起30日“冷静期”内，如果有一方不同意离婚，可以撤回离婚申请。离婚协议是夫妻双方经过“冷静期”后达成一致的结果，如果一方就财产分割问题后悔的，可以重新协商处理。离婚协议，须经民政部门审查并登记备案,具有社会公信力。如果允许达到离婚目的后随意变更或者撤销,就违背了民事活动应当遵循的诚实信用原则。夫妻离婚时赠与子女财产,不同于普通的赠与行为,往往以自愿离婚和保护未成年子女利益为前提条件,是在综合考虑多方面因素后同意离婚时附加的条件。如果不赠与子女财产,双方可能难以达成"一揽子"解决方案的整体框架协议。若男女双方签订离婚协议时表达了各方的真实意愿,不存在欺诈、胁迫,则该赠与条款不能恶意反悔、随意变更或者撤销。

◉ 相关依据

《中华人民共和国民法典》

第一千零七十七条 自婚姻登记机关收到离婚登记申请之日起三十日内,任何一方不愿意离婚的,可以向婚姻登记机关撤回离婚登记申请。

前款规定期限届满后三十日内,双方应当亲自到婚姻登记机关申请发给离婚证;未申请的,视为撤回离婚登记申请。

第一千零七十八条 婚姻登记机关查明双方确实是自愿离婚,并已经对子女抚养、财产以及债务处理等事项协商一致的,予以登记,发给离婚证。

《最高人民法院关于适用〈中华人民共和国民法典〉婚姻家庭编的解释(一)》

第六十九条第二款 当事人依照民法典第一千零七十六条签订的离婚协议中关于财产以及债务处理的条款,对男女双方具有法律约束力。登记离婚后当事人因履行上述协议发生纠纷提起诉讼的,人民法院应当受理。

第七十条 夫妻双方协议离婚后就财产分割问题反悔,请求撤销财产分割协议的,人民法院应当受理。

人民法院审理后,未发现订立财产分割协议时存在欺诈、胁迫等情形的,应当依法驳回当事人的诉讼请求。

第169问　摄影机构擅自将儿童的写真用于商业宣传，如何处理？

答：肖像是通过影像、雕塑、绘画等方式在一定载体上所反映的特定自然人可以被识别的外部形象。自然人享有肖像权，有权依法制作、使用、公开或者许可他人使用自己的肖像。个别摄影机构为了追求商业宣传效果，未经客户同意或者违反合同的约定，擅自将儿童、成人的摄影作品，在网页、微信公众号、朋友圈等媒体上展示，用于商业推广、选样参考等用途，属于以营利为目的使用公民的肖像，侵犯了拍摄对象的肖像权，需承担侵权责任。被侵权者有权要求停止侵害，删除宣传照片，在侵权行为影响的范围内赔礼道歉，赔偿一定数额的精神损害抚慰金。侵权人拒绝道歉、赔偿的，被侵权人可以向人民法院起诉，通过执行程序来维护自身的合法权益。未成年人的法定监护人可依法代理未成年人行使权利。

◉ 相关依据

《中华人民共和国民法典》

第一千零一十九条　任何组织或者个人不得以丑化、污损，或者利用信息技术手段伪造等方式侵害他人的肖像权。未经肖像权人同意，不得制作、使用、公开肖像权人的肖像，但是法律另有规定的除外。

未经肖像权人同意，肖像作品权利人不得以发表、复制、发行、出租、展览等方式使用或者公开肖像权人的肖像。

第一千零二十一条　当事人对肖像许可使用合同中关于肖像使用条款的理解有争议的，应当作出有利于肖像权人的解释。

第一千零二十二条　当事人对肖像许可使用期限没有约定或者约定不明确的，任何一方当事人可以随时解除肖像许可使用合同，但是应当在合理期限之前通知对方。

当事人对肖像许可使用期限有明确约定，肖像权人有正当理由的，可以解除肖像许可使用合同，但是应当在合理期限之前通知对方。因解除合同造成对方损失的，除不可归责于肖像权人的事由外，应当赔偿损失。

第170问 未成年人在学校遭遇性骚扰，该如何维权？

答：性骚扰行为，是指行为人违背受害人意愿对受害人实施的以性为内容的骚扰行为。同性、异性之间均可发生性骚扰，在实践中，男性骚扰女性居多，通常表现为：发送性爱图片或视频、讲“荤”段子、性挑逗、触碰敏感部位、强行接吻、拥抱、撩衣服、摸大腿、裸露性器官等含有性内容的行为。

未成年人心智尚不成熟，缺乏自我保护意识；而且性骚扰行为具有一定的隐蔽性，如时间短、侵害后果不明显；有些家长忽视。以上原因导致发生在校园内的一些性骚扰行为逍遥法外。我国《民法典》规定，违背他人意愿，以言语、文字、图像、肢体行为等方式对他人实施性骚扰的，受害人有权依法请求行为人承担停止侵害、消除影响、恢复名誉、赔礼道歉和赔偿精神损害等民事责任。未成年人遭受性侵害的损害赔偿请求权的，受害人本人向人民法院起诉的，应自受害人年满18周岁之日起3年内提出。

学校应对未成年人进行适合年龄的性教育，提高未成年人防范性骚扰的自我保护意识和能力，采取合理的预防、受理投诉、调查处置等措施，防止和制止利用职权、从属关系等实施性骚扰。

家长是未成年人的法定监护人，平时应注意提高孩子的自我保护意识，教会孩子识别性骚扰行为，多关注孩子的心理状态，发现异常要耐心询问，发现遭遇性骚扰的，家长应及时向学校反映情况，或者直接向公安机关、教育部门反映；学生遭遇性骚扰的，应严厉拒绝、警告斥责、呼喊附近人帮助，并向学校、教育部门、公安机关反映；学校教职工发现性骚扰的，应及时干预和制止，采取拍照、调取监控视频、录音录像、书面记录等方式收集证据,学校应按管理规定给予侵害学生、教职工相应的批评教育及其他惩戒措施,情节严重的应向公安机关、教育主管部门报告处理。性骚扰行为违反《治安管理处罚法》或者触犯《刑法》的,公安机关将依法追究责任。受侵害未成年人遭遇心理创伤的,必要时,家长应陪同求助心理医生。

◉ 相关依据

《中华人民共和国民法典》

第一百八十八条第一款　向人民法院请求保护民事权利的诉讼时效期间为三年。法律另有规定的,依照其规定。

第一百九十一条　未成年人遭受性侵害的损害赔偿请求权的诉讼时效期间,自受害人年满十八周岁之日起计算。

第一千零一十条　违背他人意愿,以言语、文字、图像、肢体行为等方式对他人实施性骚扰的,受害人有权依法请求行为人承担民事责任。

机关、企业、学校等单位应当采取合理的预防、受理投诉、调查处置等措施,防止和制止利用职权、从属关系等实施性骚扰。

《中华人民共和国未成年人保护法》

第二十条　未成年人的父母或者其他监护人发现未成年人身心健康受到侵害、疑似受到侵害或者其他合法权益受到侵犯的,应当及时了解情况并采取保护措施;情况严重的,应当立即向公安、民政、教育等部门报告。

第四十条　学校、幼儿园应当建立预防性侵害、性骚扰未成年人工作制度。对性侵害、性骚扰未成年人等违法犯罪行为,学校、幼儿园不得隐瞒,应当及时向公安机关、教育行政部门报告,并配合相关部门依法处理。

学校、幼儿园应当对未成年人开展适合其年龄的性教育,提高未成年人防范性侵害、性骚扰的自我保护意识和能力。对遭受性侵害、性骚扰的未成年人,学校、幼儿园应当及时采取相关的保护措施。

《未成年人学校保护规定》

第十八条　学校应当落实法律规定建立学生欺凌防控和预防性侵害、

性骚扰等专项制度，建立对学生欺凌、性侵害、性骚扰行为的零容忍处理机制和受伤害学生的关爱、帮扶机制。

第二十四条 学校应当建立健全教职工与学生交往行为准则、学生宿舍安全管理规定、视频监控管理规定等制度，建立预防、报告、处置性侵害、性骚扰工作机制。

学校应当采取必要措施预防并制止教职工以及其他进入校园的人员实施以下行为：

（一）与学生发生恋爱关系、性关系；

（二）抚摸、故意触碰学生身体特定部位等猥亵行为；

（三）对学生作出调戏、挑逗或者具有性暗示的言行；

（四）向学生展示传播包含色情、淫秽内容的信息、书刊、影片、音像、图片或者其他淫秽物品；

（五）持有包含淫秽、色情内容的视听、图文资料；

（六）其他构成性骚扰、性侵害的违法犯罪行为。

《中华人民共和国治安管理处罚法》

第十二条 已满十四周岁不满十八周岁的人违反治安管理的，从轻或者减轻处罚；不满十四周岁的人违反治安管理的，不予处罚，但是应当责令其监护人严加管教。

第四十四条 猥亵他人的，或者在公共场所故意裸露身体，情节恶劣的，处五日以上十日以下拘留；猥亵智力残疾人、精神病人、不满十四周岁的人或者有其他严重情节的，处十日以上十五日以下拘留。

第171问 家长花钱托人给孩子择校，事未办成，钱能要回来吗？

答：为了能给孩子找到一所理想的学校读书，期望孩子读书有出息，将来找份好工作，个别父母可谓绞尽脑汁，千方百计地找到“只要钱到位，都不是问题”的人脉广的社会人士帮忙。姑且不谈请托办事成与不成，孩子能否顺利入学、适应学习环境、及时高考等，就花钱找门路走捷径解决问题本身而言，不但不受法律保护，可能还会耽误孩子正常就读学校，还可能触犯《刑法》，构成犯罪。

行为人为实现不正当目的的请托办事行为，不仅违反了国家法律和政策规定，也违背社会公序良俗，损害了正常的社会秩序和公平原则，不具有法律效力。经查阅全国法院判决案例，多数法院认为请托方与受托方之间达成的委托合同因违反公序良俗归于无效。按照无效合同处理的原则，收受钱款的受托方应向请托人返还钱款，一方有过错的应承担过错赔偿责任，双方都有过错的，各自承担相应的过错。根据我国《刑法》的规定，向国家工作人员给予财物，家长可能构成行贿罪，受托人可能构成介绍贿赂罪，均面临被依法追究刑事责任的风险。受托人以虚构教育部门工作人员身份，或谎称“内部有人、有路子”等方式，骗取请托人的信任，许诺花钱可让其子女如愿择校入学，请托人交钱后未能如愿，受托人以种种原因拒不退还钱财或者无力退还的，其以非法占有他人财物为目的，虚构花钱买通关系可以获得入学名额的事实，涉嫌诈骗罪。受托人构成犯罪时，请托人（受害人）向公安机关报案，公安机关认为构成犯罪的，将予以立案侦查，依法责令犯罪嫌疑人将收受赃款退还受害人。若受托人帮助请托人子女择校的行为，违反教育法律政策，破坏了正常的教育秩序，无论受托人的行为是否构成犯罪，均不影响请托人有权向受托人主张返还没有法律根据取得的不正当利益。原则上受托人以“手续费、办事费、运作费、学位费”等名义收取的钱款，应予以全部返还。

◉ 相关依据

《中华人民共和国民法典》

第一百四十三条　具备下列条件的民事法律行为有效：

（一）行为人具有相应的民事行为能力；

（二）意思表示真实；

（三）不违反法律、行政法规的强制性规定，不违背公序良俗。

第一百五十四条 行为人与相对人恶意串通，损害他人合法权益的民事法律行为无效。

第一百五十七条 民事法律行为无效、被撤销或者确定不发生效力后，行为人因该行为取得的财产，应当予以返还；不能返还或者没有必要返还的，应当折价补偿。有过错的一方应当赔偿对方由此所受到的损失；各方都有过错的，应当各自承担相应的责任。法律另有规定的，依照其规定。

第九百八十五条 得利人没有法律根据取得不当利益的，受损失的人可以请求得利人返还取得的利益，但是有下列情形之一的除外：

（一）为履行道德义务进行的给付；

（二）债务到期之前的清偿；

（三）明知无给付义务而进行的债务清偿。

第九百八十七条 得利人知道或者应当知道取得的利益没有法律根据的，受损失的人可以请求得利人返还其取得的利益并依法赔偿损失。

《中华人民共和国刑法》

第三百八十九条 为谋取不正当利益，给予国家工作人员以财物的，是行贿罪。

在经济往来中，违反国家规定，给予国家工作人员以财物，数额较大的，或者违反国家规定，给予国家工作人员以各种名义的回扣、手续费的，以行贿论处。

因被勒索给予国家工作人员以财物，没有获得不正当利益的，不是行贿。

第三百九十条 对犯行贿罪的，处五年以下有期徒刑或者拘役，并处罚金；因行贿谋取不正当利益，情节严重的，或者使国家利益遭受重大损失的，处五年以上十年以下有期徒刑，并处罚金；情节特别严重的，或者使国家利益遭受特别重大损失的，处十年以上有期徒刑或者无期徒刑，并处罚金或者没收财产。

行贿人在被追诉前主动交待行贿行为的，可以从轻或者减轻处罚。其中，犯罪较轻的，对侦破重大案件起关键作用的，或者有重大立功表现的，可以减轻或者免除处罚。

第三百九十二条　向国家工作人员介绍贿赂，情节严重的，处三年以下有期徒刑或者拘役，并处罚金。

介绍贿赂人在被追诉前主动交待介绍贿赂行为的，可以减轻处罚或者免除处罚。

第172问　孩子在学校违反管理规定受到惩戒，家长有异议怎么办？

答：中小学生存在在校不服从管理拒绝完成基本的学习任务，扰乱课堂秩序和学校教育教学秩序，违反学生守则，实施有害自己或者他人身心健康以及侵犯同学、老师或者他人权益行为等情形时，学校及教师根据通过民主程序依法制定的校规校纪，本着教育矫正的目的，有权对其采取相应的惩戒措施。惩戒措施分为一般、较重和严重教育惩戒三类。构成违法犯罪的，应依法移送公安机关处理。

一般教育惩戒适用于违规违纪情节轻微的学生。此类惩戒措施包括点名批评、责令赔礼道歉、检讨、增加额外教学或者班级公益服务任务、一节课内的罚站、课后教导等。教师对学生实施惩戒措施后，可以事后以适当方式告知学生家长。

较重教育惩戒适用于违规违纪情节较重或者经当场教育惩戒拒不改正的学生。实施的惩戒措施包括德育工作负责人训导、承担校内公益服务、接受专门的校规校纪和行为规则教育、暂停或限制参加集体活动等。实施此类惩戒措施时，教师应当报告学校，由学校决定实施；学校应及时告知家长。

严重教育惩戒适用于违规违纪情节严重或者影响恶劣的小学高年级、初中和高中阶段的学生，包括停课停学、法治副校长或者法治辅导员训诫、安排专业人员进行心理辅导和行为干预等。对违规违纪情节严重，或者经多次教育惩戒仍不改正的学生，学校可以给予警告、严重警告、记过或者留校察看的纪律处分。对高中阶段学生，还可以给予开除学籍的纪律处分。对有严重不良行为的学生，学校可以按照法定程序，配合家长、有关部门将其转入专门学校教育矫治。

实施严重教育惩戒时，须由学校决定实施，且事先必须告知家长。学校决定实施前，应听取学生的陈述和申辩。学生或者家长申请听证的，学校应当组织听证。学生及其家长对学校实施的严重教育惩戒或者给予的纪律处分不服的，可以在决定作出后 15 个工作日内，向学校成立的学生申诉委员会申请复查；对学生申诉委员会处理决定不服的，可以向学校主管教育部门申请复核；对复核决定不服的，可以依法提起行政复议或者行政诉讼。

◉ 相关依据

《中小学教育惩戒规则（试行）》

第七条 学生有下列情形之一，学校及其教师应当予以制止并进行批评教育，确有必要的，可以实施教育惩戒：

（一）故意不完成教学任务要求或者不服从教育、管理的；

（二）扰乱课堂秩序、学校教育教学秩序的；

（三）吸烟、饮酒，或者言行失范违反学生守则的；

（四）实施有害自己或者他人身心健康的危险行为的；

（五）打骂同学、老师，欺凌同学或者侵害他人合法权益的；

（六）其他违反校规校纪的行为。

学生实施属于预防未成年人犯罪法规定的不良行为或者严重不良行为的，学校、教师应当予以制止并实施教育惩戒，加强管教；构成违法犯罪的，依法移送公安机关处理。

第八条　教师在课堂教学、日常管理中，对违规违纪情节较为轻微的学生，可以当场实施以下教育惩戒：

（一）点名批评；

（二）责令赔礼道歉、做口头或者书面检讨；

（三）适当增加额外的教学或者班级公益服务任务；

（四）一节课堂教学时间内的教室内站立；

（五）课后教导；

（六）学校校规校纪或者班规、班级公约规定的其他适当措施。

教师对学生实施前款措施后，可以以适当方式告知学生家长。

第九条　学生违反校规校纪，情节较重或者经当场教育惩戒拒不改正的，学校可以实施以下教育惩戒，并应当及时告知家长：

（一）由学校德育工作负责人予以训导；

（二）承担校内公益服务任务；

（三）安排接受专门的校规校纪、行为规则教育；

（四）暂停或者限制学生参加游览、校外集体活动以及其他外出集体活动；

（五）学校校规校纪规定的其他适当措施。

第十条　小学高年级、初中和高中阶段的学生违规违纪情节严重或者影响恶劣的，学校可以实施以下教育惩戒，并应当事先告知家长：

（一）给予不超过一周的停课或者停学，要求家长在家进行教育、管教；

（二）由法治副校长或者法治辅导员予以训诫；

（三）安排专门的课程或者教育场所，由社会工作者或者其他专业人员进行心理辅导、行为干预。

对违规违纪情节严重，或者经多次教育惩戒仍不改正的学生，学校可以给予警告、严重警告、记过或者留校察看的纪律处分。对高中阶段学生，还可以给予开除学籍的纪律处分。

对有严重不良行为的学生，学校可以按照法定程序，配合家长、有关部门将其转入专门学校教育矫治。

第十二条 教师在教育教学管理、实施教育惩戒过程中,不得有下列行为:

(一)以击打、刺扎等方式直接造成身体痛苦的体罚;

(二)超过正常限度的罚站、反复抄写,强制做不适的动作或者姿势,以及刻意孤立等间接伤害身体、心理的变相体罚;

(三)辱骂或者以歧视性、侮辱性的言行侵犯学生人格尊严;

(四)因个人或者少数人违规违纪行为而惩罚全体学生;

(五)因学业成绩而教育惩戒学生;

(六)因个人情绪、好恶实施或者选择性实施教育惩戒;

(七)指派学生对其他学生实施教育惩戒;

(八)其他侵害学生权利的。

第十七条 学生及其家长对学校依据本规则第十条实施的教育惩戒或者给予的纪律处分不服的,可以在教育惩戒或者纪律处分作出后15个工作日内向学校提起申诉。

学校应当成立由学校相关负责人、教师、学生以及家长、法治副校长等校外有关方面代表组成的学生申诉委员会,受理申诉申请,组织复查。学校应当明确学生申诉委员会的人员构成、受理范围及处理程序等并向学生及家长公布。

学生申诉委员会应当对学生申诉的事实、理由等进行全面审查,作出维持、变更或者撤销原教育惩戒或者纪律处分的决定。

第十八条 学生或者家长对学生申诉处理决定不服的,可以向学校主管教育部门申请复核;对复核决定不服的,可以依法提起行政复议或者行政诉讼。

第173问 中小学生在学校上体育课时不慎受伤,学校要承担责任吗?

答:中小学校、幼儿园在安排学生上体育课时应符合教学规范或教学标准。负责老师应事先观察天气是否适合室外上课,检查运动器材有无安全隐患，询问学生有无身体不适状况，提示存在的风险，讲解动作要领和注意事项，给予示范引领和必要的培训指导，确保课程在安全的前提下完成。学校和老师在课前准备、课中进行和课后结束的整个过程中，负有给予合理安排、做好防护措施、予以现场指导等合理保障的责任。

不满8周岁的学生，是无民事行为能力人，缺乏风险意识和预先判断力。此类学生受到事故伤害的，原则上由教育机构承担赔偿责任，教育机构已尽到教育、管理职责不承担赔偿责任是例外。8周岁以上不满18周岁的学生，作为限制民事行为能力人，对体育运动中存在的风险、可能造成的伤害后果具有一定的预见和防范能力，应做到小心谨慎、量力而行，亦须尽到与其年龄和智力相适应的安全注意义务。如果不能参加体育课程或者某个项目，应及时向体育老师报告和请求退出。如果学生对自身伤害存在过错的，需承担一定的过错责任。父母作为孩子的第一监护人，当孩子的体质特殊不适合参加某项体育课程或者身体突发异常情况时，应当及时向教育机构联系反映。学生在上体育课时受到事故伤害，学校及老师应及时送医救治、联系家长说明情况。学校或者其他教育机构未尽到教育、管理职责的，应当承担侵权责任。

在司法实践中，人民法院通常根据学生在校事故伤害的具体情况来确定赔偿责任。学校既可能承担或不承担赔偿责任，也可能学校和学生各自存在过错承担相应比例的赔偿责任。学生受到事故伤害的，赔偿项目有医疗费、护理费、住院伙食补助费、交通费、营养费等费用。

◉ 相关依据

《中华人民共和国民法典》

第一千一百七十六条 自愿参加具有一定风险的文体活动，因其他参加者的行为受到损害的，受害人不得请求其他参加者承担侵权责任；但是，其他参加者对损害的发生有故意或者重大过失的除外。

活动组织者的责任适用本法第一千一百九十八条至第一千二百零一条的规定。

第一千一百九十九条 无民事行为能力人在幼儿园、学校或者其他教育机构学习、生活期间受到人身损害的，幼儿园、学校或者其他教育机构应当承担侵权责任；但是，能够证明尽到教育、管理职责的，不承担侵权责任。

第一千二百条 限制民事行为能力人在学校或者其他教育机构学习、生活期间受到人身损害，学校或者其他教育机构未尽到教育、管理职责的，应当承担侵权责任。

第一千二百零一条 无民事行为能力人或者限制民事行为能力人在幼儿园、学校或者其他教育机构学习、生活期间，受到幼儿园、学校或者其他教育机构以外的第三人人身损害的，由第三人承担侵权责任；幼儿园、学校或者其他教育机构未尽到管理职责的，承担相应的补充责任。幼儿园、学校或者其他教育机构承担补充责任后，可以向第三人追偿。

第174问 未成年人在开放性水域溺水身亡，由谁承担责任？

答：孩子脱离监护，在没有家人陪同下与其他未成年人相约或者单独到河边洗手、洗脚、捉蝌蚪、捞鱼、抓虾，到经营性游泳场馆以外的河道、水域游泳，发生人身损害事故的，不免令人叹息。父母作为孩子的安全教育第一责任人，应对发生的事故伤害承担监管缺失的法律责任。《未成年人保护法》规定，父母负有对未成年人进行安全教育，提高未成年人自我保护意识和能力，避免未成年人发生溺水、动物伤害等事故的义务。

若物业公司在小区池塘边，水利局、村委会或者街道办等管理部门在自然河道旁，设置写有“水深危险，禁止游泳”等字样的安全提示牌，或者采取安装防护栏、隔离网等安全措施，已尽到明显的危险警示、安全保障义务的，且管理行为与事故发生不存在法律上的因果关系的，管理者不承担侵权责任。法律法规并无明文规定强制要求管理者在河道岸边设立防护栏杆或警示标志，或即使设立也无法杜绝危险发生的，管理者不承担赔偿责任。未成年人作为限制民事行为能力人，具有一定的风险认知能力和行为控制能力，在明知存在危险的情况下，不顾自身安全冒险进入，应自行承担相应的损害后果。

◉ 相关依据

《中华人民共和国民法典》

第一千一百六十五条　行为人因过错侵害他人民事权益造成损害的，应当承担侵权责任。

依照法律规定推定行为人有过错，其不能证明自己没有过错的，应当承担侵权责任。

《中华人民共和国未成年人保护法》

第十六条　未成年人的父母或者其他监护人应当履行下列监护职责：

……

（四）对未成年人进行安全教育，提高未成年人的自我保护意识和能力；

……

第十八条　未成年人的父母或者其他监护人应当为未成年人提供安全的家庭生活环境，及时排除引发触电、烫伤、跌落等伤害的安全隐患；采取配备儿童安全座椅、教育未成年人遵守交通规则等措施，防止未成年人受到交通事故的伤害；提高户外安全保护意识，避免未成年人发生溺水、动物伤害等事故。

第三节 预防违法犯罪

父母或者其他监护人,应主动积极学习法律知识,遵守法律规定,增强未成年人的法治观念,使未成年人树立遵纪守法和防范违法犯罪的意识、提高自我管控能力。监护人发现未成年人心理或者行为异常的,应当及时了解情况并进行劝诫、教育和引导;发现未成年人有不良行为的,应当及时制止并加强管教。

第175问 未成年人有哪些行为会受到刑事处罚?

答:由于家庭照顾缺失、学校教育不足、生理和心理早熟、自控能力较弱,未成年人容易产生过激行为,以及易受色情、血腥、暴力、赌博、黑社会性质活动等网络游戏、影视不良影响,进而导致未成年人犯罪,给自己、家庭和社会造成危害。作为法定监护人的父母应当增强法治观念,增强法律意识,以身作则,言传身教,学法、守法,教育未成年人抵制旷课、夜不归宿、携带管制刀具、打架斗殴、辱骂他人、向他人强行索要财物、赌博、观看淫秽书刊、偷窃、吸毒等不良行为,防微杜渐,预防未成年人违法犯罪。

按照《刑法》规定,已满16周岁的未成年人开始对社会承担起刑事法律责任。已满14周岁不满16周岁的人,犯故意杀人、故意伤害致人重伤或死亡、强奸、抢劫、贩毒、放火、爆炸、投毒等8种犯罪的,应负刑事责任。近年来,呈现未成年人犯罪低龄化趋势,立法机关将严重犯罪的刑事责任年龄降低到了12周岁。对已满12周岁不满14周岁的人,犯故意杀人、故意伤害罪,致人死亡或者以特别残忍手段致人重伤造成严重残疾，情节恶劣，经最高人民检察院核准追诉的，追究负刑事责任。如果未满 12 周岁，未成年人即使犯有这些罪行，不管情节多么恶劣，情节如何严重，都不能处以刑罚。因不满 16 周岁不予刑事处罚的，责令其家长或者监护人加以管教；在必要的时候，进行专门矫治教育。

◉ 相关依据

《中华人民共和国刑法》

第十七条　已满十六周岁的人犯罪，应当负刑事责任。

已满十四周岁不满十六周岁的人，犯故意杀人、故意伤害致人重伤或者死亡、强奸、抢劫、贩卖毒品、放火、爆炸、投放危险物质罪的，应当负刑事责任。

已满十二周岁不满十四周岁的人，犯故意杀人、故意伤害罪，致人死亡或者以特别残忍手段致人重伤造成严重残疾，情节恶劣，经最高人民检察院核准追诉的，应当负刑事责任。

对依照前三款规定追究刑事责任的不满十八周岁的人，应当从轻或者减轻处罚。

因不满十六周岁不予刑事处罚的，责令其父母或者其他监护人加以管教；在必要的时候，依法进行专门矫治教育。

第 176 问　孩子偷拿家里的钱财违法吗？

答：已满 16 周岁的未成年子女盗窃家中财物可能会构成盗窃罪。发生在家庭内部的盗窃行为与社会上的盗窃行为，在侵犯财产所有权的性质上是一样的。未成年子女偷拿父母的钱财一样是违法行为，数额较大的可能涉嫌盗窃罪被追究刑事责任，不过在实践中未成年子女一般不会被追究刑事责任；如果被追究刑事责任，人民法院也会从教育、挽救、感化的原则出发从轻或减轻处罚。父母作为家庭教育的责任人应当对未成年人予以心灵上的关爱和行为上的适当管束,指导未成年人学习法律知识以预防犯罪。

◉ 相关依据

《中华人民共和国刑法》

第十七条 已满十六周岁的人犯罪,应当负刑事责任。

已满十四周岁不满十六周岁的人,犯故意杀人、故意伤害致人重伤或者死亡、强奸、抢劫、贩卖毒品、放火、爆炸、投放危险物质罪的,应当负刑事责任。

已满十二周岁不满十四周岁的人,犯故意杀人、故意伤害罪,致人死亡或者以特别残忍手段致人重伤造成严重残疾,情节恶劣,经最高人民检察院核准追诉的,应当负刑事责任。

对依照前三款规定追究刑事责任的不满十八周岁的人,应当从轻或者减轻处罚。

因不满十六周岁不予刑事处罚的,责令其父母或者其他监护人加以管教;在必要的时候,依法进行专门矫治教育。

第二百六十四条 盗窃公私财物,数额较大的,或者多次盗窃、入户盗窃、携带凶器盗窃、扒窃的,处三年以下有期徒刑、拘役或者管制,并处或者单处罚金;数额巨大或者有其他严重情节的,处三年以上十年以下有期徒刑,并处罚金;数额特别巨大或者有其他特别严重情节的,处十年以上有期徒刑或者无期徒刑,并处罚金或者没收财产。

《最高人民法院、最高人民检察院关于办理盗窃刑事案件适用法律若干问题的解释》

第一条第一款 盗窃公私财物价值一千元至三千元以上、三万元至十万元以上、三十万元至五十万元以上的,应当分别认定为刑法第二百六十四条规定的"数额较大"、"数额巨大"、"数额特别巨大"。

第八条 偷拿家庭成员或者近亲属的财物,获得谅解的,一般可不认为是犯罪;追究刑事责任的,应当酌情从宽。

第177问　父母教唆孩子盗窃他人财物,构成犯罪吗?

答:教唆犯,是指故意唆使他人犯罪,以劝说、利诱、授意、怂恿、收买、威胁以及其他方法,将自己的犯罪意图灌输给原来没有犯罪意图或者犯罪意图不坚定的人,将他人作为犯罪工具,达到犯罪目的人。教唆犯可能误以为自己没有直接实施犯罪,不需要承担法律责任。

不满16周岁的未成年人盗窃他人财物,按照我国《刑法》规定,不负刑事责任。因不满16周岁不予刑事处罚的,责令其父母或者其他监护人加以管教,在必要的时候,依法进行专门矫治教育。在司法实践中,常有一些缺乏法律常识的父母,误以为自己不直接参与犯罪就不会被判刑,教唆自己的孩子去盗窃别人的财物,如商场内的衣服、金店里的首饰以及快递包裹等物品。一旦被发现,就以孩子不懂事、拿错东西为由"和稀泥"平息事件、逃避作为法定监护人的法律责任。未成年人心智尚未成熟,且缺乏辨别行为对错的独立能力,父母将孩子作为犯罪工具实施犯罪,不具有共同犯罪的故意,不是共同犯罪。虽然教唆者没有直接实施犯罪,但是未成年人的犯罪行为是在父母的授意和支配下实施的,属于父母间接实施犯罪行为。父母是间接正犯,构成盗窃罪,应当从重处罚。

◉ 相关依据

《中华人民共和国刑法》

第十七条　已满十六周岁的人犯罪,应当负刑事责任。

已满十四周岁不满十六周岁的人,犯故意杀人、故意伤害致人重伤或者死亡、强奸、抢劫、贩卖毒品、放火、爆炸、投放危险物质罪的,应当负刑事责任。

已满十二周岁不满十四周岁的人,犯故意杀人、故意伤害罪,致人死亡或者以特别残忍手段致人重伤造成严重残疾，情节恶劣，经最高人民检察院核准追诉的，应当负刑事责任。

对依照前三款规定追究刑事责任的不满十八周岁的人，应当从轻或者减轻处罚。

因不满十六周岁不予刑事处罚的，责令其父母或者其他监护人加以管教；在必要的时候，依法进行专门矫治教育。

第二十九条 教唆他人犯罪的，应当按照他在共同犯罪中所起的作用处罚。教唆不满十八周岁的人犯罪的，应当从重处罚。

如果被教唆的人没有犯被教唆的罪，对于教唆犯，可以从轻或者减轻处罚。

第二百六十四条 盗窃公私财物，数额较大的，或者多次盗窃、入户盗窃、携带凶器盗窃、扒窃的，处三年以下有期徒刑、拘役或者管制，并处或者单处罚金；数额巨大或者有其他严重情节的，处三年以上十年以下有期徒刑，并处罚金；数额特别巨大或者有其他特别严重情节的，处十年以上有期徒刑或者无期徒刑，并处罚金或者没收财产。

第178问 父母违法犯罪，子女会受到哪些影响？

答：虽然子女与父母共处一室，在日常生活中耳濡目染，难免会受到其不良习气的影响，但父母的违法犯罪行为是独立的，一般不对子女适用连坐。但父母受过刑事处罚（如醉驾）或被开除党籍、开除公职的，子女在参军时政治审核一般会不通过。父母因危害国家和社会安全等严重犯罪受到刑事处罚的，子女报考警校时不能通过政治审查，在报考公务员、入党、出国、留学、应聘国企和银行时也会受到限制。父母因民事案件在人民法院执行程序中，有能力履行而拒不履行的，子女不能就读高收费私立学校，但正常的义务教育和高等学历教育不受限制。除此之外，虽然法律条款没有明确规定父母违法犯罪时子女会受到影响，但在实践中“问题家长”的子女，在“择优录取”式考试中多会被排除在外。

◉ 相关依据

《公安机关录用人民警察政治考察工作办法》

第九条　考察对象的家庭成员具有下列情形之一的，其本人不得确定为拟录用人选：

（一）因故意杀人、故意伤害致人重伤或者死亡、强奸、抢劫、贩卖毒品、放火、爆炸、投放危险物质罪等社会影响恶劣的严重犯罪，或者贪污贿赂数额巨大、具有严重情节，受到刑事处罚的；

（二）有危害国家安全、荣誉和利益行为的；

（三）组织、参加、支持暴力恐怖、民族分裂、宗教极端、邪教、黑社会性质的组织，或者参与相关活动的；

（四）其他可能影响考察对象录用后依法公正履职的情形。

《征兵政治审查工作规定》

第八条　具有以下情形之一的公民，不得征集服现役

……

（八）本人或者家庭主要成员、直接抚养人参加民族分裂、暴力恐怖、宗教极端等非法组织、带有黑社会性质犯罪团伙或者进行过活动的；

主要社会关系成员或者对本人影响较大的其他亲属是上述非法组织骨干分子的；

（九）家庭主要成员、直接抚养人、主要社会关系成员或者对本人影响较大的其他亲属，有被刑事处罚、开除党籍、开除公职或者有严重违法问题尚未查清，本人有包庇、报复言行的；

（十）家庭主要成员有危害国家安全犯罪行为或者严重政治性问题，本人不能划清界限的；

……

第九条　对政治条件有特别要求的单位征集的新兵除执行本规定第七

条、第八条的规定外，对具有以下情形之一的，也不得征集：

……

（七）家庭主要成员、直接抚养人、主要社会关系成员或者对本人影响较大的其他亲属对党和国家的路线、方针、政策和社会主义制度有不满言行的；

（八）家庭主要成员、直接抚养人、主要社会关系成员或者对本人影响较大的其他亲属被刑事处罚或者开除党籍、开除公职的；

（九）家庭主要成员、直接抚养人、主要社会关系成员或者对本人影响较大的其他亲属因涉嫌违法犯罪正在被调查处理，或者正在被侦查、起诉或者审判的；

（十）家庭主要成员、直接抚养人、主要社会关系成员或者对本人影响较大的其他亲属参加民族分裂、暴力恐怖、宗教极端等非法组织、带有黑社会性质犯罪团伙或者进行过活动的；

（十一）家庭主要成员、直接抚养人、主要社会关系成员或者对本人影响较大的其他亲属是邪教、有害功法组织骨干分子或者顽固不化人员的；

（十二）家庭主要成员、直接抚养人、主要社会关系成员或者对本人影响较大的其他亲属危害国家安全行为或者严重政治性问题的；

……

《最高人民法院关于限制被执行人高消费及有关消费的若干规定》

第三条　被执行人为自然人的，被采取限制消费措施后，不得有以下高消费及非生活和工作必需的消费行为：

……

（七）子女就读高收费私立学校；

……

第179问　父母如何预防未成年子女走上犯罪道路？

答：预防未成年人犯罪，作为法定监护人的父母负有直接责任。古人说“防微杜渐”，父母在发现未成年子女心理或者行为异常时应及时了解、训诫和引导,必要时应予以制止、加强管教。父母应与学校、司法机关、居民委员会和村民委员会等组织联合起来,充分引导未成年人爱国守法、健康成长,避免发生不利于其健康成长各种不良行为。

《预防未成年人犯罪法》规定的不良行为有:吸烟、饮酒;多次旷课、逃学;无故夜不归宿、无故离家出走;沉迷网络;与社会上具有不良习性的人交往、组织或加入不良行为的团伙;进入"少儿不宜"场所;参与赌博;以及接触色情、暴力、恐怖等内容。父母发现子女存在不良行为的,应及时制止并加强管教,还可以请求学校采取相应教育措施。

《预防未成年人犯罪法》规定的尚不构成刑事处罚的严重不良行为有:结伙斗殴,追逐、拦截他人,强拿硬要或者任意损毁、占用公私财物等寻衅滋事行为;非法携带枪支、弹药或者弩、匕首等国家规定的管制器具;殴打、辱骂、恐吓,或者故意伤害他人身体;盗窃、哄抢、抢夺或者故意损毁公私财物;传播淫秽的读物、音像制品或者信息等;卖淫、嫖娼,或者进行淫秽表演;吸食、注射毒品,或者向他人提供毒品;参与赌博赌资较大;其他严重危害社会的行为。父母发现有人教唆、胁迫、引诱未成年人实施严重不良行为的,应当立即向公安机关报告。对有严重不良行为的未成年人,父母或者其他监护人无力管教或者管教无效的,可以向教育部门提出申请,由教育部门决定送入专门学校接受专门教育。实施严重不良行为的未成年人的父母或者其他监护人不依法履行监护职责的,司法机关有权予以训诫,并可以责令其接受家庭教育指导。

◉ 相关依据

《中华人民共和国预防未成年人犯罪法》

第二十八条　本法所称不良行为,是指未成年人实施的不利于其健康成长的下列行为:

（一）吸烟、饮酒；

（二）多次旷课、逃学；

（三）无故夜不归宿、离家出走；

（四）沉迷网络；

（五）与社会上具有不良习性的人交往，组织或者参加实施不良行为的团伙；

（六）进入法律法规规定未成年人不宜进入的场所；

（七）参与赌博、变相赌博，或者参加封建迷信、邪教等活动；

（八）阅览、观看或者收听宣扬淫秽、色情、暴力、恐怖、极端等内容的读物、音像制品或者网络信息等；

（九）其他不利于未成年人身心健康成长的不良行为。

第二十九条　未成年人的父母或者其他监护人发现未成年人有不良行为的，应当及时制止并加强管教。

第三十二条　学校和家庭应当加强沟通，建立家校合作机制。学校决定对未成年学生采取管理教育措施的，应当及时告知其父母或者其他监护人；未成年学生的父母或者其他监护人应当支持、配合学校进行管理教育。

第三十五条第一款　未成年人无故夜不归宿、离家出走的，父母或者其他监护人、所在的寄宿制学校应当及时查找，必要时向公安机关报告。

第三十八条　本法所称严重不良行为，是指未成年人实施的有刑法规定、因不满法定刑事责任年龄不予刑事处罚的行为，以及严重危害社会的下列行为：

（一）结伙斗殴，追逐、拦截他人，强拿硬要或者任意损毁、占用公私财物等寻衅滋事行为；

（二）非法携带枪支、弹药或者弩、匕首等国家规定的管制器具；

（三）殴打、辱骂、恐吓，或者故意伤害他人身体；

（四）盗窃、哄抢、抢夺或者故意损毁公私财物；

（五）传播淫秽的读物、音像制品或者信息等；

（六）卖淫、嫖娼，或者进行淫秽表演；

（七）吸食、注射毒品，或者向他人提供毒品；

（八）参与赌博赌资较大；

（九）其他严重危害社会的行为。

第三十九条　未成年人的父母或者其他监护人、学校、居民委员会、村民委员会发现有人教唆、胁迫、引诱未成年人实施严重不良行为的，应当立即向公安机关报告。公安机关接到报告或者发现有上述情形的，应当及时依法查处；对人身安全受到威胁的未成年人，应当立即采取有效保护措施。

第四十三条　对有严重不良行为的未成年人，未成年人的父母或者其他监护人、所在学校无力管教或者管教无效的，可以向教育行政部门提出申请，经专门教育指导委员会评估同意后，由教育行政部门决定送入专门学校接受专门教育。

第六十一条　公安机关、人民检察院、人民法院在办理案件过程中发现实施严重不良行为的未成年人的父母或者其他监护人不依法履行监护职责的，应当予以训诫，并可以责令其接受家庭教育指导。

第七章

不动产篇

CHAPTER 07

第一节 房屋买卖

房屋买卖，是指出卖人将房屋交付并转移所有权与买受人，买受人支付价款的法律行为。买卖房屋最好签订书面合同，合同中应具有房屋所有权人、房屋地址、建筑面积、价款、付款期限、交房时间以及产权转移登记等必要条款。依法成立的房屋买卖合同受法律保护。买卖房屋应当办理权属变更登记，领取不动产权证书。

第180问 购房首付不够，开发商提供垫资，违法吗？

答：房地产开发商、中介机构或者第三方金融机构，借钱给购房者用于购房首付款，诱导购房人投机炒房的，是扰乱房地产市场正常交易秩序的行为，也破坏了房地产行业合法、正当的竞争秩序，违反了国家关于房地产工作的决策部署与“房子是用来住的，不是用来炒的”的定位。违规为炒房人垫付或者变相垫付首付款的行为，降低了资金不足的购房者入市门槛，放大了购房杠杆，给炒房投机者带来了机会，增加了市场风险，是重点整治的投机炒房行为。“囊中羞涩”的购房者应理性对待购房行为，避免因开发商垫付后不能及时偿还垫付资金、银行贷款，造成财务状况恶化，甚至被银行列入征信不良记录。

◉ 相关依据

《关于规范购房融资和加强反洗钱工作的通知》

一、严禁违规提供“首付贷”等购房融资

（一）严禁房地产开发企业、房地产中介机构违规提供购房首付融资。房地产开发企业、房地产中介机构不得为购房人垫付首付款或采取首付分期等其他形式变相垫付首付款，不得通过任何平台和机构为购房人提供首付融资，不得以任何形式诱导购房人通过其他机构融资支付首付款，不得组织“众筹”购房。

（二）严禁互联网金融从业机构、小额贷款公司违规提供“首付贷”等购房融资产品或服务。互联网金融从业机构和小额贷款公司不得以线上、线下或其他任何形式为购房入提供首付融资或相关服务。

（三）严禁违规提供房地产场外配资。房地产中介机构、互联网金融从业机构、小额贷款公司不得为卖房人或购房人提供“过桥贷‘尾款贷‘赎楼贷”等场外配资金融产品。

（四）严禁个人综合消费贷款等资金挪用于购房。银行业金融机构要加强个人住房贷款业务的审贷管理，加大对首付资金来源和借款人收入证明真实性的审核力度。要严格对个人住房贷款和个人综合消费贷款实行分类管理，强化对个人综合消费贷款、经营性贷款、信用卡透支等业务的额度和资金流向管理，严格按照合同约定监控贷款用途，严禁资金挪用于购房。

……

三、加大对违规提供购房融资行为的查处力度

……

（九）加大对银行业金融机构违规行为的查处力度。银行业监督管理部门各级派出机构要加大对银行业金融机构个人住房贷款、个人综合消费贷款、经营性贷款、信用卡透支等业务的监督和检查力度，依法依规严肃处理各类违规行为。银行业金融机构要加强自查和相关制度建设，对发现个人综合消费贷款、经营性贷款、信用卡透支等资金违规用于购房的，要依法依规严肃问责相关责任人员，妥善管理相关风险，并依法将借款人失信违约情况录入征信系统。

《关于在部分城市先行开展打击侵害群众利益违法违规行为　治理房地产市场乱象专项行动的通知》

二、整治重点

（一）投机炒房行为。

1. 垄断房源，操纵房价、房租。

2. 捂盘惜售或者变相囤积房源。

3. 通过报纸、广播、电视、网站、新媒体等途径捏造、散布房地产虚假信息，以及雇佣人员制造抢房假象等方式，恶意炒作，哄抬房价。

4. 通过更改预售合同、变更购房人等方式，投机炒作未交付的商品房。

5. 通过提供“首付贷”或者采取“首付分期”等形式，违规为炒房人垫付或者变相垫付首付款。

第181问 买了开发商的房子后，发现实际情况与宣传资料不符，怎么办？

答：房地产开发商为了吸引消费者购房，往往对其所售楼盘进行夸大吹嘘、包装宣传，在楼盘宣传彩页上描述得尽善尽美。例如，小区内建有假山、喷泉、小桥流水、亭台楼阁、游泳池、环绕小区健康步道，附近有名校学区、规划中地铁口、儿童游乐场、托儿所、幼儿园，篮球场、健身房，绿化率高达60%，环境优美，配套设施齐全等。

购房人对于“会讲故事”的营销人员要有警惕心理，理性对待广告宣传和口头许诺，区分甄别可以实现和不可实现的承诺或说明，主动向教育部门咨询楼盘是否属于学区房以及核实入学政策，就小区规划问题询问城市规划部门。如果没有这些不实宣传，购房人可能不会购买开发商的房子，引人误解的虚假宣传对购房人是否做出购房的决定产生了重大影响，虚假广告欺骗和误导了购房人的心理需求，使购房人欣然与开发商签订了《商品房买卖合同》，支付了定金、购房款等钱财。等到交房入住了，才追悔莫及。在此提醒购房人在购房过程中要注意收集保存开发商宣传册，复制宣传视频，拍摄样板房、小区规划图、沙盘等照片作为日后维权的证据。若开发商制作发布的广告宣传册、小区规划图、小区沙盘模型以及其他资料对特定内容明确予以说明和作出允诺的，该内容即使没有写入合同条款中，亦应视为合同内容。开发商未能兑现承诺，属于不按照合同内容履行义务的违约行为，需承担违约责任。如果购房人是针对开发商的某个承诺而购房的，应尽量在合同中明确写明，并约定清楚违约责任的承担方式。

◉ 相关依据

《中华人民共和国民法典》

第五百八十六条 当事人可以约定一方向对方给付定金作为债权的担保。定金合同自实际交付定金时成立。

定金的数额由当事人约定；但是，不得超过主合同标的额的百分之二十，超过部分不产生定金的效力。实际交付的定金数额多于或者少于约定数额的，视为变更约定的定金数额。

第五百八十七条 债务人履行债务的，定金应当抵作价款或者收回。给付定金的一方不履行债务或者履行债务不符合约定，致使不能实现合同目的的，无权请求返还定金；收受定金的一方不履行债务或者履行债务不符合约定，致使不能实现合同目的的，应当双倍返还定金。

第五百八十八条 当事人既约定违约金，又约定定金的，一方违约时，对方可以选择适用违约金或者定金条款。

定金不足以弥补一方违约造成的损失的，对方可以请求赔偿超过定金数额的损失。

《中华人民共和国广告法》

第二十六条 房地产广告，房源信息应当真实，面积应当表明为建筑面积或者套内建筑面积，并不得含有下列内容：

（一）升值或者投资回报的承诺；

（二）以项目到达某一具体参照物的所需时间表示项目位置；

（三）违反国家有关价格管理的规定；

（四）对规划或者建设中的交通、商业、文化教育设施以及其他市政条件作误导宣传。

《最高人民法院关于审理商品房买卖合同纠纷案件适用法律若干问题的解释》

第三条　商品房的销售广告和宣传资料为要约邀请，但是出卖人就商品房开发规划范围内的房屋及相关设施所作的说明和允诺具体确定，并对商品房买卖合同的订立以及房屋价格的确定有重大影响的，构成要约。该说明和允诺即使未载入商品房买卖合同，亦应当为合同内容，当事人违反的，应当承担违约责任。

《江苏省消费者权益保护条例》

第三十八条　从事开发建设商品房的经营者，应当向消费者书面明示商品房的准确地址、建筑面积、套内建筑面积、建筑和装饰装修标准、质保期限、配套设施、交房日期、单价、总价、产权办理、前期物业管理等事项。

第 182 问　购房人不预交物业费，开发商可以不交房吗？

答：商品房销售中，购房人经常遇到开发商委托物业公司负责办理交房和入住交接手续，物业公司则基于自身利益考虑，要求业主预交一定年限的物业费，否则不交房（交付钥匙、产权证），不交付小区门禁卡、电梯卡等和不办理入住手续的情况。物业公司以购房人不交物业费为由不交房的做法，缺乏法律依据。住建部、原工商总局印发的《商品房买卖合同示范文本》第 11 条规定了查验房屋的程序，明确办理交付手续前，购房人有权对商品房进行查验，开发商不得以缴纳相关税费或者签署物业管理文件作为购房人查验和办理交付手续的前提条件。国家提倡房地产开发与物业管理相分离制度，房屋买卖与物业服务是不同法律关系，不能混为一谈。购房人向物业公司预交物业费不是开发商交房的先决条件。开发商应在商品房销售合同约定的期限内向购房人交付房屋，不得在合同条款以外另行附加交房条件，否则，开发商应向购房人承担逾期交房的违约责任。

◉ 相关依据

《中华人民共和国民法典》

第五百八十四条 当事人一方不履行合同义务或者履行合同义务不符合约定，造成对方损失的，损失赔偿额应当相当于因违约所造成的损失，包括合同履行后可以获得的利益；但是，不得超过违约一方订立合同时预见到或者应当预见到的因违约可能造成的损失。

《物业管理条例》

第二十二条 建设单位应当在销售物业之前，制定临时管理规约，对有关物业的使用、维护、管理，业主的共同利益，业主应当履行的义务，违反临时管理规约应当承担的责任等事项依法作出约定。

建设单位制定的临时管理规约，不得侵害物业买受人的合法权益。

第二十三条 建设单位应当在物业销售前将临时管理规约向物业买受人明示，并予以说明。

物业买受人在与建设单位签订物业买卖合同时，应当对遵守临时管理规约予以书面承诺。

第二十四条 国家提倡建设单位按照房地产开发与物业管理相分离的原则，通过招投标的方式选聘物业服务企业。

住宅物业的建设单位，应当通过招投标的方式选聘物业服务企业；投标人少于3个或者住宅规模较小的，经物业所在地的区、县人民政府房地产行政主管部门批准，可以采用协议方式选聘物业服务企业。

第183问 开发商不能按照合同约定的时间交房，怎么办？

答：当房地产开发商不能按照《商品房买卖合同》约定的时间及时向购房人交付房屋，购房人可以选择等待交付房屋后再向其追究违约责任，或者要求解除合同退还购房款及利息，并承担违约责任。

如果合同没有约定解除合同条件的，购房人选择解除合同，自己将房屋退还开发商，要求开发商退还购房款及支付银行逾期贷款利息的方式时，需要注意是否符合合同解除的法定条件。首先，开发商在合同约定的交房期限届满时不能交房；其次，购房人向开发商发出书面催告交房的通知，给予开发商合理期限交房，一般自催告日起算满3个月为合理期限。开发商在催告后的3个月合理期限内仍不能交房的，则购房人取得合同解除权。购房人的合同解除权的行使期限为1年，在催告日起满3个月后开始计算1年。超过1年，购房人丧失解除权。在解除权1年的行使期内，开发商催告购房人行使解除权的，解除权的期限缩减为3个月。如果开发商与购房人在《商品房买卖合同》中就合同解除权有明确约定的，则按照双方的约定处理。

关于逾期交房的违约责任，商品房买卖合同有具体的违约金数额或违约金计算方式的，按照合同约定处理；没有约定违约金数额或者损失赔偿额计算方法的，违约金数额或者损失赔偿额，按照逾期交付使用房屋期间有关主管部门公布或者有资格的房地产评估机构评定的同地段同类房屋租金标准确定。

◉ 相关依据

《最高人民法院关于审理商品房买卖合同纠纷案件适用法律若干问题的解释》

第十一条　根据民法典第五百六十三条的规定，出卖人迟延交付房屋或者买受人迟延支付购房款，经催告后在三个月的合理期限内仍未履行，解除权人请求解除合同的，应予支持，但当事人另有约定的除外。

法律没有规定或者当事人没有约定，经对方当事人催告后，解除权行使的合理期限为三个月。对方当事人没有催告的，解除权人自知道或者应当知道解除事由之日起一年内行使。逾期不行使的,解除权消灭。

第十三条 商品房买卖合同没有约定违约金数额或者损失赔偿额计算方法,违约金数额或者损失赔偿额可以参照以下标准确定:

逾期付款的,按照未付购房款总额,参照中国人民银行规定的金融机构计收逾期贷款利息的标准计算。

逾期交付使用房屋的,按照逾期交付使用房屋期间有关主管部门公布或者有资格的房地产评估机构评定的同地段同类房屋租金标准确定。

第184问 开发商交房时,哪些情况下购房者可以拒收?

答:房地产开发企业在建设工程竣工后向购房者交房前,应组织设计、勘察、施工、监理等部门进行竣工验收。验收合格后取得确认文件,是开发商接收建设工程并交付购房者使用的基本条件。建设工程交付前,还须由工程质量监督、规划、消防、人防、环保等有关部门予以认可并由建设行政主管部门等进行审查,最终以备案的方式确定建设工程符合国家要求和标准。

《竣工验收备案表》是商品房竣工验收合格的唯一有效法定证明文件。开发商交房时,应向购房者出具"两书一表",即《住宅质量保证书》《住宅使用说明书》《竣工验收备案表》,否则购房者可以拒收。购房者验收时除了查看"两书一表"外,还应查看有无《建设工程质量认定证书》《房地产开发建设项目竣工综合验收合格证》《实测面积登记表》等。

购房者遇到以下情况时可以拒收:

1. 延迟交房且符合退房条件。开发商未能按照房屋买卖合同约定日期交房,经催告后在法定合理期限内仍未交房,购房者符合解除合同的法定条件而决定退房的。

2. 房屋存在严重质量问题。房屋主体结构质量不合格,严重影响正常居住使用的。

3. 擅自变更规划、设计。未经购房者同意,擅自变更户型、朝向等,严重违反合同约定;经批准的规划变更、重大设计变更未在法定时限内书面通知购房者。

如果出现门缝过大、墙皮开裂、瓷砖裂缝、防盗门锈蚀、窗户螺丝松动、阳台栏杆脱落、卫生间渗漏等装修不达标情形,购房者不能拒绝收房,但收房后可以请求开发商承担瑕疵担保责任予以修复。开发商拒绝修复的,购房者可以自行或者委托他人修复,修复费用由开发商承担。如果修复时间过长,导致购房人另行租房居住产生租金损失的,开发商应予以赔偿。如果购房者因质量问题拒收房屋,由于购房者的原因扩大损失的,扩大部分损失不能要求开发商赔偿。

◉ 相关依据

《最高人民法院关于审理商品房买卖合同纠纷案件适用法律若干问题的解释》

第九条 因房屋主体结构质量不合格不能交付使用,或者房屋交付使用后,房屋主体结构质量经核验确属不合格,买受人请求解除合同和赔偿损失的,应予支持。

第十条 因房屋质量问题严重影响正常居住使用,买受人请求解除合同和赔偿损失的,应予支持。

交付使用的房屋存在质量问题,在保修期内,出卖人应当承担修复责任;出卖人拒绝修复或者在合理期限内拖延修复的,买受人可以自行或者委托他人修复。修复费用及修复期间造成的其他损失由出卖人承担。

第十一条 根据民法典第五百六十三条的规定,出卖人迟延交付房屋或者买受人迟延支付购房款,经催告后在三个月的合理期限内仍未履行,解除权人请求解除合同的,应予支持,但当事人另有约定的除外。

法律没有规定或者当事人没有约定，经对方当事人催告后，解除权行使的合理期限为三个月。对方当事人没有催告的，解除权人自知道或者应当知道解除事由之日起一年内行使。逾期不行使的，解除权消灭。

《建设工程质量管理条例》

第四十九条 建设单位应当自建设工程竣工验收合格之日起15日内，将建设工程竣工验收报告和规划、公安消防、环保等部门出具的认可文件或者准许使用文件报建设行政主管部门或者其他有关部门备案。

建设行政主管部门或者其他有关部门发现建设单位在竣工验收过程中有违反国家有关建设工程质量管理规定行为的，责令停止使用，重新组织竣工验收。

第185问 购买商品房后，开发商逾期办理房产证，要承担什么法律责任？

答：对于办理权属登记期限，双方有约定的按照合同约定，没有约定的按照法律规定。尚未建成房屋的，购房人自房屋交付使用之日起90日未取得房产证；已竣工房屋的，购房人自合同订立之日起90日未取得房产证的，属于逾期办证。上述期限届满后超过1年，开发商仍无法办理产权登记并转移到购房人名下的，购房人有权解除合同，要求返还购房款及银行利息并赔偿其他经济损失。

如果购房人与开发商在购房合同中明确约定了开发商具有代为办理房屋权属登记的义务，购房人在积极配合的情况下，开发商未能如期办证的，应承担违约责任。如果开发商与购房人未约定代办权属登记的，应在完成初始登记后及时通知购房人并协助办理产权转移登记。

开发商逾期办证的原因主要表现为：未取得土地使用权证书、未完全缴纳土地出让金、缺乏相关竣工材料、未及时缴纳税费、商品房存在抵押或查封、未控制好工程进度、验收没有通过，或者拖欠债务等。开发商逾期办证的，购房人可以要求继续履行合同，协助办理产权转移登记手续，并承担违约责任。

◉ 相关依据

《最高人民法院关于审理商品房买卖合同纠纷案件适用法律若干问题的解释》

第十四条　由于出卖人的原因，买受人在下列期限届满未能取得不动产权属证书的，除当事人有特殊约定外，出卖人应当承担违约责任：

（一）商品房买卖合同约定的办理不动产登记的期限；

（二）商品房买卖合同的标的物为尚未建成房屋的，自房屋交付使用之日起90日；

（三）商品房买卖合同的标的物为已竣工房屋的，自合同订立之日起90日。

合同没有约定违约金或者损失数额难以确定的，可以按照已付购房款总额，参照中国人民银行规定的金融机构计收逾期贷款利息的标准计算。

第十五条　商品房买卖合同约定或者城市房地产开发经营管理条例第三十二条规定的办理不动产登记的期限届满后超过一年，由于出卖人的原因，导致买受人无法办理不动产登记，买受人请求解除合同和赔偿损失的，应予支持。

《城市房地产开发经营管理条例》

第三十二条　预售商品房的购买人应当自商品房交付使用之日起90日内，办理土地使用权变更和房屋所有权登记手续；现售商品房的购买人应当自销售合同签订之日起90日内，办理土地使用权变更和房屋所有权登记手续。房地产开发企业应当协助商品房购买人办理土地使用权变更和房屋所有权登记手续，并提供必要的证明文件。

第186问 购买商品房已入住，遇到房产证办不下来的情况，该如何解决？

答：在商品房建设竣工后，需要由建设、规划、国土、城管、园林、消防等多个部门验收合格并出具证明材料，同时向税务部门缴纳相关税费，才能办理整个小区的不动产权属初始登记、取得"大房产证"；开发商再办理权属转移登记，为住户取得"小产权证"。从房屋竣工到拿到房产证大约需要3～6个月。一般来说，房屋权属证书办不下来的主要原因有：开发商销售商品房时"五证"不全（"五证"是指《国有土地使用证》、《建设用地规划许可证》、《建设工程规划许可证》、《建筑工程施工许可证》、《商品房预售许可证》或《商品房销售许可证》）、违规建设、房屋质量检验不合格、消防环保验收不合格、擅自变更规划、更改房屋性质、调整容积率后增加建筑面积、欠缴税费、一房多卖等。

若购房人符合国家或地方购房政策，具有购房资质，且按照《商品房买卖合同》约定履行义务后，开发商因自身原因导致购房人在合同约定的办理房屋所有权登记的期限（或销售期房的，自房屋交付使用之日起90日；销售现房的，自合同订立之日起90日）届满时，不能及时取得房屋权属证书的，应按照合同约定承担违约责任；合同没有约定违约金或者损失数额难以确定的，可以按照已付购房款总额，参照中国人民银行规定的金融机构计收逾期贷款利息的标准计算。办理房屋所有权登记的期限届满后超过1年，由于开发商的原因，导致购房人无法办理房屋所有权登记，购房人请求解除合同和赔偿损失的，人民法院应予以支持。

◉ 相关依据

《最高人民法院关于审理商品房买卖合同纠纷案件适用法律若干问题的解释》

第十五条 商品房买卖合同约定或者城市房地产开发经营管理条例第三十二条规定的办理不动产登记的期限届满后超过一年,由于出卖人的原因,导致买受人无法办理不动产登记,买受人请求解除合同和赔偿损失的,应予支持。

《城市房地产开发经营管理条例》

第三十二条 预售商品房的购买人应当自商品房交付使用之日起90日内,办理土地使用权变更和房屋所有权登记手续;现售商品房的购买人应当自销售合同签订之日起90日内,办理土地使用权变更和房屋所有权登记手续。房地产开发企业应当协助商品房购买人办理土地使用权变更和房屋所有权登记手续,并提供必要的证明文件。

第187问 当商品房出现质量问题时,该如何处理?

答:开发商向购房人出售房屋,应当保证房屋的质量符合合同约定或者法律规定的质量要求,对所售房屋承担瑕疵担保义务。房屋需经验收合格取得《竣工验收备案表》,方可向购房人交房并出具《住宅质量保证书》和《住宅使用说明书》;未经竣工验收,不得向购房人交付房屋,否则购房人有权拒绝。购房人接收房屋并入住后可能会发现房屋存在歪斜、地基下沉、承重结构变形、墙体开裂、渗水、天花板漏水、门窗变形、墙皮脱落、工艺粗糙等质量瑕疵。对于房屋存在的这类质量问题,需要区分是一般瑕疵还是重大瑕疵。

存在一般瑕疵,简单修复即可解决,不影响居住使用。在保修期内可以要求开发商进行修复,并予以适当赔偿。开发商拒绝修复或者在合理期限内拖延修复的,购房人可以自行或者委托他人修复。修复费用及修复期间造成的其他损失由开发商承担。

重大瑕疵,则可能危及人身财产安全,是指房屋主体结构质量不合格或存在非主体结构质量问题严重影响正常居住使用。“严重影响居住使用”一般理解为:通过房屋专业鉴定机构鉴定确认房屋存在严重缺陷,危及结构安全和使用安全,且无法通过修复解决。因开发商交付房屋存在重大瑕疵,购房人可以向人民法院请求解除房屋买卖合同,并要求开发商承担违约责任。

◉ 相关依据

《城市房地产开发经营管理条例》

第三十条 房地产开发企业应当在商品房交付使用时,向购买人提供住宅质量保证书和住宅使用说明书。

住宅质量保证书应当列明工程质量监督单位核验的质量等级、保修范围、保修期和保修单位等内容。房地产开发企业应当按照住宅质量保证书的约定,承担商品房保修责任。

保修期内,因房地产开发企业对商品房进行维修,致使房屋原使用功能受到影响,给购买人造成损失的,应当依法承担赔偿责任。

第三十一条 商品房交付使用后,购买人认为主体结构质量不合格的,可以向工程质量监督单位申请重新核验。经核验,确属主体结构质量不合格的,购买人有权退房;给购买人造成损失的,房地产开发企业应当依法承担赔偿责任。

《最高人民法院关于审理商品房买卖合同纠纷案件适用法律若干问题的解释》

第九条 因房屋主体结构质量不合格不能交付使用,或者房屋交付使用后,房屋主体结构质量经核验确属不合格,买受人请求解除合同和赔偿损失的,应予支持。

第十条 因房屋质量问题严重影响正常居住使用,买受人请求解除合同和赔偿损失的,应予支持。

交付使用的房屋存在质量问题,在保修期内,出卖人应当承担修复责任;出卖人拒绝修复或者在合理期限内拖延修复的,买受人可以自行或者委托他人修复。修复费用及修复期间造成的其他损失由出卖人承担。

《商品住宅实行住宅质量保证书和住宅使用说明书制度的规定》

第三条　房地产开发企业在向用户交付销售的新建商品住宅时,必须提供《住宅质量保证书》和《住宅使用说明书》。《住宅质量保证书》可以作为商品房购销合同的补充约定。

第四条　《住宅质量保证书》是房地产开发企业对销售的商品住宅承担质量责任的法律文件,房地产开发企业应当按《住宅质量保证书》的约定,承担保修责任。

商品住宅售出后,委托物业管理公司等单位维修的,应在《住宅质量保证书》中明示所委托的单位。

第五条　《住宅质量保证书》应当包括以下内容:

1、工程质量监督部门核验的质量等级

2、地基基础和主体结构在合理使用寿命年限内承担保修

3、正常使用情况下各部位、部件保修内容与保修期:

屋面防水3年;

墙面、厨房和卫生间地面、地下室、管道渗漏1年;

墙面、顶棚抹灰层脱落1年;

地面空鼓开裂、大面积起砂1年;

门窗翘裂、五金件损坏1年;

管道堵塞2个月;

供热、供冷系统和设备1个采暖期或供冷期;

卫生洁具1年;

灯具、电器开关6个月;

其他部位、部件的保修期限,由房地产开发企业与用户自行约定。

4、用户报修的单位,答复和处理的时限。

第188问 购买开发商的精装修房后，发现存在质量问题，该如何处理？

答：精装修房，又称为全装修房，是相对于毛坯商品房而言的，指按照买卖双方合同约定，在交付时已经具备基本居住使用功能，不需要购房人再次花钱装修硬件设施，甚至家具用品的房屋。精装修房质量应当符合国家法律、法规的规定，建设工程质量、安全标准和相应的技术规范，以及合同的约定。

对于精装修房的质量要求，合同中有约定的，按照约定处理：没有约定的按照法律规定处理。此外，还可以依据装修合同、装饰装修标准确认书、补充协议书、商品房销售资料、样板房实际用材、装修材料清单、施工图纸、采购合同等相关内容确定。

若装修质量存在瑕疵问题，但没有对买房人正常居住使用构成实质性影响的，除非对瑕疵有明确约定，否则买房人不能拒绝接受。若装修质量严重影响正常居住使用，或者存在如装修环保质量不合格等依法不得交付使用的情形，买房人拒绝接受房屋的，可以请求解除商品装修房买卖合同和赔偿损失。买房人愿意接受房屋的，可以要求卖房人承担逾期交房违约责任和修复责任。如果装修材料以假充真、以次充好、以不合格材料冒充合格材料的，买房人可以欺诈为由请求法院撤销精装修房买卖合同和要求相对人赔偿损失。装修房存在严重装修质量问题的，应一并解除商品房买卖合同和装修合同，不得单独解除装修合同。

◉ 相关依据

《江苏省高级人民法院商品装修房买卖合同装修质量纠纷案件审理指南》

二、装修质量约定要求的认定

4. 装修质量要求认定的一般规则。交付装修房的装修质量，应当符合有关法律、法规的规定，建设工程质量、安全标准和相应技术规范，以及当事人的约定。

装修质量要求，出卖人与买受人有约定的，从其约定；没有约定或者约定不明又不能达成补充协议的，应当按照合同有关条款或者交易习惯确定；仍不能确定的，按照《中华人民共和国合同法》第六十二条第一项的规定予以认定。

法律、法规有相关强制性规定的，应当适用强制性规定。房屋所在地房地产有关职能部门关于商品房装修质量约定和履行要求的管理性规范，依照有利于合同目的实现以及合同全面适当履行原则在裁判说理时参照适用。

四、装修质量不符合约定的责任

12. 责任承担约定优先与选择。装修质量不符合约定构成违约的，出卖人应当承担约定的违约责任。经出卖人指示买受人与第三方装修企业另行签订装修合同的，对于装修质量违约有约定的从其约定，但不影响出卖人违约责任的承担。买受人主张出卖人承担合同约定之外的违约责任的，不予支持。

当事人没有约定装修质量违约责任或者约定不明，依据相关规定仍不能确定的，买受人根据装修质量问题的性质以及所受损失的大小选择对方承担的违约责任的方式应具有合理性。买受人选择明显不合理的，人民法院应当释明，买受人经释明拒不调整的，驳回其相应诉讼请求。

买受人主张出卖人承担多种违约责任，不超出其因违约所受损失的，应予支持。

14. 装修质量问题与合同解除。因装修质量问题严重影响正常居住使用，或者存在如装修环保质量不合格等依法不得交付使用的情形，买受人请求解除商品装修房买卖合同和赔偿损失的，应予支持。

房屋装修中以假充真、以次充好、以不合格材料冒充合格材料的，买受人以受欺诈为由请求撤销商品装修房买卖合同和赔偿损失的，应予支持。

但买受人依据消费者权益保护法的相关规定主张惩罚性赔偿的,不予支持。

出卖人与买受人签订的商品房买卖合同,约定交付标的物为装修房,因严重装修质量问题,买受人请求单独撤销或者解除装修合同的,不予支持,请求一并撤销或者解除商品房买卖合同的,应予支持。

15. 装修质量瑕疵与修复责任。装修质量存在工程质量、功能质量、品质档次等方面瑕疵,但对买受人正常居住使用没有实质性影响的,除当事人对房屋装修质量瑕疵另有明确约定,买受人拒绝受领房屋要求出卖人承担逾期交房违约责任的,不予支持。

装修质量问题严重影响正常居住使用,或者装修质量问题符合不得交付使用法定情形的,买受人拒绝受领房屋,要求出卖人承担逾期交房违约责任和装修质量修复责任的,应予支持。

装修质量保修期间内,出卖人应当承担修复责任。出卖人拒绝保修或者在合理期限内拖延修复的,买受人自行或者委托他人维修后,就修复费用及修复期间造成的其他损失要求出卖人承担责任的,应予支持。

16. 减价责任与装修差价损失。对装修质量不符合约定要求、不符合法定要求或者因欺诈、重大误解等原因导致装修实际价值明显低于约定装修价格的违约责任,当事人没有约定或者约定不明,买受人请求出卖人承担减少房屋装修部分价款的违约责任的,应予支持;当事人有明确约定,买受人在约定责任方式之外要求出卖人承担减少装修价款违约责任的,不予支持,但出卖人同意的除外。

买受人可以选择接受装修质量不符合约定的范围,对不接受的部分要求出卖人承担修复责任的,应予支持,但计算装修差价损失时修复部分的贬损价值不应重复计算。

减少装修价款,一般以维持合同约定交易条件均衡性为原则按"同比降低"规则核算具体数额。具体方法为,以房屋交付条件成就买受人应当受领为评估时点,以房屋所在地房屋装修市场价格为基准,对实际装修价格和约定装修价格进行评估,实际装修估价与约定装修估价比例的差额与装修部分销售价格的乘积,即为减少装修价款的数额,计算公式为(1-实际装修估价/约定装修估价）×装修价格。

房屋装修中存在欺诈情形，或者约定装修价格组成不能确定无法评估的，减少装修价款的数额，依据约定装修价格与实际装修评估价格的差额按照公平原则予以酌定。

第189问 从开发商处购买全装修房后发现甲醛超标，可以要求其承担违约责任吗？

答：甲醛是制作胶水的重要原料，具有刺激性气味，常用在家具、板材、涂料、纺织品等装修装饰材料上面，是室内空气污染的重要污染来源。新房装修，即使采用合格的装修装饰材料，仍然避免不了甲醛及其他挥发性有机化合物等有害物质的污染，故需要允许一定量值范围内的污染物存在。按照国家强制性标准，甲醛释放浓度每立方米不能超过0.08毫克。一旦甲醛超标，吸入体内会出现刺鼻、流泪、喉咙疼痛、呼吸道发干、恶心、头晕目眩等不良反应，还可能会导致女性不孕或流产、胎儿畸形或心脑发育不全，严重时会引发重大疾病。

如果开发商向购房人交付的全装修房仅是甲醛超标，属于房屋一般质量瑕疵，不影响房屋的交付，购房人可以在接收房屋前要求开发商进行治理（维修）。开发商拒绝治理甲醛问题的，购房人可以先接收房屋再委托具有计量认证资质的检测机构进行专业检测留存证据，待经过治理后，再要求开发商承担房屋买卖合同的违约责任，包括检测、治理等经济损失。购房人仅以室内甲醛浓度超标难以入住并正常生活为由，要求解除购房合同并承担违约责任的，人民法院一般不会支持。

◉ 相关依据

《最高人民法院关于审理商品房买卖合同纠纷案件适用法律若干问题的解释》

第九条 因房屋主体结构质量不合格不能交付使用,或者房屋交付使用后,房屋主体结构质量经核验确属不合格,买受人请求解除合同和赔偿损失的,应予支持。

第十条 因房屋质量问题严重影响正常居住使用,买受人请求解除合同和赔偿损失的,应予支持。

交付使用的房屋存在质量问题,在保修期内,出卖人应当承担修复责任;出卖人拒绝修复或者在合理期限内拖延修复的,买受人可以自行或者委托他人修复。修复费用及修复期间造成的其他损失由出卖人承担。

《民用建筑工程室内环境污染控制标准》(GB50325-2020)

1.0.3 本标准控制的室内环境污染物包括氡、甲醛、氨、苯、甲苯、二甲苯和总挥发性有机物。

1.0.4 民用建筑工程的划分应符合下列规定:

1 Ⅰ类民用建筑应包括住宅、居住功能公寓、医院病房、老年人照料房屋设施、幼儿园、学习教室、学生宿舍等;

2 Ⅱ类民用建筑应包括办公楼、商店、旅馆、文化娱乐场所、书店、图书馆、展览馆、体育馆、公共交通等候室、餐厅等。

6.0.4 民用建筑工程竣工验收时,必须进行室内环境污染物浓度检测,其限量应符合表6.0.4的规定。

表6.0.4 民用建筑室内环境污染物浓度限量

污染物	Ⅰ类民用建筑工程	Ⅱ类民用建筑工程
氡(Bq/m^3)	≤150	≤150
甲醛(mg/m^3)	≤0.07	≤0.08
氨(mg/m^3)	≤0.15	≤0.20
苯(mg/m^3)	≤0.06	≤0.09

续表

污染物	Ⅰ类民用建筑工程	Ⅱ类民用建筑工程
甲苯(mg/m^3)	≤0.15	≤0.20
二甲苯(mg/m^3)	≤0.20	≤0.20
TVOC(mg/m^3)	≤0.45	≤0.50

注:1　污染物浓度检测值,除氡外均指室内污染物浓度检测值扣除室外上风向空气中污染物浓度检测值(本底值)后的检测值。

2　污染物浓度检测值的极限值判定,采用全数值比较法。

《室内空气质量标准》(GB/T18883－2002)

3　术语和定义

3.1　室内空气质量参数(indoor air quality parameter)

指室内空气中与人体健康有关的物理、化学、生物和放射性参数。

3.2　可吸入颗粒物(particles with diameters of 10um or less,PM10)

指悬浮在空气中,空气动力学当量直径小于等于10um的颗粒物。

3.3　总挥发性有机化合物(Total Volatile Organic TVOC)

利用Tenax GC或Tenax TA采样,非极性色谱柱(极性指数小于10)进行分析,保留时间在正已烷和正十六烷之间的挥发性有机化合物。

3.4　标准状态(normal state)

指温度273K,压力为101.325kPa时的干物质状态。

4　室内空气质量

4.1　室内空气应无毒、无害、无异常嗅味。

4.2　室内空气质量标准见表1。

表1　室内空气质量标准

Table1　Indoor Air Quality Standard

序号	参数类别	参数	单位	标准值	备注
1	物理性	温度	℃	22～28	夏季空调
				16～24	冬季采暖
2		相对湿度	%	40～80	夏季空调
				30～60	冬季采暖
3		空气流速	m/s	0.3	夏季空调
				0.2	冬季采暖
4		新风量	$m^3/h\cdot p$	30a	
5	化学性	二氧化硫 SO_2	mg/m^3	0.50	1小时均值
6		二氧化氮 NO_2	mg/m^3	0.24	1小时均值
7		一氧化碳 CO	mg/m^3	10	1小时均值
8		二氧化碳 CO_2	%	0.10	日平均值
9		氨 NH_3	mg/m^3	0.20	1小时均值
10		臭氧 O_3	mg/m^3	0.16	1小时均值
11		甲醛 HCHO	mg/m^3	0.10	1小时均值
12		苯 C_6H_6	mg/m^3	0.11	1小时均值
13		甲苯 C_7H_8	mg/m^3	0.20	1小时均值
14		二甲苯 C_8H_{10}	mg/m^3	0.20	1小时均值
15		苯并[a]芘 B(a)P	mg/m^3	1.0	日平均值
16		可吸入颗粒 PMl0	mg/m^3	0.15	日平均值
17		总挥发性有机物 TVOC	mg/m^3	0.60	8小时均值
18	生物性	菌落总数	cfu/立方米	2500	依据仪器定[b]

续表

序号	参数类别	参数	单位	标准值	备注
19	放射性	氡^{222}Rn	Bq/立方米	400	年平均值（行动水平[c]）

a 新风量要求≥标准值，除温度、相对湿度外的其它参数要求≤标准值。
b 见附录D。
c 达到此水平建议采取干预行动以降低室内氡浓度。

第190问 购买商品房时，办理银行抵押贷款未成功，怎么办？

答：近年来，购房人因信用卡逾期还款、被列入被执行人员失信名单等原因导致信用记录不良，在办理银行贷款时，遇到贷款额度审批未通过或发放额度不足的情况比较常见。房屋买卖双方在购房合同中约定购房人以按揭贷款方式支付购房款的，却没有就贷款不成作出约定时，因购房人自身原因不能获得足额贷款的，购房人需以现金补足购房款；如不能补足，购房人可以主动解除购房合同，但要向卖房人承担违约责任。购房人因国家购房贷款政策变动，而无法获得购房贷款，又无其他筹集资金渠道，导致购房合同无法继续履行的，可以要求解除合同，卖房人应将收受的购房款本金及其利息或者定金全部返还。

在此提醒购房人，在购房时应综合考虑自身的财务状况、信用记录、资金实力，宜在购房合同中约定贷款不成时，任何一方均可解除合同，且互不追究违约责任，避免经济损失。

◉ 相关依据

《最高人民法院关于审理商品房买卖合同纠纷案件适用法律若干问题的解释》

第十九条 商品房买卖合同约定，买受人以担保贷款方式付款、因当事人一方原因未能订立商品房担保贷款合同并导致商品房买卖合同不能继续履行的，对方当事人可以请求解除合同和赔偿损失。因不可归责于当事人双方的事由未能订立商品房担保贷款合同并导致商品房买卖合同不能继续履行的，当事人可以请求解除合同，出卖人应当将收受的购房款本金及其利息或者定金返还买受人。

第二十条 因商品房买卖合同被确认无效或者被撤销、解除，致使商品房担保贷款合同的目的无法实现，当事人请求解除商品房担保贷款合同的，应予支持。

第191问 买房人未按约偿还卖房人所欠贷款，导致卖房人被录入银行征信“黑名单”，卖房人可以要求赔偿损失吗？

答：在房地产交易市场中，存在大量的改善住房型人群，通常操作手法是“卖旧买新”“卖小买大”。旧贷要么卖家自己还，要么让买家先预付部分购房款来代卖家还。双方约定由买家还完旧贷的情况下，买家应当信守承诺，及时足额支付月供贷款数额，否则将导致卖家被记录信用不良，造成卖家再贷款困难买房人未按约偿还卖家旧贷属于违约行为，须承担违约责任。个人征信报告，是银行系统审贷决策的重要依据以及对个人信用程度的评价，属于民法上的人格权范畴内的内容。被“拉黑”信用记录，既降低了人格评价，信用度受损，精神亦会遭受一定程度的损害，故应予以适当赔偿。对于此类纠纷，在司法实践中，法院也会考虑到卖家作为还贷主体具有首要责任，在银行催收贷款时，判令其予以先行支付，再追究买家垫付的违约责任。

◉ 相关依据

《中华人民共和国民法典》

第五百七十七条　当事人一方不履行合同义务或者履行合同义务不符合约定的，应当承担继续履行、采取补救措施或者赔偿损失等违约责任。

第九百九十条　人格权是民事主体享有的生命权、身体权、健康权、姓名权、名称权、肖像权、名誉权、荣誉权、隐私权等权利。

除前款规定的人格权外，自然人享有基于人身自由、人格尊严产生的其他人格权益。

第九百九十五条　人格权受到侵害的，受害人有权依照本法和其他法律的规定请求行为人承担民事责任。受害人的停止侵害、排除妨碍、消除危险、消除影响、恢复名誉、赔礼道歉请求权，不适用诉讼时效的规定。

第九百九十六条　因当事人一方的违约行为，损害对方人格权并造成严重精神损害，受损害方选择请求其承担违约责任的，不影响受损害方请求精神损害赔偿。

《最高人民法院关于确定民事侵权精神损害赔偿责任若干问题的解释》

第五条　精神损害的赔偿数额根据以下因素确定：

（一）侵权人的过错程度，但是法律另有规定的除外；

（二）侵权行为的目的、方式、场合等具体情节；

（三）侵权行为所造成的后果；

（四）侵权人的获利情况；

（五）侵权人承担责任的经济能力；

（六）受理诉讼法院所在地的平均生活水平。

第192问 购房后收房前遭遇开发商破产，购房者该怎么办？

答：购房者还没收房，就面临开发商破产时，房子是谁的，应视情况而定。如果销售的商品房已经竣工验收、具备交付条件，房屋买卖合同中明确约定了栋号、楼层、房号、面积等特征，购房者亦已按照合同约定价格支付全部购房款，且已网签备案的，且房屋买卖合同不存在法定或约定解除事由，即使房屋尚未转移占有，开发商进入破产程序后，该特定房屋不属于破产财产，破产管理人无权解除房屋买卖合同。购房者可以要求开发商继续履行房屋买卖合同，并办理房屋所有权变更登记。

房屋建设尚未竣工，形成烂尾楼的，开发商进入破产程序前，一般购房者会主动解除买卖合同。此时，开发商应返还购房款，并承担违约责任。进入破产程序后，管理人选择解除合同的，基于自住购房者的生存权保护，应返还全部购房款，使其免遭经济损失。

◉ 相关依据

《最高人民法院关于审理企业破产案件若干问题的规定》

第七十一条 下列财产不属于破产财产：

……

（五）特定物买卖中，尚未转移占有但相对人已完全支付对价的特定物；

（六）尚未办理产权证或者产权过户手续但已向买方交付的财产；

……

《最高人民法院关于人民法院办理执行异议和复议案件若干问题的规定》

第二十八条 金钱债权执行中，买受人对登记在被执行人名下的不动

产提出异议,符合下列情形且其权利能够排除执行的,人民法院应予支持:

(一)在人民法院查封之前已签订合法有效的书面买卖合同;

(二)在人民法院查封之前已合法占有该不动产;

(三)已支付全部价款,或者已按照合同约定支付部分价款且将剩余价款按照人民法院的要求交付执行;

(四)非因买受人自身原因未办理过户登记。

第二十九条　金钱债权执行中,买受人对登记在被执行的房地产开发企业名下的商品房提出异议,符合下列情形且其权利能够排除执行的,人民法院应予支持:

(一)在人民法院查封之前已签订合法有效的书面买卖合同;

(二)所购商品房系用于居住且买受人名下无其他用于居住的房屋;

(三)已支付的价款超过合同约定总价款的百分之五十。

第193问　房地产开发商宣称的"私家花园",真的是私家花园吗?

答:房地产开发商或者销售商在销售普通住宅小区时,通过宣传单、销售广告、沙盘、模型、销售员讲解等方式,向潜在客户宣称"买底楼赠送私家花园""一楼带院坐享私人花园",是一种容易使人误解的促销手段,可能对有意向购房者是否决定购买房屋产生重大影响。开发商或销售商在销售房屋时存在虚假宣传的,消费者可以向市场监督管理部门投诉,市场监督管理部门有权依法给予行政处罚。

业主家门口的绿地,不是建设用地,属于公共绿地。在房地产主管部门网签备案的房屋买卖合同中,一般不会出现"私家花园"的条款约定。房屋权属证书上,也不会体现出"私家花园"的占用土地和建筑面积。未经建筑规划许可,开发商利用公共绿地建造并赠送的“私家花园”或者业主利用该地块自行围合搭建的花园，都是违法建筑面临被行政管理部门拆除和罚款的风险。开发商赠送公共绿地给购房者的行为，还侵犯了全体业主的利益，是违法无效的。开发商向消费者允诺赠送“私家花园”公共绿地的专属使用权，交房时无法兑现的，消费者可以拒绝收房，要求解除购房合同，并返还已付购房款及同期银行贷款利息。

◉ 相关依据

《中华人民共和国民法典》

第二百七十四条 建筑区划内的道路，属于业主共有，但是属于城镇公共道路的除外。建筑区划内的绿地，属于业主共有，但是属于城镇公共绿地或者明示属于个人的除外。建筑区划内的其他公共场所、公用设施和物业服务用房，属于业主共有。

《最高人民法院关于审理商品房买卖合同纠纷案件适用法律若干问题的解释》

第三条 商品房的销售广告和宣传资料为要约邀请，但是出卖人就商品房开发规划范围内的房屋及相关设施所作的说明和允诺具体确定，并对商品房买卖合同的订立以及房屋价格的确定有重大影响的，构成要约。该说明和允诺即使未载入商品房买卖合同，亦应当为合同内容，当事人违反的，应当承担违约责任。

第194问 为了省钱买房“跳单”，要承担什么法律后果？

答：众所周知，购房者通过房产中介机构一般可以更为快速地购买到符合自己意愿的房屋。房产中介机构利用市场信息不对称为消费者提供服务，一般会按照房屋总价一定的比例收取中介费。若房产价值千万的，则中介费可能高达几十万元。个别购房者为了节约购房成本，利用房产中介提供的房产信息和带看房屋时获取的详细地址以及房东的联系方式后，直接联系房东私下签订合同完成房产交易。中介机构追索报酬时，购房者则以未经其提供的服务完成交易为由逃避中介费。

在司法实践中，购房者是否构成“跳单”，需看购房者是否依赖中介机构直接提供的信息和机会，以及中介机构是否独家代理销售特定房屋。卖房人在多个中介机构挂牌出售时，购房者通过其他公众可以获知的正当途径获得相同房源信息的，选择报价低、服务好的中介机构实现购房目的的，则不属于“跳单”行为。购房者构成“跳单”的，需按照看房确认书、购房确认书或者中介服务合同的约定承担违约赔偿责任。

◉ 相关依据

《中华人民共和国民法典》

第七条　民事主体从事民事活动，应当遵循诚信原则，秉持诚实，恪守承诺。

第九百六十一条　中介合同是中介人向委托人报告订立合同的机会或者提供订立合同的媒介服务，委托人支付报酬的合同。

第九百六十四条　中介人未促成合同成立的，不得请求支付报酬；但是，可以按照约定请求委托人支付从事中介活动支出的必要费用。

第九百六十五条　委托人在接受中介人的服务后，利用中介人提供的交易机会或者媒介服务，绕开中介人直接订立合同的，应当向中介人支付报酬。

第195问　房子不买了，买房人该如何承担违约责任？

答：在二手房买卖市场，买房人签订买卖合同后反悔的主要原因有：

(1)买房人寻找到了性价比更高的房屋;

(2)合同约定以贷款方式支付购房款,但因政府购房政策变化提高了首付款比例,或因个人原因出现资金短缺状况,导致无法购房;

(3)房价下跌幅度较大,继续履行利益受损;

(4)买房人不具有购房资格。

买房人因政策原因无法履行合同的,不构成违约。当买房人构成违约时,卖房人有权要求其继续履行合同,或者解除合同并主张赔偿损失。违约金与定金,不能同时主张,只能选择其一。适用定金罚则后还有损失需要补足的,可以请求赔偿损失;主张违约金的,通常不能再请求其他赔偿。违约方认为合同约定的违约金过高的,可以请求人民法院或者仲裁机构予以适当减少;守约方认为合同约定的违约金偏低的,可以请求人民法院或者仲裁机构予以适当增加;违约金的调整标准以实际损失作为参考。在二手房交易市场,房屋买卖双方都担心对方不讲诚信、违约不履行合同,往往约定的违约金高于标的额的20%,对超过部分,人民法院一般不予支持。买房人违约的,人民法院会在综合考虑主观恶意、购房政策、买房人已付定金数额、已付首付款比例、有无网签备案、违约方获利和守约方受损情况、守约方有无过错等因素后,判决确定买房人应承担的违约责任。

◉ 相关依据

《中华人民共和国民法典》

第五百七十七条 当事人一方不履行合同义务或者履行合同义务不符合约定的,应当承担继续履行、采取补救措施或者赔偿损失等违约责任。

第五百八十四条 当事人一方不履行合同义务或者履行合同义务不符合约定,造成对方损失的,损失赔偿额应当相当于因违约所造成的损失,包括合同履行后可以获得的利益；但是，不得超过违约一方订立合同时预见到或者应当预见到的因违约可能造成的损失。

第五百八十五条　当事人可以约定一方违约时应当根据违约情况向对方支付一定数额的违约金，也可以约定因违约产生的损失赔偿额的计算方法。

约定的违约金低于造成的损失的，人民法院或者仲裁机构可以根据当事人的请求予以增加；约定的违约金过分高于造成的损失的，人民法院或者仲裁机构可以根据当事人的请求予以适当减少。

当事人就迟延履行约定违约金的，违约方支付违约金后，还应当履行债务。

第五百八十七条　债务人履行债务的，定金应当抵作价款或者收回。给付定金的一方不履行债务或者履行债务不符合约定，致使不能实现合同目的的，无权请求返还定金；收受定金的一方不履行债务或者履行债务不符合约定，致使不能实现合同目的的，应当双倍返还定金。

第五百八十八条　当事人既约定违约金，又约定定金的，一方违约时，对方可以选择适用违约金或者定金条款。

定金不足以弥补一方违约造成的损失的，对方可以请求赔偿超过定金数额的损失。

《江苏省高级人民法院关于审理房地产合同纠纷案件若干问题的解答》

二、关于房地产调控政策引发的纠纷问题

2、因限购政策引发的纠纷如何处理？

房屋买卖合同签订后，由于相应住房限购政策的实施，当事人无法办理房屋所有权变更登记，买受人请求解除合同，并要求出卖人返还所收受的购房款或定金，如果经审查，当事人的确因住房限购政策的实施而不能办理房屋所有权变更登记，对其请求可予支持。出卖人请求买受人承担其为订立合同而实际发生的费用等合理损失的，可酌情予以支持。

地方政府允许住房限购政策实施前订立的房屋买卖合同办理房屋所有

权变更登记的，当事人以限购政策为由主张解除合同，对方当事人不同意的，人民法院对其请求不予支持。

3、因房屋限贷政策引发的纠纷如何处理？

调控政策实施前订立的合同未明确约定以按揭贷款方式付款，现买受人以其因受限贷政策影响而无法继续履行为由，请求解除合同的，一般不予支持。

调控政策实施前订立的合同约定以按揭贷款方式付款，现买受人举证证明其确因不能办理按揭贷款等导致无法继续履行，而请求解除合同，并要求出卖人返还所收受的购房款或定金的，可予支持。出卖人请求买受人承担其为订立合同而实际发生的费用等合理损失的，可酌情予以支持。买受人以贷款比例降低为由要求解除合同的，一般不予支持。如果因限贷政策实施导致买受人 允许贷款比例低于合同约定按揭贷款比例净差值大于30%的，人民法院可予支持，但买受人因迟延履行、个人信用问题等导致合同无法继续履行或者合同另有约定的除外。

调控政策实施前订立的合同在限贷政策实施后，买受人既未按约履行也未提出解约，经出卖人催告后仍未在合理期限内履行或提出解约，出卖人请求继续履行或解除合同，并由买受人承担违约责任的，应予支持。

第196问 房产中介的“看房确认书”，受法律保护吗？

答：“看房确认书”是房产中介为有购房意向的客户提供房源信息选择、带领看房、洽商价格等居间服务，购房者支付一定数额的金钱作为对价，以客户订立房屋买卖合同为目的，达成的书面协议。在“看房确认书”中，若存在无论是否签订房屋买卖合同，客户均需向房产中介支付房屋总价值一定比例的中介服务费性质款项的格式条款的，该格式条款属于不合理减轻或免除房产中介责任、加重消费者责任以及限制消费者主要权利的无效条款。若存在客户需向房产中介公司支付一定数额的金钱,作为居间活动期间所提供服务的报酬,以体现交易公平的条款,在司法实践中,一般认定为有效,受法律保护。

◉ 相关依据

《中华人民共和国民法典》

第四百九十六条　格式条款是当事人为了重复使用而预先拟定,并在订立合同时未与对方协商的条款。

采用格式条款订立合同的,提供格式条款的一方应当遵循公平原则确定当事人之间的权利和义务,并采取合理的方式提示对方注意免除或者减轻其责任等与对方有重大利害关系的条款,按照对方的要求,对该条款予以说明。提供格式条款的一方未履行提示或者说明义务,致使对方没有注意或者理解与其有重大利害关系的条款的,对方可以主张该条款不成为合同的内容。

第四百九十七条　有下列情形之一的,该格式条款无效:

(一)具有本法第一编第六章第三节和本法第五百零六条规定的无效情形;

(二)提供格式条款一方不合理地免除或者减轻其责任、加重对方责任、限制对方主要权利;

(三)提供格式条款一方排除对方主要权利。

第九百六十四条　中介人未促成合同成立的,不得请求支付报酬;但是,可以按照约定请求委托人支付从事中介活动支出的必要费用。

第197问　房东只卖房屋,不卖门窗可以吗?

答:大多数人购买二手房,是因为房东已将毛坯房装修完备,可以直接拎包入住,省去了烦琐的装修活动,能更充分合理利用原有的装修设施、家用电器等设备。在二手房买卖过程中，室内装修及陈列物品影响房屋整体出售价格。一般情况下，如果房东没有明确书面声明室内固定装修设施、家具及日常居住生活不可或缺物品的归属，此类物品原则上随房屋一起交付给买房人，符合《民法典》规定的公平和诚实信用原则。对于价值昂贵或有特殊象征纪念意义的物品，在双方没有明确约定的情况下，卖房人保留所有权、不转移交付给买房人，亦在情理之中，符合民事活动中的诚实信用原则。只卖房不卖门窗，把门窗拆走的事，则突破了常人的认知，于情于理难以说通！房东交房前拆卸天花板、隔墙、墙纸、地板、门窗、衣柜、毛巾架、吊灯等固定装修设施，系变相提高了房屋整体出售价格，无形中增加了买房人装修的经济成本。在房屋买卖合同中对家具、空调、电视机、冰箱、洗衣机、烘干机、投影仪、花架等可移动物品，没有约定归买房人所有的，房东有权拆卸搬运。

为了防止因忽略房屋的附属物归属和室内装饰细节而引发纠纷，建议买卖双方在签订二手房买卖合同时，应多角度、全方位地拍摄记录室内状况，并制作清单详细列明交接物品，注明品牌、数量、使用年限、有无使用说明书和质量保证书等必要信息和相关注意事项，买卖双方清点核实后签字确认。

◉ 相关依据

《中华人民共和国民法典》

第五条 民事主体从事民事活动，应当遵循自愿原则，按照自己的意思设立、变更、终止民事法律关系。

第六条 民事主体从事民事活动，应当遵循公平原则，合理确定各方的权利和义务。

第五百零九条 当事人应当按照约定全面履行自己的义务。

当事人应当遵循诚信原则，根据合同的性质、目的和交易习惯履行通知、协助、保密等义务。

当事人在履行合同过程中，应当避免浪费资源、污染环境和破坏生态。

第五百一十条　合同生效后，当事人就质量、价款或者报酬、履行地点等内容没有约定或者约定不明确的，可以协议补充；不能达成补充协议的，按照合同相关条款或者交易习惯确定。

第198问　苏州的“房卡房”可以买卖吗？

答：苏州的“房卡房”系苏州房产管理部门管理的，租产按照租金标准支付租金后居住的苏州市区直管公有住房。该房所有权与使用权分离，持有《苏州市直管公有住房租赁证》的承租人仅有居住使用权，经产权人同意，在租赁有效期内可以转让承租权，但无法转让所有权。转租，可以是部分转租或全部转租，转租期限最长不超过原租赁期限。经产权人同意转租的，承租人应与再承租人签订转租协议，约定必要内容。再承租人应当爱护和合理使用已承租的直管公有住房及其附属设施，不得擅自拆改（建）住房。

承租人须加强对再承租人合理使用住房的日常管理和监督。因使用不当等造成直管公有住房及其附属设施损坏的，承租人应当先予修复；造成损失的，应当先予赔偿。修复、赔偿后，承租人可以向再承租人追偿。承租人未征得产权人同意，擅自转租的，其转租行为无效。产权人可以通知承租人限期补办相关手续，缴纳增收租金。承租人逾期不补办相关手续，不缴纳增收租金的，产权人可以收回其直管公有住房使用权。

◉ 相关规定

《苏州市市区直管公有住房转租暂行规定》

第二条　市区以标准租金租赁的直管公有住房承租人，在租赁期限内，经直管公有住房产权人(或经产权人授权委托经营的管理部门)同意后,按照本规定,可以将承租的直管公有住房部分或全部转租给他人居住使用。

第三条 转租的直管公有住房,不得作为集体宿舍等使用。

再承租人属于外来人员的,应当取得公安机关的暂住证明。

直管公有住房的转租期限最长不超过原租赁期限。

第四条 有下列情形之一的直管公有住房不得转租:

(一)不符合安全标准的;

(二)有落实私房政策问题尚未解决的;

(三)有欠租、损坏等租赁纠纷尚未解决的;

(四)政府安置的廉租住房;

(五)已列入政府批准拆迁范围的;

(六)产权人认为不得转租的其他情形。

第六条 经直管公有住房产权人同意转租的,转租当事人应当参照产权人提供的示范文本,签订直管公有住房转租协议。

第七条 直管公有住房转租协议应当具备下列内容:

(一)转租双方当事人姓名、身份证号码;

(二)转租直管公有住房的坐落、面积、部位及设施、装修情况;

(三)转租期限,转租租金及支付方式;

(四)房屋安全使用及修缮责任;

(五)变更与解除协议的条件;

(六)违约责任等。

第八条 直管公有住房转租协议约定再承租人的权利与义务,应当与直管公有住房原承租人的权利、义务相一致。如不一致的,应当从其原直管公有住房租赁协议的约定。

第十一条 再承租人应当爱护和合理使用已承租的直管公有住房及其附属设施,不得擅自拆改(建)住房。

承租人应当加强对再承租人合理使用住房的日常管理和监督。因使用不当等造成直管公有住房及其附属设施损坏的,承租人应当先予修复,造成损失的应当先予赔偿。承租人可以向再承租人追偿。

第十三条 直管公有住房承租人未征得产权人同意,擅自转租直管公有住房的,其转租行为无效。直管公有住房产权人可以通知限期补办相关手续,缴纳增收租金;逾期不补办相关手续,不缴纳增收租金的,直管公有住房产权人可以收回其直管公有住房使用权。

第199问 改善住房的业主在换房过程中,存在哪些潜在风险?

答:换房,是房屋所有权人出售自有房屋的同时购买他人房屋的行为,通常是一买一卖,涉及两次房屋买卖。此房的卖房人,也是彼房的买房人。换房的原因,主要有为了户口迁移、子女择校、改善居住环境、与父母同住或靠近、工作便捷、家庭人口增加等。从有房住到住好房的换房交易过程复杂,其中隐藏着以下风险:

(1)资金衔接不上。

在房价呈上涨趋势时换房,宜先买后卖。在资金不充足和房价稳定时,可以先卖后买。

先卖后买时,需以出售自有房屋的售房款,支付购买新房的购房款。若旧房不能及时出售或购房人不能及时、足额支付款项,购房资金不能及时到位,将导致违约,产生违约赔偿责任。为此,换房人卖房前应对买房人的资产、信用状况进行严格审查,谨慎选择交易对象。换房人要预料到买房人的款项支付期限、支付金额与购房付款期限、支付金额衔接的违约风险,要有一定的备用资金,应对买房人可能违约导致自己违约有所防范。

先买后卖时,换房人需具有购房资质,能够先签订买房合同,再签订卖房合同。若买房合同履行过程的时间较短,而旧房在出卖过程中花费时间较长,换房人可能无法及时收到卖房款,导致买房逾期付款构成违约。故换房人先买后卖时,应尽量拉长买房交易时间，缩短卖房交易时间，便于顺利完成买房，避免产生违约赔偿责任。

（2）交房空档期不能顺利过渡。

换房人出售唯一住房时，应在合同约定期限内将房屋交付给买房人。若出卖方未能及时将房屋按照合同约定交付，将导致买房人无法及时入住新房，需另行租房居住，增加了房租损失。为避免交房空档期，换房人宜将自有房屋交付期限尽可能晚于卖房人交房时间。

（3）新购房屋上原户口未及时迁出，落户入学目的难实现。

若换房人买房目的是便于子女落户入学，卖房人未能将户口迁出，将导致换房人无法实现购房目的。换房人应与卖房人在合同中约定，卖房人不能及时迁出户口时需承担一定的违约金，以此督促卖房人及时迁出户口。换房人也可申请公安机关强制迁移。换房前换房人应向公安派出所核实户口问题，以及卖房人迁出户口的现实可能性。

（4）连环换房易引发诉讼纠纷。

若卖房人也是换房人的角色，在房屋买卖交易过程中可能会出现房价波动、逾期付款、交房延迟、提高或降低价款、司法查封等情形，在此种连环换房的情况下较于单次换房更难协商处理，极易引发诉讼纠纷。

◉ 相关依据

《中华人民共和国民法典》

第五百七十七条　当事人一方不履行合同义务或者履行合同义务不符合约定的，应当承担继续履行、采取补救措施或者赔偿损失等违约责任。

第五百八十四条　当事人一方不履行合同义务或者履行合同义务不符合约定，造成对方损失的，损失赔偿额应当相当于因违约所造成的损失，包括合同履行后可以获得的利益;但是,不得超过违约一方订立合同时预见到或者应当预见到的因违约可能造成的损失。

第五百九十二条 当事人都违反合同的,应当各自承担相应的责任。

当事人一方违约造成对方损失,对方对损失的发生有过错的,可以减少相应的损失赔偿额。

第200问 房东在二手房买卖过程中突然离世,买房人应该怎么办?

答:在二手房买卖合同签订后履行过程中,房东(房屋所有权人)突然去世的,如果买房人与房东签订的房屋买卖合同是合法有效的,该房屋买卖合同不因合同一方主体死亡无法继续履行而无效或终止。即使房东生前已出售房屋,产权仍属于房东本人,买房人仅为合同债权人,最终能否享有该房屋的产权尚处于不确定状态。继承人有权继承房东遗留下的房屋和按照被继承人(房东)生前意愿处理房屋。买房人欲实现购房目的,需与全体合法继承人交涉。

房东死亡后,买房人需与继承人通过公证或者诉讼方式解决房屋买卖问题。在无遗嘱的情况下,买房人可以先联系房东现有的全部第一顺序法定继承人(配偶、子女和父母),如第一顺序继承人全部死亡,需联系全部第二顺序法定继承人(兄弟姐妹、祖父母、外祖父母),协商履行房屋买卖合同事宜。若房东的继承人没有明确声明放弃继承权,则该继承人享有继承权。但由于房东在生前已将房屋出售给买房人,在房屋买卖合同合法有效的情况下,继承人不能直接继承该房屋,因为该房屋以遗产的形式已转化为买房人尚未支付的购房款。继承人欲从买房人手中取得购房款,应先向买房人继续履行房屋买卖合同:办理网签、资金托管、交付房屋、协助过户直至全部交易流程结束。继承人同意与买房人继续履行合同时,可委托公证处对房东的房屋进行遗产继承公证，凭公证处出具的公证书在房产交易中心办理相关手续。

虽然继承人同意履行房屋买卖合同，但履行过程中反悔，买房人可以将所有继承人（全部第一顺序继承人或第二顺序继承人）作为被告向房屋所在地的基层人民法院提起房屋买卖合同之诉。买房人也可以不与继承人协商处理，直接向人民法院提起民事诉讼，要求继承人继续履行合同来维护自己的合同权利。人民法院经审理后，确认房屋买卖合同有效时，一般将判决支持买房人继续履行合同的诉讼请求。若此时继承人仍然不配合过户，买房人可以在判决生效后申请人民法院强制执行，最终实现购房目的。

如果继承人都明确声明不继承，则该房产系无主财产，原则上依法归国家所有。

◉ 相关依据

《中华人民共和国民法典》

第一千一百二十四条 继承开始后，继承人放弃继承的，应当在遗产处理前，以书面形式作出放弃继承的表示；没有表示的，视为接受继承。

受遗赠人应当在知道受遗赠后六十日内，作出接受或者放弃受遗赠的表示；到期没有表示的，视为放弃受遗赠。

第一千一百二十七条 遗产按照下列顺序继承：

（一）第一顺序：配偶、子女、父母；

（二）第二顺序：兄弟姐妹、祖父母、外祖父母。

继承开始后，由第一顺序继承人继承，第二顺序继承人不继承；没有第一顺序继承人继承的，由第二顺序继承人继承。

本编所称子女，包括婚生子女、非婚生子女、养子女和有扶养关系的继子女。

本编所称父母，包括生父母、养父母和有扶养关系的继父母。

本编所称兄弟姐妹，包括同父母的兄弟姐妹、同父异母或者同母异父的兄弟姐妹、养兄弟姐妹、有扶养关系的继兄弟姐妹。

第一千一百六十条　无人继承又无人受遗赠的遗产，归国家所有，用于公益事业；死者生前是集体所有制组织成员的，归所在集体所有制组织所有。

第201问　买到“凶宅”，可以退给房东吗？

答：“凶宅”不是法律概念，是民间俗称，指曾发生过非正常死亡事件或者地处异常地段的房屋。虽然“凶宅”并不影响生活居住使用，但被认为不吉利，居住其中的人可能会有不适感和恐惧感，危害心理健康。典型的非正常死亡如自杀、谋杀、意外死亡等，但不包括正常死亡后在房屋内操办过丧事活动。基于诚实信用原则，卖房人有披露义务。当买房人主动询问卖房人有无发生过非正常死亡事件时，如果卖房人故意隐瞒房屋内曾发生非正常死亡事件的事实，致使买房人在不知情的情况下违背自己的真实意愿购房，则卖房人构成欺诈。买房人可以向人民法院请求撤销房屋买卖合同并赔偿损失。合同被撤销后，买房人向卖房人返还房屋，卖房人向买房人返还已付购房款并赔偿利息、购房支出费用、合理必要的装修费用等经济损失。

◉ 相关依据

《中华人民共和国民法典》

第八条　民事主体从事民事活动，不得违反法律，不得违背公序良俗。

第一百四十八条　一方以欺诈手段，使对方在违背真实意思的情况下实施的民事法律行为，受欺诈方有权请求人民法院或者仲裁机构予以撤销。

第一百五十七条　民事法律行为无效、被撤销或者确定不发生效力后，行为人因该行为取得的财产，应当予以返还；不能返还或者没有必要返还的，应当折价补偿。有过错的一方应当赔偿对方由此所受到的损失；各方都有过错的，应当各自承担相应的责任。法律另有规定的，依照其规定。

《江苏省高级人民法院关于审理房地产合同纠纷案件若干问题的解答》

36、"凶宅"买卖如何处理？

买受人以市场价格购买房屋，该房屋曾出现自杀、谋杀等非正常死亡事件，经买受人询问，出卖人对此未作披露的，构成欺诈，买受人有权予以撤销。

【说明】关于凶宅的披露问题，存在两种观点：第一种观点认为出卖人应主动披露；第二种观点认为，买受人应对此先询问，只有在询问后出卖人未予披露的，买受人才有权撤销。条文采纳了第二种观点。

第202问 房价上涨迅猛，卖房人反悔不卖了，买房人该怎么办？

答：房屋买卖合同一经双方签订，无论房价上涨还是下跌，双方都应当恪守承诺，依照合同约定履行。签约后，买房人应当按照合同约定履行付款义务，卖房人也应当按照合同约定履行解除抵押、交付房屋、协助过户等手续，双方均应依法交易、诚信履约以维护市场交易安全。卖房人收受定金后，看到房价依然涨势不减，心理失衡，恶意违约加价或决意不卖的情况，在二手房交易市场屡见不鲜。卖房人在房价上涨时解除合同，导致买房人另行寻找房源信息购房增加了成本，亦即房价上涨的差价损失属于买房人按照合同履行后可以获得的现实利益，卖房人就此应承担赔偿责任。

在司法实践中，买房人起诉卖房人要求继续履行合同（办理网签、解除抵押、协助贷款、交付房屋、过户等流程），或要求承担违约责任，获得法院支持的案件不胜枚举。但实践中需要注意，当买房人办理银行贷款需要卖房人配合时，卖房人可能会拒不配合。此时，买房人需以一次性付清全款为代价实现购房目的。

◉ 相关依据

《中华人民共和国民法典》

第五百七十七条　当事人一方不履行合同义务或者履行合同义务不符合约定的，应当承担继续履行、采取补救措施或者赔偿损失等违约责任。

第五百八十四条　当事人一方不履行合同义务或者履行合同义务不符合约定，造成对方损失的，损失赔偿额应当相当于因违约所造成的损失，包括合同履行后可以获得的利益；但是，不得超过违约一方订立合同时预见到或者应当预见到的因违约可能造成的损失。

第五百八十八条　当事人既约定违约金，又约定定金的，一方违约时，对方可以选择适用违约金或者定金条款。

定金不足以弥补一方违约造成的损失的，对方可以请求赔偿超过定金数额的损失。

《江苏省高级人民法院关于审理房地产合同纠纷案件若干问题的解答》

37、房差损失如何承担？

因一方或双方过错导致商品房买卖合同被解除的，房屋价格涨跌而产生的差价，可以作为损失根据合同双方各自的过错予以承担。

38、房差损失的数额如何计算？

商品房价格涨跌而产生的差价损失的计算方法，商品房买卖合同有约定的，从其约定，没有约定的：

（1）可比照起诉时最相类似商品房的市场成交价与买卖合同成交价之差计算；

（2）没有最相类似商品房比照的，可委托专业机构评估确定房屋涨跌损失。

【说明】关于时间点的确定，存在买卖合同签订时、起诉时、案件审理终结时、委托评估时等不同时点，条文采纳起诉时的标准，使时间予以确定，也符合可预见的规则。

第203问 买房过程中，房产被法院查封，该如何处理？

答：房屋查封，是指司法机关在房屋（通常是房屋入口处的正门）上粘贴封条，或者通知房产权属登记部门禁止转移或变更权属。在法院查封前，卖房人与买房人签订的房屋买卖合同依法有效；在法院查封后，双方才签订的房屋买卖合同归于无效。合同签订后履行过程中，因卖房人的自身原因，房屋被另案债权人申请法院查封，将导致房屋买卖合同“履行不能”，无法办理网签、备案、交房、过户等手续，需要等待解除查封措施后，方可继续履行。购房过程中出现法院查封时，买房人也可以解除合同并要求卖房人返还购房款、承担违约赔偿责任。

如果买房人符合以下三个条件，可以直接实现购房目的：(1)已支付全部价款；(2)实际占有并入住使用该房屋；(3)对于未办理过户手续没有过错。同时符合这三个条件的买房人，可以向法院提出异议，请求解除查封措施；解封之后，再要求卖房人办理过户手续。如果法院对买房人提出的异议予以驳回，不排除执行，买房人可以案外人身份（原告地位）对申请执行人（被告地位）、被执行人亦即卖房人（被告或第三人地位）向法院提起执行异议之诉，请求执行法院不予执行；执行异议之诉胜诉后，再向卖房人主张继续履行合同、办理过户手续。

◉ 相关依据

《中华人民共和国城市房地产管理法》

第三十八条 下列房地产，不得转让：

……

（二）司法机关和行政机关依法裁定、决定查封或者以其他形式限制房地产权利的；

……

《中华人民共和国民法典》

第五百六十三条　有下列情形之一的，当事人可以解除合同：

……

（四）当事人一方迟延履行债务或者有其他违约行为致使不能实现合同目的；

……

第五百七十七条　当事人一方不履行合同义务或者履行合同义务不符合约定的，应当承担继续履行、采取补救措施或者赔偿损失等违约责任。

《中华人民共和国民事诉讼法》

第二百二十七条　执行过程中，案外人对执行标的提出书面异议的，人民法院应当自收到书面异议之日起十五日内审查，理由成立的，裁定中止对该标的的执行；理由不成立的，裁定驳回。案外人、当事人对裁定不服，认为原判决、裁定错误的，依照审判监督程序办理；与原判决、裁定无关的，可以自裁定送达之日起十五日内向人民法院提起诉讼。

《最高人民法院关于适用〈中华人民共和国民事诉讼法〉的解释》

第三百一十二条　对案外人提起的执行异议之诉，人民法院经审理，按照下列情形分别处理：

（一）案外人就执行标的享有足以排除强制执行的民事权益的，判决不得执行该执行标的；

（二）案外人就执行标的不享有足以排除强制执行的民事权益的，判决驳回诉讼请求。

案外人同时提出确认其权利的诉讼请求的，人民法院可以在判决中一并作出裁判。

《最高人民法院关于人民法院民事执行中查封、扣押、冻结财产的规定》

第十五条 被执行人将其所有的需要办理过户登记的财产出卖给第三人,第三人已经支付部分或者全部价款并实际占有该财产,但尚未办理产权过户登记手续的,人民法院可以查封、扣押、冻结;第三人已经支付全部价款并实际占有,但未办理过户登记手续的,如果第三人对此没有过错,人民法院不得查封、扣押、冻结。

《最高人民法院关于人民法院办理执行异议和复议案件若干问题的规定》

第二十八条 金钱债权执行中,买受人对登记在被执行人名下的不动产提出异议,符合下列情形且其权利能够排除执行的,人民法院应予支持:

(一)在人民法院查封之前已签订合法有效的书面买卖合同;

(二)在人民法院查封之前已合法占有该不动产;

(三)已支付全部价款,或者已按照合同约定支付部分价款且将剩余价款按照人民法院的要求交付执行;

(四)非因买受人自身原因未办理过户登记。

第204问 农村宅基地上的房屋,可以自由买卖吗?

答:宅基地使用权,是农村集体经济组织成员享有的专属权利,与农民身份有着特定的联系,非本集体经济组织成员无权取得或者变相取得。《土地管理法》允许农民在同一村集体经济组织内部成员之间转让宅基地使用权,但宅基地使用权不得单独转让,需要土地随房屋一并转让。由于农村一户居民只能拥有一块宅基地,村民出卖、出租房屋后,再申请宅基地的,将得不到当地人民政府的批准。城镇居民购买集体土地上的房屋,侵害了本村集体经济组织其他成员的宅基地使用权,故该房屋买卖不具有法律效力。笔者查阅全国各地法院发布的案例发现,城镇居民购买农村宅基地上的房屋的,因其不具有农民身份,双方签订的农村房屋买卖合同,原则上归于无效。城镇居民在历史条件特殊、宅基地被征收转为国有土地、已经集体经济组织同意并经有权机关批准取得合法权属证书、已经具有房屋所在地的农村户口等情况下发生的房屋买卖行为,法院倾向于认定有效。

◉ 相关依据

《中华人民共和国土地管理法》

第九条　城市市区的土地属于国家所有。

农村和城市郊区的土地,除由法律规定属于国家所有的以外,属于农民集体所有;宅基地和自留地、自留山,属于农民集体所有。

第六十二条　农村村民一户只能拥有一处宅基地,其宅基地的面积不得超过省、自治区、直辖市规定的标准。

人均土地少、不能保障一户拥有一处宅基地的地区,县级人民政府在充分尊重农村村民意愿的基础上,可以采取措施,按照省、自治区、直辖市规定的标准保障农村村民实现户有所居。

农村村民建住宅,应当符合乡(镇)土地利用总体规划、村庄规划,不得占用永久基本农田,并尽量使用原有的宅基地和村内空闲地。编制乡(镇)土地利用总体规划、村庄规划应当统筹并合理安排宅基地用地,改善农村村民居住环境和条件。

农村村民住宅用地,由乡(镇)人民政府审核批准;其中,涉及占用农用地的,依照本法第四十四条的规定办理审批手续。

农村村民出卖、出租、赠与住宅后,再申请宅基地的,不予批准。

国家允许进城落户的农村村民依法自愿有偿退出宅基地,鼓励农村集体经济组织及其成员盘活利用闲置宅基地和闲置住宅。

国务院农业农村主管部门负责全国农村宅基地改革和管理有关工作。

《国务院办公厅关于加强土地转让管理严禁炒卖土地的通知》

二、加强对农民集体土地的转让管理,严禁非法占用农民集体土地进行。

……

农民的住宅不得向城市居民出售,也不得批准城市居民占用农民集体土地建住宅,有关部门不得为违法建造和购买的住宅发放土地使用证和房产证。

《国务院关于深化改革严格土地管理的决定》

(十)加强村镇建设用地的管理。要按照控制总量、合理布局、节约用地、保护耕地的原则,编制乡(镇)土地利用总体规划、村庄和集镇规划,明确小城镇和农村居民点的数量、布局和规模。鼓励农村建设用地整理,城镇建设用地增加要与农村建设用地减少相挂钩。农村集体建设用地,必须符合土地利用总体规划、村庄和集镇规划,并纳入土地利用年度计划,凡占用农用地的必须依法办理审批手续。禁止擅自通过"村改居"等方式将农民集体所有土地转为国有土地。禁止农村集体经济组织非法出让、出租集体土地用于非农业建设。改革和完善宅基地审批制度,加强农村宅基地管理,禁止城镇居民在农村购置宅基地。引导新办乡村工业向建制镇和规划确定的小城镇集中。在符合规划的前提下,村庄、集镇、建制镇中的农民集体所有建设用地使用权可以依法流转。

第205问 房屋买卖合同中的户口迁移问题,如何处理?

答:户口与子女入学、婚姻登记、诉讼管辖、购房条件、申购保障性住房、拆迁利益等方面存在紧密联系。买房人可以通过购买二手房,凭房屋产权获得户口迁入资格。房屋买卖合同中经常会约定户口迁移条款,如卖方不能按期将户口迁出房屋,导致买房人无法将户口迁入,卖房人须向买方承担一定数额或占房屋总价款一定比例的违约金。

户口迁移属于公安机关行政管理职责范围，不属于人民法院诉讼管辖范围，故买房人起诉卖房人迁移户口的，人民法院不予受理。买房人可就卖房人未迁移户口的违约行追究违约责任，但卖房人承担违约赔偿的金额，不一定是合同约定的数额。人民法院在确定赔偿金时会综合考虑合同履行情况、户口迁移原因、当事人过错程度、损失情况、预期利益、卖方请求降低违约金等因素，根据公平和诚实信用原则，酌情予以调整。买房人遇到卖房人拒绝迁出原住房内户口的，可以根据地方性规定申请公安机关将原住房内的户口强制迁至社区家庭户。

◉ 相关依据

《江苏省高级人民法院关于审理房地产合同纠纷案件若干问题的解答》

49. 户口问题如何处理？

房屋买卖中，当事人约定出卖人迁出户口，并由买受人迁入户口，但嗣后出卖人拒不迁出户口而引发纠纷的，由于户口迁移涉及相关行政部门的审批制度，属于行政管理范畴，不属于民事案件的受理范围。经释明，当事人仍坚持主张迁移户口的，应裁定不予受理或驳回起诉。

买受人以户口不能迁移主张解除合同或要求出卖人承担违约责任的，应当受理。

《江苏省常住户口登记管理规定》

第九十六条　因合法稳定住所所有权转移，该住所内原登记户口未迁出，现所有权人书面申请将该住所内原登记人员户口迁出的，公安机关应当受理并调查核实。情况属实的，应当告知该住所内原登记人员按规定迁出户口。经公安机关告知后，原户口登记人员未迁出户口的，公安机关可以凭以下材料将其户口迁至社区家庭户：

（一）现所有权人书面申请；

（二）现所有权人居民户口簿；

（三）现所有权人合法稳定住所证明；

（四）迁出户口告知书。

第二节　房屋赠与

房屋赠与，是赠与人将自己的房屋无偿给予受赠人，受赠人表示接受赠与的行为。赠与人在赠与财产的权利转移前可以任意撤销赠与，但经过公证的赠与合同或者依法不得撤销的具有救灾、扶贫、助残等公益、道德义务性质的赠与合同除外。受赠人接受财产后，存在严重侵害赠与人或其近亲属的合法权益等法定情形的，赠与人可以撤销赠与。

第206问　夫妻之间赠与房产，可以撤销吗？

答：夫妻一方在婚前或婚后签订赠与协议，将一方个人所有的房屋赠与另一方，或约定共同共有，未经过赠与公证的或未过户更名的，法律上允许赠与人在赠与前可以反悔，并撤销赠与。为了防止受赠人忘恩负义，侵害赠与人及其近亲属的合法权益，《民法典》规定受赠一方获得财产后，负有一定的诚信义务。若在办理房产过户更名，即赠与行为完成后，受赠人具有严重侵害赠与人或其近亲属合法权益、对赠与人不履行应履行的扶养义务、不履行赠与合同约定的义务等情节时，赠与人仍然可以依法撤销赠与，要求返还财产。赠与行为完成后的撤销权，赠与人须在自知道或者应当知道撤销事由之日起1年内行使。

◉ 相关依据

《中华人民共和国民法典》

第六百五十八条　赠与人在赠与财产的权利转移之前可以撤销赠与。

经过公证的赠与合同或者依法不得撤销的具有救灾、扶贫、助残等公益、道德义务性质的赠与合同，不适用前款规定。

第六百六十三条　受赠人有下列情形之一的，赠与人可以撤销赠与：

（一）严重侵害赠与人或者赠与人近亲属的合法权益；

（二）对赠与人有扶养义务而不履行；

（三）不履行赠与合同约定的义务。

赠与人的撤销权，自知道或者应当知道撤销事由之日起一年内行使。

第六百六十四条　因受赠人的违法行为致使赠与人死亡或者丧失民事行为能力的，赠与人的继承人或者法定代理人可以撤销赠与。

赠与人的继承人或者法定代理人的撤销权，自知道或者应当知道撤销事由之日起六个月内行使。

第六百六十五条　撤销权人撤销赠与的，可以向受赠人请求返还赠与的财产。

第六百六十六条　赠与人的经济状况显著恶化，严重影响其生产经营或者家庭生活的，可以不再履行赠与义务。

《最高人民法院关于适用〈中华人民共和国民法典〉婚姻家庭编的解释（一）》

第三十二条　婚前或者婚姻关系存续期间，当事人约定将一方所有的房产赠与另一方或者共有，赠与方在赠与房产变更登记之前撤销赠与，另一方请求判令继续履行的，人民法院可以按照民法典第六百五十八条的规定处理。

第207问 公婆以买卖形式送给儿子、儿媳的房产，反悔了，能要回来吗？

答：房屋买卖合同是出卖人转移房屋所有权于买受人，买受人需支付相对应价款的合同；赠与房屋，是赠与人将自己的房屋无偿给予受赠人，受赠人接受赠与的合同。

家庭成员、亲属之间以买卖形式办理过户登记达到赠与房屋的目的，不同于正常的房屋交易行为。房屋买卖合同的签约和履行过程中一般不会出现中介人员的参与，房屋买卖合同中一般也不会出现支付定金、首付款，交房期限、户口迁移、违约责任等必要条款。

公婆出于养老送终、财富传承等目的，将房产“卖”给儿子儿媳，如果儿子儿媳没有实际支付相对应的价款或以明显低于市场价格成交，以虚假的房屋买卖意思表示隐藏真实的赠与行为，如有事实和证据足以说明双方成立的是赠与关系，人民法院可以认定双方实为赠与关系。

双方签订房屋买卖合同，办理过户登记后，赠与行为完成，一般不能撤销赠与。在实践中，如果公婆反悔，想要撤销赠与要回房屋的，儿子、儿媳通常会以买卖关系抗辩；公婆主张赠与行为，要求撤销赠与的，因双方没有签订书面赠与协议，导致双方各执一词，若没有其他证据证明双方存在赠与关系，赠与关系难以成立。

赠与关系成立，不存在撤销赠与法定情形的，无法撤销赠与。若有证据证明赠与关系存在或者存在赠与协议可以直接证明的，但受赠人儿子和儿媳不存在严重侵害公婆或者公婆的近亲属、未尽赡养扶助义务、不履行赠与协议约定的义务等法定撤销情形的，公婆不能撤销赠与，要求儿子儿媳返还房屋。

如果赠与人为了达到某种正当目的，担心赠与财产后不能实现该目的，可以给受赠人附义务，当受赠人接受财产后不履行所附义务时,赠与人可以撤销赠与。

◉ 相关依据

《中华人民共和国民法典》

第一百四十六条 行为人与相对人以虚假的意思表示实施的民事法律行为无效。

以虚假的意思表示隐藏的民事法律行为的效力,依照有关法律规定处理。

第六百六十一条 赠与可以附义务。

赠与附义务的,受赠人应当按照约定履行义务。

第六百六十三条 受赠人有下列情形之一的,赠与人可以撤销赠与:

(一)严重侵害赠与人或者赠与人近亲属的合法权益;

(二)对赠与人有扶养义务而不履行;

(三)不履行赠与合同约定的义务。

赠与人的撤销权,自知道或者应当知道撤销事由之日起一年内行使。

第六百六十五条 撤销权人撤销赠与的,可以向受赠人请求返还赠与的财产。

第208问 夫妻在离婚时约定将房产赠与子女,离婚后可以反悔撤销吗?

答:离婚协议是夫妻双方对婚姻关系的解除、财产分割、子女抚养以及债务承担等涉及人身财产事项的"一揽子"解决方案,具有身份关系性质并带有感情因素和对未成年子女健康成长利益的考量。协议中解除婚姻关系与无偿赠与子女房产的内容密不可分。离婚协议中的赠与不同于一般意义上的赠与,可以理解为是附条件的赠与行为。如果没有达成将房产赠与子女的条款,夫妻可能难以达成离婚的一致意见。在司法实践中,如果夫妻双方签订离婚协议、办理离婚登记时不存在欺诈、胁迫情形,一般情况下法院不会支持变更或撤销对子女的财产赠与条款。这也是保护未成年人利益最大化的法律精神的体现和要求。

◉ 相关依据

《最高人民法院关于适用〈中华人民共和国民法典〉婚姻家庭编的解释(一)》

第七十条 夫妻双方协议离婚后就财产分割问题反悔,请求撤销财产分割协议的,人民法院应当受理。

人民法院审理后,未发现订立财产分割协议时存在欺诈、胁迫等情形的,应当依法驳回当事人的诉讼请求。

第209问 父母出钱给儿子买房,法律上是借款还是赠与?

答:结婚前,父母全部出资帮儿子买房登记在其名下,如果没有明确说明是借款关系,视为父母对儿子的赠与。结婚后,父母明确赠与全部购房款给儿子的,则该购房款属于其个人婚后财产。如果父母未明确将购房款赠与自己的儿子的,一般视为对儿子儿媳的赠与,购房款属于儿子儿媳的共同财产。如果父母由于限购政策原因,出于共同居住目的,口头约定借用儿子名义购房登记,儿子是名义上的产权人,父母是实际产权人,则既不是赠与也不是借贷关系而是"借名买房"行为。在国家或地方房产政策允许或者未明令禁止时,父母可以向人民法院提起民事诉讼,请求将房屋产权属过户至自己名下。如果儿子将借名购买的房产变卖他人获取钱款,父母可以通过主张借贷关系,要求儿子返还购房款。

◉ 相关依据

《中华人民共和国民法典》

第一千零六十二条　夫妻在婚姻关系存续期间所得的下列财产，为夫妻的共同财产，归夫妻共同所有：

……

（四）继承或者受赠的财产，但是本法第一千零六十三条第三项规定的除外；

……

第一千零六十三条　下列财产为夫妻一方的个人财产：

……

（三）遗嘱或者赠与合同中确定只归一方的财产；

……

《最高人民法院关于适用〈中华人民共和国民法典〉婚姻家庭编的解释（一）》

第二十九条　当事人结婚前，父母为双方购置房屋出资的，该出资应当认定为对自己子女个人的赠与，但父母明确表示赠与双方的除外。

当事人结婚后，父母为双方购置房屋出资的，依照约定处理；没有约定或者约定不明确的，按照民法典第一千零六十二条第一款第四项规定的原则处理。

《江苏省高级人民法院关于审理房地产合同纠纷案件若干问题的解答》

23.借名买房如何处理？

当事人约定一方以他人名义购买房屋，并将房屋登记在他人名下，借名人实际享有房屋权益，借名人要求确认其权属的，人民法院不予支持。借名人依据合同约定要求登记人（出名人）办理房屋所有权转移登记的，可予支持。但是，该房屋因登记人的债权人查封或其他原因依法不能办理转移登记，或者涉及善意交易第三人利益的除外。

当事人一方提供证据证明其对房屋的购买确实存在出资关系，但不足以证明双方之间存在借名登记的约定，其主张要求登记人办理房屋所有权转移登记的，不予支持；其向登记人另行主张出资债权的，应当根据出资的性质按照相关法律规定处理。

【说明】有观点认为，从真实意思表示出发，应支持借名人的确权主张。本条维护物权登记的公示公信效力，不支持直接确权的主张。

第三节　房屋租赁

房租租赁，是房屋所有权人将房屋出租给承租人，或者享有转租权的承租人转租给次承租人，承租人（次承租人）在租赁期限内取得房屋的占有和使用的权利，并支付租金的行为。租赁期限为6个月以上的，应采用书面形式。当事人未采用书面形式，无法确定租赁期限的，视为不定期租赁。租赁期限不得超过20年。超过20年的，超过部分无效。

第210问　哪些房屋不能出租给他人居住？

答：公民个人出租房屋，出租人应具有房屋所有权或者转租权；拟出租房屋应当确保安全，符合消防要求，已经办理房屋租赁备案手续，能够满足日常生活居住功能。存在以下几种情形的房屋一般不能出租给他人居住：

（1）未取得建设工程规划许可证或者未按照建设工程规划许可证的规定建设的；

（2）未经批准或者未按照批准内容建设的属于临时建筑的；

（3）经依法鉴定属于危险房屋不能用于居住的；

（4）不符合安全、防灾等工程建设强制性标准的；

(5)与生产、储存、经营场所设置在同一建筑物内,不符合消防安全技术标准的;

(6)卧室面积不满12平方米的起居室(厅)被隔断出租的;

(7)厨房、卫生间、阳台、车库和地下储藏室出租用于居住;

(8)承租人利用出租房屋从事违法犯罪活动。

◉ 相关依据

《最高人民法院关于审理城镇房屋租赁合同纠纷案件具体应用法律若干问题的解释》

第二条　出租人就未取得建设工程规划许可证或者未按照建设工程规划许可证的规定建设的房屋,与承租人订立的租赁合同无效。但在一审法庭辩论终结前取得建设工程规划许可证或者经主管部门批准建设的,人民法院应当认定有效。

第三条　出租人就未经批准或者未按照批准内容建设的临时建筑,与承租人订立的租赁合同无效。但在一审法庭辩论终结前经主管部门批准建设的,人民法院应当认定有效。

租赁期限超过临时建筑的使用期限,超过部分无效。但在一审法庭辩论终结前经主管部门批准延长使用期限的,人民法院应当认定延长使用期限内的租赁期间有效。

《苏州市出租房屋居住安全管理条例》

第十条　有下列情形之一的房屋,不得出租用于居住:

(一)属于违法建筑的;

(二)擅自改变房屋用途的;

(三)经依法鉴定属于危险房屋不能用于居住的;

(四)不符合安全、防灾等工程建设强制性标准的;

(五)与生产、储存、经营场所设置在同一建筑物内,不符合消防安全技术标准的;

(六)法律、法规规定不得出租用于居住的其他情形。

第十一条 出租人应当以一间设有外墙窗户的卧室、起居室(厅)(以下统称居室)为最小出租单位。

卧室和使用面积不满十二平方米的起居室(厅)不得隔断出租。使用面积十二平方米以上的起居室(厅),可以隔断出一间居室出租;但是,县级市(区)人民政府规定起居室(厅)不得隔断出租的除外。起居室(厅)允许隔断出租的,应当采用轻质不燃材料固定围护,隔断后应当具备直接天然采光和自然通风条件,保障房屋整体结构安全,不得影响人员疏散、逃生和消防救援。

厨房、卫生间、阳台、车库和地下储藏室不得出租用于居住。

第211问 房东换了,新房东可以撵走老租户吗?

答:房屋没变,承租人(租户、房客)没换,房东(出租人、房屋所有权人)换了,租赁公司不受影响,即法律上的“买卖不破租赁”规则。“买卖不破租赁”是指在租赁合同履行过程中,租赁物的所有权发生变动的,对租赁关系不产生影响,买受人不能否认原租赁关系的存在并要求承租人返还租赁物。即租赁合同签订履行在先,买卖合同签订履行在后,买卖合同不影响租赁合同的效力。可以理解为,出租人(房屋所有权人)将房屋出售给他人后,房屋买受人按照房屋买卖合同获得权属后,履行房屋租赁合同仍是新房屋产权人的义务;承租人可以按照原来的房屋租赁合同的约定,继续租赁使用房屋至租赁期限届满,不受买卖关系的影响。

◉ 相关依据

《中华人民共和国民法典》

第四百零五条 抵押权设立前,抵押财产已经出租并转移占有的,原租赁关系不受该抵押权的影响。

第七百二十五条　租赁物在承租人按照租赁合同占有期限内发生所有权变动的，不影响租赁合同的效力。

《最高人民法院关于审理城镇房屋租赁合同纠纷案件具体应用法律若干问题的解释》

第十四条　租赁房屋在承租人按照租赁合同占有期限内发生所有权变动，承租人请求房屋受让人继续履行原租赁合同的，人民法院应予支持。但租赁房屋具有下列情形或者当事人另有约定的除外：

（一）房屋在出租前已设立抵押权，因抵押权人实现抵押权发生所有权变动的；

（二）房屋在出租前已被人民法院依法查封的。

《最高人民法院关于人民法院办理执行异议和复议案件若干问题的规定》

第三十一条　承租人请求在租赁期内阻止向受让人移交占有被执行的不动产，在人民法院查封之前已签订合法有效的书面租赁合同并占有使用该不动产的，人民法院应予支持。

承租人与被执行人恶意串通，以明显不合理的低价承租被执行的不动产或者伪造交付租金证据的，对其提出的阻止移交占有的请求，人民法院不予支持。

第212问　租赁房屋发生安全事故，是房东赔还是租户赔？

答：房屋所有权人（房东）将房屋出租给承租人（房客、租户），出现安全事故给房东、房客和邻居造成的损失由谁负责赔偿的问题，根据实践经验总结如下：

（1）房客私拉乱接电线、乱扔烟头、将手机放在床头充电造成火灾的，事故损失由房客赔偿；

（2）房客安装使用超过电压负荷的电器引发火灾造成的损失，

由房客承担；

(3)房屋内原有的电气线路故障引发火灾造成邻居损失，消防部门出具的火灾事故认定书无法证明是房东还是房客的责任的，房东房客承担连带赔偿责任；

(4)房东没有定期对房屋进行检查维修造成人身伤害和财产损失的，房东应承担赔偿责任；

(5)房客因使用不当等原因造成承租房屋和设施损坏的，承租人应当承担赔偿责任；

(6)房东将具有安全隐患的房屋出租给房客，造成房客煤气中毒、触电等人身伤害事故的，房东承担赔偿责任。

律师提醒，房东是消防安全的第一责任人。房东除了有提供符合安全标准的房屋给房客的义务外，还要履行审查登记房客身份信息，巡查、检测、维修房屋及附属设施，及时消除安全隐患，安装熔断器和漏电保护器，配置干粉灭火器、配置防烟口罩、报警哨、手电筒等安全保障和日常管理维护义务。若房东未尽责，一旦发生人身伤害和财产损失，房东需承担相应的法律责任。

◉ 相关依据

《中华人民共和国民法典》

第一千一百七十一条 二人以上分别实施侵权行为造成同一损害，每个人的侵权行为都足以造成全部损害的，行为人承担连带责任。

第一千一百七十二条 二人以上分别实施侵权行为造成同一损害，能够确定责任大小的，各自承担相应的责任；难以确定责任大小的，平均承担责任。

第一千一百七十三条 被侵权人对同一损害的发生或者扩大有过错的，可以减轻侵权人的责任。

《商品房屋租赁管理办法》

第九条第一款　出租人应当按照合同约定履行房屋的维修义务并确保房屋和室内设施安全。未及时修复损坏的房屋，影响承租人正常使用的，应当按照约定承担赔偿责任或者减少租金。

第十条　承租人应当按照合同约定的租赁用途和使用要求合理使用房屋，不得擅自改动房屋承重结构和拆改室内设施，不得损害其他业主和使用人的合法权益。

承租人因使用不当等原因造成承租房屋和设施损坏的，承租人应当负责修复或者承担赔偿责任。

《江苏省租赁住房治安管理规定》

第七条　出租人应当依法遵守下列要求：

……

（五）对租赁住房经常进行安全检查，对承租人履行消防安全职责的情况进行监督，指导承租人安全使用电气、燃气等设施并定期进行安全检查和维护，发现火灾等安全隐患的，及时消除或者通知承租人消除；

……

第八条　承租人应当依法遵守下列要求：

……

（六）安全使用租赁住房，在其使用范围内履行消防安全责任，接受出租人的消防安全指导，不得违规使用电气、燃气设施，发现火灾等安全隐患的，及时消除或者通知出租人消除；

……

《苏州市出租房屋居住安全管理条例》

第十九条　出租房屋用于居住的，应当符合下列消防安全条件：

（一）疏散楼梯、疏散通道、安全出口、逃生窗等的设置应当符合国家、省消防安全技术标准的相关要求；

（二）窗户和阳台确需安装金属栅栏等设施的，应当能从内部易于开启，不得影响逃生疏散和灭火救援；

（三）仅设有一部疏散楼梯的居民自建低层、多层出租房屋，应当在二层以上的每层设有外墙窗户的部位至少设置一部用于公共逃生的软梯；

（四）三层以上的居民自建多层出租房屋的疏散楼梯不得采用木结构楼梯或者未经防火保护的金属楼梯；

（五）法律、法规以及国家、省消防安全技术标准规定的其他条件。

出租人、承租人不得占用、堵塞、封闭出租房屋所在建筑的疏散通道、安全出口，不得占用防火间距。

出租人、承租人不得损坏、挪用或者擅自拆除、停用消防设施、消防器材，不得遮挡消火栓。

第二十条 出租人应当在出租的每间居室配备防烟雾口罩、报警哨、手电筒。

房屋出租给两户以上承租人的，出租人应当在出租房屋内配置至少两具三公斤以上的干粉灭火器或者相应量的其他灭火器。

出租房屋内出租居室达到十间以上，或者出租床位达到十个以上的，出租人应当在每间居室以及公共区域安装火灾探测报警器或者智能火灾预警装置，在公共区域安装应急照明灯，并在每间居室张贴应急疏散路线图。

鼓励出租人为居住在高层的承租人配备自救呼吸器。

第213问 我是租户，房东卖房，我有优先购买权吗？

答：承租人优先购买权是指出租人（房屋所有权人）在出售租赁房屋时，承租人基于租赁合同，在同等条件下可优先于其他人购买的权利。当承租人的优先购买权受到出租人的侵害而实际遭受损失，有权要求出租人予以赔偿。

房东（房屋所有权人、出租人）意欲对外出售租赁房屋时，往往认为租户（房客、承租人）不具有购买能力或条件，忽略了房客的优先购买权。房东在房屋租赁期限届满前直接通知房客租期届满时终止房屋租赁关系，不再续签房屋租赁合同，而不告知出卖租赁房屋意向的做法，无疑侵犯了租户法律上享有的优先购买权。在实践中，也有个别租户滥用优先购买权，令房东苦不堪言。例如，租户根本没有购买房屋的真实意愿，却恶意磋商拖延时间阻碍房东出售房屋，或在房东已与他人签订房屋买卖合同后，向法院主张合同无效，合同被认定无效后，却不再主张购买房屋，扰乱交易秩序，损害房东（出租人）的利益。客观地说，出现房屋优先购买权被侵犯或不正当行使，跟房东、租户将在履行房屋租赁合同过程中存在的不愉快、不顺利产生的心结转嫁到出售房屋之事上，有一定的心理相关性。

为避免诉讼纠纷，房屋出租人、承租人就优先购买权应注意以下几个方面：

1. 出租人应以书面形式如实通知承租人出售租赁房屋的意向，包括房屋地址、建筑面积、出售时间、合同价款、定金数额、首付款项、付款期限及方式、交房时间、过户时间以及其他相关交易条件。

2. 出租人可以要求承租人在收到通知后 15 日内书面明确回复购买意愿；未明确表示购买意愿的，视为放弃优先购买权。出租人通过拍卖方式出售租赁房屋的，应在拍卖前5 日内书面告知承租人。承租人在拍卖日未参加拍卖的，视为放弃优先购买权。

3. 当房屋的共有人、所有权人的近亲属购买租赁房屋时，承租人不能行使优先购买权。

4. 如果承租人承租的部分房屋与房屋的其他部分是可分的、使用功能是可相对独立的，则承租人的优先购买权应仅及于其承租的部分房屋。

5. 承租人承租的部分房屋不可分割，且承租部分占出租人出卖的全部房屋一半以上的，则承租人对出租人出卖的全部房屋享有优先购买权。

6. 承租人将租赁房屋转租的，仅承租人有优先购买权。次承租人因与出租人之间没有直接的租赁关系，而没有优先购买权。承租人的优先购买权不能转让给次承租人享有。

7. 当承租人属于地方房屋限购政策的对象时，承租人仍然享有同等条件下的优先购买权。

8. 租赁关系以外的第三人，善意地以合理对价购买租赁房屋，且已办理房屋过户登记手续，造成承租人事实上已无法实现优先买权的，承租人不能主张行使优先购买权，只能向出租人请求承担违约责任。

9. 出租人侵害承租人的优先购买权时，赔偿的损失主要包含：购房差价（出租人出售时的成交价格与承租人另行购房时成交价格或市场价格之间的差价）、承租人花在房屋上的装修装饰费、搬迁安置费、房屋租赁合同中约定的侵犯优先购买权时承担的违约金、房屋价格评估鉴定费用、法院诉讼费用或仲裁委员会的仲裁费用、约定承担的律师费等。

◉ 相关依据

《中华人民共和国民法典》

第七百二十六条　出租人出卖租赁房屋的，应当在出卖之前的合理期限内通知承租人，承租人享有以同等条件优先购买的权利；但是，房屋按份共有人行使优先购买权或者出租人将房屋出卖给近亲属的除外。

出租人履行通知义务后，承租人在十五日内未明确表示购买的，视为承租人放弃优先购买权。

第七百二十七条　出租人委托拍卖人拍卖租赁房屋的，应当在拍卖五日前通知承租人。承租人未参加拍卖的，视为放弃优先购买权。

第七百二十八条　出租人未通知承租人或者有其他妨害承租人行使优先购买权情形的，承租人可以请求出租人承担赔偿责任。但是，出租人与第三人订立的房屋买卖合同的效力不受影响。

第七百三十四条 租赁期限届满,承租人继续使用租赁物,出租人没有提出异议的,原租赁合同继续有效,但是租赁期限为不定期。

租赁期限届满,房屋承租人享有以同等条件优先承租的权利。

《最高人民法院关于审理城镇房屋租赁合同纠纷案件具体应用法律若干问题的解释》

第十五条 出租人与抵押权人协议折价、变卖租赁房屋偿还债务,应当在合理期限内通知承租人。承租人请求以同等条件优先购买房屋的,人民法院应予支持。

《江苏省高级人民法院关于审理城镇房屋租赁合同纠纷案件若干问题的意见》

第七条 出租人出卖租赁房屋侵害承租人优先购买权,承租人要求出租人赔偿损失的,人民法院应予支持。

承租人以出租人与第三人之间恶意串通,侵害其优先购买权,要求确认出租人与第三人之间的房屋买卖合同无效的,人民法院应予支持。

出租人与第三人之间的房屋买卖合同被确认无效或者被撤销的,承租人要求按第三人购买房屋的同等条件购买的,人民法院不予支持,但出租人同意的除外。

第八条 出租人没有通知承租人,将租赁房屋出卖给第三人,第三人未办理房屋产权过户登记手续,承租人要求撤销租赁房屋买卖合同的,人民法院应予支持。

出租人没有通知承租人,将租赁房屋出卖给第三人,第三人已经办理房屋产权过户登记手续,承租人要求撤销租赁房屋买卖合同的,人民法院不予支持,但承租人能够证明第三人在订立合同时知道或应当知道房屋存在租赁关系且未到期,出租人出卖房屋未通知承租人的除外。

第九条 承租人对出租人出卖的租赁房屋在同等条件下享有优先购买权。同等条件主要是指价格、价款支付方式等,但出租人有证据证明其与第三人存在亲属关系或其他特殊关系,且该关系对其是否出卖房屋或出卖房屋的条件确有重大影响的除外。

第十条 出租人出卖租赁房屋时,必须以书面方式通知承租人本人或者授权的代理人。

出租人以在租赁房屋处张贴告示、在新闻媒体上刊登公告等方式告知的,不发生通知的法律后果,但出租人有证据证明无法通知承租人本人及其授权的代理人的除外。

第十一条 出租人以书面方式通知承租人时,应当告知出卖租赁房屋的事实、时间及相关条件。

出租人虽然以书面方式通知承租人出卖租赁房屋的事实,但未告知具体出卖条件或告知内容不真实、不全面或者在出卖条件发生变化后未及时告知承租人的,应当认定为未履行通知义务。

第十二条 承租人要求行使优先购买权的,应当自收到出租人的书面通知之日起的合理期限内作出是否购买的书面意思表示。当事人另有约定的除外。

第十三条 出租人整体出卖租赁房屋,该房屋为不可分割或分割明显降低其整体价值的,承租人要求对承租的部分房屋行使优先购买权的,人民法院不予支持。

《最高人民法院民事审判第一庭关于承租部分房屋的承租人在出租人整体出卖房屋时是否享有优先购买权的复函》

江苏省高级人民法院:

你院请示的关于承租部分房屋的承租人在出租人整体出卖房屋时是否享有优先购买权的问题,目前,法律和司法解释对此尚无明确规定。

经研究认为:目前处理此类案件,可以从以下两个方面综合考虑:

第一,从房屋的使用功能上看,如果承租人承租的部分房屋与房屋的其他部分是可分的、使用功能可相对独立的,则承租人的优先购买权应仅及于其承租的部分房屋;如果承租人承租的部分房屋与房屋的其他部分是不可分的、使用功能整体性较明显的,则其对出租人所卖全部房屋享有优先购买权。

第二，承租人承租的部分房屋占全部房屋的比例看，承租人承租的部分房屋占出租人出卖的全部房屋一半以上的，则其对出租人出卖的全部房屋享有优先购买权；反之则不宜认定其对全部房屋享有优先购买权。

请你院结合以上因素，根据案件具体情况，妥善处理。

第214问　房东只要支付违约金，就可以“赶走”租客？

答：房东在租赁期限内拟将房子出售给他人，提前通知租客因出售此房需解除租赁关系收回房屋，要求腾空搬离租赁房屋的，仅仅是房东向租客提出协商意见的行为，租客不同意解除的，房东需继续履行租赁合同，否则属于违约行为。如果租客没有出现合同约定或者法律规定的解除租赁关系情形的，房东出售房屋给他人，需遵守“买卖不破租赁”规则。原房东和新房东都无权解除租赁关系，租客在租赁期限内有权继续使用房屋至租赁期限届满。简言之，租期内，没有出现合同约定或法律规定的解除事由的，房东不能“赶走”租客。

◉ 相关依据

《中华人民共和国民法典》

第五百六十二条　当事人协商一致，可以解除合同。

当事人可以约定一方解除合同的事由。解除合同的事由发生时，解除权人可以解除合同。

第五百六十三条第一款　有下列情形之一的，当事人可以解除合同：

……

（二）在履行期限届满前，当事人一方明确表示或者以自己的行为表明不履行主要债务；

……

第五百七十八条　当事人一方明确表示或者以自己的行为表明不履行

合同义务的，对方可以在履行期限届满前请求其承担违约责任。

第七百二十五条 租赁物在承租人按照租赁合同占有期限内发生所有权变动的，不影响租赁合同的效力。

第215问 房东将房屋出售、抵押给他人，对租户有何影响？

答：租赁合同是出租人将租赁物交付承租人使用、收益，承租人支付租金的合同。为了维护租赁关系的稳定，法律规定了“买卖不破租赁”规则，即房屋租赁关系存续期间，房屋所有权的变动，不影响租赁合同的效力，原租赁合同继续履行。

“先租后售不破租”，即房屋租赁合同履行期间，房东对外出售房屋，租户放弃行使同等条件下的优先购买权的，他人取得房屋所有权后，不影响原租赁合同的继续履行。“租前押后不破租”，即租赁期限内，若房东向他人借款或为他人的债务提供担保，将房屋抵押给他人的，也不影响租赁合同的履行。“押前租后可破租”，即若租赁房屋的行为发生在房东设定抵押权之后，抵押行为合法有效时，抵押权人为实现抵押权，导致房屋所有权发生变动的，则租赁关系不受法律保护。已被人民法院查封的房屋，房东不能再行出租。

在此提醒租户，租赁房屋时除了要了解“房东”主体资格的真假、“二房东”有无转租权外，还要弄清楚房屋在出租前有无抵押、查封等情形，避免租赁合同无效不受法律保护，产生不必要的纠纷和经济损失。抵押权人在签订抵押合同时也要注意审查房屋所有权人有无变动、房屋有无出租的情况，避免出现抵押合同无效的情况。

◉ 相关依据

《中华人民共和国民法典》

第三百九十四条 为担保债务的履行，债务人或者第三人不转移财产的占有，将该财产抵押给债权人的，债务人不履行到期债务或者发生当事人约定的实现抵押权的情形，债权人有权就该财产优先受偿。

前款规定的债务人或者第三人为抵押人，债权人为抵押权人，提供担保的财产为抵押财产。

第四百零五条　抵押权设立前，抵押财产已经出租并转移占有的，原租赁关系不受该抵押权的影响。

第七百二十五条　租赁物在承租人按照租赁合同占有期限内发生所有权变动的，不影响租赁合同的效力。

《最高人民法院关于审理城镇房屋租赁合同纠纷案件具体应用法律若干问题的解释》

第十四条　租赁房屋在承租人按照租赁合同占有期限内发生所有权变动，承租人请求房屋受让人继续履行原租赁合同的，人民法院应予支持。但租赁房屋具有下列情形或者当事人另有约定的除外：

（一）房屋在出租前已设立抵押权，因抵押权人实现抵押权发生所有权变动的；

（二）房屋在出租前已被人民法院依法查封的。

第四节　房屋装修

房屋装修，是业主将房屋装修事项发包给装修公司负责完成并交付工作成果，业主支付相应价款的行为。业主装修房屋的，建议与装修公司签订住宅室内装饰装修书面合同，明确双方的权利和义务。

第216问　装修工程未完工，装修公司“跑路”，业主该怎么办？

答：装修公司关门“跑路”，不外乎老板赌博负债、投资失败、资金短缺以及人员流失等原因。不知内情的业主与装修公司签完合同、支付预付款，工人进场施工后不久，如果装修公司突然关门倒闭，工人因拿不到工资被迫停工，公司负责人失联，致使装修房屋的目的不能实现，业主不仅难要回钱，如是贷款装修，还得继续按月偿还贷款和重新找人继续装修。

装修公司因经营不善倒闭，不能继续履行合同，属于违约行为。业主可以向人民法院提起民事诉讼维权，请求依法解除合同、返还已付未完工部分款项、赔偿损失。甚至装修公司明知已无法履行合同，仍大幅度降价促销，推荐金融公司提供免息贷款，采取各种措施欺骗业主，并在预收装修款项后逃匿。如果受害业主人数较多、金额较大，行为人可能涉嫌合同诈骗犯罪。受骗业主们应收集整理好相关证据材料，及时向公安机关报案，等待公安机关侦查处理、追回赃款。

◉ 相关依据

《中华人民共和国民法典》

第五百六十三条 有下列情形之一的，当事人可以解除合同：

（一）因不可抗力致使不能实现合同目的；

（二）在履行期限届满前，当事人一方明确表示或者以自己的行为表明不履行主要债务；

（三）当事人一方迟延履行主要债务，经催告后在合理期限内仍未履行；

（四）当事人一方迟延履行债务或者有其他违约行为致使不能实现合同目的；

（五）法律规定的其他情形。

以持续履行的债务为内容的不定期合同，当事人可以随时解除合同，但是应当在合理期限之前通知对方。

《中华人民共和国刑法》

第六十四条　犯罪分子违法所得的一切财物，应当予以追缴或者责令退赔；对被害人的合法财产，应当及时返还；违禁品和供犯罪所用的本人财物，应当予以没收。没收的财物和罚金，一律上缴国库，不得挪用和自行处理。

第二百二十四条　有下列情形之一，以非法占有为目的，在签订、履行合同过程中，骗取对方当事人财物，数额较大的，处三年以下有期徒刑或者拘役，并处或者单处罚金；数额巨大或者有其他严重情节的，处三年以上十年以下有期徒刑，并处罚金；数额特别巨大或者有其他特别严重情节的，处十年以上有期徒刑或者无期徒刑，并处罚金或者没收财产：

（一）以虚构的单位或者冒用他人名义签订合同的；

（二）以伪造、变造、作废的票据或者其他虚假的产权证明作担保的；

（三）没有实际履行能力，以先履行小额合同或者部分履行合同的方法，诱骗对方当事人继续签订和履行合同的；

（四）收受对方当事人给付的货物、货款、预付款或者担保财产后逃匿的；

（五）以其他方法骗取对方当事人财物的。

《最高人民检察院、公安部关于公安机关管辖的刑事案件立案追诉标准的规定（二）》

第七十七条　**［合同诈骗案（刑法第二百二十四条）］**以非法占有为目的，在签订、履行合同过程中，骗取对方当事人财物，数额在二万元以上的，应予立案追诉。

第217问　消费者如何预防家居定制中可能出现的法律纠纷？

答：定制家居物品涉及木门、楼梯、地板、橱柜以及卫浴洁具等。消费者通过互联网、加盟门店、生产厂家及家居广场，满足个性化定制家具需求时，应持谨慎态度，防止“货不对板”型欺诈以及装配损坏、逾期交付、甲醛超标等问题。

消费者在定制家居用品时，应选择实力强、信誉度高的商家。消费者可与商家约定按照进度或者分期支付，避免将全部款项一次付清，承担过多潜在风险。消费者与商家签约时，应将设计方案、施工工艺、品牌、规格、数量、款式、材质、颜色、配件、退款、验收、交货、运费、保质期、售后维修、违约责任等条款写入合同中，将发货清单作为合同附件。在加工、安装前，应检查购买物品与订单是否相符，有无缺损、色差等。安装时，应告知特殊要求，及时查验纠正，防止以次充好、质次价高、偷工减料、临时加价情况的发生。消费者应尊重和听取安装人员的专业意见，不应干预专业施工流程。定制物品存在维修、重作、退货的，双方应制作单据，并签字确认。退货的，商家不得收取折旧费和运输费用。定制家居用品的保修期不得少于6个月。

消费者支付款项时应向商家单位账户支付，请勿向负责人、安装人员等个人支付；记得向商家索要加盖公章的合同、发票、发货清单，拍照样板房、实物样品，保存宣传资料。对于上门安装过程存在的问题应及时拍照、录音录像取证，便于发生纠纷后，因无法协商解决，而向消费者保护组织投诉或者人民法院提起民事诉讼维权。商家服务时存在谎报用工用料，损坏、偷换零部件或者材料，使用不合格或者与约定不相符的零部件或者材料，更换不需要更换的零部件，或者偷工减料、加收费用等欺诈行为的，消费者可以要求“退一赔三”（退款并赔偿购买商品或服务款项的3倍），赔偿金额最低不少于500元。

◉ 相关依据

《中华人民共和国消费者权益保护法》

第五十五条 经营者提供商品或者服务有欺诈行为的，应当按照消费者的要求增加赔偿其受到的损失，增加赔偿的金额为消费者购买商品的价款或者接受服务的费用的三倍；增加赔偿的金额不足五百元的，为五百元。法律另有规定的，依照其规定。

经营者明知商品或者服务存在缺陷，仍然向消费者提供，造成消费者或者其他受害人死亡或者健康严重损害的，受害人有权要求经营者依照本法第四十九条、第五十一条等法律规定赔偿损失，并有权要求所受损失二倍以下的惩罚性赔偿。

《江苏省消费者权益保护条例》

第十一条　经营者提供商品或者服务，应当用清晰、明白的语言或者文字向消费者作出真实、全面的介绍和说明，并就消费者的询问作出真实、明确的答复。

经营者提供商品或者服务时，应当主动向消费者告知下列情况或者出示书面文件：

（一）有关商品的价格、计价单位、产地、生产者、用途、性能、规格、等级、主要成份、净含量、生产日期、有效期限、检验合格证明、使用方法说明、售后服务；

（二）有关服务的内容、规格、费用、标准、场所、期限、检验检测报告或者维修记录；

（三）法律、法规规定或者按照行业规范、行业惯例应当告知的其他内容。

第十九条　经营者提供的商品或者服务不符合质量要求的，消费者可以依照国家规定、当事人约定退货，或者要求经营者履行更换、修理等义务。经营者应当在国家规定或者其承诺的期限内，及时履行退货、退款、更换、重作、修理等义务。履行义务的期限自消费者收到商品或者接受服务之日起计算；需要经营者安装调试后方能使用的商品，自安装调试完毕之日起计算，但因消费者原因未及时安装调试的除外。

经营者履行修理义务的期限不得少于六个月，但低值易耗商品除外。商品房、汽车等特殊商品，国家另有规定的，从其规定。

第二十条　经营者因提供的商品或者服务不符合质量要求履行修理义

务的，应当自收到商品之日起三十日内完成，并向消费者出具修理记录。无正当理由到期未完成修理的，经营者应当按照消费者的要求退货或者更换。

第二十一条 经营者因提供的商品或者服务不符合质量要求履行更换义务的，应当免费调换同型号、同规格的商品，并向消费者出具更换凭证，商品的修理、更换、退货期限重新计算。无同型号、同规格商品的，经营者应当及时退货，与消费者另有约定的除外。

经营者履行退货义务时，应当一次性退清货款，并承担运输等必要费用，不得违反国家规定收取折旧费。

第二十四条 经营者提供商品或者服务，有下列情形之一的，属于欺诈行为：

……

（六）为消费者提供修理、加工、安装、装饰装修等服务时谎报用工用料，损坏、偷换零部件或者材料，使用不合格或者与约定不相符的零部件或者材料，更换不需要更换的零部件，或者偷工减料、加收费用；

……

第218问 业主“拿错房装错房”，损失由谁来赔？

答：由于负有房屋交付义务的单位弄错门牌号，一位业主“拿错房装错房”后已入住，另一位业主“难拿房”、不能装修入住的现象，在司法实践中屡见不鲜。开发商的工作人员失职交错房，严重时会出现楼层、户型、面积等方面与购房合同约定不符的情形，属于民法上的违约行为。负责房屋交付的单位，因交房错误应向“拿错房”和“难拿房”的两位业主承担违约赔偿责任。

目前在司法实践中，解决此类争议的方式有两种。第一种方式是将争议房屋恢复原状后交付给应收房的业主。房屋交付单位将争议房屋恢复到装修前的原状，赔偿“拿错房装错房”业主的装修损失，并将恢复原状后的房屋交付给“难拿房”的业主。与此同时，房屋交付单位还应赔偿两位业主遭受的损失。第二种方式是与开发商解除合同并要求承担违约赔偿责任。未能拿到房的业主有权选择与开发商解除购房合同，主张返还购房款，并要求其承担不能交付房屋的违约责任。“拿错房装错房”的业主，如果发现房屋存在户型、面积、楼层等项目与合同约定不符的，可以要求开发商承担违约赔偿责任。

◉ 相关依据

《中华人民共和国民法典》

第五百七十七条　当事人一方不履行合同义务或者履行合同义务不符合约定的，应当承担继续履行、采取补救措施或者赔偿损失等违约责任。

第五百八十条　当事人一方不履行非金钱债务或者履行非金钱债务不符合约定的，对方可以请求履行，但是有下列情形之一的除外：

（一）法律上或者事实上不能履行；

（二）债务的标的不适于强制履行或者履行费用过高；

（三）债权人在合理期限内未请求履行。

有前款规定的除外情形之一，致使不能实现合同目的的，人民法院或者仲裁机构可以根据当事人的请求终止合同权利义务关系，但是不影响违约责任的承担。

第五百八十三条　当事人一方不履行合同义务或者履行合同义务不符合约定的，在履行义务或者采取补救措施后，对方还有其他损失的，应当赔偿损失。

第219问　家庭装修时，装修工摔伤了，由谁承担赔偿责任？

答：房东将房屋交给正规装修公司装修还是交给装修队或个人装修，因从事装修活动的主体不同形成不同的法律关系，赔偿责任的主体也不同。

房东将装修工程交给没有装修资质的“包工头”组建的“游击队”（装修队）装修的，房东与装修队之间形成承揽关系，“包工头”与“游击队员”（装修工）之间形成雇佣关系。如果“包工头”雇用的装修工人在施工中，从高处落地摔伤，房东与“包工头”均需对受伤的装修工人承担赔偿责任。如果装修公司将装修工程转包给“包工头”，装修公司明知“包工头”没有相应资质的，应与“包工头”承担连带赔偿责任；房东没有过错的，不承担赔偿责任。

房东将装修工程交给具有装修资质的装修公司完成的，房东与装修公司之间成立承揽关系。若受伤的装修工系装修公司的正式员工，由于劳资双方签订了劳动合同，建立了法律上的劳动关系，装修工在装修过程中受伤，系在工作时间、工作地点因工作原因受伤，属于工伤。装修工应按照《工伤保险条例》规定的程序处理。房东没有过错的，不承担赔偿责任；房东存在过错的，享受工伤待遇不影响装修工向房东追究赔偿责任。

总之，家庭装修请找正规合法的装修公司，避免因选人不当发生安全事故、承担事故赔偿责任。

◉ 相关依据

《中华人民共和国民法典》

第一千一百九十一条 用人单位的工作人员因执行工作任务造成他人损害的，由用人单位承担侵权责任。用人单位承担侵权责任后，可以向有故意或者重大过失的工作人员追偿。

劳务派遣期间，被派遣的工作人员因执行工作任务造成他人损害的，由接受劳务派遣的用工单位承担侵权责任；劳务派遣单位有过错的，承担相应的责任。

第一千一百九十二条 个人之间形成劳务关系，提供劳务一方因劳务造成他人损害的，由接受劳务一方承担侵权责任。接受劳务一方承担侵权责任后，可以向有故意或者重大过失的提供劳务一方追偿。提供劳务一方因劳务受到损害的，根据双方各自的过错承担相应的责任。

提供劳务期间，因第三人的行为造成提供劳务一方损害的，提供劳务一方有权请求第三人承担侵权责任，也有权请求接受劳务一方给予补偿。接受劳务一方补偿后，可以向第三人追偿。

第一千一百九十三条 承揽人在完成工作过程中造成第三人损害或者自己损害的，定作人不承担侵权责任。但是，定作人对定作、指示或者选任有过错的，应当承担相应的责任。

第220问 签订住宅室内装修合同时，需要注意哪些问题？

答：业主与装修人员在专业知识上严重不对称，故装修人员施工过程中容易存在不规范或隐瞒欺骗导致双方发生纠纷。签订装修合同，既是对合同双方权利和义务的明确约定，也是解决装修工程开工、进度、质量、验收、付款、保修、违约等相关问题的依据。避免空口无凭，做到有据可循，可以省去很多沟通的麻烦和避免不必要的纠纷，也有利于已发生纠纷的解决。

业主装饰装修房屋前，应当事先告知本小区物业服务公司，遵守物业公司提示的合理注意事项，并配合其进行必要的现场检查。

业主在签订住宅室内装修合同时，根据司法实践情况需要着重注意以下几点：

1. 签订合同前，业主要确认装修公司的经营范围含有承揽装修工程，且具备相应资质。业主可以登录访问“国家企业信用信息公示系统”网站，查询核实装修公司的基本情况，还可要求装修公司出具报价书、设计图纸。除了查验装修公司的相关资质以及工作人员相关证件外，应尽可能参观装修公司的其他施工现场，查看专业水准及人员素质。要仔细查看报价书与设计图纸、效果图是否匹配。业主在装修前要确认装修房屋门牌号码，避免误认后装修错房屋。最好事先与邻居协商安排好每天的开工、收工时间。

2. 合同主体条款要写清楚发包人、承包人的名称、地址、联系电话，施工地址。合同主体一方是个人的，应写上身份证号码，防止将来发生诉讼时，增加诉讼主体信息的调查取证成本。合同中还应写明项目负责人、施工人员的姓名、身份证号码以及联系电话。

3. 装修合同主文中需详细约定：(1)装修总价款及付款方式，如先预付一小部分款项，再根据阶段进程分期付款，防止装修公司“跑路”难以继续履行合同。(2)承包方式(全包、半包、清包)、施工期限，装修面积、设计图稿、施工方案、装修材料采购、空气质量检测、环保事项、可否转包、质量不合格的返工、装修中产生的水电费和垃圾清理运输费用的承担。(3)造成人身财产损害的经济赔偿、定金、验收标准及程序、业主需要协助处理事项、违约责任、纠纷处理等内容。

4. 保修和质量保证金条款。合同中约定的保修期不应少于2年，对于有防水要求的厨房、卫生间和外墙面的防渗漏保修期为5年。保修期自住宅室内装饰装修工程竣工验收合格之日起计算。在质量保证期内未出现质量问题或者已解决质量问题时，应如数返还保证金。

除了上述注意点外，还要注意报价后增加项目使决算形成“低开高走”。要将材料采购的清单作为合同附件，清单中明确列明产品名称、产地、规格、型号、单价、数量等详细内容；且与装修人员做好材料交接工作，制作交接单，并签字确认。装修过程中，注意监督隐蔽工程的施工。装修完工时，经现场验收合格后，双方应签订《工程结算单》《工程保修单》《工程竣工确认单》。

相关依据

《中华人民共和国民法典》

第九百四十五条　业主装饰装修房屋的,应当事先告知物业服务人,遵守物业服务人提示的合理注意事项,并配合其进行必要的现场检查。

业主转让、出租物业专有部分、设立居住权或者依法改变共有部分用途的,应当及时将相关情况告知物业服务人。

《最高人民法院关于审理建设工程施工合同纠纷案件适用法律问题的解释(一)》

第十二条　因承包人的原因造成建设工程质量不符合约定,承包人拒绝修理、返工或者改建,发包人请求减少支付工程价款的,人民法院应予支持。

第十四条　建设工程未经竣工验收,发包人擅自使用后,又以使用部分质量不符合约定为由主张权利的,人民法院不予支持;但是承包人应当在建设工程的合理使用寿命内对地基基础工程和主体结构质量承担民事责任。

《住宅室内装饰装修管理办法》

第十三条　装修人在住宅室内装饰装修工程开工前,应当向物业管理企业或者房屋管理机构(以下简称物业管理单位)申报登记。

非业主的住宅使用人对住宅室内进行装饰装修,应当取得业主的书面同意。

第二十四条　装修人与装饰装修企业应当签订住宅室内装饰装修书面合同,明确双方的权利和义务。

住宅室内装饰装修合同应当包括下列主要内容:

(一)委托人和被委托人的姓名或者单位名称、住所地址、联系电话;

(二)住宅室内装饰装修的房屋间数、建筑面积,装饰装修的项目、方式、规格、质量要求以及质量验收方式;

(三)装饰装修工程的开工、竣工时间;

(四)装饰装修工程保修的内容、期限;

(五)装饰装修工程价格,计价和支付方式、时间;

（六）合同变更和解除的条件；

（七）违约责任及解决纠纷的途径；

（八）合同的生效时间；

（九）双方认为需要明确的其他条款。

《江苏省消费者权益保护条例》

第三十九条 从事住宅装饰装修的经营者，应当与消费者订立书面合同，约定装饰装修工程的项目、施工方案、标准、期限、质量、价格、室内环境检测指标、保修内容、保修期限、质量要求和质量验收方式、施工安全责任、违约责任等内容；经营者提供装饰装修材料的，还应当书面约定材料的名称、规格、价格、环保和安全指标、等级等，材料应当经消费者验收、认可。

从事住宅装饰装修的经营者，应当保证质量，不得偷工减料。提供的装饰装修材料应当符合国家规定的环保要求。因经营者的原因需要返工、重作的，经营者应当免费返工、重作。

装饰装修工程的质保期限自工程竣工验收合格之日起不少于二年，有防水要求的厨房、卫生间和外墙面等部位的防渗漏质保期限不少于五年。质保期限内因维修产生的费用由经营者承担。

第221问 家庭装修中出现质量纠纷，如何处理？

答：装修过程中不规范的操作、偷工减料或者采用劣质材料，在竣工后难免会导致出现客厅地砖裂缝、墙面砖空鼓、墙面乳胶漆裂缝、厨房防水不合格、房门缝隙过大、卫生间积水、甲醛排放超标等质量问题。业主在工程竣工后，应与装修公司结清尾款，并索要保修单据。如果发现存在质量问题，应先拍照、录像固定证据，避免上了法院有理说不清，再通知装修公司到现场确认质量问题和协商确定保修方案。如果装修公司拒绝修复的，在保留好证据后可以另行委托其他装修公司修复，产生的费用可以向装修公司索赔。如果业主未经验收，就急于入住使用，法律上将视为房屋验收合格，不利于解决瑕疵问题。在处理质量纠纷时需注意区分是房屋本身原因、装修问题、业主使用问题或者是材料质量问题造成的房屋质量问题。

◉ 相关依据

《江苏省消费者保护条例》

第三十九条第二款、第三款　从事住宅装饰装修的经营者，应当保证质量，不得偷工减料。提供的装饰装修材料应当符合国家规定的环保要求。因经营者的原因需要返工、重作的，经营者应当免费返工、重作。

装饰装修工程的质保期限自工程竣工验收合格之日起不少于二年，有防水要求的厨房、卫生间和外墙面等部位的防渗漏质保期限不少于五年。质保期限内因维修产生的费用由经营者承担。

第五节　房屋拆迁

为了公共利益的需要而征收国有、集体土地上单位、个人的房屋，须对被征收房屋所有权人给予公平补偿。房屋征收与补偿，应遵循决策民主、程序正当、结果公开的原则。市、县级人民政府及房屋征收部门的工作人员在房屋征收与补偿工作中，应当依法保障被征收人的合法利益。

第222问　对于江苏农村土地上的房屋拆迁补偿流程，法律是如何规定的？

答：市、县级政府征收农民集体所有的土地的，须先在政府门户网站和拟征收土地所在的乡（镇）和村、村民小组范围内发布公告，开展拟征收土地现状调查和社会稳定风险评估。制作风险评估报告,应当听取被征地的农村集体经济组织及其成员、村民委员会和其他利害关系人的意见,确保社会稳定。

依据调查结果和风险评估报告,组织自然资源、财政、人力资源社会保障、住房城乡建设、农业农村、医疗保障等有关部门拟订、公布征地补偿安置方案。补偿安置方案,须听取被征地的农村集体经济组织及其成员、村民委员会和其他利害关系人的意见。征地的农村集体经济组织成员认为征地补偿安置方案不符合法律、法规规定的,人民政府应当组织召开听证会。政府根据法律、法规的规定和听证会、征求意见情况,修改征地补偿安置方案并予以公告。

补偿安置方案公告后,村民应在公告期内,持房屋所有权和宅基地使用权证书办理补偿登记。政府根据征地补偿安置方案,组织测算并落实有关费用,将土地补偿费、安置补助费以及农村村民住宅、其他地上附着物和青苗等的补偿费用和被征地农民社会保障费用足额存入政府财政部门指定的预存征地补偿款专户和社会保障资金专户,并确定安置人员名单。政府与拟征收土地的所有权人、使用权人签订征地补偿安置协议,与房屋所有权人签订房屋补偿安置协议。

完成相关前期工作后,政府方可提出征收土地申请。征收土地申请经依法批准后,设区的市、县(市、区)人民政府发布征收土地公告,并组织实施。依法及时足额支付土地补偿费、安置补助费以及农村村民住宅、其他地上附着物和青苗等的补偿费用,并安排被征地农民的社会保障费用。土地补偿费归被征地的农村集体经济组织所有,其中70%部分归被征地农民所有。安置补助费归被征地农民所有,农村村民住宅以外的其他地上附着物和青苗等的补偿费用归其所有者所有。

征收村民住宅，按照先补偿后搬迁、居住条件有改善的原则，尊重农村村民意愿，采取重新安排宅基地建房、提供安置房或者货币补偿等方式给予公平、合理的补偿，并对因征收造成的搬迁、临时安置等费用予以补偿，保障农村村民居住的权利和合法的住房财产权益。重新安排宅基地建房的，对其住房按照重置价格给予货币补偿；不能重新安排宅基地建房的，依法提供安置房或者给予货币补偿安置。

◉ 相关依据

《江苏省土地管理条例》

第三十五条 因公共利益需要依法对农民集体所有土地实施征收的，设区的市、县（市、区）人民政府应当发布拟征收土地公告。

拟征收土地公告应当采用多种有利于社会公众知晓的方式，在政府门户网站和拟征收土地所在的乡（镇）和村、村民小组范围内发布。公告内容包括征收目的、征收范围、工作时序安排等，公告时间不少于十个工作日。

第三十六条 设区的市、县（市、区）人民政府拟征收土地的，应当开展拟征收土地现状调查和社会稳定风险评估。

开展拟征收土地现状调查应当调查核实拟征收土地的权属、地类、面积以及农村村民住宅、其他地上附着物和青苗等的权属、种类和数量等，由土地的所有权人、使用权人对调查结果予以确认。

开展社会稳定风险评估，应当听取被征地的农村集体经济组织及其成员、村民委员会和其他利害关系人的意见，明确风险等级，提出化解风险的具体措施，形成评估报告。社会稳定风险评估应当有被征收土地的农民代表和其他利害关系人参加。

第三十七条 设区的市、县（市、区）人民政府应当依据调查结果和风险评估报告，组织自然资源、财政、人力资源社会保障、住房城乡建设、农业农村、医疗保障等有关部门拟订征地补偿安置方案。征地补偿安置方案包括征收范围、土地现状、征收目的、补偿标准、安置方式、社会保障等内容。征地补偿安置方案中的补偿标准应当包括土地、农村村民住宅、其他地上附着物和青苗等事项。

征地补偿安置方案在政府门户网站和拟征收土地所在的乡(镇)和村、村民小组范围内进行公告,听取被征地的农村集体经济组织及其成员、村民委员会和其他利害关系人的意见。公告应当明确意见提交方式,公告时间不少于三十日。

过半数被征地的农村集体经济组织成员认为征地补偿安置方案不符合法律、法规规定的,设区的市、县(市、区)人民政府应当组织召开听证会。

虽未过半数但有部分被征地的农村集体经济组织成员认为征地补偿安置方案不符合法律、法规规定,设区的市、县(市、区)人民政府认为确有必要的,可以组织召开听证会。

设区的市、县(市、区)人民政府根据法律、法规的规定和听证会、征求意见情况,修改征地补偿安置方案并予以公告。

第三十八条 拟征收土地的所有权人、使用权人应当在公告规定期限内,持不动产权属证明材料办理补偿登记。设区的市、县(市、区)人民政府根据征地补偿安置方案,组织测算并落实有关费用,将土地补偿费、安置补助费以及农村村民住宅、其他地上附着物和青苗等的补偿费用和被征地农民社会保障费用足额存入设区的市、县(市、区)人民政府财政部门指定的预存征地补偿款专户和社会保障资金专户,并确定安置人员名单。预存征地补偿款专户和社会保障资金专户专项用于核算征地补偿和社会保障费用。

设区的市、县(市、区)人民政府应当与拟征收土地的所有权人、使用权人签订征地补偿安置协议,涉及房屋的与房屋所有权人签订房屋补偿安置协议;征地补偿安置协议和房屋补偿安置协议中可以约定附生效条件或者附生效期限。个别确实难以达成协议的,应当在申请征收土地时如实说明。

第三十九条 依法完成拟征收公告、征收土地调查与风险评估、征地补偿安置方案公告与听证、征地补偿登记与协议签订等相关前期工作后,设区的市、县(市、区)人民政府方可提出征收土地申请。设区的市可以对相关前期工作制定具体规范。

第四十条　征收土地申请经依法批准后,设区的市、县(市、区)人民政府应当在征收土地所在的乡(镇)和村、村民小组范围内发布征收土地公告,并组织实施。公告应当公布征收范围和征收时间等具体工作安排,公告时间不少于三十日。

对个别未达成补偿安置协议的,由设区的市、县(市、区)人民政府依法作出征地补偿安置决定。

第四十四条　征收土地涉及农村村民住宅的,应当按照先补偿后搬迁、居住条件有改善的原则,尊重农村村民意愿,采取重新安排宅基地建房、提供安置房或者货币补偿等方式给予公平、合理的补偿,并对因征收造成的搬迁、临时安置等费用予以补偿,保障农村村民居住的权利和合法的住房财产权益。重新安排宅基地建房的,对其住房按照重置价格给予货币补偿;不能重新安排宅基地建房的,依法提供安置房或者给予货币补偿安置。

征收土地涉及农村村民住宅以外的其他建筑物、构筑物,重新安排其他建设用地的,对其建筑物、构筑物按照重置价格结合成新给予货币补偿;不能重新安排其他建设用地的,按照市场评估价格给予货币补偿。

重新安排宅基地建房的,宅基地的面积按照本条例相关规定执行;依法确定的原宅基地面积超过重新安排宅基地面积的,应当对超过的部分给予合理补偿。提供安置房补偿的,安置房的面积不得少于依法确定的原房屋面积。采用货币补偿的,应当评估宅基地和住房的价值,一并作出补偿。

第四十五条　土地补偿费归被征地的农村集体经济组织所有。设区的市、县(市、区)人民政府应当在征收土地公告发布之日起十五个工作日内将土地补偿费足额支付到农村集体经济组织,农村集体经济组织应当在收到后十个工作日内将不少于百分之七十的土地补偿费支付给被征地农民。

安置补助费归被征地农民所有,农村村民住宅以外的其他地上附着物和青苗等的补偿费用归其所有者所有,设区的市、县(市、区)人民政府应当在征收土地公告发布之日起十五个工作日内足额支付。

征地补偿费用支付情况应当在征收土地所在的乡(镇)和村、村民小组范围内即时公布,公布时间不少于三十日。

第223问 面对非法暴力拆迁,可以实施正当防卫吗?

答:征地拆迁实行先补偿后搬迁制度,任何单位和个人不得采取暴力、威胁或者违反规定断水、断电、断路、挖坑等非法方式迫使被征收人搬迁。面对非法暴力拆迁中正在进行的非法限制人身自由、非法侵入住宅、殴打等违法行为,受害人为了保护自己和家人的人身和财产安全,进行阻止的防卫行为,若没有明显超过必要的限度,未造成侵害人重伤、死亡,符合正当防卫其他条件的,构成正当防卫,行为人不负刑事责任。在实践中需注意,对于尚未开始或者已经结束的不法侵害行为,采取防卫措施的,一般不构成正当防卫。以言语、行为挑唆对方后进行反击的,不属于正当防卫。若预见将遭遇非法暴力拆迁,应及时以异地保存相关财产的证件资料、委托房地产评估机构估算价值、拍摄非法拆迁过程等方式固定证据,便于日后维权。当遭遇非法暴力拆迁时,应尽可能地以向公安机关报警、向房屋拆迁主管部门投诉、申请行政复议或诉讼等方式依法处理。避免因与对方发生口角争执、不能理性克制而做出打架斗殴、故意伤害等过激行为,或者因提前或事后防卫、防卫过当造成他人伤害,而需承担法律责任。

◉ 相关依据

《国有土地上房屋征收与补偿条例》

第二十七条 实施房屋征收应当先补偿、后搬迁。

作出房屋征收决定的市、县级人民政府对被征收人给予补偿后,被征收人应当在补偿协议约定或者补偿决定确定的搬迁期限内完成搬迁。

任何单位和个人不得采取暴力、威胁或者违反规定中断供水、供热、供气、供电和道路通行等非法方式迫使被征收人搬迁。禁止建设单位参与搬迁活动。

第二十八条 被征收人在法定期限内不申请行政复议或者不提起行政诉讼,在补偿决定规定的期限内又不搬迁的,由作出房屋征收决定的市、县级人民政府依法申请人民法院强制执行。

强制执行申请书应当附具补偿金额和专户存储账号、产权调换房屋和周转用房的地点和面积等材料。

《中华人民共和国刑法》

第二十条 为了使国家、公共利益、本人或者他人的人身、财产和其他权利免受正在进行的不法侵害,而采取的制止不法侵害的行为,对不法侵害人造成损害的,属于正当防卫,不负刑事责任。

正当防卫明显超过必要限度造成重大损害的,应当负刑事责任,但是应当减轻或者免除处罚。

对正在进行行凶、杀人、抢劫、强奸、绑架以及其他严重危及人身安全的暴力犯罪,采取防卫行为,造成不法侵害人伤亡的,不属于防卫过当,不负刑事责任。

《最高人民法院 最高人民检察院 公安部关于依法适用正当防卫制度的指导意见》

6.准确把握正当防卫的时间条件。正当防卫必须是针对正在进行的不法侵害。对于不法侵害已经形成现实、紧迫危险的,应当认定为不法侵害已经开始;对于不法侵害虽然暂时中断或者被暂时制止,但不法侵害人仍有继续实施侵害的现实可能性的,应当认定为不法侵害仍在进行;在财产犯罪中,不法侵害人虽已取得财物,但通过追赶、阻击等措施能够追回财物的,可以视为不法侵害仍在进行;对于不法侵害人确已失去侵害能力或者确已放弃侵害的,应当认定为不法侵害已经结束。对于不法侵害是否已经开始或者结束,应当立足防卫人在防卫时所处情境,按照社会公众的一般认知,依法作出合乎情理的判断,不能苛求防卫人。对于防卫人因为恐慌、紧张等心理，对不法侵害是否已经开始或者结束产生错误认识的，应当根据主客观相统一原则，依法作出妥当处理。

9. 准确界分防卫行为与相互斗殴。防卫行为与相互斗殴具有外观上的相似性，准确区分两者要坚持主客观相统一原则，通过综合考量案发起因、对冲突升级是否有过错、是否使用或者准备使用凶器、是否采用明显不相当的暴力、是否纠集他人参与打斗等客观情节，准确判断行为人的主观意图和行为性质。

因琐事发生争执，双方均不能保持克制而引发打斗，对于有过错的一方先动手且手段明显过激，或者一方先动手，在对方努力避免冲突的情况下仍继续侵害的，还击一方的行为一般应当认定为防卫行为。

双方因琐事发生冲突，冲突结束后，一方又实施不法侵害，对方还击，包括使用工具还击的，一般应当认定为防卫行为。不能仅因行为人事先进行防卫准备，就影响对其防卫意图的认定。

11. 准确把握防卫过当的认定条件。根据刑法第二十条第二款的规定，认定防卫过当应当同时具备“明显超过必要限度”和“造成重大损害”两个条件，缺一不可。

12. 准确认定“明显超过必要限度”。防卫是否“明显超过必要限度”，应当综合不法侵害的性质、手段、强度、危害程度和防卫的时机、手段、强度、损害后果等情节，考虑双方力量对比，立足防卫人防卫时所处情境，结合社会公众的一般认知作出判断。在判断不法侵害的危害程度时，不仅要考虑已经造成的损害，还要考虑造成进一步损害的紧迫危险性和现实可能性。不应当苛求防卫人必须采取与不法侵害基本相当的反击方式和强度。通过综合考量，对于防卫行为与不法侵害相差悬殊、明显过激的，应当认定防卫明显超过必要限度。

13. 准确认定“造成重大损害”。“造成重大损害”是指造成不法侵害人重伤、死亡。造成轻伤及以下损害的，不属于重大损害。防卫行为虽然明显超过必要限度但没有造成重大损害的，不应认定为防卫过当。

第224问 挂靠户口人员，可以享受拆迁补偿待遇吗？

答：补偿，是对被征收土地及房屋价值、搬迁、临时安置的补偿，与户籍无关。挂靠农村户口的人员，有户无房，不是农村小组集体经济组织的成员，未形成固定的生产、生活关系，故不是拆迁补偿对象。挂靠公有住房的户口人员，如果不是公有住房内的同住人或者承租人，不属于征收补偿安置对象，原则上不能享受拆迁利益。挂靠户口的人员因经济困难等特殊原因获得政府照顾政策的，是例外情形。

◉ 相关依据

《国有土地上房屋征收与补偿条例》

第十七条 作出房屋征收决定的市、县级人民政府对被征收人给予的补偿包括：

（一）被征收房屋价值的补偿；

（二）因征收房屋造成的搬迁、临时安置的补偿；

（三）因征收房屋造成的停产停业损失的补偿。

市、县级人民政府应当制定补助和奖励办法，对被征收人给予补助和奖励。

第二十五条 房屋征收部门与被征收人依照本条例的规定，就补偿方式、补偿金额和支付期限、用于产权调换房屋的地点和面积、搬迁费、临时安置费或者周转用房、停产停业损失、搬迁期限、过渡方式和过渡期限等事项，订立补偿协议。

补偿协议订立后，一方当事人不履行补偿协议约定的义务的，另一方当事人可以依法提起诉讼。

第225问 农村拆迁安置房指标，能不能买卖？

答：拆迁安置房（指标），是国家对被征收土地、房屋的所有权人、使用权人给予补偿的方式，是一种财产性权利。对于被拆迁人在签订拆迁安置协议后，将拆迁安置房购买资格转让给他人，法律法规没有明确禁止。拆迁安置房在所有人取得不动产权证书后可以上市交易。

从土地及房屋的性质上看，村民的土地及宅基地被依法征收后，农村集体所有土地变为城镇划拨土地，拆迁后的村民成为城镇居民，转让的也是国有土地上的房屋。因此，拆迁安置房指标买卖协议内容并不涉及农村集体经济组织内宅基地建房转让的问题，对于买方的身份并无过多限制，故不应否定双方签订的买卖协议的效力。

需要进一步说明的是，经济适用房与拆迁安置房不同前者是政府提供优惠政策、解决城市低收入家庭住房困难问题的保障性住房，购房者必须是符合条件的人，申购资格不能转让给他人，且购买后需用于自住生活。

◉ 相关依据

《中华人民共和国土地管理法》

第九条 城市市区的土地属于国家所有。

农村和城市郊区的土地，除由法律规定属于国家所有的以外，属于农民集体所有；宅基地和自留地、自留山，属于农民集体所有。

《中华人民共和国民法典》

第二百零九条第一款 不动产物权的设立、变更、转让和消灭，经依法登记，发生效力；未经登记，不发生效力，但是法律另有规定的除外。

第226问　买房后未能及时过户，拆迁补偿款该归谁？

答：双方在签订房屋买卖合同后，卖房人交付了房屋，买房人支付了购房款接受了房屋并居住使用，但未及时办理过户更名登记。后遇政府征地拆迁，房屋便一直无法办理产权变更手续。此种情况下，买房人不是法律上的房屋所有权人，有权与拆迁部门签订拆迁安置补偿协议的仍然是卖房人。房屋拆迁后，房屋所有权消灭，买房人主张房屋所有权丧失事实依据，享有的仅为基于合同债权。由于卖房人具有交付房屋和办理权属变更登记的法定义务，买房人可以选择解除合同，要求卖房人返还购房款并承担违约责任；也可以要求卖房人返还应该由买房人获取的拆迁补偿款，即出售房屋所有权及土地使用权的对价。

◉ 相关依据

《中华人民共和国民法典》

第二百零九条第一款　不动产物权的设立、变更、转让和消灭，经依法登记，发生效力；未经登记，不发生效力，但是法律另有规定的除外。

第二百二十九条　因人民法院、仲裁机构的法律文书或者人民政府的征收决定等，导致物权设立、变更、转让或者消灭的，自法律文书或者征收决定等生效时发生效力。

第五百九十八条　出卖人应当履行向买受人交付标的物或者交付提取标的物的单证，并转移标的物所有权的义务。

第227问　苏州的“房卡房”拆迁时有补偿吗？

答：直管公房被征收时给予的补偿，分为货币补偿和产权调换两种方式。如有欠缴租金，交清租金后可以获得补偿。

（1）货币补偿方式。以标准租金租赁的，房屋评估值的80%给房屋承租人。房屋是普通住宅的，房屋评估值的20%给直管公房所有权人；房屋是控保建筑或文保建筑的，按房屋评估值的30%给直管公房所有权人。房屋承租人可按照《苏州市城区定销商品房建设销售管理办法》的规定，购买政府提供的定销商品房。

（2）产权调换方式。直管公房所有权人与承租人不解除租赁关系的，实行产权调换。以标准租金租赁的直管公有居住房屋承租人，可以继续以安置房屋的标准租金租住。

◉ 相关规定

《苏州市城区征收直管公房有关补偿的规定》

三、直管公房所有权人与承租人解除租赁关系的，实行货币补偿

（一）征收直管公有居住房屋的补偿

1. 以标准租金租赁的，房屋评估值的80%给房屋承租人。房屋是普通住宅的，房屋评估值的20%给直管公房所有权人；房屋是控保建筑或文保建筑的，按房屋评估值的30%给直管公房所有权人。房屋承租人可按照《苏州市城区定销商品房建设销售管理办法》的规定，购买政府提供的定销商品房。

2. 以协议租金租赁的，租赁协议终止，房屋评估值全额给直管公房所有权人。

3. 征收居住房屋改变房屋用途的直管公房，房屋评估值的30%给直管公房所有权人、70%给承租人。

4. 房屋装修评估值给装修出资人。

5. 居住房屋的非承租部分（如门房间、走道、备弄等），其评估值全额结算给直管公房所有权人。

……

四、直管公房所有权人与承租人不解除租赁关系的，实行产权调换。以

标准租金租赁的直管公有居住房屋承租人，可以继续以安置房屋的标准租金租住。

征收直管公房中属代管、托管产权的（不含宗教包经租房产），应当实行产权调换的补偿方式。

五、征收直管公房时，承租人欠缴房屋租金的，应当先交清欠租，才能进行补偿。

六、征收直管公房时，以标准租金租赁直管公有居住房屋的承租人已死亡的，符合租赁关系变更条件的，应当办理租赁变更手续，由符合承租人条件的同住家庭成员之一承租，然后按本规定进行补偿；不符合租赁关系变更条件的，原租赁关系自动终止，直管公房由所有权人收回并对所有权人补偿。

七、房屋征收决定颁发后，征收部门应当与直管公房所有权人就征收范围内的直管公房补偿安置事宜签订协议。

实行货币补偿方式的，征收部门应当根据补偿协议在拆除直管公房前，将货币补偿预付款存入直管公房所有权人指定的账户。补偿预付款原则上不少于补偿总额的70%。直管公房被征收后，按照“多退少补”原则，按实结算货币补偿款。

第228问　房东的房子要被拆迁了，租户能得到补偿吗？

答：个人私有住房合法出租的，租住房屋居住生活的租户，因房屋拆迁而搬迁客观上存在一定的经济损失。如果租赁房屋在列入拆迁范围后，房东出租房屋的，因拆迁导致无法履行剩余租赁期限的约定，租户可以要求房东退还已预交的未到期的剩余租金，并承担违约赔偿责任。如果租赁关系成立于房屋被列入拆迁范围前，对拆迁事宜，租赁合同中有约定的，按照约定处理；没有约定的，根据拆迁管理部门制定公布的在规定期限内搬迁的额外补助、奖励政策处理。如果商业用房的租户,根据租赁合同约定或经房东同意,对房屋进行了装饰装修的,由评估机构人员对装修价值进行评估确定补偿数额;租户领取证照依法生产经营和纳税的,根据场地面积、经营业绩等情况进行评估定损,给予相应的停产停业损失补偿以及设备搬运补偿。

◉ 相关依据

《国有土地上房屋征收与补偿条例》

第十条 房屋征收部门拟定征收补偿方案,报市、县级人民政府。

市、县级人民政府应当组织有关部门对征收补偿方案进行论证并予以公布,征求公众意见。征求意见期限不得少于30日。

第十七条 作出房屋征收决定的市、县级人民政府对被征收人给予的补偿包括:

(一)被征收房屋价值的补偿;

(二)因征收房屋造成的搬迁、临时安置的补偿;

(三)因征收房屋造成的停产停业损失的补偿。

市、县级人民政府应当制定补助和奖励办法,对被征收人给予补助和奖励。

《苏州市城市房屋拆迁管理条例》

第七条 拆迁范围确定后,房屋拆迁管理部门应当书面通知工商、规划、房管、国土等有关部门暂停办理拆迁范围内的营业执照,新建、扩建、改建房屋,转让、租赁、抵押房屋和房屋析产,改变房屋和土地用途等相关手续。暂停期限最长不得超过一年;拆迁人需要延长暂停期限的,必须经房屋拆迁管理部门批准,延长的期限不得超过一年。

第十三条 拆迁人与被拆迁人或者拆迁人、被拆迁人与房屋承租人达不成拆迁补偿安置协议的,当事人可以向批准拆迁的房屋拆迁管理部门申请裁决。被拆迁人是房屋拆迁管理部门的,由同级人民政府裁决。进行裁决应当先予调解。裁决应当自收到申请之日起三十日内作出。当事人对裁决不服的,可以依法向人民法院起诉。

第十四条　在房屋拆迁管理部门裁决规定的搬迁期限内,被拆迁人或者房屋承租人未完成搬迁的,由市、县级市人民政府责成有关部门强制拆迁,或者由房屋拆迁管理部门申请人民法院强制拆迁。

第二十八条　拆迁以标准租金租赁的直管公房和单位自有房屋,被拆迁人选择货币补偿,与房屋承租人解除租赁关系的,拆迁人按照下列办法给予补偿:

(一)住宅房屋:货币补偿的金额(不含房屋装修评估值)的百分之二十给被拆迁人,百分之八十给房屋承租人,房屋装修补偿金额给装修出资人;

(二)非住宅房屋:货币补偿的金额(不含房屋装修评估值)的百分之三十给被拆迁人,百分之七十给房屋承租人,房屋装修补偿金额给装修出资人。

《苏州市国有土地上房屋征收与补偿暂行办法》

第三十五条　被征收人或者房屋承租人在征收公告规定的签约期内提前搬迁的,房屋征收部门应当给予适当奖励。

第三十六条　被征收人或者房屋承租人应当在补偿协议约定或者补偿决定确定的搬迁期限内完成搬迁。因征收房屋造成搬迁的,房屋征收部门应当向被征收人或者房屋承租人支付搬迁补偿费。选择房屋产权调换的,安置房屋交付前,房屋征收部门应当向自行过渡的被征收人或者房屋承租人,支付临时安置补偿费。

第四十条　房屋征收部门与被征收人或者房屋承租人在征收补偿方案确定的签约期限内达不成补偿协议的,或者被征收房屋所有人不明确的,由房屋征收部门报请政府作出补偿决定,并在房屋征收范围内予以公告。

被征收人对补偿决定不服的,可以依法申请行政复议,也可以依法提起行政诉讼。

补偿决定报批程序,由市、县级人民政府另行规定。

第四十一条　被征收人或者房屋承租人在法定期限内不申请行政复议或者不提起行政诉讼,在补偿决定确定的期限内又不搬迁的,由作出征收决定的人民政府依法申请人民法院强制执行。

第229问 离婚时,拆迁安置房如何分割?

答:拆迁安置房,是政府为了社会公共利益或商业规划而征用土地、拆除地上房屋时,对被拆迁住户按照原住房内的户口、实际居住人口、建筑面积等进行安置而给予的房屋。拆迁安置房是对所有家庭成员居住房屋的置换,属于家庭共有财产。

对于拆迁安置房,夫妻离婚时有无分割份额,应看拆迁发生在婚前还是婚后。若被拆迁房屋是夫妻一方父母的房屋,在夫妻婚后拆迁,夫妻一方被记载于拆迁安置协议中或登记在房屋产权证上,则拆迁安置房属于夫妻共同财产。夫妻离婚时,可就一方取得的拆迁份额协商处理;若协商不成,可以向法院起诉要求分割。若夫妻婚前一方的个人房产,婚后被拆迁安置新房,如果不存在用共同财产支付房屋差价问题或另一方用个人财产支付差价的,则拆迁安置房为个人财产。如果以婚后共同财产支付房屋差价,即差价部分是夫妻双方共同出资的,所补差价占房屋价值的比例部分是夫妻共有财产。

◉ 相关依据

《中华人民共和国民法典》

第三百零三条 共有人约定不得分割共有的不动产或者动产,以维持共有关系的,应当按照约定,但是共有人有重大理由需要分割的,可以请求分割;没有约定或者约定不明确的,按份共有人可以随时请求分割,共同共有人在共有的基础丧失或者有重大理由需要分割时可以请求分割。因分割造成其他共有人损害的,应当给予赔偿。

第三百零五条 按份共有人可以转让其享有的共有的不动产或者动产份额。其他共有人在同等条件下享有优先购买的权利。

《国有土地上房屋征收与补偿条例》

第二十一条　被征收人可以选择货币补偿，也可以选择房屋产权调换。

被征收人选择房屋产权调换的，市、县级人民政府应当提供用于产权调换的房屋，并与被征收人计算、结清被征收房屋价值与用于产权调换房屋价值的差价。

因旧城区改建征收个人住宅，被征收人选择在改建地段进行房屋产权调换的，作出房屋征收决定的市、县级人民政府应当提供改建地段或者就近地段的房屋。

第二十五条　房屋征收部门与被征收人依照本条例的规定，就补偿方式、补偿金额和支付期限、用于产权调换房屋的地点和面积、搬迁费、临时安置费或者周转用房、停产停业损失、搬迁期限、过渡方式和过渡期限等事项，订立补偿协议。

补偿协议订立后，一方当事人不履行补偿协议约定的义务的，另一方当事人可以依法提起诉讼。

第230问　男方家庭拆迁，离婚后如何分割拆迁利益？

答：婚后，女方进入男方家庭与其父母一起居住生活，男方父母拥有的宅基地上房屋在夫妻婚姻关系存续期间被拆迁，根据拆迁政策、拆迁协议、出资贡献等情况，女方享有利益的，女方在离婚后，可以诉讼要求分割拆迁利益。拆迁补偿，基于拟拆除房屋面积和户籍登记人口因素，分为产权调换与货币补偿两种方式。被拆迁人选择货币补偿时，如果女方属于安置人口的，女方可以获得相应份额的补偿款。被拆迁人选择产权调换方式补偿的，以被腾退房屋的现有实际居住人口为基数，按照人均建筑面积计算安置面积，并获得安置房优惠购买指标。当女方享有的优惠购房套数及面积指标被男方或男方父母占用时，若女方享有的购房面积不足以购买一整套房屋的，取得房屋一方应给予女方经济补偿；若女方享有的优惠购房指标面积足以购买一整套房屋的，人民法院可以判决确定房屋归女方所有。

女方对房屋的建造、翻建、扩建出资出力的，可以享有相应比例的地上房屋的补偿款。婚后，男方父母的房屋以自己的子女名义拆迁的，明确约定拆迁利益分配的，按约定分配男方父母将自己的分配利益明确赠与给男方的情况下，相应利益为男方个人财产；未明确赠与男方个人的，视为赠与夫妻双方的共同财产，女方离婚时可以要求分割。

拆迁补助费、临时安置补助费、签约交房奖励具有人身依附性，应归属相应的个人。

◉ 相关依据

《国有土地上房屋征收与补偿条例》

第二十一条 被征收人可以选择货币补偿，也可以选择房屋产权调换。

被征收人选择房屋产权调换的，市、县级人民政府应当提供用于产权调换的房屋，并与被征收人计算、结清被征收房屋价值与用于产权调换房屋价值的差价。

因旧城区改建征收个人住宅，被征收人选择在改建地段进行房屋产权调换的，作出房屋征收决定的市、县级人民政府应当提供改建地段或者就近地段的房屋。

第231问 子女合计分割父母的住房拆迁补偿款，父母可以要回来吗？

答：老年父母可能因年老体衰、智力退化、神志不清，属于法律上的限制民事行为能力人，拆迁安置补偿事宜一般由成年子女作为法定监护人代理。具备完全民事行为能力的父母也可能委托某个子女代理拆迁事务。如果子女领取补偿款后未交给父母，而是私下与其他子女或独自侵占补偿款，侵犯了老年人的财产权利。之所以出现这样的情况，与子女的误解和缺乏法律意识有关。子女们通常认为父母去世后，子女有权继承分配遗产，那么拆迁补偿款迟早是子女可以协商分配的财产，不如早点处理结束，早点拿到钱，免得父母以遗嘱方式处理财产时，自己得到的份额可能不如愿。子女不是拆迁补偿款的权利人，亦无权处分父母的财产。如果事前未经父母同意，或事后未被追认，子女合计分割父母的拆迁补偿款是违法侵占父母财产的行为。该处分行为无效，已获得的财产应予以返还。

◉ 相关依据

《中华人民共和国民法典》

第一百五十四条　行为人与相对人恶意串通，损害他人合法权益的民事法律行为无效。

第一百五十五条　无效的或者被撤销的民事法律行为自始没有法律约束力。

第一百五十七条　民事法律行为无效、被撤销或者确定不发生效力后，行为人因该行为取得的财产，应当予以返还；不能返还或者没有必要返还的，应当折价补偿。有过错的一方应当赔偿对方由此所受到的损失；各方都有过错的，应当各自承担相应的责任。法律另有规定的，依照其规定。

《中华人民共和国老年人权益保障法》

第二十二条　老年人对个人的财产，依法享有占有、使用、收益和处分的权利，子女或者其他亲属不得干涉，不得以窃取、骗取、强行索取等方式侵犯老年人的财产权益。

老年人有依法继承父母、配偶、子女或者其他亲属遗产的权利，有接受赠与的权利。子女或者其他亲属不得侵占、抢夺、转移、隐匿或者损毁应当由老年人继承或者接受赠与的财产。

老年人以遗嘱处分财产，应当依法为老年配偶保留必要的份额。

第六节　其他相关权利

不动产所有权人对房屋依法享有占有、使用、收益和处分的权利。本节就与房屋有关的其他问答，因难以归类为上述五节之中，遂特编为一节。与房屋有关的其他权利有居住权、抵押权以及合理使用等权利。

第232问　什么是居住权？如何设立？有何作用？

答：“房子不是我的，但我可以住。”居住权是我国《民法典》首次提及的概念，是新规定的物权。居住权是指为了满足个人居住生活需要，根据合同约定，原则上无偿在他人的住宅上享有的占有和使用的用益物权。签订合同时，需明确约定合同双方的姓名或名称、住所、住宅的位置、居住条件和要求、居住权期限以及解决争议的方法等内容。居住权除了以合同方式设立外，还可以订立遗嘱、人民法院或仲裁机构的生效法律文书方式设立。居住权需经登记方能设立，居住权不能转让、继承。除非合同双方另有约定，设立居住权的住宅原则上不得出租。居住期限届满或居住权人死亡，导致居住权消灭，并需办理注销登记。房屋设立了居住权后仍然可以正常转让、抵押和继承，不影响居住权人的居住、使用权。

设立居住权，可以在婚姻、财富传承和居家养老等多方面具有实际意义，切实有效地解决一些现实难题。例如，一方婚前个人房产上尚有贷款，结婚时另一方无法在房产证上加名，但可以设立自登记结婚日至房产加名日或终生长期居住的居住权。夫妻离婚后，一方无房，有房一方可以通过设立居住权供无房一方居住生活一定期限的方式给予帮助。老年父母将房产赠与子女后，可以要求子女为其设立居住权，避免子女卖房后自己无房居住。

◉ 相关依据

《中华人民共和国民法典》

第三百六十六条　居住权人有权按照合同约定，对他人的住宅享有占有、使用的用益物权，以满足生活居住的需要。

第三百六十七条　设立居住权，当事人应当采用书面形式订立居住权合同。

居住权合同一般包括下列条款：

（一）当事人的姓名或者名称和住所；

（二）住宅的位置；

（三）居住的条件和要求；

（四）居住权期限；

（五）解决争议的方法。

第三百六十八条　居住权无偿设立，但是当事人另有约定的除外。设立居住权的，应当向登记机构申请居住权登记。居住权自登记时设立。

第三百六十九条　居住权不得转让、继承。设立居住权的住宅不得出租，但是当事人另有约定的除外。

第三百七十条　居住权期限届满或者居住权人死亡的，居住权消灭。居住权消灭的，应当及时办理注销登记。

第三百七十一条　以遗嘱方式设立居住权的，参照适用本章的有关规定。

第一千零九十条　离婚时，如果一方生活困难，有负担能力的另一方应当给予适当帮助。具体办法由双方协议；协议不成的，由人民法院判决。

第233问 “以房抵债”受法律保护吗?

答:“以房抵债”,是以债务人的房屋所有权抵偿借款或其他债务的行为。就以房产抵销借债而言,在实践中通常有以下几种情形:

(1)债权人与债务人在借款合同中明确约定,若债务人在借款期限届满时不能偿还债务,债务人的房屋归债权人所有,并视为清偿全部债务。以房屋作为借款履行的担保,债务人到期不能偿还借款,债权人取得债务人的房屋所有权的约定,属于法律上的禁止行为,应归于无效。

(2)债权人与债务人在签订借款合同的同时,再另行签订一份房屋买卖合同,约定当债务人借款期限届满仍不还款时,双方开始履行房屋买卖合同,由债务人将房产出卖给债权人。此类“以房抵债”是以房产作为债务履行的担保,属于债务清偿期限届满前的以房抵债行为。由于债权尚未到期,债权数额可能明显偏低于房屋市场价值,以致显失公平。人民法院对此不予认可,债权人应按照民间借贷关系起诉处理。

(3)债权人与债务人在债务履行期限届满后,自愿协商约定建立房屋买卖合同,并将借款债权本金和利息全部转化为“已付购房款”,以终止全部债权债务关系。如果双方签订“以房抵债”协议不违反自愿、平等、公平原则,利息年利率不超过法律规定保护限额,不存在欺诈、胁迫、重大误解、显失公平、虚假诉讼等情形的,对于债权人要求债务人交付房屋的请求,人民法院予以支持。

◉ 相关依据

《中华人民共和国民法典》

第一百四十三条 具备下列条件的民事法律行为有效:

（一）行为人具有相应的民事行为能力；

（二）意思表示真实；

（三）不违反法律、行政法规的强制性规定，不违背公序良俗。

《全国法院民商事审判工作会议纪要》

44.【履行期届满后达成的以物抵债协议】当事人在债务履行期限届满后达成以物抵债协议，抵债物尚未交付债权人，债权人请求债务人交付的，人民法院要着重审查以物抵债协议是否存在恶意损害第三人合法权益等情形，避免虚假诉讼的发生。经审查，不存在以上情况，且无其他无效事由的，人民法院依法予以支持。

当事人在一审程序中因达成以物抵债协议申请撤回起诉的，人民法院可予准许。当事人在二审程序中申请撤回上诉的，人民法院应当告知其申请撤回起诉。当事人申请撤回起诉，经审查不损害国家利益、社会公共利益、他人合法权益的，人民法院可予准许。当事人不申请撤回起诉，请求人民法院出具调解书对以物抵债协议予以确认的，因债务人完全可以立即履行该协议，没有必要由人民法院出具调解书，故人民法院不应准许，同时应当继续对原债权债务关系进行审理。

45.【履行期届满前达成的以物抵债协议】当事人在债务履行期届满前达成以物抵债协议，抵债物尚未交付债权人，债权人请求债务人交付的，因此种情况不同于本纪要第71条规定的让与担保，人民法院应当向其释明，其应当根据原债权债务关系提起诉讼。经释明后当事人仍拒绝变更诉讼请求的，应当驳回其诉讼请求，但不影响其根据原债权债务关系另行提起诉讼。

《最高人民法院关于审理民间借贷案件适用法律若干问题的规定》

第二十三条 当事人以订立买卖合同作为民间借贷合同的担保，借款到期后借款人不能还款，出借人请求履行买卖合同的，人民法院应当按照民间借贷法律关系审理。当事人根据法庭审理情况变更诉讼请求的，人民法院应当准许。

按照民间借贷法律关系审理作出的判决生效后，借款人不履行生效判决确定的金钱债务，出借人可以申请拍卖买卖合同标的物，以偿还债务。就拍卖所得的价款与应偿还借款本息之间的差额，借款人或者出借人有权主张返还或者补偿。

第234问 家庭唯一住房，会被法院强制执行吗？

答：唯一住房是指债务人及其家属的生活必需用房，如果被强制执行拍卖将造成债务人及其家属无房可住。为了保障基本生存需要，应当尽量避免强制执行唯一住房。如果不能对唯一住房采取强制执行措施进行查封、拍卖，又可能会变相给了“老赖”可乘之机：据此大胆、大量欠债和规避债务的履行。因此，为了保障债权人的利益能够顺利实现，需要对“唯一住房”做狭义解释，仅为可满足债务人及其家属基本生活需求的一定使用面积的唯一房屋。如果唯一住房的居住使用面积超过了普通人的基本生活需要，则可以作为强制执行对象。如果债务人的家属名下拥有房屋，可以供债务人居住生活的，债务人名下的唯一住房也可以作为强制执行的对象。债务人原本拥有多处房产，为了逃避债务和规避执行，转移资产后形成的“唯一住房”，依然可以被强制执行。不过，凡事都有例外。如果债权人为债务人及其家属按照廉租房面积标准提供居住房屋，或者在房屋变价款中扣除5年至8年租金的，即在债务人有房可住或有房可租的情况下，法院可以强制执行债务人的唯一住房。执行依据确定被执行交付居住的房屋，自执行通知送达之日起，已经给予3个月的宽限期，被执行人以该房屋系本人及所扶养家属维持生活的必需品为由提出异议的，人民法院不予支持，唯一住房也可以被执行。

◉ 相关依据

《最高人民法院关于人民法院民事执行中查封、扣押、冻结财产的规定》

第三条　人民法院对被执行人下列的财产不得查封、扣押、冻结：

（一）被执行人及其所扶养家属生活所必需的衣服、家具、炊具、餐具及其他家庭生活必需的物品；

（二）被执行人及其所扶养家属所必需的生活费用。当地有最低生活保障标准的，必需的生活费用依照该标准确定；

（三）被执行人及其所扶养家属完成义务教育所必需的物品；

（四）未公开的发明或者未发表的著作；

（五）被执行人及其所扶养家属用于身体缺陷所必需的辅助工具、医疗物品；

（六）被执行人所得的勋章及其他荣誉表彰的物品；

（七）根据《中华人民共和国缔结条约程序法》，以中华人民共和国、中华人民共和国政府或者中华人民共和国政府部门名义同外国、国际组织缔结的条约、协定和其他具有条约、协定性质的文件中规定免于查封、扣押、冻结的财产；

（八）法律或者司法解释规定的其他不得查封、扣押、冻结的财产。

第四条　对被执行人及其所扶养家属生活所必需的居住房屋，人民法院可以查封，但不得拍卖、变卖或者抵债。

第五条　对于超过被执行人及其所扶养家属生活所必需的房屋和生活用品，人民法院根据申请执行人的申请，在保障被执行人及其所扶养家属最低生活标准所必需的居住房屋和普通生活必需品后，可予以执行。

《最高人民法院关于人民法院办理执行异议和复议案件若干问题的规定》

第二十条　金钱债权执行中，符合下列情形之一，被执行人以执行标的系本人及所扶养家属维持生活必需的居住房屋为由提出异议的，人民法院不予支持：

(一)对被执行人有扶养义务的人名下有其他能够维持生活必需的居住房屋的;

(二)执行依据生效后,被执行人为逃避债务转让其名下其他房屋的;

(三)申请执行人按照当地廉租住房保障面积标准为被执行人及所扶养家属提供居住房屋,或者同意参照当地房屋租赁市场平均租金标准从该房屋的变价款中扣除五至八年租金的。

执行依据确定被执行人交付居住的房屋,自执行通知送达之日起,已经给予三个月的宽限期,被执行人以该房屋系本人及所扶养家属维持生活的必需品为由提出异议的,人民法院不予支持。

第235问 在苏州乡村开设农家乐,需要遵守哪些规定?

答:农家乐,是指利用自有资源和乡村特色资源依法从事的住宿、餐饮等乡村旅游经营活动,实践中一般是郊区、乡村农民利用自己的农村院落从事餐饮、住宿、游乐、休闲等经营性活动,具有个性化、品牌化特色。依法合规经营管理农家乐是可持续性发展的保障。

依据《苏州市农家乐管理办法》开设农家乐,需向市场监督管理部门申领营业执照;到税务部门办理税务登记,并依法纳税;按照环境保护部门的要求采取油烟净化、污水处理措施,安装隔音、降噪设备,防止造成环境污染;不得违规改造房屋结构或者超标准增加房屋荷载。此外,在日常经营中还应接受公安机关的治安管理,生态环境、水务水利、消防、住建、商务、园林等行政管理部门的指导、监督和管理。农家乐经营活动造成消费者人身、财产损害的,农家乐经营者应当依法承担法律责任。

◉ 相关依据

《苏州市农家乐管理办法》

第十一条　提供餐饮服务的农家乐经营者应当按照规定要求安装油烟净化设施并保持正常使用，或者采取其他油烟净化措施，使油烟达标排放，并防止对附近居民的正常生活环境造成污染。

直接向环境排放污水的农家乐经营者，应当按照相关规定配置污水处理设施并保持正常运营，达标排放；向污水集中处理设施排放餐饮污水的，应当按照相关规定配置隔油、格栅、残渣过滤等预处理设施并保持正常运营，达标排放。

产生噪声的设备，应当安装隔声、降噪设施。

第十二条　从事农家乐经营不作为改变房屋性质的依据；不得违规改造房屋结构或者超标准增加房屋荷载。

第十三条　农家乐经营者应当落实安全生产主体责任，建立安全管理责任制度，明确安全管理责任分工，进行安全培训，配备安全设备和设施，制定突发事件应急预案并组织演练，切实保护消费者的人身、财产安全。

第十四条　农家乐经营活动应当符合开办许可、治安管理、公共卫生、食品安全、水利水务、环境保护、市场监管、消防和房屋使用安全等相关法律、法规、规章的规定，各主管部门应当加强事中事后监督管理。农家乐的经营活动违反法律、法规、规章规定的，由相关部门依法查处。

第十五条　农家乐经营活动造成消费者人身、财产损害的，农家乐经营者应当依法承担法律责任。

第236问　借用他人名义申请宅基地建房，如何确认房屋所有权人？

答：农村村民的宅基地使用权具有强烈的人身依附性，以农村集体经济组织成员的身份（农村户口且居住生活在行政村内）为基础。按照《土地管理法》的规定，村民一户只能享有一处宅基地。在实践中经常出现夫妻、兄弟、亲戚之间借用名义,向所在村组织申请使用宅基地并出资建造房屋。由于出资人不是本村村民,依法不具有宅基地申请资格,或者申请人违反"一户一宅"原则申请使用宅基地,故借名申请宅基地建房属于违法行为。若申请人具有申请宅基地使用权的资格,但出资建房人与申请人恶意串通取得宅基地使用权,显然损害了村集体及其成员的土地利益,亦属无效行为。根据"房随地走""房地一体"的原则,因出资人不具有宅基地使用权而非法占用集体土地或他人宅基地建造的住宅,系违法建筑,不能取得房屋所有权。

◉ 相关依据

《中华人民共和国民法典》

第一百五十三条 违反法律、行政法规的强制性规定的民事法律行为无效。但是,该强制性规定不导致该民事法律行为无效的除外。

违背公序良俗的民事法律行为无效。

第一百五十四条 行为人与相对人恶意串通,损害他人合法权益的民事法律行为无效。

第三百六十二条 宅基地使用权人依法对集体所有的土地享有占有和使用的权利,有权依法利用该土地建造住宅及其附属设施。

《中华人民共和国土地管理法》

第九条 城市市区的土地属于国家所有。

农村和城市郊区的土地,除由法律规定属于国家所有的以外,属于农民集体所有;宅基地和自留地、自留山,属于农民集体所有。

第六十二条 农村村民一户只能拥有一处宅基地,其宅基地的面积不得超过省、自治区、直辖市规定的标准。

人均土地少、不能保障一户拥有一处宅基地的地区,县级人民政府在充分尊重农村村民意愿的基础上,可以采取措施,按照省、自治区、直辖市规定的标准保障农村村民实现户有所居。

农村村民建住宅,应当符合乡(镇)土地利用总体规划、村庄规划,不得占用永久基本农田,并尽量使用原有的宅基地和村内空闲地。编制乡(镇)土地利用总体规划、村庄规划应当统筹并合理安排宅基地用地,改善农村村民居住环境和条件。

农村村民住宅用地,由乡(镇)人民政府审核批准;其中,涉及占用农用地的,依照本法第四十四条的规定办理审批手续。

农村村民出卖、出租、赠与住宅后,再申请宅基地的,不予批准。

国家允许进城落户的农村村民依法自愿有偿退出宅基地,鼓励农村集体经济组织及其成员盘活利用闲置宅基地和闲置住宅。

国务院农业农村主管部门负责全国农村宅基地改革和管理有关工作。

第237问 未经同意占用空置别墅取景拍摄影视剧,该如何赔偿损失?

答:住宅是公民生活和居住的固定场所,是个人财产主要存放、保管的场所。合法的住宅受国家法律保护。业主将空置别墅的钥匙交给给物业公司,委托其开窗、通风、养护的,双方之间成立保管关系。保管人不得自用或者允许他人使用保管物。未经业主同意擅自准许影视剧制作出品公司进入别墅取景拍摄影视剧,或者出租给他人居住生活,收取租赁费用的,相关行为无效。业主有权要求房屋使用人腾空交还房屋,并参照市场行情租金标准支付占有使用费。房屋使用人造成财物损坏的,物业公司需与使用人承担连带赔偿责任。

◉ 相关依据

《中华人民共和国宪法》

第十三条 公民的合法的私有财产不受侵犯。

国家依照法律规定保护公民的私有财产权和继承权。

国家为了公共利益的需要,可以依照法律规定对公民的私有财产实行征收或者征用并给予补偿。

《中华人民共和国民法典》

第八百九十五条 保管人不得使用或者许可第三人使用保管物,但是当事人另有约定的除外。

第八百九十七条 保管期内,因保管人保管不善造成保管物毁损、灭失的,保管人应当承担赔偿责任。但是,无偿保管人证明自己没有故意或者重大过失的,不承担赔偿责任。

《最高人民法院关于审理城镇房屋租赁合同纠纷案件具体应用法律若干问题的解释》

第四条第一款 房屋租赁合同无效,当事人请求参照合同约定的租金标准支付房屋占有使用费的,人民法院一般应予支持。

第十三条 房屋租赁合同无效、履行期限届满或者解除,出租人请求负有腾房义务的次承租人支付逾期腾房占有使用费的,人民法院应予支持。

第238问 什么样的行为属于非法侵入住宅?

答:住宅是公民的安全、自由、独立、隐私的生活空间。所有权人对住宅享有占有、使用、支配、处置的权利。居住生活在住宅内的成员,享有私生活不受干扰,隐私不受侵犯,住宅内的人身和财产不受侵犯、损害等权利。

法律意义上的住宅是个人生活的与外界相对隔离的住所,包括经常居住的住宅和闲置的别墅、封闭的院落、牧民的帐篷、渔民作为家庭生活场所的渔船、为生活租用的房屋等;更宽泛意义上的住宅还包括酒店、宾馆、招待所、民宿等供人租住的客房。

非法,是指违背住宅内成员的意愿,或者没有法律根据。侵入,主要是指未经住宅权人同意、许可进入他人住宅，以及不顾权利人的反对、劝阻，强行进入他人住宅。侵入住宅的方式是多种多样的，如破门而入、翻窗而入、强行闯入等。未经住宅权人（房屋所有权人、承租人、同住人）同意，非法强行进入他人住宅或者经要求退出而无故不退出住宅，即“不请自进”或“让走不走”，属于非法侵入住宅的行为。“私闯民宅”，轻者违法，按照《治安管理处罚法》的规定处以5至15日拘留、200元至1000元的罚款；重者则构成犯罪，处3年以下有期徒刑或者拘役。

在司法实践中，非法侵入住宅的行为有：为“捉奸在床”，强行进入他人住宅；为盗窃财物，谎称丢失门钥匙雇请专业开锁人员开锁进入住宅；为索取债务，强行进入债务人住宅或经要求退出拒不退出住宅；房产中介人员偷配钥匙带客户看房；房东强行开门驱赶租户等。公安机关、法院执行人员以及其他执法人员依法强行进入住宅的，属于依法办事。消防员为灭火而破门强行进入住宅的，属于法律上的紧急避险。

◉ 相关依据

《中华人民共和国宪法》

第三十九条　中华人民共和国公民的住宅不受侵犯。禁止非法搜查或者非法侵入公民的住宅。

《中华人民共和国治安管理处罚法》

第四十条　有下列行为之一的，处十日以上十五日以下拘留，并处五百元以上一千元以下罚款；情节较轻的，处五日以上十日以下拘留，并处二百元以上五百元以下罚款：

……

（三）非法限制他人人身自由、非法侵入他人住宅或者非法搜查他人身体的。

《中华人民共和国刑法》

第二百四十五条 非法搜查他人身体、住宅，或者非法侵入他人住宅的，处三年以下有期徒刑或者拘役。

司法工作人员滥用职权，犯前款罪的，从重处罚。

第239问 未经允许，拍摄他人私家宅院可以吗？

答：个人在旅游景区闯入私家宅院、历史名人故居或者古建筑保护村落，属于未经允许强行进入他人住宅，一般予以治安处罚。治安处罚分为两个档次：情节较轻的，处5日以上10日以下拘留，并处200元以上500元以下罚款；情节严重的，处10日以上15日以下拘留，并处500元以上1000元以下罚款。非法侵入他人住宅，经要求拒不退出，影响他人正常生活和居住安全，情节严重的，涉嫌非法侵入住宅罪，处3年以下有期徒刑或者拘役。非法进入他人宅院后，未经他人同意拍摄他人肖像的，侵犯了公民的肖像权。拍摄他人肖像、生活场景和住宅外景等居住环境的，还侵犯了公民的隐私权和自由权。

◉ 相关依据

《中华人民共和国民法典》

第一千零一十九条 任何组织或者个人不得以丑化、污损，或者利用信息技术手段伪造等方式侵害他人的肖像权。未经肖像权人同意，不得制作、使用、公开肖像权人的肖像，但是法律另有规定的除外。

未经肖像权人同意，肖像作品权利人不得以发表、复制、发行、出租、展览等方式使用或者公开肖像权人的肖像。

第一千零三十二条 自然人享有隐私权。任何组织或者个人不得以刺探、侵扰、泄露、公开等方式侵害他人的隐私权。

隐私是自然人的私人生活安宁和不愿为他人知晓的私密空间、私密活动、私密信息。

《中华人民共和国治安管理处罚法》

第四十条　有下列行为之一的，处十日以上十五日以下拘留，并处五百元以上一千元以下罚款；情节较轻的，处五日以上十日以下拘留，并处二百元以上五百元以下罚款：

……

（三）非法限制他人人身自由、非法侵入他人住宅或者非法搜查他人身体的。

《中华人民共和国刑法》

第二百四十五条　非法搜查他人身体、住宅，或者非法侵入他人住宅的，处三年以下有期徒刑或者拘役。

司法工作人员滥用职权，犯前款罪的，从重处罚。

第八章

物业篇

CHAPTER 08

第一节　物业管理

物业管理，是物业服务企业接受业主的共同委托，以保护业主的人身、财产安全和营造良好的居住环境为目的，在物业服务区域内，为业主提供建筑物及其附属设施的维修养护、环境卫生和相关秩序的管理维护等物业服务的活动。

第240问　江苏省住宅小区如何依法成立业主大会？

答：业主大会是住宅小区的业主自治组织，由全体业主组成，代表和维护全体业主在物业管理活动中的合法权利，对全体业主负责。业主户数超过300户的住宅小区可以成立业主大会。当小区内房屋出售并交付使用的建筑面积达到50%以上，或者业主已入住户数的比例达到50%以上时，应召开首次业主大会或者业主代表大会会议。

成立业主大会的流程，需经过报送筹备资料、申请筹备、成立筹备组、召开业主大会或者业主代表大会等步骤。当物业管理区域内已交付的房屋专有部分面积超过建筑物总面积50%时，先由小区开发商按照街道办事处（乡镇人民政府）的要求，报送筹备首次业主大会会议所需的文件资料。经审查符合成立条件的，房地产开发商或者10名以上的业主公开联名，申请筹备成立业主大会。街道办事处在收到申请后60日内组织成立首次业主大会筹备组。首次业主大会筹备组，由业主、开发商、街道办事处（乡镇人民政府）、社区居（村）民委员会等派员组成。筹备组人数为5～11人的单数，其中业主人数不少于60%,组长由街道办事处(乡镇人民政府)指定人员担任。筹备组成立后7日内,应当在小区内显著位置公示成员名单。业主对筹备组成员有异议的,由街道办事处(乡镇人民政府)协调解决。筹备组应提前15日公开发布:首次业主大会会议召开的时间、地点和内容;拟订管理规约、业主大会议事规则、业主委员会工作规则草案;确认业主身份及投票权数;提出首届业主委员会候选人条件、名单和选举办法;确定会议表决规则;以及其他准备工作。业主对业主身份和投票权数等提出异议的,筹备组应当予以复核并告知异议人复核结果。筹备组应当自成立之日起90日内组织召开首次业主大会会议。业主大会会议在街道办事处的监督下,对筹备组草拟的管理规约和业主大会议事规则、选举业主委员会等事项,由专有部分面积占比2/3以上的业主且人数占比2/3以上的业主参与表决,经参与表决专有部分面积过半数的业主且参与表决人数过半数的业主同意。业主大会议事规则和管理规约自业主大会审议通过之日起生效。

◉ 相关依据

《中华人民共和国民法典》

第二百七十七条 业主可以设立业主大会,选举业主委员会。业主大会、业主委员会成立的具体条件和程序,依照法律、法规的规定。

地方人民政府有关部门、居民委员会应当对设立业主大会和选举业主委员会给予指导和协助。

第二百七十八条 下列事项由业主共同决定:

(一)制定和修改业主大会议事规则;

(二)制定和修改管理规约;

(三)选举业主委员会或者更换业主委员会成员;

(四)选聘和解聘物业服务企业或者其他管理人;

（五）使用建筑物及其附属设施的维修资金；

（六）筹集建筑物及其附属设施的维修资金；

（七）改建、重建建筑物及其附属设施；

（八）改变共有部分的用途或者利用共有部分从事经营活动；

（九）有关共有和共同管理权利的其他重大事项。

业主共同决定事项，应当由专有部分面积占比三分之二以上的业主且人数占比三分之二以上的业主参与表决。决定前款第六项至第八项规定的事项，应当经参与表决专有部分面积四分之三以上的业主且参与表决人数四分之三以上的业主同意。决定前款其他事项，应当经参与表决专有部分面积过半数的业主且参与表决人数过半数的业主同意。

《江苏省物业管理条例》

第十二条　业主户数超过三百户的，可以成立业主代表大会，履行业主大会的职责。

第十三条　符合下列条件之一的，应当召开首次业主大会或者业主代表大会（以下统称业主大会）会议：

（一）物业管理区域内房屋出售并交付使用的建筑面积达到百分之五十以上的；

（二）物业管理区域内业主已入住户数的比例达到百分之五十以上的。

第十四条　物业管理区域内已交付的专有部分面积超过建筑物总面积百分之五十时，建设单位应当按照物业所在地的街道办事处（乡镇人民政府）的要求，报送下列筹备首次业主大会会议所需的文件资料：

（一）物业管理区域证明；

（二）房屋及建筑物面积清册；

（三）业主名册；

（四）建筑规划总平面图；

（五）交付使用共用设施设备的证明；

（六）物业服务用房配置证明；

（七）其他有关的文件资料。

第十五条 符合成立业主大会条件的,街道办事处(乡镇人民政府)应当在收到建设单位或者十人以上的业主公开联名提出筹备业主大会书面申请后六十日内,组织成立首次业主大会筹备组。

筹备召开首次业主大会会议所需费用由建设单位承担。

第十六条 首次业主大会筹备组由业主、建设单位、街道办事处(乡镇人民政府)、社区居(村)民委员会等派员组成。筹备组中的业主成员由街道办事处(乡镇人民政府)组织业主推荐产生。

筹备组人数应当为五至十一人的单数,其中业主成员应当不少于筹备组人数的百分之六十。筹备组组长由街道办事处(乡镇人民政府)指定人员担任。

筹备组应当自成立之日起七日内,将成员名单在物业管理区域内显著位置进行公示。业主对筹备组成员有异议的,由街道办事处(乡镇人民政府)协调解决。

第十七条 首次业主大会筹备组履行下列职责:

(一)确定首次业主大会会议召开的时间、地点和内容;

(二)拟订管理规约、业主大会议事规则、业主委员会工作规则草案;

(三)确认业主身份,确定业主在首次业主大会会议上的投票权数;

(四)提出首届业主委员会成员候选人条件、名单和选举办法;

(五)依法确定首次业主大会会议表决规则;

(六)召开首次业主大会会议的其他准备工作。

对前款规定的内容,筹备组应当在首次业主大会会议召开十五日前,在物业管理区域内显著位置公告,并书面通知全体业主。业主对业主身份和投票权数等提出异议的,筹备组应当予以复核并告知异议人复核结果。

筹备组应当自成立之日起九十日内组织召开首次业主大会会议。

第二十三条第二款 业主大会议事规则和管理规约自业主大会审议通过之日起生效。

第241问　江苏省住宅小区如何依法成立业主委员会?

答:业主委员会,是业主大会的常设执行机构,由物业管理区域内热心公益事业、责任心强、具有一定组织能力的业主代表组成,代表全体业主利益,监督物业公司管理服务的组织,不得从事经营活动。

业主委员会的职能为:召集和主持业主(代表)大会;执行业主(代表)大会会议的决议、决定;签订并履行物业服务合同,督促物业服务企业履行物业服务合同,督促业主按时交纳物业服务费;制定重大维修工程项目年度计划;监督公共事务管理制度的执行;协调、处理涉及物业管理的公共事务;监督物业服务企业对物业共用部位、共用设施设备的经营情况;审核并公布物业服务企业经第三方审计的本物业管理区域的财务报告;听取业主的意见和建议;监督管理规约的实施;接受业主、业主(代表)大会和有关部门的监督;法律、法规规定和业主(代表)大会赋予的其他职责。

业主委员会由业主大会会议选举产生,由5名至11名单数委员组成,任期为3年至5年,可以连选连任,具体人数、任期由业主大会议事规则确定。业主委员会主任、副主任在业主委员会成员中推选产生。业主委员会是否实行差额选举以及实行差额选举的差额比例由业主大会议事规则确定。业主委员会实行差额选举的,未当选业主委员会成员且得票数达到法定票数的候选人,可以按照得票顺序当选业主委员会候补成员,并在业主委员会成员出缺时依次递补。候补成员人数由业主大会议事规则确定,但最多不得超过业主委员会成员总数的50%。候补成员可以列席业主委员会会议,但不具有表决权。业主委员会以期依法选举产生之日为成立日期,应自选举产生之日起30日内,持备案申请书、委员名单、大会议事规则和管理规约、首次业主(代表)大会会议记录等材料向物业所在地物业管理行政主管部门和街道办事处(乡镇人民政府)备案。

◉ 相关依据

《江苏省物业管理条例》

第二十一条 业主委员会由业主大会会议选举产生。业主委员会委员应当由热心公益事业、责任心强、具有一定组织能力的业主担任。业主有损坏房屋承重结构、违法搭建、破坏房屋外貌、擅自改变物业使用性质、无故欠交物业服务费或者专项维修资金、违法出租房屋等违反法律、法规和管理规约的情形且未改正的,不得担任业主委员会委员;担任业主委员会委员后出现上述情形的,应当按照业主大会确定的规则予以罢免。

业主委员会由五至十一人的单数委员组成,每届任期三至五年,委员可以连选连任,具体人数、任期由业主大会议事规则确定。业主委员会主任、副主任在业主委员会委员中推选产生。

业主委员会是否实行差额选举以及实行差额选举的差额比例由业主大会议事规则确定。

业主委员会实行差额选举的,未当选业主委员会委员且得票数达到法定票数的候选人,可以按照得票顺序当选业主委员会候补委员,并在业主委员会委员出缺时依次递补。候补委员人数由业主大会议事规则确定,但最多不得超过业主委员会委员总数的百分之五十。候补委员可以列席业主委员会会议,不具有表决权。

第二十二条 业主委员会应当自选举产生之日起三十日内,持下列材料向物业所在地的县(市、区)物业管理行政主管部门和街道办事处(乡镇人民政府)备案:

(一)业主委员会备案申请书;

(二)业主委员会委员名单;

(三)业主大会议事规则和管理规约;

(四)业主大会会议记录;

（五）其他应当提供的材料。

第二十三条　依法成立的业主委员会，以其选举产生之日为成立日期。业主大会议事规则和管理规约自业主大会审议通过之日起生效。

第242问　小区业主大会、业主委员会可以作为原告起诉或者被告应诉吗？

答：业主大会是全体业主议事的组织形式，没有独立的财产，管理全体业主的共有财产、共同事务，无法独立承担相应的责任。业主委员会是业主大会的执行机构，依据法律、法规和地方性规定履行法定职责，根据业主大会的授权对外代表业主进行民事活动，接受业主的监督，所产生的法律后果由全体业主承担。业主委员会也没有独立的财产，享有权利和承担的义务的最终责任主体是业主。业主委员会对业主损害他人合法权益和业主共同利益的行为，有权依照法律、法规以及管理规约，要求停止侵害、排除妨害、消除危险、赔偿损失。业主大会、业主委员会应当依法履行职责，不得作出与物业管理无关的决定，不得从事与物业管理无关的活动。业主大会、业主委员会作出的决定违反法律、法规的，县（市、区）物业管理行政主管部门有权责令其限期改正或者撤销其决定，并通告全体业主。

业主委员会成为诉讼主体，前提是需合法成立，且纠纷属于业主大会有权决定的事项。如果业主大会的决议超过了其职责和权限，则业主委员会不具有诉讼主体资格。业主委员会从属于业主大会，提起诉讼须经业主大会授权，意在防止其滥用权利，进而不能体现全体业主的真实意思。

当业主大会或者业主委员会作出的决定侵害业主合法权益时，受侵害的业主可以业主委员会为被告，以业主委员会主任为被告代表人，请求人民法院予以撤销。对于业主大会是否可以成为诉讼主体，现行法律未作出明确规定。主流观点认为，业主大会不具备诉讼主体资格，但在司法实践中有个别案件认可业主大会以原告身份参加诉讼。若业主大会作为被告参加诉讼，因其没有独立的财产、无法承担相应的责任，故存在现实障碍。业主委员会主任能否代表业主委员会出庭应诉，有待法律、司法解释予以明确。

◉ 相关依据

《中华人民共和国民法典》

第二百八十条 业主大会或者业主委员会的决定，对业主具有法律约束力。

业主大会或者业主委员会作出的决定侵害业主合法权益的，受侵害的业主可以请求人民法院予以撤销。

《最高人民法院关于适用〈中华人民共和国行政诉讼法〉若干问题的解释》

第十八条 业主委员会对于行政机关作出的涉及业主共有利益的行政行为，可以自己的名义提起诉讼。

业主委员会不起诉的，专有部分占建筑物总面积过半数或者占总户数过半数的业主可以提起诉讼。

《最高人民法院关于金湖新村业主委员会是否具备民事诉讼主体资格请示一案的复函》

安徽省高级人民法院：

你院〔2002〕皖民一终字第112号《关于金湖新村业主委员会是否具备民事诉讼主体资格的请示报告》收悉。经研究，答复如下：

根据《中华人民共和国民事诉讼法》第四十九条、最高人民法院《关于适用〈中华人民共和国民事诉讼法〉若干问题的意见》第四十条的规定，金湖新村业主委员会符合“其他组织”条件，对房地产开发单位未向业主委员会移交住宅区规划图等资料、未提供配套公用设施、公用设施专项费、公共部位维护费及物业管理用房、商业用房的，可以自己名义提起诉讼。

《最高人民法院关于春雨花园业主委员会是否具有民事诉讼主体资格的复函》

安徽省高级人民法院：

你院〔2004〕皖民一他字第34号《关于春雨花园业主委员会是否具有民事诉讼主体资格的请示》收悉。经研究，答复如下：

根据《物业管理条例》规定，业主委员会是业主大会的执行机构，根据业主大会的授权对外代表业主进行民事活动，所产生的法律后果由全体业主承担。业主委员会与他人发生民事争议的，可以作为被告参加诉讼。

2005年8月15日

《江苏省物业管理条例》

第二十四条　业主大会、业主委员会应当依法履行职责，不得作出与物业管理无关的决定，不得从事与物业管理无关的活动。

业主大会、业主委员会作出的决定违反法律、法规的，县(市、区)物业管理行政主管部门应当责令其限期改正或者撤销其决定，并通告全体业主。

业主委员会不能正常开展工作的，物业所在地的街道办事处(乡镇人民政府)应当组织召开业主大会临时会议对业主委员会进行调整。

第243问　小区业主委员会换届选举，应该如何做？

答：业主委员会每届任期为3～5年，可以连选连任。任期届满前90日，需组织召开业主大会会议，进行换届选举，并向小区所在的物业管理行政主管部门和街道办事处(乡镇人民政府)履行告知义务。业主委员会未组织换届选举的，物业管理行政主管部门和街道办事处(乡镇人民政府)责令限期组织换届选举。逾期仍不组织的，可以由物业所在地的居民委员会在街道办事处(乡镇人民政府)的指导和监督下,组织换届选举工作。换届选举业主委员会时,由专有部分面积占比2/3以上的业主且人数占比2/3以上的业主参与表决,经参与表决专有部分面积过半数的业主且参与表决人数过半数的业主同意,方可成立新的业主委员会。

◉ 相关依据

《中华人民共和国民法典》

第二百七十七条 业主可以设立业主大会,选举业主委员会。业主大会、业主委员会成立的具体条件和程序,依照法律、法规的规定。

地方人民政府有关部门、居民委员会应当对设立业主大会和选举业主委员会给予指导和协助。

第二百七十八条 下列事项由业主共同决定:

……

(三)选举业主委员会或者更换业主委员会成员;

……

业主共同决定事项,应当由专有部分面积占比三分之二以上的业主且人数占比三分之二以上的业主参与表决。决定前款第六项至第八项规定的事项,应当经参与表决专有部分面积四分之三以上的业主且参与表决人数四分之三以上的业主同意。决定前款其他事项,应当经参与表决专有部分面积过半数的业主且参与表决人数过半数的业主同意。

《江苏省物业管理条例》

第二十一条 业主委员会由业主大会会议选举产生。业主委员会成员应当由热心公益事业、责任心强、具有一定组织能力的业主担任。业主有损坏房屋承重结构、违法搭建、破坏房屋外貌、擅自改变物业使用性质、无故欠交物业费或者专项维修资金、违法出租房屋等违反法律、法规和管理规约的情形且未改正的,不得担任业主委员会成员;担任业主委员会成员后出现上述情形的,应当按照业主大会确定的规则予以罢免。

业主委员会由五至十一人的单数成员组成,每届任期三至五年,成员可以连选连任,具体人数、任期由业主大会议事规则确定。业主委员会主任、副主任在业主委员会成员中推选产生。

业主委员会是否实行差额选举以及实行差额选举的差额比例由业主大会议事规则确定。

业主委员会实行差额选举的,未当选业主委员会成员且得票数达到法定票数的候选人,可以按照得票顺序当选业主委员会候补成员,并在业主委员会成员出缺时依次递补。候补成员人数由业主大会议事规则确定,但最多不得超过业主委员会成员总数的百分之五十。候补成员可以列席业主委员会会议,不具有表决权。

第244问 业委会、居委会和街道办在物业管理中都起什么作用?

答:业委会,全称为业主委员会,是业主自治组织,由物业管理区域内业主代表组成,是业主大会的执行机构,代表全体业主的利益,代表业主执行业主大会的决议,管理业主财产,反映业主意愿和要求,督促物业公司服务。此外,业委会还需配合有关主管部门,与居(村)委会相互协作,共同管理好物业区域内的工作,接受居(村)委会的指导和监督。业委会由一个物业管理区域内(住宅小区或写字楼、商业广场等业态)的业主,在区、县人民政府物业管理行政主管部门或者街道办事处(乡镇人民政府)的指导下成立的业主大会选举产生。

居委会,全称为社区居民委员会,是自我管理、自我教育、自我服务的法定基层群众自治组织。居委会的基本职能和任务是:宣传宪法、法律、法规和国家政策;办理公益事业;调解民间纠纷;协助维护治安;在人民政府或政府的派出机关的指导下,做好与居民利益有关的公共卫生、计划生育、优抚救济、青少年教育等工作。居民委员会在市辖区人民政府、不设区的市人民政府或者它的派出机关

（街道办事处）的指导下进行工作。市、市辖区人民政府的有关部门也可以对居民委员会有关的下属委员会进行业务指导。在物业管理工作中，社区居委会要协助和配合街道办事处。

街道办，全称为街道办事处，是市辖区、不设区的市人民政府的派出机关，属乡级行政区。街道办事处是基本城市化的行政区划，下辖若干社区居民委员会，或极少数的行政村。街道办事处（镇人民政府）履行法律法规规定的相关职责，协调物业管理与社区建设之间的关系，协助物业管理政主管部门对物业管理进行指导和监督。当业主委员会逾期不召集会议时，物业管理行政主管部门应责令限期召集；经责令仍未召集的，业主可以申请街道办事处召集。

物业管理区域内，街道办事处（镇人民政府）、社区居民委员会、公安派出所、业主委员会、物业服务企业等单位可参加联席会议。联席会议由街道办事处（镇人民政府）负责召集和主持，协调处理物业管理重大事宜。

◉ 相关依据

《中华人民共和国民法典》

第一百零一条 居民委员会、村民委员会具有基层群众性自治组织法人资格，可以从事为履行职能所需要的民事活动。

未设立村集体经济组织的，村民委员会可以依法代行村集体经济组织的职能。

第二百七十七条 业主可以设立业主大会，选举业主委员会。业主大会、业主委员会成立的具体条件和程序，依照法律、法规的规定。

地方人民政府有关部门、居民委员会应当对设立业主大会和选举业主委员会给予指导和协助。

《中华人民共和国城市居民委员会组织法》

第三条 居民委员会的任务：

（一）宣传宪法、法律、法规和国家的政策，爱护公共财产，开展多种形式的社会主义精神文明建设活动；

（二）办理本居住地区居民的公共事务的公益事业；

（三）调解民间纠纷；

（四）协助维护社会治安；

（五）协助人民政府或者它的派出机关做好与居民利益有关的公共卫生、计划生育、优抚救济、青少年教育等项工作；

（六）向人民政府或者它的派出机关反映居民的意见，要求和提出建议。

第四条　居民委员会应当开展便民利民的社区服务活动，可以兴办有关的服务事业。

居民委员会管理本居民委员会的财产，任何部门和单位不得侵犯居民委员会的财产所有权。

《江苏省物业管理条例》

第三条第二款　街道办事处（乡镇人民政府）具体负责本辖区内物业管理工作的指导、协助和监督，协调物业管理与社区管理、社区服务的关系，协调建设单位与前期物业服务企业、业主与物业服务企业的关系。社区居（村）民委员会应当予以协助和配合。

第二十六条　业主大会、业主委员会应当积极配合有关主管部门，与社区居（村）民委员会相互协作，共同做好物业管理区域内与物业管理有关的社会管理工作。

在物业管理区域内，业主大会、业主委员会应当积极配合社区居（村）民委员会依法履行自治管理职责，支持社区居（村）民委员会开展工作，并接受其指导和监督。社区居（村）民委员会应当支持业主大会、业主委员会开展工作。

住宅小区的业主大会、业主委员会作出的决定，应当书面告知社区居（村）民委员会。

第二十七条　不具备成立业主大会条件，或者具备成立条件但未成立业主大会的住宅小区,经物业所在地的县(市、区)物业管理行政主管部门或者街道办事处(乡镇人民政府)指导后仍不能成立的,可以由街道办事处(乡镇人民政府)、社区居(村)民委员会、社区服务机构、建设单位、业主代表等组成所在物业管理区域内的物业管理委员会,代行业主大会和业主委员会职责。

物业管理委员会的人员组成,应当在所在物业管理区域内显著位置公示。

第二十九条 街道办事处(乡镇人民政府)应当建立物业管理矛盾投诉调解、协调物业应急维修服务等社区服务机构,完善社区公共服务体系,为业主提供基本服务。

第三十条 街道办事处(乡镇人民政府)应当建立由社区居(村)民委员会、公安派出所、业主委员会、物业服务企业等参加的联席会议制度,协调处理物业管理重大事宜。

第245问 业主大会或者业主委员会的决定侵害了业主的合法权益,业主该如何维权?

答:业主大会或业主代表大会、业主委员会作出的决定违反法律、法规的,物业管理行政主管部门或者街道办事处(镇人民政府)应当责令其限期改正或者撤销其决定,并通告全体业主。业主大会或业主代表大会、业主委员会作出的决定侵害业主合法权益的,受侵害的业主可以请求人民法院予以撤销,但应自知道或者应当知道业主大会或者业主委员会作出决定之日起1年内行使。充当原告的业主既可以是个人,也可以是单位,且没有数量限制。请求撤销业主大会的决定时,以业主大会为被告;请求撤销业主委员会的决定时,以业主委员会为被告。

◉ 相关依据

《中华人民共和国民法典》

第二百八十条 业主大会或者业主委员会的决定，对业主具有法律约束力。

业主大会或者业主委员会作出的决定侵害业主合法权益的，受侵害的业主可以请求人民法院予以撤销。

《最高人民法院关于审理建筑物区分所有权纠纷案件具体应用法律若干问题的解释》

第十二条 业主以业主大会或者业主委员会作出的决定侵害其合法权益或者违反了法律规定的程序为由，依据民法典第二百八十条第二款的规定请求人民法院撤销该决定的，应当在知道或者应当知道业主大会或者业主委员会作出决定之日起一年内行使。

《江苏省物业管理条例》

第二十四条 业主大会、业主委员会应当依法履行职责，不得作出与物业管理无关的决定，不得从事与物业管理无关的活动。

业主大会、业主委员会作出的决定违反法律、法规的，县(市、区)物业管理行政主管部门应当责令其限期改正或者撤销其决定，并通告全体业主。

业主委员会不能正常开展工作的，物业所在地的街道办事处(乡镇人民政府)应当组织召开业主大会临时会议对业主委员会进行调整。

第246问 小区物业不尽职，业主不满意，该怎么换？

答：物业服务质量的优劣影响着业主居住生活的舒适度和幸福感。关于住宅小区的物业管理，小区建成后交付业主前已由开发商选聘物业公司。当业主对物业公司的服务不满意时，如果物业公司没有严重违反《物业服务合同》，业主不能随意更换；如业主确实想换，可在合同期限届满时依照法定程序更换。

物业公司由业主大会选聘或解聘。业主大会是在物业所在地区的县级人民政府物业管理主管部门的指导下，由所有业主组成，对关系到全体业主利益的事情进行决议，是小区内的最高权力机构。业主委员会是常设执行机构，由业主大会选举产生，执行业主大会决定的事项，接受业主的监督。更换物业公司需要经过业主大会或业主代表大会表决通过。业主大会可以采用集体讨论或书面征求意见的形式。

当小区物业公司出现管理混乱、侵吞公共区域收费、不让没买车位的业主开车进小区、侵占业主的利益等不尽职行为时，业主可以更换物业公司。如果物业公司服务期限届满，则可以另行选聘其他物业公司。物业服务期限届满前，业主决定解聘物业公司的，应提前60日通知物业公司。采用集体讨论形式的，由一定比例的业主联名提议业主委员会组织召开业主大会临时会议，且应于会议召开前15日通知全体业主参加会议决定解聘事宜。采用书面征求意见形式的，业主委员会应派员挨家挨户说明情况，征求和统计业主是否同意更换物业公司的意见。业主通过签字投票选择“赞同”“反对”或“弃权”的方式对更换物业公司决议进行表决。由专有部分面积占比2/3以上的业主且人数占比2/3以上的业主参与表决，经参与表决专有部分面积过半数的业主且参与表决人数过半数的业主同意，业主大会方可决议解聘物业公司。业主委员会应当在物业服务合同到期的60日前，根据业主（代表）大会的决定，将续聘或者新聘物业公司的情况，书面通知物业公司。

符合更换物业公司条件时，业主大会应授权业主委员会或委托招标代理机构组织发布招标公告，通过招投标程序选择新的物业公司。原物业公司应在物业服务合同终止之日起15日内退出物业管理区域，向业主委员会完整移交有关财物和档案资料，配合新的物业公司做好交接工作。原物业公司在衔接期间应继续做好物业服务，且可以收取物业服务费。对于已向业主预收未到服务期限的物业费，原物业公司应退还给业主。被解聘的物业公司拒不撤出物业管理区域的，物业所在地的县（市、区）物业管理行政主管部门应当责令其限期撤出，业主委员会可以依法提起诉讼或者申请仲裁。

◉ 相关依据

《中华人民共和国民法典》

第二百七十八条　下列事项由业主共同决定：

……

（四）选聘和解聘物业服务企业或者其他管理人；

……

业主共同决定事项，应当由专有部分面积占比三分之二以上的业主且人数占比三分之二以上的业主参与表决。决定前款第六项至第八项规定的事项，应当经参与表决专有部分面积四分之三以上的业主且参与表决人数四分之三以上的业主同意。决定前款其他事项，应当经参与表决专有部分面积过半数的业主且参与表决人数过半数的业主同意。

第二百八十四条　业主可以自行管理建筑物及其附属设施，也可以委托物业服务企业或者其他管理人管理。

对建设单位聘请的物业服务企业或者其他管理人，业主有权依法更换。

第九百四十六条　业主依照法定程序共同决定解聘物业服务人的，可以解除物业服务合同。决定解聘的，应当提前六十日书面通知物业服务人，但是合同对通知期限另有约定的除外。

依据前款规定解除合同造成物业服务人损失的，除不可归责于业主的事由外，业主应当赔偿损失。

第九百四十八条　物业服务期限届满后，业主没有依法作出续聘或者另聘物业服务人的决定，物业服务人继续提供物业服务的，原物业服务合同继续有效，但是服务期限为不定期。

当事人可以随时解除不定期物业服务合同，但是应当提前六十日书面通知对方。

第九百四十九条 物业服务合同终止的，原物业服务人应当在约定期限或者合理期限内退出物业服务区域，将物业服务用房、相关设施、物业服务所必需的相关资料等交还给业主委员会、决定自行管理的业主或者其指定的人，配合新物业服务人做好交接工作，并如实告知物业的使用和管理状况。

原物业服务人违反前款规定的，不得请求业主支付物业服务合同终止后的物业费；造成业主损失的，应当赔偿损失。

第九百五十条 物业服务合同终止后，在业主或者业主大会选聘的新物业服务人或者决定自行管理的业主接管之前，原物业服务人应当继续处理物业服务事项，并可以请求业主支付该期间的物业费。

《江苏省物业管理条例》

第五十七条 物业服务合同终止的，原物业服务企业应当按照约定期限，没有约定期限的应当在物业服务合同终止之日起十五日内，退出物业管理区域，并向业主委员会、决定自行管理的业主或者其指定的人履行下列交接义务：

（一）移交占用的物业共用部分、由前期物业管理开办费购买的物业办公设备等固定资产；

（二）移交本条例第四十条第二款规定的相关资料；

（三）移交物业服务期间形成的物业和设施设备使用、维护、保养、定期检验等技术资料，运行、维护、保养记录；

（四）结清预收、代收和预付、代付的有关费用；

（五）法律、法规规定和物业服务合同约定的其他事项。

物业服务合同终止后，在业主或者业主大会选聘的新物业服务企业或者决定自行管理的业主接管之前，原物业服务企业应当继续处理物业服务事项，维持正常的物业管理秩序，并可以请求业主支付该期间的物业费。

第五十八条 物业所在地的县（市、区）物业管理行政主管部门、街道办事处（乡镇人民政府）应当加强对物业服务企业交接工作的监管。

被解聘的物业服务企业拒不撤出物业管理区域的，物业所在地的县（市、区）物业管理行政主管部门应当责令其限期撤出，业主委员会可以依法提起诉讼或者申请仲裁。

第247问　房子买了一直没住，也要交物业费吗？

答：是的。物业费一般包括用于保安巡逻、安全监控、消防系统、清洁卫生、喷泉维护、电梯检修、排水设施、绿化养护、公共道路照明、秩序维护、节日装饰、物业公司聘用工作人员工资福利、物业公用设施设备的日常运行及维护等方面的费用。无论业主住与不住，物业服务成本都有支出。业主拿到了房门钥匙意味着接受了具备居住条件的房屋，即使不居住使用也要交纳物业费。或许有些人会质疑，业主并没有直接与物业公司签订物业服务合同，为什么要交纳物业费？原因在于业主与房地产开发商签订的《房屋买卖合同》中含有房地产开发商与物业公司签订的《前期物业服务合同》附件，表明业主早已默认接受物业服务。如果业主存在买房后未装修入住或者常年在外务工很少居住等情形，以未享受或不需要物业服务为由拒绝交纳物业费，物业公司不得采取停止供电、供水、供热、供燃气等不理性的方式催交物业费。业主违反约定逾期不支付物业费的，物业公司可以催告其在合理期限内支付；合理期限届满仍不支付的，物业公司可以提起诉讼或者申请仲裁。

◉ 相关依据

《中华人民共和国民法典》

第九百四十四条　业主应当按照约定向物业服务人支付物业费。物业服务人已经按照约定和有关规定提供服务的，业主不得以未接受或者无需接受相关物业服务为由拒绝支付物业费。

业主违反约定逾期不支付物业费的,物业服务人可以催告其在合理期限内支付;合理期限届满仍不支付的,物业服务人可以提起诉讼或者申请仲裁。

物业服务人不得采取停止供电、供水、供热、供燃气等方式催交物业费。

《江苏省物业服务收费管理办法》

第十条 物业管理区域内物业公共服务费一般由下列因素构成:

(一)物业管理服务人员工资、社会保险、公积金和按规定提取的工会经费、职工教育经费等;

(二)物业共用部位、共用设施设备日常维护保养费用;

(三)清洁卫生费用;

(四)绿化养护费用;

(五)秩序维护费用;

(六)办公费用;

(七)物业服务企业固定资产折旧;

(八)物业共用部位、共用设施设备及公众责任保险费用;

(九)管理费分摊;

(十)经业主大会同意的其它费用;

(十一)法定税费以及合理利润。

应当由住宅专项维修资金支出的物业共用部位、共用设施设备的维修、更新和改造费用,不得计入物业服务成本或物业服务费支出。

第十五条 业主应当从房屋买卖合同(符合竣工交付条件)、入住通知书约定的房屋交付日期开始,按月交纳物业公共服务费用。符合交付条件、建设单位已下达书面通知办理交付手续的物业,物业公共服务费从书面通知中载明的日期起算。已竣工但尚未售出或者因建设单位原因未按时交付业主的,物业公共服务费用由建设单位承担。

第248问 小区业主违建阳光房，物业公司可以强行拆除吗？

答：小区业主搭建阳光房可谓一举多得，可以满足家庭成员种菜养花、造池养鱼、晾晒衣物、堆放杂物、喝茶聊天、下棋打牌等生活休闲娱乐需求。楼顶空地属于单元楼全体业主的共有空间，全体业主原则上可以无偿使用。但楼顶业主违反小区整体规划，未经批准私自搭建阳光房不仅占用了单元楼全体业主的公共空间，还增加了楼顶负荷，破坏楼顶防水层、避雷带。中、底层业主搭建阳光房还会影响邻居通风和采光，造成反射光，不利于防火、防盗，也影响了小区整体美观。此外，阳光房骨架多为铝合金等轻型金属材质，屋面为玻璃材料，一旦遭遇台风、暴雨、暴雪、雷电、地震等恶劣天气，极有可能坠落，严重危及他人人身或财产安全。

物业公司不是行政执法机关，没有执法权，故发现业主有违法建筑行为时，有权劝阻制止，要求业主自行拆除，也有权及时向城乡规划主管部门报告，但无权强行拆除。城乡规划主管部门接到报告后应告知业主违建行为违法，责令停止，限期改正，并予以罚款。涉事业主应自行拆除恢复原状；拒不停止建设或自行拆除的，有关部门可以强制拆除。

◉ 相关依据

《中华人民共和国民法典》

第二百七十一条 业主对建筑物内的住宅、经营性用房等专有部分享有所有权，对专有部分以外的共有部分享有共有和共同管理的权利。

第二百七十二条 业主对其建筑物专有部分享有占有、使用、收益和处分的权利。业主行使权利不得危及建筑物的安全，不得损害其他业主的合法权益。

第二百九十三条 建造建筑物，不得违反国家有关工程建设标准，不得妨碍相邻建筑物的通风、采光和日照。

《中华人民共和国城乡规划法》

第六十六条 建设单位或者个人有下列行为之一的，由所在地城市、县人民政府城乡规划主管部门责令限期拆除，可以并处临时建设工程造价一倍以下的罚款：

（一）未经批准进行临时建设的；

（二）未按照批准内容进行临时建设的；

（三）临时建筑物、构筑物超过批准期限不拆除的。

第六十八条 城乡规划主管部门作出责令停止建设或者限期拆除的决定后，当事人不停止建设或者逾期不拆除的，建设工程所在地县级以上地方人民政府可以责成有关部门采取查封施工现场、强制拆除等措施。

《江苏省城乡规划条例》

第五十五条 街道办事处对本辖区内的违法建设行为，应当及时予以制止，并配合城乡规划主管部门予以处理。

居民委员会、村民委员会、物业服务企业发现本区域内违法建设行为的，有权予以制止，并及时向城乡规划主管部门或者乡、镇人民政府报告。

《最高人民法院关于审理建筑物区分所有权纠纷案件适用法律若干问题的解释》

第四条 业主基于对住宅、经营性用房等专有部分特定使用功能的合理需要，无偿利用屋顶以及与其专有部分相对应的外墙面等共有部分的，不应认定为侵权。但违反法律、法规、管理规约，损害他人合法权益的除外。

《物业管理条例》

第四十五条 对物业管理区域内违反有关治安、环保、物业装饰装修和使用等方面法律、法规规定的行为，物业服务企业应当制止，并及时向有关行政管理部门报告。

有关行政管理部门在接到物业服务企业的报告后，应当依法对违法行为予以制止或者依法处理。

第249问　业主在楼顶违建阳光房，执法部门发现后可以立即拆除吗？

答：若业主欲在住宅楼顶搭建阳光房，须向规划主管部门提交以下材料，申请办理建设工程规划许可证：使用土地的有关证明文件、房屋所有权证书、建设工程设计方案、建设工程施工图设计文件以及法律法规规定的其他材料。除了提交上述材料外，业主还应征得利害关系人的同意，避免侵害邻近居民的合法权益。业主未经建设工程规划许可，利用小区楼顶的公共区域，违章搭建阳光房以增加私有使用面积，可能造成安全隐患。执法部门有权拆除违法建筑，但拆除前需遵循一定的法定程序，否则属于行政处罚程序违法。执法部门发现违法建筑后，应向违建业主告知行为性质违法，要求立即停止建设，并在一定期限内自行拆除。如果执法部门在履行告知、限期改正程序后，违建业主依然拒不停建并未自行拆除的，执法部门才有权查封现场，予以强制拆除。业主对行政处罚决定不服可以申请行政复议或者提起行政诉讼请求撤销处罚决定，但行政处罚不因申请复议或起诉而停止执行。

◉ 相关依据

《中华人民共和国行政处罚法》

第二十八条第一款　行政机关实施行政处罚时，应当责令当事人改正或者限期改正违法行为。

第七十三条　当事人对行政处罚决定不服，申请行政复议或者提起行政诉讼的，行政处罚不停止执行，法律另有规定的除外。

当事人对限制人身自由的行政处罚决定不服，申请行政复议或者提起行政诉讼的，可以向作出决定的机关提出暂缓执行申请。符合法律规定情形的，应当暂缓执行。

当事人申请行政复议或者提起行政诉讼的,加处罚款的数额在行政复议或者行政诉讼期间不予计算。

《中华人民共和国城乡规划法》

第六十六条 建设单位或者个人有下列行为之一的,由所在地城市、县人民政府城乡规划主管部门责令限期拆除,可以并处临时建设工程造价一倍以下的罚款:

(一)未经批准进行临时建设的;

(二)未按照批准内容进行临时建设的;

(三)临时建筑物、构筑物超过批准期限不拆除的。

第六十八条 城乡规划主管部门作出责令停止建设或者限期拆除的决定后,当事人不停止建设或者逾期不拆除的,建设工程所在地县级以上地方人民政府可以责成有关部门采取查封施工现场、强制拆除等措施。

《江苏省城乡规划条例》

第五十五条 街道办事处对本辖区内的违法建设行为,应当及时予以制止,并配合城乡规划主管部门予以处理。

居民委员会、村民委员会、物业服务企业发现本区域内违法建设行为的,有权予以制止,并及时向城乡规划主管部门或者乡、镇人民政府报告。

《最高人民法院关于审理建筑物区分所有权纠纷案件适用法律若干问题的解释》

第三条第一款 除法律、行政法规规定的共有部分外,建筑区划内的以下部分,也应当认定为民法典第二编第六章所称的共有部分:

(一)建筑物的基础、承重结构、外墙、屋顶等基本结构部分,通道、楼梯、大堂等公共通行部分,消防、公共照明等附属设施、设备,避难层、设备层或者设备间等结构部分;

……

第四条 业主基于对住宅、经营性用房等专有部分特定使用功能的合理需要,无偿利用屋顶以及与其专有部分相对应的外墙面等共有部分的,不应认定为侵权。但违反法律、法规、管理规约,损害他人合法权益的除外。

《江苏省物业管理条例》

第六十八条　物业管理区域内禁止下列行为：

（一）擅自改变物业的规划用途；

（二）损坏或者擅自变动房屋承重结构、主体结构；

（三）违法搭建建筑物、构筑物；

（四）损坏或者擅自占用、改建物业共用部分，损坏或者擅自占用、移装共用设施设备；

……

（六）制造超过规定标准的噪音、振动或者影响邻居采光、通风；

……

（十）破坏或者擅自改变房屋外观；

……

有前款所列行为之一的，物业服务企业、业主委员会应当及时劝阻、制止；劝阻、制止无效的，应当及时报告有关主管部门，有关主管部门应当及时依法处理；业主、物业使用人对侵害自己合法权益的行为，可以依法向人民法院提起诉讼；业主委员会对侵害业主共同利益的行为，可以依法向人民法院提起诉讼。

第250问　楼上邻居家漏水导致我家财产受损，谁来承担责任？

答：楼上邻居家漏水的原因有多种，根据漏水的不同部位和不同原因，承担责任的主体也不同。如果是楼上邻居装修防水层未达到防渗漏标准，或人为造成楼面结构损坏造成渗漏性漏水，属于楼上邻居的原因造成的漏水，由邻居承担赔偿责任。若是房屋本身质量问题引起的漏水，在防水保修期内由开发商负责。超过保修期的，如果漏水部位属于业主共有部分，由共有业主共同承担责任；如果漏水部位属于业主专有部分，由业主自行负责处理。因房屋主体结构、公共部位以及公共设施设备损坏而漏水，需要大、中修及公共改造工程才能修复的，由专有部分面积占比2/3以上的业主且人数占比2/3以上的业主参与表决，经参与表决专有部分面积过半数的业主且参与表决人数过半数的业主同意，可由物业申请房屋维修基金予以修复。

◉ 相关依据

《中华人民共和国民法典》

第二百七十八条 下列事项由业主共同决定：

……

（五）使用建筑物及其附属设施的维修资金；

（六）筹集建筑物及其附属设施的维修资金；

（七）改建、重建建筑物及其附属设施；

……

第二百九十六条 不动产权利人因用水、排水、通行、铺设管线等利用相邻不动产的，应当尽量避免对相邻的不动产权利人造成损害。

业主共同决定事项，应当由专有部分面积占比三分之二以上的业主且人数占比三分之二以上的业主参与表决。决定前款第六项至第八项规定的事项，应当经参与表决专有部分面积四分之三以上的业主且参与表决人数四分之三以上的业主同意。决定前款其他事项，应当经参与表决专有部分面积过半数的业主且参与表决人数过半数的业主同意。

《江苏省物业管理条例》

第七十二条 在国家规定的保修期限内，物业由建设单位负责保修。保修期届满后，物业全体共有部分的维修责任由全体业主承担，物业部分共有部分的维修责任由部分共有的业主承担，物业专有部分的维修责任由该业主承担。

第七十三条 建设单位应当按照国家规定的保修期限和保修范围，承担物业的保修责任。建设单位委托物业服务企业保修的，应当与物业服务企业另行签订委托协议。

第七十七条　发生下列危及房屋安全情形之一，需要立即对住宅物业共用部分、共用设施设备进行应急维修、更新和改造的，业主大会或者业主委员会可以申请使用建筑物及其附属设施的维修资金，提出应急处置方案，经住宅专项维修资金代管部门复核后进行应急处置：

……

（五）专用排水设施因坍塌、堵塞、爆裂等造成功能障碍，危及人身、财产安全的；

……

应急维修费用向业主公示后，从相关业主的住宅专项维修资金分户账中按照专有面积分摊列支；其中涉及已售公有住房的，从公有住房住宅专项维修资金中列支。

第251问　家中财物被盗，物业公司要承担责任吗？

答：对于业主被盗遭受的财产损失，物业公司不是直接侵权人，而是犯罪分子的犯罪行为直接造成的。故物业公司仅以一般性安全防范义务为限对业主承担责任。一般性防范是指：有安全监控、防盗系统、保安巡视、门岗执勤制度，对小区居民的亲属、朋友、同事以及装修、家政服务等外来人员实行出入登记管理，能提示业主采取安全防范措施。如果物业公司在履行安全防范义务过程中存在过错，应承担与其过错相适应的赔偿责任。业主自身存在过错的情况下，也需要承担一定的责任。人民法院在确定物业公司的赔偿责任时，除了考虑其在安全防范中存在的过错外，还会考虑被盗财物追回的难易程度。若业主与物业公司就家中财物的安全在服务合同中有特别约定的，按照约定处理。

◉ 相关依据

《中华人民共和国民法典》

第九百四十二条 物业服务人应当按照约定和物业的使用性质，妥善维修、养护、清洁、绿化和经营管理物业服务区域内的业主共有部分，维护物业服务区域内的基本秩序，采取合理措施保护业主的人身、财产安全。

对物业服务区域内违反有关治安、环保、消防等法律法规的行为，物业服务人应当及时采取合理措施制止、向有关行政主管部门报告并协助处理。

《物业管理条例》

第三十五条 物业服务企业应当按照物业服务合同的约定，提供相应的服务。

物业服务企业未能履行物业服务合同的约定，导致业主人身、财产安全受到损害的，应当依法承担相应的法律责任。

《中华人民共和国刑法》

第六十四条 犯罪分子违法所得的一切财物，应当予以追缴或者责令退赔；对被害人的合法财产，应当及时返还；违禁品和供犯罪所用的本人财物，应当予以没收。没收的财物和罚金，一律上缴国库，不得挪用和自行处理。

第252问 危重患者因小区隔离桩阻碍，未能得到及时救治而亡，物业公司要承担责任吗？

答：物业公司为了小区内部公共安全、引导车辆行驶、规范停放秩序，设置固定的水泥桩（墩），系依法管理服务小区的正当合理行为。但如果物业公司设置隔离桩（墩）不合理，往往会给消防车、救护车及时、顺利驶入小区造成明显障碍，导致贻误最佳救援时间，造成人身、财产重大损失。当危重病患者抢救不及时，与物业公司设置的隔离桩具有一定的关联性时，家属要求物业公司赔偿相关损失的，在司法实践中，人民法院会综合考虑当地环境、当天气候状况、道路拥堵状况、救护车行进速度、患者危急状态及家属应对措施、疾病与死亡之间的因果关系、物业工作人员的协助程度等因素予以判决。在此笔者提醒物业管理公司，应将固定隔离设施变为可升降、可拆卸或可移动式隔离措施。也顺便提醒危重病患者在送医救治前，应冷静预判小区内部环境存在的障碍，及时自行处置或者联系物业公司处置。

◉ 相关依据

《中华人民共和国民法典》

第六条 民事主体从事民事活动，应当遵循公平原则，合理确定各方的权利和义务。

第九百四十二条第一款 物业服务人应当按照约定和物业的使用性质，妥善维修、养护、清洁、绿化和经营管理物业服务区域内的业主共有部分，维护物业服务区域内的基本秩序，采取合理措施保护业主的人身、财产安全。

《江苏省物业管理条例》

第四十七条 物业服务企业应当按照物业服务合同中关于安全防范的约定，落实安全防范措施，做好物业管理区域内的安全防范工作。物业服务企业未履行物业服务合同义务或者履行合同义务不符合约定，导致业主人身、财产受到损害的，应当依法承担相应的法律责任。

物业管理区域内发生安全事故等突发事件时，物业服务企业应当采取应急措施，及时向有关主管部门报告，并协助做好救助工作。

物业服务企业应当执行政府依法实施的应急处置措施和其他管理措施，积极配合开展相关工作。对于物业服务企业执行政府依法实施的应急处置措施和其他管理措施，业主应当依法予以配合。

业主、物业使用人对人身、财产安全有特殊保护要求的，由业主、物业使用人与物业服务企业另行约定。

第六十一条 业主、物业使用人对物业的使用与维护，应当遵守法律、法规、管理规约的规定及业主大会的决定，相关行为应当符合节约资源、保护生态环境的要求，不得损害公共利益和他人合法权益。

第253问 因小区地下车库有积水，业主不慎摔倒受伤，可以找物业公司赔偿吗？

答：物业公司是小区的管理者、服务者，对小区业主负有基本的安全管理保障义务。如遇雨天，物业公司应保障地下车库地面没有积水，确保业主行走、行车安全，避免发生人身、财产安全事故。按照《民法典》规定，当物业公司在管理过程中存在过错，导致已缴纳物业费的业主遭受人身伤害的，应承担与其过错相适应的赔偿责任；业主自身存在过错的，也需要承担一定比例的责任。

业主主张赔偿权利时，需对受伤经过、物业公司的过错以及自身损失承担举证责任。业主受伤后应及时拍照摄像，调取小区监控，寻找现场目击证人，保存好医院治疗资料。如果构成伤残，相关业主还应委托法院认可的司法鉴定机构进行伤残等级鉴定。

◉ 相关依据

《中华人民共和国民法典》

第九百四十二条第一款 物业服务人应当按照约定和物业的使用性质，妥善维修、养护、清洁、绿化和经营管理物业服务区域内的业主共有部分，维护物业服务区域内的基本秩序，采取合理措施保护业主的人身、财产安全。

《江苏省物业管理条例》

第四十七条第一款、第二款、第四款 物业服务企业应当按照物业服务合同中关于安全防范的约定，落实安全防范措施，做好物业管理区域内的安全防范工作。物业服务企业未履行物业服务合同义务或者履行合同义务不符合约定,导致业主人身、财产受到损害的,应当依法承担相应的法律责任。

物业管理区域内发生安全事故等突发事件时,物业服务企业应当采取应急措施,及时向有关主管部门报告,并协助做好救助工作。

业主、物业使用人对人身、财产安全有特殊保护要求的,由业主、物业使用人与物业服务企业另行约定。

第254问　为什么一楼住户也要交电梯运营费?

答:很多一楼住户对其步行回家,并未使用电梯功能和损耗使用寿命,却要交电梯运营费用,有些难以理解。对于高层住宅而言,电梯属于小区共有部分,与小区内的路灯、喷泉、池塘、凉亭、绿化草坪、消防设施等一样是必需配置的设备设施。电梯与外墙、楼顶平台、走廊、人防工程都属于全体业主共有部分,是共有财产,不因谁没有使用而不分摊小区建设总成本以及后期维护费用。一楼住户回家不使用电梯,但不能排除其使用本栋楼的电梯到楼顶观光、安装太阳能热水器等,偶尔到楼上住户家里串门,或者到本小区内其他楼内使用电梯的可能。按照法律规定,全体业主均应承担电梯日常运营维护费用,如果小区管理规约免除一楼业主缴纳电梯运营费用的除外。

◉ 相关依据

《中华人民共和国民法典》

第二百七十三条第一款　业主对建筑物专有部分以外的共有部分,享有权利,承担义务;不得以放弃权利为由不履行义务。

《江苏省物业管理条例》

第七十六条　住宅物业交付使用后,电梯、消防等设施设备的日常维护费用由业主承担;其更新和改造按照相关法律、法规执行,所需资金由业主承担,政府可以给予补贴。

本条例施行后受让土地的住宅物业配置电梯的,建设单位应当在交付使用前按照建筑安装总费用百分之一的比例交存资金,专项用于电梯、消防等设施设备的更新和改造。该资金归业主所有,纳入物业管理区域住宅专项维修资金管理。

第255问 小区电梯出了故障,维修费用由谁承担?

答:依据《江苏省物业管理条例》规定,住宅小区开发商在交付使用前需按照建筑安装总费用1%的比例交存资金,专项用于电梯、消防等设施设备的更新和改造。该资金归业主所有,纳入物业管理区域住宅专项维修资金管理。小区电梯随着开发商向全体业主交房后,由全体业主使用,由物业公司负责管理。业主向物业公司支付的物业费中包含电梯维保公司日常维护费用、保证电梯正常运行的电费以及年检的费用,但不包含维修、更新、改造的费用。电梯在日常运行过程中发生故障,由生产单位、使用单位还是维保单位等承担维修费用,需要根据具体情况确定。电梯因使用或自然灾害等不可抗拒的因素而损坏,不属于电梯本身质量问题的,由电梯使用单位,亦即由业主负责。如系某个业主使用不当或故意造成的损坏,则由该业主承担赔偿责任。如果电梯损坏是由于产品质量问题或者是电梯主要部件在正常使用情况下损坏,在质保期内,由电梯的生产厂家负责维修、更换;非质保期内,由专有部分占建筑物总面积2/3以上的业主且占总人数2/3以上的业主参与表决,经参与表决专有部分面积过半数的业主且参与表决人数过半数的业主同意的,可以申请使用建筑物及其附属设施的维修资金。业主委员会也可以申请使用,应提出应急处置方案,经住宅专项维修资金代管部门复核后进行应急处置。应急维修费用向业主公示后，从相关业主的住宅专项维修资金分户账中按照专有面积分摊列支。

◉ 相关依据

《中华人民共和国民法典》

第二百七十八条　下列事项由业主共同决定：

……

（五）使用建筑物及其附属设施的维修资金；

（六）筹集建筑物及其附属设施的维修资金；

（七）改建、重建建筑物及其附属设施；

（八）改变共有部分的用途或者利用共有部分从事经营活动；

（九）有关共有和共同管理权利的其他重大事项。

业主共同决定事项，应当由专有部分面积占比三分之二以上的业主且人数占比三分之二以上的业主参与表决。决定前款第六项至第八项规定的事项，应当经参与表决专有部分面积四分之三以上的业主且参与表决人数四分之三以上的业主同意。决定前款其他事项，应当经参与表决专有部分面积过半数的业主且参与表决人数过半数的业主同意。

《江苏省物业管理条例》

第七十六条　住宅物业交付使用后，电梯、消防等设施设备的日常维护费用由业主承担；其更新和改造按照相关法律、法规执行，所需资金由业主承担，政府可以给予补贴。

本条例施行后受让土地的住宅物业配置电梯的，建设单位应当在交付使用前按照建筑安装总费用百分之一的比例交存资金，专项用于电梯、消防等设施设备的更新和改造。该资金归业主所有，纳入物业管理区域住宅专项维修资金管理。

第七十七条　发生下列危及房屋安全情形之一，需要立即对住宅物业共用部分、共用设施设备进行应急维修、更新和改造的，业主大会或者业主委员会可以申请使用建筑物及其附属设施的维修资金，提出应急处置方案，经住宅专项维修资金代管部门复核后进行应急处置：

……

（二）电梯故障危及人身安全的；

……

应急维修费用向业主公示后，从相关业主的住宅专项维修资金分户账中按照专有面积分摊列支；其中涉及已售公有住房的，从公有住房住宅专项维修资金中列支。

第256问 业主家中失火造成电梯损坏，损失由谁承担？

答：家中失火往往跟业主或物业使用人（如房屋承租人、共同居住的家庭成员）的行为不当有着密切的联系。室内失火的原因不外乎：电动自行车充电时电瓶爆炸、液化气天然气泄漏、油锅着火、小孩玩火、电气线路故障、卧床吸烟等。家中失火不仅会造成自家人身、财产损失，还会殃及邻居、楼道公共区域、停放的车辆以及其他公共设施等。若业主家中起火，导致消防用水流入电梯，容易造成公用电梯损坏。在赔偿责任承担方面，业主或物业使用人的自身原因导致火灾事故，造成自身、他人及公共设施受损的，业主对损坏后果承担赔偿责任。如果开发商或物业公司对消防设施设备缺失或不完善、管理维护不当等方面负有责任，例如小区消防通道不畅、消防栓无法接水、没有配置灭火器等导致错过最佳灭火时间，并致使损失扩大，就扩大的损失部分，开发商或物业公司应承担赔偿责任。即开发商或物业公司就消防设施缺失或不能正常使用造成的损失，承担相应的赔偿责任。

无论是自住还是出租、租住房屋，室内配置灭火器材，还是有必要的！未雨绸缪，才能防患于“未燃”！

◉ 相关依据

《中华人民共和国民法典》

第九百四十二条　物业服务人应当按照约定和物业的使用性质，妥善维修、养护、清洁、绿化和经营管理物业服务区域内的业主共有部分，维护物业服务区域内的基本秩序，采取合理措施保护业主的人身、财产安全。

对物业服务区域内违反有关治安、环保、消防等法律法规的行为，物业服务人应当及时采取合理措施制止、向有关行政主管部门报告并协助处理。

《江苏省物业管理条例》

第四十七条　物业服务企业应当按照物业服务合同中关于安全防范的约定，落实安全防范措施，做好物业管理区域内的安全防范工作。物业服务企业未履行物业服务合同义务或者履行合同义务不符合约定，导致业主人身、财产受到损害的，应当依法承担相应的法律责任。

物业管理区域内发生安全事故等突发事件时，物业服务企业应当采取应急措施，及时向有关主管部门报告，并协助做好救助工作。

物业服务企业应当执行政府依法实施的应急处置措施和其他管理措施，积极配合开展相关工作。对于物业服务企业执行政府依法实施的应急处置措施和其他管理措施，业主应当依法予以配合。

业主、物业使用人对人身、财产安全有特殊保护要求的，由业主、物业使用人与物业服务企业另行约定。

《中华人民共和国消防法》

第十八条第二款　住宅区的物业服务企业应当对管理区域内的共用消防设施进行维护管理，提供消防安全防范服务。

第六十条　单位违反本法规定，有下列行为之一的，责令改正，处五千元以上五万元以下罚款：

（一）消防设施、器材或者消防安全标志的配置、设置不符合国家标准、行业标准，或者未保持完好有效的；

（二）损坏、挪用或者擅自拆除、停用消防设施、器材的；

（三）占用、堵塞、封闭疏散通道、安全出口或者有其他妨碍安全疏散行为的；

（四）埋压、圈占、遮挡消火栓或者占用防火间距的；

（五）占用、堵塞、封闭消防车通道，妨碍消防车通行的；

（六）人员密集场所在门窗上设置影响逃生和灭火救援的障碍物的；

（七）对火灾隐患经消防救援机构通知后不及时采取措施消除的。

个人有前款第二项、第三项、第四项、第五项行为之一的，处警告或者五百元以下罚款。

有本条第一款第三项、第四项、第五项、第六项行为，经责令改正拒不改正的，强制执行，所需费用由违法行为人承担。

第257问 小区内出现破墙开门、开窗，该谁管？

答：破墙开门"不是想开就能开"。业主或租户为方便通行、采光或者经营，未经审批擅自破墙开门、开窗，会影响整体房屋结构安全，导致安全隐患：一定程度上影响了小区其他居民的正常生活，为不法分子盗窃财物提供了便利；降低了小区整体美观度，违反了城市规划，侵害了其他业主的合法权益。业主发现他人破墙开门、开窗时可以向物业公司、业主委员会反映情况，也可以直接向城市管理部门举报，请求停止违法行为并恢复原状。在苏州市，业主或者承租人未经许可擅自在主要道路两侧建筑物上开门、开窗、进行立面装修或者悬挂店招店牌，影响城市景观的，根据《苏州市城市管理相对集中行政处罚权实施办法》第16条规定，城管执法部门有权责令其限期改正或者恢复原状，并可处以200元以上1000元以下的罚款。

◉ 相关依据

《江苏省物业管理条例》

第七十一条 业主或者物业使用人对住宅装饰装修的，应当事先告知物业服务企业。物业服务企业应当将住宅装饰装修的禁止行为和注意事项告知业主或者物业使用人。

业主或者物业使用人在住宅装饰装修工程开工前，应当持有关资料向物业服务企业办理登记手续，签订住宅装饰装修服务协议。变动建筑主体或者承重结构的，需要提交原设计单位或者具有相应资质等级的设计单位提出的设计方案和城市房屋安全鉴定机构出具的审定意见，并按照规定办理批准手续。

业主或者物业使用人拒不办理登记、批准手续的，物业服务企业可以按照临时管理规约或者管理规约，禁止装饰装修施工人员进入物业管理区域。

物业服务企业对住宅装饰装修活动进行巡查时，业主或者物业使用人、装饰装修施工人员不得拒绝和阻碍。

《苏州市城市管理相对集中行政处罚权实施办法》

第十六条　有下列违法行为之一的，由城管执法部门按下列规定予以处罚：

（一）未经许可擅自在主要道路两侧建筑物上开门、开窗、进行立面装修、或者悬挂店招店牌，影响城市景观的，责令其限期改正或者恢复原状，并可处以200元以上1000元以下的罚款；

……

第258问　小区发生火灾时，占用消防通道的车辆遭受人为损失，由谁来承担赔偿责任？

答：消防通道是消防人员营救和疏散被困人员的应急通道，应保持畅通常态。小区车主停车占用、堵塞消防通道妨碍消防救援，导致消防救援队灭火延误的，属于违反《消防法》的违法行为，须承担警告、罚款的法律责任。

小区居民在无法联系到车主，或者车主不能及时赶到现场移走车辆的情况下，为了让消防车及时、快速通过，将占用、堵塞消防通道上的车辆拖移、掀翻、撞开等，属于为避免小区居民生命财产重大损失的紧急避险行为。如果采取措施合理，没有超过必要的限度，造成车主损失的，采取紧急避险行为的小区居民不承担赔偿责任，由阻碍抢险的车主自行承担损失。消防救援机构在执行灭火救援任务时有权强制清理占用消防通道的障碍物，采取拆除、清除、拖离等履行措施强制执行的，所需费用由违法行为人承担。公安机关可以对阻碍消防车通行的车主进行警告、罚款或者并处拘留处罚。

◉ 相关依据

《中华人民共和国民法典》

第一百八十二条 因紧急避险造成损害的，由引起险情发生的人承担民事责任。

危险由自然原因引起的，紧急避险人不承担民事责任，可以给予适当补偿。

紧急避险采取措施不当或者超过必要的限度，造成不应有的损害的，紧急避险人应当承担适当的民事责任。

《中华人民共和国消防法》

第六十条 单位违反本法规定，有下列行为之一的，责令改正，处五千元以上五万元以下罚款：

……

（五）占用、堵塞、封闭消防车通道，妨碍消防车通行的；

……

（七）对火灾隐患经消防救援机构通知后不及时采取措施消除的。

……

个人有前款第二项、第三项、第四项、第五项行为之一的，处警告或者五百元以下罚款。

有本条第一款第三项、第四项、第五项、第六项行为，经责令改正拒不改正的，强制执行，所需费用由违法行为人承担。

《中华人民共和国治安管理处罚法》

第五十条第一款　有下列行为之一的，处警告或者二百元以下罚款；情节严重的，处五日以上十日以下拘留，可以并处五百元以下罚款：

……

（三）阻碍执行紧急任务的消防车、救护车、工程抢险车、警车等车辆通行；

……

第二节　邻里关系

俗话说“远亲不如近邻”，同一住宅小区内的业主应当按照方便生活、团结互助、公平合理的原则，正确处理好相邻关系。业主因用水、排水、通行、铺设管线、装修等利用相邻不动产的，应当尽量避免对相邻的不动产权利人造成损害。

第259问　邻居要在家里开个培训班，我不同意，可以吗？

答：“住改商”，是指业主将住宅用途的房屋改为商业用房或办公用房等非居住用途房屋使用，例如，开办公司、饭店、私人会所、兴趣培训班、课外辅导班等。“住改商”降低了经营者的商业成本，增加了经济收益，也在一定程度上挤占了小区其他居民的公共资源，降低了有利害关系业主的居住舒适度，还妨害了小区管理秩序，造成治安、消防隐患。我国法律对于“住改商”的态度是，业主原则上不得将居住生活用房用于商业经营目的，除非经营业主经周围邻居及本栋楼的其他业主同意。如果本栋楼以外的其他业主也受到影响的,还须征得这些业主的同意。未经审批办理相关手续,擅自"住改商"经营的,其他可以向行政主管部门投诉处理,甚至可以向人民法院起诉请求排除妨害、消除危险、恢复原状或者赔偿损失。

◉ 相关依据

《中华人民共和国民法典》

第二百七十九条 业主不得违反法律、法规以及管理规约,将住宅改变为经营性用房。业主将住宅改变为经营性用房的,除遵守法律、法规以及管理规约外,应当经有利害关系的业主一致同意。

《最高人民法院关于审理建筑物区分所有权纠纷案件适用法律若干问题的解释》

第十条 业主将住宅改变为经营性用房,未依据民法典第二百七十九条的规定经有利害关系的业主一致同意,有利害关系的业主请求排除妨害、消除危险、恢复原状或者赔偿损失的,人民法院应予支持。

将住宅改变为经营性用房的业主以多数有利害关系的业主同意其行为进行抗辩的,人民法院不予支持。

第十一条 业主将住宅改变为经营性用房,本栋建筑物内的其他业主,应当认定为民法典第二百七十九条所称"有利害关系的业主"。建筑区划内,本栋建筑物之外的业主,主张与自己有利害关系的,应证明其房屋价值、生活质量受到或者可能受到不利影响。

第260问 邻居安装在自家门口的可视门铃,我可以要求其拆除吗?

答:有些业主出于方便自己监控老人、孩子和保护家庭人身财产安全的目的,在自家门口安装具有自动人脸识别、摄录、记录存储和上传网络功能的可视化门铃,通过手机APP掌握家门口的全天动态。但业主的此种行为在给自己提供方便和心理安全感的同时，也非法获取了邻居进出家门的人数、时间和次数等不愿公开的隐私信息，造成邻居心理焦虑和不满。当业主安装的可视化门铃侵犯了邻居的个人隐私时，受侵害的邻居可以向人民法院起诉请求拆除门铃和删除存储信息。在住宅小区物业公司安排保安人员安全巡防、设置单元楼门禁的情况下，业主没有必要安装可视化门铃。如果业主确有必要安装可视门铃，在方便自己的同时，应尽量避免摄入共用走廊、楼梯、邻居出入家门区域和相关个人隐私信息，正确处理好邻里关系，避免发生纠纷。

◉ 相关依据

《中华人民共和国民法典》

第二百八十八条　不动产的相邻权利人应当按照有利生产、方便生活、团结互助、公平合理的原则，正确处理相邻关系。

第一千零三十二条　自然人享有隐私权。任何组织或者个人不得以刺探、侵扰、泄露、公开等方式侵害他人的隐私权。

隐私是自然人的私人生活安宁和不愿为他人知晓的私密空间、私密活动、私密信息。

第261问　住宅采光权受到了侵犯，该怎么办？

答：采光权，是附属于建筑物的一种权利，指房屋的所有人或使用人享有从室外取得适度光源的权利。由于日照受到地区、季节、房屋朝向、天气、其他遮挡物的影响，采光权并不是指从日出到日落都有权接受日照。不能因为新的建筑遮挡导致采光减少而狭隘地认为采光权受到了侵犯。通常判断采光权是否被侵犯了，以不低于大寒日日照2小时为标准。如果住宅采光权受到了侵犯，权利人可以向人民法院提起民事诉讼要求停止侵害、排除妨碍、赔偿损失。如果采光权受损是由规划管理部门核发给建设方或者侵权人的建设规划许可证造成的,利害关系人可以提起行政复议,要求对建设工程规划许可证的合理性以及合法性进行审查;对于行政复议机关所作的复议决定不服的,可以向人民法院提起行政诉讼;或者不经过行政复议,直接向人民法院提起行政诉讼,请求撤销具体行政行为并赔偿损失。目前,我国对赔偿标准并没有统一的法律规定。结合部分地方规定以及司法实务经验,可将赔偿依据总结为:(1)根据不同地段、不同遮挡时长、经济发展状况划分等级,按每平方米定价赔偿;(2)通过资产评估机构对妨碍采光发生后房屋的贬损价值进行估算确定赔偿数额;(3)根据妨碍发生后,增加的房屋剩余年限电费、添置取暖设施费用来计算赔偿数额;(4)赔偿因侵权行为对身体健康产生不利影响后的康复费用等。

◉ 相关依据

《中华人民共和国民法典》

第二百九十三条 建造建筑物,不得违反国家有关工程建设标准,不得妨碍相邻建筑物的通风、采光和日照。

《城市居住区规划设计规范》(2016 年版)

5.0.2 住宅间距,应以满足日照要求为基础,综合考虑采光、通风、消防、防灾、管线埋设、视觉卫生等要求确定。

5.0.2.1 住宅日照标准应符合表 5.0.2-1 规定,对于特定情况还应符合下列规定:

(1)老年人居住建筑不应低于冬至日日照 2 小时的标准;

(2)在原设计建筑外增加任何设施不应使相邻住宅原有日照标准降低;

(3)旧区改建的项目内新建住宅日照标准可酌情降低,但不应低于大寒日日照1小时的标准。

表5.0.2-1　住宅建筑日照标准

建筑气候区划	Ⅰ、Ⅱ、Ⅲ、Ⅶ气候区		Ⅳ气候区		Ⅴ、Ⅵ气候区
	大城市	中小城市	大城市	中小城市	
日照标准日	大寒日			冬至日	
日照时数(h)	≥2	≥3		≥1	
有效日照时间带(h)	8~16			9~15	
日照时间计算起点	底层窗台面				

注:1. 建筑气候区划分应符合本规范附录A第A.0.1条的规定。

2. 底层创面是指距室内地坪0.9m高的外墙位置。

《中华人民共和国行政诉讼法》

第二十五条第一款　行政行为的相对人以及其他与行政行为有利害关系的公民、法人或者其他组织,有权提起诉讼。

第四十四条　对属于人民法院受案范围的行政案件,公民、法人或者其他组织可以先向行政机关申请复议,对复议决定不服的,再向人民法院提起诉讼;也可以直接向人民法院提起诉讼。

法律、法规规定应当先向行政机关申请复议,对复议决定不服再向人民法院提起诉讼的,依照法律、法规的规定。

第四十五条　公民、法人或者其他组织不服复议决定的,可以在收到复议决定书之日起十五日内向人民法院提起诉讼。复议机关逾期不作决定的,申请人可以在复议期满之日起十五日内向人民法院提起诉讼。法律另有规定的除外。

《最高人民法院关于适用〈中华人民共和国行政诉讼法〉的解释》

第十二条　有下列情形之一的,属于行政诉讼法第二十五条第一款规定的"与行政行为有利害关系":

(一)被诉的行政行为涉及其相邻权或者公平竞争权的;

……

第262问 邻居家的空调外机,应该与我家门窗间隔多少距离?

答:邻居之间为方便生活,安装的空调外机应保持一定的间隔距离,防止产生的噪音、震动、排水以及散热影响邻居生活。《国家标准房间空气调节器安装规范GB17790－1999》中规定,空调器的室外机组应尽可能地远离相邻的门窗和绿色植物,空调器额定制冷量不大于4.5千瓦的为3米,空调器额定制冷量大于4.5千瓦的为4米。邻居安装空调外机距离自家门窗至少3米,如少于这个距离,可以要求邻居移机;若拒不移走,可以向法院起诉判令要求邻居移机;邻居拒不履行法院判决的,可申请人民法院强制执行。若邻居确因特殊情况达不到要求,双方应协商解决或采取相应的保护措施。

◉ 相关依据

《中华人民共和国民法典》

第二百八十八条 不动产的相邻权利人应当按照有利生产、方便生活、团结互助、公平合理的原则,正确处理相邻关系。

第二百八十九条 法律、法规对处理相邻关系有规定的,依照其规定;法律、法规没有规定的,可以按照当地习惯。

《国家标准房间空气调节器安装规范GB17790－1999》

5.5.4 空调器的室外机组不应占用公共人行道,沿道路两侧建筑物安装的空调器其安装架底(安装架不影响公共通道时可按水平安装面)距地面的距离应大于2.5m。

空调器的室外机组应尽可能地远离相邻的门窗和绿色植物,与相对方门窗距离不得小于下述值:

a) 空调器额定制冷量不大于 4.5kw 的为 3m；

b) 空调器额定制冷量大于 4.5kw 的为 4m。

确因条件所限达不到上述要求时，应与相关方面协商解决或采取相应的保护措施。

第 263 问　楼上住户坠落物品造成楼下住户损失，该如何维权？

答：随着一幢幢高层住宅的拔地而起，人们头顶上的安全隐患不可忽视。吸烟者随手扔掉的烟蒂烧着了楼下邻居晒的被子，夫妻吵架甩出的菜刀砸坏了停在地面的汽车顶棚，诸如此类高空坠物导致损害的事件，屡见不鲜。楼上住户忽略安全管理注意义务，坠落的花盆、空调外机，抛掷的鸡蛋、易拉罐、酒瓶、砖石等杂物造成楼下他人人身、财产损失的，侵害人应承担赔偿责任。法律为了最大化地保护受害者的利益，规定当无法查明侵害人是谁时，受害人可以要求楼上所有可能侵害的人进行补偿。可能侵害的人是指高空坠物发生的地点所处楼层的房屋所有人、承租人、借用人、管理人及共同生活的家庭成员等人。当无法查清侵权人时，可能侵害人如能证明自己不是侵权人，则可以不承担补偿责任。若查清实际侵害人的，已承担补偿责任的可能侵害人有权向该侵权人追偿。楼下人员在遭遇高空坠物损害时，可以及时大声呼喊引起附近人员的注意，以便有更多目击证人提供证言；并应及时报警、拍照摄像、保护好现场以固定更多证据。排除自身责任的证据，如果楼上人员没有居住生活在涉事楼层内不存在过错，应提供水、电、气使用记录、缴费凭证等佐证；如果楼上人员当时不在家，应提供外出的交通费票据、入住酒店住宿、参加聚会活动以及用人单位出具的正在工作的证言等证据充分说明足以排除侵权的可能性。

◉ 相关依据

《中华人民共和国民法典》

第一千二百五十三条 建筑物、构筑物或者其他设施及其搁置物、悬挂物发生脱落、坠落造成他人损害，所有人、管理人或者使用人不能证明自己没有过错的，应当承担侵权责任。所有人、管理人或者使用人赔偿后，有其他责任人的，有权向其他责任人追偿。

第一千二百五十四条 禁止从建筑物中抛掷物品。从建筑物中抛掷物品或者从建筑物上坠落的物品造成他人损害的，由侵权人依法承担侵权责任；经调查难以确定具体侵权人的，除能够证明自己不是侵权人的外，由可能加害的建筑物使用人给予补偿。可能加害的建筑物使用人补偿后，有权向侵权人追偿。

物业服务企业等建筑物管理人应当采取必要的安全保障措施防止前款规定情形的发生；未采取必要的安全保障措施的，应当依法承担未履行安全保障义务的侵权责任。

发生本条第一款规定的情形的，公安等机关应当依法及时调查，查清责任人。

第264问 楼上住户往楼下扔垃圾，竟然可能要坐牢？

答：楼上居民往楼下扔垃圾属于法律上从建筑物高空抛掷物品的行为，威胁着人们“头顶上的安全”，极易造成人身伤亡和财产损失。情节严重的，行为人可构成高空抛物罪。若构成高空抛物罪按照《刑法》规定，处1年以下有期徒刑、拘役或者管制，并处或者单处罚金；同时构成其他犯罪的，依重罪处罚。故意高空抛物，尚未造成严重后果，但足以危害公共安全的，以危险方法危害公共安全罪定罪处罚。为伤害、杀害特定人员实施高空抛物行为的，依照故意伤害罪、故意杀人罪定罪处罚。因过失导致物品从高空坠落，致人死亡、重伤,依照过失致人死亡罪、过失致人重伤罪定罪处罚。

◉ 相关依据

《中华人民共和国刑法》

第二百九十一条之二　从建筑物或者其他高空抛掷物品,情节严重的,处一年以下有期徒刑、拘役或者管制,并处或者单处罚金。

有前款行为,同时构成其他犯罪的,依照处罚较重的规定定罪处罚。

《最高人民法院关于依法妥善审理高空抛物、坠物案件的意见》

5.准确认定高空抛物犯罪。对于高空抛物行为,应当根据行为人的动机、抛物场所、抛掷物的情况以及造成的后果等因素,全面考量行为的社会危害程度,准确判断行为性质,正确适用罪名,准确裁量刑罚。

故意从高空抛弃物品,尚未造成严重后果,但足以危害公共安全的,依照刑法第一百一十四条规定的以危险方法危害公共安全罪定罪处罚;致人重伤、死亡或者使公私财产遭受重大损失的,依照刑法第一百一十五条第一款的规定处罚。为伤害、杀害特定人员实施上述行为的,依照故意伤害罪、故意杀人罪定罪处罚。

7.准确认定高空坠物犯罪。过失导致物品从高空坠落,致人死亡、重伤,符合刑法第二百三十三条、第二百三十五条规定的,依照过失致人死亡罪、过失致人重伤罪定罪处罚。在生产、作业中违反有关安全管理规定,从高空坠落物品,发生重大伤亡事故或者造成其他严重后果的,依照刑法第一百三十四条第一款的规定,以重大责任事故罪定罪处罚。

第265问　楼上邻居把住宅当仓库使用,该如何维权?

答:业主把住宅当仓库使用,属于“住改商”的行为,可能带来诸多不利影响;搬运过程中产生噪声影响邻居生活;如果储存物品超载,将影响单元楼的安全、使用寿命;如果存放的物品是易燃易爆危险品，则极易引发火灾等潜在危险。“住改商”应当按照《民法典》关于将住宅改为经营性用房的规定处理，即须经有利害关系的业主一致同意方可。未经有利害关系的业主同意，擅自改变住宅的商业用途的，妨碍了相邻关系，影响了业主的生活安宁。受到侵害的业主，可向物业公司、业主委员会、公安、城管、消防等管理部门反映处理；如果处理未果，可向人民法院提起民事诉讼，请求排除妨碍、消除危险、恢复原状或者赔偿损失。

◉ 相关依据

《中华人民共和国民法典》

第二百七十九条 业主不得违反法律、法规以及管理规约，将住宅改变为经营性用房。业主将住宅改变为经营性用房的，除遵守法律、法规以及管理规约外，应当经有利害关系的业主一致同意。

第二百八十八条 不动产的相邻权利人应当按照有利生产、方便生活、团结互助、公平合理的原则，正确处理相邻关系。

《江苏省物业管理条例》

第六十八条 物业管理区域内禁止下列行为：

……

（四）存放易燃、易爆、剧毒、放射性物质或者超负重等违反安全规定的物品；

……

有前款所列行为之一的，物业服务企业、业主委员会应当及时劝阻、制止；劝阻、制止无效的，应当及时报告有关主管部门，有关主管部门应当及时依法处理；业主、物业使用人对侵害自己合法权益的行为，可以依法向人民法院提起诉讼；业主委员会对侵害业主共同利益的行为，可以依法向人民法院提起诉讼。

第266问 小区居民养狗扰民，归谁管？

答：狗是人类忠实的朋友，在人们的印象中有看家护院和救主的良好形象，深得人们喜爱。随着居民生活质量的提高，越来越多的家庭开始饲养自己喜爱的宠物，其中宠物犬数量尤为庞大。可能由于犬主忙于工作、疏于管理，宠物犬呈现散养状态，三五成群。它们在种类、生活习性、领地意识、外貌等方面存在差异，容易互相追逐、攻击、吼叫、伤人、随地排泄。在此提醒犬主合法登记、及时防疫、文明饲养和管理，避免因扰民造成邻里关系紧张甚至承担法律责任。

养犬干扰他人生活的，公安机关可以处以警告、200元以上500元以下罚款。公安机关是养犬管理的主管部门，负责养犬登记，捕捉走失、无主犬只，收容流浪犬只，扑灭狂犬，查处违法养犬等事宜。物业公司应当对本物业管理区域内的违法养犬行为进行劝阻，对扰民、伤人等情况予以记录，并及时向公安机关报告。对于宠物犬扰民行为，任何人有权通过市民热线“12345”反映，或直接拨打“110”报警处理。业主大会和业主委员会对违反规定饲养动物的，有权依照法律、法规以及管理规约，要求行为人停止侵害、排除妨害、消除危险、赔偿损失。业主对侵害自己合法权益的行为，可以依法向人民法院提起诉讼。

◉ 相关依据

《中华人民共和国民法典》

第二百八十六条　业主应当遵守法律、法规以及管理规约，相关行为应当符合节约资源、保护生态环境的要求。对于物业服务企业或者其他管理人执行政府依法实施的应急处置措施和其他管理措施，业主应当依法予以配合。

业主大会或者业主委员会，对任意弃置垃圾、排放污染物或者噪声、违反规定饲养动物、违章搭建、侵占通道、拒付物业费等损害他人合法权益的行为，有权依照法律、法规以及管理规约，请求行为人停止侵害、排除妨碍、消除危险、恢复原状、赔偿损失。

业主或者其他行为人拒不履行相关义务的，有关当事人可以向有关行政主管部门报告或者投诉，有关行政主管部门应当依法处理。

《中华人民共和国治安管理处罚法》

第七十五条 饲养动物，干扰他人正常生活的，处警告；警告后不改正的，或者放任动物恐吓他人的，处200元以上500元以下罚款。

驱使动物伤害他人的，依照本法第四十三条第一款的规定处罚。

《苏州市养犬管理条例》

第六条 居民委员会、村民委员会和业主委员会、物业服务企业应当收集本区域内养犬相关信息，协助做好养犬管理工作，可以组织制定并监督实施文明养犬规约，督促养犬人依法、文明、科学养犬。

物业服务企业应当对本物业管理区域内的违法养犬行为进行劝阻，对犬吠扰民、犬只伤人等情况予以记录，并及时向公安机关报告；未委托物业服务企业实施物业管理的，由居民委员会、村民委员会进行劝阻、记录、报告。

居民委员会、村民委员会应当依法调解因养犬引起的纠纷。

第267问 生活环境周边噪声扰民，可以要求赔偿吗？

答：人们对各种交通工具行驶、建筑工程建设、住宅小区室内装修、邻近商业广场高音广播、家庭娱乐活动等产生的噪声已经司空见惯，但对于其是否属于噪声污染源，往往不甚明了。环境噪声污染，是指所产生的环境噪声超过国家规定的环境噪声排放标准，并干扰他人正常生活、工作和学习的现象。在生活居住区域，白天噪声超过55分贝，夜间（晚22点至晨6点）噪声超过45分贝的，属于噪声污染。虽然不符合噪声污染标准,但实际上干扰了居民生活、损害了人体健康的噪声,也属于污染。噪声忽高忽低,来无影去无踪,会给我们的生活、学习和睡眠造成很大的影响,甚至让我们感到精神痛苦。按照国家环境噪声污染防治方面的规定,产生噪声的单位和个人,应当采取间隔一定距离、限制作业时间段、建设隔离屏障等措施和方法,避免或减轻噪声对居住区的影响。受到环境噪声污染危害的单位和个人,有权要求加害人停止侵害;拒不停止侵害的,可以请求公安、环保(举报热线:12369)、城管、市场监管、文广新闻出版等相关部门依法处理。制造噪声干扰他人正常生活的,公安派出所可以处警告;警告后不改正的,处200元以上500元以下罚款。

制造噪声造成损失的,相关责任主体应依法赔偿损失。赔偿责任相关的纠纷,可以请求生态环境主管部门或者其他环境噪声污染防治工作的监督管理部门、机构调解处理;调解不成的,受害人可以向人民法院起诉,要求停止侵害、赔偿医疗费和精神损失费等。受害人也可以直接向人民法院起诉。

◉ 相关依据

《中华人民共和国民法典》

第一千一百八十三条第一款 侵害自然人人身权益造成严重精神损害的,被侵权人有权请求精神损害赔偿。

《中华人民共和国环境噪声污染防治法》

第三十六条 建设经过已有的噪声敏感建筑物集中区域的高速公路和城市高架、轻轨道路,有可能造成环境噪声污染的,应当设置声屏障或者采取其他有效的控制环境噪声污染的措施。

第三十七条 在已有的城市交通干线的两侧建设噪声敏感建筑物的,建设单位应当按照国家规定间隔一定距离,并采取减轻、避免交通噪声影响的措施。

第三十九条 穿越城市居民区、文教区的铁路，因铁路机车运行造成环境噪声污染的，当地城市人民政府应当组织铁路部门和其他有关部门，制定减轻环境噪声污染的规划。铁路部门和其他有关部门应当按照规划的要求，采取有效措施，减轻环境噪声污染。

第四十五条 禁止任何单位、个人在城市市区噪声敏感建设物集中区域内使用高音广播喇叭。

在城市市区街道、广场、公园等公共场所组织娱乐、集会等活动，使用音响器材可能产生干扰周围生活环境的过大音量的，必须遵守当地公安机关的规定。

第四十六条 使用家用电器、乐器或者进行其他家庭室内娱乐活动时，应当控制音量或者采取其他有效措施，避免对周围居民造成环境噪声污染。

第四十七条 在已竣工交付使用的住宅楼进行室内装修活动，应当限制作业时间，并采取其他有效措施，以减轻、避免对周围居民造成环境噪声污染。

第六十一条 受到环境噪声污染危害的单位和个人，有权要求加害人排除危害；造成损失的，依法赔偿损失。

赔偿责任和赔偿金额的纠纷，可以根据当事人的请求，由生态环境主管部门或者其他环境噪声污染防治工作的监督管理部门、机构调解处理；调解不成的，当事人可以向人民法院起诉。当事人也可以直接向人民法院起诉。

《中华人民共和国治安管理处罚法》

第五十八条 违反关于社会生活噪声污染防治的法律规定，制造噪声干扰他人正常生活的，处警告；警告后不改正的，处二百元以上五百元以下罚款。

第268问 头顶鸽声不断，脚底鸽屎一片，我该怎么办？

答：如果邻居在自家院落、阳台、楼顶天台等地方搭棚饲养大量的鸽子，刺鼻的异味、咕咕的叫声、振翅飞翔的噪声、掉落的鸽食、羽毛、粪便,都会污染周边环境,甚至造成病毒传播,干扰他人生活休息,危害人体健康。违规养鸽行为,不仅影响邻里关系,降低环境质量。提高疫情风险,还侵犯了公民的健康安宁的生活居住权利。如果饲养人是信鸽协会的会员,即使持证养鸽,也应合法饲养,不得违规。受到影响的邻居可以先和饲养人友好协商处理;协商不成的,可以向业主委员会、居(村)民委员会、城市管理执法部门、信鸽协会反映,或向公安机关报警,请求责令限期整改,也可以直接向当地人民法院起诉要求饲养人停止饲养。

◉ 相关依据

《中华人民共和国民法典》

第二百八十六条　业主应当遵守法律、法规以及管理规约,相关行为应当符合节约资源、保护生态环境的要求。对于物业服务企业或者其他管理人执行政府依法实施的应急处置措施和其他管理措施,业主应当依法予以配合。

业主大会或者业主委员会,对任意弃置垃圾、排放污染物或者噪声、违反规定饲养动物、违章搭建、侵占通道、拒付物业费等损害他人合法权益的行为,有权依照法律、法规以及管理规约,请求行为人停止侵害、排除妨碍、消除危险、恢复原状、赔偿损失。

业主或者其他行为人拒不履行相关义务的,有关当事人可以向有关行政主管部门报告或者投诉,有关行政主管部门应当依法处理。

第二百八十八条　不动产的相邻权利人应当按照有利生产、方便生活、团结互助、公平合理的原则,正确处理相邻关系。

第一千二百五十一条　饲养动物应当遵守法律法规,尊重社会公德,不得妨碍他人生活。

《中华人民共和国治安管理处罚法》

第七十五条第一款　饲养动物,干扰他人正常生活的,处警告;警告后不改正的,或者放任动物恐吓他人的,处二百元以上五百元以下罚款。

第269问 业主在小区微信群里贬损他人、泄露隐私信息等，应承担什么法律责任？

答：公民享有名誉权、隐私权和个人信息受法律保护的权利，不容他人侵犯。微信群具有公开性、传播性的社会化特点，是小区的虚拟公共场所。业主在微信群中不得有侮辱、诽谤、讽刺、挖苦、丑化他人等损害他人名誉的行为，未经允许不得散布个人详细住址、手机号码、家庭成员工作单位、联系地址等个人信息。当权利遭受侵害时，受害业主可以凭微信群聊天记录向公安机关报警处理。公安机关认为构成行政违法的，有权依法给予罚款、拘留处罚。如果情节严重，涉嫌侮辱罪、诽谤罪，受害人可以提起刑事自诉，追究侵权人的刑事责任。无论公安机关是否处罚，都不影响受害人向人民法院提起民事诉讼，请求侵权人赔偿精神损害抚慰金，在微信群内或网络、报刊上赔礼道歉，并澄清事实、消除影响、恢复名誉。

◉ 相关依据

《中华人民共和国民法典》

第九百九十五条 人格权受到侵害的，受害人有权依照本法和其他法律的规定请求行为人承担民事责任。受害人的停止侵害、排除妨碍、消除危险、消除影响、恢复名誉、赔礼道歉请求权，不适用诉讼时效的规定。

第一千零二十四条 民事主体享有名誉权。任何组织或者个人不得以侮辱、诽谤等方式侵害他人的名誉权。

名誉是对民事主体的品德、声望、才能、信用等的社会评价。

第一千零三十二条 自然人享有隐私权。任何组织或者个人不得以刺探、侵扰、泄露、公开等方式侵害他人的隐私权。

隐私是自然人的私人生活安宁和不愿为他人知晓的私密空间、私密活动、私密信息。

第一千零三十四条　自然人的个人信息受法律保护。

个人信息是以电子或者其他方式记录的能够单独或者与其他信息结合识别特定自然人的各种信息，包括自然人的姓名、出生日期、身份证件号码、生物识别信息、住址、电话号码、电子邮箱、健康信息、行踪信息等。

个人信息中的私密信息，适用有关隐私权的规定；没有规定的，适用有关个人信息保护的规定。

《中华人民共和国治安管理处罚法》

第四十二条　有下列行为之一的，处五日以下拘留或者五百元以下罚款；情节较重的，处五日以上十日以下拘留，可以并处五百元以下罚款：

……

（二）公然侮辱他人或者捏造事实诽谤他人的；

……

（六）偷窥、偷拍、窃听、散布他人隐私的。

《中华人民共和国刑法》

第二百四十六条　以暴力或者其他方法公然侮辱他人或者捏造事实诽谤他人，情节严重的，处三年以下有期徒刑、拘役、管制或者剥夺政治权利。

前款罪，告诉的才处理，但是严重危害社会秩序和国家利益的除外。

通过信息网络实施第一款规定的行为，被害人向人民法院告诉，但提供证据确有困难的，人民法院可以要求公安机关提供协助。

第270问　小区微信群群主将群成员“踢”出群，是侵权行为吗？

答：为了方便物业管理、业主监督和交流物业管理情况，以及业主之间建立和联络邻里友情实现互帮互助等，往往会有物业公司安排工作人员或业主志愿者建立微信群组，邀请业主自愿进群。群主建群、邀请入群的行为，具有无偿、自愿、施惠的性质，未设立权利义务，不具有权利义务对等性，仅为社会交往中发生的一种好意施惠的行为，亦即情谊行为。如果群成员与群主或者群成员之间，因意见不合发生争执，或者群成员存在违反法律规定、群规、社会公序良俗等行为，群主为维护群秩序或全体群员整体利益、自身合法权益，可能会将特群成员移出群组。若群主不存在损害被踢群成员名誉、品德、才能、信用、荣誉等社会评价的行为，则“踢”出群不属于侵权行为。群成员向人民法院提出重新入群、赔礼道歉、赔偿精神损失等主张，是基于其被群主移出群组行为而提起民事侵权之诉，不构成提起侵权民事诉讼的法定事由，不属于人民法院受理民事诉讼的范围。群成员被群主踢出群组的行为，系社会交往联系中的法外行为，主要受道德、伦理、礼仪等非法律社会规范调整。

相关依据

《中华人民共和国民法典》

第九百九十五条 人格权受到侵害的，受害人有权依照本法和其他法律的规定请求行为人承担民事责任。受害人的停止侵害、排除妨碍、消除危险、消除影响、恢复名誉、赔礼道歉请求权，不适用诉讼时效的规定。

第一千零二十四条 民事主体享有名誉权。任何组织或者个人不得以侮辱、诽谤等方式侵害他人的名誉权。

名誉是对民事主体的品德、声望、才能、信用等的社会评价。

《互联网群组信息服务管理规定》

第九条 互联网群组建立者、管理者应当履行群组管理责任，依据法律法规、用户协议和平台公约，规范群组网络行为和信息发布，构建文明有序的网络群体空间。

互联网群组成员在参与群组信息交流时，应当遵守法律法规，文明互动、理性表达。

互联网群组信息服务提供者应为群组建立者、管理者进行群组管理提供必要功能权限。

第九章

家用汽车篇

CHAPTER 09

第一节 权利维护

消费者购买家用汽车用于生活的,依法享有人身财产安全权、知情权、选择权、公平交易权、获得赔偿权等各项权利。销售者提供的汽车商品和服务应当符合其执行的国家标准、行业标准、地方标准和企业标准;没有相关标准的,应当符合社会普遍公认的安全、卫生、环保要求。

销售家用汽车产品实行三包责任,在三包有效期内,符合修理、更换、退货条件的,销售者应当负责修理、更换、退货。

第271问 发现在4S店买了库存车,可以要求更换新车和3倍赔偿吗?

答:库存车,指出厂后长期没有售出,放置停驶时间较长的汽车。在汽车销售市场,以出厂时间是否超过一定的期限作为是否为库存车的判定依据:国内厂家生产的汽车为3个月,从国外进口的汽车在运输、报关、入关等环节上耗费不少时间的,一般为半年或者1年。由于库存车大都存放在露天停车场且长久停驶,可能存在发动机传动皮带损坏,电瓶亏电或报废,机油失效,雨刷、天窗、门框、轮胎、密封条等橡胶材质老化等现象,底盘、车体漆面也可能会有一定程度的受损。销售前汽车销售商没有周期性检测和养护,隐瞒事实真相,虚假陈述,将库存车冒充新车出售给消费者的,属于销售欺诈行为。消费者可以主张退一赔三,即返还全部购车款(包含汽车销售价款、车辆购置税、车辆保险费等)及赔偿3倍购车款。若销售商明确告知消费者所售车辆系库存车,且已经周期性检测和保养,交付前已经更换了发动机机油、刹车油等油液，并给予相对于新车价格的优惠让利，则不属于欺诈行为。

2022年1月1日起施行的《家用汽车产品修理更换退货责任规定》规定，自三包有效期起算之日起7日内，因质量问题需要更换发动机、变速器、动力蓄电池、行驶驱动电机或者其主要零部件的，消费者可以凭购车发票、三包凭证选择更换家用汽车产品或者退货。销售者应当免费更换或者退货。家用汽车产品自三包有效期起算之日起60日内或者行驶里程3000公里之内(以先到者为准)，因发动机、变速器、动力蓄电池、行驶驱动电机的主要零部件出现质量问题的，消费者可以凭三包凭证选择更换，修理者负有免费更换的义务。

◉ 相关依据

《中华人民共和国消费者权益保护法》

第二十三条 经营者应当保证在正常使用商品或者接受服务的情况下其提供的商品或者服务应当具有的质量、性能、用途和有效期限；但消费者在购买该商品或者接受该服务前已经知道其存在瑕疵，且存在该瑕疵不违反法律强制性规定的除外。

经营者以广告、产品说明、实物样品或者其他方式表明商品或者服务的质量状况的，应当保证其提供的商品或者服务的实际质量与表明的质量状况相符。

经营者提供的机动车、计算机、电视机、电冰箱、空调器、洗衣机等耐用商品或者装饰装修等服务，消费者自接受商品或者服务之日起六个月内发现瑕疵，发生争议的，由经营者承担有关瑕疵的举证责任。

第五十五条第一款 经营者提供商品或者服务有欺诈行为的，应当按照消费者的要求增加赔偿其受到的损失，增加赔偿的金额为消费者购买商品的价款或者接受服务的费用的三倍；增加赔偿的金额不足五百元的，为五百元。法律另有规定的,依照其规定。

《家用汽车产品修理、更换、退货责任规定》①

第二十条 在家用汽车产品三包有效期内,符合本规定更换、退货条件的,消费者凭三包凭证、购车发票等由销售者更换、退货。

家用汽车产品自销售者开具购车发票之日起60日内或者行驶里程3000公里之内(以先到者为准),家用汽车产品出现转向系统失效、制动系统失效、车身开裂或燃油泄漏,消费者选择更换家用汽车产品或退货的,销售者应当负责免费更换或退货。

在家用汽车产品三包有效期内,发生下列情况之一,消费者选择更换或退货的,销售者应当负责更换或退货:

(一)因严重安全性能故障累计进行了2次修理,严重安全性能故障仍未排除或者又出现新的严重安全性能故障的;

(二)发动机、变速器累计更换2次后,或者发动机、变速器的同一主要零件因其质量问题,累计更换2次后,仍不能正常使用的,发动机、变速器与其主要零件更换次数不重复计算;

(三)转向系统、制动系统、悬架系统、前/后桥、车身的同一主要零件因其质量问题,累计更换2次后,仍不能正常使用的;

转向系统、制动系统、悬架系统、前/后桥、车身的主要零件由生产者明示在三包凭证上,其种类范围应当符合国家相关标准或规定,具体要求由国家质检总局另行规定。

《家用汽车产品修理更换退货责任规定》②

第十八条 家用汽车产品的三包有效期不得低于2年或者行驶里程50,000公里,以先到者为准;包修期不得低于3年或者行驶里程60,000公里,以先到者为准。

三包有效期和包修期自销售者开具购车发票之日起计算;开具购车发

① 2022年1月1日起废止。

② 自2022年1月1日起施行。

票日期与交付家用汽车产品日期不一致的，自交付之日起计算。

第二十条　家用汽车产品自三包有效期起算之日起60日内或者行驶里程3000公里之内（以先到者为准），因发动机、变速器、动力蓄电池、行驶驱动电机的主要零部件出现质量问题的，消费者可以凭三包凭证选择更换发动机、变速器、动力蓄电池、行驶驱动电机。修理者应当免费更换。

第二十二条　家用汽车产品自三包有效期起算之日起7日内，因质量问题需要更换发动机、变速器、动力蓄电池、行驶驱动电机或者其主要零部件的，消费者可以凭购车发票、三包凭证选择更换家用汽车产品或者退货。销售者应当免费更换或者退货。

第二十三条　家用汽车产品自三包有效期起算之日起60日内或者行驶里程3000公里之内（以先到者为准），因质量问题出现转向系统失效、制动系统失效、车身开裂、燃油泄漏或者动力蓄电池起火的，消费者可以凭购车发票、三包凭证选择更换家用汽车产品或者退货。销售者应当免费更换或者退货。

第二十四条　家用汽车产品在三包有效期内出现下列情形之一，消费者凭购车发票、三包凭证选择更换家用汽车产品或者退货的，销售者应当更换或者退货：

（一）因严重安全性能故障累计进行2次修理，但仍未排除该故障或者出现新的严重安全性能故障的；

（二）发动机、变速器、动力蓄电池、行驶驱动电机因其质量问题累计更换2次，仍不能正常使用的；

（三）发动机、变速器、动力蓄电池、行驶驱动电机、转向系统、制动系统、悬架系统、传动系统、污染控制装置、车身的同一主要零部件因其质量问题累计更换2次，仍不能正常使用的；

（四）因质量问题累计修理时间超过30日，或者因同一质量问题累计修理超过4次的。

发动机、变速器、动力蓄电池、行驶驱动电机的更换次数与其主要零部件的更换次数不重复计算。

需要根据车辆识别代号(VIN)等定制的防盗系统、全车主线束等特殊零部件和动力蓄电池的运输时间,以及外出救援路途所占用的时间,不计入本条第一款第(四)项规定的修理时间。

第272问　汽车刹车失灵,如何依法维权?

答:汽车经销商应将查验合格、符合保障人身财产安全要求的汽车整车交付给消费者,并附随使用说明书、三包凭证、维修保养手册等随车文件。消费者应按照使用说明书正确使用、维护、修理。

按照《家用汽车产品修理、更换、退货责任规定》的规定,包修期限不低于3年或者行驶里程60,000公里,以先到者为准;整车三包有效期限不低于2年或者行驶里程50,000公里,以先到者为准。保修期和三包有效期自销售者开具购车发票之日起计算。三包有效期内,符合更换、退货条件的,消费者凭三包凭证、购车发票等由销售者更换、退货。汽车自经销商开具购车发票之日起60日内或者行驶里程3000公里之内(以先到者为准),出现制动系统失效(刹车失灵)或者在三包期内因制动系统失效质量问题累计更换2次,仍不能正常使用的,消费者选择更换或退货的,经销商应当负责免费更换或者退货。

当消费者发现购买的车辆存在质量问题时,切勿自行处置,以免造成损坏;应先联系经销商解决,经销商不解决的,可以向汽车生产厂家投诉处理;也可以直接向消费者保护组织、市场监督管理局、质量技术监督管理部门投诉、申诉处理。经有关部门调解无法达成一致的,消费者可以依法向人民法院提起民事诉讼。消费者自接受汽车之日起6个月内发现瑕疵,发生争议的,由经营者承担有关瑕疵的举证责任。

消费者应理性维权,避免“以闹维权”引起媒体关注,给经销商、生厂家施加舆论压力，并造成负面影响和经济损失。消费者在公众场合"以闹维权"扰乱社会公共秩序，将被公安机关给予治安处罚；如果聚众扰乱生产、经营秩序，情节严重的，则面临承担刑事责任的风险。

◉ 相关依据

《家用汽车产品修理、更换、退货责任规定》①

第二十条 在家用汽车产品三包有效期内，符合本规定更换、退货条件的，消费者凭三包凭证、购车发票等由销售者更换、退货。

家用汽车产品自销售者开具购车发票之日起60日内或者行驶里程3000公里之内（以先到者为准），家用汽车产品出现转向系统失效、制动系统失效、车身开裂或燃油泄漏，消费者选择更换家用汽车产品或退货的，销售者应当负责免费更换或退货。

在家用汽车产品三包有效期内，发生下列情况之一，消费者选择更换或退货的，销售者应当负责更换或退货：

……

（三）转向系统、制动系统、悬架系统、前/后桥、车身的同一主要零件因其质量问题，累计更换2次后，仍不能正常使用的；

转向系统、制动系统、悬架系统、前/后桥、车身的主要零件由生产者明示在三包凭证上，其种类范围应当符合国家相关标准或规定，具体要求由国家质检总局另行规定。

《家用汽车产品修理更换退货责任规定》

第二十三条 家用汽车产品自三包有效期起算之日起60日内或者行驶里程3000公里之内（以先到者为准），因质量问题出现转向系统失效、制动系统失效、车身开裂、燃油泄漏或者动力蓄电池起火的，消费者可以凭购

---

① 2022年1月1日起废止。

车发票、三包凭证选择更换家用汽车产品或者退货。销售者应当免费更换或者退货。

第二十四条　家用汽车产品在三包有效期内出现下列情形之一，消费者凭购车发票、三包凭证选择更换家用汽车产品或者退货的，销售者应当更换或者退货：

（三）发动机、变速器、动力蓄电池、行驶驱动电机、转向系统、制动系统、悬架系统、传动系统、污染控制装置、车身的同一主要零部件因其质量问题累计更换2次，仍不能正常使用的；

《中华人民共和国消费者权益保护法》

第二十三条第三款　经营者提供的机动车、计算机、电视机、电冰箱、空调器、洗衣机等耐用商品或者装饰装修等服务，消费者自接受商品或者服务之日起六个月内发现瑕疵，发生争议的，由经营者承担有关瑕疵的举证责任。

《中华人民共和国治安管理处罚法》

第二十三条　有下列行为之一的，处警告或者二百元以下罚款；情节较重的，处五日以上十日以下拘留，可以并处五百元以下罚款：

（一）扰乱机关、团体、企业、事业单位秩序，致使工作、生产、营业、医疗、教学、科研不能正常进行，尚未造成严重损失的；

（二）扰乱车站、港口、码头、机场、商场、公园、展览馆或者其他公共场所秩序的；

……

《中华人民共和国刑法》

第二百九十条第一款　聚众扰乱社会秩序，情节严重，致使工作、生产、营业和教学、科研、医疗无法进行，造成严重损失的，对首要分子，处三年以上七年以下有期徒刑；对其他积极参加的，处三年以下有期徒刑、拘役、管制或者剥夺政治权利。

第二百九十一条　聚众扰乱车站、码头、民用航空站、商场、公园、影剧院、展览会、运动场或者其他公共场所秩序，聚众堵塞交通或者破坏交通秩序，抗拒、阻碍国家治安管理工作人员依法执行职务，情节严重的，对首要分子，处五年以下有期徒刑、拘役或者管制。

第273问 购买了新能源汽车后，可以在小区内安装充电桩吗？

答：充电桩是新能源汽车的配套基础设施，是新能源汽车产业发展不可或缺的环节之一。车主购买了新能源汽车后，如果小区内没有公用充电桩，需到附近的公用充电桩充电，不仅成本高，还不方便。根据《关于加快居民区电动汽车充电基础设施建设的通知》的规定，允许个人购买新能源汽车后安装自用充电桩。在自己购买的停车位上安装充电桩，需配置专有线路，应经业主委员会、物业公司同意施工后，再去供电部门申请办理。供电部门通过现场勘查、检测，符合条件的发给安装登记证明准许安装后，汽车销售维修单位（4S店）方可安装。由于充电桩供电容量较大，具有一定的危险性和安全隐患，小区可能还不具备安装条件；或者物业公司考虑到小区用电安全，可能以物业服务合同中没有约定允许安装充电桩为由拒绝。业主购买新能源汽车需要安装自用充电桩的，应向业主委员会、物业公司、供电部门咨询可否安装，避免不具备条件而无法安装。如果业主小区具备安装条件，业主委员会、物业公司或者供电部门不同意安装的，业主可以诉请法院判令其配合。

◉ 相关依据

《关于加快居民区电动汽车充电基础设施建设的通知》

一、加强现有居民区设施改造。根据电动汽车发展规划及应用推广情况，按“适度超前”原则，供电企业要结合老旧小区改造，积极推进现有居民区（含高压自管小区）停车位的电气化改造，确保满足居民区充电基础设施用电需求。对专用固定停车位（含一年及以上租赁期车位），按“一表一车位"模式进行配套供电设施增容改造,每个停车位配置适当容量电能表。对公共停车位,应结合小区实际情况及电动车用户的充电需求,开展配套供电设施改造,合理配置供电容量。国家对居民区停车位的电气化改造酌情给予专项建设基金等政策支持,地方政府要统一协调有关部门和单位给予施工便利。

六、发挥物业服务企业积极作用。在居民区充电基础设施安装过程中,物业服务企业应配合业主或其委托的建设单位,及时提供相关图纸资料,积极配合并协助现场勘查、施工。鼓励物业服务企业根据用户需求及业主大会授权,利用公共停车位建设相对集中的公共充电基础设施并提供充电服务。地方可充分利用财政资金杠杆作用,对配套服务与管理积极主动、成效突出的物业服务企业给予适当奖补。

第274问　对于小区停车位,开发商可以向业主租售吗?

答:住宅小区停车位分为地面和地下两种。符合建设规划取得产权的地面车位、车库,属于开发商所有。开发商可以出售、附赠给业主。小区开发商未出售或者未附赠的车位、车库,须优先出租给业主,不得只售不租。拟出租车位、车库数量不能满足"一户一位"的,应通过抽签等公平方式,确定给未购买或者未受赠车位、车库的业主。

建筑区划内规划外占用业主共有的道路或者其他场地可供停放汽车的车位,属于小区业主共有。业主大会或者业主大会授权的业主委员会决定交纳汽车停放费的,物业公司可依据物业服务合同,向使用车位的业主收取汽车停放费。业主委员会应当对汽车停放费的收支情况进行监督,并向业主大会报告。

物业管理区域内依法配建的人民防空工程平时用作停车位的,不计入小区公用建筑面积,是国防资产,属于国家所有,任何人不得买卖、赠与、破坏和侵占。在平时，本着谁投资、谁受益的原则，开发商有权出租收益，但租赁期限不得超过3年。收取的汽车停放费、租金，用于该人民防空工程设施的维护管理和停车管理的必要支出。

◉ 相关依据

《中华人民共和国民法典》

第二百七十五条 建筑区划内，规划用于停放汽车的车位、车库的归属，由当事人通过出售、附赠或者出租等方式约定。

占用业主共有的道路或者其他场地用于停放汽车的车位，属于业主共有。

《江苏省物业管理条例》

第六十三条第三款 建设单位未出售或者未附赠的车位、车库，应当优先出租给本区域内业主，租金按照价格行政主管部门核定的标准执行；业主要求承租车位、车库的，建设单位不得只售不租。拟出租车位、车库数量少于本区域要求承租车位、车库业主的房屋套数时，应当通过抽签等公平方式确定给未购买或者未受赠车位、车库的业主，每户业主只能承租一个车位或者车库。

第六十五条 在物业管理区域内公共、共用车库、道路、场地停放汽车的，应当根据业主大会或者业主大会授权的业主委员会决定交纳汽车停放费。

物业服务企业可以根据物业服务合同收取汽车停放费。汽车停放费的具体标准，由价格行政主管部门会同物业管理行政主管部门制定并公布。

物业服务企业应当将汽车停放费单独列账，独立核算。业主委员会应当对汽车停放费的收支情况进行监督，并向业主大会报告。

业主对汽车停放有保管要求的，应当与物业服务企业另行签订保管服务合同。

第六十七条 物业管理区域内依法配建的人民防空工程，应当按照设计文件在实地标注。

物业管理区域内依法配建的人民防空工程平时用作停车位的，应当向业主开放，出租的租赁期限不得超过三年，不得将停车位出售、附赠。

人民防空工程平时用作停车位收取的汽车停放费、租金，应当依照有关规定，用于该人民防空工程设施的维护管理和停车管理的必要支出，有剩余费用的按照本条例第六十六条第一款规定使用。管理办法和具体收费标准由省价格行政主管部门会同物业管理、人防等行政主管部门制定并公布。

第275问　业主没有停车位，物业公司能拒绝其车辆进入小区吗？

答：由于家用汽车数量快速增长，老旧小区原有的停车位数量无法满足业主停车需求。为了避免乱停车、占位停车、破坏绿化、占用堵塞消防通道等事件发生，经常出现小区门卫保安阻止没有停车位的业主驾车进入小区的现象。小区内的公共道路或者其他公共区域内的土地使用权属于全体业主共有，业主占用物业管理区域内、业主共有的道路或者其他场地停放车辆，业主大会或者业主大会授权的业主委员会有权决定交纳汽车停放费。如果小区租赁停车位不能满足所有有停车需求的业主时，在不违反“一户一位”的前提下，应通过抽签等公平方式确定承租的业主。为了共同维护小区管理秩序，没有购买、租赁停车位的业主欲驶入小区的，应与物业公司协商确定临时停车位置，并支付相应时段停放费用。业主拒绝的，物业公司有权阻止其进入。业主在遭遇物业公司阻止驶入小区时，不能停车堵住门口或毁坏道闸挡杆，以免影响其他业主正常出入小区，也避免受到不必要的法律追究。

◉ 相关依据

《中华人民共和国民法典》

第二百七十五条　建筑区划内，规划用于停放汽车的车位、车库的归属，由当事人通过出售、附赠或者出租等方式约定。

占用业主共有的道路或者其他场地用于停放汽车的车位，属于业主共有。

第二百七十六条 建筑区划内，规划用于停放汽车的车位、车库应当首先满足业主的需要。

《江苏省物业管理条例》

第六十四条 占用业主共有的道路或者其他场地用于停放汽车的车位、车库，由业主大会或者业主大会授权的业主委员会决定使用。

物业管理区域内划定车位、停放车辆，不得占用、堵塞、封闭疏散通道、安全出口、消防车通道，不得影响其他车辆和行人的正常通行。

第六十五条 在物业管理区域内公共、共用车库、道路、场地停放汽车的，应当根据业主大会或者业主大会授权的业主委员会决定交纳汽车停放费。

物业服务企业可以根据物业服务合同收取汽车停放费。汽车停放费的具体标准，由价格行政主管部门会同物业管理行政主管部门制定并公布。

物业服务企业应当将汽车停放费单独列账，独立核算。业主委员会应当对汽车停放费的收支情况进行监督，并向业主大会报告。

业主对汽车停放有保管要求的，应当与物业服务企业另行签订保管服务合同。

第276问 开发商“捂盘惜售”小区车位，变相抬高价格，业主可以要回差价吗？

答：住宅小区的车位是小区配套设施，是业主日常生活的必需设施，需首先满足本小区业主的合理需求。开发商销售房屋时出售车位、车库的，应当在物业管理区域内显著位置公示拟出售车位、车库的产权证明文件和出售价格。拟出售车位、车库数量少于本区域要求购买车位、车库业主的房屋套数时，须通过抽签等公平方式确定，每户业主只能购买一个车位或者车库。开发商故意隐瞒住宅小区车位数量，变相抬高价格获利，违反了诚实守信原则，属于缔约过失行为，应承担相应的法律责任。开发商“捂热”售价赚取的差价，应返还给受到欺骗而未能及时购买到车位的业主。业主诉讼维权时应注意提供充分证据证明曾向开发商提出购买意思表示，由于开发商告知车位已售完，最终无法购买。如果开发商将车位出售给本小区以外的人，导致业主丧失购买权的，亦属于缔约过失行为。

◉ 相关依据

《中华人民共和国民法典》

第二百七十五条　建筑区划内，规划用于停放汽车的车位、车库的归属，由当事人通过出售、附赠或者出租等方式约定。

占用业主共有的道路或者其他场地用于停放汽车的车位，属于业主共有。

第二百七十六条　建筑区划内，规划用于停放汽车的车位、车库应当首先满足业主的需要。

第五百条　当事人在订立合同过程中有下列情形之一，造成对方损失的，应当承担赔偿责任：

……

（二）故意隐瞒与订立合同有关的重要事实或者提供虚假情况；

……

《江苏省物业管理条例》

第六十三条第二款　建设单位办理商品房房屋预销售登记后出售或者附赠的车位、车库，应当明示并在物业管理区域内显著位置公示拟出售车位、车库的产权证明文件和出售价格。拟出售车位、车库数量少于本区域要求购买车位、车库业主的房屋套数时，应当通过抽签等公平方式确定，每户业主只能购买一个车位或者车库。

第277问 开发商赠送的车位使用权，由于未按约支付车位管理费，被开发商售与他人，该如何维权？

答：房地产开发企业可以将其投资建设的符合规划许可、不计入小区公摊面积、具有独立产权的地面车位或者不属于人防的地下车位的所有权转让、赠与给小区业主。且车位使用权与车位管理费不能混为一谈。不交纳车位管理费，是业主与物业公司之间的物业服务合同纠纷，由业主向物业公司承担违约责任。开发商将车位的使用权出售、赠送给业主后，不能再出售、赠送给其他业主，否则就属于违约行为。先取得车位使用权的业主可以向人民法院起诉追究开发商的违约责任。若开发商不能返还车位使用权或者另行交付车位使用权的，则需要赔偿业主相当于该车位使用权价值的经济损失。

◉ 相关依据

《中华人民共和国民法典》

第二百七十五条 建筑区划内，规划用于停放汽车的车位、车库的归属，由当事人通过出售、附赠或者出租等方式约定。

占用业主共有的道路或者其他场地用于停放汽车的车位，属于业主共有。

第五百七十七条 当事人一方不履行合同义务或者履行合同义务不符合约定的，应当承担继续履行、采取补救措施或者赔偿损失等违约责任。

第五百八十三条 当事人一方不履行合同义务或者履行合同义务不符合约定的，在履行义务或者采取补救措施后，对方还有其他损失的，应当赔偿损失。

《江苏省物业管理条例》

第六十三条第二款 建设单位办理商品房房屋预销售登记后出售或者

附赠的车位、车库,应当明示并在物业管理区域内显著位置公示拟出售车位、车库的产权证明文件和出售价格。拟出售车位、车库数量少于本区域要求购买车位、车库业主的房屋套数时,应当通过抽签等公平方式确定,每户业主只能购买一个车位或者车库。

第278问 业主购买了小区地下停车位,交了物业费,还要交停车费?

答:花了十几万块钱买下的地下停车位,交了物业费后,是否还要交停车费? 对此,业主和物业之间争议不断。在此,分析如下:

通常所说的物业费(物业公共服务费),是物业公司因对物业管理区域内的建筑物、构筑物及配套的设施设备和相关场地进行日常维修、养护、管理,维护环境卫生和相关秩序,向业主或者物业使用人所收取的费用。全体业主交纳的物业费中不含停车费,是因为住宅小区里存在未购买或租用车位的业主。如果强求未购买车位的人交纳停车费,显失公平。

区分车位占用土地的权利和汽车停放权。占用全体业主共有公共道路的车位,按照管理规约需交纳车位租金和停车费。如果业主没有长期租赁车位,只是临时停车的,只需交纳停车费;房地产开发商出售、赠送的车位,业主可以获得长期占有、使用、收益、处分的权利,无须再交纳车位租金,但需要交纳停车费。

停车费,规范的说法为"汽车停放费",是指物业管理区域内用于车位、车库的公共设施设备运行的能耗及维护、保洁、秩序维护、管理服务人员费用以及法定税费等费用。汽车停放费归物业公司收取;车位租金归车位产权人所有,产权人通常为全体业主或者房地产开发商。

◉ 相关依据

《中华人民共和国民法典》

第二百七十五条 建筑区划内,规划用于停放汽车的车位、车库的归属,由当事人通过出售、附赠或者出租等方式约定。

占用业主共有的道路或者其他场地用于停放汽车的车位,属于业主共有。

《江苏省物业服务收费管理办法》

第三条 本办法所称物业服务收费,是指物业服务企业按照物业服务合同对物业管理区域内的建筑物、构筑物及配套的设施设备和相关场地进行日常维修、养护、管理,维护环境卫生和相关秩序,向业主或者物业使用人所收取的费用。

物业服务收费包括物业公共服务费、汽车停放费和其他服务收费。

第十条 物业管理区域内物业公共服务费一般由下列因素构成:

(一)物业管理服务人员工资、社会保险、公积金和按规定提取的工会经费、职工教育经费等;

(二)物业共用部位、共用设施设备日常维护保养费用;

(三)清洁卫生费用;

(四)绿化养护费用;

(五)秩序维护费用;

(六)办公费用;

(七)物业服务企业固定资产折旧;

(八)物业共用部位、共用设施设备及公众责任保险费用;

(九)管理费分摊;

(十)经业主大会同意的其它费用;

(十一)法定税费以及合理利润。

应当由住宅专项维修资金支出的物业共用部位、共用设施设备的维修、更新和改造费用,不得计入物业服务成本或物业服务费支出。

第十九条 本办法所称汽车停放费,是指物业管理区域内用于车位、车库的公共设施设备运行的能耗及维护、保洁、秩序维护、管理服务人员费用以及法定税费等费用。

本办法所称车位租金是车位所有权人或管理者将车位采取租赁方式，出租给使用人所收取的费用。

第二十条　物业管理区域内业主共有、专有、专用的车位、车库，应当区别车位、车库的专有权益、管理服务成本等因素收取汽车停放费和车位租金。

同一停放区域内的汽车停放费标准应当保持一致，地下与地面的汽车停放费标准应当保持合理比价。

第二十四条　物业管理区域内依法配建的人民防空工程平时用作停车位的，租金的基准价与浮动幅度由设区市、县(市)价格主管部门会同物业管理行政主管部门按照价格管理权限制定。具体收费标准在规定的基准价与浮动幅度范围内确定。

第二十五条　汽车停放费由物业服务企业或专业管理机构根据物业服务合同约定收取；车位租金由车位、车库专有人或管理者根据合同约定收取，也可委托物业服务企业代收，单独列账。

第279问　轿车在小区里被划伤，能找物业公司赔偿吗？

答：首先，业主停在小区里的私家车被划伤或剐蹭，应由造成车辆损害的实际侵权人予以赔偿。其次，在找不到侵权人的情况下，如果业主与物业公司签订了书面的车辆保管协议，物业公司未尽责时须向业主承担违约赔偿责任，赔偿后可向实际侵权人追偿。最后，在业主既找不到侵权人又没与物业公司签订车辆保管协议时，要看物业公司是否履行了合理的安全管理义务。由于业主与物业公司之间存在物业服务合同法律关系，在业主按照合同约定支付物业费的情况下，物业公司须按照物业服务合同的约定提供安全管理服务,积极维护小区内的公共秩序,对全体业主的财物尽到安全防范、协助管理义务。业主主张赔偿时,物业公司应提供证据证明其已尽到管理服务义务。物业公司需要尽可能提供的证据主要有:现场监控录像资料、保安巡查记录等。若物业公司不能举证说明已尽到管理服务义务,则应承担一定的赔偿责任。物业公司赔偿后可向实际侵权人索赔。此外,车主在购买了车身划痕险的情况下,应及时通知保险公司派员查勘现场,通过保险公司理赔解决。

◉ 相关依据

《中华人民共和国民法典》

第一千一百六十五条 行为人因过错侵害他人民事权益造成损害的,应当承担侵权责任。

依照法律规定推定行为人有过错,其不能证明自己没有过错的,应当承担侵权责任。

第一千一百九十一条 用人单位的工作人员因执行工作任务造成他人损害的,由用人单位承担侵权责任。用人单位承担侵权责任后,可以向有故意或者重大过失的工作人员追偿。

劳务派遣期间,被派遣的工作人员因执行工作任务造成他人损害的,由接受劳务派遣的用工单位承担侵权责任;劳务派遣单位有过错的,承担相应的责任。

《物业管理条例》

第三十五条 物业服务企业应当按照物业服务合同的约定,提供相应的服务。物业服务企业未能履行物业服务合同的约定,导致业主人身、财产安全受到损害的,应当依法承担相应的法律责任。

第四十五条 对物业管理区域内违反有关治安、环保、物业装饰装修和使用等方面法律、法规规定的行为,物业服务企业应当制止,并及时向有关行政管理部门报告。

有关行政管理部门在接到物业服务企业的报告后，应当依法对违法行为予以制止或者依法处理。

《江苏省物业管理条例》

第四十七条第一款 物业服务企业应当按照物业服务合同中关于安全防范的约定，落实安全防范措施，做好物业管理区域内的安全防范工作。物业服务企业未履行物业服务合同义务或者履行合同义务不符合约定，导致业主人身、财产受到损害的，应当依法承担相应的法律责任。

第280问 汽车被人划伤，公安机关能对行为人处罚吗？

答：出于泄愤报复、嫉妒、逞强或者取乐的动机，行为人故意刮花、划伤他人汽车的引擎盖、车门等部位，系故意毁坏他人财物的违法行为。如果行为人是成年人，公安机关有权处5日以上10日以下拘留，可以并处500元以下罚款；情节较重的，处10日以上15日以下拘留，可以并处1000元以下罚款。未满14周岁的未成年人，不予处罚，但责令其监护人严加管教。已满16周岁不满18周岁的未成年人，初次划伤他人汽车的，不予拘留处罚。如果行为人是70周岁以上的老年人，不予拘留处罚。已满16周岁的自然人划伤他人汽车，造成的损失达到5000元的或者毁坏公私财物3次以上的、纠集3人以上公然毁坏公私财物，皆系犯罪行为，涉嫌故意毁坏财物罪，处3年以下有期徒刑、拘役或者罚金。对不满16周岁不予刑事处罚的未成年人，责令其父母或者其他监护人加以管教；在必要的时候，依法进行专门矫治教育。

◉ 相关依据

《中华人民共和国治安管理处罚法》

第十二条 已满十四周岁不满十八周岁的人违反治安管理的，从轻或者减轻处罚;不满十四周岁的人违反治安管理的,不予处罚,但是应当责令其监护人严加管教。

第二十一条 违反治安管理行为人有下列情形之一,依照本法应当给予行政拘留处罚的,不执行行政拘留处罚:

(一)已满十四周岁不满十六周岁的;

(二)已满十六周岁不满十八周岁,初次违反治安管理的;

(三)七十周岁以上的;

(四)怀孕或者哺乳自己不满一周岁婴儿的。

第四十九条 盗窃、诈骗、哄抢、抢夺、敲诈勒索或者故意损毁公私财物的,处五日以上十日以下拘留,可以并处五百元以下罚款;情节较重的,处十日以上十五日以下拘留,可以并处一千元以下罚款。

《中华人民共和国刑法》

第十七条第一款、第五款 已满十六周岁的人犯罪,应当负刑事责任。

因不满十六周岁不予刑事处罚的,责令其父母或者其他监护人加以管教;在必要的时候,依法进行专门矫治教育。

第二百七十五条 故意毁坏公私财物,数额较大或者有其他严重情节的,处三年以下有期徒刑、拘役或者罚金;数额巨大或者有其他特别严重情节的,处三年以上七年以下有期徒刑。

《最高人民检察院、公安部关于公安机关管辖的刑事案件立案追诉标准的规定(一)》

第三十三条 [故意毁坏财物案(刑法第二百七十五条)]故意毁坏公私财物,涉嫌下列情形之一的,应予立案追诉:

(一)造成公私财物损失五千元以上的;

(二)毁坏公私财物三次以上的;

(三)纠集三人以上公然毁坏公私财物的;

(四)其他情节严重的情形。

第281问 高层住宅楼外墙皮脱落砸坏业主的汽车，由谁承担责任？

答：在建设工程竣工后的质量保证期内，因外墙质量问题造成人身、财产损害的，住宅小区的开发商应承担赔偿责任。小区物业公司对建筑物外墙面有日常维修、养护和管理，确保物业公共部分的安全的义务。小区业主将私家车停在自己的车位上，被住宅楼外墙的墙皮砸坏时，业主应及时拍照或摄像取证，便于日后维权。业主投保车辆损失险的，应先向保险公司报案，通过理赔程序获得赔偿。没有投保车辆损失险的，如果住宅楼外墙在保修期内的，由开发商承担赔偿责任；超过保修期的，物业公司未能定期检查及时排除安全隐患，不能证明自己没有过错的，应在安全保障义务范围内承担赔偿责任。

◉ 相关依据

《中华人民共和国民法典》

第九百四十二条第一款 物业服务人应当按照约定和物业的使用性质，妥善维修、养护、清洁、绿化和经营管理物业服务区域内的业主共有部分，维护物业服务区域内的基本秩序，采取合理措施保护业主的人身、财产安全。

第一千二百五十三条 建筑物、构筑物或者其他设施及其搁置物、悬挂物发生脱落、坠落造成他人损害，所有人、管理人或者使用人不能证明自己没有过错的，应当承担侵权责任。所有人、管理人或者使用人赔偿后，有其他责任人的，有权向其他责任人追偿。

《江苏省物业管理条例》

第七十四条第一款 物业存在安全隐患、严重影响市容或者妨碍他人正常使用的，业主、物业使用人或者物业服务企业应当及时维修、养护或者采取防范措施。

第二节　驾驶风险

汽车系高速运转的交通工具，危险系数较高。为了避免或减轻可能发生的事故损害，除了投保强制保险外，还应投保与汽车相适应的商业保险。驾驶车辆应注意养成遵守交通法规和安全驾驶的良好习惯，尽量避免或减少安全事故的发生。

第282问　家用汽车投保交强险，发生交通事故后，可以赔偿受害人哪些损失？

答：交强险是“机动车交通事故责任强制保险”的简称，指由保险公司对被保险机动车发生道路交通事故造成受害人（不包括本车人员和被保险人）的人身伤亡、财产损失，在责任限额内予以赔偿的强制性责任保险。被保险人，是指投保人及其允许的合法驾驶人。在我国境内道路上行驶的机动车的所有人或者管理人都应当依法投保交强险。

交强险的保险费价格全国统一，与交通事故挂钩，实行浮动费率，不同地区费率不同。按照江苏地区实行的费率，家用车6座以下首次投保的保险费为950元，首次投保后第一年度没有发生事故理赔，后续投保时保险费会打7～9折，第二年保费9折即855元，第三年8折即760元，第四年7折即665元。如果首次投保后的第一年度发生一次非死亡交通事故且理赔的，第二年保险费为全额950元；如果上一年度发生了两次以上非死亡交通事故并且理赔的，加收10%，即1045元。如果上一年度发生有责任的死亡事故，加收30%，即1235元。

当机动车发生道路交通事故时，在交强险范围内的赔偿根据驾驶员在事故中是否承担责任，进行区分赔偿限额。驾驶员负有事故责任的，承保交强险的保险公司最高赔偿限额为：死亡伤残赔偿限额18万元，医疗费用赔偿限额1.8万元，财产损失赔偿限额2000元。驾驶员不负事故责任的，承保交强险的保险公司最高赔偿额度为：死亡伤残赔偿限额1.8万元，医疗费用赔偿限额1800元，财产损失赔偿限额100元。例如，机动车追尾事故中，后车驾驶员负事故全责，无人伤亡时，前车的保险公司赔偿后车车辆损失100元。

死亡伤残赔偿限额指被保险机动车发生交通事故，保险人对单次保险事故所有受害人的死亡伤残费用所承担的最高赔偿金额。死亡伤残费用包括丧葬费、死亡补偿费、受害人亲属办理丧葬事宜支出的交通费用、残疾赔偿金、残疾辅助器具费、护理费、康复费、交通费、被抚养人生活费、住宿费、误工费，以及被保险人依照法院判决或者调解承担的精神损害抚慰金。

医疗费用赔偿限额指被保险机动车发生交通事故，保险人对单次保险事故所有受害人的医疗费用所承担的最高赔偿金额。医疗费用包括医药费、诊疗费、住院费、住院伙食补助费、必要且合理的后续治疗费、整容费、营养费。

财产损失赔偿限额指被保险机动车发生交通事故，保险人对单次保险事故所有受害人的财产损失承担的最高赔偿金额。

驾驶员故意制造交通事故、无证或醉酒驾驶、被盗抢期间肇事，及受害人故意造成的事故，保险公司均不予赔偿。未投保交强险的机动车发生交通事故造成他人损害，投保义务人（通常为车主）在交强险责任限额范围内予以赔偿。

相关依据

《机动车交通事故责任强制保险条例》

第二十一条 被保险机动车发生道路交通事故造成本车人员、被保险人以外的受害人人身伤亡、财产损失的，由保险公司依法在机动车交通事故责任强制保险责任限额范围内予以赔偿。

道路交通事故的损失是由受害人故意造成的，保险公司不予赔偿。

第二十二条 有下列情形之一的，保险公司在机动车交通事故责任强制保险责任限额范围内垫付抢救费用，并有权向致害人追偿：

(一)驾驶人未取得驾驶资格或者醉酒的；

(二)被保险机动车被盗抢期间肇事的；

(三)被保险人故意制造道路交通事故的。

有前款所列情形之一，发生道路交通事故的，造成受害人的财产损失，保险公司不承担赔偿责任。

第二十三条 机动车交通事故责任强制保险在全国范围内实行统一的责任限额。责任限额分为死亡伤残赔偿限额、医疗费用赔偿限额、财产损失赔偿限额以及被保险人在道路交通事故中无责任的赔偿限额。

机动车交通事故责任强制保险责任限额由国务院保险监督管理机构会同国务院公安部门、国务院卫生主管部门、国务院农业主管部门规定。

《最高人民法院关于审理道路交通事故损害赔偿案件适用法律若干问题的解释》

第十四条 投保人允许的驾驶人驾驶机动车致使投保人遭受损害，当事人请求承保交强险的保险公司在责任限额范围内予以赔偿的，人民法院应予支持，但投保人为本车上人员的除外。

第十五条 有下列情形之一导致第三人人身损害，当事人请求保险公司在交强险责任限额范围内予以赔偿，人民法院应予支持：

(一)驾驶人未取得驾驶资格或者未取得相应驾驶资格的；

(二)醉酒、服用国家管制的精神药品或者麻醉药品后驾驶机动车发生交通事故的；

(三)驾驶人故意制造交通事故的。

保险公司在赔偿范围内向侵权人主张追偿权的,人民法院应予支持。追偿权的诉讼时效期间自保险公司实际赔偿之日起计算。

第十六条 未依法投保交强险的机动车发生交通事故造成损害,当事人请求投保义务人在交强险责任限额范围内予以赔偿的,人民法院应予支持。

投保义务人和侵权人不是同一人,当事人请求投保义务人和侵权人在交强险责任限额范围内承担相应责任的,人民法院应予支持。

第十七条 具有从事交强险业务资格的保险公司违法拒绝承保、拖延承保或者违法解除交强险合同,投保义务人在向第三人承担赔偿责任后,请求该保险公司在交强险责任限额范围内承担相应赔偿责任的,人民法院应予支持。

《中国银保监会关于调整交强险责任限额和费率浮动系数的公告》

一、新交强险责任限额方案

在中华人民共和国境内(不含港、澳、台地区),被保险人在使用被保险机动车过程中发生交通事故,致使受害人遭受人身伤亡或者财产损失,依法应当由被保险人承担的损害赔偿责任,每次事故责任限额为:死亡伤残赔偿限额18万元,医疗费用赔偿限额1.8万元,财产损失赔偿限额0.2万元。被保险人无责任时,死亡伤残赔偿限额1.8万元,医疗费用赔偿限额1800元,财产损失赔偿限额100元。

《机动车交通事故责任强制保险费率浮动暂行办法》

5.江苏、浙江、安徽、上海、湖南、湖北、江西、辽宁、河南、福建、重庆、山东、广东、深圳、厦门、四川、贵州、大连、青岛、宁波20个地区实行以下费率调整方案E:

	浮动因素	浮动比率
与道路交通事故相联系的浮动方案E	E1,上一个年度未发生有责任道路交通事故	-10%
	E2,上两个年度未发生有责任道路交通事故	-20%
	E3,上三个及以上年度未发生有责任道路交通事故	-30%
	E4,上一个年度发生一次有责任不涉及死亡的道路交通事故	0%
	E5,上一个年度发生两次及两次以上有责任道路交通事故	10%
	E6,上一个年度发生有责任道路交通死亡事故	30%

第283问 家用汽车有哪些商业险种？可以赔偿哪些损失？

答：商业险分为主险和附加险两大类。主险包括机动车损失保险、机动车第三者责任保险、机动车车上人员责任保险共三个独立的险种。投保人可以选择投保全部险种，也可以选择投保其中部分险种。附加险则包括附加绝对免赔率特约条款、车轮单独损失险、新增加设备损失险、车身划痕损失险、修理期间费用补偿险、发动机进水损坏除外特约条款、车上货物责任险、精神损害抚慰金责任险、法定节假日限额翻倍险、附加医保外医疗费用责任险、机动车增值服务特约条款等11个险种。附加险不能独立投保，必须依附于相应的主险才能投保。下面就常见投保险种简要介绍如下：

1. 机动车损失保险。被保险车辆在保险期间，出现保险合同约定的理赔事项造成车辆损失，且未违法交通管理法律法规规定，不存在免责事由（例如：饮酒驾驶、肇事逃逸、无证驾驶以及战争、军事冲突等)的,保险公司依据保险合同约定予以赔偿。车损险多适用于事故碰撞、刮擦、砸击、坠落或火灾、暴雨、台风、泥石流等自然灾害造成的车辆损失的赔付。被保险机动车被盗窃、抢劫、抢夺,经出险地县级以上公安刑侦部门立案证明,满 60 日未查明下落的全车损失,以及因被盗窃、抢劫、抢夺受到损坏造成的直接损失,保险公司依照合同约定进行赔偿。为防止或者减少被保险机动车的损失所支付的必要合理施救费用,由保险公司承担。保险公司在依据保险合同约定计算赔款的基础上,增加每次事故绝对免赔额。

2. 机动车第三者责任保险。保险公司允许的合格驾驶员在使用被保险车辆过程中发生的意外事故,致使第三者遭受人身伤亡或财产的直接损失,由保险公司赔付。第三者是因车辆导致人身和财产损失的汽车外部的受害人,不包括在汽车内部驾驶汽车的驾驶员和搭乘人、售票员、装卸工等。被保险人或其允许的驾驶人驾驶机动车给第三者造成损害,赔偿责任明确的,保险公司应直接向该第三者赔偿。如果被保险人未主动与第三者协商并向保险公司请求赔偿,第三者就其应获赔偿部分直接向保险公司请求赔偿的,保险公司可以直接向该第三者赔偿。保险公司仅就超过机动车交通事故责任强制保险各分项赔偿限额的部分负责赔偿。保险公司依据被保险机动车一方在事故中所负的事故责任比例,承担相应的赔偿责任。根据有关法律法规选择自行协商或公安机关交通管理部门未确定事故比例的,按下列规定确定事故责任比例:被保险机动车一方负主要事故责任的,事故责任比例为 70%;被保险机动车一方负同等事故责任的,事故责任比例为 50%;被保险机动车一方负次要事故责任的,事故责任比例为 30%。涉及司法或仲裁程序的,责任比例以法院或仲裁机构最终生效的法律文书为准。

免除保险人责任的情形主要有:驾驶人遗弃被保险机动车逃离

事故现场;被保险人或驾驶人故意破坏、伪造现场,毁灭证据;驾驶人饮酒、吸食或注射毒品、服用国家管制的精神药品或者麻醉药品;驾驶人无驾驶证,驾驶证被依法扣留、暂扣、吊销、注销期间;驾驶人驾驶与驾驶证载明的准驾车型不相符合的机动车;等等。

3. 机动车车上人员责任保险。当被保险人(驾驶人)自己驾驶车辆发生事故时,保险公司赔偿车辆因交通事故造成车上人员伤亡的保险。此险种是购买第三者责任险时的选择性附加险种,不能单独投保。根据不同座位(分为司机和乘客座位),每座均有赔偿限额。赔偿项目有抢救费、医药费、误工费等。保险公司在扣除机动车交通事故责任强制保险应当支付的赔款后,给予赔偿。被保险人获赔后,保险合同继续有效,直至保险期限届满。"车上人员"是指发生意外事故时特定时间身处被保险车辆之上的人员,如在车下即为第三者责任险中的"第三者"。"第三者"与"车上人员"的区分,以事故发生时受害人处于车上还是车下作为判断依据。就赔偿责任比例和免赔率而言车上人员责任保险与机动车第三者责任保险相同。

4. 附加车身划痕损失险。对于车辆无明显碰撞时车身表面的油漆划伤,保险公司予以赔付损失。车身有凹陷或者碰撞痕迹的,该险种不赔,属于车损险、第三者责任险的理赔范围。车身划痕险的免责事由:(1)被保险人及其家庭成员、驾驶人及其家庭成员的故意行为造成的损失;(2)因投保人、被保险人与他人的民事、经济纠纷导致的任何损失;(3)车身表面自然老化、损坏、腐蚀造成的任何损失。

5. 附加发动机进水损坏除外特约条款。投保人投保了机动车损失保险的机动车,可投保本附加险。保险期间内,投保了本附加险的被保险机动车在使用过程中,因发动机进水后导致的发动机直接损毁,保险公司不负责赔偿。一般理解为车辆涉水时,驾驶人启动发动机造成发动机损坏,或者车辆在水中熄火,驾驶员尝试启动发动机造成发动机损坏的损失,保险公司不予赔偿。

发生保险事故时,被保险人或其允许的合法驾驶人应当及时采取合理的、必要的施救和保护措施,以避免或者减少损失,并在保险事故发生后48小时内通知保险公司。被保险人或其允许的合法驾驶人根据有关法律法规规定选择以自行协商方式处理交通事故的,应当立即通知保险公司。

机动车交通事故赔偿的损失有特定范围顺序。因交通事故造成的人身损失范围有:医疗费、误工费、护理费、交通费、住宿费、住院伙食补助费、营养费、残疾赔偿金、残疾辅助器具费、被扶养人生活费、后续治疗费、丧葬费、死亡补偿费、精神损害抚慰金等费用。因交通事故造成的车辆损失范围有:维修费、拖车费、停运费、折旧费等费用。赔偿顺序为:先由承保交强险的保险公司在责任限额内予以赔偿损失;当损失超过交强险赔偿限额的,由承保商业险的保险公司赔偿;仍不能赔足的,超出部分由侵权人进行赔偿。

◉ 相关依据

《中华人民共和国民法典》

第一千一百七十九条　侵害他人造成人身损害的,应当赔偿医疗费、护理费、交通费、营养费、住院伙食补助费等为治疗和康复支出的合理费用,以及因误工减少的收入。造成残疾的,还应当赔偿辅助器具费和残疾赔偿金;造成死亡的,还应当赔偿丧葬费和死亡赔偿金。

第一千二百一十三条　机动车发生交通事故造成损害,属于该机动车一方责任的,先由承保机动车强制保险的保险人在强制保险责任限额范围内予以赔偿;不足部分,由承保机动车商业保险的保险人按照保险合同的约定予以赔偿;仍然不足或者没有投保机动车商业保险的,由侵权人赔偿。

《中国保险行业协会机动车辆商业保险示范条款》

第三条 本保险合同中的第三者是指因被保险机动车发生意外事故遭受人身伤亡或者财产损失的人,但不包括被保险机动车本车车上人员、被保险人。

第四条 本保险合同中的车上人员是指发生意外事故的瞬间,在被保险机动车车体内或车体上的人员,包括正在上下车的人员。

第六条 保险期间内,被保险人或被保险机动车驾驶人(以下简称“驾驶人”)在使用被保险机动车过程中,因自然灾害、意外事故造成被保险机动车直接损失,且不属于免除保险人责任的范围,保险人依照本保险合同的约定负责赔偿。

第七条 保险期间内,被保险机动车被盗窃、抢劫、抢夺,经出险地县级以上公安刑侦部门立案证明,满60天未查明下落的全车损失,以及因被盗窃、抢劫、抢夺受到损坏造成的直接损失,且不属于免除保险人责任的范围,保险人依照本保险合同的约定负责赔偿。

第八条 发生保险事故时,被保险人或驾驶人为防止或者减少被保险机动车的损失所支付的必要的、合理的施救费用,由保险人承担;施救费用数额在被保险机动车损失赔偿金额以外另行计算,最高不超过保险金额。

第九条 在上述保险责任范围内,下列情况下,不论任何原因造成被保险机动车的任何损失和费用,保险人均不负责赔偿:

(一)事故发生后,被保险人或驾驶人故意破坏、伪造现场,毁灭证据;

(二)驾驶人有下列情形之一者:

1. 交通肇事逃逸;

2. 饮酒、吸食或注射毒品、服用国家管制的精神药品或者麻醉药品;

3. 无驾驶证,驾驶证被依法扣留、暂扣、吊销、注销期间;

4. 驾驶与驾驶证载明的准驾车型不相符合的机动车。

(三)被保险机动车有下列情形之一者:

1. 发生保险事故时被保险机动车行驶证、号牌被注销;

2. 被扣留、收缴、没收期间;

3. 竞赛、测试期间,在营业性场所维修、保养、改装期间;

4. 被保险人或驾驶人故意或重大过失，导致被保险机动车被利用从事犯罪行为。

第十条　下列原因导致的被保险机动车的损失和费用，保险人不负责赔偿：

（一）战争、军事冲突、恐怖活动、暴乱、污染（含放射性污染）、核反应、核辐射；

（二）违反安全装载规定；

（三）被保险机动车被转让、改装、加装或改变使用性质等，导致被保险机动车危险程度显著增加，且未及时通知保险人，因危险程度显著增加而发生保险事故的；

（四）投保人、被保险人或驾驶人故意制造保险事故。

第二十一条　保险人依据被保险机动车一方在事故中所负的事故责任比例，承担相应的赔偿责任。

被保险人或被保险机动车一方根据有关法律法规选择自行协商或由公安机关交通管理部门处理事故，但未确定事故责任比例的，按照下列规定确定事故责任比例：

被保险机动车一方负主要事故责任的，事故责任比例为70%；

被保险机动车一方负同等事故责任的，事故责任比例为50%；

被保险机动车一方负次要事故责任的，事故责任比例为30%。

涉及司法或仲裁程序的，以法院或仲裁机构最终生效的法律文书为准。

第二十二条　在上述保险责任范围内，下列情况下，不论任何原因造成的人身伤亡、财产损失和费用，保险人均不负责赔偿：

（一）事故发生后，被保险人或驾驶人故意破坏、伪造现场，毁灭证据；

（二）驾驶人有下列情形之一者：

1. 交通肇事逃逸；

2. 饮酒、吸食或注射毒品、服用国家管制的精神药品或者麻醉药品；

3. 无驾驶证，驾驶证被依法扣留、暂扣、吊销、注销期间；

4. 驾驶与驾驶证载明的准驾车型不相符合的机动车；

5. 非被保险人允许的驾驶人。

（三）被保险机动车有下列情形之一者：

1. 发生保险事故时被保险机动车行驶证、号牌被注销的；

2. 被扣留、收缴、没收期间；

3. 竞赛、测试期间，在营业性场所维修、保养、改装期间；

4. 全车被盗窃、被抢劫、被抢夺、下落不明期间。

第二十三条 下列原因导致的人身伤亡、财产损失和费用，保险人不负责赔偿：

（一）战争、军事冲突、恐怖活动、暴乱、污染（含放射性污染）、核反应、核辐射；

（二）第三者、被保险人或驾驶人故意制造保险事故、犯罪行为，第三者与被保险人或其他致害人恶意串通的行为；

（三）被保险机动车被转让、改装、加装或改变使用性质等，导致被保险机动车危险程度显著增加，且未及时通知保险人，因危险程度显著增加而发生保险事故的。

第二十四条 下列人身伤亡、财产损失和费用，保险人不负责赔偿：

（一）被保险机动车发生意外事故，致使任何单位或个人停业、停驶、停电、停水、停气、停产、通讯或网络中断、电压变化、数据丢失造成的损失以及其他各种间接损失；

（二）第三者财产因市场价格变动造成的贬值，修理后因价值降低引起的减值损失；

（三）被保险人及其家庭成员、驾驶人及其家庭成员所有、承租、使用、管理、运输或代管的财产的损失，以及本车上财产的损失；

（四）被保险人、驾驶人、本车车上人员的人身伤亡；

（五）停车费、保管费、扣车费、罚款、罚金或惩罚性赔款；

（六）超出《道路交通事故受伤人员临床诊疗指南》和国家基本医疗保险同类医疗费用标准的费用部分；

（七）律师费，未经保险人事先书面同意的诉讼费、仲裁费；

（八）投保人、被保险人或驾驶人知道保险事故发生后，故意或者因重大过失未及时通知，致使保险事故的性质、原因、损失程度等难以确定的，保险人对无法确定的部分，不承担赔偿责任，但保险人通过其他途径已经知道或者应当及时知道保险事故发生的除外；

（九）因被保险人违反本条款第二十八条约定，导致无法确定的损失；

（十）精神损害抚慰金；

（十一）应当由机动车交通事故责任强制保险赔偿的损失和费用；

保险事故发生时，被保险机动车未投保机动车交通事故责任强制保险或机动车交通事故责任强制保险合同已经失效的，对于机动车交通事故责任强制保险责任限额以内的损失和费用，保险人不负责赔偿。

第二十七条　保险人对被保险人或其允许的驾驶人给第三者造成的损害，可以直接向该第三者赔偿。

被保险人或其允许的驾驶人给第三者造成损害，对第三者应负的赔偿责任确定的，根据被保险人的请求，保险人应当直接向该第三者赔偿。被保险人怠于请求的，第三者就其应获赔偿部分直接向保险人请求赔偿的，保险人可以直接向该第三者赔偿。

被保险人或其允许的驾驶人给第三者造成损害，未向该第三者赔偿的，保险人不得向被保险人赔偿。

……

附加车身划痕损失险

投保了机动车损失保险的机动车，可投保本附加险。

第一条　保险责任

保险期间内，被保险机动车在被保险人或被保险机动车驾驶人使用过程中，发生无明显碰撞痕迹的车身划痕损失，保险人按照保险合同约定负责赔偿。

第二条　责任免除

（一）被保险人及其家庭成员、驾驶人及其家庭成员的故意行为造成的损失；

（二）因投保人、被保险人与他人的民事、经济纠纷导致的任何损失；

（三）车身表面自然老化、损坏，腐蚀造成的任何损失。

……

第284问 酒后开车的法律后果有哪些？

答：酒后开车，不同情况下的法律后果不同。根据驾驶人员血液、呼气中的酒精含量值，具体可分为饮酒驾车和醉酒驾车两种情形。以驾驶员血液中酒精含量达到20mg/100ml作为饮酒驾驶的标准，血液中酒精含量小于20mg/100ml的，不构成饮酒驾车行为；血液中酒精含量大于或等于20mg/100ml的，为饮酒驾驶。以驾驶员血液中酒精含量达到80mg/100ml作为醉酒驾驶的标准，血液中酒精含量小于80mg/100ml且大于或等于20mg/100ml的，为饮酒驾驶；大于或等于80mg/100ml的，为醉酒驾驶。

1. 饮酒驾车的法律后果：

（1）首次饮酒后驾驶非营运机动车的，暂扣6个月驾驶证，并处1000元以上2000元以下罚款。此前曾因酒驾被处罚，再次饮酒后驾驶机动车的，处10日以下拘留，并处1000元以上2000元以下罚款，吊销驾驶证。

（2）酒后驾驶营运车辆，处15日拘留，并处5000元罚款，吊销驾驶证，5年内不得重新取得驾驶证。

2. 醉酒驾车的法律后果：

（1）醉酒驾驶非营运机动车的，吊销驾驶证，依法追究危险驾驶罪的刑事责任，判处1个月以上6个月以下拘役，5年内不得重新取得驾驶证。

（2）醉酒驾驶营运车辆，由公安机关约束至酒醒；吊销机动车驾驶证，依法追究刑事责任，10年内不得重新取得驾驶证；重新取得驾驶证后,不得驾驶营运车辆。

(3)劳动者所在单位可以依法与其解除劳动关系,且无须经济补偿或赔偿。

(4)保险公司不予赔偿醉驾导致交通事故造成的人身财产损失。

(5)其他影响有:执业律师、医师将被相关行政部门吊销、注销执业证书,不能担任法官、人民陪审员、检察官、公证员、警察、外交官、村委会成员、拍卖师,不得录用为公务员,不得从事司法鉴定业务,不得应征参军入伍等。

司法机关对于醉驾案件,应从速处理。公安机关立案后一般7日内侦查终结,移送人民检察院审查起诉;人民检察院一般7日内提起公诉;人民法院一般7日内审结。

在此提醒各位读者,别心存侥幸、以身试法。除了自己要做到"开车不喝酒,喝酒不开车"外,还要做到不将车辆交给喝酒的人驾驶,尤其是交给已经醉酒的人驾驶;不向明知必须驾车出行之人强行劝酒或胁迫、刺激其饮酒;不教唆胁迫或命令他人酒后开车,避免成为危险驾驶罪的共犯,连累家人。

◉ 相关依据

《车辆驾驶人员血液、呼气酒精含量阈值与检验标准》(GB/T 19522—2010)

4.1 酒精含量阈值

车辆驾驶人员饮酒后或者醉酒后驾车血液中的酒精含量阈值见表1。

表1 车辆驾驶人员血液酒精含量阈值

驾驶行为类别	阈值(mg/100mL)
饮酒后驾车	≥20,<80
醉酒后驾车	≥80

《中华人民共和国刑法》

第四十二条 拘役的期限,为一个月以上六个月以下。

第一百三十三条之一 在道路上驾驶机动车,有下列情形之一的,处拘役,并处罚金:

……

(二)醉酒驾驶机动车的;

……

《中华人民共和国道路交通安全法》

第九十一条 饮酒后驾驶机动车的,处暂扣六个月机动车驾驶证,并处一千元以上二千元以下罚款。因饮酒后驾驶机动车被处罚,再次饮酒后驾驶机动车的,处十日以下拘留,并处一千元以上二千元以下罚款,吊销机动车驾驶证。

醉酒驾驶机动车的,由公安机关交通管理部门约束至酒醒,吊销机动车驾驶证,依法追究刑事责任;五年内不得重新取得机动车驾驶证。

饮酒后驾驶营运机动车的,处十五日拘留,并处五千元罚款,吊销机动车驾驶证,五年内不得重新取得机动车驾驶证。

醉酒驾驶营运机动车的,由公安机关交通管理部门约束至酒醒,吊销机动车驾驶证,依法追究刑事责任;十年内不得重新取得机动车驾驶证,重新取得机动车驾驶证后,不得驾驶营运机动车。

饮酒后或者醉酒驾驶机动车发生重大交通事故,构成犯罪的,依法追究刑事责任,并由公安机关交通管理部门吊销机动车驾驶证,终生不得重新取得机动车驾驶证。

《江苏省高级人民法院、江苏省人民检察院、江苏省公安厅关于办理醉酒驾驶案件的座谈会纪要》

16. 人民法院在对危险驾驶罪量刑时,被告人血液酒精含量达到80mg/100ml的,量刑起点为拘役一个月,在量刑起点的基础上,被告人每增加血液酒精含量50mg/100ml,可增加一个月刑期确定基准刑。

20. 判处罚金一般应当与拘役刑期相对应,一个月刑期对应一千元罚金，同时要充分考虑被告人的家庭、经济等状况，综合评判后确定罚金刑的数额。

28. 对于案情事实清楚、证据确实充分的醉驾案件，公安机关一般应当在立案之日起七日内侦查终结案件并移送人民检察院审查起诉；情况特殊的，经县级以上公安机关负责人批准，可以适当延长办案时限。人民检察院一般按简易程序在七日内提起公诉，人民法院一般应当按简易程序在七日内审结。

《中华人民共和国劳动合同法》

第三十九条　劳动者有下列情形之一的，用人单位可以解除劳动合同：

……

（六）被依法追究刑事责任的。

第285问　酒后在小区内挪车，也算酒（醉）驾？

答：虽说住宅小区内道路、公共停车场不像社会公共道路那样川流不息充满危险，酒后驾驶危险性相对较小，发生人身财产损害的可能性较小，但不可排除其潜在危险性。对于平时酒量较大的驾驶员来说，酒后可能仍然可以照常驾驶。但从社会管理和制定规范标准上来看，无法根据一个人的酒量大小制定个性化的尺度来衡量是否醉酒。按照现行规定，在道路上行驶，血液中酒精含量大于或等于20mg/100ml且小于80mg/100ml的，为饮酒驾驶；血液酒精含量达到80mg/100ml以上的，属于醉酒驾驶。需要注意的是，法律上所称“道路”指公路、城市道路和虽在单位管辖范围但允许社会机动车通行的地方，包括广场、公共停车场、单位内部道路、地下车库等用于公众通行的场所。如果住宅小区道路是开放的，社会车辆可以自由出入，属于“道路”范围。酒后在小区内挪车是否属于酒驾，取决于行为人血液内酒精含量与挪车地段是否属于法律上的“道路”。

提醒驾驶员朋友,酒后不驾车,是对自己以及他人的生命财产安全负责。

◉ 相关依据

《中华人民共和国道路交通安全法》

第九十一条 饮酒后驾驶机动车的,处暂扣六个月机动车驾驶证,并处一千元以上二千元以下罚款。因饮酒后驾驶机动车被处罚,再次饮酒后驾驶机动车的,处十日以下拘留,并处一千元以上二千元以下罚款,吊销机动车驾驶证。

醉酒驾驶机动车的,由公安机关交通管理部门约束至酒醒,吊销机动车驾驶证,依法追究刑事责任;五年内不得重新取得机动车驾驶证。

饮酒后驾驶营运机动车的,处十五日拘留,并处五千元罚款,吊销机动车驾驶证,五年内不得重新取得机动车驾驶证。

醉酒驾驶营运机动车的,由公安机关交通管理部门约束至酒醒,吊销机动车驾驶证,依法追究刑事责任;十年内不得重新取得机动车驾驶证,重新取得机动车驾驶证后,不得驾驶营运机动车。

饮酒后或者醉酒驾驶机动车发生重大交通事故,构成犯罪的,依法追究刑事责任,并由公安机关交通管理部门吊销机动车驾驶证,终生不得重新取得机动车驾驶证。

第一百一十九条 本法中下列用语的含义:

(一)“道路”,是指公路、城市道路和虽在单位管辖范围但允许社会机动车通行的地方,包括广场、公共停车场等用于公众通行的场所。

……

《车辆驾驶人员血液、呼气酒精含量阈值与检验标准》(GB/T 19522—2010)

4.1 酒精含量阈值

车辆驾驶人员饮酒后或者醉酒后驾车血液中的酒精含量阈值见表1。

表1　车辆驾驶人员血液酒精含量阈值

驾驶行为类别	阈值(mg/100mL)
饮酒后驾车	≥20,<80
醉酒后驾车	≥80

第286问　私家车变网约车搞客运发生事故,保险公司可以拒赔吗?

答:私家车主开网约车搞客运,将车辆用途从家庭自用变为商业运营,导致车辆危险程度增加的,应当及时通知保险公司。保险公司可以增加保险费或者解除合同。私家车主未履行通知义务,改变车辆用途后发生交通事故造成他人损失的,承保机动车商业险的保险公司有权依法拒绝赔偿,但承保交强险的保险公司仍然需要在责任限额内予以赔偿。

◉ 相关依据

《中华人民共和国保险法》

第五十二条　在合同有效期内,保险标的的危险程度显著增加的,被保险人应当按照合同约定及时通知保险人,保险人可以按照合同约定增加保险费或者解除合同。保险人解除合同的,应当将已收取的保险费,按照合同约定扣除自保险责任开始之日起至合同解除之日止应收的部分后,退还投保人。

被保险人未履行前款规定的通知义务的,因保险标的的危险程度显著增加而发生的保险事故,保险人不承担赔偿保险金的责任。

《最高人民法院关于审理道路交通事故损害赔偿案件适用法律若干问题的解释》

第二十条　机动车所有权在交强险合同有效期内发生变动,保险公司在交通事故发生后,以该机动车未办理交强险合同变更手续为由主张免除赔偿责任的,人民法院不予支持。

机动车在交强险合同有效期内发生改装、使用性质改变等导致危险程度增加的情形,发生交通事故后,当事人请求保险公司在责任限额范围内予以赔偿的,人民法院应予支持。

前款情形下,保险公司另行起诉请求投保义务人按照重新核定后的保险费标准补足当期保险费的,人民法院应予支持。

第287问 家长用私家车拼车接送孩子上学、放学违法吗?

答:私人小客车合乘,即拼车、顺风车,指由合乘服务提供者事先发布出行信息,出行线路相同的人选择乘坐合乘服务提供者的小客车,分摊部分出行成本或免费互助的共享出行方式。私人小客车合乘不以营利为目的,其中分摊的部分出行成本仅限于燃料成本及通行费等直接费用,有利于缓解交通拥堵和减少空气污染。合乘出行,主要涉及机动车和驾驶员的问题:驾驶员是否具有合法驾驶资质、有无违反安全驾驶记录,车辆是否检验合格、是否具有车上人员责任险,有无利用合乘出行运输违禁品以及超载等安全问题,等等。北京、上海、东莞、南昌等城市就制定了私人小客车合乘相应政策,苏州市尚未出台相关政策。如果车主以顺风车、拼车的名义从事以营利为目的的网约车经营,将按照《网络预约出租汽车经营服务管理暂行办法》相关规定进行处罚。家长利用私家车拼车替代校车接送小孩上下学存在的安全隐患较多,如果收费则涉嫌违法。

◉ 相关依据

《网络预约出租汽车经营服务管理暂行办法》

第二条 从事网络预约出租汽车(以下简称网约车)经营服务,应当遵守本办法。

本办法所称网约车经营服务，是指以互联网技术为依托构建服务平台，整合供需信息，使用符合条件的车辆和驾驶员，提供非巡游的预约出租汽车服务的经营活动。

本办法所称网络预约出租汽车经营者（以下称网约车平台公司），是指构建网络服务平台，从事网约车经营服务的企业法人。

第二十八条　任何企业和个人不得向未取得合法资质的车辆、驾驶员提供信息对接开展网约车经营服务。不得以私人小客车合乘名义提供网约车经营服务。

网约车车辆和驾驶员不得通过未取得经营许可的网络服务平台提供运营服务。

第三十四条　违反本规定，有下列行为之一的，由县级以上出租汽车行政主管部门责令改正，予以警告，并处以10000元以上30000元以下罚款；构成犯罪的，依法追究刑事责任：

（一）未取得经营许可，擅自从事或者变相从事网约车经营活动的；

……

第三十八条　私人小客车合乘，也称为拼车、顺风车，按城市人民政府有关规定执行。

《校车安全管理条例》

第二条　本条例所称校车，是指依照本条例取得使用许可，用于接送接受义务教育的学生上下学的7座以上的载客汽车。

接送小学生的校车应当是按照专用校车国家标准设计和制造的小学生专用校车。

第四十五条第一款　使用未取得校车标牌的车辆提供校车服务，或者使用未取得校车驾驶资格的人员驾驶校车的，由公安机关交通管理部门扣留该机动车，处1万元以上2万元以下的罚款，有违法所得的予以没收。

第288问 驾驶私家车发生事故造成无偿搭乘者受伤，要承担责任吗？

答：随着社会经济的发展，私家车数量激增。出于对陌生路人招手停车请求搭顺路车的友好相助，社会中出现了不以营运为目的的无偿“搭便车”现象。而且这种现象在生活中比较普遍。好意同乘，对驾驶员的驾驶水平、交通安全意识、遵守交通规则有着一定的要求。驾驶员对乘车人具有法律上的安全保障义务。当损害发生时，驾驶员需依法承担相应的赔偿责任，未经驾驶员允许，强行上车搭乘者除外。免费搭乘人遭受交通事故伤害时，驾驶员负事故责任的，先由承保“交强险”的保险公司在责任限额内赔偿；超过“交强险”限额的损失，再由承保商业保险的保险公司在责任限额内予以赔偿；仍然不足部分由驾驶员赔偿。因搭乘者无偿乘车没有支付相应的运费以及鼓励公民之间友善相助，须减轻驾驶员的赔偿责任。

◉ 相关依据

《中华人民共和国民法典》

第一千二百一十三条 机动车发生交通事故造成损害，属于该机动车一方责任的，先由承保机动车强制保险的保险人在强制保险责任限额范围内予以赔偿；不足部分，由承保机动车商业保险的保险人按照保险合同的约定予以赔偿；仍然不足或者没有投保机动车商业保险的，由侵权人赔偿。

第一千二百一十七条 非营运机动车发生交通事故造成无偿搭乘人损害，属于该机动车一方责任的，应当减轻其赔偿责任，但是机动车使用人有故意或者重大过失的除外。

第289问 子女驾车发生事故，父母出面“顶包”，构成包庇罪吗？

答：父母明知子女违法犯罪，向公安机关虚假陈述、冒名顶替，使本该追究法律责任的人逃脱法律的制裁、不该追究法律责任的人被追究法律责任，混淆是非，挑战法律权威，扰乱执法机关办案秩序，不但达不到“顶包救人脱险”的目的，反而使自己受到牵连。根据被顶包者的违法犯罪程度，顶包者需承担相应的法律责任：被顶包者酒后驾车的，顶包者面临行政拘留、罚款及扣留驾驶证的处罚；如果被“顶包”者醉酒驾驶或者交通肇事构成犯罪，顶包者涉嫌包庇罪，面临3年以下有期徒刑、拘役的处罚。父母帮子女“顶包”，为之付出“爱的代价”得不偿失，到头来追悔莫及。

◉ 相关依据

《中华人民共和国治安管理处罚法》

第六十条 有下列行为之一的，处五日以上十日以下拘留，并处二百元以上五百元以下罚款：

……

（二）伪造、隐匿、毁灭证据或者提供虚假证言、谎报案情，影响行政执法机关依法办案的；

……

《中华人民共和国刑法》

第三百一十条 明知是犯罪的人而为其提供隐藏处所、财物，帮助其逃匿或者作假证明包庇的，处三年以下有期徒刑、拘役或者管制；情节严重的，处三年以上十年以下有期徒刑。

犯前款罪，事前通谋的，以共同犯罪论处。

第十章

家业与传承篇

CHAPTER 10

第一节 日常事务

本节讨论发生在夫妻之间、父母与子女之间，以及家族成员之间、家族企业中的常见法律事务。

第290问 何为夫妻日常家事代理权？法律是怎么规定的？

答：日常家事，是指夫妻双方及共同抚养的未成年子女日常共同生活的必要事务。日常家事主要包括：采购生活日用品，接受医疗医药服务、文化娱乐服务、子女教育服务、家政服务，旅游度假，接受赠与等必要行为。家事范围常因夫妻的社会地位、职业、资产、收入等有所不同。

《民法典》婚姻家庭编将日常家事代理权表述为，夫妻一方因家庭日常生活需要而实施的民事法律行为，对夫妻双方发生效力，但是夫妻一方与相对人另有约定的除外。日常家事代理，是夫妻一方在配偶没有书面授权的情况下，代理配偶与他人进行民事活动，所产生的法律后果由夫妻双方共同承担的代理行为。日常家事代理权是基于夫妻日常共同生活受益需要而处理夫妻共同财产的互相代理的权利。夫妻之间互有代理权限，但不具有对等性。夫妻之间对一方代理行为范围的限制性约定，仅在双方之间有效，不能对抗善意第三人。如非出于日常生活需要，对夫妻共同财产做出重要决定的，双方应平等协商取得一致意见。若他人有理由相信处理共同财产的重要决定，是夫妻经过平等协商一致作出的真实意思表示，另一方不得以不知道或者不同意为由对第三人进行抗辩，法律保护善意第三人取得的合法利益。夫妻一方，不能滥用家事代理权，恶意损害夫妻共同财产。

◉ **相关依据**

《中华人民共和国民法典》

第一百六十一条 民事主体可以通过代理人实施民事法律行为。

依照法律规定、当事人约定或者民事法律行为的性质，应当由本人亲自实施的民事法律行为，不得代理。

第一百六十二条 代理人在代理权限内，以被代理人名义实施的民事法律行为，对被代理人发生效力。

第一千零六十条 夫妻一方因家庭日常生活需要而实施的民事法律行为，对夫妻双方发生效力，但是夫妻一方与相对人另有约定的除外。

夫妻之间对一方可以实施的民事法律行为范围的限制，不得对抗善意相对人。

第一千零六十二条第二款 夫妻对共同财产，有平等的处理权。

第291问 什么是分家、析产？

答：分家、析产是两个不同的概念。分家是指将一个较大的家庭根据分家协议而分成几个较小的家庭，例如，将在同一家庭生活的夫妻、父母、子女及其他家庭成员（如祖父母、外祖父母、孙子女、外孙子女、兄弟姐妹）分开生活。家庭成员由于共同生产经营、共同继承、拆迁安置、共同接受赠与或遗赠等原因形成财产共同共有。形成家庭财产共有的人员，是对家庭共有财产尽了义务的人，未成年人除外。

析产又称财产分析，是指财产共有人通过协议的方式，根据一定的标准，将共同财产予以分割，使其分属各共有人所有。析产所分割的是家庭共有财产或者夫妻间的共同财产。家庭共有财产是指全部家庭成员或部分家庭成员共同劳动创造、生产经营、共同所得形成共有的财产。析产，一般发生在大家庭分家、夫妻离婚或者继承财产时。对家庭共同财产处理分割时，应先明晰再分离。分家析产需将家庭财产与个人财产区分清楚。对家庭共有的房屋的析产，在厘清每个共有人的份额后，每个共有人都可以给予其他共有人相应份额的补偿为代价，主张房屋的全部所有权。夫妻离婚时，仅处理夫妻共同财产，不能一并处理家庭共同财产。双方需在离婚后就夫妻享有的份额进行析产诉讼。

◉ 相关依据

《中华人民共和国民法典》

第三百零三条　共有人约定不得分割共有的不动产或者动产，以维持共有关系的，应当按照约定，但是共有人有重大理由需要分割的，可以请求分割；没有约定或者约定不明确的，按份共有人可以随时请求分割，共同共有人在共有的基础丧失或者有重大理由需要分割时可以请求分割。因分割造成其他共有人损害的，应当给予赔偿。

《最高人民法院关于适用〈中华人民共和国民法典〉婚姻家庭编的解释（一）》

第八十三条　离婚后，一方以尚有夫妻共同财产未处理为由向人民法院起诉请求分割的，经审查该财产确属离婚时未涉及的夫妻共同财产，人民法院应当依法予以分割。

第292问　法律上有“父债子还”的说法吗？

答：坊间所谓的“父债子还”，指父母没有经济能力偿还的其自身所欠债务，或者说父母生前所欠的债务，债权人可以要求子女偿还。“父债”是否“子还”，在于有无遗产可供子辈继承，以及子辈是否继承父辈遗产。在父辈健在的情况下，无论子女经济条件如何富足，都不存在子女偿还父辈债务的责任；在父辈去世后生前存在未能及时清偿的债务且有遗产供子女继承的情况下，子女继承财产时应当在继承份额内清偿父辈生前未及时清偿的债务，但对超过继承份额的债务无须清偿。若子女选择不继承遗产，则无须承担清偿责任。坊间“父债子还”的说法，在法律上，究其本质是子辈用父辈生前财产，清偿父辈生前债务的特殊民事法律行为。客观上不存在真正意义上的“父债子还”义务，子女自愿偿还父母债务的，另当别论。

◉ 相关依据

《中华人民共和国民法典》

第一千一百二十四条第一款 继承开始后，继承人放弃继承的，应当在遗产处理前，以书面形式作出放弃继承的表示；没有表示的，视为接受继承。

第一千一百五十九条 分割遗产，应当清偿被继承人依法应当缴纳的税款和债务；但是，应当为缺乏劳动能力又没有生活来源的继承人保留必要的遗产。

第一千一百六十一条 继承人以所得遗产实际价值为限清偿被继承人依法应当缴纳的税款和债务。超过遗产实际价值部分，继承人自愿偿还的不在此限。

继承人放弃继承的，对被继承人依法应当缴纳的税款和债务可以不负清偿责任。

第一千一百六十三条 既有法定继承又有遗嘱继承、遗赠的，由法定继承人清偿被继承人依法应当缴纳的税款和债务；超过法定继承遗产实际价值部分，由遗嘱继承人和受遗赠人按比例以所得遗产清偿。

第293问 父母出资为子女购房，如何做才能既不伤害小夫妻的感情还能防止子女离婚遭受经济损失？

答：根据司法实践，笔者总结如下：

（1）以借贷方式。小夫妻办理结婚登记后，父母可以通过自己的银行账户转账方式出借购房款给自己的子女专用于购买婚房，子女出具借条给父母，无须注明还款期限。若子女离婚，父母可以起诉子女及其配偶共同偿还债务。这样做可以不经过子女的配偶同意，防止小夫妻因为经济问题产生矛盾。如果小夫妻离婚，父母也可以向小夫妻索回全部借款。

（2）以赠与方式。小夫妻办理结婚登记前，父母将购房款通过自己的银行账户转账支付给自己的子女，即以行为方式明确将购房款赠与自己的子女。子女获得受赠款项后用该款购房，是子女婚前的个人出资。即使房产登记在子女及其配偶名下，如果离婚，人民法院也会在分割时，充分考虑子女的出资在房产价值中的比例。

（3）以共有方式。父母出资购买房产，将子女的名字一起记载于权属证书上，与子女共同享有房屋产权。房屋产权可以共同共有，也可以按照份（比例）共有。在子女结婚时，父母可以视小夫妻感情现状及发展预期状况，考虑决定是否减去父母的权属份额以及添加子女配偶的名字。

（4）借名购房。在法律和政策允许的情况下，父母可以借子女名义购房，将房屋产权登记在子女名下，由父母负责出资和按月偿还贷款，并与子女签订挂名或借名购房协议，约定房屋权属为父母所有，与子女无关。若子女将房产份额赠与其配偶，子女婚姻关系稳定时，父母可不主张除名过户到自己名下。若子女将房产份额赠与其配偶后，夫妻感情破裂面临离婚，父母可以要求子女将房产过户到自己名下。

相关依据

《中华人民共和国民法典》

第六百五十七条 赠与合同是赠与人将自己的财产无偿给予受赠人，受赠人表示接受赠与的合同。

第六百五十八条 赠与人在赠与财产的权利转移之前可以撤销赠与。

经过公证的赠与合同或者依法不得撤销的具有救灾、扶贫、助残等公益、道德义务性质的赠与合同，不适用前款规定。

第一千零六十四条 夫妻双方共同签名或者夫妻一方事后追认等共同意思表示所负的债务，以及夫妻一方在婚姻关系存续期间以个人名义为家庭日常生活需要所负的债务，属于夫妻共同债务。

夫妻一方在婚姻关系存续期间以个人名义超出家庭日常生活需要所负的债务，不属于夫妻共同债务；但是，债权人能够证明该债务用于夫妻共同生活、共同生产经营或者基于夫妻双方共同意思表示的除外。

第294问 父母出资为子女买房，没有借条，能要求返还吗？

答：子女结婚前父母为其出资购房，如果双方没有将出资约定为借款，一般认为是父母对自己的子女的赠与。父母在子女结婚后为其出资，如果没有明确表示赠与的，通常推定为赠与性质，是老夫妻对小夫妻（儿子、儿媳或女儿、女婿）双方的赠与，除非明确表示仅为对自己子女或儿媳、女婿的一方赠与。子女婚后父母出资购房的，究竟是赠与还是借款，需要根据具体情况具体对待。如果父母向子女主张返还借款的，子女或其配偶没有证据证明是赠与性质的，司法实践中，通常按照赠与法律关系处理。

◉ 相关依据

《最高人民法院关于审理民间借贷案件适用法律若干问题的规定》

第十六条　原告仅依据金融机构的转账凭证提起民间借贷诉讼，被告抗辩转账系偿还双方之前借款或者其他债务的，被告应当对其主张提供证据证明。被告提供相应证据证明其主张后，原告仍应就借贷关系的成立承担举证责任。

《最高人民法院关于适用〈中华人民共和国民法典〉婚姻家庭编的解释（一）》

第二十九条　当事人结婚前，父母为双方购置房屋出资的，该出资应当认定为对自己子女个人的赠与，但父母明确表示赠与双方的除外。

当事人结婚后，父母为双方购置房屋出资的，依照约定处理；没有约定或者约定不明确的，按照民法典第一千零六十二条第一款第四项规定的原则处理。

第295问　成年子女未经父母同意，出售父母名下的房屋，具有法律效力吗？

答：成年子女未经父母同意，亦未取得书面授权，即以代理人身份签订合同出售父母名下房屋，收取定金、购房款，事后又未得到父母追认的，属于无权代理。虽然成年子女与购房人之间签订的房屋买卖合同，系双方当事人真实意思表示，对双方具有法律约束力，但对房屋产权人不具有法律效力。例外情形是购房人有理由相信出售人是经过产权人同意或者协商一致出售的，房屋买卖合同对产权人有约束力。在房屋产权办理变更登记前，出售方仍未取得代理权，导致购房人的购房目的无法实现，应赔偿购房人因房价上涨造成的购房差价损失。购房人在明知或者应知卖房人没有出售权利的情况下，依然签订合同购买房屋，亦需承担相应的过错责任。

相关依据

《中华人民共和国民法典》

第一百七十一条 行为人没有代理权、超越代理权或者代理权终止后，仍然实施代理行为，未经被代理人追认的，对被代理人不发生效力。

相对人可以催告被代理人自收到通知之日起三十日内予以追认。被代理人未作表示的，视为拒绝追认。行为人实施的行为被追认前，善意相对人有撤销的权利。撤销应当以通知的方式作出。

行为人实施的行为未被追认的，善意相对人有权请求行为人履行债务或者就其受到的损害请求行为人赔偿。但是，赔偿的范围不得超过被代理人追认时相对人所能获得的利益。

相对人知道或者应当知道行为人无权代理的，相对人和行为人按照各自的过错承担责任。

第一百七十二条 行为人没有代理权、超越代理权或者代理权终止后，仍然实施代理行为，相对人有理由相信行为人有代理权的，代理行为有效。

第五百零三条 无权代理人以被代理人的名义订立合同，被代理人已经开始履行合同义务或者接受相对人履行的，视为对合同的追认。

《最高人民法院关于审理买卖合同纠纷案件适用法律问题的解释》

第二十三条 买卖合同当事人一方因对方违约而获有利益，违约方主张从损失赔偿额中扣除该部分利益的，人民法院应予支持。

第296问 父母有权出售子女名下的房子吗?

答:父母是否有权出售子女名下的房产，需视情况而论。若子女是未成年人，购房资金源于父母双方或一方，因子女原则上是限制民事行为能力人，从事民事活动需要作为法定代理人的父母代为行使，父母在不损害未成年人子女的合法权益的前提下出售房产，购房人按照正常市场价格支付购房款购买，并实际占有该房屋的，该房屋交易行为合法有效。当子女成年后，即使购房资金源于父母双方或一方，一般该房产属于子女的独立产权房产，父母无权处分。除非与子女协商后，父母受子女委托代理出售。若成年子女名下房产，系父母与其约定，借子女名买房代为持有的，父母未经子女同意，亦不得处分。

◉ 相关依据

《中华人民共和国民法典》

第十八条　成年人为完全民事行为能力人，可以独立实施民事法律行为。

十六周岁以上的未成年人，以自己的劳动收入为主要生活来源的，视为完全民事行为能力人。

第十九条　八周岁以上的未成年人为限制民事行为能力人，实施民事法律行为由其法定代理人代理或者经其法定代理人同意、追认；但是，可以独立实施纯获利益的民事法律行为或者与其年龄、智力相适应的民事法律行为。

第三十五条第一款、第二款　监护人应当按照最有利于被监护人的原则履行监护职责。监护人除为维护被监护人利益外，不得处分被监护人的财产。

未成年人的监护人履行监护职责，在作出与被监护人利益有关的决定时，应当根据被监护人的年龄和智力状况，尊重被监护人的真实意愿。

第297问　亲戚间“借名买房”获得的房屋产权，受法律保护吗？

答：“借名买房”，是指实际出资人出于种种原因不能或不愿意以自己的名义买房，而借用他人的名义买房的行为。

司法实践中，出资人由于规避限购政策、不愿实名登记、方便贷款、减少税费等原因，选择借用他人名义购房但借名买房风险不可控，相关纠纷频发。实际购房人的产权是否受法律保护，需做详细分析。

“借名买房”，系公民个人之间自由协商达成一致意见后，签订代持房产合同的行为。限购政策为房地产市场的行政调控管理手段，非法律和行政法规的强制性规定。中央和地方出台限购政策是为了遏制房价过快上涨、打击炒房和投机性购房行为。限购政策通常是国务院、国务院办公室以及各部委联合下发的各种“红头文件”，属于国家宏观政策，属于公序良俗的范围。出名人(出借姓名的人)将自己的购房资格转让给出资人使用，扰乱了国家宏观经济秩序，属于违反国家宏观政策的行为，故“借名买房”无效。但如果违反的限购政策是地方性质的，一般不宜以违背公序良俗为由认定合同无效。

出资人需没有通过借名购房方式故意转移财产、逃避债务，损害他人利益的目的。出资人有充足的证据可以证明自己提供了全部购房资金，出名人出面签订房屋买卖合同，办理交房、产权登记手续，交纳物业费等。且不存在借款关系、委托代理关系等其他争议。

出资人持有购房发票、完税凭证、房屋产权证，实际居住生活或获得房屋出租收益，并偿还月供贷款，出名人在一定的时间内未提出异议，未向人民法院主张过房屋所有权，可以进一步表明实际出资人是该房产的所有权人。

限购政策解除后，出资人符合上述条件时，可以向人民法院提出所有权确认之诉，要求出名人将房屋产权转移登记到自己名下。

◉ 相关依据

《中华人民共和国民法典》

第一百四十三条 具备下列条件的民事法律行为有效：

(一)行为人具有相应的民事行为能力；

（二）意思表示真实；

（三）不违反法律、行政法规的强制性规定，不违背公序良俗。

第一百五十三条 违反法律、行政法规的强制性规定的民事法律行为无效。但是，该强制性规定不导致该民事法律行为无效的除外。

违背公序良俗的民事法律行为无效。

第二百一十五条 当事人之间订立有关设立、变更、转让和消灭不动产物权的合同，除法律另有规定或者当事人另有约定外，自合同成立时生效；未办理物权登记的，不影响合同效力。

《江苏省高级人民法院关于审理房地产合同纠纷案件若干问题的解答》

23. 借名买房如何处理？

当事人约定一方以他人名义购买房屋，并将房屋登记在他人名下，借名人实际享有房屋权益，借名人要求确认其权属的，人民法院不予支持。借名人依据合同约定要求登记人（出名人）办理房屋所有权转移登记的，可予支持。但是，该房屋因登记人的债权人查封或其他原因依法不能办理转移登记，或者涉及善意交易第三人利益的除外。

当事人一方提供证据证明其对房屋的购买确实存在出资关系，但不足以证明双方之间存在借名登记的约定，其主张要求登记人办理房屋所有权转移登记的，不予支持；其向登记人另行主张出资债权的，应当根据出资的性质按照相关法律规定处理。

……

《国务院关于坚决遏制部分城市房价过快上涨的通知》

二、坚决抑制不合理住房需求

（三）实行更为严格的差别化住房信贷政策。要严格限制各种名目的炒房和投机性购房。商品住房价格过高、上涨过快、供应紧张的地区，商业银行可根据风险状况，暂停发放购买第三套及以上住房贷款；对不能提供1年以上当地纳税证明或社会保险缴纳证明的非本地居民暂停发放购买住房贷款。地方人民政府可根据实际情况，采取临时性措施，在一定时期内限定购房套数。

……

第298问 夫妻公司在经营过程中存在哪些法律风险？如何避免？

答：夫妻双方共同投资成立一家公司获得股东资格，因股东之间系夫妻身份关系，具有财产和利益的同一性，容易将公司财产与个人财产视为一体、个人账户与公司账户不分、夫妻随意使用公司账户内款项或者用个人账户接收公司经营款项，导致公司被法院否认法律人格，存在判决股东个人为公司债务承担连带责任的风险。夫妻公司在经营管理过程中需注意规范管理，做到账目清晰、公私分明。将个人财产用于公司运营时，应以投资、借款或者租赁形式加以规范。此外，还需注意以下几点：

（1）合理分配股权，使一方享有绝对控股权。绝对控制权，一般指股权比例为67%以上，有权修改公司章程、增加或者减少注册资本以及合并、分离、解散公司或者变更公司形式。一方享有绝对控股权可以避免双方股权各自50%，难以协商决策，造成内耗。否则，若夫妻之间发生争执，引发情感危机，增加离婚风险，将严重影响公司的日常经营管理，甚至改变公司的前途和命运。

（2）家庭财产隔离。夫妻双方应签订书面协议，约定婚姻关系存续期间的财产归各自所有，向工商管理部门备案。

◉ 相关依据

《中华人民共和国公司法》

第四十三条 股东会的议事方式和表决程序，除本法有规定的外，由公司章程规定。

股东会会议作出修改公司章程、增加或者减少注册资本的决议，以及公司合并、分立、解散或者变更公司形式的决议，必须经代表三分之二以上表决权的股东通过。

第六十三条 一人有限责任公司的股东不能证明公司财产独立于股东自己的财产的，应当对公司债务承担连带责任。

《中华人民共和国民法典》

第一千零六十二条第一款 夫妻在婚姻关系存续期间所得的下列财产，为夫妻的共同财产，归夫妻共同所有：

……

(二)生产、经营、投资的收益；

……

第一千零六十五条 男女双方可以约定婚姻关系存续期间所得的财产以及婚前财产归各自所有、共同所有或者部分各自所有、部分共同所有。约定应当采用书面形式。没有约定或者约定不明确的，适用本法第一千零六十二条、第一千零六十三条的规定。

夫妻对婚姻关系存续期间所得的财产以及婚前财产的约定，对双方具有法律约束力。

夫妻对婚姻关系存续期间所得的财产约定归各自所有，夫或者妻一方对外所负的债务，相对人知道该约定的，以夫或者妻一方的个人财产清偿。

《全国法院民商事审判工作会议纪要》

10.【人格混同】认定公司人格与股东人格是否存在混同，最根本的判断标准是公司是否具有独立意思和独立财产，最主要的表现是公司的财产与股东的财产是否混同且无法区分。在认定是否构成人格混同时，应当综合考虑以下因素：

(1)股东无偿使用公司资金或者财产，不作财务记载的；

(2)股东用公司的资金偿还股东的债务，或者将公司的资金供关联公司无偿使用，不作财务记载的；

(3)公司账簿与股东账簿不分，致使公司财产与股东财产无法区分的；

(4)股东自身收益与公司盈利不加区分,致使双方利益不清的;

(5)公司的财产记载于股东名下,由股东占有、使用的;

(6)人格混同的其他情形。

在出现人格混同的情况下,往往同时出现以下混同:公司业务和股东业务混同;公司员工与股东员工混同,特别是财务人员混同;公司住所与股东住所混同。人民法院在审理案件时,关键要审查是否构成人格混同,而不要求同时具备其他方面的混同,其他方面的混同往往只是人格混同的补强。

《江苏省高级人民法院家事纠纷案件审理指南(婚姻家庭部分)》

42、夫妻双方设立夫妻公司时在工商部门登记的持股比例是否属于夫妻财产约定,离婚时能否据此分割股权?

基于夫妻关系的特殊性可能导致双方设立夫妻公司时在工商部门登记的持股比例具有很大的随意性,如果无其他证据佐证,该登记比例不属于夫妻财产约定,离婚时夫妻一方要求据此分割股权的,不予支持。

第299问 妻子在丈夫开的公司里打工,有什么特殊性?

答:丈夫投资经营公司,妻子在该公司任职,但不是股东。如果妻子与单位职工一样每日出勤,完成一定的任务量,按月领取工资,则与单位之间形成的法律关系属于劳动关系,受劳动法保护。虽然双方是夫妻关系,但女方不能干涉公司事务的经营管理。无论丈夫投资经营公司是否动用了夫妻共同财产,在婚姻关系存续期间投资经营公司获得的收益,都属于夫妻共同财产,夫妻之间另有书面约定的除外。亦即在没有约定财产归各自所有的情况下,妻子除了自己打工的一份收入外,还拥有一份来自股东收益的分红;妻子打工的收入属于夫妻共同财产,作为股东的丈夫也有权共同所有。因此,夫妻之间约定婚前婚后财产归属,可以严格区分个人财产与共同财产,并隔离公司经营产生的法律风险。

◉ 相关依据

《中华人民共和国民法典》

第一千零六十二条第一款　夫妻在婚姻关系存续期间所得的下列财产，为夫妻的共同财产，归夫妻共同所有：

（一）工资、奖金、劳务报酬；

（二）生产、经营、投资的收益；

……

第一千零六十五条第一款、第二款　男女双方可以约定婚姻关系存续期间所得的财产以及婚前财产归各自所有、共同所有或者部分各自所有、部分共同所有。约定应当采用书面形式。没有约定或者约定不明确的，适用本法第一千零六十二条、第一千零六十三条的规定。

夫妻对婚姻关系存续期间所得的财产以及婚前财产的约定，对双方具有法律约束力。

第300问　企业家如何严格区分个人、家庭财产与企业财产，避免个人、家庭承担公司债务？

答：通俗地说，别把公司的钱当成自己的钱，否则公司的债就是自己的债。按照《公司法》规定，股东通过公司经营管理可以获得的个人财产，仅仅是工资、分红或股息等。如果公司的股东在经营理念上将公司视为自己个人的、自己家的，则容易家企不分，出现将公司资金用于家庭日常生活消费甚至购买房产、轿车并登记在股东个人或家庭成员名下或者用股东个人账户收付款等情形。这些情形均属于股东滥用股东权利，极易形成个人与公司、家庭与企业财产混同的结果，造成股东个人或家庭需要承担公司债务，甚至被司法、行政部门认定为逃避债务、挪用资金、职务侵占、偷逃税款等违法犯罪行为。

公司股东在签订经济合同、收付款时务必以公司名义处理，不可以个人名义签订经济合同、收付款，做到个人行为与公司行为相分离，公司财产独立于股东个人、家庭财产，避免个人、家庭财务与公司财务混同导致股东个人及家庭需对公司债务承担连带责任。

考虑到公司股权结构的稳定性，如果配偶不参与企业实际经营管理，股东可在婚前或获得公司股权前与配偶就股权归属协商并签订协议，避免股东离婚时配偶要求参与分割股权。企业家往往是公司的控股股东，也应该与其他股东书面约定，如果某位股东遭遇离婚及财产分割纠纷，离婚股东应在限定时间内让股权或股份转让给公司或其他股东，以保证股权结构稳定，降低对公司经营管理的负面影响。

◉ 相关依据

《中华人民共和国公司法》

第三条 公司是企业法人，有独立的法人财产，享有法人财产权。公司以其全部财产对公司的债务承担责任。

有限责任公司的股东以其认缴的出资额为限对公司承担责任；股份有限公司的股东以其认购的股份为限对公司承担责任。

第二十条 公司股东应当遵守法律、行政法规和公司章程，依法行使股东权利，不得滥用股东权利损害公司或者其他股东的利益；不得滥用公司法人独立地位和股东有限责任损害公司债权人的利益。

公司股东滥用股东权利给公司或者其他股东造成损失的，应当依法承担赔偿责任。

公司股东滥用公司法人独立地位和股东有限责任，逃避债务，严重损害公司债权人利益的，应当对公司债务承担连带责任。

第六十二条 一人有限责任公司应当在每一会计年度终了时编制财务会计报告，并经会计师事务所审计。

第六十三条 一人有限责任公司的股东不能证明公司财产独立于股东自己的财产的，应当对公司债务承担连带责任。

第301问 夫妻一方转让公司股权，需经其配偶同意吗？

答：股权是一项具有身份属性的特殊财产，对于自然人而言，可以独立行使，不受他人干预，配偶也不例外。股权转让是指公司股东将其持有的股权转让给受让人，受让人支付合理对价，经工商行政管理部门变更登记后，取得股东资格、享有股东权利和承担股东义务的行为。夫妻一方在婚姻关系存续期间，以共同财产投资取得的公司股权而获得的收益，属于夫妻共同财产，股权不是共同财产。当该股东转让其股权时，股东配偶不能以夫妻婚姻关系存续期间对共同财产享有平等处理权为由，参与决定是否同意转让该股权。因为夫妻之间的财产关系有别于公司股东之间的股东关系。夫妻之间的财产关系，在夫妻之间解决；股东之间的股权处分事宜在股东之间解决。依照《公司法》规定，股东转让股权须经其他过半数股东同意，没有规定必须经过股东配偶同意。即股东的配偶不是公司的股东，不能干预公司的事务。股权转让时，转让的主体是股东本人，不涉及其家庭，受让人亦无须了解股权转让者的婚姻状况、夫妻之间有无财产约定协议，以及无须知晓股东是否征得其配偶同意转让。股东配偶以未经其同意为由主张股权转让协议无效的，人民法院不予支持。

股东配偶没有同等条件下的优先购买权。其欲取得公司股权，须满足一定的条件：

（1）过半数股东同意，其他股东明确表示放弃优先购买权；

（2）过半数股东不同意转让，也不愿意以同等价格购买的，视为其同意转让。

◉ 相关依据

《中华人民共和国公司法》

第四条 公司股东依法享有资产收益、参与重大决策和选择管理者等权利。

第七十一条 有限责任公司的股东之间可以相互转让其全部或者部分股权。

股东向股东以外的人转让股权,应当经其他股东过半数同意。股东应就其股权转让事项书面通知其他股东征求同意,其他股东自接到书面通知之日起满三十日未答复的,视为同意转让。其他股东半数以上不同意转让的,不同意的股东应当购买该转让的股权;不购买的,视为同意转让。

经股东同意转让的股权,在同等条件下,其他股东有优先购买权。两个以上股东主张行使优先购买权的,协商确定各自的购买比例;协商不成的,按照转让时各自的出资比例行使优先购买权。

公司章程对股权转让另有规定的,从其规定。

第302问 夫妻一方擅自转让公司股权,另一方该怎么办?

答:股权是有限责任公司股东对公司享有的人身和财产权益,人身依附性极强,由股东本人独立行使,股东的配偶不得干涉。婚姻关系存续期间,夫妻双方共同出资取得的有限公司的股权获得的收益,属于夫妻共同财产。婚姻关系存续期间,股东有权单方决定将其持有的有限公司的股权转让给他人,但不得与他人恶意串通转移财产,侵害配偶对共同财产的平等处理权和财产所有权。否则,股东配偶可以向人民法院起诉确认股权转让行为无效。若被确认无效,受让人已取得股东资格的,需恢复原状,即将股权恢复登记在原股东名下,受让人符合善意取得条件的除外。受让人不知道且不应当知道股权转让人未与其配偶协商一致,而以合理价格受让股权，未与转让人串通损害股东配偶的利益，且已变更股权登记，即为善意取得。

◉ 相关依据

《中华人民共和国民法典》

第一百五十四条　行为人与相对人恶意串通，损害他人合法权益的民事法律行为无效。

第三百一十一条　无处分权人将不动产或者动产转让给受让人的，所有权人有权追回；除法律另有规定外，符合下列情形的，受让人取得该不动产或者动产的所有权：

（一）受让人受让该不动产或者动产时是善意；

（二）以合理的价格转让；

（三）转让的不动产或者动产依照法律规定应当登记的已经登记，不需要登记的已经交付给受让人。

受让人依据前款规定取得不动产或者动产的所有权的，原所有权人有权向无处分权人请求损害赔偿。

当事人善意取得其他物权的，参照适用前两款规定。

第一千零六十二条　夫妻在婚姻关系存续期间所得的下列财产，为夫妻的共同财产，归夫妻共同所有：

……

（二）生产、经营、投资的收益；

……

夫妻对共同财产，有平等的处理权。

第一千零六十六条　婚姻关系存续期间，有下列情形之一的，夫妻一方可以向人民法院请求分割共同财产：

（一）一方有隐藏、转移、变卖、毁损、挥霍夫妻共同财产或者伪造夫妻共同债务等严重损害夫妻共同财产利益的行为；

……

第303问 一人有限责任公司的自然人股东突然死亡,怎么办?

答:一人有限责任公司是指股东只有一个自然人或者法人的有限责任公司,公司营业执照上会注明自然人独资或者法人独资。若自然人股东突发疾病或者意外死亡,公司业务将全面停滞,无法运营。但股东死亡不代表公司法人资格终止,合法继承人可以继承股东资格,维系公司日常运营,代表公司参加诉讼活动,但是公司章程另有规定的除外。公司对外负有债务的,公司以其资产为限对外承担债务清偿责任。若公司财产与死亡股东个人财产发生混同的,则以其遗产为限承担债务清偿责任。要证明公司财产独立于死亡股东个人财产,需提供公司和个人银行账户明细账单、公司审计报告、财务会计报告以及企业法人年检报告书等。

◉ 相关依据

《中华人民共和国公司法》

第六十三条 一人有限责任公司的股东不能证明公司财产独立于股东自己的财产的,应当对公司债务承担连带责任。

第七十五条 自然人股东死亡后,其合法继承人可以继承股东资格;但是,公司章程另有规定的除外。

《中华人民共和国民法典》

第一千一百六十一条 继承人以所得遗产实际价值为限清偿被继承人依法应当缴纳的税款和债务。超过遗产实际价值部分,继承人自愿偿还的不在此限。

继承人放弃继承的,对被继承人依法应当缴纳的税款和债务可以不负清偿责任。

第304问　若有限责任公司的股东意外死亡，其股权如何处理？

答：普通的有限公司的股东至少有两人。实践中，通常有一个股东不仅是法定代表人，还是出资比例最大的股东，对公司的日常运营发展起着举足轻重的作用。担任法定代表人的股东死亡的，由董事长、执行董事或者经理担任法定代表人，并依法办理变更登记。股权是具有人身属性的财产权利，可以作为遗产继承。若该股东突然意外死亡，身前没有订立遗嘱或遗赠协议，其法定继承人可以承继其股权成为公司的新股东，但公司章程有特别约定的除外。由于有限责任公司兼具资合性和人合性，公司章程禁止股权继承的，公司可以回购其股权或者由其他股东及股东以外的人受让其股权。继承人不愿意成为新股东的，或者法律禁止其担任公司股东的，可以在继承股权之后将股权转让给其他股东或者股东以外的人。其他股东或者股东以外的人不愿意受让的，公司应在合法的前提下将死亡股东的股权折价以现金方式返还给继承人，同时减少注册资本并办理工商变更登记。

◉ 相关依据

《中华人民共和国公司法》

第十三条　公司法定代表人依照公司章程的规定，由董事长、执行董事或者经理担任，并依法登记。公司法定代表人变更，应当办理变更登记。

第七十一条　有限责任公司的股东之间可以相互转让其全部或者部分股权。

股东向股东以外的人转让股权，应当经其他股东过半数同意。股东应就其股权转让事项书面通知其他股东征求同意，其他股东自接到书面通知之日起满三十日未答复的，视为同意转让。其他股东半数以上不同意转让的，不同意的股东应当购买该转让的股权；不购买的，视为同意转让。

经股东同意转让的股权，在同等条件下，其他股东有优先购买权。两个以上股东主张行使优先购买权的，协商确定各自的购买比例；协商不成的，按照转让时各自的出资比例行使优先购买权。

公司章程对股权转让另有规定的，从其规定。

第七十五条 自然人股东死亡后，其合法继承人可以继承股东资格；但是，公司章程另有规定的除外。

第305问 未成年人可以成为公司的股东吗？

答：未成年人可以成为公司股东，享有股东权利和承担股东义务。由于股东未成年，民事行为能力受限，其表决权需其法定代理人（通常是父母）代为行使。经公司股东会同意，可以在公司章程的相关条款中增加法定代理人行使权利的相关条款。法定代理人代为行使股东权利时需须向股东会（会议秘书、主持人）提交能够证明其法定代理权的资料，如股东的出生证、户口本等。由于自身不是股东实体权利的享有者和义务的直接承担者，故法定代理人在股东会决议等文件中签字时，需代为未成年股东签字并随后注明“×××法定代理人”。

需要注意的是，未成年人成为公司股东的前提是其股权是通过赠与、继承方式获得的。继承股东资格，需要以公司章程没有否定以继承方式获得股东资格为前提。若未成年人出资设立公司，因其年龄、智力状况不足以应对投资、决策、经营管理等复杂事务，难以胜任创始股东，工商部门往往会拒绝登记。

◉ 相关依据

《中华人民共和国民法典》

第十三条 自然人从出生时起到死亡时止，具有民事权利能力，依法享有民事权利，承担民事义务。

第十九条　八周岁以上的未成年人为限制民事行为能力人，实施民事法律行为由其法定代理人代理或者经其法定代理人同意、追认；但是，可以独立实施纯获利益的民事法律行为或者与其年龄、智力相适应的民事法律行为。

第二十条　不满八周岁的未成年人为无民事行为能力人，由其法定代理人代理实施民事法律行为。

第一千一百三十三条　自然人可以依照本法规定立遗嘱处分个人财产，并可以指定遗嘱执行人。

自然人可以立遗嘱将个人财产指定由法定继承人中的一人或者数人继承。

自然人可以立遗嘱将个人财产赠与国家、集体或者法定继承人以外的组织、个人。

自然人可以依法设立遗嘱信托。

《中华人民共和国公司法》

第七十五条　自然人股东死亡后，其合法继承人可以继承股东资格；但是，公司章程另有规定的除外。

《国家工商行政管理总局关于未成年人能否成为公司股东问题的答复》

广东省工商行政管理局：

你局《关于未成年人是否具备公司股东资格问题的请示》（粤工商企字［2006］247号）收悉。经请示全国人大常委会法制工作委员会同意，现答复如下：

《公司法》对未成年人能否成为公司股东没有作出限制性规定。因此，未成年人可以成为公司股东，其股东权利可以由法定代理人代为行使。

第306问 民营企业家如何避免家业“后继无人”，实现“子承父业”？

答：企业家的生命有终点，然而企业的生命可以延续。京东方科技集团创始人王东升曾说：“企业家精神的体现是，给社会和人类留下一个财富创造体系，永续经营下去。”

如果子女对父母从事的行业不感兴趣或不认同，企业将出现“后继无人”的局面，家业代际传承陷入窘境，企业可能旁落他人，企业家无奈之下可能会将企业整体转让给他人套现获利，告别苦心经营多年的企业，不能永续经营，实属遗憾。

接班人的传承不仅是“权位”的传承，更是企业文化、使命及管理模式的传承。家族企业传承需要制订一套完整的规划，包括子女教育、人格塑造、职场历练，指导和辅助接班人，家族企业二代发展规划，等等。

“立太子”，亲手培养接班人。在国家允许一对夫妻可以生育三个孩子的政策背景下，企业家可以生育多个子女，分阶段培养接班人。在子女完成高等教育学习前，重在培养管理角色所需要的意志和担当、团队管理与合作的能力和品格；参加工作后，可以安排其到相同或类似行业的企业工作，学习管理模式、公司治理结构、客户维护等系列知识和经验。子女历练成熟后，企业家确定适合的接班人，分配相关工作，企业家做好教练指导，在子女能够独立胜任企业家职务时，交出经营权、决策权，脱离职务，完成交接工作。

若子女不愿做企业家的接班人，企业家可以将企业的所有权和经营权分离，实现代际传承。具体做法为，充分放权，将企业的经营权委托给富有经营实践经验的职业经理人。职业经理人管理制度，企业家可内部培养或外部选聘。出色的职业经理人具备团队管理、人力资源战略管理、纳税筹划、财务管理等与企业相关知识和技能。

亦可以将企业交由跟随企业家多年且可靠、具有使命感的核心管理层人员管理，另外可以将企业的股权一次性或分期逐步转让给子女，使企业原有资产和积累的财富仍掌握在子女手中，真正实现家族财富不外流，实现家族内部流动。

企业家在培养接班人和交接班时，应在法律允许的范围内按照法律规定的方式和程序进行。

◉ 相关依据

《中华人民共和国公司法》

第四十九条 有限责任公司可以设经理，由董事会决定聘任或者解聘。经理对董事会负责，行使下列职权：

（一）主持公司的生产经营管理工作，组织实施董事会决议；

（二）组织实施公司年度经营计划和投资方案；

（三）拟订公司内部管理机构设置方案；

（四）拟订公司的基本管理制度；

（五）制定公司的具体规章；

（六）提请聘任或者解聘公司副经理、财务负责人；

（七）决定聘任或者解聘除应由董事会决定聘任或者解聘以外的负责管理人员；

（八）董事会授予的其他职权。

公司章程对经理职权另有规定的，从其规定。

经理列席董事会会议。

第七十一条 有限责任公司的股东之间可以相互转让其全部或者部分股权。

股东向股东以外的人转让股权，应当经其他股东过半数同意。股东应就其股权转让事项书面通知其他股东征求同意，其他股东自接到书面通知之日起满三十日未答复的，视为同意转让。其他股东半数以上不同意转让的,不同意的股东应当购买该转让的股权;不购买的,视为同意转让。

经股东同意转让的股权,在同等条件下,其他股东有优先购买权。两个以上股东主张行使优先购买权的,协商确定各自的购买比例;协商不成的,按照转让时各自的出资比例行使优先购买权。

公司章程对股权转让另有规定的,从其规定。

第一百一十三条 股份有限公司设经理,由董事会决定聘任或者解聘。

本法第四十九条关于有限责任公司经理职权的规定,适用于股份有限公司经理。

第一百一十四条 公司董事会可以决定由董事会成员兼任经理。

第307问 何为宣告死亡?家人被宣告死亡后,有何法律后果?

答:宣告死亡,又称推定死亡,是指自然人离开自己的最后居住地没有音信持续一定的期限,处于下落不明的状态,经利害关系人申请,人民法院判决推定该自然人死亡的法律制度。宣告死亡的前提是公民下落不明满4年,因意外事件(如溺水)下落不明满2年。如果遭遇特殊意外事故,经相关机关证明不可能生存的,利害关系人可以不必经过一定年数时间的等待而直接向下落不明人户口所在地的区(县)人民法院申请宣告死亡。申请宣告公民死亡的利害关系人有:配偶、父母、子女、兄弟姐妹、祖父母、外祖父母、孙子女、外孙子女以及其他有民事权利义务关系的人(如债权人)。人民法院受理利害关系人的申请后,被申请人经公告1年仍然查找不到,或因意外事故下落不明,经有关机关证明该公民不可能生存,公告3个月仍然查找不到的,依法判决宣告被申请人死亡。公民被宣告死亡后的法律后果主要有:注销户口、婚姻关系消灭、配偶可以再婚、遗产开始继承、子女可以被收养、刑事责任免除、战士被追授荣誉称号等。

宣告公民死亡是基于时间和概率的一种推定，被宣告死亡的公民不一定真实死亡。若被宣告人没有真实死亡（俗称“活死人”），其在宣告死亡期间的行为不受宣告影响，如劳动就业、签订合同、购买彩票中奖等行为不受影响。本人或者利害关系人可以申请撤销死亡宣告。死亡宣告被撤销后被宣告人“死”而复生，可以申请公安派出所恢复户口；如被宣告死亡人的配偶未再婚或未向婚姻登记机关书面声明不愿意恢复，婚姻关系可自行恢复；被继承的财产可以要求继承人全部返还或补偿损；子女被收养后，收养关系原则上仍然有效。

◉ 相关依据

《中华人民共和国民法典》

第四十六条　自然人有下列情形之一的，利害关系人可以向人民法院申请宣告该自然人死亡：

（一）下落不明满四年；

（二）因意外事件，下落不明满二年。

因意外事件下落不明，经有关机关证明该自然人不可能生存的，申请宣告死亡不受二年时间的限制。

第四十七条　对同一自然人，有的利害关系人申请宣告死亡，有的利害关系人申请宣告失踪，符合本法规定的宣告死亡条件的，人民法院应当宣告死亡。

第四十八条　被宣告死亡的人，人民法院宣告死亡的判决作出之日视为其死亡的日期；因意外事件下落不明宣告死亡的，意外事件发生之日视为其死亡的日期。

第四十九条　自然人被宣告死亡但是并未死亡的，不影响该自然人在被宣告死亡期间实施的民事法律行为的效力。

第五十条　被宣告死亡的人重新出现，经本人或者利害关系人申请，人民法院应当撤销死亡宣告。

第五十一条 被宣告死亡的人的婚姻关系，自死亡宣告之日起消灭。死亡宣告被撤销的，婚姻关系自撤销死亡宣告之日起自行恢复，但是其配偶再婚或者向婚姻登记机关书面声明不愿意恢复的除外。

第五十二条 被宣告死亡的人在被宣告死亡期间，其子女被他人依法收养的，在死亡宣告被撤销后，不得以未经本人同意为由主张收养关系无效。

第五十三条 被撤销死亡宣告的人有权请求依照继承法取得其财产的民事主体返还财产。无法返还的，应当给予适当补偿。

利害关系人隐瞒真实情况，致使他人被宣告死亡取得其财产的，除应当返还财产外，还应当对由此造成的损失承担赔偿责任。

《中华人民共和国民事诉讼法》

第一百八十四条 公民下落不明满四年，或者因意外事故下落不明满二年，或者因意外事故下落不明，经有关机关证明该公民不可能生存，利害关系人申请宣告其死亡的，向下落不明人住所地基层人民法院提出。

申请书应当写明下落不明的事实、时间和请求，并附有公安机关或者其他有关机关关于该公民下落不明的书面证明。

第一百八十五条 人民法院受理宣告失踪、宣告死亡案件后，应当发出寻找下落不明人的公告。宣告失踪的公告期间为三个月，宣告死亡的公告期间为一年。因意外事故下落不明，经有关机关证明该公民不可能生存的，宣告死亡的公告期间为三个月。

公告期间届满，人民法院应当根据被宣告失踪、宣告死亡的事实是否得到确认，作出宣告失踪、宣告死亡的判决或者驳回申请的判决。

第308问 何为宣告失踪？家人被宣告失踪后，有何法律效力？

答：宣告失踪，是指自然人失去音信满一定的期限，经利害关系人申请，人民法院经公告查找仍未出现，宣告其失踪的法律制度。设立宣告失踪制度的目的在于结束失踪人财产关系的不确定状态，指定财产代管人保护失踪人及其利害关系人的利益。

申请失踪的条件:(1)下落不明满2年,即自然人离开最后居住地失去音信、去向不明满2年。(2)利害关系人向人民法院提出申请。利害关系人,包括被申请宣告失踪人的配偶、父母、子女、兄弟姐妹、祖父母、外祖父母、孙子女、外孙子女以及其他与被申请人有民事权利义务关系的人。(3)基层人民法院依照法定程序宣告。人民法院依法查明失踪人的财产,若经公告3个月失踪人仍未出现,判决宣告其失踪,同时指定财产代管人。

宣告失踪的法律效力主要表现在:指定财产代管人和处理失踪人的债权债务两个方面。

(1)指定财产代管人。失踪人的财产由其配偶、成年子女、父母或者其他愿意担任财产代管人的人代管。代管人应妥善保管,维护其利益。代管人不履行代管职责、侵害失踪人财产权益或丧失代管能力的,人民法院经利害关系人申请应予以更换代管人。代管人因故意或重大过失造成失踪人财产损失的,应当给予赔偿。

(2)处理失踪人的债权债务。对于失踪人所欠税款、债务和应付的其他费用(如赡养费、扶养费、抚育费和因代管财产所需的管理费)从失踪人的财产中支付。财产代管人有权代表失踪人向其债务人追索债务。

当失踪人重新出现,本人或利害关系人可以向人民法院申请撤销失踪宣告。财产代管人应向重新出现的被宣告失踪人及时移交财产并报告代管情况。

◉ 相关依据

《中华人民共和国民法典》

第四十条　自然人下落不明满二年的,利害关系人可以向人民法院申请宣告该自然人为失踪人。

第四十一条 自然人下落不明的时间从其失去音讯之日起计算。战争期间下落不明的，下落不明的时间自战争结束之日或者有关机关确定的下落不明之日起计算。

第四十二条 失踪人的财产由其配偶、成年子女、父母或者其他愿意担任财产代管人的人代管。

代管有争议，没有前款规定的人，或者前款规定的人无代管能力的，由人民法院指定的人代管。

第四十三条 财产代管人应当妥善管理失踪人的财产，维护其财产权益。

失踪人所欠税款、债务和应付的其他费用，由财产代管人从失踪人的财产中支付。

财产代管人因故意或者重大过失造成失踪人财产损失的，应当承担赔偿责任。

第四十四条 财产代管人不履行代管职责、侵害失踪人财产权益或者丧失代管能力的，失踪人的利害关系人可以向人民法院申请变更财产代管人。

财产代管人有正当理由的，可以向人民法院申请变更财产代管人。

人民法院变更财产代管人的，变更后的财产代管人有权要求原财产代管人及时移交有关财产并报告财产代管情况。

第四十五条 失踪人重新出现，经本人或者利害关系人申请，人民法院应当撤销失踪宣告。

失踪人重新出现，有权要求财产代管人及时移交有关财产并报告财产代管情况。

《中华人民共和国民事诉讼法》

第一百八十三条 公民下落不明满二年，利害关系人申请宣告其失踪的，向下落不明人住所地基层人民法院提出。

申请书应当写明失踪的事实、时间和请求，并附有公安机关或者其他有关机关关于该公民下落不明的书面证明。

第309问　给家人买了人身保险，就不会被法院发现和强制执行了吗？

答：申请执行人无法提供被执行人的人身保险相关情况的，江苏省各地法院的执行人员可以向江苏省保险行业协会查询被执行人是否在保险机构投保了人身保险产品，以及保险合同的签订、履行、理赔情况。执行法院发现存在被执行人作为投保人或者是受益人的人身保险产品，有权冻结被执行人所有的人身保险产品及其理财性权益（包括生存保险金、现金红利、退保可获得的现金价值、尚未完成支付的保险金等）。投保人、被保险人、受益人是同一人的，投保人拒绝退保的，法院可以要求保险公司解除保险合同，并协助扣划退保后保单的现金价值。投保人与被保险人、受益人不一致的，被保险人、受益人可以替代投保人向法院履行以投保人退保后的保单现金价值为限的债务后，可以维系保险合同的效力。被保险人、受益人不愿意替代履行，投保人无法或者拒绝退保的，法院可以要求保险公司解除保险合同，并协助扣划退保后保单的现金价值。

◉ 相关依据

《江苏省高级人民法院关于加强和规范被执行人所有的人身保险产品财产性权益执行的通知》

一、保险合同存续期间，人身保险产品财产性权益依照法律、法规规定，或依照保险合同约定归属于被执行人的，人民法院可以执行。人身保险产品财产性权益包括依保险合同约定可领取的生存保险金、现金红利、退保可获得的现金价值（账户价值、未到期保费），依保险合同可确认但尚未完成支付的保险金，及其他权属明确的财产性权益。

人民法院执行人身保险产品财产性权益时，应遵守《中华人民共和国民事诉讼法》第二百四十三条、《最高人民法院关于人民法院民事执行中查封、扣押、冻结财产的规定》第五条的规定。例如，对于被保险人或受益人为被执行人的重疾型保险合同，已经发生保险事故，依保险合同可确认但尚未完成支付的保险金，人民法院执行时应当充分保障被执行人及其所扶养家属的生存权利及基本生活保障。

五、投保人为被执行人，且投保人与被保险人、受益人不一致的，人民法院扣划保险产品退保后可得财产利益时，应当通知被保险人、受益人。被保险人、受益人同意承受投保人的合同地位、维系保险合同的效力，并向人民法院交付了相当于退保后保单现金价值的财产替代履行的，人民法院不得再执行保单的现金价值。

被保险人、受益人未向人民法院交付相当于退保后保单现金价值财产的，人民法院可以要求投保人签署退保申请书，并向保险公司出具协助扣划通知书。投保人下落不明或者拒绝签署退保申请书的，人民法院可以直接向保险公司发出执行裁定书、协助执行通知书，要求保险公司解除保险合同，并协助扣划保险产品退保后的可得财产性权益，保险公司负有协助义务。

投保人未签署退保申请书，保险公司依人民法院执行裁定解除保险合同、协助执行后，相关人员因此起诉保险公司的，人民法院不予支持。

六、保险公司收到人民法院协助执行通知书，应当根据法律、法规规定和保险合同约定计算确定被执行人所有的人身保险产品财产性权益的价值，并严格按照人民法院要求履行协助执行的义务。被执行人为投保人，且保险合同尚在犹豫期内的，被执行财产性权益的价值为依合同约定应退还给投保人的保险费。

被执行保险合同有质押借款或贷款的，保险公司作为质权人可以从被执行财产性权益中扣除借款或贷款的本息优先受偿。

第二节　预防违法犯罪

违法犯罪，轻则降低个人社会评价；重则导致婚姻破裂、家庭离

散，失去人身自由。公民应增强法律意识，养成遵纪守法的良好习惯。

第310问　我的医保卡可以借给家人使用吗？

答：社会保障卡简称社保卡，因其具有医疗保障功能，又被称为医保卡。根据“本人参保，本人享受待遇”的原则，医保卡只能本人实名使用，不能借给他人使用。建立职工基本医疗保险门诊共济保障机制后，允许参保职工本人及配偶、父母、子女在定点医疗机构就医时发生的个人支付医药费用，以及定点药店购买药品、医用耗材的费用，从职工医保个人账户支付。除此之外，医保卡还可以用于支付配偶、父母、子女参加城乡居民基本医疗保险缴费。拓宽医保个人账户的使用范围不等于医保卡可以全家使用。如果使用“人证不符”，属于骗取社会保险待遇的行为，将被处以骗取金额2倍以上5倍以下的罚款；情节严重的可构成诈骗犯罪，被追究刑事责任。在江苏地区，诈骗罪的立案追诉标准为金额达到6000元。符合标准的，可处3年以下有期徒刑、拘役或者管制，并处或者单处罚金。

◉ 相关依据

《中华人民共和国社会保险法》

第八十八条　以欺诈、伪造证明材料或者其他手段骗取社会保险待遇的，由社会保险行政部门责令退回骗取的社会保险金，处骗取金额二倍以上五倍以下的罚款。

《医疗保障基金使用监督管理条例》

第十七条　参保人员应当持本人医疗保障凭证就医、购药，并主动出示接受查验。参保人员有权要求定点医药机构如实出具费用单据和相关资料。

参保人员应当妥善保管本人医疗保障凭证，防止他人冒名使用。因特殊原因需要委托他人代为购药的，应当提供委托人和受托人的身份证明。

参保人员应当按照规定享受医疗保障待遇，不得重复享受。

参保人员有权要求医疗保障经办机构提供医疗保障咨询服务，对医疗保障基金的使用提出改进建议。

第四十一条 个人有下列情形之一的，由医疗保障行政部门责令改正；造成医疗保障基金损失的，责令退回；属于参保人员的，暂停其医疗费用联网结算3个月至12个月：

（一）将本人的医疗保障凭证交由他人冒名使用；

（二）重复享受医疗保障待遇；

（三）利用享受医疗保障待遇的机会转卖药品，接受返还现金、实物或者获得其他非法利益。

个人以骗取医疗保障基金为目的，实施了前款规定行为之一，造成医疗保障基金损失的；或者使用他人医疗保障凭证冒名就医、购药的；或者通过伪造、变造、隐匿、涂改、销毁医学文书、医学证明、会计凭证、电子信息等有关资料或者虚构医药服务项目等方式，骗取医疗保障基金支出的，除依照前款规定处理外，还应当由医疗保障行政部门处骗取金额2倍以上5倍以下的罚款。

《国务院办公厅关于建立健全职工基本医疗保险门诊共济保障机制的指导意见》

（五）规范个人账户使用范围。个人账户主要用于支付参保人员在定点医疗机构或定点零售药店发生的政策范围内自付费用。可以用于支付参保人员本人及其配偶、父母、子女在定点医疗机构就医发生的由个人负担的医疗费用，以及在定点零售药店购买药品、医疗器械、医用耗材发生的由个人负担的费用。探索个人账户用于配偶、父母、子女参加城乡居民基本医疗保险等的个人缴费。个人账户不得用于公共卫生费用、体育健身或养生保健消费等不属于基本医疗保险保障范围的支出。健全完善个人账户使用管理办法，做好收支信息统计。

《苏州市社会基本医疗保险管理办法》

第六十三条 公民、法人或者其他组织有下列以欺诈、伪造证明材料或者其他手段骗取社会基本医疗保险待遇的行为之一的,依照《中华人民共和国社会保险法》第八十八条规定处理:

(一)冒用他人社会保障卡就医购药的;

(二)伪造、变造病历、处方、疾病诊断证明和医疗费票据等资料的;

(三)与定点医药机构或者其他人员串通,以药易药、以药易物的;

(四)将本人身份证明和社会保障卡转借他人使用的;

(五)使用社会保障卡配取药品转手倒卖的;

(六)以合法形式掩盖非法目的的;

(七)有其他以欺诈、伪造证明材料或者其他手段骗取社会基本医疗保险待遇的行为的。

《中华人民共和国刑法》

第二百六十六条 诈骗公私财物,数额较大的,处三年以下有期徒刑、拘役或者管制,并处或者单处罚金;数额巨大或者有其他严重情节的,处三年以上十年以下有期徒刑,并处罚金;数额特别巨大或者有其他特别严重情节的,处十年以上有期徒刑或者无期徒刑,并处罚金或者没收财产。本法另有规定的,依照规定。

《江苏省高级人民法院、江苏省人民检察院、江苏省公安厅关于我省执行诈骗公私财物"数额较大"、"数额巨大"、"数额特别巨大"标准的意见》

根据《最高人民法院、最高人民检察院关于办理诈骗案件具体应用法律若干问题的解释》,结合我省经济社会发展的实际情况,确定我省执行诈骗公私财物"数额较大"、"数额巨大"、"数额特别巨大"的标准如下:

一、诈骗公私财物价值人民币六千元以上的,为"数额较大"。

二、诈骗公私财物价值人民币六万元以上的,为"数额巨大"。

三、诈骗公私财物价值人民币五十万元以上的,为"数额特别巨大"。

第311问 “夫妻公司”中夫妻一方转移财产，构成职务侵占罪吗？

答：职务侵占罪，是指公司、企业或者其他单位的工作人员，利用职务上的便利，将本单位数额较大的财物非法占为己有的行为。“夫妻公司”是指夫妻两人婚后共同出资成立一家有限责任公司，股东仅是夫妻两人或者主要控股股东是夫妻。由于公司具有独立的法人人格，公司财产并非股东个人财产或者夫妻共同财产。《公司法》并未禁止夫妻共同出资成立公司，但《刑法》关于职务侵占罪的规定亦未将“夫妻公司”作为特殊类型排除。司法实践中，当夫妻约定了分别财产制，公司设立时夫妻财产及各自的投资比例明确，在运营过程中公司财产独立于夫妻共同财产的情况下，夫妻一方擅自将属于公司的财产占为己有、用于偿还个人债务或者个人消费，可能造成公司不能清偿全部债务甚至被宣告破产，严重损害债权人的利益。该行为涉嫌职务侵占罪。若公司财产与夫妻共同财产发生混同，夫妻一方或双方将公司财产占为己有的，虽难以构成为职务侵占罪，但可能构成抽逃注册资本罪、诈骗罪等。

◉ 相关依据

《中华人民共和国刑法》

第二百七十一条第一款 公司、企业或者其他单位的工作人员，利用职务上的便利，将本单位财物非法占为己有，数额较大的，处三年以下有期徒刑或者拘役，并处罚金；数额巨大的，处三年以上十年以下有期徒刑，并处罚金；数额特别巨大的，处十年以上有期徒刑或者无期徒刑，并处罚金。

《最高人民法院、最高人民检察院关于办理贪污贿赂刑事案件适用法律若干问题的解释》

第一条第一款 贪污或者受贿数额在三万元以上不满二十万元的，应当认定为刑法第三百八十三条第一款规定的“数额较大”，依法判处三年以下有期徒刑或者拘役，并处罚金。

第十一条　刑法第一百六十三条规定的非国家工作人员受贿罪、第二百七十一条规定的职务侵占罪中的“数额较大”“数额巨大”的数额起点，按照本解释关于受贿罪、贪污罪相对应的数额标准规定的二倍、五倍执行。

第312问　家庭成员之间的“帮帮忙”，可能构成拒不执行判决、裁定罪？

答：现实生活中，请人帮忙或者给人帮忙是人之常情，家庭成员之间帮忙更是司空见惯。但即使父母子女之间，也不是什么忙都能帮的。例如，如果子女请求父母代其领取、转移、隐藏钱财以逃避法院执行，父母在明知子女正被法院强制执行的情况下“帮忙”，损害债权人的利益，情节严重的，子女构成拒不执行判决、裁定罪，父母的行为属于共同犯罪，亦构成此罪。父母子女之间串通共同故意犯罪，构成拒不执行判决、裁定罪的常见案例还有通过用家人银行卡代收款项、以家人名义开店、家属拒不搬出房屋等方式逃避强制执行，情节严重的。

◉ 相关依据

《中华人民共和国刑法》

第三百一十三条第一款　对人民法院的判决、裁定有能力执行而拒不执行，情节严重的，处三年以下有期徒刑、拘役或者罚金；情节特别严重的，处三年以上七年以下有期徒刑，并处罚金。

第313问 儿子是非国家工作人员，父亲为谋取不正当利益给予儿子"感谢费"，也构成犯罪？

答：父亲与成年儿子都是独立的个体，各自拥有独立的财产，但基于亲情难免存在涉及金钱的人情往来。若儿子利用在公司、企业或者其他单位的职务便利，为父亲谋取违反法律、法规、规章或者政策规定的利益，或者儿子违反法律、法规、规章、政策、行业规范的规定，为父亲提供帮助或者方便条件以谋取不正当利益，数额较大的（江苏省标准为6万元），儿子涉嫌非国家工作人员受贿罪，父亲涉嫌对非国家工作人员行贿罪。在此提醒各位读者，努力营造"合法经营，公平竞争"的法治社会氛围，是每个公民应尽的职责。

◉ 相关依据

《中华人民共和国刑法》

第一百六十三条 公司、企业或者其他单位的工作人员利用职务上的便利，索取他人财物或者非法收受他人财物，为他人谋取利益，数额较大的，处五年以下有期徒刑或者拘役；数额巨大的，处五年以上有期徒刑，可以并处没收财产。

公司、企业或者其他单位的工作人员在经济往来中，利用职务上的便利，违反国家规定，收受各种名义的回扣、手续费，归个人所有的，依照前款的规定处罚。

国有公司、企业或者其他国有单位中从事公务的人员和国有公司、企业或者其他国有单位委派到非国有公司、企业以及其他单位从事公务的人员有前两款行为的，依照本法第三百八十五条、第三百八十六条的规定定罪处罚。

第一百六十四条 为谋取不正当利益，给予公司、企业或者其他单位的工作人员以财物，数额较大的，处三年以下有期徒刑或者拘役，并处罚金；数额巨大的，处三年以上十年以下有期徒刑，并处罚金。

为谋取不正当商业利益，给予外国公职人员或者国际公共组织官员以财物的，依照前款的规定处罚。

单位犯前两款罪的，对单位判处罚金，并对其直接负责的主管人员和其他直接责任人员，依照第一款的规定处罚。

行贿人在被追诉前主动交待行贿行为的，可以减轻处罚或者免除处罚。

《关于办理商业贿赂刑事案件适用法律若干问题的意见》

十一、非国家工作人员与国家工作人员通谋，共同收受他人财物，构成共同犯罪的，根据双方利用职务便利的具体情形分别定罪追究刑事责任：

……

（2）利用非国家工作人员的职务便利为他人谋取利益的，以非国家工作人员受贿罪追究刑事责任。

……

第314问　逢年过节，家族成员之间聚餐饮酒时，需注意哪些问题？

答：聚餐是建立和维系情感的社会交往活动。聚餐时不免会饮酒助兴，但需尊重和体谅饮酒者的酒量。以迟到、打赌、揭短、贬损、侮辱、诽谤、论辈分、排资历、利益诱惑等方式强行劝酒和罚酒，使他人难堪、失态，违背了社会公序良俗。组织者、同桌共同饮酒者对其他饮酒者负有善意提醒注意适量饮酒，劝诫或制止酒后驾驶，对醉酒者应予以妥善照顾和帮助醒酒等安全注意义务。对聚餐时出现危及生命状况的人应及时送医就诊；家属不在场的，还应联系并告知家属。因饮酒遭受人身损害的，受害者或家属可以向其他共同饮酒者要求承担赔偿责任。若受害者因自身原因遭受损害，其他聚餐者已经尽到善良管理人的注意义务的，一般可以免责。

◉ 相关依据

《中华人民共和国民法典》

第八条 民事主体从事民事活动,不得违反法律,不得违背公序良俗。

第一千零二条 自然人享有生命权。自然人的生命安全和生命尊严受法律保护。任何组织或者个人不得侵害他人的生命权。

第一千零四条 自然人享有健康权。自然人的身心健康受法律保护。任何组织或者个人不得侵害他人的健康权。

第一千零五条 自然人的生命权、身体权、健康权受到侵害或者处于其他危难情形的,负有法定救助义务的组织或者个人应当及时施救。

第315问 亲属之间带有钱财输赢的棋牌娱乐,什么情况下会受到公安机关的治安处罚?

答:逢年过节,亲戚之间来往串门,难免打打麻将、玩玩扑克牌以娱乐消遣,为了助兴时常还会带有钱财。

民法上的亲属包括配偶、血亲和姻亲。配偶、父母、子女、兄弟姐妹、祖父母、外祖父母、孙子女、外孙子女,即配偶和三代以内的直系血亲为近亲属。家庭成员指配偶、父母、子女和其他共同生活的近亲属。共同生活的公婆、岳父母、儿媳、女婿视为近亲属。姻亲的范围比较广泛,是指以婚姻关系为媒介而产生的亲属关系,但配偶本身除外。家庭成员、亲属之间带有钱财输赢地打麻将、玩扑克,若不以营利为目的,按照2019年2月2日江苏省公安厅发布的《赌博违法案件裁量指导意见》的规定,不以赌博论处。不具有亲属关系的人之间进行带有钱财输赢的棋牌娱乐活动,如果每个人的赌资金额不足500元,则免予处罚。

◉ 相关依据

《中华人民共和国民法典》

第一千零四十五条　亲属包括配偶、血亲和姻亲。

配偶、父母、子女、兄弟姐妹、祖父母、外祖父母、孙子女、外孙子女为近亲属。

配偶、父母、子女和其他共同生活的近亲属为家庭成员。

《中华人民共和国治安管理处罚法》

第七十条　以营利为目的，为赌博提供条件的，或者参与赌博赌资较大的，处5日以下拘留或者500元以下罚款；情节严重的，处10日以上15日以下拘留，并处500元以上3000元以下罚款。

《赌博违法案件裁量指导意见》

三、对赌博行为治安处罚的裁量标准

对赌博行为作出治安处罚，应当坚持公平公正、同等情况同等对待，依据赌博方式、赌资数额，并结合其他情节确定处罚幅度。

（一）有下列情形之一的，处500元以下罚款：

1. 参与聚众赌博、网络赌博、赌博机赌博、赌场赌博、“六合彩”以及其他私彩方式赌博，个人赌资或者人均赌资100元以上、不满500元的；

2. 参与其他赌博活动，个人赌资或者人均赌资500元以上、不满2000元的。

……

六、不以赌博或者为赌博提供条件论处的情形

（一）不以营利为目的，家庭成员、亲属之间进行的带有财物输赢的打麻将、玩扑克等活动，不以赌博论处；亲属之外的其他人之间带有少量财物输赢的打麻将、玩扑克等娱乐活动，不予处罚。

……

第三节　遗产继承

继承，是自然人基于婚姻、血缘等关系，依据法律或者遗嘱，取

得死者生前财产的行为。继承分为法定继承和遗嘱继承两种方式。

第316问 什么是遗嘱？有哪些种类？

答：遗嘱是公民个人生前按照自己的真实意愿处分自己所有的合法财产、安排未尽事务，于死亡时发生法律效力的单方民事法律行为。根据《民法典》继承编的规定，遗嘱包括公证遗嘱、自书遗嘱、代书遗嘱、打印遗嘱、录音录像遗嘱、口头遗嘱六种形式。每种遗嘱都有不同的要求。公证遗嘱是在公证员的见证下制作的遗嘱。自书遗嘱要求立遗嘱人自行用笔书写、签名并注明年、月、日。以代书遗嘱、打印遗嘱、录音录像遗嘱、口头遗嘱方式制作遗嘱时，必须有两个以上具有完全民事行为能力且与继承人、受遗赠人没有利害关系的人进行现场见证并亲笔签名，才具有法律效力。制作录音录像遗嘱时，注意保持摄像真实完整地录制讲述遗嘱内容的全部过程，订立遗嘱人和见证人应在摄像镜头前说出自己的姓名，要求头像清晰、露出全身，讲述遗嘱内容时应吐字清晰、富有逻辑、无歧义、具有连续性，且保证录音录像资料完整。所有形式的遗嘱都应当对缺乏劳动能力又没有生活来源的继承人保留必要的遗产份额。遗嘱人可以通过实施与遗嘱内容相反的行为撤回遗嘱，也可以以新的遗嘱代替旧的遗嘱。遗嘱人立有数份内容互相抵触遗嘱的，以最后一份遗嘱为准。

◉ 相关依据

《中华人民共和国民法典》

第一千一百三十四条 自书遗嘱由遗嘱人亲笔书写，签名，注明年、月、日。

第一千一百三十五条 代书遗嘱应当有两个以上见证人在场见证，由其中一人代书,并由遗嘱人、代书人和其他见证人签名,注明年、月、日。

第一千一百三十六条 打印遗嘱应当有两个以上见证人在场见证。遗嘱人和见证人应当在遗嘱每一页签名,注明年、月、日。

第一千一百三十七条 以录音录像形式立的遗嘱,应当有两个以上见证人在场见证。遗嘱人和见证人应当在录音录像中记录其姓名或者肖像,以及年、月、日。

第一千一百三十八条 遗嘱人在危急情况下,可以立口头遗嘱。口头遗嘱应当有两个以上见证人在场见证。危急情况消除后,遗嘱人能够以书面或者录音录像形式立遗嘱的,所立的口头遗嘱无效。

第一千一百三十九条 公证遗嘱由遗嘱人经公证机构办理。

第一千一百四十二条 遗嘱人可以撤回、变更自己所立的遗嘱。

立遗嘱后,遗嘱人实施与遗嘱内容相反的民事法律行为的,视为对遗嘱相关内容的撤回。

立有数份遗嘱,内容相抵触的,以最后的遗嘱为准。

第317问 订立遗嘱时,需要注意哪些情况?

答:立遗嘱人需具有完全民事行为能力,也就说应智力正常、意识清醒。肢体残疾不影响民事行为能力。自行书写遗嘱,需要亲笔书写清楚详细的财产名称、分配方案,签名并注明年月日。自书遗嘱不能请他人打印后再亲自签字、写上日期。保管自书遗嘱时宜将立遗嘱人其他载有签名笔迹的多份书写材料一并保管,以作为比对样本,避免继承人对遗嘱签字持有异议发生纠纷。代书遗嘱,应当由两个以上见证人在场见证,由一位见证人代为书写,并由立遗嘱人代书人和其他见证人一并签字、注明日期。注意见证人不能是:(1)无行为能力人、限制行为能力人;(2)继承人、受遗赠人;(3)与继承人、受遗赠人有利害关系的人。见证人最好选择没有利害关系的居委会、村委会的工作人员、所在单位的领导、法律专业人员等，尽量不要选择亲戚、朋友、邻居、同事、同学、债权人、债务人等存在利益关系的人员。遗嘱中用语措辞不能生活化、含糊其词和不规范（例如“我走后”“我不在了”“前面的房子”“留给儿子住”等）。遗嘱不能未经同意处分配偶或他人财产，也不能剥夺胎儿的继承权以及没有生活来源依靠继承人生活的人的遗产份额。

◉ 相关依据

《中华人民共和国民法典》

第一千一百三十四条 自书遗嘱由遗嘱人亲笔书写，签名，注明年、月、日。

第一千一百三十五条 代书遗嘱应当有两个以上见证人在场见证，由其中一人代书，并由遗嘱人、代书人和其他见证人签名，注明年、月、日。

第一千一百三十六条 打印遗嘱应当有两个以上见证人在场见证。遗嘱人和见证人应当在遗嘱每一页签名，注明年、月、日。

第一千一百三十七条 以录音录像形式立的遗嘱，应当有两个以上见证人在场见证。遗嘱人和见证人应当在录音录像中记录其姓名或者肖像，以及年、月、日。

第一千一百三十八条 遗嘱人在危急情况下，可以立口头遗嘱。口头遗嘱应当有两个以上见证人在场见证。危急情况消除后，遗嘱人能够以书面或者录音录像形式立遗嘱的，所立的口头遗嘱无效。

第一千一百三十九条 公证遗嘱由遗嘱人经公证机构办理。

第一千一百四十条 下列人员不能作为遗嘱见证人：

（一）无民事行为能力人、限制民事行为能力人以及其他不具有见证能力的人；

（二）继承人、受遗赠人；

（三）与继承人、受遗赠人有利害关系的人。

第一千一百四十一条 遗嘱应当为缺乏劳动能力又没有生活来源的继承人保留必要的遗产份额。

第一千一百四十三条 无民事行为能力人或者限制民事行为能力人所立的遗嘱无效。

遗嘱必须表示遗嘱人的真实意思,受欺诈、胁迫所立的遗嘱无效。

伪造的遗嘱无效。

遗嘱被篡改的,篡改的内容无效。

第318问 和订立遗嘱相比,设立遗嘱信托有哪些优点?

答:遗嘱继承注重遗产所有权的转移,继承人可以一次性取得被继承人的遗产。遗嘱信托是被继承人以遗嘱形式设立信托,将其财产委托给具有专业理财能力的受托人持有,并为受益人的利益或特定目的进行标管理或者处分的行为。遗嘱信托将遗产变为信托财产,使其具有独立性和抗风险性。受托人死亡或者因被依法解散、撤销、宣告破产而终止时,信托财产不属于其遗产或者清算财产。除法律规定的情形,信托财产不得被强制执行。受益人的信托受益权可以依法转让和继承,但信托文件有限制性规定的除外。

遗嘱信托完全按照委托人(被继承人)的意愿处理存款、房产、股权、收藏品、知识产权等财产,同时还可以合理安排扶养配偶、抚养子女、赡养老人定期领取生活费,奖励子女求学深造等非财产性事务。受益人可以是自然人,也可以是未出生的胎儿。

遗嘱信托可以避免引发各继承人之间的遗产争夺,有效防止企业家死亡后企业不能永续经营,最大限度上实现家族财富的保值增值和代际传承功能。

相关依据

《中华人民共和国民法典》

第一千一百三十三条第四款 自然人可以依法设立遗嘱信托。

《中华人民共和国信托法》

第十三条第一款 设立遗嘱信托,应当遵守继承法关于遗嘱的规定。

第十六条 信托财产与属于受托人所有的财产(以下简称固有财产)相区别,不得归入受托人的固有财产或者成为固有财产的一部分。

受托人死亡或者依法解散、被依法撤销、被宣告破产而终止,信托财产不属于其遗产或者清算财产。

第十七条 除因下列情形之一外,对信托财产不得强制执行:

(一)设立信托前债权人已对该信托财产享有优先受偿的权利,并依法行使该权利的;

(二)受托人处理信托事务所产生债务,债权人要求清偿该债务的;

(三)信托财产本身应担负的税款;

(四)法律规定的其他情形。

对于违反前款规定而强制执行信托财产,委托人、受托人或者受益人有权向人民法院提出异议。

第四十八条 受益人的信托受益权可以依法转让和继承,但信托文件有限制性规定的除外。

第319问 什么是代位继承?

答:代位继承也称为“间接继承”,指当具有法定继承权的人因主客观原因不能继承时,由其晚辈直系血亲代替其继承地位和顺序,继承被继承人遗产的制度。代位继承人分为被继承人子女的直系晚辈血亲和被继承人兄弟姐妹的子女两类。

按照《民法典》继承编的规定,孙子女、外孙子女、外甥、外甥女、侄子、侄女不是法定继承人，也不能成为遗嘱继承人，无权继承祖父母、外祖父母或姑姑、舅舅的遗产。在父母先于祖父母死亡，也就是"白发人送黑发人"的情况下，孙子女、外孙子女可以代自己的父母继承祖父母的财产，这样的继承方式即为代位继承。代位继承人一般只能继承被代位继承人有权继承的遗产份额，但被继承人的孙子女、外孙子女、曾孙子女、外曾孙子女都可以代位继承，没有辈分限制，只是仍需按照辈分依次代位，不能隔辈代位。当被继承人的第一顺位继承人（配偶、子女和父母）已经死亡或者因丧失继承权而无法继承时，其第二顺序继承人（兄弟姐妹、祖父母、外祖父母）具有继承权。如果被继承人的兄弟姐妹先于被继承人死亡的，则由被继承人的兄弟姐妹的子女代位继承。也就是说侄子、侄女、外甥、外甥女的父或母在被继承人去世前去世的，侄、甥辈具有代位继承权。需要注意的是，被继承人兄弟姐妹的子女的代位继承权仅限于自身，不包括兄弟姐妹的其他直系血亲。

◉ 相关依据

《中华人民共和国民法典》

第一千一百二十八条　被继承人的子女先于被继承人死亡的，由被继承人的子女的直系晚辈血亲代位继承。

被继承人的兄弟姐妹先于被继承人死亡的，由被继承人的兄弟姐妹的子女代位继承。

代位继承人一般只能继承被代位继承人有权继承的遗产份额。

《最高人民法院关于适用〈中华人民共和国民法典〉继承编的解释（一）》

第十四条　被继承人的孙子女、外孙子女、曾孙子女、外曾孙子女都可以代位继承，代位继承人不受辈数的限制。

第十七条　继承人丧失继承权的，其晚辈直系血亲不得代位继承。如该代位继承人缺乏劳动能力又没有生活来源,或者对被继承人尽赡养义务较多的,可以适当分给遗产。

第320问 什么是转继承?

答:转继承,指继承开始后,继承人没有表示放弃继承,也不存在丧失继承权的法定情形,在实际取得被继承人的遗产前死亡或者被人民法院宣告死亡的,其应继份额转由他的法定继承人继承。转继承是两个先后直接继承法律关系的连接。在继承开始之后、遗产分割之前死亡的继承人称为被转继承人,接受被转继承人遗产的人被称为转继承人。在遗产分割后继承人死亡的,因继承人已经实际接受遗产,取得了具体财产的所有权,不再发生转继承,而直接由其继承人继承其遗产。

例如:A、B系夫妻关系,B幼年丧母,婚后育一子C,两人签订书面协议约定婚后财产归B一人所有,并经公证。某年某月某日,B不幸遭遇车祸去世。隔日,B的70多岁老父亲D闻其噩耗,不堪精神痛苦辞世。在此继承事件中,B是被继承人,A、C、D是法定继承人;D在遗产尚未分割前去世,其继承份额转由他的合法继承人继承,D的继承人即为B的转继承人。

◉ 相关依据

《中华人民共和国民法典》

第一千一百五十二条 继承开始后,继承人于遗产分割前死亡,并没有放弃继承的,该继承人应当继承的遗产转给其继承人,但是遗嘱另有安排的除外。

《最高人民法院关于适用〈中华人民共和国民法典〉继承编的解释(一)》

第三十八条 继承开始后,受遗赠人表示接受遗赠,并于遗产分割前死亡的,其接受遗赠的权利转移给他的继承人。

第321问　继承开始后,如何产生遗产管理人?其权利义务如何?

答:遗产管理人,指负责管理和分配被继承人遗产的人。我国《民法典》继承编规定了遗产管理人的产生方式、职责、权利与义务等内容。遗产管理人,可以由被继承人在遗嘱中指定的遗嘱执行人担任,也可以由继承人共同担任或者通过推选产生。就此发生争议的,利害关系人可以向人民法院申请指定。没有继承人或者继承人均放弃继承的,由被继承人生前住所地的民政部门或者村民委员会担任遗产管理人。

遗产管理人的主要职责为统计遗产数目、编制清单,向继承人、受遗赠人报告遗产情况,采取必要措施妥善管理和保护遗产,处理被继承人的生前债权债务,依照遗嘱或者继承法律规定分配遗产给各继承人。遗产管理人履职中享有获得合理报酬的权利,不得隐匿遗产或与债权债务人串通损害其他继承人的利益,且应接受所有继承人的监督。遗产管理人因故意或者重大过失造成继承人、受遗赠人、债权人损害的,需承担民事责任。

《民法典》设立遗产管理人制度颇具有现实意义,有利于减少社会和家庭纠纷,使债权债务得到及时处理,促进家庭稳定、社会和谐,在法庭外有效避免和解决不必要的纷争。

◉ 相关依据

《中华人民共和国民法典》

第一千一百四十五条　继承开始后,遗嘱执行人为遗产管理人;没有遗嘱执行人的,继承人应当及时推选遗产管理人;继承人未推选的,由继承人共同担任遗产管理人;没有继承人或者继承人均放弃继承的,由被继承人生前住所地的民政部门或者村民委员会担任遗产管理人。

第一千一百四十六条 对遗产管理人的确定有争议的,利害关系人可以向人民法院申请指定遗产管理人。

第一千一百四十七条 遗产管理人应当履行下列职责:

(一)清理遗产并制作遗产清单;

(二)向继承人报告遗产情况;

(三)采取必要措施防止遗产毁损、灭失;

(四)处理被继承人的债权债务;

(五)按照遗嘱或者依照法律规定分割遗产;

(六)实施与管理遗产有关的其他必要行为。

第一千一百四十八条 遗产管理人应当依法履行职责,因故意或者重大过失造成继承人、受遗赠人、债权人损害的,应当承担民事责任。

第一千一百四十九条 遗产管理人可以依照法律规定或者按照约定获得报酬。

第322问 夫妻一方在领取结婚证后不幸去世,生存一方可以继承其遗产吗?

答:继承权的取得分为法定和遗嘱两种方式。男女双方在民政部门登记领取结婚证后,正式具有配偶身份,互相享有法律上的继承权,一方死亡的,生存一方可以继承其遗产。生存一方有权继承配偶生前个人财产和婚后形成的共同财产。法定继承与婚姻关系存续时间无关,与身份有关。即使一方在办理结婚登记后突然死亡,也不影响配偶的继承权的享有和行使。如果去世一方立有遗嘱排除了配偶的继承权,且不违反法律强制性规定的,该遗嘱受法律保护,则生存配偶不享有继承权,不能继承死者的遗产。

相关依据

《中华人民共和国民法典》

第一千零六十一条 夫妻有相互继承遗产的权利。

第一千一百二十二条 遗产是自然人死亡时遗留的个人合法财产。

依照法律规定或者根据其性质不得继承的遗产,不得继承。

第一千一百二十三条 继承开始后,按照法定继承办理;有遗嘱的,按照遗嘱继承或者遗赠办理;有遗赠扶养协议的,按照协议办理。

第323问 农村土地承包经营权可以继承吗?

答:农村土地,是指农民集体所有和国家所有依法由农民集体使用的耕地、林地、草地,以及其他依法用于农业的土地。按照我国《农村土地承包法》的规定,农村土地承包经营的收益可以依法继承,耕地的承包经营权不存在继承问题,法律规定的土地的承包经营权可由继承人继续承包。

国家实行土地承包经营制度,家庭承包耕地、草地、林地的,承包方是农户家庭不是个人,户内家庭成员平等享有承包土地的各项权益。承包期内,若承包家庭户中户主或部分家庭成员去世的,家庭户依然存在,其他家庭成员仍然可以继续承包经营,以实现社会保障功能。承包经营权非个人财产,户主、家庭成员死亡的,不发生法律上的继承事件。若整个家庭户内的所有成员全部死亡的,该家庭户的承包经营权归于消灭,死亡绝户的承包地由村集体组织收回,承包地不是死者的遗产,不存在该家庭户以外的其他继承人继承经营权的问题,但承包收益可由该家庭户以外的其他继承人依法继承。林地承包的承包人死亡,其继承人可以在承包期内继续承包。承包人通过招标、拍卖、公开协商等方式取得的荒山、荒沟、荒丘、荒滩土地经营权的,承包期内承包人死亡,其应得的承包收益,继承人可以依照《民法典》的规定继承，继承人可以继续承包经营上述土地，但以承包合同约定的承包期限为前提。

◉ 相关依据

《中华人民共和国民法典》

第五十五条 农村集体经济组织的成员，依法取得农村土地承包经营权，从事家庭承包经营的，为农村承包经营户。

《中华人民共和国农村土地承包法》

第三条 国家实行农村土地承包经营制度。

农村土地承包采取农村集体经济组织内部的家庭承包方式，不宜采取家庭承包方式的荒山、荒沟、荒丘、荒滩等农村土地，可以采取招标、拍卖、公开协商等方式承包。

第十六条 家庭承包的承包方是本集体经济组织的农户。

农户内家庭成员依法平等享有承包土地的各项权益。

第三十二条 承包人应得的承包收益，依照继承法的规定继承。

林地承包的承包人死亡，其继承人可以在承包期内继续承包。

第五十四条 依照本章规定通过招标、拍卖、公开协商等方式取得土地经营权的，该承包人死亡，其应得的承包收益，依照继承法的规定继承；在承包期内，其继承人可以继续承包。

第324问 具有城镇户口的子女，可以继承父母在农村的宅基地上的房屋吗？

答：农村村民原则上一家一户只能拥有一处宅基地。宅基地上的权利分为所有权和使用权，所有权是集体的，使用权是房屋所有人的。宅基地不能单独被继承。当宅基地上的房屋存在继承时，根据“地随房走”的原则，继承人可以继承取得宅基地上的房屋，并可以继续使用宅基地，但并不等同于继承房屋的同时理所当然继承了宅基地使用权。如果被继承人过世后宅基上的房屋不存在了，宅基地使用权随之消失。由于宅基地及其使用权资格不能通过继承方式取得，具有城镇户口的子女应将宅基地交还农村集体经济组织。农村集体经济组织成员（含城镇居民）继承房屋占用宅基地的，可以办理确权登记，不动产登记簿及证书附记栏注记“该权利人为本农民集体经济组织原成员住宅的合法继承人”。

◉ 相关依据

《国土资源部、中央农村工作领导小组办公室、财政部、农业部关于农村集体土地确权登记发证的若干意见》

六、严格规范确认宅基地使用权主体

宅基地使用权应该按照当地省级人民政府规定的面积标准，依法确认给本农民集体成员。非本农民集体的农民，因地质灾害防治、新农村建设、移民安置等集中迁建，在符合当地规划的前提下，经本农民集体大多数成员同意并经有权机关批准异地建房的，可按规定确权登记发证。已拥有一处宅基地的本农民集体成员、非本农民集体成员的农村或城镇居民，因继承房屋占用农村宅基地的，可按规定登记发证，在《集体土地使用证》记事栏应注记“该权利人为本农民集体原成员住宅的合法继承人”。非农业户口居民（含华侨）原在农村合法取得的宅基地及房屋，房屋产权没有变化的，经该农民集体出具证明并公告无异议的，可依法办理土地登记，在《集体土地使用证》记事栏应注记“该权利人为非本农民集体成员”。

《确定土地所有权和使用权的若干规定》

第五十二条　空闲或房屋坍塌、拆除两年以上未恢复使用的宅基地，不确定土地使用权。已经确定使用权的，由集体报经县级人民政府批准，注销其土地登记，土地由集体收回。

《自然资源部对十三届全国人大三次会议第3226号建议的答复》

六、关于农村宅基地使用权登记问题。农民的宅基地使用权可以依法由城镇户籍的子女继承并办理不动产登记。根据《继承法》的规定,被继承人的房屋作为其遗产由继承人继承,按照房地一体原则,继承人继承取得房屋所有权和宅基地使用权,农村宅基地不能被单独继承。《不动产登记操作规范(试行)》明确规定,非本农村集体经济组织成员(含城镇居民),因继承房屋占用宅基地的,可按相关规定办理确权登记,在不动产登记簿及证书附记栏注记"该权利人为本农民集体经济组织原成员住宅的合法继承人"。

第325问 独生子女可以继承父母的全部遗产吗?

答:按照《民法典》继承编的规定,子女是父母的第一顺序法定继承人,但同为第一顺序的继承人还有独生子女父母的配偶和父母。如果独生子女的父母生前没有订立遗嘱将遗产全部传承给自己,独生子女一般不能继承父母的全部遗产。唯有在独生子女的祖父母先于父亲去世且外祖父母先于母亲去世时,或者独生子女的祖父母、外祖父母在继承开始时放弃应继承遗产份额,方可实现独生子女继承父母全部财产。独生子女也可以通过祖父母、外祖父母继承遗产后将遗产份额赠与给自己实现取得父母的全部财产。若独生子女已婚,遗嘱中没有明确写明遗产归独生子女个人所有,且独生子女与配偶之间没有签订财产协议,独生子女通过继承获得的遗产属于夫妻共同财产。

◉ 相关依据

《中华人民共和国民法典》

第一千零六十三条 下列财产为夫妻一方的个人财产:

……

（三）遗嘱或者赠与合同中确定只归一方的财产；

……

第一千零六十五条第一款、第二款　男女双方可以约定婚姻关系存续期间所得的财产以及婚前财产归各自所有、共同所有或者部分各自所有、部分共同所有。约定应当采用书面形式。没有约定或者约定不明确的，适用本法第一千零六十二条、第一千零六十三条的规定。

夫妻对婚姻关系存续期间所得的财产以及婚前财产的约定，对双方具有法律约束力。

第一千一百二十三条　继承开始后，按照法定继承办理；有遗嘱的，按照遗嘱继承或者遗赠办理；有遗赠扶养协议的，按照协议办理。

第一千一百二十七条　遗产按照下列顺序继承：

（一）第一顺序：配偶、子女、父母；

（二）第二顺序：兄弟姐妹、祖父母、外祖父母。

继承开始后，由第一顺序继承人继承，第二顺序继承人不继承；没有第一顺序继承人继承的，由第二顺序继承人继承。

本编所称子女，包括婚生子女、非婚生子女、养子女和有扶养关系的继子女。

本编所称父母，包括生父母、养父母和有扶养关系的继父母。

本编所称兄弟姐妹，包括同父母的兄弟姐妹、同父异母或者同母异父的兄弟姐妹、养兄弟姐妹、有扶养关系的继兄弟姐妹。

第一千一百三十三条第一、二款　自然人可以依照本法规定立遗嘱处分个人财产，并可以指定遗嘱执行人。

自然人可以立遗嘱将个人财产指定由法定继承人中的一人或者数人继承。

第326问 “私生子”有继承权吗？

答：“私生子”的法律名称为非婚生子女，非婚生子女与婚生子女具有同等法律地位，不受歧视。非婚生子女与婚生子女享有平等的继承权，但是享有继承权不一定能继承到财产。继承方式有遗嘱继承和法定继承两种。公民可以立遗嘱将个人财产指定由法定继承人范围内的一人或者数人继承。“私生子”虽有法定继承权，但如果“私生子”的父母立遗嘱时将其排除在外，实际上将无法继承到财产。除非“私生子”缺乏劳动能力又没有生活来源，为保障其生存，遗嘱需要为其保留必要的份额。如果“私生子”的父母没有立遗嘱，则其可以按照法定继承方式取得遗产继承份额；或者父母通过遗嘱分配部分遗产给“私生子”，则其有权依法按照遗嘱内容取得父母的遗产。如果“私生子”已被他人收养，形成了法律上的养父母子女关系的，一般不能继承生父母的遗产，仅能继承养父母的遗产。如果“私生子”对生父母尽了扶养义务的，则可以同时继承生父母和养父母的遗产。

◉ 相关依据

《中华人民共和国民法典》

第一千一百一十一条 自收养关系成立之日起，养父母与养子女间的权利义务关系，适用本法关于父母子女关系的规定；养子女与养父母的近亲属间的权利义务关系，适用本法关于子女与父母的近亲属关系的规定。

养子女与生父母以及其他近亲属间的权利义务关系，因收养关系的成立而消除。

第一千一百二十七条 遗产按照下列顺序继承：

（一）第一顺序：配偶、子女、父母；

（二）第二顺序：兄弟姐妹、祖父母、外祖父母。

继承开始后，由第一顺序继承人继承，第二顺序继承人不继承；没有第一顺序继承人继承的,由第二顺序继承人继承。

本编所称子女,包括婚生子女、非婚生子女、养子女和有扶养关系的继子女。

本编所称父母,包括生父母、养父母和有扶养关系的继父母。

本编所称兄弟姐妹,包括同父母的兄弟姐妹、同父异母或者同母异父的兄弟姐妹、养兄弟姐妹、有扶养关系的继兄弟姐妹。

第一千一百三十三条第二款 自然人可以立遗嘱将个人财产指定由法定继承人中的一人或者数人继承。

第一千一百四十一条 遗嘱应当为缺乏劳动能力又没有生活来源的继承人保留必要的遗产份额。

《最高人民法院关于适用〈中华人民共和国民法典〉继承编的解释(一)》

第十条 被收养人对养父母尽了赡养义务,同时又对生父母扶养较多的,除可以依照民法典第一千一百二十七条的规定继承养父母的遗产外,还可以依照民法典第一千一百三十一条的规定分得生父母适当的遗产。

第二十五条 遗嘱人未保留缺乏劳动能力又没有生活来源的继承人的遗产份额,遗产处理时,应当为该继承人留下必要的遗产,所剩余的部分,才可参照遗嘱确定的分配原则处理。

继承人是否缺乏劳动能力又没有生活来源,应当按遗嘱生效时该继承人的具体情况确定。

第327问 继子女继承了生父母的遗产后,还可以继承继父母的遗产吗?

答:当未成年子女的生父(母)与他人再婚,跟随生父(母)与其再婚配偶一起共同生活,并接受其抚养教育直至成年的,或者成年子女对老年父母的再婚配偶给予赡养扶助的,子女与再婚配偶之间形成没有血缘的拟制血亲关系,系法律上的继父母子女关系。若两者之间没有形成抚养教育、赡养扶助关系的，则不存在继父母子女关系。按照《民法典》继承编的规定，父母与子女之间有相互继承遗产的权利。父母包括生父母、养父母和形成扶养（赡养）关系的继父母。子女包括亲生子女、养子女和有抚养关系的继子女。据此得知，继子女既是生父母的继承人又是继父母的继承人。同理，继父母既是生子女的继承人，也是继子女的继承人。需要注意的是，如果继父（母）与生母（父）离婚时，原继子女依然尚未成年，继父（母）不再继续抚养的，原继子女不享有对继父（母）的财产继承权。同理，继父（母）与生母（父）离婚后，原成年继子女不再继续赡养即父（母）的，不享有继承原继父母财产的继承权。

◉ 相关依据

《中华人民共和国民法典》

第一千一百二十七条 遗产按照下列顺序继承：

（一）第一顺序：配偶、子女、父母；

（二）第二顺序：兄弟姐妹、祖父母、外祖父母。

继承开始后，由第一顺序继承人继承，第二顺序继承人不继承；没有第一顺序继承人继承的，由第二顺序继承人继承。

本编所称子女，包括婚生子女、非婚生子女、养子女和有扶养关系的继子女。

本编所称父母，包括生父母、养父母和有扶养关系的继父母。

本编所称兄弟姐妹，包括同父母的兄弟姐妹、同父异母或者同母异父的兄弟姐妹、养兄弟姐妹、有扶养关系的继兄弟姐妹。

《最高人民法院关于适用〈中华人民共和国民法典〉继承编的解释（一）》

第十一条 继子女继承了继父母遗产的，不影响其继承生父母的遗产。

继父母继承了继子女遗产的，不影响其继承生子女的遗产。

第328问 儿媳有继承公婆、女婿有继承岳父母遗产的权利吗?

答:儿媳与公婆、女婿与岳父母之间没有血缘关系,仅有姻亲关系。姻亲关系因缔结婚姻关系而形成,随婚姻关系的解除而消失。在法律上,夫妻对配偶的父母不负有赡养扶助的义务。也就是说,儿媳没有赡养扶助公婆的法定义务,女婿没有赡养扶助岳父母的法定义务。一般情况下,儿媳、女婿即使与其配偶一起赡养扶助其配偶父母,也是没有继承权的。但国家法律为了维系家庭团结和睦、鼓励尊敬赡养扶助老人,规定若儿媳对公婆、女婿对岳父母扶养较多的,则可以分得公婆、岳父母适当的遗产。

若儿子去世后,儿媳仍与公婆生活在一起,起到了赡养扶助作用或提供了主要的经济来源,属于尽了主要赡养义务的情形,可以作为第一顺序继承人;女儿去世后,女婿仍与岳父母共同生活在一起,起到了赡养扶助作用或提供了主要经济来源,属于尽了主要赡养义务的情形,可以作为第一顺序继承人。丧偶儿媳、丧偶女婿的继承权一旦被法律确认,不受是否再婚影响,也不影响其子女的代位继承权。

怎么做才算是尽了主要赡养义务呢?根据日常生活经验应理解为:在公婆、岳父母没有其他子女赡养照料的前提下,儿媳、女婿在自己经济条件许可的范围内,合理妥善安排老人日常生活中的衣食住行,为其提供生活费,患病时给予及时治疗和护理,平时给予陪伴等。可以概括为,经济上供养、生活上照料和精神上慰藉。对生活不能自理的老年人,赡养人应当承担照料责任;不能亲自照料的,可以按照老年人的意愿委托他人或者养老机构等照料。

◉ 相关依据

《中华人民共和国民法典》

第一千一百二十九条 丧偶儿媳对公婆,丧偶女婿对岳父母,尽了主要赡养义务的,作为第一顺序继承人。

第一千一百三十一条 对继承人以外的依靠被继承人扶养的人,或者继承人以外的对被继承人扶养较多的人,可以分给适当的遗产。

《最高人民法院关于适用〈中华人民共和国民法典〉继承编的解释(一)》

第十八条 丧偶儿媳对公婆、丧偶女婿对岳父母,无论其是否再婚,依照民法典第一千一百二十九条规定作为第一顺序继承人时,不影响其子女代位继承。

第十九条 对被继承人生活提供了主要经济来源,或者在劳务等方面给予了主要扶助的,应当认定其尽了主要赡养义务或主要扶养义务。

《中华人民共和国老年人权益保障法》

第十四条 赡养人应当履行对老年人经济上供养、生活上照料和精神上慰藉的义务,照顾老年人的特殊需要。

赡养人是指老年人的子女以及其他依法负有赡养义务的人。

赡养人的配偶应当协助赡养人履行赡养义务。

第十五条 赡养人应当使患病的老年人及时得到治疗和护理;对经济困难的老年人,应当提供医疗费用。

对生活不能自理的老年人,赡养人应当承担照料责任;不能亲自照料的,可以按照老年人的意愿委托他人或者养老机构等照料。

第329问 孙子(女)可以继承祖父(母)的遗产吗?

答:原则上不可以。孙子(女)不是祖父(母)的法定继承人,不能按照遗嘱方式继承祖父(母)的遗产,但可以通过祖父(母)生前赠与、死后遗赠方式取得祖父(母)的财产。孙子(女)以遗赠方式获得祖父(母)的遗产时需要特别注意的是,受遗赠人在知道受遗赠后60天内要明确表示接受遗赠,否则视为放弃接受。受遗赠人可以向其他继承人、遗产保管人、遗嘱执行人发出书面通知明确表示接受遗赠,并要求分配、交接受赠财产。虽然孙子(女)不能直接继承祖父母的遗产,但在具备代位继承条件时,也可以获得祖父母的遗产。

◉ 相关依据

《中华人民共和国民法典》

第一千一百二十四条　继承开始后,继承人放弃继承的,应当在遗产处理前,以书面形式作出放弃继承的表示;没有表示的,视为接受继承。

受遗赠人应当在知道受遗赠后六十日内,作出接受或者放弃受遗赠的表示;到期没有表示的,视为放弃受遗赠。

第一千一百二十七条第一款、第二款　遗产按照下列顺序继承:

(一)第一顺序:配偶、子女、父母;

(二)第二顺序:兄弟姐妹、祖父母、外祖父母。

继承开始后,由第一顺序继承人继承,第二顺序继承人不继承;没有第一顺序继承人继承的,由第二顺序继承人继承。

第330问　老人立遗嘱将全部财产送给保姆,法律支持吗?

答:大多数老人会将自己的遗产留给自己的子女儿孙,老人立遗嘱将自己的财产全部送给保姆则有违传统习俗。对此,很多人会想老人是不是患有老年阿尔茨海默病?保姆是不是欺骗老人谋取钱财?对于这些合理猜疑或疑虑,确实需要判断一下老人的大脑是否正常。如果老人神志清醒,具有完全民事行为能力,即使未与儿女协商,按照自己的意愿书写遗嘱内容,安排处置自己名下的全部财产,并且符合《民法典》继承编关于订立自书遗嘱的要求,不存在需要为缺乏劳动能力又没有生活来源的继承人以及胎儿保留份额情形的，即使没有经过见证人在场见证，也没有经过公证处公证，也不影响遗嘱生效并受法律保护。受遗赠人保姆在知道受遗赠后60日内明确表示接受遗赠的，保姆才能最终取得财产。丧偶老人也可以直接与保姆签订遗赠扶养协议，附条件地赠送财产给保姆。

老年人对个人的财产，依法享有占有、使用、收益和处分的权利，子女或者其他亲属不得干涉。因此，老人可以通过遗赠或遗赠扶养协议方式将财产安排给保姆。遗赠扶养协议的法律效力优于法定继承和遗嘱继承。无论老人如何处置自己的财产，晚辈都应该尊重老人的意愿和选择。

丧偶独居老人需要晚辈的关爱和陪伴，需要情感交流及精神慰藉。子女由于工作、事业原因不能与父母朝夕相处，没有时间尽孝，只能花钱请保姆照顾老年父母，仅仅提供经济方面的赡养，因此与老人心理距离也日渐疏远。保姆对老年人关怀备至，热情周到。老人难免与保姆产生了友情或爱情，导致亲情不敌与保姆之间的友情或爱情。老人将财产留给子女“给是情分，不给是本分！”赡养老人并不以继承财产作为前提。

◉ 相关依据

《中华人民共和国民法典》

第一千一百二十四条第二款 受遗赠人应当在知道受遗赠后六十日内，作出接受或者放弃受遗赠的表示；到期没有表示的，视为放弃受遗赠。

第一千一百三十三条 自然人可以依照本法规定立遗嘱处分个人财产，并可以指定遗嘱执行人。

自然人可以立遗嘱将个人财产指定由法定继承人中的一人或者数人继承。

自然人可以立遗嘱将个人财产赠与国家、集体或者法定继承人以外的组织、个人。

自然人可以依法设立遗嘱信托。

第一千一百三十四条　自书遗嘱由遗嘱人亲笔书写，签名，注明年、月、日。

第一千一百四十一条　遗嘱应当为缺乏劳动能力又没有生活来源的继承人保留必要的遗产份额。

第一千一百四十三条　无民事行为能力人或者限制民事行为能力人所立的遗嘱无效。

遗嘱必须表示遗嘱人的真实意思，受欺诈、胁迫所立的遗嘱无效。

伪造的遗嘱无效。

遗嘱被篡改的，篡改的内容无效。

第一千一百四十四条　遗嘱继承或者遗赠附有义务的，继承人或者受遗赠人应当履行义务。没有正当理由不履行义务的，经利害关系人或者有关组织请求，人民法院可以取消其接受附义务部分遗产的权利。

第一千一百五十八条　自然人可以与继承人以外的组织或者个人签订遗赠扶养协议。按照协议，该组织或者个人承担该自然人生养死葬的义务，享有受遗赠的权利。

《最高人民法院关于适用〈中华人民共和国民法典〉继承编的解释(一)》

第三条　被继承人生前与他人订有遗赠扶养协议，同时又立有遗嘱的，继承开始后，如果遗赠扶养协议与遗嘱没有抵触，遗产分别按协议和遗嘱处理；如果有抵触，按协议处理，与协议抵触的遗嘱全部或者部分无效。

第二十八条　遗嘱人立遗嘱时必须具有完全民事行为能力。无民事行为能力人或者限制民事行为能力人所立的遗嘱，即使其本人后来具有完全民事行为能力，仍属无效遗嘱。遗嘱人立遗嘱时具有完全民事行为能力，后来成为无民事行为能力人或者限制民事行为能力人的，不影响遗嘱的效力。

第二十九条　附义务的遗嘱继承或者遗赠，如义务能够履行，而继承人、受遗赠人无正当理由不履行，经受益人或者其他继承人请求，人民法院可以取消其接受附义务部分遗产的权利，由提出请求的继承人或者受益人负责按遗嘱人的意愿履行义务，接受遗产。

第四十条 继承人以外的组织或者个人与自然人签订遗赠扶养协议后，无正当理由不履行，导致协议解除的，不能享有受遗赠的权利，其支付的供养费用一般不予补偿；遗赠人无正当理由不履行，导致协议解除的，则应当偿还继承人以外的组织或者个人已支付的供养费用。

《中华人民共和国老年人权益保障法》

第二十二条 老年人对个人的财产，依法享有占有、使用、收益和处分的权利，子女或者其他亲属不得干涉，不得以窃取、骗取、强行索取等方式侵犯老年人的财产权益。

老年人有依法继承父母、配偶、子女或者其他亲属遗产的权利，有接受赠与的权利。子女或者其他亲属不得侵占、抢夺、转移、隐匿或者损毁应当由老年人继承或者接受赠与的财产。

老年人以遗嘱处分财产，应当依法为老年配偶保留必要的份额。

第331问 老人去世后，亲人不知道银行卡密码，如何取款？

答：如果老人去世前，没有留下银行卡密码，第一顺序继承人（配偶、子女、父母）、公证遗嘱指定的继承人或受遗赠人，可以凭已故老人的银行卡、死亡证明、户口簿、结婚证等亲属关系证明及自己的身份证，向银行查询、申请提取已故存款人账户内存款及该行发行的非存款类金融产品。余额合计在1万元以内（含1万元）的，无须提交继承公证书，持相关材料即可办理提取。银行业金融机构可以上调账户限额，但最高不超过5万元人民币（或等值外币，不含未结利息）。外币存款按照提取当天国家外汇管理局公布的汇率中间价折算。

超过规定限额的，亲人凭银行的存款查询告知书到公证处办理继承权公证（办理继承权公证需要全部继承人对遗产分配协商一致）后，持公证书到银行领取存款余额。如果无法通过办理继承权公证领取银行存款，还可以通过法院继承诉讼处理。由一位继承人作为原告，以其他继承人为被告，向法院提起继承纠纷诉讼后，可申请法院向银行查询存款余额。法院取得查询结果后，会主持调解促成各继承人达成分配方案；若调解不成，会依法判决确定各继承人的应继承份额。

◉ 相关依据

《中国银保监会办公厅　司法部办公厅关于简化查询已故存款人存款相关事项的通知》

各银保监局，各省、自治区、直辖市司法厅（局），新疆生产建设兵团司法局，各政策性银行、大型银行、股份制银行，邮储银行，外资银行，银行业协会：

为进一步贯彻党中央、国务院关于减证便民、优化服务的部署要求，便利群众办理存款继承，根据《中华人民共和国商业银行法》《中华人民共和国公证法》《中华人民共和国民法典》等相关规定，现就简化查询已故亲属存款相关事宜通知如下：

已故存款人的配偶、父母、子女凭已故存款人死亡证明、可表明亲属关系的文件（如居民户口簿、结婚证、出生证明等）以及本人有效身份证件，公证遗嘱指定的继承人或受遗赠人凭已故存款人死亡证明、公证遗嘱及本人有效身份证件，可单独或共同向存款所在银行业金融机构提交书面申请，办理存款查询业务。查询范围包括存款余额、银行业金融机构自身发行或管理的非存款类金融资产的余额。银行业金融机构经形式审查符合要求后，应书面告知申请人所查询余额。对代销且无法确定金额的第三方产品，银行业金融机构应告知申请人到相关机构查询。

本通知未尽事宜，按照《司法部　中国银行业监督管理委员会关于在办理继承公证过程中查询被继承人名下存款等事宜的通知》（司发通〔2013〕78号）执行。通知执行过程中遇到的问题，由银保监会会同司法部解释。

2019年4月4日

《中国银保监会办公厅　中国人民银行办公厅关于简化提取已故存款人小额存款相关事宜的通知》

二、适用本通知规定办理已故存款人小额存款提取业务应当同时符合下列条件：

（一）已故存款人在同一法人银行业金融机构的账户余额合计不超过1万元人民币（或等值外币，不含未结利息）；

（二）提取申请人为已故存款人的配偶、子女、父母，或者公证遗嘱指定的继承人、受遗赠人；

（三）提取申请人同意一次性提取已故存款人存款及利息，并在提取后注销已故存款人账户。

银行业金融机构可以上调本条第（一）项规定的账户限额，但最高不超过5万元人民币（或等值外币，不含未结利息）。

外币存款按照提取当天国家外汇管理局公布的汇率中间价折算。

《中华人民共和国民事诉讼法》

第六十四条　当事人对自己提出的主张，有责任提供证据。

当事人及其诉讼代理人因客观原因不能自行收集的证据，或者人民法院认为审理案件需要的证据，人民法院应当调查收集。

人民法院应当按照法定程序，全面地、客观地审查核实证据。

第六十七条　人民法院有权向有关单位和个人调查取证，有关单位和个人不得拒绝。

人民法院对有关单位和个人提出的证明文书，应当辨别真伪，审查确定其效力。

第332问　人没到退休年龄就去世了，领不到养老金怎么办？

答：职工养老保险由单位和职工分别按照一定的比例共同缴纳。个人账户不得提前支取，记账利率不低于银行定期存款利率，免征利息税。很多人在谈到延迟退休时，会担心钱还没领到，人早就死了，养老保险是不是白交了？目前法定退休年龄为，男年满60周岁，女年满55周岁。达到退休年龄且缴费年限满15年以上，方可按月领取基本养老金。国家确保基本养老金按时足额发放，基本养老金由基础养老金和个人账户养老金组成。基础养老金从养老保险统筹基金中列支，个人账户养老金从个人账户储存额中列支。当个人账户储存额不足以支付时，转从统筹基金中列支，以保证个人账户养老金能够继续发放。如果参保人员未达到退休年龄即死亡的，其个人账户储存的余额可以由继承人依法继承。个人非因工死亡时，除了个人账户余额可以由继承人继承外，遗嘱还可以领取丧葬补助金和抚恤金。如果参保人是因工死亡的，则由工伤保险支付，继承人不能重复领取。

◉ 相关依据

《中华人民共和国社会保险法》

第十一条　基本养老保险实行社会统筹与个人账户相结合。

基本养老保险基金由用人单位和个人缴费以及政府补贴等组成。

第十二条　用人单位应当按照国家规定的本单位职工工资总额的比例缴纳基本养老保险费，记入基本养老保险统筹基金。

职工应当按照国家规定的本人工资的比例缴纳基本养老保险费，记入个人账户。

无雇工的个体工商户、未在用人单位参加基本养老保险的非全日制从业人员以及其他灵活就业人员参加基本养老保险的，应当按照国家规定缴纳基本养老保险费，分别记入基本养老保险统筹基金和个人账户。

第十四条　个人账户不得提前支取，记账利率不得低于银行定期存款利率，免征利息税。个人死亡的，个人账户余额可以继承。

第十五条　基本养老金由统筹养老金和个人账户养老金组成。

基本养老金根据个人累计缴费年限、缴费工资、当地职工平均工资、个人账户金额、城镇人口平均预期寿命等因素确定。

第十六条 参加基本养老保险的个人,达到法定退休年龄时累计缴费满十五年的,按月领取基本养老金。

参加基本养老保险的个人,达到法定退休年龄时累计缴费不足十五年的,可以缴费至满十五年,按月领取基本养老金;也可以转入新型农村社会养老保险或者城镇居民社会养老保险,按照国务院规定享受相应的养老保险待遇。

第十七条 参加基本养老保险的个人,因病或者非因工死亡的,其遗属可以领取丧葬补助金和抚恤金;在未达到法定退休年龄时因病或者非因工致残完全丧失劳动能力的,可以领取病残津贴。所需资金从基本养老保险基金中支付。

第333问 父母退休不久后去世,未领完的养老金可以继承吗?

答:目前法定退休年龄为,女工人50岁,女干部55岁,男性工人和干部统一为60岁。按照从达到退休年龄开始发放养老金,以中国人均寿命计算退休人员理论存活年龄平均值为71.5岁,可以得出退休人员领回全部养老保险个人缴费所需领会时间月数:50岁退休按照195个月计发,55岁退休按照170个月计发,60岁退休按照139个月计发。参保人每月从个人账户余额中支取,领取完毕后,转从统筹基金中列支,保证个人账户养老金能够继续发放直至其死亡。个人非因工死亡的,若领取退休金未领足139个月,个人账户余额可以由继承人继承。除了个人账户余额可以由继承人继承外,遗属还可以领取丧葬补助金和抚恤金。丧葬补助金是给遗属办理丧葬的补助补贴,抚恤金是给死者所供养亲属的生活费。如果参保人是因工死亡的,由工伤保险支付,不能重复领取。退休职工死亡后,养老金会终止发放。如果以欺诈、伪造证明材料或者其他手段骗取养老保险待遇的，由社会保险行政部门责令退回骗取的保险金，并处骗取金额二倍以上五倍以下的罚款。

◉ 相关依据

《中华人民共和国社会保险法》

第十四条　个人账户不得提前支取，记账利率不得低于银行定期存款利率，免征利息税。个人死亡的，个人账户余额可以继承。

第十七条　参加基本养老保险的个人，因病或者非因工死亡的，其遗属可以领取丧葬补助金和抚恤金；在未达到法定退休年龄时因病或者非因工致残完全丧失劳动能力的，可以领取病残津贴。所需资金从基本养老保险基金中支付。

《江苏省劳动和社会保障厅关于企业职工和离退休人员因病或非因工死亡及供养直系亲属等有关问题的通知》

五、死亡待遇及标准

（一）离退休人员以及缴费年限（含视同）满 15 年的参保人员死亡，可以享受丧葬费、直系亲属一次性抚恤费和供养直系亲属定期救济费。

缴费年限（含视同）不满 15 年的参保人员以及退职、领取生活费的人员死亡，可以享受丧葬费、直系亲属一次性抚恤费和供养直系亲属一次性救济费。

参保人员养老保险关系封存期间死亡的（领取失业救济金期间死亡的按失业保险有关规定享受相应待遇），养老保险基金只列支丧葬费、直系亲属一次性抚恤费；参保人员在单位欠缴基本养老保险费期间死亡的，在补缴相关费用后，可按缴费期间死亡处理。

（二）上述各项费用除丧葬费由养老保险统筹基金列支外，其余部分先在死亡人员基本养老保险个人账户个人缴纳的储存额或余额中列支；个人帐户个人缴纳的储存额或余额不足的，在统筹基金中继续列支。个人账户个人缴纳的储存额列支各项费用后仍有余额的，可以继承。

同一个死亡事件中，如有民事赔偿的，丧葬费、直系亲属一次性抚恤费和供养直系亲属一次性救济费与民事赔偿按照不重复享受的原则处理。民事赔偿不足的,再按前款顺序支付。

(三)设区的市参保人员及退休人员的丧葬费、直系亲属一次性抚恤费、供养直系亲属一次性或定期救济费的标准和计发基数,由省劳动和社会保障厅根据职工平均工资的增长和城镇居民基本生活消费指数的变动以及城镇居民最低生活保障水平确定并不定期公布(详见附表)。各县(市)、区的标准,由各设区的市劳动保障部门确定,并报省劳动和社会保障厅备案。

(四)供养直系亲属定期救济费的发放标准:供养1人的,按计发基数的20%发给;供养2人的,按计发基数的30%发给;供养3人及以上的,按计发基数的40%发给。

供养直系亲属一次性救济费的发放标准:供养1人的,计发基数乘6;供养2人的,计发基数乘9;供养3人的,计发基数乘12。

(五)离休人员丧葬费、直系亲属一次性抚恤费和供养直系亲属定期救济费标准参照当地国家机关同类人员标准执行。

……

《江苏省人力资源和社会保障厅关于调整企业职工和离退休人员因病或非因工死亡待遇的通知》

各市、县(市)人力资源和社会保障局:

根据近几年各地在岗职工平均工资增长和城市居民消费价格指数变动等情况,经研究,决定从2012年3月1日起,调整参加我省企业职工基本养老保险的各类人员因病或非因工死亡待遇标准,现就具体事项通知如下:

一、参保人员及退休人员(含退职及领取定期生活费人员)因病或非因工死亡的丧葬费标准统一调整为6000元。

二、各市[含所辖县(市)、区]参保人员及退休人员(含退职及领取定期生活费人员)因病或非因工死亡的直系亲属一次性抚恤费标准调整为:南京、无锡、常州、苏州、镇江16000元;南通、扬州、泰州15000元;徐州、连云港、淮安、盐城、宿迁14000元。

……

第334问　住房公积金缴存人死亡，其账户内的余额可以继承吗？

答：住房公积金属于公民个人合法财产，职工自然死亡或被宣告死亡后，可以依法被继承。继承人免缴个人所得税。提取前提为个人公积金账户须在封存状态或已停缴公积金满6个月。

个人继承住房公积金时，合法继承人可以凭身份证、亲属关系证明、公证书或法院生效判决书、死亡证明、户口注销证明等材料，到住房公积金管理中心申请提取公积金账户内的本息金额及办理注销账户手续。

继承人之间分配公积金账户余额时，需注意先析出被继承人配偶在婚姻关系存续期间的共同财产（通常为一半比例），剩余部分方可作为死者的遗产对继承人、受遗赠人进行分配。如果继承人之间未协商分配比例，继承份额原则上均等。如果各继承人就住房公积金余额分配发生争议，无法协商解决的，任何一位继承人都可以其他继承人为被告向人民法院提起继承纠纷诉讼，寻求司法途径解决。无继承人也无受遗赠人的，职工住房公积金账户内的存储余额将被纳入住房公积金的增值收益。

◉ 相关依据

《最高人民法院关于适用〈中华人民共和国民法典〉婚姻家庭编的解释（一）》

第二十五条　婚姻关系存续期间，下列财产属于民法典第一千零六十二条规定的“其他应当归共同所有的财产”：

……

（二）男女双方实际取得或者应当取得的住房补贴、住房公积金；

……

《住房公积金管理条例》

第三条 职工个人缴存的住房公积金和职工所在单位为职工缴存的住房公积金,属于职工个人所有。

第二十四条 职工有下列情形之一的,可以提取职工住房公积金账户内的存储余额:

(一)购买、建造、翻建、大修自住住房的;

(二)离休、退休的;

(三)完全丧失劳动能力,并与单位终止劳动关系的;

(四)出境定居的;

(五)偿还购房贷款本息的;

(六)房租超出家庭工资收入的规定比例的。

依照前款第(二)、(三)、(四)项规定,提取职工住房公积金的,应当同时注销职工住房公积金账户。

职工死亡或者被宣告死亡的,职工的继承人、受遗赠人可以提取职工住房公积金账户内的存储余额;无继承人也无受遗赠人的,职工住房公积金账户内的存储余额纳入住房公积金的增值收益。

第二十五条 职工提取住房公积金账户内的存储余额的,所在单位应当予以核实,并出具提取证明。

职工应当持提取证明向住房公积金管理中心申请提取住房公积金。住房公积金管理中心应当自受理申请之日起3日内作出准予提取或者不准提取的决定,并通知申请人;准予提取的,由受委托银行办理支付手续。

《苏州市住房公积金管理中心提取业务规程(试行)》

一、提取人提取公积金所需证明材料和提取方式

……

(六)死亡或被宣告死亡销户提取的

1、死亡:所有权人死亡证明或公安部门出具的户口注销证明和代为提取人身份证。

2、被宣告死亡:所有权人被宣告死亡证明和代为提取人身份证。

……

《苏州市住房公积金管理办法》

第二十二条 职工有下列情形之一的,可以申请提取本人住房公积金账户内的存储余额:

(一)购买、建造、翻建、大修自住住房的;

(二)离休、退休的;

(三)完全或部分丧失劳动能力,并与单位终止劳动关系的;

(四)出境定居的;

(五)偿还购房贷款本息的;

(六)支付租赁自住住房房租的;

(七)经有权部门认定为最低生活保障对象、低保边缘困难救助对象和特困职工救助对象的;

(八)女满40周岁、男满50周岁下岗失业,且住房公积金账户封存满两年的;

(九)与单位终止劳动关系,且户口不在本市或者户口迁出本市的;

(十)经公积金管委会决定的其他情况。

职工死亡或者被宣告死亡的,职工的继承人、受遗赠人可以提取职工住房公积金账户内的存储余额。

本条第一款(一)、(五)、(六)项提取住房公积金的额度,均不得超过当期实际发生额。提取住房公积金同时注销个人住房公积金账户的除外。

第二十三条 对职工在偿还住房贷款本息期间提取住房公积金的,经公积金管委会决定,公积金中心可以在其住房公积金账户内留存一定的金额。还清全部住房贷款本息提取的除外。

第335问 死亡抚恤金属于遗产继承的范围吗?

答:遗产是指公民死亡前遗留的个人合法财产。死亡抚恤金是在死亡后,死者生前所在单位发放给死者近亲属和被抚养人的生活补助费和精神慰问金,具有补偿性和精神慰藉的性质,是基于特定身份而产生的一种财产权,不属于公民死亡时遗留的合法财产,也不是夫妻共同财产,应属于家庭共同财产。领取抚恤金者必须同时具备以下两个身份条件:一是必须是死者的配偶、直系亲属;二是死者生前主要或部分供养的人。对于死亡抚恤金的分割,一般不采取均等分割的方法,而是根据与死者生前共同生活时间的长短、紧密程度及依赖性等因素进行分割,优先照顾经济困难、主要依靠死者生前供养的被扶养人。

◉ 相关依据

《中华人民共和国民法典》

第一千一百二十二条 遗产是自然人死亡时遗留的个人合法财产。

依照法律规定或者根据其性质不得继承的遗产,不得继承。

《中华人民共和国社会保险法》

第十七条 参加基本养老保险的个人,因病或者非因工死亡的,其遗属可以领取丧葬补助金和抚恤金;在未达到法定退休年龄时因病或者非因工致残完全丧失劳动能力的,可以领取病残津贴。所需资金从基本养老保险基金中支付。

第336问　网络店铺、邮箱、手机号、支付宝、QQ账号等网络产品也能像实物财产一样继承吗？

答：随着网络科技融入生活，具有经济价值的数字产品越来越多，例如微博、支付宝、淘宝店铺、抖音账号、游戏账号、微信号、微信公众号等。当个人没有注销相关网络账号而突然去世时，带有个人工作和生活色彩、记录情感和记忆、具有日常社交性或经营性的资料和账户，能否由其继承人继承后继续持有、使用和管理？法律往往滞后于这些新鲜事物的发展，以致相关规定存在空白。目前，对于上述数字遗产的继承问题，仅按照各网络账户平台与用户之间的协议约定处理，尚未明确且统一的法律规定。

例如，微信账号的所有权不得继承、赠与和转让。微博博主的继承人，如有被继承人的事先书面授权，可以成为账号持有人。支付宝用户的继承人可以继承账户余额。手机号号码资源属于国家所有，用户仅有使用权，用户停用的号码将被收回。他人欲继承号码的，通信公司往往以与用户之间存在协议约定或涉及个人隐私和安全问题为由，拒绝办理过户更名手续。实践中，鲜有通过继承方式成功继承并使用手机号码的案例。

◉ 相关依据

《中华人民共和国民法典》

第二百六十六条　私人对其合法的收入、房屋、生活用品、生产工具、原材料等不动产和动产享有所有权。

第一千一百二十二条　遗产是自然人死亡时遗留的个人合法财产。

依照法律规定或者根据其性质不得继承的遗产，不得继承。

第337问 华侨或者外国人如何继承国内的房产?

答:华侨是指定居在国外但未加入外国国籍,而是保留中国国籍的中国公民。“定居”是指中国公民已在住在国拥有长期或永久居留权,并已在住在国连续居留2年,且2年内累计居留不少于18个月。中国公民未取得住在国长期或永久居留权,但已取得住在国连续5年以上(含5年)合法居留资格,且5年内在住在国累计居留不少于30个月的,视为华侨。中国公民加入外国国籍后即为外国人欲,通常称其为外籍华人。华侨或者外国人欲继承中国境内的房产,有公证和诉讼两种方式。

(1)公证继承。继承人应向居住国的公证机关,提交身份证明,与被继承人的亲属关系证明,被继承人的婚姻状况、父母、子女、兄弟姐妹等亲属关系证明,被继承人死亡证明,有效遗嘱等材料申请办理公证书。该公证书须经居住国外交部或外交部指定的办理认证的官方机构和中国驻该国使、领馆认证。继承人持经过认证的公证书到房屋所在地的公证机关申请办理继承权证明书,取得继承权证明书后到房产管理部门办理过户登记;需要申报纳税的,应依法纳税。

(2)诉讼继承。即继承人向房屋所在地的人民法院提起民事诉讼。被继承人没有订立遗嘱的,人民法院可以适用中国法律处理。被继承人订立遗嘱处分国内房产的,人民法院审理时依据被继承人立遗嘱时或者死亡时经常居所地法律或者国籍国法律,认定遗嘱是否具有法律效力。遗嘱有效的,按照遗嘱分割房屋;遗嘱无效的,按照法定继承处理。

如果继承人因故不能或不便亲自办理继承事宜,可委托国内亲友或律师办理。

◉ 相关依据

《关于界定华侨外籍华人归侨侨眷身份的规定》

一、华侨是指定居在国外的中国公民。

（一）“定居”是指中国公民已取得住在国长期或者永久居留权，并已在住在国连续居留两年，两年内累计居留不少于18个月。

（二）中国公民虽未取得住在国长期或者永久居留权，但已取得住在国连续5年以上（含5年）合法居留资格，5年内在住在国累计居留不少于30个月，视为华侨。

（三）中国公民出国留学（包括公派和自费）在外学习期间，或因公务出国（包括外派劳务人员）在外工作期间，均不视为华侨。

二、外籍华人是指已加入外国国籍的原中国公民及其外国籍后裔；中国公民的外国籍后裔。

《中华人民共和国涉外民事关系法律适用法》

第三十一条　法定继承，适用被继承人死亡时经常居所地法律，但不动产法定继承，适用不动产所在地法律。

第三十二条　遗嘱方式，符合遗嘱人立遗嘱时或者死亡时经常居所地法律、国籍国法律或者遗嘱行为地法律的，遗嘱均为成立。

第三十三条　遗嘱效力，适用遗嘱人立遗嘱时或者死亡时经常居所地法律或者国籍国法律。

第三十六条　不动产物权，适用不动产所在地法律。

第338问　我国公民如何继承国外的遗产？

答：各国对外国人继承本国境内个人遗产的法律规定不尽相同。被继承人住在国外，遗产也在国外的，依照外国的法律处理。依据我国《涉外民事关系法律适用法》的规定，被继承人住在国内，遗产在国外的，动产可以适用我国法律，不动产适用不动产所在地的法律。被继承人住在国外，不动产在国内的，适用我国法律；动产在国外的，适用外国法律。

我国公民继承境外遗产的方式分为诉讼与非诉讼两种。采用非诉讼方式，需以我国与相关国家已缔结双边条约或加入国际条约建立合作互助关系为前提。一般为我国公民在国内公证机关提交本人身份证明、亲属关系证明、被继承人死亡证明等材料，申请办理涉外继承权公证；取得公证书后向遗产所在国驻华使、领馆办理认证；完成认证后，继承人到遗产所在国办理财产转移手续；如涉及遗产税的，还应申报缴纳遗产税。

如果通过诉讼程序继承境外遗产，遗产是不动产的，应向不动产所在地的法院起诉，我国法院没有管辖权。遗产是动产的，适用被继承人住所地法律；如果被继承人住在国外，居住国的法院有管辖权；如果被继承人住在国内，即使动产在境外，仍可以向国内法院提起继承之诉。对于被继承人在国内无住所亦无遗产的涉外继承纠纷，我国法院不受理。经我国法院受理后主持调解出具的调解书或审理后作出的判决书，欲得到被继承人国籍国或遗产所在国法院的承认与执行，需通过国际司法协助实现。

如果继承人因故不能或不便亲自办理继承事宜，可委托国内或被继承人国籍国的亲友、律师办理。

◉ 相关依据

《中华人民共和国涉外民事关系法律适用法》

第三十一条 法定继承，适用被继承人死亡时经常居所地法律，但不动产法定继承，适用不动产所在地法律。

第339问　债权人去世，继承人如何向债务人索要借款？

答：遗产指死者遗留的合法财产。被继承人生前的合法债权属于可继承的合法财产，债权债务关系不因债权人死亡而消灭。继承人继承被继承人的合法债权的，有权要求债务人偿还到期债务。如果债权凭证载明还款期限的，期限届满即可主张还款，一般情况诉讼时效自还款期限届满之日起算3年，超过3年将丧失胜诉权，除非在这3年内，存在诉讼时效的中止、中断情形。若借款凭证未写明还款期限，最长保护期限为20年，超过20年不予保护，归为自然债务，是否还款全凭债务人良心和意愿。

出借人生前出借款项给借款人，出借人去世前，借款人尚未清偿债务。出借人订立遗嘱指定某个继承人负责催讨借款的，该继承人有权向借款人主张返还借款，借款人拒绝偿还的，可以向人民法院起诉追回。如果出借人生前没有订立遗嘱指定某个继承人继承借款债权，则其全部合法继承人既可以协商确定其中一位继承人代表全体继承人向借款人索要借款，也可以共同向借款人索要借款。索要未果的，继承人可以凭相关证据，向人民法院提起民事诉讼。追回的借款原则上由全部继承人予以均等分割，继承人有法定丧失继承权的情形除外，分割时还应适当照顾生前依靠被继承人和缺乏独立生活能力的人。

◉ 相关依据

《中华人民共和国民法典》

第一百八十八条　向人民法院请求保护民事权利的诉讼时效期间为三年。法律另有规定的，依照其规定。

诉讼时效期间自权利人知道或者应当知道权利受到损害以及义务人之日起计算。法律另有规定的，依照其规定。但是，自权利受到损害之日起超过二十年的，人民法院不予保护，有特殊情况的，人民法院可以根据权利人的申请决定延长。

第一千一百二十二条 遗产是自然人死亡时遗留的个人合法财产。

依照法律规定或者根据其性质不得继承的遗产,不得继承。

第一千一百二十七条 遗产按照下列顺序继承:

(一)第一顺序:配偶、子女、父母;

(二)第二顺序:兄弟姐妹、祖父母、外祖父母。

继承开始后,由第一顺序继承人继承,第二顺序继承人不继承;没有第一顺序继承人继承的,由第二顺序继承人继承。

本编所称子女,包括婚生子女、非婚生子女、养子女和有扶养关系的继子女。

本编所称父母,包括生父母、养父母和有扶养关系的继父母。

本编所称兄弟姐妹,包括同父母的兄弟姐妹、同父异母或者同母异父的兄弟姐妹、养兄弟姐妹、有扶养关系的继兄弟姐妹。

第340问 参保人死亡时医疗保险账户中没用完的余额,可以继承吗?

答:达到法定退休年龄时累计缴费达到国家规定年限的职工医疗保险参保人死亡后,其个人账户将被注销,账户中的余额将全部退还给参保人的继承人或受益人。继承人或受益人参保的,余额转入继承人个人账户;继承人或受益人没有参保的,社保机构通过银行转账支付给继承人或受益人。如果没有继承人或受益人,医疗保险账户中余额划归医疗保险统筹基金。

◉ 相关依据

《中华人民共和国社会保险法》

第二十七条 参加职工基本医疗保险的个人,达到法定退休年龄时累计缴费达到国家规定年限的，退休后不再缴纳基本医疗保险费，按照国家规定享受基本医疗保险待遇；未达到国家规定年限的，可以缴费至国家规定年限。

《苏州市社会基本医疗保险管理办法》

第四十三条　参保人员因跨统筹地区流动就业办理医疗保险关系转移手续，或者因死亡、离境定居等原因办理个人参保关系注销手续的，医疗保险关系终止，其个人账户有实际结余金额的，按规定予以转移、提取或者继承；超支使用的，应当予以补足。

第341问　什么情况下，人身保险的保险金可以按照法定继承分配？

答：被保险人死亡后，人身保险的保险金能否作为被保险人的遗产进行继承，取决于投保人或者被保险人是否在保险合同中指定了受益人以及受益人是否健在。如果有指定受益人，保险金不能作为被保险人的遗产，而只能由受益人领取。如果没有指定受益人，保险金按照法定继承程序处理，原则上由法定继承人均等分割；如有《民法典》规定的特殊情形，则按规定予以分割。如果受益人先于（或被推定先于）被保险人死亡，且没有其他受益人存在的，保险金作为遗产按照法定继承处理。如果受益人依法丧失或者放弃受益权，在没有其他受益人的情况下，保险金亦作为遗产处理。

◉ 相关依据

《中华人民共和国民法典》

第一千一百二十七条　遗产按照下列顺序继承：

（一）第一顺序：配偶、子女、父母；

（二）第二顺序：兄弟姐妹、祖父母、外祖父母。

继承开始后，由第一顺序继承人继承，第二顺序继承人不继承；没有第一顺序继承人继承的，由第二顺序继承人继承。

本编所称子女，包括婚生子女、非婚生子女、养子女和有扶养关系的继子女。

本编所称父母，包括生父母、养父母和有扶养关系的继父母。

本编所称兄弟姐妹，包括同父母的兄弟姐妹、同父异母或者同母异父的兄弟姐妹、养兄弟姐妹、有扶养关系的继兄弟姐妹。

《中华人民共和国保险法》

第四十二条 被保险人死亡后，有下列情形之一的，保险金作为被保险人的遗产，由保险人依照《中华人民共和国继承法》的规定履行给付保险金的义务：

（一）没有指定受益人，或者受益人指定不明无法确定的；

（二）受益人先于被保险人死亡，没有其他受益人的；

（三）受益人依法丧失受益权或者放弃受益权，没有其他受益人的。

受益人与被保险人在同一事件中死亡，且不能确定死亡先后顺序的，推定受益人死亡在先。

第342问 没有遗嘱、遗赠的情况下，当继承开始后，如何处理被继承人的遗产、债务、税款及其他必要事务？

答：被继承人没有遗嘱和遗赠扶养协议的，对于遗产的分配，建议参照以下顺序处理：

（1）将被继承人的财产从夫妻或家庭共有财产中分离出来。

（2）全体继承人依法追索被继承人生前享有的债权后，将已追回的财产列入遗产分配范围。以遗产实际价值为限，清偿被继承人生前所欠合法债务、税款等应由被继承人承担的款项；继承人可自愿承担超过遗产价值部分。继承人放弃继承的，对被继承人依法应当缴纳的税款和债务可以不负清偿责任。

(3)遗产清偿前述款项后仍有剩余的,或者不存在未清偿税款和债务的,可以开始着手处理遗产分配事宜,协商确定遗产分割的时间、方法和份额。

(4)对于依靠被继承人扶养的人,或者对被继承人扶养较多的人,可以分给适当的遗产。

(5)给怀孕妇女腹中胎儿预留相应继承份额,并由胎儿父母代为保管;

继承人之间可以友好协商分配遗产份额,以体现公平原则。对于有扶养能力和条件而不尽扶养义务的继承人,不分或少分遗产;对被继承人尽了主要扶养义务或者与其共同生活的继承人,可以多分遗产;继承人也可以平均分割遗产。

就遗产分割事宜,继承人之间协商不成的,任何继承人均可以其他继承人为被告向人民法院提起诉讼,请求依法分割被继承人的遗产。

◉ 相关依据

《中华人民共和国民法典》

第一千一百三十条　同一顺序继承人继承遗产的份额,一般应当均等。

对生活有特殊困难又缺乏劳动能力的继承人,分配遗产时,应当予以照顾。

对被继承人尽了主要扶养义务或者与被继承人共同生活的继承人,分配遗产时,可以多分。

有扶养能力和有扶养条件的继承人,不尽扶养义务的,分配遗产时,应当不分或者少分。

继承人协商同意的,也可以不均等。

第一千一百三十一条　对继承人以外的依靠被继承人扶养的人,或者继承人以外的对被继承人扶养较多的人,可以分给适当的遗产。

第一千一百三十二条 继承人应当本着互谅互让、和睦团结的精神,协商处理继承问题。遗产分割的时间、办法和份额,由继承人协商确定;协商不成的,可以由人民调解委员会调解或者向人民法院提起诉讼。

第一千一百五十三条 夫妻共同所有的财产,除有约定的外,遗产分割时,应当先将共同所有的财产的一半分出为配偶所有,其余的为被继承人的遗产。

遗产在家庭共有财产之中的,遗产分割时,应当先分出他人的财产。

第一千一百五十五条 遗产分割时,应当保留胎儿的继承份额。胎儿娩出时是死体的,保留的份额按照法定继承办理。

第一千一百五十六条 遗产分割应当有利于生产和生活需要,不损害遗产的效用。

不宜分割的遗产,可以采取折价、适当补偿或者共有等方法处理。

第一千一百五十九条 分割遗产,应当清偿被继承人依法应当缴纳的税款和债务;但是,应当为缺乏劳动能力又没有生活来源的继承人保留必要的遗产。

第一千一百六十一条 继承人以所得遗产实际价值为限清偿被继承人依法应当缴纳的税款和债务。超过遗产实际价值部分,继承人自愿偿还的不在此限。

继承人放弃继承的,对被继承人依法应当缴纳的税款和债务可以不负清偿责任。

第343问 继承房产要向税务部门缴税吗?

答:个人通过法定继承、遗嘱继承方式取得房屋权属和土地使用权的,不缴纳土地增值税,免征个人所得税和增值税,办理产权转移登记时需缴纳0.05%的印花税。需要注意的是,个人以遗嘱继承方式取得房屋权属的,还需按照规定的税率(3% ~5%)缴纳契税。

虽然我国尚未出台征收遗产税的相关规定，但继承人取得房屋后向他人出售的，需缴纳 20% 的个人所得税。

◉ 相关依据

《中华人民共和国契税法》

第六条　有下列情形之一的，免征契税：

……

（五）法定继承人通过继承承受土地、房屋权属；

……

《财政部、税务总局关于个人取得有关收入适用个人所得税应税所得项目的公告》

二、房屋产权所有人将房屋产权无偿赠与他人的，受赠人因无偿受赠房屋取得的受赠收入，按照“偶然所得”项目计算缴纳个人所得税。按照《财政部 国家税务总局关于个人无偿受赠房屋有关个人所得税问题的通知》（财税〔2009〕78 号）第一条规定，符合以下情形的，对当事双方不征收个人所得税：

……

（三）房屋产权所有人死亡，依法取得房屋产权的法定继承人、遗嘱继承人或者受遗赠人。

……

《中华人民共和国土地增值税暂行条例实施细则》

第二条　条例第二条所称的转让国有土地使用权、地上的建筑物及其附着物并取得收入，是指以出售或者其他方式有偿转让房地产的行为。不包括以继承、赠与方式无偿转让房地产的行为。

《中华人民共和国印花税暂行条例施行细则》

第五条　条例第二条所说的产权转移书据，是指单位和个人产权的买卖、继承、赠与、交换、分割等所立的书据。

《财政部国家税务总局关于全面推开营业税改征增值税试点的通知》

附件3《营业税改征增值税试点过渡政策的规定》

（三十六）涉及家庭财产分割的个人无偿转让不动产、土地使用权。

家庭财产分割，包括下列情形：离婚财产分割；无偿赠与配偶、父母、子女、祖父母、外祖父母、孙子女、外孙子女、兄弟姐妹；无偿赠与对其承担直接抚养或者赡养义务的抚养人或者赡养人；房屋产权所有人死亡，法定继承人、遗嘱继承人或者受遗赠人依法取得房屋产权。

第344问 哪些情况下，继承人会丧失继承权？

答：继承权是公民依照法律的直接规定或者被继承人订立的合法有效的遗嘱而享有的继承被继承人遗产的权利。继承人的权利受到保护的同时也会受到限制。如果继承人严重损害了被继承人和其他继承人的利益，该继承人将会丧失继承权。

丧失继承权，是指依照法律规定在发生法定事由时取消继承人继承被继承人遗产的资格和权利。按照《民法典》继承编的规定，继承人有下列行为之一的，将丧失继承权：

（1）故意杀害被继承人的

继承人杀害被继承人主观上要求是出于故意，而非过失。故意杀害行为，无是否造成被继承人死亡的后果，该继承人均丧失继承权。被继承人以遗嘱形式将遗产指定由该继承人继承的，可以确认遗嘱无效。

（2）为争夺遗产而杀害其他继承人的

为了非法占有其他继承人的份额剥夺其生命，情节恶劣，属于严重犯罪行为，当然丧失继承权。如果不是出于争夺遗产的动机，而是出于其他目的杀害其他继承人的，则不能剥夺其继承权。被继承人以遗嘱形式将遗产指定由该继承人继承的，可以确认遗嘱无效。

(3)遗弃被继承人的,或者虐待被继承人情节严重的

遗弃被继承人是对无劳动能力或者不具有独立生活能力的被继承人,负有扶养、扶助义务并有能力和条件而拒不履行的行为。遗弃被继承人的,不管情节是否严重,都会丧失继承权。但继承人如确有悔改表现且被遗弃人在生前表示宽恕的,可以不确认其丧失继承权。

虐待被继承人是指对被继承人肉体或精神上进行摧残或者折磨。虐待被继承人情节严重的,不论有无被追究刑事责任,均丧失继承权。若继承人确有悔改表现且被虐待人生前表示宽恕的,可不确认其丧失继承权。

(4)伪造、篡改、隐匿或者销毁遗嘱,情节严重的

伪造遗嘱是指以被继承人的名义制造假遗嘱。篡改遗嘱是指改变被继承人所立的遗嘱的内容。隐匿遗嘱是指隐藏被继承人所立的遗嘱使他人无法找到。销毁遗嘱是指将被继承人所立的遗嘱毁灭。如果继承人伪造、篡改、隐匿或者销毁遗嘱,侵害了缺乏劳动能力又没有生活来源的继承人的利益,并造成其生活困难的,属于情节严重,确认其丧失继承权。如果继承人确有悔改,被继承人能够宽恕或者订立遗嘱时将其列为继承人的,该继承人不丧失继承权。

(5)以欺诈、胁迫手段迫使或者妨碍被继承人设立、变更或者撤回遗嘱,情节严重

继承人违背被继承人的真实意愿,采用欺诈、胁迫手段改变被继承人处分遗产的决定,侵害了被继承人和其他继承人的合法权益。如果继承人确有悔改表现,被继承人表示宽恕或者事后在遗嘱中将其列为继承人的,该继承人不丧失继承权。

◉ 相关依据

《中华人民共和国民法典》

第一千一百二十五条 继承人有下列行为之一的,丧失继承权:

(一)故意杀害被继承人;

(二)为争夺遗产而杀害其他继承人;

(三)遗弃被继承人,或者虐待被继承人情节严重;

(四)伪造、篡改、隐匿或者销毁遗嘱,情节严重;

(五)以欺诈、胁迫手段迫使或者妨碍被继承人设立、变更或者撤回遗嘱,情节严重。

继承人有前款第三项至第五项行为,确有悔改表现,被继承人表示宽恕或者事后在遗嘱中将其列为继承人的,该继承人不丧失继承权。

受遗赠人有本条第一款规定行为的,丧失受遗赠权。

《最高人民法院关于适用〈中华人民共和国民法典〉继承编的解释(一)》

第六条 继承人是否符合民法典第一千一百二十五条第一款第三项规定的"虐待被继承人情节严重",可以从实施虐待行为的时间、手段、后果和社会影响等方面认定。

虐待被继承人情节严重的,不论是否追究刑事责任,均可确认其丧失继承权。

第七条 继承人故意杀害被继承人的,不论是既遂还是未遂,均应当确认其丧失继承权。

第八条 继承人有民法典第一千一百二十五条第一款第一项或者第二项所列之行为,而被继承人以遗嘱将遗产指定由该继承人继承的,可以确认遗嘱无效,并确认该继承人丧失继承权。

第九条 继承人伪造、篡改、隐匿或者销毁遗嘱,侵害了缺乏劳动能力又无生活来源的继承人的利益,并造成其生活困难的,应当认定为民法典第一千一百二十五条第一款第四项规定的"情节严重"。

第345问 无人继承的遗产如何处理？

答：对于公民的遗产，原则上应按照法定继承处理；如有遗嘱，按照遗嘱处理；有遗赠扶养协议的，按照协议处理。在无人继承又无人受遗赠人放弃接受遗赠的情况下，该遗产归国家或所在集体经济组织（村民委员会或居民委员会）所有，但需要经过法定程序。目前在实践中，可以依据《民事诉讼法》向法院申请认定无主财产，经法院审查核实后发出财产认领公告。公告满1年无人认领的，法院判决认定财产无主，收归国家或集体所有。

◉ 相关依据

《中华人民共和国民法典》

第一千一百六十条　无人继承又无人受遗赠的遗产，归国家所有，用于公益事业；死者生前是集体所有制组织成员的，归所在集体所有制组织所有。

《中华人民共和国民事诉讼法》

第一百九十一条　申请认定财产无主，由公民、法人或者其他组织向财产所在地基层人民法院提出。

申请书应当写明财产的种类、数量以及要求认定财产无主的根据。

第一百九十二条　人民法院受理申请后，经审查核实，应当发出财产认领公告。公告满一年无人认领的，判决认定财产无主，收归国家或者集体所有。

第一百九十三条　判决认定财产无主后，原财产所有人或者继承人出现，在民法通则规定的诉讼时效期间可以对财产提出请求，人民法院审查属实后，应当作出新判决，撤销原判决。

第十一章

日常生活篇

CHAPTER 11

法律是人们在日常生活中应当遵守的社会行为规范,无时无刻不约束着我们。但同时,法律也在时时刻刻地保护着我们。本章列举了与家庭紧密关联的常见法律问题,并予以一一分析解答。

第346问　家政服务人员在雇主家中摄制视频并公开发布到网络上,是侵权行为吗?

答:雇主家庭是保姆、保洁等家政服务人员的临时特殊工作场所。由于雇主家庭的地理位置、客厅和卧室内部及庭院等涉及个人隐私,家政服务人员的行为不能像在一般的工作场所那样自由。即使再喜欢雇主的家庭,也不能当作自己的家,行为需要有所顾忌和约束。未经雇主或者其共同居住的人员同意,家政服务人员不得将其饮食起居、作息时间、衣食住行、资产状况、收支情况、学习工作、休闲娱乐等与人身、财产密切相关的信息公布之于众。

◉ 相关依据

《中华人民共和国民法典》

第一千零三十二条　自然人享有隐私权。任何组织或者个人不得以刺探、侵扰、泄露、公开等方式侵害他人的隐私权。

隐私是自然人的私人生活安宁和不愿为他人知晓的私密空间、私密活动、私密信息。

《江苏省家政服务行业管理规定》

第十九条　家政服务人员提供服务应当做到:

……

(三)遵守服务单位的规章制度,尊重消费者的生活习俗,不泄露其

隐私;

(四)不得发生损害消费者合法权益的行为。

第347问 家政人员在家中服务时受伤,该由谁赔偿?

答:家政人员在雇主家中受到人身伤害该由谁赔偿,需根据家政公司与家政人员、雇主之间形成的不同法律关系进行处理。大致可分为三类:

(1)劳动关系(派遣制)。家政人员系家政服务公司的员工,雇主与专业的家政服务公司签订家政服务合同,家政公司根据雇主的具体要求指派专业的工作人员进入雇主家中提供专业的家政服务。家政人员在工作过程中受到人身伤害时,应按照工伤事故程序处理。如果雇主没有过错,雇主不承担任何赔偿责任。

(2)居间服务关系(中介制)。雇主与家政人员在家政服务公司提供的中介服务下签订合同,由家政服务人员为雇主提供家政服务。对于家政人员在服务过程中受到的伤害,家政公司原则上不承担赔偿责任,而是按照雇佣关系处理。

(3)劳务关系。雇主自行到家政服务市场或经熟人介绍聘请家政人员后,家政人员在提供服务过程中受到人身损害的,双方根据各自的过错承担相应的责任。如果伤害是由第三人造成的,雇主在给予补偿后可再向第三人追偿。

◉ 相关依据

《中华人民共和国民法典》

第一千一百九十一条 用人单位的工作人员因执行工作任务造成他人损害的,由用人单位承担侵权责任。用人单位承担侵权责任后,可以向有故意或者重大过失的工作人员追偿。

劳务派遣期间，被派遣的工作人员因执行工作任务造成他人损害的，由接受劳务派遣的用工单位承担侵权责任；劳务派遣单位有过错的，承担相应的责任。

第一千一百九十二条　个人之间形成劳务关系，提供劳务一方因劳务造成他人损害的，由接受劳务一方承担侵权责任。接受劳务一方承担侵权责任后，可以向有故意或者重大过失的提供劳务一方追偿。提供劳务一方因劳务受到损害的，根据双方各自的过错承担相应的责任。

提供劳务期间，因第三人的行为造成提供劳务一方损害的，提供劳务一方有权请求第三人承担侵权责任，也有权请求接受劳务一方给予补偿。接受劳务一方补偿后，可以向第三人追偿。

《最高人民法院关于审理人身损害赔偿案件适用法律若干问题的解释》

第三条第一款　依法应当参加工伤保险统筹的用人单位的劳动者，因工伤事故遭受人身损害，劳动者或者其近亲属向人民法院起诉请求用人单位承担民事赔偿责任的，告知其按《工伤保险条例》的规定处理。

《工伤保险条例》

第十四条　职工有下列情形之一的，应当认定为工伤：

（一）在工作时间和工作场所内，因工作原因受到事故伤害的；

（二）工作时间前后在工作场所内，从事与工作有关的预备性或者收尾性工作受到事故伤害的；

（三）在工作时间和工作场所内，因履行工作职责受到暴力等意外伤害的；

……

第十五条　职工有下列情形之一的，视同工伤：

（一）在工作时间和工作岗位，突发疾病死亡或者在48小时之内经抢救无效死亡的；

……

第348问 安装空调外机时，安装工意外坠落受伤，业主需要承担责任吗？

答：空调安装工属于高危行业，故安装空调须由经过专门培训且获得安装从业资格证书的专业人员完成；涉及高空作业的，还须有安监部门发放的特种作业操作证。业主请工人安装、维修、移动空调时，应了解和查看安装工的从业资质。

承揽合同是承揽人按照定作人的要求完成工作，交付工作成果，定作人支付报酬的合同。承揽包括加工、定作、修理、复制、测试、检验等工作。安装工可能是业主通过网络、熟人或从路边找来的，也可能是销售公司自行或与合作第三方派来的售后服务人员。无论通过何种方式，业主与安装工或指派单位之间一般成立承揽关系。如果安装工具有专业资质和经验，在佩戴安全设施、确保安全的条件下受伤的，原则上安装工或者指派单位自行承担责任。如果安装工虽然具有一定的经验和技术，能够独立完成安装过程，但缺乏专业资质，在安装过程中意外受伤的，由于安装工没有专业资质，业主需为自己的选人过错承担赔偿责任。如果没有资质的安装工在安装过程中，未尽到对自身安全的合理注意义务，也应承担相应的责任。

另一种比较少见的情况是，安装工仅为义务帮工。业主找来安装工（不论有无资质）且不给予报酬，安装过程中安装工发生人身损害的，由业主承担赔偿责任；安装工自身存在明显过错的，承担相应的过错责任。

◉ 相关依据

《中华人民共和国民法典》

第一千一百九十三条 承揽人在完成工作过程中造成第三人损害或者自己损害的，定作人不承担侵权责任。但是，定作人对定作、指示或者选任有过错的,应当承担相应的责任。

《最高人民法院关于审理人身损害赔偿案件适用法律若干问题的解释》

第三条 依法应当参加工伤保险统筹的用人单位的劳动者,因工伤事故遭受人身损害,劳动者或者其近亲属向人民法院起诉请求用人单位承担民事赔偿责任的,告知其按《工伤保险条例》的规定处理。

因用人单位以外的第三人侵权造成劳动者人身损害,赔偿权利人请求第三人承担民事赔偿责任的,人民法院应予支持。

第四条 无偿提供劳务的帮工人,在从事帮工活动中致人损害的,被帮工人应当承担赔偿责任。被帮工人承担赔偿责任后向有故意或者重大过失的帮工人追偿的,人民法院应予支持。被帮工人明确拒绝帮工的,不承担赔偿责任。

第五条 无偿提供劳务的帮工人因帮工活动遭受人身损害的,根据帮工人和被帮工人各自的过错承担相应的责任;被帮工人明确拒绝帮工的,被帮工人不承担赔偿责任,但可以在受益范围内予以适当补偿。

帮工人在帮工活动中因第三人的行为遭受人身损害的,有权请求第三人承担赔偿责任,也有权请求被帮工人予以适当补偿。被帮工人补偿后,可以向第三人追偿。

第349问 信用卡消费逾期还款,会被判刑坐牢吗?

答:信用卡贷款,是指持卡人以信用状况向银行担保,银行为其发放小额贷款。借款人无须提供抵押物或寻找第三人为自己担保,信用卡也仅为记载个人账户号码及其他相关信息的贷款凭证。如果持卡人逾期还款,在宽限期内能够及时还清的,不受影响。超过宽限期仍无法还款的,逾期时间越长代价越高,相应法律责任分为民事和刑事法律责任。

(1)民事法律责任。逾期还款除了需要支付本金外,还需支付利息、违约金等。逾期时间越长,所需支付的利息等也就越多。每个发卡银行的透支利率不尽相同。自2021年1月1日起,信用卡透支利率由发卡机构与持卡人自主协商确定,取消信用卡透支利率上限和下限管理(上限为日利率万分之五、下限为日利率万分之五的0.7倍),但仍有银行按照此前规定设定透支利率。信用卡透支不还的,发卡银行会降低信用额度,甚至降为零,并列入征信不良记录名单。持卡人无法再向发卡银行、其他银行及互联网金融平台,申请办理信用卡和购房、购车等贷款。如果持卡人逾期不还,银行将其起诉到法院,法院审理判决后持卡人仍不主动还款的,法院在执行程序中会将其列入失信人员名单,采取限制高消费等措施。

(2)刑事法律责任。持卡人明知没有还款能力而大量透支无法归还的,使用虚假资信证明申领信用卡后透支无法归还的,透支后通过逃匿、改变联系方式等手段逃避银行催收的,抽逃、转移资金或隐匿财产以逃避还款的,使用透支的资金进行犯罪活动的,超过规定限额数额(5万元以上)或者规定期限透支且经发卡银行2次有效催收后超过3个月仍不归还的,构成信用卡诈骗罪。恶意透支5万元以上不满50万元的,处5年以下有期徒刑或者拘役,并处2万元以上10万元以下罚金。恶意透支数额5万元以上不满50万元的,在人民检察院提起公诉前全部归还或者具有其他情节轻微情形的,可以不起诉;在人民法院一审判决前全部归还或者具有其他情节轻微情形的,可以免予刑事处罚;但是,曾因信用卡诈骗受过2次以上处罚的除外。

◉ 相关依据

《中华人民共和国刑法》

第一百九十六条 有下列情形之一,进行信用卡诈骗活动,数额较大的,处五年以下有期徒刑或者拘役,并处二万元以上二十万元以下罚金;数额巨大或者有其他严重情节的,处五年以上十年以下有期徒刑,并处五万元以上五十万元以下罚金;数额特别巨大或者有其他特别严重情节的,处十年以上有期徒刑或者无期徒刑,并处五万元以上五十万元以下罚金或者没收财产:

……

(四)恶意透支的。

前款所称恶意透支,是指持卡人以非法占有为目的,超过规定限额或者规定期限透支,并且经发卡银行催收后仍不归还的行为。

盗窃信用卡并使用的,依照本法第二百六十四条的规定定罪处罚。

《最高人民法院　最高人民检察院关于办理妨害信用卡管理刑事案件具体应用法律若干问题的解释》

第六条　持卡人以非法占有为目的,超过规定限额或者规定期限透支,经发卡银行两次有效催收后超过三个月仍不归还的,应当认定为刑法第一百九十六条规定的"恶意透支"。

对于是否以非法占有为目的,应当综合持卡人信用记录、还款能力和意愿、申领和透支信用卡的状况、透支资金的用途、透支后的表现、未按规定还款的原因等情节作出判断。不得单纯依据持卡人未按规定还款的事实认定非法占有目的。

具有以下情形之一的,应当认定为刑法第一百九十六条第二款规定的"以非法占有为目的",但有证据证明持卡人确实不具有非法占有目的的除外:

(一)明知没有还款能力而大量透支,无法归还的;

(二)使用虚假资信证明申领信用卡后透支,无法归还的;

(三)透支后通过逃匿、改变联系方式等手段,逃避银行催收的;

(四)抽逃、转移资金,隐匿财产,逃避还款的;

(五)使用透支的资金进行犯罪活动的;

(六)其他非法占有资金,拒不归还的情形。

第七条　催收同时符合下列条件的,应当认定为本解释第六条规定的

“有效催收”：

（一）在透支超过规定限额或者规定期限后进行；

（二）催收应当采用能够确认持卡人收悉的方式，但持卡人故意逃避催收的除外；

（三）两次催收至少间隔三十日；

（四）符合催收的有关规定或者约定。

对于是否属于有效催收，应当根据发卡银行提供的电话录音、信息送达记录、信函送达回执、电子邮件送达记录、持卡人或者其家属签字以及其他催收原始证据材料作出判断。

发卡银行提供的相关证据材料，应当有银行工作人员签名和银行公章。

第八条 恶意透支，数额在五万元以上不满五十万元的，应当认定为刑法第一百九十六条规定的“数额较大”；数额在五十万元以上不满五百万元的，应当认定为刑法第一百九十六条规定的“数额巨大”；数额在五百万元以上的，应当认定为刑法第一百九十六条规定的“数额特别巨大”。

第十条 恶意透支数额较大，在提起公诉前全部归还或者具有其他情节轻微情形的，可以不起诉；在一审判决前全部归还或者具有其他情节轻微情形的，可以免予刑事处罚。但是，曾因信用卡诈骗受过两次以上处罚的除外。

《中国人民银行关于推进信用卡透支利率市场化改革的通知》

中国人民银行上海总部，各分行、营业管理部，各省会（首府）城市中心支行，深圳市中心支行；各国有商业银行、股份制商业银行，中国邮政储蓄银行；中国银联：

为深入推进利率市场化改革，中国人民银行决定，自2021年1月1日起，信用卡透支利率由发卡机构与持卡人自主协商确定，取消信用卡透支利率上限和下限管理（即上限为日利率万分之五、下限为日利率万分之五的0.7倍）。

发卡机构应通过本机构官方网站等渠道充分披露信用卡透支利率并及时更新，应在信用卡协议中以显著方式提示信用卡透支利率和计结息方式，确保持卡人充分知悉并确认接受。披露信用卡透支利率时应以明显方式展示年化利率，不得仅展示日利率、日还款额等。

请中国人民银行分支机构将本通知转发至辖区内城市商业银行、农村商业银行、农村合作银行、农村信用社、村镇银行和外资银行。

中国人民银行

2020年12月31日

《最高人民法院关于限制被执行人高消费及有关消费的若干规定》

第三条第一款　被执行人为自然人的，被采取限制消费措施后，不得有以下高消费及非生活和工作必需的消费行为：

（一）乘坐交通工具时，选择飞机、列车软卧、轮船二等以上舱位；

（二）在星级以上宾馆、酒店、夜总会、高尔夫球场等场所进行高消费；

（三）购买不动产或者新建、扩建、高档装修房屋；

（四）租赁高档写字楼、宾馆、公寓等场所办公；

（五）购买非经营必需车辆；

（六）旅游、度假；

（七）子女就读高收费私立学校；

（八）支付高额保费购买保险理财产品；

（九）乘坐G字头动车组列车全部座位、其他动车组列车一等以上座位等其他非生活和工作必需的消费行为。

第350问　银行卡被盗刷，银行需要承担责任吗？

答：无论是借记卡还是信用卡，发卡银行都具有通过辨别真伪用户、设置身份认证、为用户保密、不断完善制作和加密技术等方式杜绝管理漏洞，确保卡内数据信息不被非法窃取并加以利用，在技术层面上最大程度保障资金安全等合同义务。发卡银行不能以"凭密码交易的行为视为持卡人本人所为"的格式条款，推卸己方责任，加重用户责任。在持卡人没有泄露银行卡卡号及密码的情况下发生伪卡交易，在损失无法追问时，不应由持卡人承担损失，而应由银行就制卡和管理技术层面存在的过错承担赔偿责任。

当银行卡被盗刷时，用户应当及时通知发卡银行说明盗刷情况，请求挂失止付并冻结账号；到附近的任何一家银行自动取款机上进行查询、取现等业务操作以获取凭条，证明银行卡未与本人分离，被盗刷行为非本人操作。与此同时，用户还应向公安机关报警说明被盗刷消费情况。公安机关立案侦查后追回的赃款将发还受害人以挽回损失；此外，用户还可以向银行索赔。银行在向用户赔偿损失后，有权向造成损失的违法犯罪第三者行使追偿权。需要强调的是，无论公安机关是否破案追回损失，都不影响用户基于合同关系向银行索赔。

◉ 相关依据

《中华人民共和国民法典》

第四百九十六条 格式条款是当事人为了重复使用而预先拟定，并在订立合同时未与对方协商的条款。

采用格式条款订立合同的，提供格式条款的一方应当遵循公平原则确定当事人之间的权利和义务，并采取合理的方式提示对方注意免除或者减轻其责任等与对方有重大利害关系的条款，按照对方的要求，对该条款予以说明。提供格式条款的一方未履行提示或者说明义务，致使对方没有注意或者理解与其有重大利害关系的条款的，对方可以主张该条款不成为合同的内容。

第四百九十七条 有下列情形之一的，该格式条款无效：

……

（二）提供格式条款一方不合理地免除或者减轻其责任、加重对方责任、限制对方主要权利；

（三）提供格式条款一方排除对方主要权利。

第五百零九条 当事人应当按照约定全面履行自己的义务。

当事人应当遵循诚信原则，根据合同的性质、目的和交易习惯履行通知、协助、保密等义务。

当事人在履行合同过程中，应当避免浪费资源、污染环境和破坏生态。

《中华人民共和国商业银行法》

第六条 商业银行应当保障存款人的合法权益不受任何单位和个人的侵犯。

第二十九条 商业银行办理个人储蓄存款业务，应当遵循存款自愿、取款自由、存款有息、为存款人保密的原则。

对个人储蓄存款，商业银行有权拒绝任何单位或者个人查询、冻结、扣划，但法律另有规定的除外。

第351问 借钱后不还，构成诈骗罪吗？

答：诈骗罪，是指以非法占有为目的，采用虚构事实或隐瞒真相的欺骗方法，使受害人基于错误认识后“自愿”处分财产，从而骗取数额较大以上公私财物的犯罪行为。

行为人借钱后，用于合法用途，有偿还能力但以经济困难为由拒不偿还，或暂时无力偿还借款的，属于民间借贷纠纷。借款时是否“以非法占有为目的”是区分民间借贷与诈骗犯罪的关键因素，亦即有无主观上的归还意愿。若借款时有还款意愿，亦有合法用途，得款后由于资金周转失灵、经营亏损、患有重大疾病、自然灾害等客观原因导致无力还款的，不属于诈骗行为。若行为人虚构事实或者隐瞒真实身份，骗取出借人的信用，将获得的借款用于高危投资、偿还赌债或者个人挥霍，无力偿还或者故意躲避追偿的，则涉嫌诈骗罪。

相关依据

《中华人民共和国刑法》

第二百六十六条 诈骗公私财物,数额较大的,处三年以下有期徒刑、拘役或者管制,并处或者单处罚金;数额巨大或者有其他严重情节的,处三年以上十年以下有期徒刑,并处罚金;数额特别巨大或者有其他特别严重情节的,处十年以上有期徒刑或者无期徒刑,并处罚金或者没收财产。本法另有规定的,依照规定。

《江苏省高院关于诈骗公私财物数额较大、数额巨大、数额特别巨大的标准》

根据《最高人民法院、最高人民检察院关于办理诈骗案件具体应用法律若干问题的解释》,结合我省经济社会发展的实际情况,确定我省执行诈骗公私财物"数额较大"、"数额巨大"、"数额特别巨大"的标准如下:

一、诈骗公私财物价值人民币六千元以上的,为"数额较大"。

二、诈骗公私财物价值人民币六万元以上的,为"数额巨大"。

三、诈骗公私财物价值人民币五十万元以上的,为"数额特别巨大"。

四、诈骗数额接近"数额较大"的标准,具有下列情形之一的,应当以诈骗罪定罪处罚:

……

(四)挥霍诈骗的财物,致使诈骗的财物无法返还的或者使用诈骗的款项进行违法犯罪活动的;

……

第352问 个人可以向法院申请破产吗?

答:个人破产是指自然人不能清偿到期债务时,由债务人本人或者债权人向法院申请宣告债务人破产,在对其财产进行清算分配或者进行债务调整后,对其债务进行豁免以及确定当事人在破产过程中的权利义务关系的法律制度。我国尚未出台个人破产法,但已在立法进程中。一些法院已开始尝试个人债务集中清理制度，给“诚实而不幸”的被执行人消灭债务，使其摆脱困境，给予重新参与社会经济活动、为社会创造财富的机会。全国多个法院被确定为“开展与个人破产制度功能相当的试点工作”的试点法院，发布并适用了名称类似为“个人债务清理的实施意见”的文件。例如，苏州市吴江区人民法院于2019年10月21日发布，并于2021年4月26日修订了《苏州市吴江区人民法院关于个人债务清理的若干规定》。就此规定确定的处理程序作简要概述如下，以供读者参考：

该规定适用对象为具有吴江区户籍的自然人、在吴江区居住并参加吴江区社会保险或缴纳个人所得税连续满两年的自然人，以及在吴江区办理工商注册登记的个体工商户。适用债务清理的前提是：对企业债务承担民事责任且该企业已进入破产程序的企业经营者或其他有关人员，以及因生活困难无力偿还债务的个人，不能清偿到期债务，并且资产不足以清偿全部债务或者明显缺乏清偿能力。

符合上述条件且不存在规定的怠于或妨碍清偿债务特殊情形的主体，可以申请个人债务清理。申请时须提交申请书，申请书应附个人（含配偶和未成年子女）财产及收入状况报告、个人信用证明材料、债务清册、债权人名册、请求保留的自由财产清单以及无不诚信行为的承诺书。有超过维持其本人及其抚（扶）养家庭成员基本生活水平的个人收入的主体，还应提交债务清偿计划以及申请前3年内的财产变动情况。

人民法院受理申请后，应通知已知债权人，同时指定管理人。债权人应在人民法院确定的债权申报期限内向管理人申报债权。债权人有权参加债权人会议，并进行债权核查、表决通过清偿计划和分配方案等重要事项。债权人会议决议，需由出席债权人会议的无财产担保债权人过半数同意，并且其所代表的债权额占无财产担保债权总额的三分之二以上，另有规定的除外。经债权人会议表决未通过的事项，由人民法院参照《企业破产法》第65条的规定予以裁定。债务人无财产可供分配的，管理人应申请法院裁定终结债务清理程序。

债务人有能力分期清偿债务的，提交的债务清偿计划应当包括自由财产范围、现有财产的处置方案、清偿率、清偿方法（分期清偿的，分期清偿计划的履行期最长不得超过5年）、信用恢复要求，以及有利于债务清偿的其他方案。清偿计划需经无财产担保债权人一致同意才能通过。债权人会议两次表决未通过、债务人不能执行或不执行清偿计划的，法院应当终止债务清理程序，恢复原生效法律文书的执行。

为了保障债务人及家属的基本生活，债务人对本人及其所抚（扶）养家庭成员日常必需生活用品、生活费用、子女义务教育必需费用、医疗费用以及抚恤金等财产享有豁免权。

◉ 相关依据

《苏州市吴江区人民法院关于个人债务清理的若干规定（试行）》

第四条　（适用范围）具有苏州市吴江区户籍的自然人或在苏州市吴江区市场监督管理局登记注册的个体工商户不能清偿到期债务，并且资产不足以清偿全部债务或者明显缺乏清偿能力，且符合下列条件之一的，可以适用本规定：

（一）因法定或约定原因对企业债务承担民事责任且该企业已进入破产程序的企业经营者或其他有关人员；

（二）因生活困难无力偿还债务的个人。

前款规定的法定或约定原因主要包括：

（一）个人独资企业等非法人企业的股东、经营者为破产企业债务承担无限责任的；

（二）个人财产与企业财产混同的；

（三）为企业债务提供担保的。

第六条　（例外情形）具有下列情形之一的个人，不适用本规定：

（一）在苏州市吴江辖区外有作为被执行人、被告或者被申请人的应负或者可能应负金钱给付义务的在执、在诉、仲裁、公证债权案件，但该案件债权人自愿参与本规定程序的除外；

（二）因赌博、挥霍消费等不良原因导致不能清偿债务的；

（三）有履行能力而拒不履行生效法律文书确定义务的；

（四）以伪造证据、暴力、威胁等方法妨碍案件审理、抗拒执行的；

（五）以虚假诉讼、虚假仲裁或者以隐匿、转移财产等方法妨害诉讼、规避执行的；

（六）违反限制消费令的；

（七）无正当理由拒不履行执行和解协议的；

（八）违反忠实义务、勤勉义务，致使所在企业破产的；

（九）怠于履行清算义务，致使企业无法进行清算或无法完整清算的；

（十）妨害审理程序、执行程序、破产程序进行的其他行为。

第二十二条　（自由财产）以下财产作为债务人的清理豁免财产，准予债务人保留：

（一）债务人及其所抚（扶）养家庭成员必需的衣服、家具、餐具等生活用品，但具有较大经济价值的财产除外；

（二）债务人及其所抚（扶）养家庭成员必需的生活费用；

（三）债务人或债务人所抚养家庭成员完成义务教育所必需的费用与物品；

（四）债务人及其所抚（扶）养家庭成员因身体缺陷和治疗当前疾病所必需的资金、辅助工具、医疗物品；

（五）债务人作为职工工作的必要工具，但具有较大经济价值的财产除外；

（六）专属于债务人人身权利的抚恤金、扶助金；

（七）债务人所得的勋章及其他荣誉表彰等具有纪念意义但经济价值不大的动产。

第353问 在健身房、瑜伽会馆、美容美发等场所办理会员卡，需要注意哪些问题？

答：健身房、瑜伽会馆等开业前期，需要大量资金用于租赁场地、装饰装修、采购器材、聘用教练和服务人员。因此，健身房、瑜伽会馆尚未开业，通常就开始提前办理会员充值卡等促销优惠活动，甚至还会赠送一定的消费金额，将投资经营风险转嫁到消费者身上。如果商家开业后，服务质量不能得到保证，既留不住老会员又无法吸纳新会员，容易造成资金链断裂，最终只能关门歇业。也有经营者将预付款挪用从事其他高风险投资，一旦亏损便无法正常经营，导致会员权益受损。甚至个别唯利是图的不法商家以非法占有为目的，通过卖卡方式吸收消费者钱财后恶意违约"跑路"。

为此，消费者办卡前应预先了解商家资质、信誉口碑、经营水平、服务质量、盈亏状态以及会员权利保障等基本信息，远离高风险商家。办卡时切记要与商家签订并索要盖有公章的消费服务合同，明确约定服务的数量和质量、价款或者费用、履行期限和方式、安全注意事项和风险警示、售后服务、民事责任等内容。商家有保存合同及履行的相关资料至少2年的法律义务，会员有权查询、复制。会员应要求商家出具正式税务发票、收款凭证，以防日后发生纷争时无据可凭。

会员卡分为记名卡和不记名卡，每张记名卡充值金额不得超过5000元，每张不记名卡不得超过1000元，且均不得设定有效期限。消费者有权自付款之日起15日内无理由要求退款，但经营者可以扣除其为提供商品或者服务已经产生的合理费用。经营者未按照约定提供商品或者服务的,应当按照消费者的要求履行约定或者退回预付款。未消费的,应当全额退款并承担预付款的利息;已经消费的,应当按照原约定的优惠方案扣除已经消费的金额,予以退款并承担退款部分的利息。经营者停业、歇业或者变更经营场所的,应当提前1个月通知已交预付款的消费者。经营者未事先通知会员并作出妥善安排,不提供或者不按照约定提供商品、服务又无法联络的,视为欺诈行为。会员有权要求增加赔偿,数额为购买商品的价款或者接受服务的费用的3倍,增加赔偿的金额最低不少于500元的。法律另有规定的,依照其规定。

"霸王条款"无效。通过会员卡、合同格式条款、大厅告示、书面声明、会员章程等形式表明"本卡一经售出,概不退款""本卡一经消费,概不退款""最终解释权归本店所有"等内容,减轻或免除商家责任,排除消费者主要权利的,属于违反公平原则、于法无效的格式条款。

◉ 相关依据

《中华人民共和国消费者权益保护法》

第二十六条　经营者在经营活动中使用格式条款的,应当以显著方式提请消费者注意商品或者服务的数量和质量、价款或者费用、履行期限和方式、安全注意事项和风险警示、售后服务、民事责任等与消费者有重大利害关系的内容,并按照消费者的要求予以说明。

经营者不得以格式条款、通知、声明、店堂告示等方式,作出排除或者限制消费者权利、减轻或者免除经营者责任、加重消费者责任等对消费者不公平、不合理的规定,不得利用格式条款并借助技术手段强制交易。

格式条款、通知、声明、店堂告示等含有前款所列内容的,其内容无效。

第五十三条　经营者以预收款方式提供商品或者服务的,应当按照约定提供。未按照约定提供的，应当按照消费者的要求履行约定或者退回预付款；并应当承担预付款的利息、消费者必须支付的合理费用。

第五十五条第一款 经营者提供商品或者服务有欺诈行为的，应当按照消费者的要求增加赔偿其受到的损失，增加赔偿的金额为消费者购买商品的价款或者接受服务的费用的三倍；增加赔偿的金额不足五百元的，为五百元。法律另有规定的，依照其规定。

《江苏省消费者权益保护条例》

第十五条 因经营者自身的原因停止提供商品或者服务的，经营者应当事先告知消费者，并作出妥善安排；造成消费者损失的，应当依法给予赔偿。

第二十七条 经营者以预收款方式提供商品或者服务，应当与消费者明确约定商品或者服务的数量和质量、价款或者费用、履行期限和方式、安全注意事项和风险警示、售后服务、民事责任等内容。未作约定或者约定不明确的，应当作有利于消费者的解释。

经营者发行单用途预付卡（含其他预收款凭证）的，单张记名卡限额不得超过五千元，单张不记名卡限额不得超过一千元。其中，个体工商户需要发行单用途预付卡的，单张限额不得超过一千元。预付卡不得设定有效期。

经营者应当对其发放的单用途预付卡向消费者提供担保。鼓励经营者在商业银行开立预付卡资金存管账户，在经营场所定期公示预付卡资金总量和使用情况。

经营者应当保存合同及履行的相关资料，方便消费者查询、复制；相关资料应当至少保存至合同履行完毕后两年。

第二十八条 经营者以发行单用途预付卡方式提供商品或者服务的，消费者有权自付款之日起十五日内无理由要求退款，经营者可以扣除其为提供商品或者服务已经产生的合理费用。

经营者未按照约定提供商品或者服务的，应当按照消费者的要求履行约定或者退回预付款。未消费的，应当全额退款并承担预付款的利息；已经消费的，应当按照原约定的优惠方案扣除已经消费的金额，予以退款并承担退款部分的利息。

经营者停业、歇业或者变更经营场所的，应当提前一个月通知已交预付款的消费者，并按照前款规定承担责任。

经营者未事先通知已交预付款的消费者并作出妥善安排，不提供或者不按照约定提供商品、服务又无法联络的，视为欺诈行为。

第354问 发生医疗美容纠纷时，该如何维权？

答：医疗美容，本质上是诊疗行为，是指运用手术、药物、医疗器械以及其他具有创伤性或侵入性的医学技术方法对人的容貌和人体各部位形态进行的修复和再塑。设立医疗美容机构除了需要进行工商、税务登记外，还需要向卫生行政部门取得相应的执业许可证。从事医疗美容的医生除要求具备《医师资格证书》《医师执业证书》外，还需具有《医疗美容主诊医生资格证书》及相关培训或工作经验。医疗美容机构的工作人员须有护士资格及相关培训或工作经验。

近几年来，一些美容美发店、美容美体店、美容 SPA 店等无医疗美容资质的个体工商户、公司盲目追求利润，非法从事医疗美容业务。消费者在接受医疗美容服务前，不应轻信商业宣传、冲动消费，要通过网络（例如国家企业信用信息公示系统网站）查看医疗美容机构是否正规合法、有无取得医疗机构执业许可证、美容服务项目范围、有无受过行政处罚以及主诊医师有无取得执业证书并具有相应的工作经验等基本信息。切记不做免费体验，避免被假医生、假专家、假药品所欺骗做了“假美容”，没变美反变丑，“微整形”变“危整形”。以下从纠纷预防、责任认定和纠纷处理三个方面展开详细分析。

（1）纠纷预防。由于美容效果的评价具有很强的主观性、缺乏统一标准，美容机构和受术者对效果评判标准不一，如果受术者期望过高，极易发生纠纷。消费者应事先与美容机构在合同中明确约定预期效果，争取达到“私人定制”的美颜效果。消费者接受手术前，应详细阅读合同内容，询问治疗方法、美容效果、注意事项、医疗风险、适应症、禁忌症、后遗症、并发症等，保留好服务合同、发票、手术同意书、知情书、告知书、检验报告、诊断证明、住院记录等证据材料。

(2)责任认定。在美容服务过程中，如果医疗美容机构没有按照服务合同约定服务并达到约定的预期效果，则属于违约行为，应按照合同约定和法律规定承担法律责任。美容机构在提供服务过程中由于过错导致公民的生命健康权受到损害的，属于医疗损害责任纠纷，美容机构要赔偿相应的人身、财产和精神损失。美容机构是否存在过错、过错行为与损害结果之间是否存在法律上的因果关系，以及如何赔偿，是美容机构与消费者之间难以通过协商解决纠纷，进而进入法院诉讼的主要原因。由于美容医疗是否存在过错的认定存在较强的专业性，美容机构是否存在过错，需要专业的医疗事故鉴定人员予以鉴定。

(3)纠纷处理。如与非法美容医疗机构发生纠纷，可以向卫生行政主管部门投诉处理和寻求帮助，也可以向公安机关报警处理。如与正规合法的医疗美容机构发生纠纷，可以请求当地医患纠纷调解委员会介入处理，也可以直接向人民法院提起民事诉讼依法维护自身的合法权益。

◉ 相关依据

《中华人民共和国民法典》

第一千二百一十八条 患者在诊疗活动中受到损害，医疗机构或者其医务人员有过错的，由医疗机构承担赔偿责任。

第一千二百一十九条　医务人员在诊疗活动中应当向患者说明病情和医疗措施。需要实施手术、特殊检查、特殊治疗的，医务人员应当及时向患者具体说明医疗风险、替代医疗方案等情况，并取得其明确同意；不能或者不宜向患者说明的，应当向患者的近亲属说明，并取得其明确同意。

医务人员未尽到前款义务，造成患者损害的，医疗机构应当承担赔偿责任。

第一千二百二十一条　医务人员在诊疗活动中未尽到与当时的医疗水平相应的诊疗义务，造成患者损害的，医疗机构应当承担赔偿责任。

第一千二百二十三条　因药品、消毒产品、医疗器械的缺陷，或者输入不合格的血液造成患者损害的，患者可以向药品上市许可持有人、生产者、血液提供机构请求赔偿，也可以向医疗机构请求赔偿。患者向医疗机构请求赔偿的，医疗机构赔偿后，有权向负有责任的药品上市许可持有人、生产者、血液提供机构追偿。

《医疗美容服务管理办法》

第十一条　负责实施医疗美容项目的主诊医师必须同时具备下列条件：

（一）具有执业医师资格，经执业医师注册机关注册；

（二）具有从事相关临床学科工作经历。其中，负责实施美容外科项目的应具有6年以上从事美容外科或整形外科等相关专业临床工作经历；负责实施美容牙科项目的应具有5年以上从事美容牙科或口腔科专业临床工作经历；负责实施美容中医科和美容皮肤科项目的应分别具有3年以上从事中医专业和皮肤病专业临床工作经历；

（三）经过医疗美容专业培训或进修并合格，或已从事医疗美容临床工作1年以上；

（四）省级人民政府卫生行政部门规定的其他条件。

第十三条　从事医疗美容护理工作的人员，应同时具备下列条件：

（一）具有护士资格，并经护士注册机关注册；

（二）具有两年以上护理工作经历；

（三）经过医疗美容护理专业培训或进修并合格，或已从事医疗美容临床护理工作6个月以上。

第十九条 执业医师对就医者实施治疗前，必须向就医者本人或亲属书面告知治疗的适应症、禁忌症、医疗风险和注意事项等，并取得就医者本人或监护人的签字同意。未经监护人同意，不得为无行为能力或者限制行为能力人实施医疗美容项目。

《医疗事故处理条例》

第十一条 在医疗活动中，医疗机构及其医务人员应当将患者的病情、医疗措施、医疗风险等如实告知患者，及时解答其咨询；但是，应当避免对患者产生不利后果。

第十五条 发生或者发现医疗过失行为，医疗机构及其医务人员应当立即采取有效措施，避免或者减轻对患者身体健康的损害，防止损害扩大。

第355问 网上购物，有哪些法律保障？

答：随着网络迅猛发展，网上购物相较于实体店而言，有着品种齐全、方便快捷和性价比高等独特优势，吸引越来越多的人加入网络购物大军。甚至网上买卖大型家用电器都已是常态。与此同时，也出现了一些法律问题，例如：店家虚假宣传，销售以次充好、质次价高的假冒伪劣产品，还存在“特价产品，概不退换”“预售商品不接受7天无理由退货”“赠品不提供三包服务”等无效的霸王条款以及收货后发现货物已经损毁等不良现象。有人感叹：“网购一时爽，维权难上天。”因此，消费者在上网购物时除了要睁大双眼理性选择店家和商品或服务外，还很有必要详细了解一下消费者享有哪些法律权益。

一般消费者在确保商品完好无损的情况下，可以7天内无理由退还给经营者。7天后符合法定解除合同条件的，消费者可以及时退货;不符合法定解除合同条件的,可以要求经营者履行更换、修理等义务。消费者退货的,运费由消费者自行承担;购买了运费险时,由承保的保险公司承担。经营者应自收到退回的商品7天内退还货款。根据商品性质并经消费者在购买时确认不宜退货的商品,不适用7天无理由退货。以下商品不适用7天无理由退货方式:

(1)消费者定作的;

(2)鲜活易腐的商品,例如水果、海鲜等鲜活产品;

(3)在线下载或者消费者拆封的音像制品、计算机软件等数字化商品;

(4)交付的报纸、期刊;

(5)拆封后易影响人身安全或者生命健康的商品,或者拆封后易导致商品品质发生改变的商品;

(6)一经激活或者试用后价值贬损较大的商品;

(7)销售时已明示的临近保质期的商品、有瑕疵的商品。

当消费者的合法权益受到侵害时,消费者可以要求经营者承担赔偿责任,在一定的条件下也可以要求网络交易平台提供者承担赔偿责任。有以下情形之一的,消费者可以要求网络交易平台提供者进行赔偿:

1. 网络交易平台提供者明知或者应知经营者利用其平台侵害消费者合法权益,未采取必要措施的。

2. 网络交易平台提供者具有对进入交易平台的经营者的主体资格进行必要的审查、登记,并在经营者从事经营活动的主页面显著位置标明的义务,若未履行相应的义务,网络交易平台提供者不能提供经营者的真实名称、地址和有效联系方式的。

3. 网络交易平台提供者作出更有利于消费者的承诺的,应当履行承诺。

网络交易平台提供者向消费者赔偿后，有权向销售者或者服务者追偿。

经营者提供商品或者服务有欺诈行为的，消费者有权要求增加赔偿其受到的损失。增加赔偿的金额为消费者购买商品的价款或者接受服务的费用的3倍，且金额最低不低于500元；法律另有规定的，依照其规定。经营者向消费者销售明知是不符合食品安全标准的食品，消费者除要求赔偿损失外，还可以向生产者或者经营者要求支付价款10倍或者损失三倍的赔偿金，且金额最低不少于1000元。

当消费者的权益受到侵害与经营者发生纠纷时，消费者应及时固定、保留相关证据，及时截取保存网页，录制视频、通话录音，妥善保存文字交流记录、交易流程截图等证据。纠纷双方应尽量协商解决；无法协商解决时，可以先向购物网站（网络交易平台提供者）客服部门投诉处理；若在购物网站投诉无果，可以拨打经营者所在地的市民热线“12345”反映或投诉；投诉后仍然不能解决时，可以向自己收货地本地的区（县）人民法院提起民事诉讼。遇到网络诈骗的，消费者应及时向公安机关报警处理。

◉ 相关依据

《中华人民共和国消费者权益保护法》

第二十四条 经营者提供的商品或者服务不符合质量要求的，消费者可以依照国家规定、当事人约定退货，或者要求经营者履行更换、修理等义务。没有国家规定和当事人约定的，消费者可以自收到商品之日起七日内退货；七日后符合法定解除合同条件的，消费者可以及时退货，不符合法定解除合同条件的，可以要求经营者履行更换、修理等义务。

依照前款规定进行退货、更换、修理的，经营者应当承担运输等必要费用。

第二十五条　经营者采用网络、电视、电话、邮购等方式销售商品，消费者有权自收到商品之日起七日内退货，且无需说明理由，但下列商品除外：

（一）消费者定作的；

（二）鲜活易腐的；

（三）在线下载或者消费者拆封的音像制品、计算机软件等数字化商品；

（四）交付的报纸、期刊。

除前款所列商品外，其他根据商品性质并经消费者在购买时确认不宜退货的商品，不适用无理由退货。

消费者退货的商品应当完好。经营者应当自收到退回商品之日起七日内返还消费者支付的商品价款。退回商品的运费由消费者承担；经营者和消费者另有约定的，按照约定。

第四十四条　消费者通过网络交易平台购买商品或者接受服务，其合法权益受到损害的，可以向销售者或者服务者要求赔偿。网络交易平台提供者不能提供销售者或者服务者的真实名称、地址和有效联系方式的，消费者也可以向网络交易平台提供者要求赔偿；网络交易平台提供者作出更有利于消费者的承诺的，应当履行承诺。网络交易平台提供者赔偿后，有权向销售者或者服务者追偿。

网络交易平台提供者明知或者应知销售者或者服务者利用其平台侵害消费者合法权益，未采取必要措施的，依法与该销售者或者服务者承担连带责任。

第五十五条　经营者提供商品或者服务有欺诈行为的，应当按照消费者的要求增加赔偿其受到的损失，增加赔偿的金额为消费者购买商品的价款或者接受服务的费用的三倍；增加赔偿的金额不足五百元的，为五百元。法律另有规定的，依照其规定。

经营者明知商品或者服务存在缺陷，仍然向消费者提供，造成消费者或者其他受害人死亡或者健康严重损害的，受害人有权要求经营者依照本法第四十九条、第五十一条等法律规定赔偿损失，并有权要求所受损失二倍以下的惩罚性赔偿。

《中华人民共和国食品安全法》

第一百四十八条 消费者因不符合食品安全标准的食品受到损害的，可以向经营者要求赔偿损失，也可以向生产者要求赔偿损失。接到消费者赔偿要求的生产经营者，应当实行首负责任制，先行赔付，不得推诿；属于生产者责任的，经营者赔偿后有权向生产者追偿；属于经营者责任的，生产者赔偿后有权向经营者追偿。

生产不符合食品安全标准的食品或者经营明知是不符合食品安全标准的食品，消费者除要求赔偿损失外，还可以向生产者或者经营者要求支付价款十倍或者损失三倍的赔偿金；增加赔偿的金额不足一千元的，为一千元。但是，食品的标签、说明书存在不影响食品安全且不会对消费者造成误导的瑕疵的除外。

《最高人民法院关于审理食品药品纠纷案件适用法律若干问题的规定》

第九条 消费者通过网络交易第三方平台购买食品、药品遭受损害，网络交易第三方平台提供者不能提供食品、药品的生产者或者销售者的真实名称、地址与有效联系方式，消费者请求网络交易第三方平台提供者承担责任的，人民法院应予支持。

网络交易第三方平台提供者承担赔偿责任后，向生产者或者销售者行使追偿权的，人民法院应予支持。

网络交易第三方平台提供者知道或者应当知道食品、药品的生产者、销售者利用其平台侵害消费者合法权益，未采取必要措施，给消费者造成损害，消费者要求其与生产者、销售者承担连带责任的，人民法院应予支持。

第十五条 生产不符合安全标准的食品或者销售明知是不符合安全标准的食品，消费者除要求赔偿损失外，依据食品安全法等法律规定向生产者、销售者主张赔偿金的，人民法院应予支持。

生产假药、劣药或者明知是假药、劣药仍然销售、使用的，受害人或者其近亲属除请求赔偿损失外，依据药品管理法等法律规定向生产者、销售者主张赔偿金的,人民法院应予支持。

《江苏省消费者权益保护条例》

第三十一条　经营者采用网络、电视、广播、电话、邮购、会议推介等方式销售商品,消费者有权自收到商品之日起七日内退货,且无需说明理由,法律、法规另有规定的除外。经营者应当依法履行退货、退款义务。

消费者退货的商品应当完好,保持原有品质、功能,商品的配件、商标标识、使用说明书等齐全。消费者基于查验需要打开商品包装,或者为确认商品的品质、功能而进行合理的调试,不影响商品的完好。

根据国家规定不适用无理由退货的商品,经营者应当明确标注,并在商品销售过程中设置显著的提示环节,供消费者对单次购买行为进行确认。

第三十二条　网络交易平台、电视购物平台、有柜台或者场地出租的商场、超市等经营者应当设立消费者投诉受理机构,与商户协议设立消费者权益保证金,在消费者直接要求商户赔付未果的前提下实行先行赔付制度。

《网络购买商品七日无理由退货暂行办法》

第六条　下列商品不适用七日无理由退货规定:

(一)消费者定作的商品;

(二)鲜活易腐的商品;

(三)在线下载或者消费者拆封的音像制品、计算机软件等数字化商品;

(四)交付的报纸、期刊。

第七条　下列性质的商品经消费者在购买时确认,可以不适用七日无理由退货规定:

(一)拆封后易影响人身安全或者生命健康的商品,或者拆封后易导致商品品质发生改变的商品;

(二)一经激活或者试用后价值贬损较大的商品;

(三)销售时已明示的临近保质期的商品、有瑕疵的商品。

第八条　消费者退回的商品应当完好。

商品能够保持原有品质、功能,商品本身、配件、商标标识齐全的,视为商品完好。

消费者基于查验需要而打开商品包装，或者为确认商品的品质、功能而进行合理的调试不影响商品的完好。

《最高人民法院关于适用〈中华人民共和国民事诉讼法〉的解释》

第二十条 以信息网络方式订立的买卖合同，通过信息网络交付标的的，以买受人住所地为合同履行地；通过其他方式交付标的的，收货地为合同履行地。合同对履行地有约定的，从其约定。

第356问 快件破损或丢失，快递公司该如何赔偿？

答：快递服务合同是寄件人将快件交给托运人或承运人运送到约定地点交给收件人的合同，快递运单是该合同的表现形式。快件，是指快递企业递送的信件、包裹、印刷品等。包裹，是指按照封装上的名称地址递送给特定个人或者单位的独立封装的物品，其重量不超过50千克，任何一边的尺寸不超过150厘米，长、宽、高合计不超过300厘米。快递服务包括收寄、分拣、运输、投递等环节。

消费者在选择快递企业委托运输时应了解其主体资质、商业信誉和服务质量等。选择优质快递企业有助于降低收寄过程中出现问题的概率以及造成损失时维护自身权益的难度，最大限度地避免贵重物品丢失、损坏和遭受不必要的经济损失。消费者在交付托运物品时应详细询问到达时间、运输方式以及赔偿条款；如是贵重物品，还应告知并注明运输中的注意事项；选择保价赔付方式的，还应详细询问赔付程序。在寄快递时应注意清晰填写寄收人名称、地址、联系电话，内部物品名称、性质及数量等必要信息，并妥善保管收寄凭据。对于贵重物品的快件，应对交寄装箱、收货检验过程录制视频，为维权固定和保留证据做好铺垫。当权益受到侵害时，可以先向快递企业的总部投诉处理；投诉无果的，再向邮政管理部门投诉处理（通过投诉热线“12305”、国家邮政局申诉网站或微信公众号）。如是快递企业野蛮分拣，抛扔、踩踏或者以其他方式造成快件（邮件）损毁的，邮政管理部门经查证属实可处1万元以上3万元以下的罚款。经向邮政管理部门投诉仍然难以解决的，可以向人民法院提起诉讼。如果存在盗窃、冒领、私自开拆、隐匿、毁弃倒卖或者非法检查快件的，可以向公安机关报警处理。

快递企业不同于国家邮政企业，在处理赔偿方面存在不同之处。在快递服务过程中，快件（邮件）发生延误、丢失、损毁和内件不符的，经营快递业务的企业与消费者之间有约定的，按照双方的约定进行赔偿。没有约定的，对于购买保价的快件（邮件），丢失或全部损毁的，按照保价金额赔偿；部分损毁或者内件短少的，按照保价额与邮件全部价值的比例对邮件的实际损失予以赔偿。对于未购买保价的快件（邮件），按照实际损失赔偿，但最高赔偿额不超过所收取资费的3倍。

◉ 相关依据

《中华人民共和国民法典》

第八百三十二条　承运人对运输过程中货物的毁损、灭失承担赔偿责任。但是，承运人证明货物的毁损、灭失是因不可抗力、货物本身的自然性质或者合理损耗以及托运人、收货人的过错造成的，不承担赔偿责任。

第八百三十三条　货物的毁损、灭失的赔偿额，当事人有约定的，按照其约定；没有约定或者约定不明确，依据本法第五百一十条的规定仍不能确定的，按照交付或者应当交付时货物到达地的市场价格计算。法律、行政法规对赔偿额的计算方法和赔偿限额另有规定的，依照其规定。

《中华人民共和国邮政法》

第四十七条　邮政企业对给据邮件的损失依照下列规定赔偿：

（一）保价的给据邮件丢失或者全部损毁的，按照保价额赔偿；部分损毁或者内件短少的，按照保价额与邮件全部价值的比例对邮件的实际损失予以赔偿。

（二）未保价的给据邮件丢失、损毁或者内件短少的，按照实际损失赔偿，但最高赔偿额不超过所收取资费的三倍；挂号信件丢失、损毁的，按照所收取资费的三倍予以赔偿。

邮政企业应当在营业场所的告示中和提供给用户的给据邮件单据上，以足以引起用户注意的方式载明前款规定。

邮政企业因故意或者重大过失造成给据邮件损失，或者未履行前款规定义务的，无权援用本条第一款的规定限制赔偿责任。

第四十八条 因下列原因之一造成的给据邮件损失，邮政企业不承担赔偿责任：

（一）不可抗力，但因不可抗力造成的保价的给据邮件的损失除外；

（二）所寄物品本身的自然性质或者合理损耗；

（三）寄件人、收件人的过错。

《快递市场管理办法》

第二十条 在快递服务过程中，快件（邮件）发生延误、丢失、损毁和内件不符的，经营快递业务的企业应当按照与用户的约定，依法予以赔偿。

企业与用户之间未对赔偿事项进行约定的，对于购买保价的快件（邮件），应当按照保价金额赔偿。对于未购买保价的快件（邮件），按照《中华人民共和国邮政法》、《中华人民共和国合同法》等相关法律规定赔偿。

第357问 患者家属隐瞒经济状况，获取网络公益慈善筹款，违法吗？

答：近年来，民间网络慈善筹款商业平台蓬勃发展，审核快、手续简单、操作方便，为许多身患疾病且经济困难无力支付救治费用的家庭解了燃眉之急。由于慈善平台对申请捐助的资料审核不够严谨或存在漏洞，在捐赠人的知情权得不到保障的情况下，一些经济条件足以承担患者医疗费用的别有用心之人，为了减少家庭支出，故意隐瞒家庭财务状况，骗取社会公众信任，获取治疗费用。这种行为一定程度上侵害了真正需要救助的求助者的利益。如果求助者伪造病历资料和医药费票据、谎报病情、救助金额超过实际支出，以非法占有为目的骗取财物，达到一定的数额（江苏地区标准为6千元）的，涉嫌诈骗罪。当求助者违背诚实信用原则骗捐时，网络平台对此知道或者应当知道的，需与求助者对捐赠者承担连带法律责任，共同返还已捐钱款。

◉ 相关依据

《中华人民共和国民法典》

第一千一百九十七条　网络服务提供者知道或者应当知道网络用户利用其网络服务侵害他人民事权益，未采取必要措施的，与该网络用户承担连带责任。

《中华人民共和国刑法》

第二百六十六条　诈骗公私财物，数额较大的，处三年以下有期徒刑、拘役或者管制，并处或者单处罚金；数额巨大或者有其他严重情节的，处三年以上十年以下有期徒刑，并处罚金；数额特别巨大或者有其他特别严重情节的，处十年以上有期徒刑或者无期徒刑，并处罚金或者没收财产。本法另有规定的，依照规定。

《江苏省高级人民法院、江苏省人民检察院、江苏省公安厅关于我省执行诈骗公私财物"数额较大"、"数额巨大"、"数额特别巨大"标准的意见》

根据《最高人民法院、最高人民检察院关于办理诈骗案件具体应用法律若干问题的解释》，结合我省经济社会发展的实际状况，确定我省执行诈骗公私财物"数额较大"、"数额巨大"、"数额特别巨大"的标准如下：

一、诈骗公私财物价值人民币六千元以上的，为"数额较大"。

第358问 宠物寄养过程中，宠物丢失、受伤、生病、伤人或者死亡，由谁承担责任？

答：宠物主人与宠物店之间签订寄养（代管）协议，约定宠物主人（寄存人）将宠物交付给宠物店（保管人）饲养，宠物主人支付寄养费用（主要是保管费和饲养费），寄养期限届满，宠物店返还宠物给宠物主人的，双方之间形成保管合同关系。

签订寄养协议前，宠物主人应给宠物注射疫苗防止感染病毒。为防止丢失、死亡事件发生引发赔偿争议，宠物主人应向店主出示购买凭证和告知饲养成本确定宠物现有价值，或与店主协商确认寄养时的市场价值。寄养前，宠物主人应在寄养场所拍照或录像保留证据，证明已交付宠物及宠物的体貌特征。宠物主人应向宠物店如实书面告知宠物目前健康状况、生活习性、是否已经注射疫苗、有无攻击性、最近心情和食欲、潜在病症、适应能力和其他注意事项。双方当事人要在协议中明确约定宠物丢失、生病、健康状况恶化、受伤、伤人和死亡等特殊情况的处理方法，以及发生违约时如何确定违约金数额或者损害赔偿计算方法，甚至精神损害赔偿金额等重要内容。宠物寄养保管期间，保管人应尽到谨慎保护和管理义务。如果宠物生病，宠物店应及时联系宠物主人处理，所产生的治疗费用由宠物主人承担。因宠物店管理存在过错导致宠物丢失的，宠物店构成违约，应承担违约责任。寄养期间，宠物造成他人人身财产损害的，根据具体情况由宠物主人或宠物店承担赔偿责任。但能够证明损害是因被侵权人故意或者重大过失造成的，宠物主人或宠物店可以不承担或者减轻赔偿责任。宠物主人与宠物店双方约定由宠物店承担责任的，则由宠物店赔偿。

◉ 相关依据

《中华人民共和国民法典》

第八百九十二条　保管人应当妥善保管保管物。

当事人可以约定保管场所或者方法。除紧急情况或者为维护寄存人利益外,不得擅自改变保管场所或者方法。

第八百九十三条　寄存人交付的保管物有瑕疵或者根据保管物的性质需要采取特殊保管措施的,寄存人应当将有关情况告知保管人。寄存人未告知,致使保管物受损失的,保管人不承担赔偿责任;保管人因此受损失的,除保管人知道或者应当知道且未采取补救措施外,寄存人应当承担赔偿责任。

第八百九十七条　保管期内,因保管人保管不善造成保管物毁损、灭失的,保管人应当承担赔偿责任。但是,无偿保管人证明自己没有故意或者重大过失的,不承担赔偿责任。

第九百条　保管期限届满或者寄存人提前领取保管物的,保管人应当将原物及其孳息归还寄存人。

第一千二百四十五条　饲养的动物造成他人损害的,动物饲养人或者管理人应当承担侵权责任;但是,能够证明损害是因被侵权人故意或者重大过失造成的,可以不承担或者减轻责任。

第一千二百四十六条　违反管理规定,未对动物采取安全措施造成他人损害的,动物饲养人或者管理人应当承担侵权责任;但是,能够证明损害是因被侵权人故意造成的,可以减轻责任。

第一千二百四十九条　遗弃、逃逸的动物在遗弃、逃逸期间造成他人损害的,由动物原饲养人或者管理人承担侵权责任。

第一千二百五十条　因第三人的过错致使动物造成他人损害的,被侵权人可以向动物饲养人或者管理人请求赔偿,也可以向第三人请求赔偿。动物饲养人或者管理人赔偿后,有权向第三人追偿。

第359问 养狗不拴绳，导致狗咬狗、狗咬人，法律上有什么规定？

答：在狗的世界里，两狗相遇发生冲突、互相撕咬是常事。狗欺人，人狗"较量"一番，也不奇怪。狗被狗咬伤，只赔偿治疗费，没有营养费、护理费和主人误工费的赔偿。狗被狗咬死的情况，该如何处理？例如，牧羊犬撕咬泰迪犬，致泰迪犬经治疗无效死亡的，在泰迪犬主除了没有拴牵引绳外没有其他过错的情况下，牧羊犬主应赔偿泰迪犬主治疗费用和该泰迪犬的市场价值。因泰迪犬主没有拴牵引绳，应适当减轻牧羊犬主的赔偿责任。

说完"狗欺狗"的事，再说说"人欺狗"和"狗欺人"的事。

人欺狗的情形可能有：金毛咬死贵宾，贵宾犬主痛失爱犬，情绪激动，愤怒之下，痛打金毛，导致金毛当场死亡。贵宾犬主除了需要赔偿金毛犬主爱犬的市场价值外，还因为金毛价值或许超过5000元，可能构成故意毁坏财物罪，面临3年以下有期徒刑、拘役或罚金；数额巨大或者有其他特别严重情节的，处3年以上7年以下有期徒刑。

犬只伤人的，犬主应按照人身损害赔偿标准承担受害人的治疗费、误工费、护理费、营养费；构成伤残的，还要赔偿伤残赔偿金；构成死亡的，还应给付死亡赔偿金等费用。因受害人故意或重大过失造成自身伤害的，犬主不承担责任或减轻赔偿责任。若犬主驱使犬只伤人，公安机关根据情节轻重，依照《治安管理处罚法》予以罚款、拘留；情节严重的，犬主可能构成故意伤害罪或故意杀人罪。

◉ 相关依据

《中华人民共和国民法典》

第一千二百四十五条 饲养的动物造成他人损害的，动物饲养人或者管理人应当承担侵权责任；但是，能够证明损害是因被侵权人故意或者重大过失造成的,可以不承担或者减轻责任。

第一千二百四十六条 违反管理规定,未对动物采取安全措施造成他人损害的,动物饲养人或者管理人应当承担侵权责任;但是,能够证明损害是因被侵权人故意造成的,可以减轻责任。

第一千二百四十九条 遗弃、逃逸的动物在遗弃、逃逸期间造成他人损害的,由动物原饲养人或者管理人承担侵权责任。

第一千二百五十条 因第三人的过错致使动物造成他人损害的,被侵权人可以向动物饲养人或者管理人请求赔偿,也可以向第三人请求赔偿。动物饲养人或者管理人赔偿后,有权向第三人追偿。

《中华人民共和国动物防疫法》

第三十条 单位和个人饲养犬只,应当按照规定定期免疫接种狂犬病疫苗,凭动物诊疗机构出具的免疫证明向所在地养犬登记机关申请登记。

携带犬只出户的,应当按照规定佩戴犬牌并采取系犬绳等措施,防止犬只伤人、疫病传播。

街道办事处、乡级人民政府组织协调居民委员会、村民委员会,做好本辖区流浪犬、猫的控制和处置,防止疫病传播。

县级人民政府和乡级人民政府、街道办事处应当结合本地实际,做好农村地区饲养犬只的防疫管理工作。

饲养犬只防疫管理的具体办法,由省、自治区、直辖市制定。

《苏州市养犬管理条例》

第二十二条 犬只伤害他人的,养犬人应当立即将受害人送至医疗机构诊治,先行垫付医疗费用,并依法承担民事责任。由于受害人或者第三人过错造成伤害的,由受害人或者第三人依法承担民事责任。

公安机关发现犬只伤人或者接到犬只伤人报告的,应当对伤人犬只实施暂扣,由畜牧兽医部门对犬只连续进行医学留验观察十日,有关检查、饲养等费用由养犬人承担。发现留验观察的犬只疑似感染狂犬病的,畜牧兽医部门应当会同公安机关按照有关规定处理。

鼓励养犬人投保犬只责任保险。

《中华人民共和国治安管理处罚法》

第四十三条第一款 殴打他人的,或者故意伤害他人身体的,处五日以上十日以下拘留,并处二百元以上五百元以下罚款;情节较轻的,处五日以下拘留或者五百元以下罚款。

第七十五条 饲养动物,干扰他人正常生活的,处警告;警告后不改正的,或者放任动物恐吓他人的,处二百元以上五百元以下罚款。

驱使动物伤害他人的,依照本法第四十三条第一款的规定处罚。

《中华人民共和国刑法》

第二百七十五条 故意毁坏公私财物,数额较大或者有其他严重情节的,处三年以下有期徒刑、拘役或者罚金;数额巨大或者有其他特别严重情节的,处三年以上七年以下有期徒刑。

《最高人民检察院、公安部关于公安机关管辖的刑事案件立案追诉标准的规定(一)》

第三十三条 [故意毁坏财物案(刑法第二百七十五条)]故意毁坏公私财物,涉嫌下列情形之一的,应予立案追诉:

(一)造成公私财物损失五千元以上的;

(二)毁坏公私财物三次以上的;

(三)纠集三人以上公然毁坏公私财物的;

(四)其他情节严重的情形。

第360问 电动自行车充电不当,有哪些法律后果?

答:电动车发生火灾事故的原因通常有电池故障、过度充电、乱用充电器、私拉电线短路、电瓶车质量不合格或者改装电瓶车等。为确保安全,给电瓶车充电时应按照使用说明书操作,选择与电瓶车、充电器、电机型号、规格相配套的电瓶,避免参数不匹配造成电压过高、电池失水加剧、升温严重导致爆炸。给电瓶车充电应在指定的集中充电站点进行，避免在公共楼道、疏散通道、安全出口、人员密集区域以及室内充电。车主应为电瓶车安装专用充电线路、短路和漏电保护设备，采取隔离、监护措施，远离易燃易爆物品，在充电完成时及时断电，防止过度充电导致火灾事故，危及自身和他人生命财产安全。

违反消防管理规定充电需承担法律责任：民事责任方面，未尽安全管理保障注意义务，给他人造成损失的，要予以赔偿；行政责任方面，面临行政拘留、罚款的处罚；刑事责任方面，因自己的过失行为导致火灾事故，造成人员伤亡、财产直接经济损失的，可能构成失火罪。

◉ 相关依据

《中华人民共和国消防法》

第六十四条 违反本法规定，有下列行为之一，尚不构成犯罪的，处十日以上十五日以下拘留，可以并处五百元以下罚款；情节较轻的，处警告或者五百元以下罚款：

……

（二）过失引起火灾的；

……

《中华人民共和国刑法》

第一百一十五条 放火罪放火、决水、爆炸以及投放毒害性、放射性、传染病病原体等物质或者以其他危险方法致人重伤、死亡或者使公私财产遭受重大损失的，处十年以上有期徒刑、无期徒刑或者死刑。

过失犯前款罪的，处三年以上七年以下有期徒刑；情节较轻的，处三年以下有期徒刑或者拘役。

第361问 劳动者在上下班途中发生交通事故，什么情况下可以认定为工伤？

答：工伤，顾名思义，是指劳动者因工作原因受到的伤害。职工在上下班途中，受到非本人主要责任的交通事故或者城市轨道交通、客运轮渡、火车事故伤害的，属于工伤。劳动者在上下班途中遭遇交通事故需满足以下几个条件，方可认定为工伤：

（1）以上下班为最终目的。劳动者需以到单位上班和下班回家为最终目的，允许途中掺杂其他日常生活必要活动，如下班后接孩子、到菜市场买菜后再继续回家。

（2）上下班在合理时间范围。劳动者提前、迟到、早退、晚退都是以单位与住处之间来回为目的，用人单位的获利客观上大于劳动者个人获利，故倾向性地保护劳动者利益符合公平原则。认定上下班途中发生的交通事故伤害为工伤，是对将在工作时间和工作场所内因工作原因发生的事故伤害认定为工伤的延伸、是对劳动者人身安全利益保护的扩大化。因此，无论员工早到、迟到、早退、晚退，只要不超过合理限度，如出于上下班的最终目的都应属于上下班的合理时间内。

（3）上下班合理路线。合理路线是指劳动者往返于工作地与住所地、经常居住地、单位宿舍之间的合理路径，是往返于工作地与住宿地之间一定区域内的符合常理的路径，而不是特定唯一的路径。往返于工作地与配偶、父母、子女居住地之间的符合常理的路径；从事属于日常工作生活所需要的活动经过的符合常理的路径，如下班后顺便到离单位或住处较近的菜市场买菜、到孩子就读的学校接孩子等；因其他原因改变了正常来回路径，如因突发事件、恶劣天气、交通堵塞而绕行，都属于合理路线。总之，劳动者往返于日常生活目的地与用人单位地点之间的路径一般都可以认为是合理路线。

(4)本人所负事故责任为非主要责任。事故责任分为无责任、次要责任、同等责任、主要责任和全部责任。若劳动者负主要责任、全部责任,则不属于工伤;劳动者对事故无责任、负次要责任和同等责任的,认定为工伤。责任认定以公安交通警察部门、有权认定部门的认定为准。如果劳动者醉酒后在上下班途中发生交通事故,不负事故主要责任的,因醉酒与交通事故发生没有必然的因果关系,依然属于工伤。

◉ 相关依据

《工伤保险条例》

第十四条　职工有下列情形之一的,应当认定为工伤:

……

(六)在上下班途中,受到非本人主要责任的交通事故或者城市轨道交通、客运轮渡、火车事故伤害的;

……

《最高人民法院关于审理工伤保险行政案件若干问题的规定》

第一条第一款、第二款　人民法院审理工伤认定行政案件,在认定是否存在《工伤保险条例》第十四条第(六)项"本人主要责任"、第十六条第(二)项"醉酒或者吸毒"和第十六条第(三)项"自残或者自杀"等情形时,应当以有权机构出具的事故责任认定书、结论性意见和人民法院生效裁判等法律文书为依据,但有相反证据足以推翻事故责任认定书和结论性意见的除外。

前述法律文书不存在或者内容不明确,社会保险行政部门就前款事实作出认定的,人民法院应当结合其提供的相关证据依法进行审查。

第六条　对社会保险行政部门认定下列情形为"上下班途中"的,人民法院应予支持:

(一)在合理时间内往返于工作地与住所地、经常居住地、单位宿舍的合理路线的上下班途中;

（二）在合理时间内往返于工作地与配偶、父母、子女居住地的合理路线的上下班途中；

（三）从事属于日常工作生活所需要的活动，且在合理时间和合理路线的上下班途中；

（四）在合理时间内其他合理路线的上下班途中。

第362问 个人挂靠企业代缴社保，有法律风险吗？

答：挂靠社保，指个人挂靠企业缴纳社保，全部费用由个人承担。具体地说，没有工作单位或者无固定工作的个人，为了享受社会保险待遇，寻找一家具有用工主体资格的单位，与其协商签订劳动合同，虚构劳动关系，由该单位为其办理社会保险手续，代扣代缴社会保险费，因此产生的全部保险费用（个人和单位缴纳两部分）均由个人承担，挂靠单位无偿给予便利或者收取一定挂靠费用的行为。除了个人与单位不存在实际劳动关系而虚构劳动关系的挂靠方式外，实践中还存在实际劳动关系终止后，单位仍然为曾经的职工个人继续缴纳社会保险费的挂靠情形。

个人挂靠单位办理社保后，向社会保险基金管理中心成功领取失业、生育、工伤等相关社会保险待遇的，属于以非法占有为目的，采用虚构事实的方法骗取他人财物的诈骗行为。社会保险管理部门有权责令其退回骗取的社会保险金，并处骗取金额2至5倍的罚款。如果个人挂靠社保，骗取社会保险金数额较大（江苏地区标准为6000元以上）的，涉嫌诈骗罪，面临被司法机关追究刑事责任的风险。

◉ 相关依据

《中华人民共和国社会保险法》

第八十八条 以欺诈、伪造证明材料或者其他手段骗取社会保险待遇的,由社会保险行政部门责令退回骗取的社会保险金,处骗取金额二倍以上五倍以下的罚款。

《中华人民共和国刑法》

第二百六十六条 诈骗公私财物,数额较大的,处三年以下有期徒刑、拘役或者管制,并处或者单处罚金;数额巨大或者有其他严重情节的,处三年以上十年以下有期徒刑,并处罚金;数额特别巨大或者有其他特别严重情节的,处十年以上有期徒刑或者无期徒刑,并处罚金或者没收财产。本法另有规定的,依照规定。

《全国人民代表大会常务委员会关于〈中华人民共和国刑法〉第二百六十六条的解释》(2014 年 4 月 24 日第十二届全国人民代表大会常务委员会第八次会议通过)

全国人民代表大会常务委员会根据司法实践中遇到的情况,讨论了刑法第二百六十六条的含义及骗取养老、医疗、工伤、失业、生育等社会保险金或者其他社会保障待遇的行为如何适用刑法有关规定的问题,解释如下:

以欺诈、伪造证明材料或者其他手段骗取养老、医疗、工伤、失业、生育等社会保险金或者其他社会保障待遇的,属于刑法第二百六十六条规定的诈骗公私财物的行为。

现予公告。

第 363 问 用人单位可以用住房补贴代替为员工缴纳住房公积金吗?

答:住房公积金,是员工按规定存储起来的专项用于住房消费支出的个人住房储金,可以用于个人购买、建造、翻建、修缮自住用房或缴纳房租。单位与员工须各自按照规定的比例缴存,员工缴纳部分由用人单位代扣代缴。有些用人单位为了减少生产经营支出和用工成本,存在不为员工缴纳住房公积金,或者让员工自愿放弃享受住房公积金待遇,仅给予适当的住房补贴的做法。依据我国《住房公积金管理条例》的规定,为员工缴纳住房公积金是用人单位必须履行的法定义务,不能规避履行。用人单位不得以规章制度、劳动合同、员工手册、员工承诺放弃住房公积金待遇等方式逃避法定义务。即使员工书面承诺以自愿放弃住房公积金待遇换取住房补贴,是员工与用人单位协商一致的结果,但该承诺书仍然因与法律法规的强制性规定相抵触,而不具有法律效力。因此,用人单位在向住房公积金管理中心补缴费用后,可以要求员工返还已获得的住房补贴。住房公积金管理中心发现用人单位不为员工办理住房公积金账户的,应先责令限期办理;逾期不办理的,对用人单位处1万元以上5万元以下的罚款。

◉ 相关依据

《住房公积金管理条例》

第二十条 单位应当按时、足额缴存住房公积金,不得逾期缴存或者少缴。

对缴存住房公积金确有困难的单位,经本单位职工代表大会或者工会讨论通过,并经住房公积金管理中心审核,报住房公积金管理委员会批准后,可以降低缴存比例或者缓缴;待单位经济效益好转后,再提高缴存比例或者补缴缓缴。

第二十四条 职工有下列情形之一的,可以提取职工住房公积金账户内的存储余额:

(一)购买、建造、翻建、大修自住住房的;

(二)离休、退休的;

(三)完全丧失劳动能力,并与单位终止劳动关系的;

(四)出境定居的;

（五）偿还购房贷款本息的；

（六）房租超出家庭工资收入的规定比例的。

依照前款第（二）、（三）、（四）项规定，提取职工住房公积金的，应当同时注销职工住房公积金账户。

职工死亡或者被宣告死亡的，职工的继承人、受遗赠人可以提取职工住房公积金账户内的存储余额；无继承人也无受遗赠人的，职工住房公积金账户内的存储余额纳入住房公积金的增值收益。

第三十七条　违反本条例的规定，单位不办理住房公积金缴存登记或者不为本单位职工办理住房公积金账户设立手续的，由住房公积金管理中心责令限期办理；逾期不办理的，处1万元以上5万元以下的罚款。

第三十八条　违反本条例的规定，单位逾期不缴或者少缴住房公积金的，由住房公积金管理中心责令限期缴存；逾期仍不缴存的，可以申请人民法院强制执行。

第364问　朋友之间相约玩“换妻游戏”，违法吗？

答：“换妻游戏”，是指两对或两对以上夫妻之间为了寻求刺激和兴奋、满足性欲，相约一起互相交换发生性行为的活动。虽然“换妻游戏”的参与者都是自愿的，且在私密场所进行，没有涉及金钱交易，不属于卖淫嫖娼的性质，但违反了社会公序良俗，侵害了社会公共秩序和社会风化，是我国法律所明文禁止的聚众淫乱行为。聚众，指3名以上的男性、女性，或者男女组合。淫乱，指男女多人聚集在一起进行性行为或变态性行为。淫乱行为除了性交以外，还包括其他刺激性兴奋、满足性欲的行为，如聚众从事手淫、口淫、鸡奸等行为。我国《刑法》规定，3人以上进行淫乱活动的，对首要分子或者多次参加的人，处5年以下有期徒刑、拘役或者管制。并非参加淫乱活动的人都构成犯罪，只有在聚众淫乱中起组织、策划、指挥作用的首要分子,或者虽不是首要分子但多次参加聚众淫乱活动的人,才构成聚众淫乱罪。对于参加聚众淫乱活动,尚不构成刑事犯罪的,由公安机关处10日以上15日以下拘留,并处500元以上1000元以下罚款。

◉ 相关依据

《中华人民共和国治安管理处罚法》

第六十九条 有下列行为之一的,处十日以上十五日以下拘留,并处五百元以上一千元以下罚款:

……

(三)参与聚众淫乱活动的。

明知他人从事前款活动,为其提供条件的,依照前款的规定处罚。

《中华人民共和国刑法》

第三百零一条 聚众进行淫乱活动的,对首要分子或者多次参加的,处五年以下有期徒刑、拘役或者管制。

引诱未成年人参加聚众淫乱活动的,依照前款的规定从重处罚。

第365问 砍掉自家院子里的树木,违法吗?

答:一般情况下,农村居民自家房前屋后生长的树木,如果不是古树名目中的特殊树种,只要能够证明是个人的,无须申请办理砍伐手续便可自行砍伐。城市中的树木,不论其所有权归属,个人不得擅自砍伐、移植。确需砍伐、移植的,必须经城市人民政府建设(园林)行政主管部门批准,并按照规定补植树木或者采取其他补救措施。城市中百年以上树龄的树木稀有、珍贵树木,均属于古树名木,未经政府批准,不得砍伐、移植。否则,建设(园林)行政主管部门有权责令停止侵害,可以并处损失费1倍以上5倍以下的罚款;应当给予治安处罚的，由公安机关按照《治安管理处罚法》的规定处罚；构成犯罪的，依法追究刑事责任。

◉ 相关依据

《中华人民共和国森林法》

第五十六条第二款　农村居民采伐自留地和房前屋后个人所有的零星林木，不需要申请采伐许可证。

《江苏省城市绿化管理条例》

第二十条第一款　城市中的树木，不论其所有权归属，任何单位和个人不得擅自砍伐、移植。确需砍伐、移植的，必须经城市人民政府建设(园林)行政主管部门批准，并按照规定补植树木或者采取其他补救措施。

第二十一条　城市中百年以上树龄的树木，稀有、珍贵树木，具有历史价值或者重要纪念意义的树木，均属古树名木，由城市人民政府建设(园林)行政主管部门统一管理和组织养护。

严禁任何单位和个人砍伐或者迁移古树名木，因特殊需要迁移的，必须由所在地的县级人民政府提出申请，经设区的市人民政府建设(园林)行政主管部门审查同意，报同级人民政府批准，并按规定报上级人民政府建设(园林)行政主管部门备案。

第二十三条　违反本条例规定，有下列行为之一的，由城市人民政府建设(园林)行政主管部门责令停止侵害，可以并处损失费一倍以上五倍以下的罚款；应当给予治安处罚的，依照《中华人民共和国治安管理处罚法》的有关规定处罚；构成犯罪的，依法追究刑事责任：

(一)损坏城市树木花草的；

(二)擅自砍伐城市树木的；

(三)砍伐、擅自迁移古树名木或者因养护不善致使古树名木受到损伤或者死亡的；

(四)损坏城市绿化设施的。

《江苏省物业管理条例》

第六十九条 城市管理、公安、市场监督管理、生态环境、卫生健康、自然资源等行政管理部门和消防管理机构，应当加强物业管理区域内公共秩序、治安消防、环境卫生、房屋使用等方面的监督管理，建立违法行为投诉登记制度，并在物业管理区域内显著位置公布联系人姓名和联系方式，依法处理物业管理区域内的违法行为。